로마인 이야기

로마인 이야기 5
율리우스 카이사르 · 하

시오노 나나미 지음 · 김석희 옮김

한길사

ROMA-JIN NO MONOGATARI V

YURIUSU KAESARU RUBIKON IGO

by Nanami Shiono

Copyright © 1996 by Nanami Shiono

Original Japanese edition published by Shincho-Sha Co., Ltd.
Korean translation rights arranged with Nanami Shiono
through Japan Foreign-Rights Centre

Translated by Kim Suk-hee
Published by Hangilsa Publishing Co., Ltd., Korea, 1996

塩野七生, ローマ人の物語 V(ユリウス・カエサル ルビコン以後), 新潮社, 1996

고대 로마의 가장 뛰어난 지도자였던 율리우스 카이사르.
"사람은 누구나 모든 현실을 볼 수 있는 것은 아니다.
대부분의 사람은 자기가 보고 싶은 현실밖에 보지 않는다."
인간성의 진실을 이보다 더 잘 간파한 말은 없다면서 마키아벨리는 카이사르의 이 말을
자신의 저서에 소개하며 극찬을 아끼지 않았다.

빈첸초 카무치니, 「카이사르의 죽음」, 나폴리 카포디몬테 미술관.
기원전 44년 3월 15일의 카이사르 암살은 로마인들에게 구름 한 점 없이 맑은 하늘에
난데없이 천둥번개와 함께 덮쳐온 폭풍우 같은 것이었다.

카이사르 포룸

로마인 이야기 5
율리우스 카이사르 · 하

시오노 나나미 지음 · 김석희 옮김

한길사

로마인 이야기 5
율리우스 카이사르 · 하

율리우스 카이사르 · 상

제6장

원숙기

기원전 49년 1월~기원전 44년 3월

〔카이사르 50세~55세〕

'루비콘' 직후

루비콘강을 건넌 뒤 국경 도시 리미니까지는 직선거리로 15킬로미터에 불과하다. 로마 군단의 행군속도가 시속 5킬로미터이므로, 오전 10시경에는 리미니에 도착했을 것이다. 국경 도시라고는 하지만 리미니는 이미 150년 전부터 로마화가 진행되고 있는 북이탈리아 속주와 로마 본국의 경계에 있는 도시다. 로마의 중앙정부는 여기에 1개 대대(600명) 규모의 경비대조차 두지 않았다. 이곳 리미니에 카이사르와 그 휘하의 제13군단은 아무런 저항도 받지 않고 입성했다. 리미니에서는 현직 호민관 신분인 탓에 국경 밖으로 나갈 수 없는 안토니우스와 또 한 명의 호민관 카시우스가 기다리고 있었다. 안토니우스와 함께 수도를 탈출한 쿠리오는 원로원 의원이기 때문에 행동도 자유로워서, 라벤나에 있던 카이사르에게 맨 먼저 달려갈 수도 있었다. 그래서 카이사르를 따라 루비콘강도 함께 건넜을 것이다.

리미니에 무혈 입성했다고는 하지만, 카이사르 휘하에 있는 병력은 제13군단 10개 대대뿐이었다. 게다가 카이사르는 결원을 보충하지 않았기 때문에, 10개 대대라 해도 정원 6천 명보다 훨씬 적은 4,500명 안팎에 불과했다. 이 정도 병력으로, 더구나 전투에 적합하지 않은 한겨울에 국법을 어기고 루비콘강을 건너는 따위의 무모한 짓은 하지 않으리라는 게 폼페이우스와 원로원파의 예상이었다. 하지만 카이사르는 그 예상을 뒤엎는 행동으로 나왔고, 그렇기 때문에 국법을 어긴 뒤의 행동에는 조금도 망설임이 없었다.

카이사르는 자기 휘하로 돌아온 안토니우스에게 전체 병력의 절반이나 되는 5개 대대를 떼어준 뒤, 아펜니노산맥을 넘어 아레초를 공격하게 했다.

그의 휘하에 새롭게 들어온 쿠리오에게는 3개 대대를 떼어준 뒤, 아드리아해를 따라 남하하는 길목에 염주처럼 늘어서 있는 페사로·파노·안코나를 차례로 공략하게 했다. 그리고 자신은 나머지 2개 대대와 함께 리미니에 남았다.

아레초 공략은 수도 로마에서 북쪽으로 가는 간선도로의 하나인 카시아 가도를 장악하는 것을 의미했고, 페사로·파노·안코나를 수중에 넣는 것은 수도에서 남쪽으로 내려가는 간선도로인 아피아 가도를 시야에 넣는 것을 의미했다. 그리고 리미니를 확보하는 것은 로마에서 북쪽으로 가는 간선도로의 하나인 플라미니아 가도를 장악하는 것을 의미했다.

33세의 안토니우스도, 그와 같은 나이인 쿠리오도 카이사르의 신뢰를 저버리지 않았다.

1월 12일 새벽에 루비콘강을 건너 같은 날 오전에 리미니에 입성한 뒤 계속 그곳에 머무르던 카이사르에게는 그날 밤부터 벌써 승전보가 들어오기 시작했다. 우선 쿠리오의 3개 대대가 30킬로미터 남쪽에 있는 페사로 공략에 성공했다는 소식이 들어왔다. 곧이어 이튿날인 13일에는 파노 공략에 성공했다는 소식이 들어왔고, 그 이튿날인 14일에는 100킬로미터 떨어진 안코나도 수중에 넣었다는 소식이 들어왔다. 15일에는 안토니우스의 5개 대대가 아레초에 입성했다는 소식도 들어왔다. 이것은 모두 예상을 뒤엎은 카이사르의 행동에 폼페이우스 진영이 미처 대응하지 못하고 허를 찔렸기 때문이지만, 갈리아 정복의 영웅에게 열광한 주민들이 카이사르 군대의 도착을 환영할망정 적대하지는 않았기 때문이기도 하다. 어쨌든 이로써 카이사르는 카시아 가도와 플라미니아 가도라는 두 간선도로만이 아니라, 남쪽으로 내려가는 길까지 확보하게 되었다. 어느 길을 택하든 수도 로마에는 사흘이면 도착할 수 있는 거리다.

『내전기』에는 날짜가 나와 있지 않기 때문에 전후의 문맥으로 추측할 수밖에 없지만, 아마 카이사르가 리미니에서 쿠리오와 안토니우스의 보고를 기다리던 1월 15일 전후일 것이다. 원로원 결의를 카이사르에게 전달하기 위한 공식 사절 두 명이 수도 로마에서 리미니에 도착했다. 이제 와서 사절은 무슨 사절이냐고 생각하는 것은 우리가 카이사르의 행동을 이미 알고 있기 때문이다. 카이사르가 설마 국법을 어기면서까지 루비콘강을 건너지는 않을 거라고 굳게 믿었던 폼페이우스와 원로원이 이때쯤 공식 통보를 보내는 절차를 밟은 것은 지극히 당연한 일이었다. 하지만 두 사절은 루비콘 이북의 라벤나에서 카이사르에게 전달할 작정이었던 통보를 루비콘 이남의 리미니에서 전달하게 되어버렸다.

현직 법무관 로시우스와 카이사르의 동생뻘인 루키우스 카이사르가 가져온 통보는 1월 7일 원로원 회의에서 의결된 '원로원 최종권고'였다. 그 내용인즉, 카이사르에게 당장 군단을 해산하고 귀국할 것을 명령하면서, 이 명령에 따르지 않으면 대권을 부여받은 폼페이우스가 '원로원 최종권고'에 따라 비상사태를 선포하고 카이사르를 국가의 적으로 간주하겠다는 경고였다. 카이사르의 후임자가 에노발부스로 결정되었다는 사실도 전했다. 그런데 공식 사절에 카이사르의 친척인 루키우스 카이사르를 포함시킨 것은 폼페이우스가 카이사르에게 보내는 사신(私信)을 루키우스에게 맡겼기 때문이다. 그 편지에는 요약하면 다음과 같은 내용이 적혀 있었다.

그대에게 파견될 군대를 내가 지휘하기로 결심한 것을 그대에 대한 개인적인 감정 때문이라고 생각하지 말아달라. 나는 언제나 사적인 관계보다는 공적인 책무를 우위에 놓고 살아왔다. 그러니까 그렇게 높은 지위를 차지하고 있는 그대도 사사로운 감정이나 원한보다는 국익을 우선해야 하고, 분노에 사로잡혀 반국가적인 행동으로 치달으면 안 된다.

폼페이우스는 구체적인 해결책은 전혀 제시하지 않았다. 마치 사회적 지위에서나 연령에서도 우위에 있는 윗사람이 아랫사람의 젊은 혈기를 타이르는 식이다. 하지만 사신 형태를 취했다고는 해도, 원로원 결의로 사실상의 독재관(딕타토르)이 된 폼페이우스의 친서다. 카이사르는 여기에 마음이 움직였다. 폼페이우스의 친서에 답장을 써서 법무관 로시우스와 루키우스 카이사르에게 맡긴 것이다. 글을 조목조목 쓰는 버릇이 있는 카이사르를 흉내내어 그 편지 내용을 정리하면, 카이사르는 "폼페이우스를 본받아 공적인 의무 앞에서는 사적인 감정도 잊어버리고, 국가 로마를 참사에서 구하는 방책을 생각한 결과"라고 전제해놓고, 폼페이우스에게 다음과 같은 해결책을 제안했다.

첫째, 당신은 임지인 에스파냐로 떠날 것.

둘째, 당신도 나도 휘하 군단을 해산하여 이탈리아를 비군사화하고, 그로써 국가 로마를 평상시의 정치체제로 돌려놓을 것. 즉 시민들을 군사적 공포에서 해방하고 민회에도 자유롭게 참석할 수 있게 한 뒤, 당신과 원로원이 나 카이사르의 집정관 입후보를 인정할 것.

셋째, 이상의 두 가지 방안에 관심이 있다면, 그것을 더욱 자세히 타협하여 세부까지 분명하게 결정하고 서약도 나누기 위해, 당신이 나한테 오든가 내가 당신한테 가서 양자 회담을 할 필요가 있다는 것.

이것은 분명 '루카 회담', 즉 정상회담 방식의 부활을 노린 제안이었고, 10년 전의 '삼두정치' 체제가 단순히 카이사르의 즉흥적인 착상은 아니었다는 것을 보여준다. 이것은 반(反)카이사르파, 즉 원로원파가 가장 강력하게 반발하는 점이기도 했다.

그러나 카이사르가 폼페이우스에게 보내는 친서를 가지고 리미니를 떠난 로시우스와 루키우스 카이사르가 플라미니아 가도를 급히 남하하여 수도에 도착했을 때, 로마에는 편지를 건네받을 사람이 하나도 남아 있지 않았다. 폼페이우스도, 현직 집정관 두 사람도, 원로원의 대다수 의원도 수도 로마에서 달아나버린 뒤였기 때문이다.

폼페이우스, 수도를 포기하다

로시우스와 루키우스 카이사르가 공식 사절로 카이사르에게 파견된 뒤, 로마에서는 사태가 급변하고 있었다. 예상치도 못했던 보고가 잇달아 들어왔기 때문이다.

우선 카이사르가 루비콘강을 건넜을 뿐만 아니라 이미 리미니에 입성했다는 보고가 들어왔다. 그에 뒤이어 페사로와 파노만이 아니라 안코나와 아레초까지도 카이사르 밑에 들어갔다는 소식이 들어왔다.

전시가 아닌 한 수도에는 수비군을 두지 않는 것이 관례인 로마에서는 폼페이우스도 두 집정관도 '맨주먹 상태'였다. 원로원이 카이사르의 후임자로 임명한 에노발부스는 이탈리아 남부에서 이제 막 군단 편성에 착수한 단계였다. 루비콘강을 건넌 카이사르에 대해 전투력으로 활용할 수 있는 군단은 시리아에 파견한다는 구실로 카이사르한테서 빼앗아둔 카푸아의 2개 군단뿐이었다.

폼페이우스는 카이사르의 루비콘 도하를 알기 전에 친서를 보냈지만, 도하가 실현된 지금에 와서 무방비 상태나 다름없는 로마에서 그 회답을 기다릴 마음이 나지 않았다. 그는 2개 군단이 주둔해 있는 카푸아로 떠나기로 결심했다. 1월 17일, 폼페이우스는 수도를 버리고 떠났다. 카이사르가 폼페이우스에게 보내는 회답을 가진 두 사절이 말을 달려 플라미니아 가도를 급히 남하하고 있을 때였다.

카이사르의 루비콘 도하와 그 직후의 전격작전으로 공포에 사로잡힌 사람은 폼페이우스만이 아니었다. 현직 집정관인 마르켈루스와 렌툴루스도 확고한 카이사르 반대파였기 때문에, 그토록 믿었던 폼페이우스가 떠나버린 로마에 그대로 남아 있을 마음이 나지 않았다. 그들은 둘 다 폼페이우스가 떠난 이튿날 당장 수도를 떠났다. 로마에 남는 의원은 카이사르파로 간주하겠다는 협박이 효과를 거두어 상당수 원로원 의원도 두 집정관과 동행하게 되었다. 수도를 등진 이들의 머릿속에는 30년 전에 있었던 술라의 로마 진군이 되살아났을 게 분명하다. 가족까지 데려가야 했기 때문에 하인과 노예를 총동원하여 떠날 준비를 하느라 집집마다 소동이 벌어졌다. 가져갈 짐이 엄청나서 수도의 짐수레가 동이 나버렸다. 피난민이라 해도 모두 유복한 사람들이었기 때문이다.

개인 재산을 가져가는 데에만 정신이 팔렸던 것은 집정관도 다를 게 없었다. 그래서 국고에 들어 있는 재산도 가져가야 할 필요가 있다는 사실을 뒤늦게 깨달았을 때쯤에는 그것을 실어서 운반할 짐수레를 수도 로마의 어디에서도 찾을 수가 없었다. 그런데도 개인 재산을 희생하겠다고 나서는 사람은 아무도 없었고, 두 집정관도 그 때문에 출발을 미룰 생각은 없었다. 뒤에 남은 사람들에게 짐수레를 구하는 즉시 국고 재산을 실어 보내라고 명령해놓고는 부랴부랴 수도를 떠났다. 두 집정관과 원로원 의원들, 그들에게 딸린 가족과 노예들의 긴 행렬이 아피아 가도를 따라 남쪽으로 떠난 뒤 수도 로마는 자신의 운명에 맡겨졌다. 기원전 49년 1월 18일이었다. 카이사르가 루비콘강을 건넌 지 엿새 뒤, 카이사르 군대가 카시아 가도와 플라미니아 가도와 발레리아 가도를 장악한 지 사흘 뒤, 그리고 폼페이우스가 로마를 떠난 지 불과 하루 뒤의 '낙향'이었다.

국고 재산은 결국 고스란히 남게 되었다. 책임지고 수송수단을 마련할 사람이 없었다기보다, 그런 일을 할 수 있는 권한을 가진 공직자가 모두 로마에서 도망쳐버렸기 때문이다.

고위층 인사들이 모두 수도를 버린 것은 군사적으로는 어떻든 간에 정치적으로는 커다란 실책이었다.

첫째, 현직 집정관은 속주 총독인 카이사르보다 지위가 높지만, 수도 로마에 있어야만 그 권력을 행사할 수 있다. 그런데 수도를 버린 것은 그 권력을 스스로 포기한 셈이 된다. 정통 권력의 담당자라는 위치를 자진해서 포기한 거나 마찬가지였다.

둘째, 수도 로마의 시민들, 즉 국가 로마의 최고 결정기관인 민회에서 실제로 표를 던지는 사람들은 폼페이우스와 원로원파가 자신들을 버렸다고 생각하게 되었다.

요인들이 모두 떠나버린 로마에 도착한 두 사절은 도망친 사람들을 뒤따라갈 수밖에 없었다. 그들이 폼페이우스와 두 집정관을 따라잡은 것은 1월 23일, 아피아 가도를 따라 카푸아까지 달려간 뒤였다.

로마에 도착해 보니 모두 탈출한 뒤여서 어쩔 수 없이 그들을 뒤따라온 것은 라비에누스도 마찬가지였다. 카이사르 휘하에서 부사령관을 지낸 라비에누스도 여행을 계속하여 카푸아까지 와서야 겨우 폼페이우스를 만날 수 있었다. 폼페이우스파는 카이사르의 '오른팔'이 자기 진영에 가담한 것을 뛸 듯이 기뻐했다.

로마에서 탈출하긴 했지만 좀처럼 태도를 결정하지 못한 키케로는 이틀 동안만 집정관 일행과 동행했을 뿐, 도중에 그들과 헤어져 아피아 가도 연변에 있는 포르미아의 별장에 틀어박혀버렸다. 폼페이우스와 동갑인 56세니까, 고령을 구실로 삼을 수는 없었을 것이다. 키케로답게 적당한 평계를 둘러대어 '도중하차'했을 게 분명하다.

한편, 카이사르는 폼페이우스에게 해결책을 제안한 뒤에도 고삐를 늦추지 않았다.

1월 20일, 쿠리오가 이끄는 3개 대대는 안코나를 수중에 넣자마자 내륙으로 들어가 구비오에 입성했다. 구비오는 리미니에서 아드리아

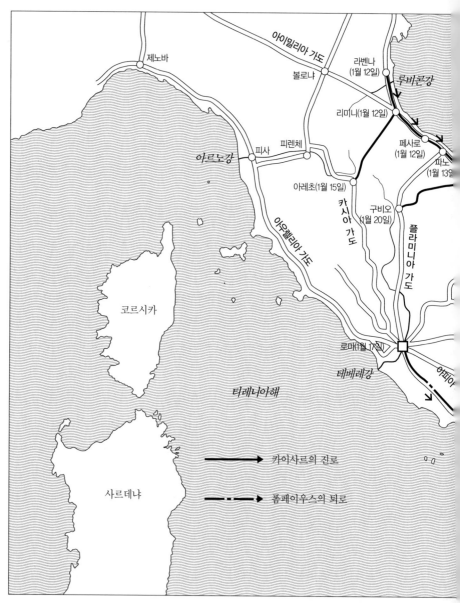

Inside the map (labels):

제노바

아이밀리아 가도

라벤나
(1월 12일)

볼로냐

루비콘강

리미니(1월 12일)

피렌체

피사

페사로
(1월 12일)

아르노강

파노
(1월 13일)

아레초(1월 15일)

아우렐리아 가도

카시아 가도

구비오
(1월 20일)

플라미니아 가도

코르시카

로마(1월 17일)

아피아

테베레강

티레니아해

사르데냐

카이사르의 진로

폼페이우스의 퇴로

'루비콘 이후' 카이사르의 진로와 폼페이우스의 퇴로

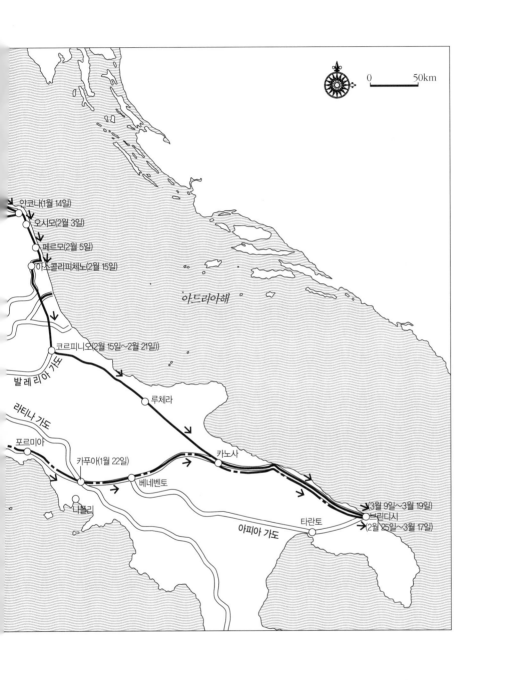

안코나(1월 14일)
오시모(2월 3일)
페르모(2월 5일)
아스콜리피체노(2월 15일)

아드리아해

코르피니오(2월 15일~2월 21일)

발레리아 가도

루체라

라티나 가도

포르미아

카푸아(1월 22일)

베네벤토

카노사

나폴리

아피아 가도

타란토

브린디시

3월 9일~3월 19일
2월 25일~3월 17일

해를 따라 파노까지 남하한 다음, 내륙을 가로질러 로마까지 뻗어 있는 플라미니아 가도의 중간쯤에 있는 도시다. 이리하여 카이사르는 카시아 가도를 이용하든 플라미니아 가도를 이용하든 이틀만 행군하면 수도에 들어갈 수 있는 지점까지 바싹 접근하게 되었다.

그러나 카이사르는 수도로 가지 않았다. 폼페이우스와 두 집정관이 수도에서 탈출했다는 정보를 어느새 입수한 카이사르는 그들을 앞질러 가기로 결정했다.

그리고 그제야 카이사르는 지금까지 후방 사령부나 마찬가지였던 리미니에서 비로소 엉덩이를 일으켰다. 수도 로마로 가는 게 아니므로 플라미니아 가도는 택하지 않았다. 그는 안토니우스와 쿠리오에게 합류할 것을 명령해놓고, 아드리아해를 따라 남쪽으로 내려가기 시작했다. 쿠리오가 점령한 페사로와 파노를 지난 다음, 안코나에 도착하기 직전에 폼페이우스의 회답을 받았다.

폼페이우스 개인의 생각이라기보다는 그의 주위에 포진한 두 집정관을 비롯한 원로원파의 뜻에 따른 그 회답은 다음 네 가지 항목으로 이루어져 있었다.

1. 카이사르는 지금까지의 점령지를 버리고, 당장 군대를 이끌고 루비콘 이북으로 철수하여 거기서 즉시 군단을 해산하라.

2. 이것이 이루어질 때까지 폼페이우스와 원로원은 계속해서 군사력을 증강한다.

3. 이것이 이루어지면, 카이사르의 집정관 입후보를 인정하고, 수도에서 개선식을 거행하는 것도 허용한다.

4. 그 후에 폼페이우스는 임지인 에스파냐로 떠난다.

수도에서 황급히 달아난 처지치고는 대단히 강경한 내용이다. '원로원파', 즉 보수파가 원로원이 갖고 있는 '전가의 보도'라 해도 좋은 '원로원 최종권고'의 위력을 믿어 의심치 않았다는 것을 보여준다. 그러나 이것은 카이사르가 받아들일 수 없는 내용이었다.

첫째, 카이사르가 제안한 폼페이우스와의 양자 회담이 묵살되었다. 둘째, 카이사르한테만 군사력을 포기하라고 요구하는 것은 원로원파의 태도가 전혀 달라지지 않았음을 보여준다. 셋째, 폼페이우스가 에스파냐로 떠나는 시기를 명확히 밝히지 않은 이상, 폼페이우스가 군사력을 가진 채 본국에 계속 눌러앉을 가능성도 있었다. 이것을 그대로 받아들이면, 루비콘 도하를 감행한 의미가 없었다. 아무래도 폼페이우스와 원로원파는 카이사르의 루비콘 도하를 궁지에 몰린 쥐가 고양이한테 덤벼든 정도의 국법 위반으로밖에는 생각지 않았던 모양이다. 폼페이우스의 회답은 진격을 계속해야겠다는 카이사르의 결심을 더욱 굳혀주었을 뿐이다.

2월 3일, 카이사르는 안코나에서 남쪽으로 10킬로미터쯤 떨어진 오시모에 입성했다. 안코나보다 더 남쪽으로 진격하려면 카이사르가 직접 나설 필요가 있었다. 오시모부터는 폼페이우스의 개인 영지가 점점이 흩어져 있었기 때문이다. 이 일대는 '파트로네스'인 폼페이우스와 집안 대대로 강력한 관계를 맺고 있는 '클리엔테스'들이 많이 사는 지방이다. 카이사르가 남진을 서두른 데에는 로마를 버리고 남쪽으로 후퇴하고 있는 폼페이우스를 앞질러가려는 목적 이외에, 폼페이우스의 세력 기반을 무너뜨리려는 의도도 포함되어 있었다.

실제로 폼페이우스도 자신의 본거지로 돌아갈 작정이었던 모양이다. 남쪽으로 가려면 아피아 가도가 더 안전하고 거리도 가까운데, 카이사르에게 회답을 보낸 직후에 아피아 가도를 버리고 아드리아해에 가까운 루체라로 이동했기 때문이다. 하지만 이번에도 카이사르의 전격작전이 폼페이우스의 의도를 뒤엎고 말았다.

안토니우스와 쿠리오가 아직 따라오지 못했기 때문에 카이사르가 폼페이우스의 본거지에 들어갔을 때 거느린 병력은 2개 대대 900명 안팎에 불과했다. 휘하 장수에게는 각각 5개 대대와 3개 대대를 떼어 주고 그 자신은 2개 대대만으로 만족한 것은, 카이사르의 존재만으로도 몇 개 군단에 필적한다는 자부심이 있었기 때문이다.

이 통찰은 옳았다. 그리고 뒷북을 친 폼페이우스가 이 통찰의 정확성을 입증해주었다.

폼페이우스가 수도 로마를 버리고 떠난 1월 17일에 재빨리 사유지로 사람을 보내 본격적으로 병력을 모집했더라면, 카이사르도 이렇게 쉽사리 목적을 달성하지는 못했을 것이다. 하지만 폼페이우스는 그것을 시도조차 해보지 않았다. 그리고 이 실수는 폼페이우스 진영의 대군 편성 가능성을 없애버린 결과만으로 끝나지 않았고, 그 일대의 '클리엔테스'들에게 폼페이우스가 그들을 버렸다는 배신감을 안겨주었다.

자기 기반의 관문에 해당하는 오시모를 지키기 위해 폼페이우스는 일찍부터 심복 두 명을 배치해놓고 있었다. 하나는 아프리카 속주 총독을 지낸 테렌티우스 바로였고, 또 하나는 폼페이우스 휘하에서 수석 백인대장으로 오리엔트 원정을 치른 루키우스 푸피우스였다. 두 사람은 폼페이우스의 명령이 없는데도 사태의 심각성을 깨닫고 독자적으로 병력을 모집하기 시작했지만, 어쨌든 때는 한겨울이었다. 그들 역시 이런 계절에 카이사르가 루비콘강을 건너리라고는 예상하지 못했다.

그런데 느닷없이 카이사르가 출현한 것이다. 소스라치게 놀란 것은 이 두 장수보다 오히려 오시모 주민들이었다. 폼페이우스를 믿을 수 없게 된 주민들은 두 장수에게 대표를 보내 자신들의 뜻을 전했다. 폼페이우스와 카이사르의 투쟁은 우리의 판단력을 넘어서는 문제다. 그렇긴 하지만, 갈리아에서 거둔 위대한 업적으로 국가에 공을 세운 카이사르를 이대로 성문 밖에 놓아둘 수는 없다. 그러니 당신들도 어떤 위험이 기다리는지를 충분히 고려하여 행동을 결정해달라.

두 장수는 주민들의 속뜻이 어떤 것인지를 알아차렸다. 그래서 그들은 그동안 모집한 병사들만 거느리고 오시모를 떠났다. 물론 카이사르가 그것을 눈감아줄 리 없다. 두 장수와 그들의 휘하 병력은 모두 카이사르가 내보낸 병사들의 포로가 되었다. 잠시 맞서는 시늉만 한 뒤 병사들이 모조리 항복해버렸기 때문이다.

카이사르는 투항한 병사들에게 거취를 선택할 자유를 주었다. 병사들 대다수는 징집된 지 얼마 안 된 탓도 있어서 집으로 돌아가기를 원했다. 나머지는 카이사르 휘하에서 싸우는 쪽을 택했다. 카이사르는 이때 자기 휘하에 들어온 병사의 수를 기록하지 않았는데, 이로 미루어보아 그리 대단한 숫자는 아니었던 모양이다. 바로와 푸피우스에게도 거취 선택의 자유가 주어졌다. 그들은 폼페이우스 밑에서 출세한 심복 부하였기 때문에 폼페이우스한테 가기를 원했다.

카이사르는 갈리아 원정 때와는 달리 동족을 상대로 싸우고 있었다. 포로에 대한 처우도 그때와는 다른 게 당연하다고 생각했다. 오시모에 무혈 입성한 카이사르는 주민들을 모아놓고 그들의 처신에 대한 고마움을 잊지 않겠다고 말했다.

오시모 바로 근처에 칭글리라는 마을이 있다. 칭글리는 카이사르의 옛 부장인 라비에누스의 고향인데, 라비에누스는 사재를 털어 고향을 발전시키기 위해 애썼다. 평민 출신인 그에게는 그것이 출세한 보람이었다. 오시모 주민에 대한 카이사르의 태도를 전해들은 칭글리 주민들도 카이사르에게 대표를 보냈다. 그들도 카이사르 밑에 들어가겠다는 뜻을 전해온 것이다. 카이사르는 칭글리 주민에게는 병력 제공을 요구했다. 자신을 배신하고 적에게 달려간 라비에누스에게 카이사르로서는 드물게 심술을 부린 셈이다. 작은 마을에서 조달할 수 있는 병사의 수는 뻔했기 때문이다. 그리고 카이사르는 이렇게 쓰는 것도 잊지 않았다.

"그들은 약속대로 병사들을 보내왔다."

이틀 뒤인 2월 5일, 카이사르는 어느새 오시모에서 40킬로미터 남쪽에 있는 페르모에 들어가 있었다. 폼페이우스의 기반으로 진격하는 작전은 착실히 진행되고 있었다.

카이사르가 루비콘강을 건너기 전에 소집해둔 2개 군단 가운데 제12군단이 갈리아 중부의 월동지에서 먼 길을 지나 마침내 페르모에 도착했다. 카이사르는 지금까지 거느리고 있던 제13군단과 새로 합류한 제12군단을 이끌고 아스콜리피체노로 행군했다. 폼페이우스의 사유지 중심인 이 도시는 기원전 57년도 집정관인 렌툴루스가 10개 대대와 함께 지키고 있었다. 카이사르가 해안의 평탄한 길을 버리면서까지 내륙에 있는 아스콜리피체노에 집착한 것도 10개 대대가 지키는 폼페이우스의 본거지를 방치해둔 채 진군을 계속할 수는 없었기 때문이다.

아스콜리피체노 공략도 간단히 끝났다. 카이사르가 진격해오는 것을 안 렌툴루스가 허둥지둥 도망쳐버렸기 때문이다. 10개 대대도 이끌고 달아날 작정이었지만, 병사들이 따르지 않아서 측근 수십 명만 데리고 도망치다가 폼페이우스가 급파한 비블리우스 루푸스와 우연히 맞닥뜨렸다. 루푸스는 렌툴루스를 따라온 병사들을 자기 휘하에 편입시키고, 렌툴루스는 마음대로 도망치게 내버려두었다.

카이사르가 다가오는 것을 알고 싸워보지도 않은 채 달아난 것은 렌툴루스만이 아니었다. 6개 대대와 함께 도망친 자도 있었고, 폼페이우스의 명령에 따라 모집해둔 병사와 함께 도망친 자도 있었다. 그래도 루푸스는 13개 대대나 되는 나머지 병력을 긁어모아 코르피니오로 데려갔다. 카이사르 대신 갈리아 속주 총독에 임명된 에노발부스가 20개 대대를 이끌고 코르피니오에 도착할 예정이었기 때문이다. 폼페이우스 진영은 발레리아 가도를 이용하면 이틀 만에 수도 로마에 도착할수 있는 이 산간 도시에서 카이사르가 루비콘강을 건넌 이후 처음으로 본격적인 대결을 벌일 작정이었다.

33개 대대라면 약 3.3개 군단이다. 접근하고 있는 카이사르의 전력은 그와 함께 루비콘강을 건넌 제13군단과 갈리아에서 뒤늦게 도착한 제12군단을 합하여 2개 군단이다. 거기에 포로로 잡혔다가 카이사르 휘하에서 싸우기를 선택한 자들과 새로 모집한 병사들이 추가된다. 카이사르는 그 수가 어느 정도였는지를 밝히지 않았다. 어쨌든 그가 고참병 2개 군단과 신병 약간을 이끌고 코르피니오에 도착한 것은 2월 15일이었다. 여전히 한겨울의 행군이다. 하지만 겨울철에 북부 갈리아에서 싸운 경험까지 있는 카이사르 휘하의 고참병들에게 이탈리아 남부의 겨울은 아무것도 아니었을 것이다. 코르피니오 성벽 앞에 도착하자마자 진영지 건설이 시작되었다.

코르피니오 입성

에노발부스는 코르피니오에서 카이사르의 전진을 저지하는 역할을 떠맡게 되었지만, 33개 대대로는 그 임무를 수행할 자신이 없었다. 이 무렵, 북부 갈리아에 있던 제8군단이 카이사르와 합류하기 위해 먼 길을 달려 이탈리아에 들어왔다. 이 군단이 합류하면 카이사르의 전력은 3개 군단이 되고, 대대로는 30개 대대가 된다. 공격하는 쪽과 방어하는 쪽의 전력이 거의 비슷해진다.

불안해진 에노발부스는 폼페이우스에게 전령을 보내 지원군을 요청했다. 이 무렵 폼페이우스는 코르피니오에서 직선거리로 치면 남쪽으로 120킬로미터 떨어진 루체라에 있었는데, 그는 카이사르한테 빼앗은 2개 군단과 새로 모집한 신병을 합해 30개 대대의 전력을 갖고 있었다. 그래서 에노발부스는 자신의 33개 대대와 폼페이우스의 30개 대대가 카이사르의 30개 대대를 협공하면 승산이 있다고 생각했다.

그런데 카이사르가 코르피니오로 간 것을 안 폼페이우스는 코르피니오를 향해 북상하기는커녕 루체라에서 남쪽으로 60킬로미터 떨어진 카노사로 남하하는 문제를 고려하고 있었다. 에노발부스는 그런 줄도 모르고 카이사르를 맞아 싸울 준비에 착수했다. 성벽도 보강하고, 병사들에게는 이 싸움에서 이기면 이탈리아 남부에 있는 자신의 사유지를 한 사람당 15유겔룸(3.5헥타르)씩 나누어주겠다고 약속했다.

2월 15일에 도착하자마자 시작된 카이사르군의 공격 준비는 그 후 하루도 쉬지 않고 계속되었다. 그러는 동안, 코르피니오에서 10킬로미터쯤 떨어져 있는 술모나 주민들이 카이사르 밑으로 들어오고 싶어 하지만 시내에 주둔해 있는 수비대 7개 대대가 무서워서 그러지 못하고 있다는 소식이 카이사르에게 들어왔다. 카이사르는 당장 안토니우스에게 5개 대대를 주어 술모나로 보냈다. 술모나 주민들은 성문을 활짝 열고 맞아들였다. 이들을 맞아들인 주민들 중에는 폼페이우스 쪽에서 싸워야 할 수비대 병사들까지 끼어 있었다. 이 수비대의 지휘관이었던 폼페이우스파 장교 두 사람은 부대를 지휘하기는커녕 오히려 포로가 되어버렸다. 안토니우스는 이 두 장교를 데리고 그날 안으로 카이사르에게 돌아왔다. 카이사르는 술모나의 무혈 입성을 도와준 수비대는 자기 휘하에 넣었지만, 지휘관 두 명은 그대로 석방했다.

공략 준비는 그 후에도 계속되었다. 준비에는 포위망 건설 이외에 군량조달도 포함된다. 카이사르는 루비콘강을 건넌 이후, 즉 내전이 일어난 이후 줄곧 약탈 같은 폭력행위를 엄금했기 때문에 군량은 어디까지나 돈을 주고 사들였다.

그럭저럭하는 동안 제8군단에 이어 남프랑스 속주의 갈리아인으로 구성된 '종다리 군단' 22개 대대도 도착했다. 카이사르는 진영지를 하나 더 세우라고 명령했다. 진영지를 하나 더 세우는 것은 병사들을 수용하는 문제 이외에 전략적인 의미도 있었다. 제2진영지 책임자로는 쿠리오가 임명되었다. 이것은 당시에 카이사르가 안토니우스보다 쿠리오를 더 중시했음을 보여준다.

두 배로 늘어난 카이사르 진영의 규모를 본 수비군은 주눅이 들었지만, 그보다 더 큰 타격을 준 것은 이 무렵에 배달된 폼페이우스의 회답이었다. 폼페이우스는 코르피니오에서 카이사르를 맞아 싸우기로 결정한 것은 자신의 전략이 아니라 에노발부스가 제멋대로 결정한 것이라면서 지원군 파병 요청을 거부했다. 그것만이 아니었다. 수비군을 데리고 코르피니오에서 철수하여 자기와 합류하라고 명령했다.

카이사르의 포위망은 완성되기 일보 직전까지 와 있었다. 이런 상황에서 소수라면 모를까 33개 대대 2만 명이나 되는 병력을 적에게 들키지 않고 데리고 나가는 것은 사실상 불가능한 일이었다. 그렇다고 해서 폼페이우스의 지원군도 없이 휘하 병력만으로 카이사르를 맞아 싸울 자신도 없었다. 그렇다면 요인들만 데리고 탈출할까. 에노발부스는 폼페이우스의 회답을 공개하지는 않았지만, 휘하 지휘관들에게는 고민을 털어놓았다. 먹물이 번지듯 퍼진 소문은 에노발부스의 모호한 태도로 사실임이 입증되었다. 병사들은 동요했다. 그들은 삼삼오오 모여서 수군거리기 시작했다. 사령관은 자기들끼리만 도망칠 작정이다. 그 준비도 다 되어 있다고 한다. 그렇다면 우리도 살길을 스스로 찾아낼 수밖에 없다……

마침내 병사들은 에노발부스를 포위하여 사로잡은 다음, 카이사르에게 대표를 보내 자신들의 뜻을 전했다. 성문을 열고, 카이사르의 명령에 복종하고, 에노발부스를 넘겨줄 용의가 있다고.

희생을 치르지 않고 목표를 달성하는 것은 누구에게나 기쁜 일이지만, 서두를 필요가 있는 카이사르로서는 그 기쁨이 더욱 각별했다. 하지만 카이사르는 밤중에 찾아온 수비군 대표의 말을 곧이곧대로 믿지는 않았다. 그런데도 믿는 척했다. 그는 우선 그들의 결심을 치하한 다음, 성벽의 요소요소를 지키면서 아침까지 기다리라고 말했다. 한밤중에 결행할 경우 일어나게 마련인 혼란을 피하고 싶었기 때문이다.

카이사르에게 대표를 보낸 것은 병사들만이 아니었다. 요인들도 대표를 보냈는데, 카이사르를 찾아온 사절은 불과 며칠 전 카이사르가 접근하는 것을 알고는 싸워보지도 않은 채 도망쳤던 아스콜리피체노의 렌툴루스였다. 그는 폼페이우스한테 갈 예정이었지만, 도중에 들른 코르피니오에서 다시금 카이사르와 마주치는 처지가 되어버렸다. 그러나 이번에는 달아날 길이 없었다. 렌툴루스의 장황한 변명을 정리하면, 요컨대 코르피니오에 있는 요인들과 그 가족들의 목숨을 살려달라는 것이었다. 카이사르는 그날 밤에는 아무 대답도 주지 않고 그냥 돌려보냈다.

이튿날인 2월 21일 아침, 카이사르는 우선 코르피니오 시내에 있는 요인들과 그 가족들을 데려오게 했다. 이들을 병사들의 폭언이나 폭행에서 지키기 위해 카이사르는 휘하 병사들을 파견해야 했다.

요인들은 원로원 의원인 에노발부스와 렌툴루스와 루푸스, 회계감사관 2명, 에노발부스의 아들을 비롯한 로마의 양갓집 자제들, '기사'라고 불린 경제인과 장교들이었다. 카이사르는 몇 마디 하고 나서 그들을 모두 석방했다. 병사들은 카이사르 밑에서 싸우겠다고 스스로 서약했기 때문에 카이사르 휘하에 편입되었다. 그날 오후에 이미 카이사르는 다시 남쪽으로 진군하고 있었다.

지금까지도 카이사르는 폼페이우스파 사람들을 석방했지만, 코르피니오에서 석방한 요인들 중에는 에노발부스가 포함되어 있었기 때문에 사람들에게 특히 강한 인상을 주었다. 에노발부스는 카이사르 후임으로 갈리아 총독에 임명된 인물이다. 따라서 카이사르에게는 당면한 최대의 적이었다. 이런 사실을 안 키케로는 친구에게 보낸 편지에서 이렇게 말했다.

"적을 용서하는 카이사르와 자기편을 버리는 폼페이우스는 얼마나 다른가!"

친구한테 말하는 것만으로는 부족했는지, 키케로는 카이사르한테도 편지를 보내 그 관대한 조치를 칭찬했다. 카이사르는 행군 중인데도 답장을 보내왔다.

"카이사르가 키케로에게.

나를 잘 이해해주는 당신이 하는 말이니까, 내 행동에서는 어떤 의미의 잔인성도 찾아볼 수 없다는 당신의 말은 믿어야 할 거요. 그렇게 행동한 것 자체로 나는 이미 만족하지만, 당신까지 찬성해주니 만족을 넘어서서 기쁘기 한량없소.

내가 석방한 사람들이 다시 나한테 칼을 들이댄다 해도, 그런 일로 마음을 어지럽히고 싶지는 않소. 내가 무엇보다도 나 자신에게 요구하는 것은 내 생각에 충실하게 사는 거요. 따라서 남들도 자기 생각에 충실하게 사는 것이 당연하다고 생각하오."

폼페이우스, 본국을 포기하다

코르피니오가 이렇게 쉽사리 함락될 줄은 예상하지 못했다 해도, 코르피니오에 지원군 파병을 거절했을 때부터 그때까지 명확하지 않았던 폼페이우스의 생각도 뚜렷한 형태를 취하게 되었다. 코르피니오가 좀더 오래 버틸 수 있을 거라고 생각했는지는 모르지만, 카노사를 지나 브린디시로 향하는 폼페이우스파의 후퇴 행렬은 도중에 잠시도 멈추지 않게 되었다. 그리하여 현직 집정관 두 명과 상당수 원로원 의원을 포함한 폼페이우스파 일행은 코르피니오가 카이사르에게 함락된 지 나흘 뒤인 2월 25일에는 그리스로 건너가는 주요 항구인 브린디시에 도착했다. 이를 예상한 카이사르가 코르피니오를 손에 넣자마자 당장 남진을 다시 서두른 것은 폼페이우스와의 대결을 본국 안에서 끝내고 싶었기 때문이다.

군대를 이끌고 남하하면서도, 카이사르가 외교 수단을 버린 것은 아니었다. 거취 선택권을 부여받고도 카이사르 휘하에 남기를 택한 폼페이우스파 장교가 폼페이우스에게 파견되었다. 그 장교가 지니고 간 카이사르의 편지에는 이런 내용이 적혀 있었다.

"지금까지 나는 그대와 직접 이야기할 기회가 없었지만, 이제 나도 브린디시로 향하고 있소. 국가를 위해, 그리고 우리 두 사람의 미래를 위해 그대와 직접 만나 회담을 하고 싶소. 멀리 떨어진 거리를 사절이 오가며 간접적으로 서로의 뜻을 전달하는 것보다는 우리 두 사람이 직접 만나서 이야기하면 서로의 뜻을 더 잘 알릴 수 있다고 생각하기 때문이오."

외교 수단을 버리지는 않았지만, 군대를 이끌고 남하하는 것도 그만두지 않았다. 고참병으로 구성된 제8군단·제12군단·제13군단에 '종다리 군단'과 폼페이우스군 투항병을 합하여 브린디시로 향하는 카이사르군은 6개 군단으로 늘어나 있었다. 대대 단위로는 60개 대대 병력이다. 이와는 반대로 브린디시에 도착한 폼페이우스군은, 어렵사리 모집한 9개 대대가 한꺼번에 카이사르 진영으로 돌아서버렸기 때문에

50개 대대로 줄어들어 있었다. 이제는 누구나 이탈리아에서 탈출할 생각밖에 없었다.

3월 4일, 브린디시에 도착한 지 불과 일주일 만에 폼페이우스와 원로원파는 수도를 버린 데 이어 본국까지 버렸다. 그런데 3만 명이나 되는 병력을 한꺼번에 수송할 선박을 모을 수 없었고, 충분한 배가 모이기를 기다릴 마음도 나지 않았기 때문에 결국 두 패로 나뉘어 이탈리아를 탈출할 수밖에 없었다. 두 집정관이 먼저 30개 대대를 이끌고 떠났다. 폼페이우스는 나머지 20개 대대와 함께 브린디시에 남아서, 아드리아해를 건너간 수송선단이 그리스 서해안에 병사들을 내려놓고 회항하기를 기다리기로 했다.

그제야 폼페이우스는 카이사르에게 답장을 보냈다. 그것은 카이사르가 제안한 정상회담을 거부하는 내용이었다. 폼페이우스는 정상회담을 거부하는 이유를 이렇게 말했다.

"나를 따라 여기까지 온 사람들을 배신하게 되기 때문에 그런 짓은 할 수 없소."

그러는 동안 두 집정관과 30개 대대가 출항한 지 닷새밖에 지나지 않은 3월 9일, 카이사르도 브린디시에 도착했다. 카이사르는 브린디시 항구 근처에 있는 폼페이우스에게 전령을 보내 다시 한번 정상회담을 제의했다. 이번에도 폼페이우스의 대답은 거부였다. 다만 이번에는 "두 집정관과 의논하지도 않고 내 마음대로 결정할 수는 없다"는 것이 거부하는 이유였다.

폼페이우스는 카이사르와 단둘이 만나서 직접 이야기하면 '루카 회담' 때처럼 결국 카이사르의 뜻에 휘말리게 될 것을 우려했는지도 모른다. 아니면 카이사르가 요구하는 정상회담 방식은 원로원 주도의 현체제에 어긋난다고 확신했기 때문일까. 10년 전의 '삼두정치'나 6년 전의 '루카 회담'은 일시적인 대책일 뿐 영속화할 만한 방식은 아니라고 반성하고, 키케로나 소(小)카토 같은 공화정주의자들에게 다가갔기 때문에 얻은 결론일까. 어쨌든 카이사르는 폼페이우스와의 직접 회담을 계속 요구했고, 폼페이우스는 그때마다 거절을 되풀이하곤 했다.

물론 카이사르도 외교 수단에만 의존한 것은 아니다. 브린디시에 도착하자마자 그가 맨 먼저 지시한 것은 진영지 건설이었고, 그 일이 끝나자마자 항구를 봉쇄하는 공사를 명령했다. 하지만 폼페이우스 진영이 배를 모조리 징발해버렸기 때문에 바다 쪽에서 출입구를 봉쇄하는 것은 불가능하다. 봉쇄 공사라기보다는 출항 저지 공사라고 부르는 편이 더 적당한 이유도 바로 이 때문이었다. 배만 있으면 그것을 출입구 근처에 몇 척씩 침몰시켜 목적을 달성할 수 있지만, 그럴 수 없는 이상 육지 쪽에서 돌이나 나무 울타리 같은 것으로 조금씩 바다를 메워갈 수밖에 없었다. 더구나 폼페이우스군의 방해를 받으면서 이 일을 진행하는 것이다. 그 일을 하는 도중에 그리스에서 돌아온 선단의 입항을 허용해버렸다. 선단이 돌아온 이상, 폼페이우스의 염두에는 오직 출항밖에 없었다.

3월 17일, 해가 지기를 기다려 20개 대대를 배에 태운 폼페이우스는 한밤중에 집단적인 저지선 돌파를 감행했다. 카이사르 진영도 공사가 진행되고 있는 제방에서 선단의 출항을 방해하려고 애썼지만, 대형 선박이 잇달아 돌파하는 것까지는 도저히 저지할 수가 없었다. 배가 없는 카이사르 쪽에서는 추격할 수도 없었다. 내전을 조기에 수습하려던 꿈은 사라져버렸다.

선단을 이룬 배들의 고물에서 타오르는 등불이 멀어져가는 것을 지켜보면서, 카이사르는 내전의 장기화와 확대화를 각오했을 것이다. 이탈리아반도 안에서 문제를 해결할 수 있었던 30년 전의 술라와 마리우스의 내전과는 달랐다. 이틀 뒤, 카이사르는 더 이상 머물 이유가 없어진 브린디시를 떠났다. 그러고는 아피아 가도를 따라 로마로 북상했다. 이때부터 당대 제일의 무장인 카이사르와 폼페이우스의 정면 대결이 시작된 것이다.

대전략

로마의 패권 아래 있는 '로마 세계'는 동쪽으로는 유프라테스강, 서쪽으로는 지브롤터해협, 북쪽은 라인강과 그 연장선상에 있는 북해, 남쪽은 사하라사막을 경계로 하는 광활한 영역을 갖고 있었다. 그 중심에 그 이름에 어울리는 지중해가 있다. 로마인들이 지중해를 '내해' (內海) 또는 '우리 바다'라고 부른 것은 당시 그들의 머릿속에 있던 지리 감각을 여실히 반영한 결과였을 것이다. 브린디시를 떠난 폼페이우스와 그것을 저지하려다 실패한 카이사르가 앞으로의 전략을 세울 때, 그들의 염두에 있었던 것도 바로 이 지리 감각이었다. 그런데 전략을 세울 때 필수불가결한 조건이 또 하나 있었다. 공식 명칭은 동맹국이지만, 당시 로마인에게 더 친숙한 말을 사용하면 '클리엔테스' 관계다.

내가 라틴어를 번역하면서 이 '클리엔테스'만큼 고심한 낱말은 없다. 현대 영어에서 이 라틴어 낱말을 어원으로 하는 것은 '클라이언트' (client)인데, 이것은 상점의 고객이나 변호사·광고회사 등의 의뢰인을 뜻하는 말이다. 라틴어에 기원을 두고 있는 낱말 가운데 현대어에서 본디 의미와 멀어져버린 대표적인 예가 '클리엔테스'와 '콘술' (consul)이다.

콘술은 비록 현대어에서는 영사(領事)라는 의미밖에 없지만 로마 시대의 관직을 나타낼 때는 본디 의미인 '집정관'으로 역어가 정착되어 있으니까 그래도 낫다. 그런데 클리엔테스는 사전에 나와 있는 것처럼 단순히 '피보호자'로 번역하면 되는 것은 아니다. '파트로네스'는 보호자이고 '클리엔테스'는 피보호자라고 간단히 말해버릴 수 있는 것이 아니기 때문이다. '파트로네스'와 '클리엔테스'는 보호자와 피보호자라는 일방적인 관계가 아니었다. 하지만 공화정 시대의 로마에서는 건국 당시부터 700여 년 동안 대단히 중요한 인간관계이자 대외관계였다.

로마인은 바람처럼 습격해서 죽이고 약탈한 다음 바람처럼 사라져버리는 유형의 정복자가 아니었다. 로마인은 정복한 땅을 자기네 세계에 편입시켰다. 동맹관계를 맺은 속국이냐, 아니면 로마가 총독을 파견하여 직접 통치하는 속주냐의 차이는 있었지만. 그리고 일신교를 믿는 민족이라면 신과의 약속을 중시하는 것이 당연하지만, 다신교를 믿는 로마인이 신과의 약속보다는 인간끼리의 서약을 중시한 것도 그 생활방식, 즉 문명으로 보면 지극히 당연한 귀결이었다.

게다가 로마는 포에니 전쟁에서 카르타고를 제압한 뒤 고도성장기를 맞고 있었다. 고도성장기에는 자칫하면 성장을 뒷받침하는 체제 정비가 성장속도를 미처 따라가지 못하는 상태가 초래되기 쉽다. 이런 상황에서는 국가 간의 공식 협정보다는 개인 간의 인간 관계가 앞서기 쉽다. 제대로 정비되지 않은 국가 관계를 벌충하는 것이 개인 관계이기 때문이다. 공화정 로마에서 가장 중요한 인간 관계이자 국가 관계가 '파트로네스'와 '클리엔테스'의 형태를 취하게 된 것은 '사내 대장부는 일구이언을 하지 않는다'는 식의 생활방식을 중시한 로마인의 성향 때문이기도 했지만, 한편으로는 고도성장기라는 시대의 요청에 따르기 위한 것이기도 했다.

이런 관계가 후세의 평등 이념에서는 과거의 유물로 폄하되지만, 현실을 직시하면, 즉 당시 사람들 처지에서 보면 그렇게 부당한 관계는 아니었다.

폼페이우스는 해적소탕작전으로 지중해에 '팍스 로마나'(로마 주도의 평화)를 확립했기 때문에 지중해 일대의 '파트로네스'가 되어 있었다. 바꿔 말하면 지중해 연안의 도시들은 그의 '클리엔테스'가 된 셈이다. 또한 폼페이우스가 오리엔트를 제패한 뒤에는 오리엔트 나라들이 그의 '클리엔테스'가 되었다.

카이사르도 갈리아를 제패하여 갈리아 부족들과 '파트로네스-클리엔테스' 관계를 수립했다.

보호자 역할을 맡은 이상, '파트로네스'는 피보호자를 보호하는 책무를 갖는 것이 서약의 첫 번째 항목이 된다. 이 관계에서 '보호'는 안전보장이고, 로마 중앙정부에 대해 '클리엔테스'들의 권익을 옹호해주는 것이었다. 마치 두목이 부하들에게 내가 너희들을 보호해줄 테니까 안심하고 나한테 맡겨라 하고 가슴을 두드리는 느낌이라고나 할까. 폼페이우스도 카이사르도 자신의 '클리엔테스'로 삼은 지방의 질서를 확립하고 경제를 발전시키기 위해, 마치 두목이 부하들을 생각하듯 여러 가지 배려를 아끼지 않았다.

그러면 '클리엔테스'의 책무는 무엇인가.

'파트로네스'가 필요로 하는 것을 적시에 제공하는 것이 그들의 책무다. 내가 '보호자'와 '피보호자'로 번역하지 않고 '파트로네스'와 '클리엔테스'라는 라틴어 원어를 그대로 쓸 수밖에 없었던 이유도 여기에 있다. '파트로네스'와 '클리엔테스'의 관계는 일방적인 관계가 아니라 상부상조적 관계였기 때문이다. 그렇기 때문에 '파트로네스'와 '클리엔테스'는 이해관계를 공유하게 된다. 따라서 바람처럼 습격해서 사람을 죽이고 재물을 약탈하고 바람처럼 사라져버리는 것과는 정복과 지배 형태가 달라지는 것도 당연했다.

속주가 로마에 지불하는 속주세는 다른 차원의 문제다. 속주세는 병역 의무를 지지 않는 속주민이 병역 의무를 지고 있는 (설령 지원제라 해도) 로마 시민에게 지불하는 안전보장비라고 생각할 수 있기 때문이다.

고도성장기라서 국가체제가 성장속도를 뒤따라갈 수밖에 없었던 공화정 시대의 로마에는 이처럼 '파트로네스'와 '클리엔테스'의 관계가 국가 간의 관계와 공존하는 형태로 복잡하게 얽혀 있었다. 예를 들어 이집트는 독립국이기 때문에 로마와는 동맹관계를 맺었지만, 폼페이우스가 이집트 왕의 복귀를 위해 애썼기 때문에 이집트 왕가는 폼페이우스의 '클리엔테스'가 되었다.

폼페이우스는 카이사르와 정면 대결하기가 두려워서 이탈리아를 탈출한 것은 아니다. 예상치 못했던 카이사르의 루비콘 도하와 그 후의 신속한 작전에 허를 찔린 나머지 카이사르보다 한 발 뒤진 것은 사실이지만, 그렇기 때문에 불완전한 상태에서 맞서기보다는 힘을 완전히 갖추기 위해 일단 후퇴하여 휘하의 '클리엔테스'를 총동원하는 쪽을 선택한 것이다. 카이사르가 저지하려 한 것도 바로 이것이었다. 이탈리아반도를 넘어 지중해 세계 전역으로 시야를 넓히면, 폼페이우스가 압도적으로 우세했기 때문이다.

군사력은 동원할 수 있는 병력으로는 나타낼 수 없다. 그 병력을 유지하고 보충하고 때로는 대신 싸울 수 있는 예비 병력을 모두 합한 총량으로 가늠된다.

카이사르의 '클리엔테스'는 8년 동안의 갈리아 원정을 뒷받침한 북이탈리아와 남프랑스 속주, 그리고 속주세로 계산하면 4천만 세스테르티우스의 경제력밖에 갖지 못한 갈리아였다.

한편 폼페이우스의 '클리엔테스'로는 우선 2억 세스테르티우스의

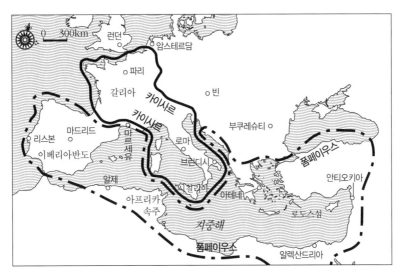

기원전 49년 당시 두 영웅의 세력 기반

속주세를 낼 수 있을 만큼 물산이 풍부한 소아시아와 시리아, 경제력에서는 그에 뒤지지 않는 그리스와 팔레스타인과 이집트가 있다. 지중해 동부 지역에 비하면 가난하지만 병력 제공 능력에서는 무시할 수 없는 에스파냐도 폼페이우스가 현직 총독이기 때문에 그의 기반이라고 할 수 있었다. 폼페이우스가 실제로 에스파냐 속주에 부임하지는 않았지만, 당시 이베리아반도는 폼페이우스 휘하의 세 장수가 7개 군단과 함께 다스리고 있었다. 게다가 아프리카 속주도 대대로 폼페이우스파 사람들이 총독으로 취임했기 때문에 폼페이우스의 기반이라고할 수 있었다.

여기에 해적소탕작전 이후 그의 '클리엔테스'가 된 마르세유를 비롯한 항구도시들이 추가된다. 이런 '바다의 클리엔테스'는 '파트로네스'가 필요할 때면 언제든지 선박 제공을 요청하고 기지로 사용할 수 있는 존재였다.

본국에서는 일단 탈출했지만, 폼페이우스의 머릿속에는 웅대한 전략이 있었다. 동쪽의 오리엔트와 서쪽의 에스파냐와 남쪽의 아프리카에서 이탈리아와 갈리아에 기반을 둔 카이사르를 포위 공격한다는 구상이었다. 폼페이우스는 바다까지 지배했기 때문에 그것도 충분히 실현할 수 있는 전략이었다.

하지만 정치든 군사든, 아니 인간이 관련되어 있는 거의 모든 일은 반드시 공식처럼 진행되는 것은 아니다. '1 더하기 1'이 항상 '2'가 된다고는 할 수 없다. '3'이 될 수도 있고 '4'가 될 수도 있고 '0.5'로 끝나버릴 수도 있다. 루비콘강에서 메시나해협까지 뻗어 있는 국가 로마는 본국인 만큼 '플러스 알파'가 있었다. 폼페이우스는 이 점을 간과했다. 나중에 카이사르를 암살한 브루투스도, 브루투스를 무찌른 안토니우스도 숫자나 형태로는 나타나지 않는 이 '플러스 알파'를 간과하게 된다. 그러나 카이사르는 그 당시 컴퓨터가 존재했다 해도 그것으로는 계산할 수 없는 이 '플러스 알파'의 중요성을 인식하고 있었다. 그리고 카이사르의 뒤를 잇게 된 옥타비아누스도 이것을 인식했다는 점에서 카이사르의 후계자라는 이름에 부끄럽지 않은 그릇임을 보여준다.

카이사르는 폼페이우스를 태우고 떠나는 배의 등불을 지켜볼 수밖에 없었지만, 로마로 떠날 때까지 이틀 동안 해야 할 일은 빠짐없이 끝냈다.

선박—브린디시 일대에서 배로 사용할 수 있는 것은 폼페이우스가 모조리 징발해버렸기 때문에 카이사르는 갈리아에서 배를 소집하거나 아니면 새로 만들 수밖에 없었다. 이런 불리함 속에서 유일하게 유리한 점은 브린디시 주민들이 카이사르 편이었다는 점이다. 카이사르는 그들에게 10개 군단을 수송할 수 있는 배를 반년 안에 준비해달라고 부탁했다. 선단을 가질 수 있느냐 없느냐는 지중해 제해권을 갖고 있는 폼페이우스에 대해 본국 로마를 방어할 수 있느냐 없느냐를 결정하는 요인이기도 했다.

식량—이 문제는 카이사르군 병사들의 배를 채우는 것만으로는 해결되지 않는다. 루비콘강에서 메시나해협에 이르는 이탈리아반도를 본국으로 삼고 있는 로마는 제1차 포에니 전쟁이 끝난 200년 전부터 식량의 자급자족 노선을 버렸다. 로마인의 주식인 밀은 시칠리아섬과 사르데냐섬, 북아프리카 등 3개 속주에서 들여오는 수입에 의존하고 있었다. 그런데 로마에 식량을 공급하는 이 속주들은 모두 이탈리아반도와는 바다를 사이에 두고 떨어져 있다. 이 바다의 제해권은 폼페이우스가 장악하고 있었다.

카이사르는 루비콘 도하를 결행한 지 두 달 만에 단 한 명의 병사도 잃지 않고 이탈리아반도를 장악하는 데 성공했다. 하지만 이 반도에 사는 로마인을 자기편으로 끌어들일 수 있느냐는 첫째 안전, 둘째 식량 확보에 달려 있었다.

첫 번째 문제인 안전은 카이사르 자신이 "나는 술라가 아니다"라고 공언하면서 로마에 남아 있는 폼페이우스파 사람들에게 일절 손을 대지 않았고, 부하 병사들에게는 약탈을 비롯한 폭력행위를 엄격히 금지하고 병사들도 이 명령을 충실히 지킴으로써 보장되었다.

두 번째 문제인 식량도 해결책을 빨리 마련하지 않으면 적을 이롭게 한다는 점에서는 마찬가지였다. 기원전 57년 이후 '식량청 장관'도 겸하고 있던 폼페이우스가 카이사르에 반대하기 위해서가 아니라 본국에 수입할 식량을 확보하기 위해 식량 공급지인 시칠리아와 사르데냐와 북아프리카 속주에는 휘하 장수를 총독으로 보내 통치했기 때문이다.

카이사르는 우선 소규모 부대를 보내 사르데냐섬을 수중에 넣었다. 시칠리아섬에는 쿠리오를 파견했다. 시칠리아에는 반카이사르파의 선봉장인 소(小)카토가 버티고 있었기 때문이기도 하다. 식량 생산지 확보가 최우선 목표인 이 군사행동에 카이사르는 오래전부터 자신과 함께 싸워온 군단을 보내지 않고, 지난 두 달 동안 그에게 투항한 폼페이우스군 병사들을 보냈다. 고참병들에게는 그보다 훨씬 어려운 임무가 기다리고 있었다.

폼페이우스가 떠난 지 이틀 사이에 이런 문제들에 대한 지시를 끝낸 카이사르는 브린디시에서 아피아 가도를 따라 수도 로마로 출발했다. 고참병 군단이 그 뒤를 따랐다. 기원전 49년 3월 19일인 이날부터 내전 제2막이 시작되었다.

브린디시에서 로마까지 가려면 이탈리아반도를 절반쯤 종단해야 한다. 그 거리를 카이사르는 12일 만에 주파했다.

3월 25일 베네벤토 도착, 이튿날인 26일에는 카푸아 입성. 이런 식으로 쉴 틈도 없이 수도를 향해 달려가는 카이사르의 머릿속에는 폼페이우스의 성향까지 계산에 넣은 내전 제2막의 시나리오가 이미 완성되어 있었다. 그것은 우선 서쪽을 치자는 것이었다.

수도 로마에서 남쪽으로 내려가는 2대 간선도로인 라티나 가도와 아피아 가도가 합류하는 요지 카푸아에 입성한 카이사르는 원로원 의원 모두에게 4월 1일 수도에서 원로원 회의를 소집한다는 통보를 보냈다. 그렇게 해놓고 다시 아피아 가도를 따라 북상하기 시작한 카이사르가 도중에 딱 한 군데 들른 데가 있었다.

키케로 대책

일급 변호사이면서 철학과 정치를 좋아한 키케로는, 개인적으로는 폼페이우스보다 카이사르를 높이 평가했고 둘도 없는 문학 동지로 여기고 있었다. 그러나 당대의 일류 지식인인 키케로는 원로원 주도의 소수지도체제, 즉 과두정이야말로 국가 로마의 정치체제여야 한다고 믿은 점에서는 카이사르와 견해를 달리했다. 그러나 견해는 달라도 완고한 원로원파, 즉 보수파는 아니었다. 포에니 전쟁이 끝날 때까지의 로마 역사가 보여주듯, 뛰어난 인재들이 '나'를 버리고 국가를 위해 헌신하는 정치체제야말로 지식인 키케로의 이상이었다. 이런 키케로의 가장 큰 소망은 현재 로마의 두 실력자인 폼페이우스와 카이사르가 손을 잡는 것이었다.

하지만 카이사르를 시기하고 증오한 나머지 그를 궁지로 몰아넣는 것밖에 생각지 않은 원로원파의 '원로원 최종권고'와 거기에 굴복하기를 거부한 카이사르의 루비콘 도하로 말미암아 키케로의 소망은 꿈으로 사라져버렸다. 카이사르를 국가의 적으로 간주한 '원로원 최종권고'에는 키케로도 찬성표를 던졌으니까, 카이사르가 루비콘강을 건넌 뒤에는 폼페이우스와 행동을 같이하는 것이 일관된 처신이다. 그런데 키케로는 로마를 버린 폼페이우스를 아피아 가도의 10분의 1 거리까지만 따라가다가 도중하차하는 쪽을 선택했다. 키케로의 많은 편지가 보여주듯이, 인간적으로는 아무래도 폼페이우스라는 나무에 의지할 마음이 나지 않았기 때문이다. 폼페이우스가 불성실하고 신뢰할 수 없는 인물이었던 것은 아니다. 사실 폼페이우스는 성실하기 이를 데 없는 사나이였다. 동갑인 키케로를 존경하기까지 했다. 문제는 '역량'에 있었다. 오리엔트에서 개선한 이후 폼페이우스가 보여준 역량을 키케로는 더 이상 신뢰할 수 없게 되었다.

키케로는 카이사르의 역량을 충분히 인정하긴 했지만, 정치적으로는 카이사르를 편들 수도 없었다. 고민에 빠진 키케로는 결국 중립을 선택하여 포르미아의 별장에 틀어박혔다. 그러나 카이사르가 진격하고 폼페이우스가 후퇴하고 있다는 소식은 바닷가 별장에 틀어박힌 키케로의 귀에 상세히 들어오고 있었다. 친구들이 전해주었다기보다는 그가 친구들에게 열심히 편지를 보내 꼬치꼬치 물어보았기 때문이다. 키케로는 필경 은둔생활 따위는 도저히 할 수 없는 인물이었다. 그런 키케로에게 아피아 가도를 따라 북상하고 있는 카이사르의 편지가 도착한 것이다.

"카이사르가 키케로에게.

우리 공통의 친구이기도 한 푸르니우스(카이사르의 비서)와는 잠시밖에 만나지 못했소. 그래서 그대의 근황을 만족할 만큼 자세히 들을 시간이 없었소.

나는 군단을 앞서 보내고 지금 강행군을 하는 중이오. 그렇긴 하지만, 언제나 잊지 않고 편지를 보내주는 그대에게 답장을 쓰는 것마저 단념해야 할 정도는 아니오. 그리고 그대한테 한 가지 부탁이 있소. 나는 되도록 빨리 로마에 들어가고 싶은데, 로마에서 그대를 만나고 싶소. 나는 지금 그대의 조언을 듣고, 그대의 권위에 도움을 받고, 많은 면에서 그대의 협력을 필요로 하고 있소.

자세한 이야기는 만나서 합시다. 편지가 너무 성급하고 짧은 것을 용서해주시오. 나머지는 이 편지를 가져가는 푸르니우스가 말해줄 거요."

이 편지를 받고 키케로는 깜짝 놀랐다. 폼페이우스는 그리스로 떠나버렸고, 이탈리아 안에서 현재 군사력을 갖고 있는 것은 카이사르다. 그런 카이사르가 로마에서 만나고 싶다는 편지를 보내온 것이다. 4월 1일에 수도에서 원로원 회의를 소집한다는 통보는 키케로가 있는 포르미아 마을에도 당도해 있었다. '로마에서 만나고 싶다'는 것은 곧 '원로원 회의에 참석해달라'는 뜻이다. 이런 시기에 그 요청에 응하면, 폼페이우스 진영에서는 당연히 그를 카이사르파로 단정할 것이다. 그렇지만 이탈리아에서 군사력을 갖고 있는 것은 카이사르다. 불안에 휩싸인 키케로는 카이사르의 친구인 마티우스한테까지 편지를 보내 어떻게 하면 좋겠느냐고 조언을 청했다. 무슨 일이든 다 털어놓는 친구인 아티쿠스한테도 당장 편지를 보낸 것은 두말할 나위도 없다. 어쨌든 사태는 다급했다. '나머지는 이 편지를 가져가는 푸르니우스가 말해줄 거'라고 카이사르는 말했지만, 그 '나머지'란 카이사르가 키케로의 별장에 들러 편지에서 언급한 문제를 직접 이야기하고 싶다는 방문 예고였기 때문이다. 키케로의 별장이 있는 포르미아는 아피아 가도에 인접해 있는 동시에 바다에도 면해 있는 최고의 별장지였다. 부동산 투자에도 일가견이 있는 키케로의 경제 감각이 이때는 오히려 그에게 불리하게 작용한 셈이었다.

"키케로가 아티쿠스에게.

오늘(3월 27일) 이 편지를 쓰면서 나는 트레바티우스(키케로의 청탁으로 카이사르가 비서로 삼은 키케로의 고향 출신 젊은이)를 기다리고 있네. 그와 마티우스의 조언을 듣고, 카이사르한테 어떻게 대처할 것인가를 결정할 작정일세. 그렇긴 하지만, 얼마나 참담한 나날인가. 카이사르는 틀림없이 무력을 사용해서 로마로 가자고 나한테 압력을 가해올 게 분명해. 이곳 포르미아에도 4월 1일에 원로원 회의를 소집한다는 포고령이 나붙었네.

어떡하면 좋을까. 거절할까? 거절하면 어떻게 될까? 어쨌든 회담이 어떤 식으로 진행되었는지는 나중에 자세히 알려주겠네. 여차하면 이곳을 떠나 아르피노에나 가버릴 작정일세. 수많은 걱정거리에 둘러싸여 사는 건 이제 더 이상 견딜 수 없네."

아르피노는 키케로의 고향인데, 라티나 가도에서 내륙으로 깊이 들어간 산지에 있다. 이제 키케로한테는 바다가 훤히 바라다보이는 절경 따위는 아무래도 좋았을 것이다.

카이사르의 키케로 방문은 이로부터 사흘 뒤에 실현되었다. 길을 서두르고 있는 카이사르는 군장도 풀지 않았고, 키케로도 원로원 의원에게 허용되어 있는 붉은 테두리 장식을 댄 하얀 토가 차림으로 그를 맞았을 것이다. 문학적인 대화는 아니다. 피차 편안한 차림으로 느긋하게 이야기를 나누는 담화는 아니었다. 그래도 두 사람은 절친한 사이다. 56세의 키케로와 50세의 카이사르 사이에 오간 대화는 키케로가 아티쿠스에게 보낸 편지를 직역하면 다음과 같이 진행되었다. 키케로가 걱정했던 무력 시위는 전혀 없었다.

"키케로가 아티쿠스에게.

자네의 충고도 충분히 받아들여 나는 카이사르에게 이야기했네. 로마에는 가지 않겠다고. 이런 결심을 나는 끝내 굽히지 않았네. 그런데 자네는 기억하고 있나? 카이사르가 처음 등장했을 당시 우리는 이야기했었지. 폼페이우스만 한 인물도 길들일 수 있었으니까 카이사르 따위는 훨씬 간단히 길들일 수 있을 거라고. 이제 나는 그 예측이 틀렸다는 것을 인정하겠네. 카이사르는 이렇게 말하더군.

'당신이 로마로 가지 않겠다는 것은 내 행위에 동의하지 않는다는 것을 의미할 뿐 아니라, 다른 원로원 의원들한테도 영향을 준다는 건 알고 있겠지요?'

그래서 나는 항변했네.

'내가 동의하지 않는 이유는 다른 사람들이 동의하지 않는 이유와는 다르오.'

여기서 잠시 언쟁이 있었지만, 마지막으로 그는 이렇게 말했네.

'좋소이다. 그럼 로마에 가서 화평공작을 위해 애써주면 어떻겠소?'

'내 뜻대로 말해도 좋소이까?'

'다름아닌 키케로가 할 말까지 카이사르가 이래라저래라 간섭하고 가르칠 수야 없는 일 아니겠소.'

'그렇다면 나는 이렇게 말하겠소. 원로원은 에스파냐에 있는 폼페이우스 휘하의 세 장수에게 카이사르가 군대를 보내는 것에는 동의할 수 없다고. 폼페이우스가 달아난 그리스로 군대를 파견하는 것에도 동의할 수 없다고. 그리고 폼페이우스를 기다리고 있는 운명을 나는 개인적으로 깊이 슬퍼한다고.'

'오오, 아니 되오. 당신이 그런 말을 하는 건 원치 않소.'

'나도 그럴 거라고 생각했소. 하지만 그 때문에도 나는 로마에 가고 싶지 않소. 나로서는 그런 말을 하지 않을 수 없었을 뿐만 아니라 원로원에 출석한 그대가 잠자코 들을 수 없다는 말까지 하는 상태가 되면 어떻게 하겠소? 그러니 나는 안 가는 게 좋겠소이다.'

카이사르는 자리에서 일어났지만, 그래도 마지막으로 이렇게 말하더군.

'어쨌든 잘 생각해보시오.'

나는 이 말까지 거부할 수는 없었다네. 그리고 카이사르는 떠났지. 카이사르가 내 태도에 만족하지 않은 것은 확실해. 하지만 나는 나 자신에게 만족했네. 이런 만족감은 오랫동안 맛보지 못한 것이었지…….

그렇긴 하지만, 카이사르를 따라다니는 무리는 참으로 한심하기 짝이 없네. 훌륭한 집안에서 태어난 젊은이들이 모두 자원해서 카이사르를 따라다니며 폼페이우스나 자기네 부친을 공격하다니. 카이사르의 명령은 그들 한 사람 한 사람에게까지, 군단 구석구석까지 미치네. 게다가 카이사르 자신은 대담한 결단 그 자체야. 나로서는 나쁜 결과밖에 예상할 수가 없네. 아무래도 자네의 충고를 받아들여 계속 은둔할 수밖에 없을 것 같군. 나 같은 사람에게는 상상을 초월하는 시대가 시작된 모양일세."

이 편지, 특히 전반부를 읽은 사람은 카이사르조차도 논쟁에 진 걸 보니 과연 키케로는 로마 제일의 변호사구나 하고 생각할 것이다. 그리고 자기 뜻을 끝까지 관철한 것은 키케로라고 누구나 생각할 것이다. 어쨌든 키케로 자신이 '로마에 가지 않겠다는 결심을 결코 굽히지 않았다'느니 '나는 나 자신에게 만족했다'고 의기양양하게 말했을 정도니까, 키케로 자신도 카이사르한테 이겼다고 생각한 게 분명하다.

카이사르의 언행도 시종일관했지만, 키케로의 언행도 이 시기에는 아직 나름대로 시종일관했다. 원로원 주도의 공화정을 지지한다는 점에서는 일관성이 있었다. 만약 키케로가 더욱 완강하게 자기 생각에 충실하고자 한다면, 그리고 무력 대결을 피하면서 그 생각을 관철하고자 한다면, 로마에 가서 원로원 회의장에 들어가 이 편지에도 나와 있듯이 카이사르의 행위에 대한 반대 의견을 당당하게 밝혀야 할 것이다. 카이사르에게 최악의 사태는 바로 키케로가 그런 식으로 나오는 것이었다. 키케로는 로마에서 가장 권위있는 '매스컴'이었기 때문이다.

카이사르는 언제나 현실을 직시했다. 불과 두 달 만에 이탈리아반도를 무혈 제패했지만, 폼페이우스와 대결은 뒤로 미루어졌을 뿐이라는 것을 알고 있었다. 이런 상황에서 정치사상적으로는 폼페이우스파인 키케로가 한순간에 마음을 바꾸어 카이사르파로 말을 갈아타리라고는 생각지도 않았을 것이다. 따라서 카이사르가 키케로를 방문한 속뜻은 키케로가 로마에 가는 것을 막으려는 데 있었다. 입으로는 로마에 가서 원로원 회의에 참석해달라고 했지만, 실제 의도는 키케로가 원로원 회의에서 발언하지 못하게 하려는 것이었다.

여기에 로마 최고의 지식인인 키케로가 보기 좋게 넘어가버렸다. 게다가 그는 자기가 카이사르의 꾀에 넘어간 것을 전혀 의식하지도 못했다. 물론 카이사르에게 가장 좋은 사태는 키케로가 원로원 회의에 참석하여 그를 지지하는 발언을 해주는 것이었다. 반대로 최악의 사태는 폼페이우스 편에 서서 발언하는 것이었다. 그리고 차선이라고 할 수 있는 상태는 키케로가 중립을 지켜주는 것이었다. 즉 수도 로마에서 멀리 떨어진 별장에 틀어박혀 침묵을 지켜주는 것이었다.

얼핏 보기에 회담의 주도권은 줄곧 키케로가 쥐고 있었고, 키케로를 설득하는 데 실패한 카이사르는 실망감을 안고 떠난 것처럼 보인다. 하지만 실제로는 그 반대였다. 키케로를 방문한 목적은 달성되었다. 게다가 키케로에게는 자신에 대한 만족감까지 안겨주면서. 역시 키케로보다는 그의 성향까지 파악하고 일에 임한 카이사르가 한 수 위였다.

수도 로마

기원전 49년 4월 1일, 로마에서는 원로원 회의가 열리고 있었다. 회의는 전직 집정관(프로콘술)인 속주 총독 카이사르가 참석할 수 있도록 성벽 밖에 있는 신전 회랑에서 열렸다. 군대를 가질 권리가 있는 전직 집정관은 로마 시내에 들어갈 수 없는 것이 국법이었기 때문이다. 에노발부스가 후임 총독으로 임명되었지만, 그에게 업무를 인계하지 않은 카이사르는 아직도 갈리아 속주 총독으로 행동하고 있었다. 말이 나온 김에 덧붙이면, 당시 원로원은 고정된 회의장을 갖고 있지 않았다. 제사장이 성별한 장소라면 어디서나 회의를 열 수 있었다.

국법을 지켜 시내로 들어가지 않고 군단도 로마 근교에 대기시킨 채 '맨주먹'으로 회의장에 참석한 카이사르는 우선 국법을 어기고 루비콘강을 건널 수밖에 없었던 사정을 설명했다. 또한 루비콘강을 건넌 뒤에도 폼페이우스와 대화를 하려고 노력한 사실도 이야기했다. 게다가 자기가 원한 것은 특별한 권리가 아니라, 국가를 위해 헌신한 로마 시민이라면 누구나 인정받아야 할 권리에 불과했다고 변명했다. 그리고 원로원 의원들에게 자기와 함께 공화국 로마의 국정을 담당해달라고 요구했다. 그러나 이렇게 못을 박아두었다.

"그대들이 내 요청을 외면한다 해도, 나는 이 무거운 짐을 벗어던지지는 않을 것이오. 국정은 나 혼자서라도 처리해나가겠소."

이렇게 말한 카이사르가 당면 과제로 요구한 의결사항은 폼페이우스에게 화평사절을 파견하는 문제였다. 여기에는 원로원 의원들이 모두 찬성표를 던졌다. 그러나 누구를 사절로 보낼 것인가를 결정하는 단계에 이르자, 의원들은 갑자기 발뺌하면서 말을 얼버무리기 시작했다. 사절을 맡으면 폼페이우스 진영에 적으로 간주될 것이 두려웠기 때문이다. 폼페이우스와 카이사르의 대결은 아직 결말이 나지 않았다. 로마에 남는 사람은 카이사르파로 간주하겠다는 협박을 받고도 수도에 남긴 했지만, 무슨 확고한 결의가 있어서 남은 것은 아니다. 카이사르파가 되기도 싫지만, 폼페이우스를 따라 나라를 버리는 것은 더 싫었기 때문에 남았을 뿐이다. 동정적인 눈으로 보면, 인간 세상에 흔히 있는 유형의 사람들이다. 이들에게 의지가 될 수 있었던 키케로는 회의에 참석하지 않았다. 좀처럼 결론을 내리지 못하고 논의가 지지부진해진 것도 어쩔 수 없는 일이었다. 하지만 카이사르는 이 때문에 사흘을 헛되이 보냈다.

그럭저럭하는 동안, 사르데냐섬에서는 카이사르파 군대의 모습을 본 주민들이 폼페이우스파 총독을 쫓아내버렸기 때문에 싸우지도 않고 섬을 장악했다는 소식이 들어왔다. 시칠리아에서도 카토가 그리스로 달아나버렸기 때문에 싸울 필요가 없었다는 소식이 들어왔다. 사르데냐와 시칠리아라는 양대 곡창을 수중에 넣은 이상 본국에 대한 식량 확보는 일단 걱정을 덜게 된 셈이다. 또 다른 밀 산지인 북아프리카 속주가 남아 있었지만, 카이사르는 그 일을 시칠리아 공략에 성공한 쿠리오에게 맡겼다. 쿠리오는 시칠리아에 데려간 병력을 이끌고 준비가 갖추어지는 대로 아프리카로 떠나라는 명령을 받았다.

문제는 앞에서도 말했듯이 집정관이 둘 다 폼페이우스와 함께 도망쳐버리는 바람에 집정관 부재 상태가 초래된 점이다. 이런 상태에서 수도 로마와 이탈리아반도의 질서와 안전을 유지하는 것이 당면 문제였다. 카이사르는 쿠리오에게 중요한 임무를 맡겼듯이, 원로원 의원의 아들이면서도 아버지를 거역하고 카이사르에게 달려온 젊은이들에게 이 임무를 맡겼다. 원로원의 협력을 얻지 못한 카이사르는 '혼자서라도 하겠다'는 말을 실천한 것이다.

　다만 내정이라는 가장 중요한 임무는 법무관 레피두스에게 맡겼다. 레피두스는 술라가 죽은 뒤 '민중파'를 내걸고 봉기했다가 어이없이 패배한 기원전 78년도 집정관 레피두스의 아들로서, 원래부터 카이사르파였다. 나중에 안토니우스 및 옥타비아누스와 함께 '제2차 삼두정치'의 '한 머리'가 되는 인물이기도 하다. 카이사르는 본국 안에는 병력을 두지 않기로 결정했다. 군사적인 압력으로 통치하는 것은 로마 시민한테는 효과적이 아니라고 생각했기 때문이다. 따라서 레피두스에게 주어진 임무는 군사력을 등에 업지 않고 본국의 질서를 유지하는 것이었다.

　국방 책임자로는 호민관 안토니우스를 임명했다. 그 역시 나중에 '제2차 삼두정치'의 '한 머리'가 된다.

　그리고 안토니우스와 병립하는 형태로 두 젊은이에게 아드리아해의 제해권을 빼앗는 임무를 맡겼다. 하나는 호민관 안토니우스의 동생 가이우스 안토니우스이고, 또 하나는 명문 귀족 출신인 돌라벨라였다. 돌라벨라는 키케로의 외동딸의 남편이었다. 하나뿐인 사위까지 카이사르한테 달려간 것을 키케로는 탄식해 마지않았다.

　가이우스 안토니우스와 돌라벨라는 이름뿐인 선단과 20개 대대를 받았다. 이들에게 주어진 임무는 아드리아해의 제해권을 빼앗는 것이었는데, 여기에는 두 가지 목적이 있었다. 하나는 카이사르가 그리스로 건너갈 때를 대비하여 안전을 확보하는 것이고, 또 하나는 폼페이우스의 본국 탈환을 저지하는 것이었다.

이처럼 모든 측면을 두루 살피고 대비책을 강구하긴 했지만, 카이사르에게도 약점이 없었던 것은 아니다. 지중해 각 지방에 '클리엔테스'를 두고 해군까지 수중에 넣고 있는 폼페이우스는 본국을 내놓은 것 외에는 모든 면에서 우위에 서 있었고, 원숙한 나이의 지도층을 우군으로 삼고 있다는 점에서도 우위에 서 있었다. 반면에 카이사르에게는 지도층 예비군이라고 할 수 있는 젊은이들밖에 없었다. 폼페이우스가 보수파를 대표한 반면, 카이사르는 개혁파를 대표했기 때문이다. 폼페이우스는 카이사르보다 불과 여섯 살 위지만, 그에게 모여든 이들은 그와 같은 세대의 사람들이었고, 카이사르에게 모여든 이들은 쉰 살인 카이사르보다 한 세대 아래인 청장년들이었다. 쿠리오도 가이우스 안토니우스도 돌라벨라도 모두 30대 중반에 불과했다. 열의와 체력은 충분하지만 경험이 부족했다. 그 결과, 카이사르는 모든 전선에서 직접 진두지휘를 맡아야만 했다. 이런 의미에서 갈리아 원정 당시 '오른팔'이었던 라비에누스가 폼페이우스 진영으로 달려간 것은 카이사르에게는 뼈아픈 일이었다.

그러나 인간 세상에서 일어나는 일은 유리한 면과 불리한 면을 동시에 갖게 마련이다. 카이사르는 결국 모든 전선을 직접 뛰어다닐 수밖에 없었지만, 그 자신은 물론 그를 따르는 장병들도 최근까지 전쟁을 치렀다는 유리한 점이 있었다. 반대로 폼페이우스는 경험이 풍부한 인물들에 둘러싸여 있었지만, 그 자신은 물론 그를 따르는 장수들도 라비에누스를 빼고는 15년 동안이나 전쟁터를 떠나 있던 사람들이었다.

사람은 남에게 일을 맡기지 않으면 안 될 때도 있는 법이다. 그 사람을 전적으로 신뢰하는 것은 아니지만 어쩔 수 없이 일을 맡길 때의 마음가짐은 '한번 시켜보자'는 것일 수밖에 없다. 폼페이우스의 출항을 끝내 막지 못했을 때, 카이사르는 바로 이런 심경이었을 것이다. 그렇긴 하지만, 모든 수는 다 써놓았다. 그리고 계절은 아직 4월 초순이었다. 실제 달력으로는 3월이 될까 말까 한 시기다. 전투에 적합한 계절은 앞으로 반년이다. 카이사르는 이미 이 계절을 '서쪽을 치는' 데 사용하기로 작정해놓고 있었다. '갈리아 트란살피나'(알프스 저쪽의 갈리아) 속주에 주둔해 있는 6개 군단에도 에스파냐로 남하하라는 명령을 내려놓았다.

이런 카이사르 앞을 막아선 또 다른 문제는 이미 써둔 '수'를 속행하는 데 필요한 자금이었다. 재무 담당인 발부스의 보고에 따르면, 카이사르의 금고는 텅 비어 있었다. 발부스는 카이사르에게 이런 사실을 보고하면서 한 가지 정보를 귀띔한 모양이다. 즉 사투르누스 신전 지하에 있는 국고는 고스란히 남아 있다는 사실이었다. 두 집정관이 수도를 탈출할 때 가져갔을 거라고 믿고 있던 카이사르에게는 더없이 기쁜 소식이었다.

그 후에 계속되는 에피소드에 관해 카이사르 자신은 『내전기』에서 한마디도 언급하지 않았다. 우리가 아는 것은 플루타르코스의 『영웅전』을 통해서다. 그런데 『영웅전』은 훌륭한 원사료지만, 이 에피소드는 아무래도 창작인 것 같다. 무대가 된 사투르누스 신전은 포로 로마노 안에 있고, 속주 총독 신분인 카이사르는 로마 시내로 들어갈 수 없는 처지였기 때문이다. 속주 총독을 그만두고 독재관이 되면 시내에 들어갈 수 있지만, 카이사르가 독재관에 취임한 것은 그해 말이었다. 그렇긴 하지만, 정말 같은 거짓말이라도 역사가가 채택하는 것은 그것이 그 인물의 성격과 행동을 잘 반영했기 때문이다. 따라서 플루타르코스와 그밖의 역사가들이 기록한 이 에피소드도 소개할 가치가 있다.

그것은 다음과 같이 전개되었다.

　포로 로마노에 들어간 카이사르는 시민들이 지켜보는 가운데 곧장 사투르누스 신전을 향해 걸음을 옮겼다. 그런데 신전 앞까지 와서 기다리는 카이사르에게 호민관 메텔루스가 집정관을 제외하고는 어느 누구도 국고에 손을 대서는 안 된다는 법률을 내세워 항의했다. 그러자 카이사르는 이렇게 대답했다.

　"군사의 시대는 법의 시대와는 다르네. 내 행위가 자네의 뜻에 맞지 않는다 해도 지금은 잠자코 있어주게. 전시에는 무슨 말이든 자유롭게 하는 것이 허용되지 않네. 폼페이우스와 내가 화해하고 쌍방이 무기를 거두면, 그때는 나한테 와서 무슨 말이든 자네 마음대로 해도 좋네."

　그런데 바로 이때 한 부하가 신전 안에 있는 국고 열쇠가 보이지 않는다고 말했다. 폼페이우스파가 로마를 탈출할 때 누군가가 열쇠만 가지고 도망친 것이다. 카이사르는 대장장이를 부르라고 명령했다. 문을 부수기 위해서였다. 호민관 메텔루스는 다시 항의하기 시작했다. 지켜보는 군중들 속에서도 메텔루스의 항의에 동조하는 목소리가 터져나왔다.

　그러자 카이사르는 처음으로 언성을 높였다. 그는 호민관에게 항의를 그만두지 않으면 죽이겠다고 거친 소리로 말했다. 그러고는 목소리를 낮추어 덧붙였다.

　"이보게 젊은이. 자네도 아다시피, 나한테는 자네와 이렇게 입씨름을 하는 것보다 부하를 시켜서 자네를 죽이는 편이 훨씬 힘이 적게 든다네."

　이것으로 충분했다. 얼굴이 창백해진 젊은 호민관은 입을 다물었다.

　이때의 강탈로 카이사르는 금괴 1만 5천 개와 은괴 3만 개에다 전체 무게가 30톤이나 되는 3천만 세스테르티우스의 은화를 손에 넣었다고 한다. 군자금 조달에 대한 걱정도 이것으로 해소되었다.

술라와 카이사르만이 아니라 고대인들이 금·은을 얻는 데 열심이었던 것은 그 시대에는 지폐가 존재하지 않았기 때문이다. 병사들에게 급료를 줄 때도, 군량을 구입할 때도, 도로를 건설할 때도, 각급 공무원에게 급료를 줄 때도 모두 금화나 은화로 지불해야 한다. 이 시대에는 금이나 은이 없으면 화폐를 만들 수 없었다.

3월 17일 한밤중, 폼페이우스, 브린디시 출항.
3월 31일 저녁, 카이사르, 로마 도착.
4월 7일 아침, 카이사르, 로마 출발.

에스파냐로 떠나기 전에 카이사르는 원로원에서 법안 하나를 가결시키는 데 성공했다. 이 법안은 법무관 로시우스가 제출하는 형태를 취했기 때문에 '로시우스법'이라고 불리는데, 루비콘 이북에 있는 북이탈리아 속주―갈리아 키살피나(알프스 이쪽의 갈리아) 속주―의 주민들에게 로마 시민권을 부여한다는 법안이었다. 이것은 카이사르가 갈리아 원정 때 후방 지원을 아끼지 않았던 북이탈리아 속주의 이익을 유도하는 정책이었다. 이로써 로마 본국은 시칠리아섬과 사르데냐섬을 제외하면 현대의 이탈리아 국가와 같은 영토를 갖게 되었다. 그리고 루비콘강도 이제는 더 이상 국경이 아니었다.

서쪽을 치다

이탈리아에서 폼페이우스 휘하의 세 장수가 기다리는 에스파냐로 가기 위해 카이사르는 육로를 택했다. 거듭 말하지만 지중해 제해권은 폼페이우스가 쥐고 있었고 카이사르한테는 배도 없었다. 내전 제2막이라고 해도 좋은 지중해 서부 전투에는 그와 함께 루비콘강을 건너

이탈리아 제패를 실행한 3개 정예 군단을 데려갔다. 중북부 갈리아에서 겨울을 난 6개 군단에도 출동명령을 내렸으니까, 카이사르는 갈리아 전쟁을 함께 치른 군단을 모두 투입하여 에스파냐의 폼페이우스 세력을 소탕할 작정이었다. 에스파냐에서 기다리는 전력은 세 장수가 나누어 이끌고 있다고는 하지만 7개 군단과 현지 병력을 합해 9만 명이나 되었다.

그러나 예기치 못한 사태가 발생했다. 4월 7일 로마를 떠난 카이사르와 3개 군단이 아우렐리아 가도를 북상하여 제노바를 지나고, 남프랑스 속주인 프로빈키아를 서쪽으로 나아가, 카르타고가 멸망한 뒤에는 명실공히 지중해 서부 제일의 항구도시로 번영하고 있는 마르세유에 도착한 것은 4월 19일이었다. 여기까지는 아무 장애도 없었다. 장애는 마르세유에서 발생했다.

마르세유는 로마보다 역사가 오래된 도시로서 그리스인이 식민지로 건설한 항구도시다. 그리스인은 철학과 문학만을 낳은 민족이 아니다. 상업과 해운에서도 뛰어난 재능을 자랑하는 민족이다. 그리스인의 도시 마르세유도 문화는 낳지 못했지만, 통상에서는 번영을 누리는 도시였다. 장사꾼인 만큼 시대의 변화에도 민감했다. 카르타고와 로마가 패권을 다투던 시대에는 재빨리 로마를 편들었고, 로마가 카르타고를 멸망시키고 지중해 서부의 패권자가 된 뒤로는 로마의 산하에 들어가 로마의 패권을 인정하면서도 독립국가로 존속했다. 로마도 남프랑스는 속주로 삼았지만, 마르세유 자체의 독립은 존중했다. 통상을 주로 하는 마르세유는 폼페이우스의 해적소탕으로 이루어진 지중해의 '팍스 로마나'로 번영을 누렸다. 이 점에서는 마르세유도 폼페이우스의 '클리엔테스' 조직망에 한 자리를 차지하고 있었다.

그러나 성문을 열라는 카이사르의 요구에 응하지 않은 것은 마르세유 주민이 폼페이우스파였기 때문만은 아니다. 그들은 장사꾼이다. 감정만으로는 움직이지 않는다. 그들이 카이사르에게 성문을 닫은 것은 그의 실각을 기대했기 때문이다. 카이사르는 갈리아 전쟁으로 제패한 중북부 갈리아의 경제활동을 활성화하는 데 적극적이었다. 그 최선봉에 선 것은 이탈리아에 살고 있는 그리스계 로마인이었다. 이들은 그리스인의 피를 이어받아 경제적인 재능이 뛰어난데다 로마 시민의 특권도 갖고 있었다. 지금까지 줄곧 중북부 갈리아와의 통상을 독점해온 마르세유에는 강력한 경쟁자가 출현한 셈이다. 독점시장을 침해당했다고 생각한 마르세유인들은 카이사르를 좋게 여기지 않았다. 그런데 폼페이우스와 카이사르 사이에 싸움이 일어난 것이다. 마르세유인들로서는 해적을 소탕해준 사람과 시장을 빼앗은 사람의 대결이다. 그들이 카이사르에게 성문을 닫은 것도 무리는 아니었다. 그리고 마르세유는 폼페이우스가 응원해줄 것을 믿어 의심치 않았다. '클리엔테스'가 위기에 빠지면 달려와 도와주는 것이 '파트로네스'의 책무였기 때문이다. 마르세유 주민들은 해적소탕 때 폼페이우스가 보여준 과감한 적극성이 지금도 변치 않았으리라고 굳게 믿었다.

카이사르에게 마르세유의 이런 대응은 뜻밖이었다. 그렇긴 하지만, 강력한 마르세유를 방치해둘 수는 없는 노릇이었다. '서쪽을 친다'는 것은 지중해 서부 지역을 손에 넣음으로써 배후의 걱정거리를 없애두는 의미가 있었기 때문이다. 마르세유와 에스파냐는 만(灣)을 사이에 두고 마주보고 있다. 만이 넓기는 하지만 그 만을 건너기만 하면 에스파냐와 바로 이어진 마르세유는 무슨 일이 있어도 장악해둘 필요가 있었다.

카이사르는 마르세유가 항구도시인 만큼 바다와 육지 양쪽에서 공격할 필요가 있다고 생각했다. 하지만 마르세유는 방어에 적합한 반도 끝에 자리 잡고 있는데다, 풍부한 경제력을 바탕으로 육지와 바다 양

(프랑스)

남프랑스
속주

피레네산맥

(에스파냐)

(6월 22일~8월 2일)
레리다

(리스본)

(포르투갈)

(마드리드)

타라고나
(9월 25일~10월 1일)

(9월 7일)
코르도바

카이사르의 진로

(9월 17일)
카디스

지중해

(리바트)

알제

(모로코)

마우리타니아 왕국

(알제리)

기원전 49년, 카이사르 '서쪽을 치다'

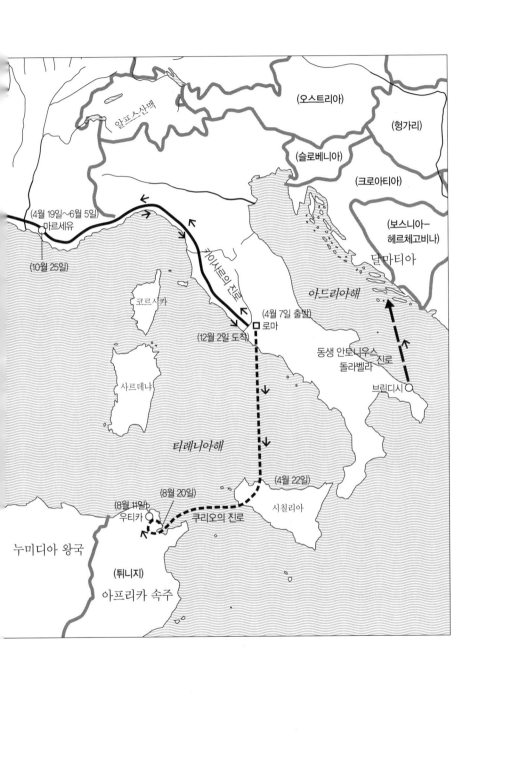

(오스트리아)

(헝가리)

(슬로베니아)

(크로아티아)

알프스산맥

(보스니아-
헤르체고비나)

달마티아

(4월 19일~6월 5일)
마르세유

(10월 25일)

카이사르의 진로

아드리아해

코르시카

(4월 7일 출발)
로마

(12월 2일 도착)

동생 안토니우스
돌라벨라 진로

사르데냐

브린디시

티레니아해

(4월 22일)

(8월 20일)

시칠리아

(8월 11일)
우티카

쿠리오의 진로

누미디아 왕국

(튀니지)
아프리카 속주

쪽에 견고하기 이를 데 없는 요새가 만들어져 있었다. 보통은 장기전이다. 그러나 카이사르는 걸음을 서두르고 있었다.

마르세유 공방전

로마 군단의 기술력을 발휘하여 육지 쪽 포위망을 만드는 데에는 보름이 걸렸다. 그동안 가까운 아를에서는 바다 쪽에서 공격하는 데 필요한 배 12척이 만들어졌다. 육지 쪽에서의 공격 준비가 끝난 5월 4일, 마르세유 공방전이 시작되었다.

무력 충돌이 일어날 것을 내다본 마르세유는 식량과 무기를 충분히 비축해두었고, 전투요원도 외부에서 충분히 보충해두었다. 조속한 해결을 바란 카이사르의 생각과는 반대로, 공방전은 점점 장기화 양상을 띠게 되었다. 폼페이우스도 '클리엔테스'에 대한 '파트로네스'의 책무를 충실히 지켜 에노발부스를 사령관으로 하는 지원군을 보냈다. 코르피니오에서 카이사르에게 항복하고 석방된 바로 그 인물이다. 이 지원군은 군선 16척으로 이루어져 있었다. 폼페이우스도 직접 전선에 나오지는 않았지만, 지중해 전체를 머릿속에 그리고 전략을 짜서 실행했다.

마르세유 공방전이 시작된 지 한 달이 지날 무렵, 카이사르는 에스파냐에서 폼페이우스 군대와 대결하는 것을 더 이상 늦출 수 없다고 판단했다. 갈리아에서 에스파냐로 보내둔 파비우스 휘하의 3개 군단을 그대로 적지에 놓아두는 것도 위험했다.

그래서 에스파냐로 데려갈 작정이었던 트레보니우스 휘하의 3개 군단을 마르세유에 남겨두고, 이 3개 군단에 육지 쪽 공격을 맡기기로 결정했다. 바다 쪽 공격은 갈리아 원정 때 대서양 연안의 베네티족을 격파함으로써 해전 전문가로 알려지게 된 데키우스 브루투스에게 맡기기로 했다.

카이사르 자신은 이탈리아에서 데려온 3개 군단과 기병 900기를 이끌고 마르세유를 떠나 서쪽으로 향했다. 나르본을 지나고 피레네산맥을 넘어 바르셀로나에서 서쪽으로 130킬로미터 거리에 있는 레리다에 도착한 것은 6월 22일이었다. 여기서 파비우스가 지휘하는 3개 군단과 합류했다.

레리다에서는 폼페이우스가 파견한 루푸스—코르피니오가 함락되었을 때 포로로 잡혔다가 석방된 폼페이우스파 장수—의 지시에 따라 둘로 나뉘어 있던 5개 군단이 합류하여 파비우스의 3개 군단과 대치하고 있었다. 바로 그때 카이사르가 도착한 것이다. 카이사르는 마르세유 문제만 아니었다면 9개 군단으로 조기에 전투를 끝낼 작정이었지만, 마르세유에 3개 군단을 두고 오는 바람에 6개 군단밖에는 사용할 수 없게 되었다. 군단 수는 적보다 1개가 더 많다. 하지만 적의 1개 군단은 정원이 6천 명인 반면, 카이사르 진영은 8년 동안 갈리아 원정을 치른 뒤인 만큼 1개 군단이 기껏해야 4,500명에 불과했다. 게다가 적에게는 80개 대대 4만 8천 명이나 되는 에스파냐 원주민 병력이 가세한 상태였다. 내전 제2막에서 가장 중요한 전투가 될 에스파냐 전쟁은 다음과 같은 전력으로 치러지게 되었다.

• 폼페이우스 진영

5개 군단 3만 명의 중무장 보병과 현지 병력 4만 8천 명, 합계 보병 7만 8천 명. 기병은 5천. 아프라니우스와 페트레이우스라는 두 장수가 총사령관 폼페이우스를 대신하여 지휘를 맡는다. 그밖에 또 다른 장수 바로가 2개 군단과 함께 남부 에스파냐에서 대기하고 있었다.

• 카이사르 진영

6개 군단 2만 7천 명의 중무장 보병과 기병 3천. 현지 병력은 없음.

현지 병력이 없다는 것은 에스파냐가 모두 적의 수중에 들어가 있다는 뜻이기도 하다.

"우리가 공격할 상대는 장수 없는 군대"라고 카이사르는 호언했지만, 큰소리만 치면 된다고는 생각지 않았다.

여기서 『로마인 이야기』 제4권 '카이사르와 돈'이라는 항목에서 소개한 구절이 등장한다. 『내전기』에 나오는 그 부분을 다시 인용하겠다.

"그래서 카이사르는 대대장이나 백인대장들한테 돈을 빌려 병사들에게 보너스로 주었다. 이것은 일석이조의 효과를 가져왔다. 지휘관들은 돈을 못 받는 사태가 벌어지지 않도록 하기 위해서라도 열심히 싸웠고, 총사령관의 선심에 감격한 병사들은 전심전력을 기울여 용감하게 싸웠기 때문이다."

정말로 카이사르의 금고가 바닥났기 때문이라고는 믿기 어렵다. 로마에서 강탈한 국고가 불과 반년 만에 바닥날 리가 없을뿐더러, 여기에 이어지는 『내전기』의 기술에 따르면, 무려 50배나 값이 오른 밀을 (물론 개탄하긴 했지만) 구입했기 때문이다. 장교들한테서 돈을 빌린 것도 돈이 없었기 때문이 아니라, 돈이 있으면서도 빌린 게 아닐까. '일석이조'의 효과를 거두기 위해.

이탈리아의 교육제도에서 '리체오 클라시코'는 5년제 인문계 고등학교를 말한다. 고대 그리스의 아리스토텔레스가 창설한 학원인 '리케이온'을 어원으로 하는 '리체오'(프랑스에서는 '리세')라는 말이 보여주듯이, 이것은 대학에서 전문교육을 받기 전에 배워두어야 하는 교양과정으로 여겨지고 있다. 인문계 고등학교에서 2대 주요 과목은 그리스어와 라틴어인데, 라틴어 문장의 정수라 하여 교과서에 빠짐없이 등장하는 카이사르의 문장을 문체가 평이하다는 이유로 2학년 학생한테

가르치는 교사가 많다. 그러나 문제는 평이해도, 카이사르를 15세 수준에서 충분히 음미하며 감상할 수는 없다. 『갈리아 전쟁기』라면 또 모르지만, 『내전기』는 문장을 따라가기만 하면 이해할 수 있는 글이 아니다. 카이사르라는 사나이는 거짓말을 쓰지는 않았지만, 진실을 전부 다 써준 것도 아니었기 때문이다.

어쨌든 3배나 우세한 적을 앞에 두고서도 카이사르는 한편으로는 장수가 없는 적을 공격하는 것쯤은 아무것도 아니라고 큰소리를 치고, 한편으로는 장교들한테 돈을 빌려 병사들한테 보너스를 나누어주었다.

기병 전력에서도 적군은 5천인데 카이사르 진영은 3천으로 열세였지만, 이것도 카이사르는 걱정하지 않았다. 기병 3천 명은 카이사르가 직접 선발한 갈리아 기병과, 갈리아 원정의 최대 고비였던 알레시아 공방전을 카이사르와 함께 치른 게르만 기병으로 이루어져 있었다. 갈리아인과 게르만인은 민족의 차이도 피정복자라는 것도 잊어버리고 카이사르에게 충성을 바쳤다. 카이사르와 생사를 함께한다는 각오에서는 로마 시민인 군단병보다 더하면 더했지 뒤떨어지지는 않았다. 카이사르도 그들의 충성을 잊지 않았다. 내전이 끝난 뒤, 그는 갈리아 기병만이 아니라 게르만 기병들한테도 로마 시민권과 땅을 주었다.

카이사르보다 한 달 먼저 에스파냐에 들어와 있던 군단장 파비우스가 거느린 병력은 3개 군단과 기병 2,100기, 합해서 1만 5천 정도에 불과했다. 이런 병력으로 9만 명에 가까운 적과 싸울 수는 없고, 결국 '카이사르를 기다릴' 수밖에 없다. 그래도 카이사르를 기다리는 동안을 이용하여 견고한 진영을 세운 것은 물론이고, 눈앞을 흐르는 세그레강에 임시 다리이긴 하지만 6킬로미터 간격을 두고 다리를 2개 건설했다.

에스파냐 전쟁

에스파냐에서도 카탈루냐 지방에 속하는 도시 레리다는 피레네산맥에서 발원한 세그레강이 에브로강으로 흘러드는 지점에서 북쪽으로 40킬로미터쯤 떨어져 있다. 도시 자체는 고지대에 있고, 동쪽을 흐르는 세그레강에는 로마식의 튼튼한 돌다리가 걸려 있었다. 이 돌다리는 로마의 기지 타라고나로 이어지고, 마르세유와 남프랑스 속주와도 이어져 있었다. 폼페이우스 진영이 에스파냐 탈취를 노리는 카이사르를 에스파냐의 관문이라 해도 좋은 이곳 피레네산맥 근처에서 맞아 싸우려 한 것도 당연하다. 그래서 지금까지 삼분되어 있던 병력 가운데 5개 군단을 통합하여 에스파냐 입구에서 카이사르를 격퇴하는 전략으로 나왔다.

두 지휘관은 모두 원숙기에 이른 노련한 장수다. 사령관격인 아프라니우스는 기원전 60년에 집정관을 지냈고, 6년 전부터는 폼페이우스의 대리로 이베리아반도의 총책임자를 맡고 있었다. 나이는 카이사르보다 한두 살 위다.

부사령관격인 페트레이우스도 거의 동년배였다. 그는 원로원 계급에 속하지 않고, 군대에서 갖은 고초를 겪으며 장수 지위에 오른 사람이었다.

에스파냐 북부에서 합류한 이 두 장수 이외에 에스파냐 남부에는 바로가 2개 군단과 함께 주둔해 있었다. 무명(武名)보다 문명(文名)이 높은 바로는 올해 67세. 폼페이우스 진영의 상층부가 장년과 노인으로 채워져 있었던 것을 보여주는 하나의 사례이기도 하다.

레리다에서 카이사르를 맞아 싸울 아프라니우스와 페트레이우스는 9만 명에 가까운 전력을 거느렸기 때문에 시내에서 카이사르를 기다릴 수는 없었다. 그래서 레리다에서 남쪽으로 1킬로미터 떨어진 고지대에 진영을 세웠다. 역시 카이사르가 도착하기를 기다리는 파비우스는 레리다 북쪽에 진영을 세웠다. 그리고 레리다와 가까운 돌다리가 적의 손에 들어간 불리함을 벌충하기 위해 세그레강 상류에 목조 다리를 지었다. 다리도 만약을 위해 두 개를 지었다.

그런데 그해 겨울에는 눈이 많이 왔고, 봄에는 비가 많이 내렸다. 세그레강은 하루만 비가 내려도 홍수가 나기 때문에 다리 두 개 가운데 하나는 떠내려가버렸다. 나머지 다리는 병사들이 필사적으로 보강하여 우선 급한 대로 사용할 수 있는 상태로 복구할 수 있었다. 바로 그때 카이사르가 3개 군단을 거느리고 도착했다. 기원전 49년 6월 22일이었다.

마르세유에서 한 달을 허비한 카이사르에게는 행군의 피로를 풀 여유도 없었다. 갈리아에서 레리다까지 군량 보급로를 확보하려면 다리가 있어야 했다. 그는 새 다리를 건설하라고 명령해놓고, 진지 수비와 다리 건설을 위해 6개 대대를 남겨둔 다음, 나머지 병력을 이끌고 군사행동을 개시했다. 폼페이우스 진영이 레리다에 군량을 의존한다는 것을 안 카이사르는 레리다 앞을 그대로 지나, 거기서 남쪽으로 1킬로미터 떨어진 고지대에 포진하고 있는 적 앞에 나타나 싸움을 걸었다.

그러나 유리한 지형에 포진한 아프라니우스는 도전에 응하지 않았다. 카이사르도 도전하긴 했지만, 낮은 곳에서 고지대로 공격해 올라가는 것은 불리하다. 따라서 공격할 생각은 애당초 없었다. 카이사르의 진짜 의도는 쉽사리 함락될 것 같지 않은 레리다와 아프라니우스의 진영 사이를 차단하는 데 있었다.

카이사르의 군단병들은 마치 갈리아 원정 시절로 되돌아간 것처럼 단번에 공병으로 변신했다. 적진 주위에 4.5미터 깊이의 참호를 파는 공사가 시작되었다. 이것으로 적의 보급로를 차단할 생각이었다.

그런데 참호가 완공된 이튿날, 세그레강물이 또다시 불어났다. 카이사르 쪽의 다리는 둘 다 토사가 섞인 급류에 떠내려가버렸다. 이렇게 되면, 탁류에도 꿈쩍하지 않은 레리다 근처의 돌다리를 사용할 수 있는 적이 보급면에서는 단연 우위에 서게 된다. 실제로 갈리아에서 온 수송부대는 돌다리를 건너오는 적병의 공격 때문에 감히 다리에 접근하지도 못하는 형편이었다. 굶어 죽을 각오라도 하지 않고는 적진 앞에 계속 늘어붙어 있을 수는 없는 상태였다.

이런 상황을 빨리 타개하지 않으면, 사기가 떨어져 지는 게 아니라 배가 고파서 지게 된다. 하지만 탁류가 소용돌이치는 세그레강은 기병이라면 모를까 보병이 건널 수 있는 상황은 아니었다. 그러는 동안에도 비는 사정없이 계속 퍼부었다.

카이사르 진영의 곤경을 알아챈 적진은 환호성으로 폭발할 지경이었다. 아프라니우스와 페트레이우스는 "카이사르, 출구가 없는 상태. 싸움은 우리가 이긴 거나 마찬가지"라는 급보를 수도 로마와 그리스의 폼페이우스에게 보냈다.

그리스에 있는 폼페이우스파도 흥분으로 들끓었겠지만, 수도 로마에서는 이제까지 중립을 가장하던 원로원 의원들이 이 소식을 듣고 태도를 결정했다. 키케로도 그중 한 사람이었다.

이때 비로소 키케로는 폼페이우스에게 가기로 결정했다. 카이사르군 병사들이 감시하고 있는 브린디시에서는 출항할 수 없다고 생각한 키케로는 포르미아 별장에서 우선 육로로 쿠마이까지 남하한 다음, 거기서 배를 타고 메시나해협을 지나 이오니아해로 들어간 뒤에야 비로소 북상하여 그리스 서해안에 상륙하기로 했다. 브린디시에서 떠나는 것에 비하면 6배나 먼 거리였다. 그래도 우유부단한 키케로로서는 난생처음 내린 대결단이었다. 하지만 키케로가 그리스 땅을 밟기 전에 상황은 역전되어버렸다.

　루비콘강을 건넌 이후 처음으로 큰 난관에 부닥친 카이사르는 51번째 생일을 축하할 엄두도 내지 못한 채 보냈다. 이런 경우야말로 병사들은 총사령관의 얼굴만 쳐다보게 마련이다. 카이사르 휘하의 6개 군단은 모두 갈리아 전쟁을 함께 치른 고참병 집단이었다. 그리고 갈리아 원정에서 카이사르는 몇 번이나 그들이 보는 앞에서 역경을 타개했다.

　그러나 카이사르가 몰려 있던 '막다른 골목'은 한 가지 계책을 궁리하는 정도로는 도저히 빠져나올 수 없는 것이었다.

　우선 카이사르 진영은 45킬로미터 간격을 두고 흐르는 세그레강의 두 지류 사이에 끼인 삼각주에 자리 잡고 있었다. 지류는 둘 다 소용돌이치는 탁류 때문에 건널 엄두조차 낼 수 없는 상태였다. 물론 갈리아에서 식량을 싣고 온 보급부대도 강 건너편에서 오도가도 못한 채 쩔쩔매고 있었다. 식량을 현지에서 조달하려 해도, 이미 아프라니우스가 조달한 뒤라 식량이 남아 있지 않았다. 밀이 없으면 고기로 대신할 수도 있지만, 전쟁을 예감한 주민들은 가축을 데리고 산악지대로 피난해버렸다. 그리고 폭풍우라 해도 좋은 악천후는 호전될 기미조차 보이지 않았다. 모든 것이 풍족한 폼페이우스 진영에서는 장수와 병사들이 모두 유유히 장기전에 대비했다. 한편 카이사르 진영에서는 총사령관부터 일개 병졸에 이르기까지 부족한 식량을 똑같이 나누어 먹으며, 계속 내리는 비 속에서 하늘만 쳐다보는 나날을 보냈다.

　물론 카이사르가 그냥 손을 맞잡고 날씨가 좋아지기만 기다리고 있었던 것은 아니다. 탁류가 소용돌이치는 강에 다리를 놓으려고 애써보기도 했다. 그리고 브리타니아에서의 경험을 살려 30킬로미터 상류에 작은 배를 연결한 다리를 완성했다. 기병이 이 다리를 건너기는 어려웠고, 6개 군단이나 되는 중무장 보병이 모두 건너기도 어려웠지만, 고립상태만은 벗어날 수 있게 되었다. 남프랑스와 연락도 재개되었다. 그리고 연락이 트이자마자 남프랑스에서 승전보가 전해졌다. 6월 28일에 벌어진 해전에서 데키우스 브루투스가 이끄는 카이사르 함대가 에노발부스가 이끄는 폼페이우스-마르세유 연합 함대에 대승을 거두었다는 소식이었다. 카이사르 진영에서는 오랜만에 환성이 울려퍼졌다.

조금씩이나마 들어오기 시작한 식량과 아군의 승리로 사기가 높아지자, 카이사르는 반격에 나설 시기가 무르익은 것을 느꼈다. 다만 그것은 군사력이 아니라 상상력을 이용한 반격이었다.

역전

7월이라고는 하지만 실제 달력으로는 5월이다. 그래도 계절은 여름이다. 산에서 내려오는 눈녹은 물도 바닥을 드러내고, 지중해성 기후에서는 겨울부터 봄까지 계속되는 우기도 끝나 건기로 접어드는 것이 보통이다. 그래서 지중해 지방의 강은 여름에는 수량이 크게 줄어든다. 그런데 그해에는 어찌된 셈인지 수량이 줄어들기는커녕 비도 그치지 않았다. 지류를 비롯한 모든 강은 토사가 섞인 급류가 되어 발을 담그기도 겁이 날 정도였다.

날마다 탁류가 소용돌이치는 강물을 바라보던 카이사르는 이 자연에 맞서서 다리를 놓는 고생을 계속하기보다는 자연의 추세를 이용하기로 마음먹었다. 사기가 오른 병사들은 총사령관의 명령이 떨어지기가 무섭게 새로운 토목공사에 착수했다.

그것은 운하를 파는 공사였다. 그것도 하나가 아닌 여러 개였다. 각

운하의 너비는 9미터 안팎. 세그레강의 지류로 카이사르 진영을 위기에 빠뜨린 슈리스강의 물길을 바꾸는 것이 첫 번째 목적이다. 이 작업으로 슈리스강이 얕은 여울로 바뀌면, 보병도 쉽게 건널 수 있고 기병의 행동도 더욱 자유로워진다. 이것이 운하공사의 두 번째 목적이었다. 공사는 현장감독으로 변신한 카이사르의 지휘 아래 비 속에서도 밤낮을 가리지 않고 교대로 계속되었다.

운하가 완성되기 전에 이것을 알아차린 폼페이우스 진영의 두 장수는 당장 사태의 중대성을 깨달았다. 카이사르를 막다른 골목으로 몰아넣었다고 생각했는데, 이제는 적이 아니라 아군이 궁지에 몰리게 된다는 것을 알았기 때문이다. 카이사르 쪽의 운하공사가 끝나면, 이번에는 그들의 보급로가 차단당하게 된다. 게다가 보급로 차단으로 궁지에 빠지는 정도는 그들 쪽이 훨씬 크다. 카이사르 진영은 3만 명인 반면, 그들은 9만 명의 배를 채워야 하기 때문이다. 비축 식량은 아직 충분했지만, 인간은 식량이 실제로 바닥을 드러내는 것보다 식량이 동나는 데 대한 불안으로 동요하는 법이다. 맨 먼저 동요한 것은 원주민 참가병들이었다. 탈영이 시작되었다. 탈영은 멈추지 않는 출혈과도 비슷했다. 현지병을 믿을 수 없다 해도 5개 군단 3만 명만 있으면 얼마든지 카이사르와 대적할 수 있다는 자신감은 아프라니우스도 페트레이우스도 갖고 있지 않았다.

폼페이우스 진영의 두 장수는 남쪽으로 철군하기로 결정했다. 에스파냐 안에서 폼페이우스의 명성은 확고부동했기 때문에 고립상태만 벗어나면 지원을 받을 수 있는 전망은 충분했다. 게다가 에스파냐 남부에는 바로가 이끄는 2개 군단이 있다. 따라서 군사력도 보급력도 충분한 에스파냐 남부로 전선을 옮겨, 그곳에 카이사르를 겨울까지 못박아두자는 것이 아프라니우스와 페트레이우스의 전략이었다.

철군은 7월 25일에서 26일로 넘어가는 한밤중에 결행되었다. 척후병을 통해 카이사르도 그것을 알았다. 당장 추격할 필요가 있었지만, 얕은 여울로 변했다고는 해도 아직은 물살이 세차고 수량도 많아서 기병은 그런대로 건널 수 있지만, 중무장 보병은 탁류 위로 머리와 어깨만 겨우 내놓고 강을 건너야 한다. 그것을 강행하면 병사의 희생만 늘릴 뿐이다.

그러나 병사들은 결단을 내리지 못하고 있는 카이사르에게 자기네 지휘관을 통해 그들의 결심을 전해왔다.

"우리의 고생과 희생을 염려하실 필요는 없습니다. 우리는 기병을 따라 강을 건너갈 각오가 되어 있습니다."

이 말을 들은 카이사르는 결단을 내렸다. 그러나 한 가지 계책을 생각했다.

강물 속에 기병을 두 줄로 늘어세운 것이다. 보병들은 기병 대열 사이를 지나 강을 건넌다. 상류 쪽에 서 있는 말은 물살을 누그러뜨리고, 하류쪽에 서 있는 말은 보병이 강물에 휩쓸려가는 것을 막는 울타리 구실을 했다. 또한 몸이 약한 병사는 진영을 수비하도록 남겨두고 건장한 병사만 골라서 강을 건너게 했다. 이 계책 덕택에 한 사람의 희생자도 없이 모두 무사히 도강을 끝냈다. 이제는 적을 추격하는 일이 남아 있을 뿐이었다.

에스파냐 전쟁이 시작된 지 어언 한 달이 지났다. 그동안 카이사르는 전쟁의 주도권을 쥐지 못했다. 카이사르는 이따금 소규모 전투를 치르는 것 외에는 날씨를 상대로 싸워왔다. 하지만 운하공사가 그에게 주도권을 안겨주었다. 그리고 주도권을 쥐자마자 카이사르의 장기인 전격작전이 시작되었다.

목표는 적군의 에브로강 도하를 저지하는 것이었다. 에스파냐 북부를 서쪽에서 동쪽으로 흘러 지중해로 들어가는 에브로강은 북쪽에 이어져 있는 피레네산맥과 더불어 외적이 북쪽에서 이베리아반도로 쳐들어오는 것을 막는 구실을 했다. 적이 일단 이 강을 건너버리면 전쟁의 장기화는 피할 수 없다. 카이사르군은 밤낮없이 행군을 계속했다. 레리다에서 에브로강까지 40킬로미터의 거리에 승부가 달려 있었기 때문이다.

강행군한 보람이 있어 에브로강 앞에서 적을 따라잡았다. 절망한 두 장수는 태도를 바꾸어 정면으로 싸움을 걸어왔다. 그러나 이번에는 카이사르가 도전에 응하지 않았다. 강행군을 계속한 병사들은 휴식을 취할 필요가 있었다. 두 장수는 그것을 보고 다시 후퇴하기 시작했다. 카이사르는 당장 그 뒤를 쫓았다. 하지만 이 추격의 목적은 싸우는 것이 아니라 적의 행군을 방해하는 것이었기 때문에 기병만 내보냈다. 목적은 완벽하게 달성되었다. 두 장수는 어쩔 수 없이 행군을 중단하고, 그 자리에 진영을 세울 수밖에 없었다. 카이사르도 근처에 진영을 설치했다.

두 장수는 밤중에 진영을 버리고 다시 퇴각할 작정이었다. 퇴각 준비도 다 갖추어져 있었다. 하지만 포로를 통해 이 사실을 알게 된 카이사르는 병사들에게 요란한 함성을 지르게 했다. 이것을 야습으로 착각한 두 장수는 급히 병사들을 이끌고 진영으로 되돌아갔다.

이튿날 페트레이우스는 직접 척후병을 이끌고 주변 지형을 정찰하러 나갔다. 카이사르 쪽에서도 주변 지형을 정찰했다. 그리고 양쪽이 가져온 보고 내용도 똑같았다. 여기서부터 7.5킬로미터 떨어진 곳까지는 평야가 계속되지만, 그 너머에는 험한 산이 있고, 그 너머에 에브로강이 흐른다는 것이었다. 이것을 알면, 누구나 똑같은 결론에 도달할 수밖에 없다. 산에 빨리 도착하는 쪽이 산을 넘는 주도권을 쥐게 된다는 것이다. 카이사르의 말을 빌리면, "이제는 행군속도의 경쟁이었다."

그리고 목적지에 먼저 도착한 것은 카이사르 쪽이었다. 그들은 도착하자마자 발꿈치를 돌렸다.

이제부터는 전법이 고양이 전법으로 바뀌었다. 쥐를 막다른 궁지에 몰아넣고 기다리다가, 쥐가 달아나기 시작하면 다시 막다른 궁지로 몰아넣는 전법이다. 아프라니우스와 페트레이우스가 이끄는 폼페이우스군의 사기는 계속 떨어질 뿐이었다. 병사들은 두 장수의 지휘력마저 의심하고 불평하기 시작했다. 그러나 카이사르는 서두르지 않았다. 진영을 수비하기 위해 1개 군단을 남겨두고 왔기 때문에 그가 거느린 전력은 5개 군단과 3천 기병을 합하여 2만 5천에 불과했다. 궁지에 몰렸다고는 하지만, 적은 아직 8만 명의 전력을 갖고 있었다. 회전을 벌이면 승리는 거의 확실하지만, 전혀 희생을 치르지 않을 수는 없다. 병사들도 좋은 기회가 왔다는 것을 알아차리고 총사령관에게 회전을 요구했다. 그러나 카이사르는 그 요구에 응하지 않았다. 그 이유에 대해 그는 여느 때처럼 자신을 3인칭 단수로 표현하여 이렇게 말했다.

"이 전쟁은 전투를 치르지 않고, 즉 피를 흘리지 않고도 이길 수 있다고 카이사르는 판단했다. 적의 보급로를 차단하는 데 성공했기 때문이다.

아무리 승리가 확실하다 해도 부하 장병들을 희생시킬 필요가 어디 있는가. 그를 위해 그렇게 헌신적으로 애써준 병사들을 무엇 때문에 부상자로 만들어야 하는가. 운은 한번 시험해봐야 하지 않는가. 칼을 쓰지 않고 머리로 이기는 것도 총사령관의 역량이 아닐까.

또한 카이사르의 가슴속에는, 비록 적이라 해도 같은 로마 시민인 적군에 대한 동정심도 있었다. 카이사르는 회전이 시작되면 그들의 피도 흘릴 수밖에 없다는 것을 알고 있었다. 그런데 회전을 피하면 그럴 필요도 없어진다.

그러나 카이사르의 이런 생각에 병사들은 동의하지 않았다. 그들은 이렇게 공언하기까지 했다. 설령 카이사르가 명령한다 해도, 이제 우리는 싸우지 않겠다고. 이렇게 좋은 기회를 살릴 줄 모르는 총사령관의 명령에는 따를 의무가 없다고."

부하들의 목소리를 무시한 카이사르는 그들이 진영을 떠나는 것도 금지했다. 그것은 적을 안심시키기 위해서였다. 이것으로 두 장수는 한숨을 돌렸지만 남쪽으로 퇴각할 길도 막혀버렸기 때문에, 안전을 생각한다면 레리다에서 남쪽으로 1킬로미터 떨어진 원래의 진영으로 되돌아갈 수밖에 없다. 남쪽으로의 퇴각은 헛수고로 끝난 셈이지만, 그들에게 남아 있는 길은 레리다로 되돌아가는 것뿐이었다. 퇴각하기 시작한 뒤 되돌아가기로 결정할 때까지 사흘밖에 걸리지 않았다. 적군이 레리다에서 남쪽으로 1킬로미터 떨어진 진영에 도착하자, 카이사르는 방어에 문제가 없는 거리까지 바싹 접근하여 진영을 설치했다. 이것으로 포위망은 완벽해졌다.

아프라니우스와 페트레이우스는 하다못해 음료수만이라도 확보하려고 진영에서 강까지 가는 길에 방어진지 공사를 하도록 명령하고, 그들 자신이 직접 작업을 감독하기 위해 진영을 떠났다. 그 틈에 장병들은 몰래 진영을 빠져나와 카이사르 진영으로 다가왔다. 카이사르 진영에 있는 친구나 친지의 이름을 부르면서.

카이사르 쪽 병사들도 거기에 응답했다. 진영에서 달려나온 카이사르 쪽 병사와 폼페이우스 쪽 병사들은 당장 뒤섞였다.

무리도 아니었다. 카이사르 쪽 병사들은 부당한 불명예를 씻기로 결심한 카이사르를 위해 싸운다는 생각을 했지만, 에스파냐의 폼페이우스 쪽 병사들은 에스파냐 땅에서의 병역을 지원한 사람들일 뿐이다. 그들의 총사령관은 에스파냐 속주 총독인 폼페이우스이지만, 그들은 카이사르와 싸운다는 사실을 알고 지원한 것은 아니었다. 이런 의미에서는 백인대장이나 일개 졸병이나 같은 생각을 하고 있었다.

게다가 그들은 출구가 없는 상황에 놓였다는 것을 알고 있었다. 폼페이우스 쪽 병사들은 이구동성으로 말했다. 카이사르 군대가 자신들을 앞질러 에브로강 앞산에 먼저 도착했을 때는 절망했지만, 전투가 벌어지지 않아서 살았다고. 그러고는 카이사르 쪽 병사들에게 물었다. 너희 총사령관의 약속을 믿을 수 있느냐고. 우리 대장은 일구이언을 하지 않는다고 카이사르 쪽 병사들은 대답했다. 그렇다면 카이사르한테 전해달라면서 폼페이우스 쪽 병사들은 전갈을 부탁했다. 모두 항복할 테니까, 아프라니우스와 페트레이우스의 목숨도 살려달라고. 그것만 약속해주면, 정식으로 대표를 보내 항복하겠다고. 병사들은 이 말을 카이사르에게 전했다. 카이사르는 기다렸다는 듯이 약속했다.

폼페이우스 쪽 병사들은 물론, 카이사르 쪽 병사들의 기쁨도 상당했다. 폼페이우스 쪽 병사들의 초대를 받아 적진으로 식사하러 가는 카이사르 쪽 병사가 있는가 하면, 카이사르 쪽 진영에서 함께 식사하는 폼페이우스 쪽 병사들도 있었다. 마치 두 진영이 하나로 합쳐진 듯한 느낌이었다. 개중에는 아프라니우스의 아들까지 섞여 있어서 카이사르에게 잘 말해서 아버지를 살려달라고 부탁하는 형편이었다.

음료수 확보 공사를 감독하다가 이를 안 아프라니우스는 당장 진영으로 돌아와, 이제는 모든 게 끝장이라고 각오했다. 하지만 페트레이우스는 희망을 버리지 않았다. 전직 집정관 아프라니우스와 달리, 페트레이우스는 폼페이우스 휘하에서 출세한 군인이다. 그런 만큼 폼페이우스에 대한 충성심이 남달랐다. 진영으로 함께 돌아왔지만, 페트레이우스는 항전을 계속하자는 주장을 굽히지 않았다. 소집된 작전회의에서도 그는 계속 싸우겠다는 서약을 모든 참석자에게 강요했다. 그리고 카이사르군 병사들은 보는 즉시 죽이라고 명령했다. 하지만 상관의 명령을 받고도 병사들은 아군 진영에 초대받은 카이사르군 병사들을 몰래 밖으로 내보내주었다.

사령관의 단호한 결의는 항복한 뒤 운명에 확신이 없었던 병사들 가슴속에 전의를 불러일으켰다. 그러나 카이사르는 적진의 상황 변화를 알면서도 아군 진영에 들어와 있던 적군 병사들을 모두 돌려보냈다. 그래도 대대장과 백인대장 몇 명은 자유의사에 따라 카이사르 휘하에 남는 쪽을 택했다. 자기 진영으로 돌아간 병사들 중에서도 멈추지 않는 출혈처럼 탈영이 잇따랐다.

항복

아프라니우스와 페트레이우스는 진영을 버리기로 결정했다. 진영이 비록 안전하긴 할망정 비축 식량은 거의 바닥을 드러냈고, 물을 구하는 것은 아예 절망적이었기 때문이다. 또다시 퇴각과 추격이 시작되었다. 하지만 카이사르는 적군의 희생도 바라지 않았기 때문에 추격이라 해도 그 목적은 적의 행군을 방해하고 적을 불리한 지점으로 몰아넣는 데 있었다. 차라리 회전을 벌이는 편이 간단했을 것이다. 그러나 카이사르는 처음 세운 뜻을 바꾸지 않았다. 탈영병이 많이 나왔다고는 하지만, 그래도 적의 전력은 아직 7만 명에 이른다. 전력 2만 5천 명을 이끌고 적군 7만 명을 추격하는 것이다. 추격은 천천히, 그러나 끊임없이 계속되었다. 그리고 폼페이우스 진영에서는 소수나마 희생되는 병사들이 나왔다.

폼페이우스 군대는 조금씩, 그러나 확실히 궁지에 몰렸다. 이제 마실 물조차 구할 수 없게 되었다. 그래도 카이사르는 기다렸다. 전투에 호소하기보다는 물도 없는 상태에서 고생하는 적이 투항해오기를 기다린 것이다.

절망에 빠진 적은 정면으로 싸움을 걸어왔다. 카이사르도 거기에 응해 진형을 폈지만, 전투 개시를 알리는 붉은 깃발을 내걸 마음은 나지 않았다. 아프라니우스도 결심을 못하고 있었다. 이리하여 양쪽 군대는 해질녘까지 대치하다가 각자 자기 진영으로 돌아갔다.

이튿날 아침, 카이사르는 게르만 기병대를 적의 배후로 보냈다. 이리하여 적은 사흘 동안 먹지도 마시지도 못한데다, 배후까지 포위당하는 궁지에 빠졌다. 마침내 아프라니우스는 카이사르에게 항복 사절을 보내왔다. 다만 강화 회담은 비공개로 할 것을 요구했다. 카이사르는 강화를 맺는 것 자체는 승낙했지만 비공개가 아닌 공개 회담을 주장했다. 그래서 양군 최고사령관 두 사람은 모든 병사가 지켜보는 앞에서 회담을 하게 되었다. 아프라니우스는 기원전 60년도 집정관, 카이사르는 그 이듬해인 기원전 59년도 집정관이었다. 로마의 최고위 관직을 역임한 두 사람의 회담에서는 항복을 제의한 아프라니우스가 먼저 입을 열었다. 공개 회담이 된 이상, 그는 카이사르만이 아니라 듣고 있는 양군 병사들한테도 이야기했다.

우리가 폼페이우스에게 충성을 바쳐 싸웠다고는 하지만 그것 자체로는 죄가 되지 않는다. 우리는 단지 의무를 다했을 뿐이기 때문이다. 그러나 우리는 이제 충분히 고통을 받았다. 물도 없고, 식량도 바닥나고, 퇴로도 끊고, 이제 더는 육체적인 고통도 정신적인 굴욕도 견딜 수 없는 상태다. 따라서 항복을 제의할 수밖에 없었다……. 아프라니우스는 마지막으로 이렇게 덧붙였다. 카이사르가 승자의 권리를 행사하는 것을 당연하게 생각지 않기를 바란다고. 요컨대 목숨을 살려달라고 부탁한 것이다.

여기에 대답한 카이사르도 아프라니우스만이 아니라 모든 병사들을 상대로 이야기했다. 아니, 아프라니우스보다는 오히려 아프라니우스 휘하 장병들을 향해 이야기했다.

"우리는 모두 각자의 의무에 충실했다. 그 점에서는 쌍방에 아무 차이도 없다. 카이사르는 전투에 유리한 상황에서도 피를 흘리지 않고 화평할 가능성이 있다고 믿고 기다렸다. 우리 쪽 병사들도 자주 선의를 배신당했지만, 그것을 복수할 수 있는 기회가 와도 복수를 억제했다. 또한 아프라니우스 휘하 병사들도 화평할 가능성이 찾아왔을 때는 서슴지 않고 그것을 환영하는 마음을 표현했다. 오직 수뇌진만이 증오와 오만에 눈이 멀어 이 현실을 보지 못했다. 그 때문에 죽을 필요가 없었던 병사들이 목숨을 잃었다.

그러나 나는 이 마당에서도 승자의 권리는 행사하지 않겠다. 아프라니우스 휘하 장병은 모두 제대한다. 에스파냐를 방어하는 데 이렇게 많은 병력이 필요하다고는 생각지 않기 때문이다. 에스파냐에 집이 있거나 연고가 있는 자는 남아도 좋다. 나머지는 남프랑스와 북이탈리아 경계까지 가서 해산하고 귀향한다."

뒤이어 카이사르는 동족을 상대로 싸우게 된 자신의 처지를 변명했다.

"아프라니우스 휘하 병사들은 폼페이우스가 에스파냐 속주 총독에 취임한 해부터 에스파냐에서 병역에 종사해왔다. 벌써 6년 동안이나 고국을 떠나 있는 셈이다. 카이사르와 폼페이우스의 대결에 대해서도 폼페이우스 쪽 정보만 들었을 테고, 루비콘 도하도 단순한 국법 위반으로만 알고 있을 게 뻔하다. 그리고 그들도 로마 시민이다. 제대하고 고향으로 돌아간다 해도, 카이사르에게 나쁜 감정을 품고 귀향하면 곤란하다."

카이사르는 루비콘 도하를 결행할 수밖에 없도록 자신을 궁지로 몰아넣은 폼페이우스와 원로원을 맹렬히 비난한 뒤, 다음과 같은 말로 연설을 끝냈다.

"내 조건은 단 하나, 아프라니우스 휘하 군대는 에스파냐 속주에서 나가서 해산하라는 것뿐이다. 이것이 실현된다면 누구의 목숨도 빼앗지 않겠다."

제대는 어느 병사에게나 기쁜 일이다. 처벌도 받지 않고, 카이사르 휘하에 편입되지도 않고 고향으로 돌아갈 수 있다는 것을 안 병사들은 환성을 질렀다. 그리고 목숨을 구한 장교들도 안도감을 숨기지 못했다.

아프라니우스 휘하에 있던 5개 군단 가운데 약 3분의 1이 에스파냐 여자와 결혼했거나 그밖의 이유로 에스파냐에 남는 쪽을 택했다. 남프랑스와 북이탈리아 경계까지 가서 해산하는 병사들에게 카이사르는 거기에 도착할 때까지의 식량 공급을 약속했다. 물론 에스파냐 원주민 병사들은 즉각 귀향했다. 아프라니우스와 페트레이우스를 비롯한 장수들에게는 거취 선택의 자유가 주어졌다. 아프라니우스와 페트레이우스는 둘 다 폼페이우스가 있는 그리스로 떠나는 쪽을 선택했다.

그날은 기원전 49년 8월 2일이었다. 카이사르는 레리다 전쟁터에 도착한 지 한 달 일주일 만에, 그리고 그가 주도권을 쥔 뒤 불과 일주일 만에 에스파냐의 폼페이우스 군대를 해체하는 데 성공한 셈이다. 에브로강 이남을 제패하고 바로가 이끄는 2개 군단을 제압하는 일이 아직 남아 있긴 하지만, 중요한 전투에서 승리하는 것은 그밖에도 많은 것을 결정하는 힘을 획득한 것을 의미한다. 그 후 카이사르는 9월 17일에 에스파냐 남쪽 끝의 카디스에 도착했고, 여기서 해로를 따라 북상하여 타라고나에 입성한 것은 9월 25일이었다. 따라서 그가 아프라니우스에게 승리한 뒤 에스파냐 전역을 장악하는 데에는 거의 두 달이 걸린 셈이지만, 이것은 진격이라기보다는 오히려 전후 처리에 가까웠다.

다만 여기에는 세심한 주의를 기울일 필요가 있었다. 에스파냐는 폼페이우스의 '클리엔테스', 즉 기반이었다. 여기서 카이사르가 승자의 권리를 행사하면, 폼페이우스에 대한 의뢰심을 더욱 부추길 뿐이다. 에스파냐인들로 하여금 카이사르 쪽에 붙는 편이 더 이익이라고 생각하게 만들 필요가 있었다. 그래야만 폼페이우스가 기다리는 그리스로 건너갈 때에도 배후의 에스파냐를 걱정하지 않고 전력을 투입할 수 있다. 카이사르가 전투보다 두 배나 많은 시간을 전후 처리에 쏟은 것도 그런 목적이 있었기 때문이다.

2개 군단과 함께 에스파냐 남부를 지키던 바로는 카이사르가 접근하자 싸워보지도 않고 투항했다. 카이사르는 그에게도 거취 선택의 자유를 주었다. 바로도 아프라니우스나 페트레이우스와 마찬가지로 그리스에 있는 폼페이우스에게 가는 쪽을 택했다. 먼저 항복한 병사들과 마찬가지로, 2개 군단 병사들에게는 에스파냐에 연고가 있는 사람은 남고 나머지는 남프랑스와 북이탈리아의 경계에서 해산하라고 명령했다.

이리하여 7개 군단이나 되었던 에스파냐의 폼페이우스 군대는 모두 해체되었다. 이것은 동쪽·서쪽·남쪽 세 방향에서 카이사르를 포위한다는 폼페이우스의 웅대한 전략이 서부 전선에서 틀어져버린 것을 의미했다.

『갈리아 전쟁기』와 『내전기』는 모두 카이사르가 쓴 문학작품이지만, 후세의 평가는 『갈리아 전쟁기』에 더 높은 점수를 주고 있다. 『갈리아 전쟁기』에서 카이사르는 참으로 시원스럽고 씩씩했기 때문이다. 『내전기』의 카이사르도 시원스럽고 씩씩하지 않은 것은 아니지만, 그 정도는 『갈리아 전쟁기』보다 훨씬 덜하다. 『내전기』에서 카이사르는 고민하고 있다.

『갈리아 전쟁기』에서 카이사르의 적은 갈리아인이거나 게르만인이

거나 브리타니아인이었다. 이런 이민족과 싸우는 데에는 라인강을 로마의 방어선으로 기정 사실화한다는 확고한 목표가 있었다.

반면에 『내전기』에서 카이사르는 동족인 로마인을 적으로 삼을 수밖에 없었다. 확고한 목표는 있었다. 로마의 장래에 대한 지침이라고 해야 할 새 질서 확립이 그의 목표였다.

하지만 카이사르는 되도록이면 동족의 피를 흘리지 않고 이 목표를 달성한다는 어려운 길을 택했다. 레리다에서는 전투다운 전투는 한 번도 벌어지지 않았다. 마지막 일주일 동안은 마음만 먹었다면 포위섬멸 작전도 펼 수 있는 상태였지만, 카이사르는 적이 스스로 무너지기를 끈기있게 기다렸다. 동족상잔의 비극을 가능한 한 피하고 싶었기 때문이다.

카이사르는 키케로에게 보낸 편지에서 이렇게 말했다.

"내가 무엇보다도 나 자신에게 요구하는 것은 내 생각에 충실하게 사는 것이오. 따라서 남들도 자기 생각에 충실하게 사는 것이 당연하다고 생각하오."

현체제 타도를 목표로 삼은 카이사르는 폼페이우스 중심의 현체제 고수파를 적으로 삼을 수밖에 없었다. 하지만 그와 견해가 다른 사람들이 모두 말살되어야 한다고는 생각지 않았다. 조국이 내전 상태가 되더라도 '자기 생각에 충실하게 사는' 쪽을 택했다는 점에서는 카이사르도 술라와 다를 게 없었지만, 자신과 처지가 다른 사람에 대한 태도에서는 술라와 큰 차이를 보였다.

술라는 반대파라면 누구든 가리지 않고 죽였다. 이런 술라에게는 고민이 없다. 냉정하게 사람을 마구 죽일 수 있었던 것은 고민하지 않기 때문이다.

반대로 카이사르는 이길 수 있는 전투라도 피하려고 애썼고, 죽이려고 마음만 먹으면 얼마든지 죽일 수 있는 포로에 대해서도 승자의 권리를 행사하지 않고 석방했다. 포로를 석방하면 나중에 자기를 다시 적대하리라는 것을 충분히 예상하면서도 그렇게 했다.

"내가 석방한 사람들이 다시 나한테 칼을 들이댄다 해도 그런 일로 마음을 어지럽히고 싶지 않소. 내가 무엇보다도 나 자신에게 요구하는 것은 내 생각에 충실하게 사는 것이오. 따라서 남들도 자기 생각에 충실하게 사는 것이 당연하다고 생각하오."

이것은 인권선언과도 같다. 개인의 인권을 존중하는 생각은 후세 계몽주의의 전매특허는 아니다.

남의 인권을 인정하면서도 자기 자신에게 충실하게 사는 것은 참으로 어려운 일이다. 카이사르의 말을 술라가 들었다면 가소롭다고 웃어 넘겼을 게 분명하다. 하지만 술라는 그런 인물이었기 때문에 비명횡사하지 않고 자기 집에서 편안히 죽을 수도 있었다.

에스파냐를 제압한 카이사르가 마르세유로 돌아온 것은 10월 중순이었다. 마르세유 공방전은 무르익은 과일이 떨어지기를 기다리는 것과 비슷한 상황이 되어 있었다. 7월 31일에 벌어진 두 번째 해전에서도 데키우스 브루투스가 이겼고, 패장 에노발부스가 도망친 뒤로는 마르세유 함락도 시간문제였다.

10월 25일, 마르세유도 마침내 함락되었다. 공방전이 시작된 5월 4일부터 헤아리면 5개월 21일이나 걸린 셈이다. 그러나 3개 군단 1만 5천 명 정도 전력으로 지중해 서부 최고의 항구도시를 공략하는 싸움이었다. 카르타고를 함락하는 데 3년이 걸린 것을 생각하면, 빨리 함락했다 해도 과언이 아니다. 공방전에 들어갔을 때 이미 육지와 바다 양쪽에서 공격해야 할 필요성을 깨닫고 그 준비를 게을리하지 않은 전략의 승리였다.

카이사르는 항복한 마르세유 사람들에게도 승자의 권리를 행사하지 않았다. 주민을 노예로 삼지도 않았고 시내 약탈도 허용하지 않았다. 게다가 이제까지 마르세유가 빛나는 역사를 쌓아올렸다는 이유로 독립국으로서 존속하는 것도 허용했다. 다만 도시국가 마르세유가 주변에 갖고 있던 영토는 대부분 몰수하여 남프랑스 속주에 편입시켰다. 마르세유도 아테네나 스파르타와 마찬가지로 내정의 자율성을 인정받는 자치도시가 되었다.

이런 전후 처리를 끝낸 뒤, 카이사르는 이탈리아로 떠났다. 에스파냐에서 함께 싸운 군단과 마르세유 공방전을 맡은 군단은 카이사르보다 먼저 북이탈리아로 떠났다. 수도 로마에서는 그가 해야 할 일이 기다리고 있었다. 또한 에스파냐와 마르세유를 제패함으로써 서부 전선 문제는 해소했지만, 젊은 장수들에게 맡겨놓은 다른 전선은 낙관할 수 없는 상태가 되어 있었다.

그런데 여기에 대한 대책을 강구해야 할 카이사르가 예기치 않은 난관에 부닥쳤다. 그것은 카이사르가 처음 직면하는 부하 병사들의 종군 거부였다.

파업

종군 거부는 파업일 뿐, 봉기나 반란은 아니다. 그래도 잘못 대처하면 봉기나 반란으로 발전할 가능성이 있다. 제9군단 병사들이 불온한 움직임을 보인다는 소식을 보고받은 카이사르는 아우렐리아 가도를 따라 수도까지 남하하려던 계획을 중단하고, 병사들을 휴식시키기 위해 보내둔 피아첸차로 달려갈 수밖에 없었다. 이런 일은 싹이 돋아났을 때 재빨리 잘라내야 한다.

여기서 기억해둬야 할 것은, 고대 그리스나 로마에서 병사는 결코 사회의 하층민이 아니었다는 사실이다. 병역을 어엿한 시민의 의무로 여기는 사회였다. 병역은 어느 정도 이상의 재산을 가진 시민이 직접 세를 내는 대신 공동체에 대해 수행하는 책무였다. 따라서 노예에게는 병역의 의무가 없다. 로마는 오랫동안 징병제를 시행했지만, 마리우스의 군제개혁 이후 병역은 지원제로 바뀌었다. 그러나 로마 시민권 소유자만이 군무를 담당한다는 대전제는 조금도 바뀌지 않았다. 로마 군단에 참가한 이민족은 아무리 수가 많아도 어디까지나 '지원군'(아우실리아리스)이었고, '군단병'(레기오나리우스)이라고는 부르지 않았다. 중무장 보병인 군단병이야말로 로마군의 주력이었고, 이것은 로마 사회의 전통인 시민계급 중시 사상을 반영하고 있다.

급료도 카이사르가 두 배로 올린 이후로는 일개 졸병의 연봉이 일반 시민의 평균 연수입에 육박하는 140데나리우스에 이르렀다. 루비콘 도하 이후 카이사르가 병사들의 급료를 두 배로 늘린 것은, 동족을 상대로 하는 싸움인 까닭에 병사들이 약탈을 하거나 포로를 노예로 팔아서 부수입을 올리는 것이 허용되지 않았기 때문이다. 본봉 외에도 제대하면 토지를 받을 수 있다. 이런 '퇴직금 제도'는 다른 직업에는 없었다. 또한 개선식에 참가하면, 개선장군한테 보너스도 받을 수 있다. 이런 보너스 제도도 다른 직업에서는 바랄 수 없는 특전이다. 경제적으로도 병사는 사회의 중견이었다.

하지만 그렇기 때문에 오히려 의식 수준도 높아진다. 부하들한테 종군 거부를 당하지 않은 최고사령관은 한니발과 술라밖에 없다. 알렉산드로스 대왕도 스키피오 아프리카누스도 부하들의 파업을 체험했다. 따라서 종군 거부는 그것이 일어났느냐 일어나지 않았느냐가 문제가 아니라 어떻게 수습했는가를 기준으로 판단해야 할 문제다.

카이사르는 이탈리아로 돌아온 뒤에도 남쪽으로 직행하는 대신 북쪽으로 가야 했지만, 종군을 거부한 병사들이 제9군단이라는 말을 들고 뜻밖이라고 생각했을까.

제9군단은 갈리아 원정 첫해부터 카이사르와 함께 싸운 4개 군단, 즉 제7군단·제8군단·제9군단·제10군단 가운데 하나이고, 그중에서도 제10군단과 더불어 카이사르의 심복으로 자타가 공인해온 군단이다. 이런 군단이 종군을 거부한 것이다. 그러나 카이사르는 이를 뜻밖으로 받아들이지는 않았을 것이라고 나는 생각한다. 알렉산드로스 대왕의 경우에도, 한니발에게 결정적인 패배를 안겨준 스키피오 아프리카누스의 경우에도, 종군 거부 문제를 일으킨 것은 그들이 가장 신뢰하던 부하들이었다.

카이사르는 2년 뒤에 또다시 종군 거부를 당하게 되는데, 이때 파업에 참가한 것은 카이사르가 다른 어느 군단보다도 깊이 신뢰한 제10군단이었다. 진두지휘하는 사령관과 그 휘하에서 싸우는 정예 병사들은 고락을 함께하는 기간이 길면 길수록 신뢰도가 높아지는 동시에 친밀감도 강해지게 마련이다. 그런데 어떤 계기로 그것이 친밀감의 한계를 넘어 '어리광'으로 바뀐다. 어리광은 조금만 발전하면 '상대를 깔아뭉개고 기어오르려는 태도'로 바뀐다. 그렇기 때문에 거기에 어떻게 대응하느냐에 따라서는 단순한 파업이 반란으로 발전할 위험성을 내포하고 있다.

북이탈리아의 도시 피아첸차에서 파업에 돌입한 제9군단 병사들은 즉각 제대를 요구했다. 서부 전선을 제압하고 드디어 폼페이우스와 맞설 수 있게 된 지금, 카이사르가 단 한 명의 병사도 제대시키고 싶어하지 않는다는 것은 그들도 물론 잘 알고 있었다. 즉각 제대를 요구조건으로 내걸기는 했지만, 사실은 급료 인상이 진짜 목적이었다.

피아첸차에 도착하여 병사들 앞에 나타난 카이사르는 여느 때처럼 단도직입적으로 입을 열었다.

"전우 여러분(콤밀리테스), 나는 여러분에게 사랑받는 사령관이기를 원한다. 나만큼 여러분의 안전을 걱정하는 사람도 없을 것이며, 또 여러분이 경제적으로 풍족해지고 전사로서 명예가 높아지기를 바라는 사람도 없을 것이다. 하지만 그렇다고 해서 병사들이 무엇이든 제멋대로 하게 내버려둔다는 뜻은 아니다.

인간은 두 부류로 나눌 수 있다. 하나는 지시를 내리는 사람이고, 또 하나는 지시를 받는 사람이다. 지시를 내리는 자에게는 책임이 있고, 지시를 받는 자에게는 의무가 있다. 스승과 제자, 의사와 환자, 선장과 선원이 그런 관계다. 모두 각자의 임무를 완수해야만 좋은 성과도 기대할 수 있다.

폼페이우스와 대결에서 공정한 쪽은 나라고 확신한다. 그렇기 때문에 여러분도 나를 따라주었다. 하지만 입장이 아무리 공정해도, 그것을 실천해가는 단계에서 공정함을 잊어버리면 어떻게 되는가. 폼페이우스 쪽의 부정을 비난할 자격도 잃게 되지 않겠는가.

여러분은 로마 시민이다. 로마 시민인 이상, 올바른 처신을 망각하는 것은 결코 용납하지 않을 것이다."

사방이 물을 끼얹은 것처럼 조용해졌다. 이어서 카이사르는 침묵하는 병사들에게 "여러분의 요구는 받아들일 수 없다"고 분명히 밝혔다. 카이사르는 요구를 거부했을 뿐만 아니라, 로마 군단의 군율에서는 최고 중벌로 되어 있는 '10분의 1형'까지 선고했다.

'10분의 1형'(데키마레)은 추첨으로 열 명당 한 명씩 뽑아, 그 한 사람을 나머지 아홉 사람이 몽둥이로 때려죽이는 형벌이다. 군율이 엄하기로 이름난 로마 군단에서도 상당한 중죄에만 적용되는 형벌이었다. 무거운 침묵이 주위를 압도했다. 카이사르는 그런 것은 안중에도 없는 것처럼 추첨으로 처형당할 병사들의 명단을 만들라고 명령했다.

이때 참모들이 나섰다. 이것은 미리 짜놓은 '시나리오'일 게 분명하지만, 참모들은 오랫동안 고생을 함께해온 전우들이니까 한때의 얇은 소견으로 생각하여 용서해달라고 저마다 간청했다. 그러나 카이사르는 꿈쩍도 하지 않았다. 그래도 참모들은 탄원을 되풀이했다. 입을 꾹 다물고 있는 카이사르를 향해 군단장도 대대장도 용서해달라고 거듭해서 빌었다. 제9군단 병사들은 좀전까지의 기세를 완전히 잃어버리고 심각한 표정으로 카이사르를 바라보았다. 30대의 그들과 50대에 접어든 카이사르 사이에는 열다섯 살 내지 스무 살의 나이 차이가 있었다.

드디어 총사령관이 입을 열었다. 하지만 '10분의 1형'을 취소하겠다고 말한 것은 아니었다.

"형집행은 당분간 연기하겠다. 여러분의 얼굴을 다음 집결지인 브린디시에서 다시 볼 수 있느냐 없느냐는 여러분 자신에게 달려 있다."

이런 말을 남기고 카이사르는 수도로 떠났다. 북이탈리아 속주에서 휴식을 취하던 장병들은 모두 이탈리아 남부의 항구도시 브린디시로 떠났다. 브린디시에 도착했을 때, 제9군단 병사들 가운데 빠진 사람은 하나도 없었다. 말할 나위도 없는 일이지만, '10분의 1형'도 흐지부지 끝나고 말았다.

카이사르는 최소한의 희생으로 로마 세계의 서방 장악을 이룩했지만, 이 무렵 처음으로 본격적인 손실을 입게 되었다. 그것은 남쪽, 즉 북아프리카 전선에서 입은 손실이었다.

북아프리카 전선

쿠리오는 원로원에서는 두 집정관을 비롯한 폼페이우스파를 상대로 크게 활약했지만, 30대의 이 청년 귀족이 카이사르 밑에서 갈리아 전쟁을 치렀다면 군단장급의 뛰어난 인재로 자랐을 것이다. 쿠리오의 불행은 그런 경험을 쌓지 못한 채 한 전선의 총지휘를 맡았다는 점이었다. 총사령관 카이사르가 갈리아라는 한 지방이 아니라 로마 세계 전역을 전쟁터로 삼아야 했기 때문에 전쟁 경험이 없는 미숙한 자들에게도 각지에 흩어져 있는 전선의 지휘를 맡길 수밖에 없었던 탓이다. 카이사르가 쿠리오에게 지시한 첫 번째 목표는 시칠리아 제패였지만, 싸우지도 않고 너무 손쉽게 이 목표를 달성했기 때문에 쿠리오는 카이사르가 지시한 두 번째 목표인 아프리카 속주 제패도 간단히 해낼 수 있을 것으로 생각했다.

로마의 곡창이라고까지 불리던 시칠리아섬을 제패하기 위해 카이사르는 쿠리오에게 4개 군단을 주었다. 그리고 시칠리아 제패를 달성한 뒤에는 이 병력을 이끌고 폼페이우스파 장수가 총독을 맡고 있는 아프리카 속주(오늘날의 튀니지)로 진격하라고 명령해두었다.

청년 쿠리오는 이 명령에 따랐다. 그러나 갈리아 원정 당시 카이사르 휘하의 군단장들이 배웠듯이 카이사르의 지시를 하나씩 착실히 실행하는 방식으로 따르지는 않았다. 쿠리오는 거기에 자신의 '판단'도 덧붙였다. 북아프리카를 공격하는 데에는 중무장 보병 2개 군단과 기병 500기만 있으면 충분하다고 판단했다. 나머지 2개 군단은 시칠리아를 지키기 위해 남겨두기로 결정했다. 그러나 이것은 시칠리아와 북아프리카에 양다리를 걸치는 결과가 되었다. 시칠리아와 북아프리카 사이에 가로놓인 것은 다리를 놓으면 건널 수 있는 하천이 아니다. 이틀이면 충분히 갈 수 있는 항로라 해도, 그리고 로마인에게는 '우리 바다'(마레 노스트룸)라 해도, 지중해는 어디까지나 바다다. 양다리를 걸쳐도 좋은 지형이 아니었다.

게다가 쿠리오에게 주어진 4개 군단은 오랫동안 카이사르 밑에서 싸운 고참병 군단이 아니라, 코르피니오에서 투항한 폼페이우스군 병사들이다. 그런 병사들을 이끌고 폼페이우스파가 지키는 아프리카 속주로 진격하는 것이다. 더구나 아프리카 속주 방어에는 코르피니오에서 카이사르가 방면한 장교들도 몇 명 가세해 있었다. 2개 군단이 지키고 있는 적지로 진격하는 데 4개 군단이 필요하다고 카이사르가 판단한 것은 이런 사정을 고려했기 때문이다.

또한 옛 카르타고 영토인 아프리카 속주 서쪽에 있는 누미디아 왕국의 동향에 깊은 주의를 기울이지 않았던 것도 쿠리오의 실책이었다.

누미디아 왕국은 로마에 협력하여 카르타고와 싸운 포에니 전쟁 시대부터 로마와 동맹관계에 있는 독립국이다. 하지만 해적소탕에 이어 지중해 동부 지역을 제패한 폼페이우스의 '클리엔테스'가 된 지 이미 오래였다. 이것만으로도 누미디아는 폼페이우스 쪽이라고 생각해야 마땅하다. 더구나 쿠리오는 1년 전인 호민관 시절에 명실공히 로마의 속국인 누미디아에 속주세를 부과해야 한다고 원로원에 제안한 적이 있었다. 이 제안은 폼페이우스의 반대로 채택되지 않고 끝났지만, 누미디아 왕에게는 전해졌다. 아프리카 속주 총독이 쿠리오의 진격을 알고 누미디아에 지원을 요청하자, 누미디아 왕 유바는 쿠리오를 파멸시킬 좋은 기회라 생각하여 두말없이 요청을 받아들였다. 이런 여러 가지 사정으로 보아 4개 군단은 결코 많은 전력이 아니었다.

기원전 49년 8월 11일, 쿠리오가 이끄는 2개 군단과 기병 500기가 북아프리카에 상륙했다. 상륙 자체는 무난히 이루어졌다. 그뿐만 아니라, 상륙 직후에는 적의 보급부대를 공격하여 보급품까지 탈취했기 때문에 여기에 열광한 병사들은 쿠리오를 '임페라토르'라고 부르며 찬양했다. 이 승리로 병사들도 완전히 장악했다고 생각한 쿠리오는 상륙한 지 이틀 뒤, 대담하게도 우티카 앞에 진을 쳤다. 우티카는 카르타고가 멸망한 뒤로는 북아프리카 최대의 항구도시였고, 로마 속주 총독의 주재지이기도 했다. 물론 총독은 2개 군단과 함께 우티카를 지키고 있었다. 총독군과 첫 전투는 쿠리오의 승리로 끝났다.

그런데 우티카 앞에 진을 친 쿠리오 병사들 사이에 기묘한 전염병이 퍼지기 시작했다. 바로 그때 코끼리 부대까지 거느린 누미디아 군대가 다가오고 있다는 소식이 전해졌다. 사태가 이에 이르자, 쿠리오도 시칠리아에 남겨두고 온 2개 군단을 불러들이기로 결정했다. 그러나 2개 군단이 도착하기 전에 우티카를 지키던 총독군이 다시 공격해 왔다.

쿠리오는 동요하는 병사들을 필사적으로 설득했다. 탈영병은 몇 명 있었지만, 병사들도 기분을 새로이 하여 총독군과 누미디아군이 합류하기 전에 싸우러 나가기로 동의했다. 그러나 쿠리오는 일단 적을 격퇴한 뒤에는 시칠리아에서 2개 군단이 도착할 때까지 기다리기로 했다. 그리고 병사들의 탈영을 막기 위해 우티카 앞에 설치한 진영을 거두고, 이 항구도시 바로 서쪽에 있는 '코르넬리우스 진지'로 이동했다.

'코르넬리우스 진지'는 제2차 포에니 전쟁 때 스키피오 아프리카누스가 설치한 진지인데, 좁은 반도 끝에 자리 잡아서 제해권을 적에게 빼앗기지 않는 한 안전한 기지였다. 이윽고 시칠리아에서 2개 군단이 도착했다. 쿠리오 휘하의 전력은 4개 군단과 기병 800기로 늘어나게 되었다.

이 무렵, 접근하고 있던 누미디아 원군이 자기 나라로 돌아갔다는 정보가 들어왔다. 사실은 회군한 것처럼 위장한 책략이었지만, 쿠리오는 지원병력 대부분이 돌아갔다고 믿어버렸다. 그는 나머지 누미디아 군대와 싸우러 나가기로 결정했다. 시칠리아에서 온 후속부대는 카이사르가 에스파냐 제패에 성공했다는 소식을 가져왔고, 이것이 젊은 쿠리오의 공명심을 자극한 탓도 있을 것이다.

쿠리오는 '코르넬리우스 진지'를 수비하도록 5개 대대를 남겨놓고 기지를 떠났다. 목적지는 바그라다 강이었다. 거기에 누미디아 군대가 있을 터였다. 실제로 거기에는 적이 있었다. 하지만 거기서 9킬로미터 떨어진 곳에는 유바 왕이 직접 지휘하는 누미디아군 본대가 있었다.

'코르넬리우스 진지'에서 9킬로미터쯤 전진했을 때, 앞서 보낸 기병대와 마주쳤다. 기병대는 밤중에 누미디아 진영을 급습하여 포로들을 데리고 돌아온 것이다. 포로를 심문한 뒤, 쿠리오는 병사들에게 말했다.

"들었는가, 병사들이여. 포로들의 말투는 완전히 탈영병의 말투가 아닌가. 누미디아 왕은 멀리 있다. 적의 힘은 미약하다. 우리 기병에게 호되게 당한 것이 그것을 입증한다. 명예와 보수를 얻기 위해 어서 출전하자."

그러나 야습으로 지쳐 있던 기병대는 보수를 꿈꾸고 강행군하는 보병대보다 뒤처지고 말았다. 그리고 야습이 있었다는 보고는 이미 누미디아 왕 유바에게 전해져 있었다. 유바 왕은 코끼리 60마리와 기병 2천 기, 보병 1만 명을 이끌고, 철수하기는커녕 전진하기 시작했다. 적이 퇴각중이라고 굳게 믿고 있었던 쿠리오는 진영을 다 갖추고 대기중인 적과 마주치게 되었다.

쿠리오는 진지를 수비하기 위해 남겨둔 5개 대대를 빼고도 2만 명의 중무장 보병을 거느리고 있었다. 하지만 기병대가 아직 도착하지 않았다. 그리고 적은 이 허점을 찔러왔다. 누미디아군 기병 2천은 좌우 양쪽으로 우회하여 쿠리오 군대를 포위했다. 기병에게 둘러싸이고 앞쪽은 코끼리떼에 짓밟힌 쿠리오 군대는 도망칠 수도 없었고, 부상자를 운반해낼 수도 없게 되었다. 병사들은 공포에 사로잡혔다. 아군 기병대가 뒤늦게 도착했지만, 이런 상태가 된 이상 아무 도움도 되지 않았다.

달려온 기병대장이 쿠리오에게 '코르넬리우스 진지'까지 퇴각하자고 권했다. 사령관 쿠리오는 말을 타고 있었다. 기병만이라면 도망칠 수 있다고 기병대장은 말했다. 그러나 젊은 지휘관은 고개를 저으며 대답했다.

"카이사르가 맡긴 군단을 잃고 카이사르한테 돌아갈 수는 없소."

그러고는 방패를 버리고 창을 든 채 적진 속으로 뛰어들었다. 폼페이우스파로부터 카이사르에게 매수당했다고 비난을 받은 쿠리오가 30대에 갓 접어든 젊은 나이에 장렬히 전사한 것이다. 8월 20일에 벌어진 이 전투에서 쿠리오 휘하의 3.5개 군단 2만 명에 이르는 로마 보병은 최후의 한 사람까지 몰살당했다.

도망친 기병의 보고로 참사를 알게 된 '코르넬리우스 진지'의 5개 대대 병사 3천 명도 공황상태에 빠진 것은 마찬가지였다. 『내전기』에는 "공황이 일어나면, 사람은 일신의 안전밖에는 생각지 않게 된다"고 적혀 있다. 진지 아래의 해변에서 대기하고 있던 선원들은 동포야 어떻게 되든 아랑곳하지 않고 배를 띄우려 했다. 거기에 올라타려는 병사들과 선원들 사이에 혼란이 일어났다. 겨우 올라타거나 헤엄쳐서 배에 도착한 사람만 싣고, 수송선단은 수평선 너머로 사라져버렸다. 남겨진 병사들은 속주 총독에게 사절을 보내 투항하겠다는 뜻을 밝혔다.

코르피니오 성문을 열기 전에는 폼페이우스군에 속해 있던 병사들이다. 총독은 그들을 살려주려고 했지만, 누미디아 왕은 승자의 권리를 양보하지 않았다. 유바 왕이 누미디아로 데려가기로 결정한 소수의 병사를 제외하고는 투항한 병사들도 모두 목숨을 잃었다. 그 후 유바왕은 개선장군으로 우티카에 입성했다. 아프리카 속주에 망명해 있던 폼페이우스파 원로원 의원들이 왕의 뒤를 따랐다. 거기에는 기원전 51년도 집정관을 지낸 술피키우스 루푸스도 끼어 있었다.

8월 11일에 상륙한 뒤 불과 열흘 만에 쿠리오가 이끄는 카이사르군의 북아프리카 진격은 완패로 끝나고 말았다. 카이사르에게 이것은 최초의 본격적인 패배인 동시에, 남쪽에서 이탈리아로 쳐들어올 수 있는 거점을 폼페이우스 쪽에 내준 채 앞으로 나아가야 한다는 것을 의미했다. 하지만 카이사르는 휘하 장수에게 책임을 전가하기는커녕, 부하에 대한 비난도 하지 않았다. 쿠리오에 대해서도 마찬가지였다. 『내전기』에서도 그는 담담하게 패배를 기술하면서, 이렇게 썼을 뿐이다.

"그의 젊음, 그의 용기, 그때까지 거둔 승리, 그리고 임무를 더욱 충실하게 수행하려는 책임감, 카이사르의 군대를 맡았다는 강한 자부심이 그로 하여금 성급한 판단을 내리게 했다."

그러나 8개월 만에 수도 로마로 돌아가는 길에 카이사르가 받은 것은 쿠리오가 패배했다는 소식만은 아니었다.

'서쪽'을 제압한 다음 '동쪽'에 있는 폼페이우스를 치러 갈 작정인 카이사르에게, 이탈리아반도와 그리스 사이에 놓여 있는 아드리아해의 제해권을 폼페이우스한테서 빼앗아두는 것은 결전을 앞둔 사전 준비를 의미했다. 에스파냐로 떠나기 전에 카이사르는 그 임무를 마르쿠스 안토니우스의 동생인 가이우스 안토니우스와 돌라벨라에게 맡겼다. 가이우스 안토니우스는 그해 나이 29세. 명문 코르넬리우스 씨족에 속해 있고, 잘생긴 외모와 방탕한 생활로 유명하지만 재기가 넘쳐흘러 카이사르의 총애를 받은 돌라벨라는 갓 30세였다. 이 돌라벨라는 키케로가 사랑하는 외동딸 도리아의 남편이기도 하다. 아내의 지참금을 탕진하고 방탕한 생활을 그만두지 않았으니 장인의 미움을 받아 마땅한 사위였지만, 키케로와 이 젊은이는 항상 사이가 좋았다. 그건 그렇다 치더라도, 키케로가 귀여워하며 장래를 관심있게 지켜본 청년들─쿠리오를 비롯하여 돌라벨라와 카일리우스, 끝내는 그의 아들과 조카에 이르기까지 — 이 모조리 카이사르에게 달려간 것도 57세의 키케로가 염세주의에 빠진 하나의 원인이었다. 병역 연령에 도달하지 않은 조카와 아들은 우격다짐으로 로마에서 멀리 떼어놓긴 했지만.

카이사르는 돌라벨라와 가이우스 안토니우스에게 20개 대대 1만 2천 병력을 내주고, 아드리아해의 제해권을 탈취하는 중요한 임무를 맡겼다. 물론 없는 것이나 다름없는 빈약한 선단에서 거기에 필요한 배도 40척이나 내주었다. 2개 군단에 해당하는 20개 대대 1만 2천 명의 병사들은 카이사르가 남프랑스 속주에서 편성한 이른바 '종다리 군단' 소속의 갈리아 병사였던 것 같다. 이 군단의 중견 지휘관 중에는 나중에 역사 서술의 걸작인 『카틸리나의 음모』를 쓴 살루스티우스도 끼어 있었다. 그해 37세가 된 살루스티우스도 키케로가 말하는 '카이사르에게 모여든 로마의 젊은 과격파' 가운데 한 사람이었다.

30세와 29세의 젊은이가 이끄는 1만 2천 명의 병력은 카이사르가 지시한 대로 둘로 나뉘어 행동을 개시했다. 가이우스 안토니우스는 병사들을 이끌고, 그리스 북쪽에 있는 아드리아해 동쪽 연안의 달마티아(오늘날의 크로아티아)에 발판을 마련하기 위해 떠났다. 그리고 돌라벨라는 선단을 이끌고 바다에서 안토니우스를 돕는다는 전략이었다.

한편 아드리아해를 카이사르에게 넘겨줄 수 없는 폼페이우스는 이 젊은 두 장수의 상대로 역전의 용사를 내보냈다. 해군 장수 리보는 해적소탕작전 당시부터 폼페이우스의 부하였으니까, 50대의 노련한 장수다. 그는 카이사르의 두 장수 가운데 우선 한 사람을 쳐부수고, 곧바로 돌아서서 또 한 사람을 쳐부수는 전법을 택했다.

첫 번째 먹이는 바다에 있던 돌라벨라였다. 리보의 선단에 쫓긴 돌라벨라의 선단은 달마티아 해안으로 피난하려고 했다. 그러나 아드리아해의 서쪽 연안인 이탈리아 해안은 모래밭의 연속인 반면, 동쪽 연안인 옛 유고슬라비아 해안은 산이 바싹 다가와 있고 후미와 만이 많아서 섣불리 들어갔다가는 빠져나갈 곳이 없는 막다른 궁지에 몰리기 십상이다. 돌라벨라의 40척도 결국 막다른 곳으로 쫓겨 들어가 격파당하고 말았다. 간신히 달아난 돌라벨라와 배 몇 척은 가이우스 안토니우스의 군대와 합류하려고 했지만, 그 전에 리보는 재빨리 공격의 방향을 바꾸었다. 안토니우스도 리보에게 쫓겨서 더 도망칠 곳이 없는 섬으로 들어갔다. 배도 없고 군량도 떨어진 병사들은 모두 항복하고 말았다. 안토니우스와 살루스티우스가 이끄는 몇 개 대대만 겨우 달아나는 데 성공했을 뿐이다.

리보는 15개 대대 9천 명이나 되는 포로들에게 폼페이우스 쪽에 가담하여 카이사르와 싸우면 살려주겠다고 말했다. 많은 병사가 이 조건을 받아들였다. 그러나 적지 않은 백인대장이 이 조건을 거부하고 목숨을 잃었다. 이것은 역사상 전례가 없는 일이었지만, 그 후에는 비슷한 일이 여러 번 일어난다. 카이사르에게 충성을 다하기 위해 죽음까지 선택한 이들은 로마 시민도 아닌 갈리아인이었다.

카이사르는 이 패배로 9천 명이나 되는 병사와 40척의 배를 잃었을 뿐 아니라, 아드리아해의 제해권을 빼앗는 데에도 실패했다. 아드리아해의 맞은편 연안을 확보하고 기다리는 폼페이우스를 공격하기에는 참으로 불리한 정세가 된 셈이다.

이런 지경에 놓였을 때 어떻게 대처하느냐에 따라 사람을 두 부류로 나눌 수 있다. 실패로 끝난 사태를 개선하려고 애씀으로써 불리함을 만회하는 사람이 있는 반면, 그것은 일단 그대로 놓아두고 다른 일에 성공함으로써 정세를 단번에 만회하려고 하는 사람이 있다. 카이사르는 후자의 대표자라고 해도 좋았다.

카이사르, 집정관이 되다

갈리아 전쟁 당시부터 카이사르는 행군하는 도중에도 보고를 받고 지시를 내리는 습관이 있었다. 각지에 배치된 '카이사르 기관'은 카이사르에게 정보를 보내고 카이사르의 지시를 충실히 수행하는 조직으로 완벽하게 기능을 발휘하고 있었다. 그래서 카이사르는 목적지에 도착하자마자 당장 일에 착수할 수 있었다. 12월 2일, 수도에 들어갔을 때에도 카이사르는 미리 내려둔 지시를 충실히 실행한 협력자들 덕택에 해야 할 일을 단 열흘 만에 모두 해치울 수 있었다.

맨 먼저 해야 할 일은 독재관에 지명되는 것이었다.

사실 그는 독재관보다 집정관으로 선출되기를 바랐다. 그러나 차기 집정관을 선출하기 위한 민회 소집권은 현직 집정관만이 갖고 있다. 기원전 49년도 집정관은 둘 다 폼페이우스와 함께 그리스로 도망쳐버렸다. 그래서 카이사르는 법무관 레피두스가 민회 소집권을 가질 수 있도록 하려고 애썼지만, 원로원의 반대로 뜻을 이루지 못했다. 그래서 카이사르는 법무관 레피두스로 하여금 카이사르를 독재관에 지명한다는 법안을 제출하게 했다. 이것은 술라가 사용한 것과 같은 방법이었다. 그래서 카이사르는 되도록이면 이 방법을 쓰고 싶지 않았지만, 원로원의 소극적 저항을 더 참을 시간 여유가 없었다. 이 법안은 민회에서 가결되어 카이사르는 독재관에 취임했다.

공화정 로마의 독재관(딕타토르)은 일종의 위기 관리 대책이니까, 그 임무는 넓은 의미에서의 사태 수습이다. 어떤 이유로든 집정관이 둘 다 수도를 비우는 경우에는 독재관이 차기 집정관 선출을 위한 민회 소집권까지도 갖고 있었다. 정치의 공백을 피하는 것이야말로 로마인들이 무엇보다도 유의해온 일이기 때문이다.

카이사르는 이 권리를 행사하여 집정관 선출을 위한 민회를 소집했다. 이듬해인 기원전 48년도 집정관에 입후보한 사람이 몇 명이었는지는 알려져 있지 않다. 어쨌든 자신이 소집하고 자신이 의장을 맡고 자신이 입후보한 민회에서 1위로 당선한 카이사르는 두 번째로 집정관에 취임했다. 또 다른 당선자는 카이사르파이지만 성품이 온후한 원로원 의원인 이살리쿠스였다. 이리하여 독재관에 취임한 목적은 달성된 셈이지만, 독재관 신분으로 해야 할 일이 아직 남아 있었다. 집정관과 달리, 독재관한테는 호민관도 거부권을 행사할 수 없도록 되어 있었기 때문이다. 그러나 술라와 달리 카이사르가 독재권력을 손에 넣은 상태에서 한 일은 정적들을 처단하는 것이 아니었다.

1. 술라는 정적들의 자손에 대한 영구적인 공직 추방을 국법화했지만, 카이사르는 이 조치를 해제했다.

2. 국외 추방자의 귀국을 허가했다. 하지만 누구나 돌아올 수 있는 것은 아니었다. 법무관이나 호민관이 허가하고, 민회에서 가결된 경우에만 돌아올 수 있도록 했기 때문이다.

3. 로마의 각 속주 총독을 임명했다. 가까운 에스파냐 총독은 레피두스, 먼 에스파냐 총독은 카시우스를 유임시키고, 남프랑스 속주 총독은 데키우스 브루투스, 시칠리아 총독은 알비누스, 사르데냐 총독에는 페두케우스를 임명했다. 말할 나위도 없이 이들은 모두 카이사르파에 속한다. 이미 장악한 지중해 서부 지역을 자기 파로 계속 확보하기 위해서였다.

4. 카이사르는 본국 로마를 계속 장악하려면 정치적 공백과 사회적 무질서를 반드시 해소해야 한다고 생각하고 실행한 만큼, 경제적 혼란이 인심의 흐트러짐과 직결된다는 것도 알고 있었다. 경제적 안정과 번영이야말로 정치에 관심이 없는 일반 서민까지도 자기편으로 끌어들이는 가장 좋은 방책이었기 때문이다.

내전이 일어난 이후 로마인들은 장래에 불안을 품고 모두 일신의 안녕에만 급급했기 때문에 경제는 침체에 빠져 있었다. 채무자는 빚을 갚지 않게 되고, 채권자도 돌려받을 가망이 없는 돈은 빌려주지 않았다. 돈이 유통되지 않으면 경제활동도 침체할 수밖에 없다. 이를 방치해두면, 이런 사태를 견딜 여유가 적은 계층에서 불만이 폭발할 우려가 있었다.

그래서 카이사르는 아무도 반대하지 못하고 거부권도 행사할 수 없는 독재관의 절대권력을 이용하여 다음과 같은 대책을 정책화했다.

첫째, 채무자는 제3자에게 의뢰하여 자기 재산을 내전 발발 이전의 가치로 산정할 의무를 진다. 그리고 이 산정액을 바탕으로, 이미 지불한 이자를 뺀 채무액을 현금이나 재산으로 전액 갚는다.

내전 발발 이전의 가치로 산정한 까닭은 전란에 대한 불안 때문에 모든 물가가 25퍼센트나 급등했기 때문이다. 따라서 카이사르의 이 정책은 인플레이션을 진정시키려는 목적도 갖고 있었다.

카이사르의 이 정책으로 말미암아 채권자는 실질적으로는 채권액의 4분의 1을 잃게 되지만, 채무자로서는 채무액의 4분의 1을 탕감받았기 때문에 빚을 갚기가 쉬워지고, 따라서 결과적으로는 채권자도 채권액의 4분의 3이나마 돌려받기가 쉬워진다. 경제적으로는 채권 평가액을 내전 발발 이전의 가치로 동결한 조치라고 말할 수도 있다.

5. 카이사르는 6만 세스테르티우스 이상의 현금 소유를 금지했다. 바꿔 말하면 이 액수 이상의 '장롱 예금'을 금지한 것이다.

6. 카이사르는 밀고제도 완전히 폐지했다. 술라의 독재치하에서는 돈에 눈이 먼 사람들의 밀고가 성행했지만, 이런 풍토를 억누름으로써 사람들의 공포를 해소하는 동시에 자금 유통을 활성화하는 것이 이 조치의 목적이었던 것은 물론이다.

7. 자금의 흐름을 활발히 하고 군자금을 구하기 위해 카이사르는 새 화폐를 발행하기까지 했다. 국고는 에스파냐로 싸우러 갈 때 '강탈'했기 때문에 이제 국고에는 화폐로 주조할 수 있는 금이나 은이 남아 있지 않았다. 그래서 역시 독재관의 강권으로 로마 전역에 있는 신전의 봉납물을 공출하게 하여, 그것으로 화폐를 주조하게 했다.

이 화폐 표면에는 '피에타스'(자애)를 인격화하여 새겨놓았고, 뒷면에는 카이사르의 이름과 '임페라토르'라는 문자를 새겼다. 율리우스 카이사르는 연설에도 흥미가 없고 책도 읽지 않는 사람들도 날마다 보고 만지는 화폐를 선전매체로 활용한 최초의 로마인이기도 했다.

이런 정책을 시행한 뒤, 카이사르는 독재관을 사임했다. 그리고 차기 집정관 자격으로 로마인에게는 중요한 행사인 라티나 축제를 주최했다. 종교의식과 운동경기로 며칠 동안 로마인을 열광시키는 이 축제를 주최한 것도 로마 사회가 평상시와 똑같이 움직이고 있다는 인상을 시민들에게 심어주기 위해서였다. 현직 집정관이 둘 다 없는 이해에는 최고신 유피테르에게 바치는 라티나 축제도 열리지 못할 거라고 시민들은 체념하고 있었다. 수도 로마와 이탈리아에서는 모든 일이 평상시와 똑같이 돌아가야만 민심을 장악할 수 있다는 것이 카이사르의 생각이었다.

폼페이우스와 대결하러 떠나기에 앞서, 카이사르는 자파(自派) 사람들에게 가장 중요한 일을 맡겼다. 마르세유 전쟁을 육지에서 지휘한 트레보니우스와 갈리아 원정 때 줄곧 카이사르 밑에서 군단장을 지낸 페디우스, 그리고 키케로의 애제자인 카일리우스가 법무관에 선출되어 집정관 이살리쿠스의 보좌역으로 배치되었다. 말하자면 카이사르는 자기가 없는 동안 로마를 다스릴 '정부'를 남긴 셈이다. 폼페이우스와의 대결은 언제 결말이 날지 알 수 없는 노릇이었다.

12월 13일, 카이사르는 병사들이 집결해 있는 브린디시로 떠났다. 그가 수도 로마에 머문 기간은 단 열흘에 불과했다. 루비콘강을 건넌 날부터 헤아리면 11개월, 로마 세계의 서쪽 절반을 장악한 날부터 헤아리면 한 달 반밖에 지나지 않았다.

카이사르의 처지는 11개월 전과는 딴판이었다. 루비콘강을 건널 당시만 해도 카이사르는 '원로원 최종권고'에 승복하지 않은 탓으로 반역자가 되었고, 그를 따르는 병사들도 반란군이나 마찬가지였다. 그런데 지금은 로마의 최고위 관직인 집정관으로서 정통적이고 공식적인 지위에 앉아 있었다. 법적으로 인정받은 사람을 따르는 병사들도 이제는 어엿한 정규군이었다.

아홉 달 전, 카이사르는 폼페이우스의 출항을 저지하지 못하고 그와 그의 군대를 그리스로 떠나게 했다. 이로 말미암아 내전의 조기 해결도 꿈으로 사라졌지만, 그때 카이사르가 그토록 내전의 조기 해결에 집착한 것은 국가의 적이라는 신분이 되어 있었기 때문이다. 조기 해결을 바랄 수 없게 된 이상, 그에 따라 법적인 신분도 개선할 필요가 있다. 거듭 말하지만 로마인은 법의 민족이다. 이런 로마인을 납득시키려면 법적으로 정당해야 한다. 카이사르는 집정관에 취임함으로써 정통적인 지위를 갖게 되었고, 통수권도 정당화된 상태에서 폼페이우스를 격파하러 갈 수 있게 된 셈이다. 이것도 역시 불리함을 유리함으로 단번에 역전시켜버리는 카이사르의 역량을 보여주는 사례다. 그리고 이렇게 할 수 있다는 것이야말로 본국을 수중에 넣음으로써 생겨난 '플러스 알파'였다.

카이사르는 이 효력을 알고 완벽하게 활용했다. 군사적 이익이라는 '실'(實)만 생각하고 본국을 버린 폼페이우스는 '허'(虛)의 활용에서 이미 카이사르에게 패배했다고 말할 수 있다.

하지만 이것은 어디까지나 법률적 해석이고, 시민들의 감정은 별개 문제다. 카이사르가 실시한 정책 때문에 일반 서민은 카이사르파로 기울어지고 있었지만, 이들에게 내전은 폼페이우스와 카이사르 사이에 벌어지고 있는 권력투쟁에 불과했다. 이것도 어떤 면에서는 진실인 이상, 법률상 승리를 실제적인 승리와 한데 묶어서 보여줄 필요가 있다. 다시 말해서 분명하게 '이길' 수밖에 없다. 무력이 힘을 쓰는 시대는 아직 끝나지 않았다. 브린디시에는 중무장 보병 12개 군단과 기병 1,400기를 집결시키라고 명령해두었다.

경마에 비유하면, 폼페이우스는 출발점부터 줄곧 선두를 달리고 있는 반면에, 카이사르는 처음에는 한데 섞여 달리다가 조금씩 다른 말들을 떼어놓고, 마지막 직선 주로에 들어서기 직전의 곡선 주로에 접어들기가 무섭게 외곽선을 크게 돌아 선두에 나섰다고 말할 수 있다. 승부는 역시 직선 주로에서, 즉 두 영웅의 격돌로 판가름날 수밖에 없다.

전력 비교

카이사르는 『내전기』에서 이렇게 말했다.
"폼페이우스는 전투할 필요도 없고 다른 적들의 방해에 시달리지도 않은 채, 꼬박 1년을 전투 준비에만 몰두할 수 있었다."
이탈리아를 버린 폼페이우스는 마르세유나 에스파냐를 지원하는 데에는 소극적이었지만, 그리스 땅에서 카이사르를 맞아 싸울 준비는 착실히 추진하고 있었다.

우선 이탈리아에서 데려온 5개 군단 3만 명의 중무장 보병이 있었다. 각 군단의 동질성을 중시하는 카이사르는 결원이 생겨도 보충하지 않고 2개 군단을 1개 군단으로 통합해버리지도 않았지만, 폼페이우스는 이런 면에서도 '실'(實)을 중시하는 사람이었다. 폼페이우스 휘하의 1개 군단은 정원 6천 명을 의미했다.

그밖에도 폼페이우스 휘하에는 로마 시민병으로 구성된 4개 군단이 있었다. 그 가운데 1개 군단은 킬리키아 속주에 주둔하고 있던 고참병인데, 결원이 많은 2개 군단을 통합하여 1개 군단으로 만든 것이었다. 폼페이우스는 이것을 '쌍둥이' 군단이라고 불렀다. 1개 군단은 역시 로마 속주인 크레타섬과 마케도니아에서 모집한 병사들로 편성되어 있었다. 나머지 2개 군단은 기원전 49년도 집정관인 렌툴루스가 현직 집정관 자격으로 이탈리아에서 편성한 군단이었다. 어쨌든 고지식한 폼페이우스는 로마 시민이 아닌 병사들, 예를 들면 아드리아해에서 포로로 잡은 '종다리 군단' 병사 9천 명과 지중해 동부 전역에서 모집한 병사들도 로마 시민병과 합하여 정원을 채웠다.

이렇게 하면 9개 군단 5만 4천 명이 되는데, 그밖에도 폼페이우스의 장인인 메텔루스 스키피오가 시리아에서 2개 군단을 편성하여 데려오기로 되어 있었다. 이것까지 합하면 중무장 보병만도 11개 군단 6만 6천 명에 이른다.

군대에는 군단병은 아니지만 직능별로 편성된 경무장 보병이 따르게 마련이다. 폼페이우스군의 경무장 보병대는 크레타섬과 스파르타, 폰투스, 시리아에서 모집한 궁병 3천 명과 투석병 1,200명으로 편성되어 있었다. 합하면 4,200명이다.

그리고 여기에 기병 7천이 가세한다. 오리엔트에서는 사회적 지위가 높은 사람들만이 기병이 될 수 있었다. 폼페이우스 휘하의 기병대는 갈라티아 영주를 비롯하여 오리엔트에 있는 폼페이우스의 '클리엔테스'가 총동원된 느낌을 줄 만큼 쟁쟁한 인물들로 구성되어 있었다.

직접 참가하지 않는 영주들은 아들을 대신 참전시켰다.

육상 전력에서는 카이사르가 절대적으로 불리했다.

우선 이 결전에 데려가기로 결정한 병력은 10개 군단이지만, 1개 군단을 구성하고 있는 인원은 폼페이우스의 6천 명에 훨씬 미치지 못했다. 카이사르가 정확한 인원을 밝히지 않았기 때문에 『내전기』의 문맥에서 추측할 수밖에 없지만, 평균하면 2,500명 안팎에 불과했던 모양이다. 병력이 이렇게 줄어든 이유를 카이사르는 다음과 같이 설명했다.

"8년 동안의 갈리아 전쟁과 마르세유 전쟁 및 에스파냐 전쟁, 그리고 전쟁터까지 왕복하는 도중에도 많은 병사가 죽었고, 게다가 그해 가을 브린디시가 있는 이탈리아 남부의 기후는 건강에 좋지 않았다."

그래도 전사자나 병사자의 수와 줄어든 인원은 일치하지 않는다. 이렇게 병력이 줄어든 까닭은 카이사르가 부상하거나 병에 걸려 종군할 수 없는 병사들을 귀향시키거나 본국에 대기하도록 조치했기 때문이다. 또한 브린디시에 도착한 12월 22일부터 그리스로 떠난 1월 4일까지 카이사르는 결전을 함께 치를 병사들을 선발했다. 문자 그대로 정예만 선발한 결과, 1개 군단의 평균 인원이 2,500명으로 줄어든 것이다.

그렇다면 카이사르 휘하 중무장 보병은 10개 군단 2만 5천 명이다. 경무장 보병의 수는 알 수 없지만, 대단한 병력은 아니었을 것이다. 그리고 기병은 갈리아나 게르만 출신으로 오래전부터 카이사르와 함께 싸운 1,300명이다. 군단병도 갈리아 전쟁 초기부터 카이사르와 함께 싸운 고참병들이 전체의 절반을 차지했다.

카이사르가 소수정예주의를 좋아서 택한 것은 아니다. 그가 장악한 지중해 서부 지역의 각 속주를 유지하려면 적어도 10개 군단은 배치해두어야 했다. 그 때문에 어쩔 수 없이 선택한 소수정예주의였지만,

군량 확보에 대한 걱정이 줄어든다는 이점은 있었다. 그리스는 폼페이우스가 지배하고 있다고 생각하지 않으면 안 된다. 그런 그리스를 전쟁터로 삼는 이상, 군량 확보에 대한 걱정이 줄어든다는 것은 카이사르에게는 무시할 수 없는 이점이기도 했다.

그러면 이 육상 전력을 지휘할 장수들을 비교해보면 어떻게 될까.

폼페이우스군 총사령관은 물론 57세의 폼페이우스다. 그의 조직력과 전략적 재능은 아직도 당대 최고라는 게 정평이었다. 그런 폼페이우스 밑에서 부사령관이 될 만한 인물은 메텔루스 스키피오지만, 이 사람은 폼페이우스의 장인인데다 기원전 52년에 폼페이우스와 함께 집정관을 지낸 적도 있어서 부사령관에 만족하지 않고 총사령관과 같은 지위에 있었다. 폼페이우스도 그렇게 대우했고, 메텔루스 스키피오 자신도 그렇게 행동했다.

이 두 사람 밑에 에스파냐 전선에서 패배한 아프라니우스와 페트레이우스가 있다. 이들은 카이사르에게 석방된 뒤 폼페이우스와 합류했다. 코르피니오 전투에서 패배한 에노발부스도 카이사르에게 석방된 뒤 폼페이우스와 합류한 부류에 속한다. 에노발부스는 코르피니오 전투가 끝난 뒤 폼페이우스의 명령으로 마르세유 방어전을 지휘하게 되었지만, 카이사르 휘하의 데키우스 브루투스와 벌인 두 차례 해전에서 패배한 뒤로는 마르세유를 단념하고 그리스에 있는 폼페이우스와 합류했다.

그러나 처음부터 폼페이우스파 장수였던 이들을 제쳐놓고 사실상의 부사령관 자리를 차지한 인물은 갈리아 원정 8년 동안 줄곧 카이사르의 '오른팔'로 활약한 라비에누스였을 것이다. 카이사르의 전략과 전술을 다 알고 있다는 점과 최근까지 최전선에서 군대를 지휘했다는 점이 폼페이우스가 라비에누스를 발탁한 이유였다.

그밖에 기원전 49년도 집정관인 마르켈루스와 렌툴루스, 그리고 소(小)카토를 비롯한 반카이사르파 원로원 의원들이 있다. 폼페이우스를 따라 이탈리아를 탈출한 원로원 의원의 수는 거의 200명에 이르러, 그리스에서 원로원 회의를 열 수 있다는 말까지 나올 정도였다. 이들 중에는 물론 오랫동안 망설인 끝에 결국 그리스로 망명한 키케로도 포함되어 있었다. 그러나 폼페이우스는 이들을 군사적으로는 별로 중시하지 않았다. 의원 자신들도 군사적 재능이 부족하다는 것은 자각하고 있었다. 그러나 사회적 지위를 내세워 작전회의에 참석할 권한은 내놓지 않았다. 다시 말해서 행동은 하지 않고 입으로만 참견한 것이다.

이들과는 조금 달리, 일부러 전선에 근무하고 싶어서 참가한 사람들도 있었다. 이제 갓 36세가 된 마르쿠스 브루투스도 그런 부류였다. 나중에 유명해지는 바로 그 브루투스다. 브루투스는 8세 때 폼페이우스에게 아버지를 잃었다. 그래서 오랫동안 폼페이우스를 원망했지만, 그럼에도 폼페이우스를 따라 그리스에 가기로 결심한 것은 원로원 체제 타도를 노리는 카이사르에게 반대하고, 현재의 과두정이야말로 국가 로마가 지켜야 할 정치체제라고 믿었기 때문이다. 브루투스는 폼페이우스 진영에 있으면서도, 폼페이우스한테는 인사조차 하지 않았다. 폼페이우스도 군사 경험이 전혀 없는 이 우울한 표정의 사나이를 그냥 내버려두었다.

그런데 카이사르는 수도를 떠나기 전에 브루투스의 어머니한테서 폼페이우스 진영으로 달려간 아들을 보호해달라는 부탁을 받았다. 카이사르는 옛 애인이라도 함부로 대하지 않는 인물이다. 하물며 브루투스의 어머니 세르빌리아는 카이사르의 평생 애인이라는 말을 들은 여자였다. 그런 여자의 부탁인 만큼 카이사르도 진심으로 받아들였을 게 분명하다. 브루투스는 자기가 폼페이우스 진영으로 달려가면 카이사르

애인의 아들이라는 지금까지의 처지에서 벗어날 수 있을 거라고 생각했을지 모르지만, 어디에 가든 그 꼬리표는 그를 따라다닌 모양이다.

　이처럼 대단한 인물들이 모여 있는 폼페이우스 진영에 비해, 드디어 폼페이우스와 격돌하게 된 카이사르 진영의 지휘관은 총사령관 카이사르를 제외하면 참으로 빈약하다고 말할 수밖에 없다. 기원전 53년도 집정관을 지낸 도미티우스 칼비니우스 한 사람만이 카이사르와 같은 세대에 속할 뿐, 나머지는 33세의 안토니우스를 비롯하여 모두 풋내기 장수들뿐이었다. 갈리아 전쟁 당시의 군단장급 가운데 트레보니우스는 법무관으로 선출되어 본국 통치를 맡았고, 데키우스 브루투스는 남프랑스 속주 총독으로 파견되었기 때문에 그들은 그리스로 데려갈 수가 없다. 쿠리오는 아프리카에서 전사했다. 돌라벨라는 중책을 맡기기에는 불안했다. 이런 상황에서 카이사르는 수석 부사령관에 도미티우스 칼비니우스, 차석 부사령관에는 안토니우스를 앉혔지만, 그래도 결과적으로는 둘 다 상당히 잘 싸웠다. 물론 그들이 세운 공적은 카이사르가 생각한 전략을 충실히 실행한 결과였지만. 그리고 세상 만사에는 유리한 면과 불리한 면이 있다. '머리'와 '입'의 수가 많은 폼페이우스 진영에 비해, 카이사르 진영의 '머리'와 '입'은 카이사르 하나뿐이었다.

　카이사르 진영에는 참모급은 부족했지만, 백인대장으로 대표되는 중간급 지휘관은 양적으로나 질적으로 폼페이우스 진영을 압도했다. 원래 로마 군단의 중추는 백인대장이었다. 그러나 이 전통을 최고로 활용한 사람은 바로 카이사르였다. 카이사르는 이름만 들어도 평민 출신임이 분명히 드러나는 그들의 실력을 인정하여 자신감을 주고, 귀족이나 원로원 계급 출신으로 채워지는 게 전통인 군단장이나 대대장이 되기는 어렵다 해도 군단의 지주는 바로 그들임을 자각하게 했다. 무인은 자기를 알아주는 사람을 위해 죽는다는 말이 있다. 카이사르에 대한 백인대장들의 충성심에는 한 점의 티끌도 없었다. 그리고 이들 백인대장과 같이 먹고 같이 자는 일반 병사들도 카이사르에 대한 충성심은 자기네 직속상관보다 더하면 더했지 못하지는 않았다. 소수정예주의는 어쩔 수 없는 선택이긴 했지만, 소수 정예로 싸워도 충분히 이길 수 있다는 카이사르의 자신감은 여기에 바탕을 두고 있었다.

그러나 전쟁은 의지나 기개만으로는 치를 수 없다. 승부를 결정하는 요소 가운데 가장 중요한 것은 뭐니뭐니 해도 병사의 양과 질이다. 양은 폼페이우스 진영이 압도적으로 우세했지만, 질은 카이사르 진영이 압도적으로 우세했다. 따라서 양과 질을 종합한 전력에서 어느 쪽이 우세한지는 그렇게 간단히 대답할 수 있는 문제가 아니었다.

카이사르 진영의 10개 군단 2만 5천 명의 중무장 보병 가운데 현역 고참병은 절반이 넘는다. 제8군단·제9군단·제10군단·제11군단·제12군단의 5개 군단은 갈리아 원정 첫해부터 참전하여 카이사르와 함께 싸운 병사들이다. 카이사르로서는 심복 중의 심복을 이끌고 결전에 임하는 것을 의미했다.

폼페이우스 진영에도 고참병은 적지 않았지만, 문제는 최근까지 전쟁터에서 실전을 치른 팔팔한 현역이냐, 아니면 나이는 고참이지만 전쟁을 경험한 지 오래된 고참병이냐 하는 것이었다.

폼페이우스 진영에서 전자에 속하는 것은 이탈리아에서 데려온 5개 군단 가운데 2개 군단에 불과했다. 이 2개 군단은 시리아에 파견한다는 명목으로 카이사르한테서 빼앗은 군단이니까, 기원전 53년부터 기원전 50년까지 4년 동안 카이사르 밑에서 전투 경험을 쌓은 병사들이다. 이 2개 군단 외에 폼페이우스 진영의 고참병은 폼페이우스가 오리엔트를 제패한 덕에 계속 평화를 누린 지중해 동부 지역의 속주 수비군이었다. 다시 말해서 폼페이우스의 동방 제패가 끝난 기원전 63년부터 15년 동안은 본격적인 전투를 치러보지 않은 고참병이었다. 전투력은 최근까지 전쟁터에 있었던 병사가 더 강하게 마련이다. 폼페이우스도 이것을 알고 있었다. 그래서 카이사르가 서방을 장악하고 있는 동안, 폼페이우스는 병사들을 그리스 중부의 테살리아 지방으로 데려가서 군사훈련을 시켰다. 어쨌든 2개 군단 이외의 병력은 각지에서 긁어모은 병사들이었기 때문에 철저하게 훈련하지 않으면 전력이 되지 않는다.

해상 전력은 구태여 양쪽을 비교할 필요도 없다. 폼페이우스 진영은 지중해 동부 전역에서 600척을 모은 반면, 카이사르는 보병 2만 5천 명과 기병 1,300기를 태울 수 있는 배조차도 확보하지 못해 병력을 두 차례에 나누어 수송해야 할 정도였으니까 100척을 크게 밑도는 규모였을 게 분명하다. 카이사르는 폼페이우스가 출항하는 것을 지켜볼 수밖에 없었던 9개월 전에 선단을 만들라고 명령해두었지만, 그 명령에 따라 만들어진 배 가운데 40척은 마르쿠스 안토니우스의 동생 가이우스와 돌라벨라가 폼페이우스한테서 아드리아해의 제해권을 빼앗기 위해 싸우다가 잃어버렸다. 그렇긴 하지만, 폼페이우스 진영도 카이사르 군대가 아드리아해를 건너지 못하도록 저지하는 데 600척을 모두 투입할 수 있는 것은 아니었다. 기항지의 수용량 때문에 기껏해야 150척 정도가 고작이었다.

지중해의 제해권을 탈취하는 것은 엄두도 낼 수 없는 이 같은 상황에서는 카이사르도 우선 아드리아해를 건너는 것밖에는 생각할 여유가 없었다. 그리고 폼페이우스는 150척만 투입하면 카이사르가 아드리아해를 건너는 것을 충분히 저지할 수 있다고 생각했다.

전쟁에는 경제 문제가 따라다닌다. 그래서 양쪽 진영의 군자금을 비교해보면, 여기서도 폼페이우스가 압도적인 우세를 보였다.

　잊어서는 안 될 것은 기원전 49년에는 현직 집정관이 둘 다 폼페이우스 진영에 있었다는 점이다. 원로원 회의를 열 수 있을 만큼 많은 원로원 의원도 동행했다. 게다가 '원로원 최종권고'라는 계엄령으로 군사력 행사까지 포함하여 사태 수습의 전권을 부여받은 폼페이우스가 있다. 요컨대 지난 1년 동안의 정통 정부는 이탈리아가 아니라 그리스에 있었다. 로마 속주에 세금을 매길 권한도, 동맹국에 병력 제공을 요청할 권한도 폼페이우스 쪽이 갖고 있었다는 뜻이다. 더구나 폼페이우스는 단순한 사태 수습자가 아니었다. 해적소탕작전의 성공으로 지중해 전역의 항구도시를 '클리엔테스'로 삼았고, 그에 뒤이은 오리엔트 제패로 로마 속주가 된 지방만이 아니라 로마의 패권을 인정하고 동맹국이 된 나라들도 폼페이우스와는 '파트로네스'와 '클리엔테스'의 관계에 있었다. 게다가 지중해 동부 지역의 경제력은 지중해 서부 지역과는 비교도 안 될 만큼 막강했다. 지리적인 넓이는 소아시아와 시리아를 합해야 겨우 갈리아와 비슷한 정도지만, 거기에서 징수되는 속주세는 소아시아와 시리아가 2억 세스테르티우스인 반면 갈리아는 4천만 세스테르티우스에 불과했다.

　이탈리아를 버린 뒤, 폼페이우스는 지중해 동부 전역에서 들어오는 속주세를 모두 자기 주머니에 집어넣을 수 있는 신분이 되었다. 정통 정부니까 법적으로도 문제가 되지 않았다. 황급히 수도를 탈출할 때 사투르누스 신전에 있는 국고의 내용물은 일부밖에 가져오지 못했을지도 모른다. 하지만 정부의 정통성과 폼페이우스 개인의 위력으로 폼페이우스 진영의 군자금은 지극히 윤택했다. 그렇게 인색한 키케로조차도 진중 위로금이라는 명목으로 100만 세스테르티우스를 가져갔다. 헌금 액수도 상당했을 게 분명하다.

　폼페이우스는 그 돈으로 그리스 전역의 식량을 사들여 비축했다. 병사들의 무기나 장비나 급료를 지급하는 데에도 전혀 어려움을 겪지 않았다. 폼페이우스를 비롯한 원로원 의원들은 수도에 있을 때와 같은 생활 수준을 유지할 수 있었다. 한 가지 차이가 있다면 홀아비 생활을 한다는 것뿐이었다. 아내와 병역 연령이 안 된 아들을 레스보스섬으로 피난시킨 폼페이우스를 본받아 원로원 의원들도 처자와 별거하고 있었기 때문이다.

징세업무를 도급맡고 있는 '푸블리카누스'들이 폼페이우스와 카이사르의 대결에서 폼페이우스 편에 선 것도 폼페이우스 진영의 윤택함을 보장해주었다. 징세업자인 동시에 사채업자이기도 한 이들 로마 사회의 금융업자들은 카이사르의 세제개혁에 위기감을 품고 있었다. 카이사르가 생각한 세제개혁은 갈리아나 에스파냐에서는 이미 실행되고 있었다. 세제가 유리처럼 투명해지면 세금을 적당히 조정할 수도 없게 된다. 그러면 도급업의 이문도 줄어든다. 게다가 카이사르는 이자율 상한까지 정해놓았다. 금융에서는 폼페이우스 중심의 보수파가 자유경제파 내지는 시장경제파였다.

카이사르는 기원전 48년도 집정관으로 선출되었기 때문에 기원전 48년부터는 카이사르가 정통 정부가 되었다. 하지만 그것은 아직 법률적 지위에 불과하다. 아무리 현직 집정관이라도 받을 수 없는 것은 받을 수 없다. 세금을 받을 수 있는 지역은 경제력이 뒤떨어지고, 이탈리아는 지중해 서부 지역에서는 경제력이 강한 편이지만 그곳 주민들에게 무거운 세금이라도 부과하면 본국민을 폼페이우스 쪽으로 돌아서게 할 위험이 있었다.

자금이 충분치 않으면 군량 보급을 적지에서 현지 조달할 수밖에 없는 카이사르 진영은 점점 불리해진다. 12개 군단을 소집해놓고도 10개 군단만 데려간 것은 자금 부족을 무시할 수 없었기 때문이기도 했다.

두 영웅의 격돌을 앞두고, 두 사람이 갖고 있는 조건을 일람표로 정리해보면 다음과 같이 될 것이다. 총사령관의 나이는 58세와 52세니까 두 사람의 조건은 대등하다고 보아도 좋을 것이다. 만점은 10점으로 한다.

	폼페이우스	카이사르
육상 전력(양)	10	3
병사의 숙련도(평균치)	2	8
상급 지휘관	8	2
중하급 지휘관	2	10
해상 전력	10	2
자금력	10	2
총사령관의 역량, 또는 위에 열거한 조건의 활용률	?	?

'?' 항목의 평가는 두 영웅의 격돌 결과가 나왔을 때 독자가 직접 채점하면 될 것이다. 어쨌든 군사조직은 최소한의 손실로 최대의 효과를 올리는 것을 목적으로 기능을 발휘해야 하고, 따라서 실제로 전투가 시작되기 전에는 알 수 없다는 것도 내가 '?'로 표시한 이유 중 하나이기 때문이다.

그리스를 향하여

집정관이라는 공식 지위를 얻은 카이사르가 브린디시에 도착한 것은 기원전 49년 12월 22일이었다. 보통은 월동에 들어가는 계절이고, 군사행동을 개시할 계절은 아니다. 내전이 끝나자마자 달력을 개혁한 카이사르이고 보면, 달력의 계절과 실제 계절의 차이를 남보다 훨씬 민감하게 느끼고 있었을 게 분명하다. 그렇긴 하지만, 차이가 있다 해도 기껏해야 두 달이다. 11월은 이탈리아 남부에서도 겨울이다. 아무리 잔잔한 지중해라도 겨울 바다는 거칠어지기 쉽다. 게다가 카이사르는 전체 병력을 한꺼번에 수송할 선단도 갖추지 못한 상태였다.

그래도 카이사르는 아드리아해를 건너 그리스로 가는 것을 연기할 생각은 하지 않았다. 내 추측으로는 집정관 자리에 있는 기원전 48년을 최대한 활용하고 싶었기 때문이 아닌가 싶다. 이듬해인 기원전 47년이 되면 무언가 수를 쓰지 않는 한 카이사르의 신분은 '전직 집정관'(프로콘술)이 되어, 역시 전직 집정관 자격을 갖고 있는 폼페이우스와 동격이 되어버리기 때문이다.

기원전 48년으로 해가 바뀐 1월 4일, 제1진으로 보병 1만 5천 명과 기병 500기를 거느린 카이사르가 브린디시를 떠났다. 브린디시에 도착한 지 13일밖에 지나지 않았다.

카이사르는 꼭 필요한 것 외에는 모두 브린디시에 남겨두고 배를 띄웠다. 되도록 많은 병사를 태우기 위해서였다고 카이사르는 기록했다. 남겨둔 짐은 제1진을 그리스로 데려다주고 돌아온 선단이 제2진과 함께 그리스로 싣고 갈 예정이었다. 제2진인 보병 1만 명과 기병 800기는 차석 부사령관인 안토니우스가 인솔하기로 되어 있었다.

카이사르가 염려한 폼페이우스 해군의 방해는 없었다. 적도 카이사르의 겨울철 항해를 미처 예상하지 못했기 때문이다. 바다는 잔잔하고 적의 방해도 없어서 출항한 다음 날에는 벌써 그리스 서해안에 상륙할 수 있었다. 폼페이우스 군대가 감시의 눈을 번득이고 있을 항구에는 처음부터 들어갈 마음이 없었다. 하지만 항구를 제외하고는 아무데나 상륙해도 좋은 것은 아니었다. 그리스 서해안은 후미가 많고, 너무 접근하면 위험한 바위투성이 해안도 많다.

카이사르는 바위나 돌이 많은 해안 사이에 끼인 좁은 모래밭을 상륙 지점으로 골랐다. 오늘날 파라사라고 불리는 이 해안은 폼페이우스의 본영이 있는 알바니아의 두러스에서 직선거리로 130킬로미터 남쪽에 자리 잡고 있다. 두러스의 라틴어 이름은 디라키움이다. 아피아 가도 를 따라 브린디시까지 와서 배를 타고 아드리아해를 건너 이 디라키움 에 상륙하는 것이 로마에서 지중해 동부 지역으로 가는 주요 루트였 다. 로마인은 기원전 2세기에 이미 디라키움에서 그리스를 횡단하여 동쪽으로 가는 에그나티아 가도를 건설했다. 디라키움은 물론이고 폼 페이우스 지배하에 있는 다른 항구도시들도 피해서 상륙한 카이사르 군대는 해안에 상륙하자마자 선단을 브린디시로 돌려보냈다. 제2진이 되도록 빨리 바다를 건너오게 하기 위해서였다.

모래밭에 앉아 쉬거나 바닷물에 젖은 옷을 말리거나 할 틈은 없었 다. 상륙 지점에서 북쪽으로 10킬로미터밖에 떨어지지 않은 항구 오리 쿰에는 폼페이우스 쪽 군선이 18척 정박해 있었고, 80킬로미터 남쪽 해상에 떠 있는 코르푸섬에는 비불루스가 이끄는 군선 110척이 감시 하고 있었기 때문이다. 비불루스는 아드리아해역을 담당하는 폼페이 우스 해군의 총지휘관이었다.

비불루스는 불행히도 안찰관(아이딜리스)과 법무관(프라이토르)만 이 아니라 기원전 59년도 집정관까지 카이사르와 함께 지내면서 그때 마다 카이사르한테 호되게 당한 인물이지만, 내전이 시작된 뒤로는 폼 페이우스 밑에서 해군을 맡아 난생처음 적극적으로 활동하게 되었다. 카이사르는 비불루스가 자신의 그리스 상륙을 알고 출동하기 전에 되 도록 빨리 발판을 마련해둘 필요가 있었다.

기원전 48년 1월 5일 그리스 서해안에 상륙한 카이사르는 우선 육 지를 따라 배후에서 공격할 수 있는 오리쿰 공략에 착수했다. 이탈리

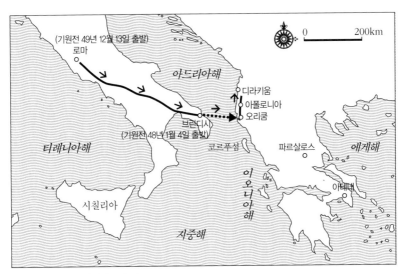

기원전 48년의 카이사르의 진로

아로 돌려보내지 않고 남겨둔 군선 12척이 바다에서 공격하고, 카이사
르가 이끄는 보병대가 육지에서 공격하는 양면작전으로 오리쿰은 하
루도 지나기 전에 쉽게 함락할 수 있었다. 기습을 당한 오리쿰 수비대
는 코르푸섬으로 전령을 보내 지원군을 요청했지만, 전혀 준비가 되어
있지 않았던 비불루스의 군선 110척은 출항도 하지 못했다.

오리쿰 공략이 끝나자마자 카이사르는 12척도 브린디시로 돌려보냈
다. 보병 1만 5천 명과 기병 500기만 거느리고 적지에 와 있는 카이사
르로서는 안토니우스가 이끄는 제2진의 도착이 무엇보다도 시급했기
때문이다.

그런데 이런 카이사르의 소망을 신고 브린디시로 회항하던 12척이
겨우 준비를 갖추고 코르푸섬을 떠난 비불루스의 선단에 따라잡히고
말았다. 12척은 포위 공격을 받고 불길에 휩싸여 침몰했고 선원들은
몰살당했다.

비불루스는 무슨 일이 있어도 카이사르의 제2진이 아드리아해를 건

너는 것을 저지하기로 단호히 결심했다. 겨울 바다를 밤낮으로 순찰하는 것이다. 총지휘를 맡은 비불루스까지도 배에서 잠을 자는 임전태세를 폈다. 카이사르의 상륙은 허용했지만, 카이사르를 우군과 격리시키고 군량 보급지인 이탈리아에서도 고립시키는 것이 비불루스의 목적이었다.

카이사르는 12척이 맞이한 비운을 아직 알지 못했다. 그러나 그는 제2진이 도착하기를 가만히 앉아서 기다릴 사람은 아니었다. 오리쿰에서 북쪽으로 50킬로미터 떨어진 항구도시 아폴로니아 공략에 착수한 것이다.

아폴로니아는 오늘날에는 해안선이 바다 쪽으로 전진해버린 탓에 옛 모습을 찾아볼 수 없는 내륙의 작은 마을이 되어버렸지만, 2천 년 전에는 에그나티아 가도의 시발점인 디라키움과 나란히 그리스 서해안에서는 중요한 로마 기지였다. 따라서 폼페이우스가 이 항구도시에 수비대를 둔 것은 당연한 일이었다.

하지만 카이사르 군대가 다가오고 있다는 것을 안 주민들은 폼페이우스군 수비대에 협력하기를 거부했다. 주민의 협력이 없이는 카이사르를 상대로 싸울 수 없다고 생각한 수비대장은 부하 병사들만 데리고 줄행랑을 쳐버렸다. 주민들은 카이사르에게 대표를 보내 우호적으로 성문을 열겠다는 뜻을 전했다. 카이사르도 주민의 안전을 보장하고, 앞으로 그들의 방위를 책임지겠다고 약속했다. 이리하여 오리쿰을 함락한 이튿날에는 피 한 방울 흘리지 않고 아폴로니아도 수중에 넣었다. 1월 7일까지는 모든 일이 순조롭게 진행되었다. 며칠 뒤, 카이사르는 이탈리아로 돌려보낸 12척이 비불루스의 공격을 받고 전멸한 것을 알았다. 그리고 비불루스가 밤낮으로 바다를 순찰하는 것을 보고 그의 의도도 짐작했다. 그래도 카이사르는 제2진이 곧 도착할 것을 믿어 의심치 않았다. 어쨌든 장화 모양을 한 이탈리아반도의 뒤꿈치에 있는

그리스 서부

브린디시에서 그리스 서해안까지는 하루면 도착할 수 있는 거리였기 때문이다.

　바로 그때 카이사르의 상륙을 안 폼페이우스가 테살리아 지방에서 훈련하던 병력을 모두 이끌고 북상하여 에그나티아 가도를 따라 디라키움에 접근하고 있다는 소식이 들어왔다. 로마 가도는 당시의 고속도로라고 말할 수 있다. 폼페이우스 군대가 '접근 중'이라는 척후병의 보고가 끝나자마자, 디라키움에 '도착'했다는 정보가 들어왔다. 카이사르가 있는 아폴로니아와 폼페이우스가 도착한 디라키움은 직선거리로 70킬로미터밖에 떨어져 있지 않다. 게다가 아폴로니아 앞바다에서는 비불루스가 지휘하는 해군이 24시간 순찰을 돌고 있다. 육지와 바다에서 협공당할 것을 우려한 카이사르는 군대를 이동시키기로 결심했다.

메텔루스 스키피오의 2개 군단이 아직 도착하지 않았다 해도, 이때 폼페이우스 휘하에는 중무장 보병 9개 군단 5만 4천 명과 기병 6천 기 정도가 있었을 것이다. 반면에 카이사르는 1만 5천 명의 중무장 보병과 500기의 기병밖에 갖고 있지 않았다. 이런 상황에서는 일단 후퇴하는 것이 보통이다. 그러나 카이사르는 오히려 정반대로 나갔다.

폼페이우스는 쉽사리 공격할 수 없는 천연 요해지에 있는 디라키움을 비축 식량과 무기를 놓아두는 보급기지로 삼고 있었다. 또한 폼페이우스파 중에서도 전쟁터와는 어울리지 않는 키케로나 카토 같은 원로원 의원들도 기지를 확보하는 임무를 띠고 디라키움에 파견되어 있었다. 하지만 5만 명이 넘는 병력을 시내에 대기시킬 수는 없는 노릇이었다. 또한 폼페이우스는 농성전을 벌일 생각이 조금도 없었다. 테살리아에서 총사령관을 따라온 군대는 디라키움에서 남쪽으로 30킬로미터 떨어진 지점에서 아드리아해로 흘러드는 압수스강 북쪽 연안에 진영을 설치했다. 물론 카이사르가 아폴로니아에 주둔해 있는 것을 알고 거기에 진영을 세운 것이다.

카이사르는 도망치기는커녕 적을 향해 북상하여 압수스강 남쪽 연안에 진영을 설치했다. 1만 5천 명의 전력밖에 갖지 못한 카이사르가 그 네 배나 되는 6만 명의 폼페이우스 진영과 정면으로 맞섰으니, 참으로 대담하기 이를 데 없는 행동이었다. 병사들의 사기를 생각하면 아무 일도 하지 않고 우군의 도착을 기다리기보다는, 그리고 우세한 적이 접근한다고 해서 꽁무니를 빼기보다는 오히려 공세로 나가는 편이 상책이라는 것은 이해가 간다. 하지만 카이사르가 이때 후퇴하지 않고 오히려 전진한 것은 무모하다고 해도 과언이 아니다. 폼페이우스는 절호의 기회를 맞이하게 되었다.

　그렇게 좋은 기회에 왜 전군을 투입하여 공세로 나가지 않았는지, 정말 이해할 수가 없다. 자신과 동격인 메텔루스 스키피오를 제쳐놓고 총공격을 감행하기가 망설여졌을까. 아니면 '머리'와 '입'만 많은 폼페이우스파 원로원 의원들이 '머리'와 '입'의 수만큼 많은 충고와 진언과 조언을 했기 때문일까. 이 시기의 폼페이우스는 그 많은 '입'을 틀어막고 단호한 행동을 취할 만한 기력을 이미 잃어버렸을까. 카이사르의 상륙을 알고 밤낮으로 강행군을 강요한 탓에 그리스인 병사들의 탈영이 잇따랐기 때문에 폼페이우스가 동요했을까. 아니면 패배도 모르고 적 앞에서 퇴각할 줄도 모르고 곤경도 모르고 역경도 맛본 적이 없고, 오로지 진격과 승리밖에 경험하지 않은 폼페이우스인지라, 아무리 카이사르라 해도 정면으로 대결하면 언제 어디서나 이길 수 있다는 자신감이 있었을까. 그것도 아니면, 57세가 된 폼페이우스의 가슴속에는 동족상잔의 비극을 피하고 싶다는 생각이 무겁게 달라붙어 있어, 그것 때문에 결단을 내리지 못한 것일까. 어쨌든 폼페이우스는 절호의 기회를 얻었으면서도 움직이지 않았다.

　움직인 것은 카이사르였다. 하지만 그도 휘하 병력으로는 싸울 수 없다는 것을 잘 알고 있었다. 그래서 외교전에 호소했다.

　연구자들의 의견은 두 가지로 갈라져 있다. 이 마당에 와서 외교 전술을 편 것은 시간을 벌기 위한 술책에 불과했다는 의견과, 카이사르는 진심으로 대화로 해결하기를 바랐다는 의견이다. 내 생각에 카이사르는 양다리를 걸치고 있었던 것 같다.

　카이사르 진영에는 비블리우스 루푸스가 있었다. 원래는 폼페이우스의 참모로서, 폼페이우스의 지시를 받고 코르피니오 공방전과 에스파냐 전쟁에 파견되어 에노발부스와 아프라니우스에게 폼페이우스의 작전을 전달한 인물이다. 코르피니오와 에스파냐에서 두 번이나 카이사르에게 항복하고, 카이사르한테서 거취 선택의 자유를 부여받은 폼페이우스파 고위층 가운데 한 사람이기도 했다. 하지만 석방된 뒤 폼페이우스에게 돌아간 에노발부스나 아프라니우스와는 달리, 루푸스는 코르피니오 공방전 때는 폼페이우스에게 돌아갔지만 에스파냐 전쟁 때는 왠지 카이사르 밑에 남았다. 카이사르는 그를 폼페이우스에게 보낼 강화사절로 선택했다. 루푸스에게 준 서한은 카이사르 자신이 요약한 바에 따르면 다음과 같은 내용이었다.

"폼페이우스와 카이사르는 적대관계를 해소한다. 둘 다 무기를 내려놓고 더 이상 운을 시험하는 행동은 하지 않는다. 둘 다 이미 막대한 피해를 입었으며, 이는 더 이상의 손해를 피하는 데에도 교훈이 될 것이다.

폼페이우스는 이탈리아에서 쫓겨났고, 시칠리아와 사르데냐와 에스파냐를 잃었으며, 이탈리아와 에스파냐에서 130개 대대(7만 8천 명)나 되는 로마 시민병을 잃었다. 카이사르는 쿠리오의 애석한 죽음과 북아프리카에서의 패배를 한탄하고, 아드리아해에서는 가이우스 안토니우스가 이끄는 병사들을 잃었다. 우리 두 사람은 전쟁에서는 운이 얼마나 큰 힘을 발휘하는가를 입증하는 실례가 되었다. 하지만 그렇기 때문에 오히려 우리 두 사람을 위해서나 국가를 위해서 더 이상의 비운을 피하고 싶다고는 생각할 수 없을까.

지금이야말로 강화를 논의하기에는 적절한 시기다. 자신에 대한 긍지와 자기가 이끄는 병력에 대한 신뢰에서는 우리 두 사람이 동등하기 때문이다. 만약 한쪽이 조금이라도 우위에 있다면 교섭은 이루어지지 않을 것이다. 힘에 따른 배분으로 만족하기보다는 전부를 얻고 싶다고 생각하게 되기 때문이다.

카이사르는 다음과 같은 강화조건을 제시한다. 우리 두 사람이 양쪽 군대가 지켜보는 앞에서 서약을 나눈다. 그리고 사흘 이내에 양쪽 다 군대를 해산한다. 폼페이우스의 기분을 배려하여, 카이사르는 디라키움에서 멀리 떨어진 평원에서 군대를 해산한다."

카이사르의 친서를 지니고 떠난 루푸스가 폼페이우스에게 그 편지를 건네준 것은 1월 중순경으로 여겨진다. 폼페이우스는 카이사르가 상륙한 것을 알고 급히 달려온 참이었고, 카이사르는 고립에 대한 불안이 서서히 짙어지기 시작한 무렵이었다.

폼페이우스가 카이사르의 친서를 혼자서 읽고 혼자서 판단을 내렸다면, 이때 화평이 성립되었을 가능성도 없지 않다. 그러나 폼페이우스는 원래 카이사르를 증오하는 자들에게 추대된 최고사령관이다. 그리스 땅에서는 더더욱 강경한 반카이사르파에 둘러싸여 있었다. 그리고 폼페이우스 자신이 이들에게 의논도 하지 않고 카이사르와 직접 교섭하는 일은 있을 수 없다고 생각했다. 결국 폼페이우스는 카이사르의 친서에 답장을 쓰지 않았다.

폼페이우스는 움직이지 않고, 카이사르는 움직일 수 없다. 두 사람의 이유는 서로 달랐지만, 강을 사이에 두고 대치하는 교착상태가 시작되었다. 하지만 이 상태는 카이사르에게 절대적으로 불리했다. 군량을 비롯해서 모든 것이 부족했다. 어렵사리 조달한 변변찮은 식량을 모두 똑같이 나누어 먹으며 연명했다. 불만을 털어놓는 사람은 하나도 없었다. 피아첸차에서 파업을 벌였던 제9군단 병사들이 솔선하여 이 난관을 견뎌냈다.

그래도 동포 사이다. 특히 폼페이우스의 2개 군단은 갈리아 전쟁 후반기에 4년 동안 카이사르 밑에서 싸운 병사들이다. 상층부의 권력투쟁 때문에 적군과 아군으로 갈라져버렸지만, 강 맞은편에 포진한 카이사르군 병사들과는 4년 동안 생사를 함께한 전우 사이이기도 하다. 조금씩 강변에 접근한 양쪽 병사들은 강을 사이에 두고 대화를 나누게 되었다. 카이사르는 좋은 기회다 싶어서 다시 강화를 시도했다. 이번에는 바티니우스라는 장수에게 친서를 주어 보냈지만, 답장도 받지 못한 것은 지난번과 마찬가지였다. 강을 사이에 두고 적병과 이야기하는 병사들을 꾸짖어 강변에서 물러나게 한 라비에누스의 말은 폼페이우스를 둘러싼 사람들의 반응을 상징적으로 보여주었다. 한때 카이사르의 '오른팔'이었던 라비에누스는 폼페이우스군 병사들을 꾸짖는다기보다는 카이사르군 병사들에게 선고하는 듯한 투로 이렇게 단언했다.

"강화라느니 합의라느니, 그런 말은 더 이상 하지 마라. 화평은 카이사르의 목을 가져와야만 성립된다."

폼페이우스 진영의 전략은 분명했다. 카이사르 진영이 소모되기를 기다리는 것이었다.

한편, 브린디시에 있는 안토니우스도 공연히 출항을 늦추고 있었던 것은 아니다. 중무장 보병 1만 명과 기병 800기를 태우고 여러 번 출항을 시도했다. 하지만 이들 제2진은 거친 겨울 바다와 폼페이우스의 해군을 상대로 싸워야 했다. 적이 나타나지 않을 때는 폭풍우가 덮쳐왔다. 브린디시 항구에 꼼짝없이 못박혀 있는 상태가 계속되었다.

그러나 안토니우스에게는 다행히도 봄이 다가왔고, 게다가 카이사르에 대한 증오심으로 바다를 지키던 비불루스가 죽었다. 그래도 안토니우스가 이끄는 제2진이 이탈리아를 떠날 수 있었던 것은 3월 하순이 되어서였다. 3월 하순이라 해도 실제 계절로는 2월 중순에 불과했다. 그러나 빨리 오라는 잦은 재촉도 모두 헛수고로 끝난 카이사르에게는 참으로 길고 괴로운 2개월 20일이었다.

제2진 도착

전쟁기는 용맹스러운 일화로 가득 차 있을 거라고 생각하기 쉽지만, 때로는 웃음이 터져나오는 우스꽝스러운 장면도 섞여 있는 법이다. 당사자들은 심각할지 모르지만, 읽는 사람은 우습기 짝이 없다. 안토니우스가 이끄는 제2진의 도착이 바로 그런 식으로 진행되었다.

계절에 따라 일정한 바람이 부는 대양과는 달리 지중해에서는 바람의 방향이 수시로 바뀐다. 그래도 계절마다 주로 부는 바람은 있다. 아드리아해에서는 겨울철에는 북풍(트라몬타나)이나 북서풍(마에스트랄레)이 부는 경우가 많다. 카이사르가 안토니우스에게 아폴로니아에 상륙하라고 지시한 것은 이 바람을 타고 항해할 것을 예측했기 때문이고, 폼페이우스가 감시하고 있는 디라키움과 코르푸섬 근해를 피하기 위해서이기도 했다. 어쨌든 수송선은 대부분 돛밖에 갖추지 않은 범선이었고, 게다가 로마 시대의 돛은 사각돛이다. 베네치아 공화국 시대의 배는 범선이라도 돛이 삼각돛이었고, 이런 형태의 돛이라면 역풍을 받더라도 지그재그로 전진할 수 있지만, 사각돛인 경우에는 순풍이 불어주지 않으면 앞으로 나아갈 수 없다. 역풍이라도 부는 경우에는 목적지와는 정반대 방향으로 흘러갈 수밖에 없었다.

폼페이우스 진영의 비불루스가 죽는 바람에 적의 방해가 한결 느슨해졌는데도, 기다리는 북서풍이 도무지 불어주지 않았다. 지휘관 안토니우스만이 아니라, 제2진을 구성하고 있는 장병들도 초조해졌다. 제1진이 떠난 지 벌써 두 달하고도 스무 날이 지났다. 그동안 군량 보급선도 한 척 보내지 못했다. 그리스와 이탈리아 사이를 연결하고 있는 것은 폼페이우스 해군의 해상봉쇄망을 잽싸게 빠져나갈 수 있는 쾌속 전령선뿐이었다.

그런데 기다리는 북서풍은 오지 않고, 겨울철에는 드문 남풍(아우스트로)만 계속 불었다. 안토니우스도 병사들도 이제 더 이상은 기다릴 수 없다고 생각했다. 역풍을 뚫고서라도 출항하기로 결단을 내린 것이다.

3월 26일, 안토니우스가 이끄는 제2진은 마침내 브린디시를 떠났다. 바다로 나가면 바람의 방향도 바뀌지 않을까 하고, 거기에 희망을 걸었다. 하지만 바람은 방향을 바꾸어주지 않았다. 디라키움보다 조금 남쪽에 있는 아폴로니아에 상륙해야 할 텐데, 배는 북쪽으로 떠내려갈 뿐이다. 그래도 아드리아해의 그리스 쪽 해안에 접근할 수는 있었지만, 저 멀리 오른쪽 앞에 보이기 시작한 것은 아폴로니아가 아니라 디라키움이었다. 게다가 폼페이우스의 해군 순찰대에 발견되어, 그 통보를 받은 적의 선단에 추적까지 당하게 되었다.

하지만 강한 남풍이 안토니우스에게는 오히려 다행이었다. 그리고 당시 34세의 안토니우스에게는 아버지처럼 엄격한 카이사르라는 상관이 있었다. 안토니우스는 어느 무엇보다도 그리스 상륙을 우선하라는 카이사르의 명령을 충실히 지켜, 돛을 내리고 바다에서 적을 맞아 싸우는 것 따위는 아예 생각지도 않고 남풍을 사각돛에 가득 받으며 계속 달아났다. 육지에서 카이사르도 그것을 보았다. 바로 북쪽에 포진해 있던 폼페이우스도 그것을 보았다.

양군이 지켜보는 가운데 북쪽으로 도망치는 안토니우스의 선단과 그 뒤를 쫓는 폼페이우스의 선단이 잇따라 지나갔다. 폼페이우스 선단은 로도스섬에서 제공한 것이었다.

계속 도망치면서도 안토니우스의 염두에는 오직 상륙이라는 두 글자밖에 없었다. 그런 안토니우스의 눈에 닌페움항구가 들어왔다. 이 작은 항구는 남서풍을 피하는 항구로는 알려져 있지만 남풍을 막아주지는 않는다. 그러나 안토니우스는 절벽에 부딪쳤을 때의 피해보다는 적의 공격에 의한 피해를 피하는 것이 우선이라고 생각했다. 이 결단

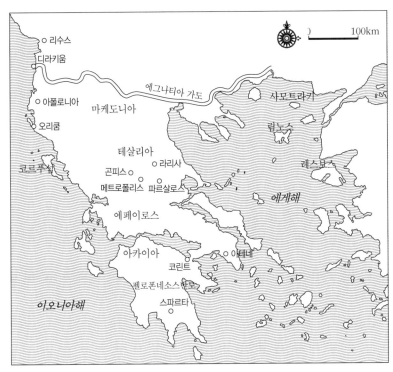

그리스 전역

을 행운이 도왔다. 안토니우스의 선단이 항구에 들어간 순간, 그때까지 계속 불던 남풍이 갑자기 남서풍으로 바뀐 것이다.

안토니우스의 선단은 남서풍을 막아주는 항구에 안전하게 들어간 반면, 항구 밖에 바싹 다가와 있다가 그 강풍을 정면으로 받게 된 추적 선단은 자기들끼리 서로 부딪치고 다시 절벽에 부딪쳐 박살이 나버렸다. 선원도 병사들도 바다에 내동댕이쳐져 카이사르군 병사들한테 구조되는 형편이었다. 로도스섬 출신인 그들은 카이사르의 명령에 따라 고국으로 돌려보내졌다.

안토니우스는 잇따른 행운을 얻었지만, 닌페움에 상륙한 뒤에도 들뜨거나 흥분하지 않았다. 상륙한 뒤에도 시간을 낭비하지 않고 4, 5킬로미터쯤 내륙으로 들어간 곳에 있는 리수스를 점령했다. 그러고는 당장 카이사르에게 전령을 보냈다. 상륙 지점을 알리기 위해서였다.

어쨌든 안토니우스는 카이사르가 상륙 지점으로 지정한 아폴로니아에서 직선거리로 130킬로미터나 북쪽에 상륙해버렸다. 아폴로니아에 상륙할 수 있었다면 거기서 북쪽으로 50킬로미터만 올라가면 카이사르와 합류할 수 있었을 텐데, 남쪽의 아폴로니아가 아니라 130킬로미터나 북쪽에 있는 닌페움에 상륙하는 바람에 카이사르와 안토니우스 사이에는 폼페이우스 진영의 보급기지인 디라키움이 가로놓이게 되었고, 무엇보다도 큰 문제는 압수스강 북쪽 연안에 포진해 있는 폼페이우스의 6만 대군이었다.

확실히 폼페이우스는 카이사르가 상륙한 1월 5일부터 안토니우스가 상륙한 3월 27일까지 두 달하고도 20일이 넘는 기간을 허송세월했다. 하지만 휘하 병력을 활용할 길은 아직 남아 있었다. 그것은 바로 카이사르와 안토니우스의 합류를 저지하는 것이었다. 그리고 두 사람의 중간 지점에 대군과 함께 위치하게 된 폼페이우스는 얼마든지 그들의 합류를 저지할 수 있었다.

6만 대군의 절반으로 병력 1만 5천 명을 거느린 카이사르의 움직임을 봉쇄하면서, 나머지 절반으로 보병 1만 명과 기병 800기밖에 갖지 못한 안토니우스를 공격하여 분쇄하면 되기 때문이다. 병력이 6만 명이나 되니까, 둘로 나누어도 각각 3만 명이다. 마음만 먹으면 충분히 할 수 있는 전력이었다. 그리고 카이사르는 압수스강을 건너지 않으면 북쪽으로 갈 수 없지만, 강의 북쪽 연안에 있는 폼페이우스는 강을 건너지 않고도 북쪽에 있는 안토니우스를 공격할 수 있다는 이점까지 있었다.

폼페이우스도 적의 합류를 저지하기 위해 병력을 움직였다. 하지만 그것은 아군을 양분하여 적의 한쪽을 막고 다른 한쪽을 치는 작전은 아니었다.

합류

안토니우스가 있는 리수스와 카이사르가 있는 압수스강 남쪽 연안은 직선거리로 쳐도 50킬로미터나 떨어져 있다. 게다가 그 중간에는 압수스강이 있고, 그들의 합류를 방해하는 폼페이우스의 6만 대군이 있었다. 당연한 일이지만, 동쪽으로 멀리 우회하지 않고는 합류할 수 없다. 카이사르는 안토니우스한테는 우회하여 남하하도록 명령하고, 자신도 압수스강 남쪽 연안의 진영을 떠나 동쪽으로 우회하여 북상하기 시작했다.

이 무렵 폼페이우스도 압수스강 북쪽 연안의 진영에서 병력을 밖으로 내보냈다. 하지만 행군을 시작할 때까지 걸린 시간도 행군속도도 카이사르가 훨씬 빨랐다. 적에게 눈치채일 위험을 무릅쓰고 조금이라도 더 많은 거리를 행군하는 쪽을 택한 카이사르가 대낮에 진영을 걷어치우고 행군을 시작한 반면, 폼페이우스가 내린 지령은 카이사르 군대가 눈치채지 못하도록 한밤중에 진영을 떠나라는 것이었기 때문이다. 게다가 폼페이우스는 적의 합류를 저지하는 데 6만 대군을 모두 투입했기 때문에 움직임도 둔해질 수밖에 없었다.

북쪽에 있던 안토니우스가 남동쪽으로 우회하면서 남하하고, 남쪽에 있던 카이사르가 북동쪽으로 우회하면서 북상하는 합류작전은 두 사람이 양쪽에서 동시에 접근하는 방식인데다 행군속도가 빨랐기 때문에 폼페이우스 대군의 방해가 끼어들기 전에 성공했다. 기원전 48년 4월 3일이었다. 카이사르의 제1진과 제2진의 합류는 제2진이 상륙한 뒤 불과 일주일 만에 이루어졌다.

카이사르는 실로 석 달 만에 부하들과 재회했다. 이것을 보면 행운은 신이 내려주는 것도, 스스로 만들어내는 것도 아니고, 적이 가져다 주는 것이라는 생각이 든다.

카이사르가 합류에 성공한 것을 안 폼페이우스는 싸움을 걸지도 않고 군대를 철수시켰다. 그리고 이틀 뒤, 새 진영지를 설치하고 카이사르를 기다렸다. 이번에는 압수스강에서 조금 북쪽에 있는 제누스강 어귀 근처에 진을 쳤다. 보급기지인 디라키움과는 전보다 더 가깝고, 디라키움 시내와는 에그나티아 가도와 바다를 통해 연락을 유지할 수 있기 때문에 '기다리기'에는 안성맞춤인 곳이었다. 폼페이우스는 이곳에서 시리아에서 올 메텔루스 스키피오의 2개 군단을 기다릴 작정이었다.

제1진과 제2진이 합류하긴 했지만, 카이사르 진영의 상태가 단번에 호전된 것은 아니다. 군량은 뱃길로 하루가 걸리는 브린디시에서 가져올 작정이었지만, 그것도 마지막에는 체념할 수밖에 없는 상태가 되었다. 제2진의 상륙까지 허용해버린 폼페이우스 진영이 군량 보급을 방해하는 데 전력을 기울였기 때문이다.

우선 폼페이우스의 장남 그나이우스가 이집트에서 제공한 선단 50척을 이끌고 오리쿰항을 공격하여, 거기에 놓아둔 카이사르의 나머지 배를 격파했다. 뒤이어 역시 그나이우스가 지휘하는 선단이 닌페움항을 공격하여 안토니우스와 제2진 병사들을 태우고 온 선단까지 격파해버렸다. 게다가 봄이 와서 폼페이우스의 해상 순찰대는 이제 날마다 출동할 수도 있게 되었다. 이탈리아에서 그리스로 오는 보급로는 끊어졌다고 생각할 수밖에 없었다.

이렇게 되면 남은 방법은 현지 조달뿐이다. 카이사르가 직접 군량을 조달하러 나가기까지 했다. 모든 것이 부족한 상황에서 그리스를 무대로 벌어질 폼페이우스와의 대결 제2막이 시작되었다. 그것은 역사상

'디라키움 공방전'이라는 이름으로 알려진 석 달 동안의 전투였다.

디라키움 공방전

카이사르 군대의 합류를 허용해버린 단계에서 폼페이우스도 생각했겠지만, 카이사르도 전쟁의 장기화를 고려하지 않을 수 없었을 것이다. 하지만 전쟁이 장기화하면 불리한 것은 카이사르 쪽이다. 카이사르의 명령에 따라 시칠리아와 남프랑스에서 배를 만들고 있었지만, 그 선단이 아드리아해에 접근하고 있다는 보고는 들어오지 않는다. 현재 수중에 갖고 있는 배는 없는 거나 마찬가지다. 이탈리아에서의 보급은 이제 기대할 수 없다. 반대로 폼페이우스는 충분한 군량을 비축해놓았고, 제해권도 장악하고 있었다.

전쟁의 장기화를 우려한 카이사르는 '기다리는' 폼페이우스에 대해 '공세'로 맞서기로 결심한다. 폼페이우스가 카이사르 군대의 합류를 알고 되돌아가자, 카이사르는 그 뒤를 쫓아가서 이틀 후에는 폼페이우스를 따라잡았다. 그리고 폼페이우스에게 싸움을 걸었다. 총사령관의 막사 위에 진홍빛 투니카가 펄럭이면, 그것이 곧 선전포고가 된다. 하지만 기다리기로 작정하고 전쟁의 장기화도 두려울 게 없는 폼페이우스는 도전에 응하지 않는다. 카이사르도 장기화를 염두에 넣고 전략을 다시 세울 수밖에 없었다.

카이사르는 합류한 보병 10개 군단과 기병 1,300기를 둘로 나누었다. 둘 가운데 하나는 다시 삼분했다. 그리고 삼분된 각 부대에는 그리스 중동부로 진격하도록 명령했다.

수석 부사령관 도미티우스가 이끄는 2개 군단과 기병 500기는 마케도니아로.

롱기누스가 이끄는 1개 군단과 기병 200기는 테살리아로.

사비누스가 이끄는 5개 대대, 즉 0.5개 군단과 소수의 기병은 아이톨리아로.

합계 3.5개 군단과 기병 700기에게 부과된 임무는 첫째 군량 획득, 둘째 '동조자' 획득, 셋째 조만간 접근할 메텔루스 스키피오의 2개 군단을 저지하는 것이었다.

첫 번째 임무는 바꿔 말하면 '입 줄이기'였다. 합류한 것은 기쁜 일이지만, 필요한 군량도 두 배로 늘어났기 때문이다.

두 번째 임무인 '동조자' 획득은 상당한 성공을 거두었다. 그리스인들의 처지에서 보면, 폼페이우스와 카이사르의 대결에서 누가 이기든 로마의 패권 밑에서 살아가는 그들의 처지에는 변함이 없다. 그리고 그리스는 소아시아나 시리아, 팔레스타인과는 달리 폼페이우스의 '클리엔테스'가 아니다. 전쟁터가 된 것만도 성가신데, 폼페이우스 쪽에 붙은 징세업자(푸블리카누스)들이 지나친 의욕을 보이는 바람에 세금 부담이 예년보다 늘어났기 때문에 그리스인들의 마음속에서는 폼페이우스에 대한 반감이 강해지기 시작했다. 다만 대군이 있기 때문에 겉으로 드러내지 못했을 뿐이다. 카이사르가 그리스 안에서 '동조자'를 획득한 덕에 군량 사정도 조금은 나아졌고, 소규모 부대가 행군하는 도중에 현지 주민들에게 습격당할 염려도 없어졌다. 이렇게 효과는 있었지만, 그렇다고 해서 안심할 수는 없었다. 제삼자는 약자일수록 강자에게 빌붙어 제 살길을 찾는 법이다. 그리스 도시들도 두 영웅의 대결을 지켜보고 있다는 점에서는 지중해 세계의 다른 지역과 마찬가지였다.

이들 부대를 내보낸 뒤, 카이사르는 남은 6.5개 군단과 기병 600기가량만으로 폼페이우스의 진영과 보급기지인 디라키움을 차단하는 작전에 착수했다.

카이사르는 우선 제누스강 근처에 있는 폼페이우스의 진영과 디라키움 사이에 아군 진영을 설치했다. 그러자 폼페이우스도 진영을 보급기지인 디라키움에 더 가까운 페트라로 옮겼다. 페트라는 바다에 면한 고지대인데, 그 밑에는 작은 후미가 있어서 어느 쪽에서 부는 바람도 막아주었기 때문에 보급선이 안심하고 들어올 수가 있었다. 보급기지인 디라키움에서 페트라까지는 해상 직선거리로 7킬로미터밖에 떨어져 있지 않고, 육상 직선거리도 10킬로미터가 채 안 된다. 다만 디라키움은 바다 쪽으로 불쑥 튀어나간 곳 끝에 자리 잡아서 육로로 곧장 가다 보면 디라키움에 닿기 직전에 길이 끊기고 넓은 만이 가로놓여 있다. 썰물 때 물이 빠지면, 이 만에서는 늪지대가 여기저기에 얼굴을 내민다. 따라서 육로로 디라키움으로 가려면 북쪽으로 크게 우회해야 했다.

이런 지형적 여건을 고려하여 카이사르는 다음과 같은 전략을 생각해냈다. 페트라에서 '기다리기'에 들어간 폼페이우스를 포위한다는 것이 카이사르가 궁리해낸 새로운 전략이었다. 전쟁의 조기 해결은 이제 바랄 수 없게 되었지만, '공세'를 계속하여 전쟁의 주도권을 장악하겠다는 결심은 바뀌지 않았다. 폼페이우스 군대에 대한 포위망을 건설하는 이유를 카이사르는 여느 때처럼 조목조목 적어놓았다.

1. 적은 대군이기 때문에 디라키움에서 보급을 받는다 해도 외부로 군량을 조달하러 나갈 필요가 있다. 그것을 차단하는 것이 포위망을 건설하는 첫 번째 목적이다.

2. 적은 군량을 조달하러 나가기에는 가장 적합한 기병을 많이 보유하고 있기 때문에 그 기병의 기동력을 줄이는 것이 포위망을 건설하는 두 번째 목적이다.

3. 카이사르에게 포위공격을 당하면서도 도전에 응하지 않고 반격하러 나오지도 않는 폼페이우스를 세상 사람들의 눈에 노출시킴으로

써, 외국인들 사이에 특히 높은 폼페이우스의 명성을 떨어뜨리는 것이 세 번째 목적이다.

첫 번째와 두 번째 목적은 군사적인 것이다. 카이사르는 해군이 없기 때문에 해상봉쇄는 불가능하지만, 육로를 봉쇄함으로써 해상 보급에 전적으로 의존할 수밖에 없는 상태로 폼페이우스를 몰아넣을 수는 있다.

그러나 세 번째 목적은 선전의 효용성에 착안한 카이사르답게 심리적 효과를 노린 심리작전이다. 생각해보면 폼페이우스는 '실'(實)의 인간이고 카이사르는 '허(虛)와 실(實)'의 인간이었다.

포위망

4월 15일, 포위망 공사가 시작되었다. 카이사르가 그리스로 건너온 지 석 달하고도 열흘, 안토니우스와 합류한 지 열이틀 뒤였다. '공세'에 철저하다는 점에서 카이사르는 52세의 나이에도 여전히 카이사르였다.

폼페이우스가 본영을 설치한 페트라는 앞에서도 말했듯이 바닷가의 고지대에 있고, 육지 쪽에는 높고 가파른 언덕들이 남쪽을 향해 늘어서 있었다. 그 언덕마다 보루를 쌓은 다음, 그것들을 서로 연결하는 방식으로 포위망을 만들어가는 것이다. 적의 본영에서는 3킬로미터나 떨어져 있으니까, 적도 포위망 건설작업을 방해하려면 싸우러 나올 수밖에 없다. 하지만 폼페이우스는 '기다리기'로 한 결심을 바꾸지 않았다. 그래도 소규모 충돌은 늘상 벌어졌기 때문에 카이사르의 병사들은 화살의 사정거리 안에서 위험을 무릅쓰고 공사를 강행해야 했다. 병사들은 적의 화살에서 몸을 지키기 위해 온갖 것을 몸에 휘감아 흉갑을 보강했다.

방해에도 불구하고 카이사르의 포위망이 조금씩 모양을 갖추어가는 것을 본 폼페이우스는 이쪽에서도 방어선을 쌓기로 결정했다. 이리하여 반달 모양으로 이어진 방책과 참호와 보루가 이중으로 해안선을 둘러싸게 되었다. 안쪽이 폼페이우스의 방어선, 바깥쪽이 카이사르의 포위망이었다.

폼페이우스 진영은 6만 병력을 갖고 있으니까 당연한 일이지만 되도록 넓은 땅을 방어선 안쪽으로 끌어들이려고 한다. 카이사르 진영은 폼페이우스의 방어선 안쪽에 들어가는 땅이 되도록 좁아지게 하려고 애쓴다. 따라서 전투는 이 일대에 수없이 많은 언덕을 누가 먼저 점거하느냐를 둘러싸고 벌어졌다.

폼페이우스 진영의 방어선이 먼저 완성되었다. 공사에 동원할 수 있는 병사의 수가 많았고, 안쪽이라서 거리가 짧았기 때문이다. 거리가 짧다고는 해도 방어선의 전체 길이는 22.5킬로미터, 언덕을 이용한 보루의 수는 22개나 되었다. 한편 카이사르 진영의 포위망은 전체 길이가 25.5킬로미터였지만, 보루의 수는 16개에 불과했다. 폼페이우스 진영은 카이사르의 포위망에서 1, 2킬로미터 떨어진 방어선 안쪽에서는 말도 방목할 수 있고 밭도 갈 수 있었기 때문에 '기다리기'에는 전혀 불편하지 않은 상태가 되었다. 하지만 6만 명의 입을 먹이는 것은 큰일이고, 물까지 디라키움에서의 해상 보급에 의존해야 하는 상황은 변하지 않았다. 카이사르가 폼페이우스 진영으로 흘러드는 모든 강에 댐을 쌓아서 물길을 막아버렸기 때문이다.

그래도 불리한 것은 카이사르 쪽이었다. 우선 포위망의 길이가 너무 길고, 언덕을 이용한 보루의 수도 너무 적었다. 게다가 25.5킬로미터나 되는 포위망에 병력을 충분히 배치하기에는 병사의 수가 너무 적었다. 보루를 지키는 데 필요한 요원을 제외하면, 포위망을 지키는 데 활용할 수 있는 병사는 100미터당 한 사람 정도였다. 그리고 적의 군량 보

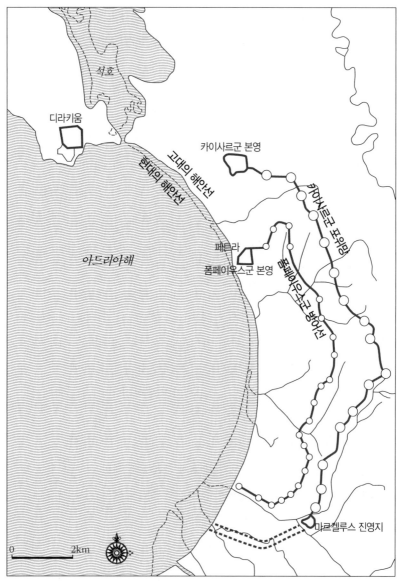

디라키움 포위도
"The Cambridge Ancient History" 가운데 "The Roman Republic"에서

급을 끊겠다는 목적은 전혀 달성되지 않았다. 디라키움만이 아니라 폼페이우스 휘하에 있는 다른 항구도시에서도 날마다 보급선이 페트라에 입항했기 때문이다.

먼저 심각한 군량 부족 사태를 맞은 것은 카이사르 쪽이었다. 말의 사료로 쓰는 보리도 먹고 채소류도 먹었다. 밀을 주식으로 하는 로마인이 고기까지 먹을 수밖에 없었다. 하지만 이런 식량도 언젠가는 동이 나게 마련이다. 이 같은 상황에서도 카이사르와 함께 갈리아와 에스파냐에서 굶주림을 견뎌온 병사들은 한마디 불평조차 하지 않았다. 불평하기는커녕 신종 빵까지 고안해냈다.

그것은 현지에서 '칼라'라고 부르는 구근의 일종인데, 이것을 말려서 가루로 빻은 다음 양젖으로 반죽하여 구우면 빵이 된다. 이 칼라는 곳곳에 자라고 있었기 때문에, 이것이 보병 2만 명과 기병 500기의 주식이 되었다. 폼페이우스 진영의 병사들이 카이사르 진영의 식량 부족을 비웃자, 카이사르군 병사들은 이 빵을 적진에 집어던지는 것으로 응수했다고 한다. 이런 상태로 4월이 지나갔다.

칼라를 원료로 한 빵은 폼페이우스의 눈에도 띄었다. 이런 것으로 굶주림을 견디고 있다면 사기도 크게 떨어져 있을 거라고 그는 판단했다. 그러나 실제로는 정반대였다. 게다가 밀이 익는 계절이 다가오고 있었다. 카이사르군 병사들은 익어가는 밀에 대한 희망까지도 굶주림을 견디는 지주로 삼았다.

폼페이우스는 수확기가 다가올수록 초조해지기 시작했다. 메텔루스 스키피오의 2개 군단은 카이사르가 보낸 도미티우스의 2개 군단에 가로막혀, 전투는 하지 않았지만 전진하지도 못하고 있었다. 그리고 디라키움을 비롯한 각지에서의 보급 덕택에 사람의 식량은 걱정할 필요가 없었지만 바다를 통해 말먹이까지 보급하기는 어려웠다. 기병은 폼페이우스가 카이사르에 대해 압도적 우위를 자랑하는 전력이다. 말이

병들거나 죽기라도 하면 그 우위가 단번에 무너져버린다. '기다리기'에 철저할 작정이었던 폼페이우스는 결국 말먹이 부족 때문에 '공세'로 나가기로 결심했다. 카이사르의 포위망 건설이 시작된 지 두 달 남짓, 양쪽이 각자 방책이나 참호를 둘러치고 대치상태에 들어간 지 한 달 남짓한 세월이 흘렀다.

카이사르가 쓴 『갈리아 전쟁기』는 간행되자마자 당시의 베스트셀러가 되었다니까, 폼페이우스도 그것을 읽었으리라고 추측할 수 있다. 만약 읽었다면, 갈리아 전쟁 당시 카이사르 군대가 거둔 전적의 대부분이 카이사르 개인의 역량 덕분이었다는 것도 알고 있었을 것이다. 그 때문인지, 폼페이우스가 '공세'로 나서기로 결심했을 때 맨 먼저 실행한 것은 카이사르를 포위망에서 멀리 떼어놓는 것이었다.

그는 디라키움 시내에 카이사르 쪽으로 돌아서려는 움직임이 있다는 소문을 퍼뜨렸다. 그러고는 이 소문을 믿고 카이사르가 디라키움으로 떠난 틈에 포위망의 세 군데를 동시에 공격했다. 게다가 카이사르를 포위망에서 되도록 오랫동안 떼어놓기 위해 바다 쪽에서 디라키움으로 병력을 보내 세 군데에서 공세를 취했기 때문에, 그날 6월 25일은 모두 여섯 군데에서 폼페이우스 군대의 공세가 일제히 불을 뿜게 되었다.

지금까지 두 달하고도 열흘 동안, 카이사르는 전체 길이 25.5킬로미터의 포위망을 북부와 남부로 양분하여 북부 전선은 자신이 지휘하고 남부 전선은 안토니우스에게 맡기고 있었다. 그래서 소문을 믿고 디라키움을 빼앗으러 갈 때, 북부 전선의 지휘를 술라에게 맡기고 떠났다. 이 푸블리우스 코르넬리우스 술라는 독재자인 루키우스 코르넬리우스 술라의 조카다. '원로원 체제'를 강화하는 일에 전념한 독재자 술라의 조카인 만큼 당연히 '원로원파'에 속해야 하겠지만, 그 역시 루비콘강을 건넌 카이사르에게 달려온 '로마의 젊은 과격파' 가운데 한 사람이었다. 카이사르 집안에도 루키우스 카이사르처럼 계속 폼페이우스 쪽에 붙은 사람도 있었다. 내전은 친척도 가족도 분열시켜버린다는 것을 보여주는 예지만, 폼페이우스와 카이사르가 격돌한 이 내전은 보수파와 개혁파의 다툼인 만큼 이런 현상은 드물지 않았다.

카이사르가 북쪽으로 만을 크게 우회하여 디라키움으로 떠난 틈을 타서 폼페이우스는 25.5킬로미터에 이르는 포위망의 세 군데를 동시에 공격했다. 병력은 충분하기 때문에 전선이 셋으로 나누어졌어도 한 군데에 투입하는 전력은 카이사르 쪽 수비군보다 훨씬 많았다. 1개 대대 250명이 지키고 있는 카이사르 쪽 보루 하나를 공격하는 데 무려 4개 군단 2만 4천 명을 투입했을 정도였다.

카이사르군 병사 250명은 100배나 많은 적의 공격을 네 시간 동안 버텨냈다. 네 시간 뒤, 술라가 이끄는 2개 군단 5천 명이 도착하여 겨우 적을 물리치는 데 성공했다. 카이사르군 병사들은 당연히 추격에 나섰다. 하지만 술라는 그것을 제지하고, 앞서 달려나간 병사들을 도로 불러들였다. 병사들은 여기에 흥분했다. 추격하면 오늘로 전쟁을 결판지을 수 있다면서 저마다 지휘관 술라에게 추격을 요구했다. 그러나 술라는 생각을 바꾸지 않았다. 카이사르는 여기에 대해 다음과 같이 말했다.

"그가 내린 결단은 비난받아야 할 것은 아니라고 생각한다. 군단장의 임무는 총사령관(임페라토르)의 임무와는 다르기 때문이다. 총사령관의 책무는 전략을 짜고 그것을 실행하는 데 필요한 모든 일을 조정한 다음, 실행자에게 지시를 내리는 것이지만, 군단장의 임무는 지시받은 전술을 확실히 실행하는 것이다.

카이사르한테서 본영 수비를 떠맡은 술라는 주어진 임무를 충실히 수행하여 병사들의 생명을 구했지만, 적극전법을 싫어한다는 평판을 얻었다. 그러나 그는 이길지도 모르는 기회를 놓치더라도 총사령관의 영역을 침해하지 않는 쪽을 택했다."

6월 25일은 폼페이우스가 15년 전에 보여준 전술적 재능을 단번에 되찾은 듯한 하루였다. 그는 가뜩이나 적은 카이사르 진영의 전력을 분산시키기 위해 디라키움 부근에서 세 군데, 포위망에서 세 군데, 합계 여섯 군데에서 동시에 공세를 폈다. 포위망의 다른 두 군데에서도 해가 진 뒤까지 격렬한 전투가 계속된 것은 술라와 2개 군단이 달려간 첫 번째 전선과 마찬가지였다. 두 번째 전선에서는 카이사르의 3개 대대 750명을 폼페이우스의 1개 군단 6천 명이 공격했다. 또한 세 번째 전선에서는 카이사르의 게르만 기병들이 구름처럼 언덕을 기어오르는 적군 속으로 쳐들어가 싸웠다. 모든 전선에서 카이사르군은 격투 끝에 적을 물리치는 데 성공했다. 카이사르 진영의 포위망과 폼페이우스 진영의 방어선 사이에 띠처럼 가로놓인 폭 1킬로미터 정도의 중간지대는 시체와 버려진 무기로 가득 메워졌다. 이날 하루의 전투 결과는 다음과 같았다.

폼페이우스 진영의 전사자는 약 2천 명. 여기에는 적지 않은 수의 백인대장과 발레리우스 플라쿠스 같은 명문 출신 고관도 포함되어 있었다. 카이사르군에 빼앗긴 군기의 수는 6개.

카이사르 진영의 손실은 모든 전선에서 20명도 채 안 되었다. 하지만 부상자는 많았다. 최대 격전지였던 첫 번째 전선에서는 다치지 않은 병사가 한 명도 없을 정도였다. 백인대장 4명이 한쪽 눈을 잃었다. 병사들은 적이 쏜 화살을 모아서 카이사르에게 가져왔는데, 화살을 헤아려보니 이 전선에서만 무려 3만 개에 이르렀다. 백인대장 셰바의 방패에는 화살 구멍이 120개나 뚫려 있었다. 카이사르는 군단에서 서열 8위의 백인대장이었던 셰바를 수석 백인대장으로 승진시키고, 20만 세스테르티우스의 포상금도 주었다. 250명이 2만 4천 명의 공격에 맞서서 네 시간 동안이나 버틸 수 있었던 것은 셰바가 분투한 덕이었기 때문이다.

이날 용감히 싸운 병사 전원에게는 급료를 두 배로 올려주는 것으로 보상했다. 로마 군단병의 연봉이 오른 것은 150년 만이었다. 아무리 인플레이션이 거의 없었던 시대라고는 하지만, 150년 동안이나 연봉을 묶어두었으니 파업에 호소한 병사들의 심정도 충분히 이해가 간다. 카이사르는 파업을 수단으로 동원한 임금인상 요구에는 완강히 고개를 가로저었지만, 수고에 보답하는 형태의 임금인상에는 대범했다.

카이사르는 원래 슬픔이나 걱정은 표정에 드러내지 않지만, 기쁨은 겉으로 드러내기를 부끄러워하지 않는 성격이었다. 그래도 이때만큼 기쁨을 폭발시킨 경우는 드물다. 그것을 보면 상당히 기뻤던 모양이다. 하지만 폼페이우스도 결코 낙담한 것은 아니었다. 2천 명의 손실은 대단치 않았다. 메텔루스 스키피오가 도착하면 11개 군단 6만 6천 명의 보병과 7천 기의 기병을 보유하게 된다. 그리고 말먹이 부족은 다시 '기다리기'를 시작하기에는 너무 심각했다. 아직도 지중해 세계에서는 최고의 명성을 누리고 있다고 자부하는 폼페이우스는 '공세'로 나설 다음 기회를 노렸다. 그리고 '공세'로 전환했다가 격퇴당한 날부터 불과 며칠 뒤에 참으로 안성맞춤인 정보 제공자가 나타났다.

치열한 전투

이 갈리아인 형제는 남프랑스 속주의 기사계급 출신으로, 카이사르 휘하에서 갈리아 전쟁을 치른 기병이다. 내전이 일어나자, 당연하다는 듯이 카이사르군 기병대에 가담하여 종군했다. 카이사르도 그들의 능력을 인정하고 토지를 하사하는 등 여러모로 우대했다. 그런데 이 두 사람은 카이사르의 우대를 엉뚱하게 해석하여 자기는 무슨 짓을 해도 좋다는 식으로 생각하게 되었다. 동료들한테는 오만해지고, 동료들의 급료를 떼어먹거나 전리품을 횡령하기까지 했다. 갈리아 기병들은 카이사르를 찾아가 두 형제의 부정을 고발했다.

카이사르는 지금은 벌을 줄 때가 아니라고 생각했기 때문에 고발만 경청하고 그대로 돌려보냈다. 하지만 나중에 두 형제를 조용히 불러서 나무랐다. 갈리아인 형제는 벌을 받지는 않았지만, 이 일이 꾸지람만으로 끝나지는 않을 것이라고 생각했다. 그래서 그들은 결심했다. 남프랑스와는 멀리 떨어진 그리스에서 탈영하여 살아남을 수 있는 길은 적진으로 달려가는 것뿐이었다.

현지 출신 병사가 많은 폼페이우스 군대에는 탈영병이 드물지 않았지만, 카이사르 군대에서는 처음 발생한 탈영병이었다. 게다가 군대 안에서는 로마 시민인 중무장 보병보다도 지위가 높은 기병이 두 사람이나 탈영한 것이다. 기쁨에 넘친 폼페이우스는 이 두 형제를 말에 태워 전군 앞에 세우고, 기병까지도 카이사르를 버린 증거라고 선전하게 했다. 게다가 이 갈리아 기병 두 사람은 폼페이우스가 훨씬 기뻐할 만한 것을 가져왔다. 정보 수집에 소극적인 폼페이우스에게는 하늘에서 떨어진 것과 다름없는 수확이었다.

갈리아인 탈영병 두 사람은 폼페이우스에게 말했다. 카이사르의 포위망은 폼페이우스 쪽에서 생각하는 만큼 완벽하지는 않다는 것. 건설이 아직 끝나지 않은 부분이 한 군데 있다는 것. 그곳은 25킬로미터 남짓한 포위망의 남쪽 끝에서 해변까지 4킬로미터인데, 병약한 젊은 지휘관 마르켈루스가 제9군단과 함께 지키고 있는 지역이라는 것. 그 일대는 포위망 건설이 시작되었을 당시 카이사르가 폼페이우스의 상륙 작전을 염려하여 다른 포위망보다 견고한 방책을 만들려고 생각한 부분이다. 깊이 4.5미터의 참호를 따라 높이 3미터의 방책을 세우고, 그 방책이 우뚝 솟아 있는 흙벽의 폭은 3미터로 하고, 그것과 180미터의 간격을 두고 규모는 좀 작지만 똑같은 구조의 방어선을 평행으로 둘러치는 이중구조로 만든다는 것이 카이사르의 당초 계획이었다.

하지만 이것이 아직도 완성되지 않은 상태였다. 폼페이우스의 방해를 뚫고 25킬로미터 남짓한 포위망을 건설하는 작업에 일손을 빼앗겨버렸기 때문이다. 또한 피차 참호와 방책을 둘러치고 '디라키움 공방전'을 시작한 뒤 두 달 열흘 동안 양군의 충돌은 모두 북쪽에만 집중되어 있었기 때문에 카이사르도 남쪽의 포위망 건설을 우선사항에서 제쳐둔 기미도 있다. 카이사르는 항상 가장 중요한 지점에 본영을 설치한다. 디라키움 공방전에서 가장 중요한 지점은 디라키움과 페트라가 있는 북쪽인 것은 두말할 나위도 없다. 폼페이우스가 디라키움과 해상 연락을 취하기 쉬운 페트라에 본영을 두었기 때문에, 카이사르는 그 페트라와 디라키움 사이에 두 지점을 가로막듯 본영을 세웠다. 거기서 가장 멀리 떨어진 남쪽의 포위망 건설작업을 끝내지 않은 채 방치해둔 것은 애당초 카이사르가 걱정한 상륙작전을 폼페이우스가 한 번도 시도하지 않았기 때문이기도 하다. 어쨌든 두 달 열흘 동안 주목하지 않고 지내온 남부 전선에, 그중에서도 남쪽 끝에 폼페이우스가 처음으로 시선을 돌리게 되었다.

두 갈리아인 탈영병은 카이사르의 포위망에서 아직 완성되지 않은 결함 부분을 알려주었을 뿐만 아니라, 그 전선을 지키는 지휘관의 이름과 군단 이름, 감시탑 사이의 거리, 보초의 수와 근무 시간, 백인대장들의 성격과 그 지휘방식까지 알려주었다.

다시 '공세'로 나서기로 결심하고 기회만 노리던 폼페이우스에게 두 탈영병이 가져온 정보는 그 결심을 실행에 옮길 계기가 되었다. 그는 시간을 낭비하지 않았다. 탈영 사실을 안 카이사르가 대응조치를 강구하기 전에 재빨리 행동할 필요가 있었다.

폼페이우스는 이 두 번째 포위망 돌파 공격에 휘하 병력의 3분의 2에 해당하는 60개 대대와 경무장 보병 전원을 투입하기로 결정했다. 60개 대대라면 6개 군단 규모지만, 카이사르가 6개 군단이라고 쓰지 않은 것은 폼페이우스가 9개 군단 중에서 일부 대대를 차출하여 특별군을 편성하는 방법을 취했기 때문일 것이다. 어쨌든 60개 대대 3만 6천 명의 중무장 보병에 경무장 보병까지 가세한 대군이 제9군단 2,500명이 지키는 4킬로미터의 전선에 투입된 셈이다.

이때 처음으로 폼페이우스는 육상 공격 외에, 보급 물자를 싣고 입항해 있던 모든 선박에 병사를 태워 바다 쪽에서도 상륙작전을 동시에 결행하는 전법을 택했다. 가뜩이나 열세인 카이사르군 병사들은 앞쪽에서 쳐들어오는 적만이 아니라 바다 쪽에서 상륙하여 뒤에서 공격해오는 적과도 맞서야 했다. 이 두 번째 공격이 전개된 날은 7월 6일, 첫번째 포위망 돌파 공격이 있었던 날부터 헤아리면 열하루째였다. 폼페이우스는 마치 19년 전의 해적소탕 시절로 돌아간 것처럼 적극적인 전술로 나왔다. 그는 투입 병력을 7월 6일 새벽에 몰래 남쪽으로 출발시켰다.

카이사르군 보초가 어스름한 모래밭이 검게 떠오르는 것을 발견했을 때는 이미 늦었다. 육지와 바다에서 동시에 공격이 시작되었다. 제9군단 병사들은 완전히 협공당하는 신세가 되었다. 군단장 마르켈루스가 몇 개 대대를 이끌고 달려왔지만, 공황상태에 빠진 제9군단을 지원하기는커녕 함께 밀려가는 형편이었다. 이 전투에서 군단기인 독수리 깃발을 가진 기수까지도 중상을 입었다. 그는 군단기를 적에게 넘겨주지 않기 위해 곁에 있던 기병에게 그것을 건네주면서 말했다.

"이 독수리 깃발을 나는 오랫동안 애정을 담아서 지켜왔다. 죽음을 앞두고 있는 지금, 이것을 카이사르에 대한 변함없는 충성심과 함께 그에게 돌려준다. 카이사르군에서는 군단기를 적에게 내주는 불명예가 일찍이 한 번도 일어난 적이 없었다. 부디 그런 불명예를 범하지 말고, 무사히 카이사르에게 이 깃발을 전해달라."

독수리 깃발은 적의 손에 넘어가지 않았다. 그러나 군단 기수 외에 제9군단 제1대대에 소속된 백인대장 6명 가운데 1명을 제외한 5명이 전사했다.

바로 그때 남쪽 포위망의 총지휘를 맡고 있던 안토니우스가 12개 대대를 이끌고 달려왔다. 이리하여 제9군단 병사들도 겨우 버틸 수 있었다. 그리고 몇 시간 뒤에는 카이사르도 도착했다. 봉화를 피워 보루에서 보루로 위급을 알리는 카이사르군의 연락 방식에 따라 폼페이우스군의 공격 지점에서 가장 먼 포위망 북쪽 끝에 있던 카이사르도 벌써 위급을 알고 20킬로미터를 달려온 것이다.

그러나 이날의 주도권은 계속 폼페이우스가 쥐고 있었다. 일단 적을 물리치고 방어용 참호를 파고 있는 카이사르를 거들떠보지도 않고, 폼페이우스군은 또 다른 전선을 공격하기 시작했다. 우세한 병력을 최대한 활용하여 여러 지점을 동시다발적으로 공격하는 전법이었다.

카이사르군 병사들은 공황상태에 빠졌다. 기병까지도 적에게 등을 보이고 달아났다. 카이사르는 총사령관인데도 도망치는 기수한테서 독수리 깃발을 빼앗아들고 큰 소리로 병사들에게 도망치지 말고 버티라고 호소했다. 그러나 그것도 모두 허사였다. 중대 기수도 대대 기수도 도망치는 데 방해가 되는 부대 깃발을 버리고 줄행랑을 쳤다. 3미터 깊이의 참호에 차례로 떨어져 압사하는 병사도 적지 않았다.

이런 상태에서도 카이사르군이 궤멸을 면할 수 있었던 데에는 두 가지 이유가 있었다. 첫째, 공격이 예상보다 큰 성공을 거두자 폼페이우

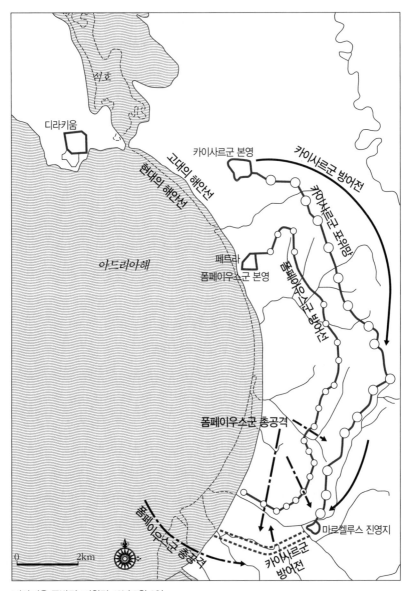

저호

디라키움

고대의 해안선

현대의 해안선

카이사르군 본영

카이사르군 방어전

카이사르군 포위망

페트라
폼페이우스군 본영

폼페이우스군 방어선

아드리아해

폼페이우스군 총공격

마르켈루스 진영지

폼페이우스군 총공격

카이사르군
방어전

0   2km

디라키움 공방전, 기원전 48년 7월 6일
"The Cambridge Ancient History" 가운데 "The Roman Republic"에 저자 가필

스는 적군의 패주가 함정일지도 모른다고 의심하여 추격을 삼갔다. 둘째, 카이사르의 포위망 때문에 폼페이우스군 기병대가 자유롭게 움직이지 못했다. 이로써 카이사르군은 일단 궤멸을 면하고 도망칠 수 있었다.

이날 하루에 치러진 두 번의 전투에서 카이사르는 중무장 보병 960명과 기병 200기, 그리고 대대장 5명과 백인대장 32명을 잃었다. 그 대부분은 적의 칼에 죽은 것이 아니라, 참호에 떨어져 압사하거나 도주하는 아군을 막으려다가 오히려 아군에게 짓밟혀 죽은 것이었다. 그리고 부대 깃발은 33개나 잃어버렸다.

하지만 이날 죽은 1,200명도 처음부터 모두 전사자는 아니었다. 이들 가운데 상당수가 패주하다가 참호에 떨어져 폼페이우스군에 붙잡힌 포로들이었다.

라비에누스는 폼페이우스에게 이 포로들을 자기한테 달라고 요청했다. 이 요청을 받아들인 폼페이우스는 라비에누스가 포로들에게 카이사르를 버리고 폼페이우스 편에 서서 함께 싸우자고 설득할 것이라고 생각했다. 포로들과 라비에누스는 8년 동안의 갈리아 전쟁을 함께 치른 사이였기 때문이다.

라비에누스는 옛 부하들을 폼페이우스군 병사들이 늘어서 있는 앞으로 끌어냈다. 그러고는 그들을 "전우 여러분" 하고 불렀다. 그러나 그 뒤에 이어진 라비에누스의 말은 설득이 아니었다.

"오늘의 꼬락서니가 카이사르의 정예 병사들이 싸우는 방식인가?" 하고 힐문한 다음, 곧이어 "카이사르의 정예는 도망치는 것밖에 모르나?" 하면서 그들을 모욕했다. 그러고는 폼페이우스군 병사들이 지켜보는 앞에서 포로들을 모조리 창으로 찔러 죽이게 했다.

이 사건은 카이사르에 대한 라비에누스의 증오심을 보여준다는 것이 대다수 연구자의 견해다. 하지만 정말로 그럴까.

우선, 폼페이우스군의 사실상 부사령관인 라비에누스에게는 카이사르의 정예도 두려워할 필요가 없다는 것을 아군 병사들에게 보여주려는 군사적 목적이 있었다고 생각할 수 있다.

하지만 이유가 과연 그것뿐일까. 카이사르와 라비에누스는 15년 전인 기원전 63년부터 2인3각으로 정치활동을 시작했고, 기원전 58년부터 8년 동안은 최고사령관과 그의 두터운 신임을 받는 수석 부사령관의 관계에 있었다. 이런 신뢰관계가 있었음에도 라비에누스는 대대로 내려오는 '클리엔테스' 관계를 우선하여 폼페이우스한테 달려갔다. 이런 라비에누스가 카이사르를 증오할 이유는 없다. 증오한다면, 15년 동안의 신뢰관계를 배신당한 카이사르야말로 배신자 라비에누스를 증오해야 마땅할 것이다.

그러나 카이사르는 남을 증오하는 감정을 거부한 인간이었다. 증오는 자기와 대등하거나 아니면 자기보다 우위에 있는 사람에게 품는 감정이기 때문이다. 남보다 절대적인 우위에 있다고 자부하는 카이사르가 열등한 사람의 감정인 증오감을 거부한 것은 당연한 일이었다.

그래도 자기가 남보다 절대적으로 우월하다는 카이사르 특유의 자부심도 라비에누스에 대해서만은 조금 약해진 느낌을 준다. 문장에 나타날 정도는 아니고 행간에 감도는 정도이긴 하지만. 15년 동안 동지였고 게다가 단 하나뿐인 동년배였던 라비에누스의 배신을 카이사르도 완전히 삭이지는 못했던 게 아닐까.

그 배신을 삭이지 못한 것은 라비에누스도 마찬가지였다. 카이사르에 대해서는 폼페이우스파의 어느 누구보다도 강경한 의견을 내세우고, 포로로 잡힌 카이사르의 부하들을 잔인하게 죽임으로써 라비에누스는 스스로 자신을 반카이사르파로 몰아넣은 것은 아닐까. 전쟁터에서 키워진 신뢰관계를 청산하는 것은 책상 앞에서 역사책을 읽는 사람이 생각하는 것처럼 그렇게 간단하지는 않았을 것이다.

철수

기원전 48년 7월 6일에 치러진 전투는 '디라키움 공방전' 중에서도 가장 규모가 크고 가장 치열한 전투였고, 이 전투의 승자는 누가 보아도 폼페이우스였다. 폼페이우스에 대한 카이사르의 포위작전은 실패로 끝난 게 분명해졌다. 훗날 나폴레옹은 수적으로 우세한 적을 포위하는 것은 전략으로도 잘못된 것이었다고 카이사르를 단죄했다.

그러나 게르고비아 철수를 상기할 필요도 없이 카이사르는 폼페이우스처럼 패배를 모르는 무장은 아니다. 때로는 실패하기도 한다. 다만 게르고비아에서 철수한 뒤 알레시아에서 승리한 것이 보여주듯, 실패는 해도 당장 만회한다.

그리고 디라키움에서 1,200명을 잃은 것은 카이사르에게는 뼈아픈 손실이었지만, 이것은 전체 병력의 5퍼센트에 불과했다. 치명타를 입은 것은 아니었다. 그러나 전략은 변경할 필요가 있었다. 카이사르는 모든 병사에게 포위를 풀고 철수하라고 명령했다. 그것도 되도록 빨리. 폼페이우스군의 추격을 피하는 것이 무엇보다 우선이었다.

퇴각은 일단 성공했다. 앞에서도 말했듯이, 폼페이우스의 추격이 늦었기 때문이다. 안전한 지점까지 대오를 짜서 질서정연하게 철수한 군대를 모두 모아놓고 카이사르는 입을 열었다.

오늘의 사태를 냉정하게 받아들이고, 필요 이상으로 심각하게 생각하거나 공포에 사로잡히면 안 된다고 말했다. 오늘의 손실은 지금까지의 수많은 승리에 비하면 경상에 불과하다고 말한 다음, 이렇게 말을 이었다.

"우리는 신들과 운명에 감사하지 않으면 안 된다. 이탈리아는 피 한 방울 흘리지 않고 손에 넣었다. 에스파냐에서도 유능한 장수들이 이끄는 적군을 적은 손실로 항복시켰다. 밀을 제공해주는 그리스의 마케도니아, 테살리아, 아이톨리아의 도시들도 우리 편에 서 있다. 또한 바다에는 적의 선단이 배회하고 항구의 대부분이 적에게 있었는데도, 우리는 병사를 한 명도 잃지 않고 아드리아해를 건널 수 있었다. 그리고 운명이 모두 우리가 바라는 대로 되어주지 않았다 해도, 그렇게 되도록 우리가 먼저 운명을 도와주지 않으면 안 된다."

여기까지는 패배를 맛본 장수가 부하들을 위로하고 달래기 위해 당연히 할 수 있는 말이다. 하지만 여기서부터 카이사르는 다른 사령관들과는 다른 방식을 취했다.

"그렇기는 하지만, 오늘 우리가 당한 불운의 책임은 다른 모든 것에 돌릴 수는 있어도 나한테만은 돌릴 수 없다. 나는 전투에 유리한 지형을 여러분에게 주었고, 적의 많은 보루까지 함락시켰고, 지금까지 벌어진 전투도 모두 승리로 이끌었고, 전쟁이 유리하게 전개되도록 배려를 아끼지 않았다. 이처럼 눈앞에 다가와 있던 승리를 놓친 요인은 여러분에게 있다. 여러분이 혼란과 오판에 빠지고 우발적인 일에 잘못 대처했기 때문이다. 하지만 여러분이 모두 전력을 다하면 이 상황은 충분히 역전시킬 수 있다. 그리고 여기에 여러분의 마음이 일치한다면, 게르고비아에서 철수했을 때와 마찬가지로 패배는 승리로 바뀔 것이다. 그러기 위해서는 겁에 질려 싸우지 않았던 자들도 자진해서 최전선으로 나서는 기개를 되찾아야 한다."

다른 사령관이라면 패배의 원인은 자기한테 있다면서 부하들의 책임은 묻지 않았을 것이다. 나폴레옹의 지적을 기다릴 필요도 없이 디라키움 포위전 자체가 잘못된 전략으로 여겨지기 때문에, 그것을 부하들에게 정직하게 말했다면 카이사르도 후세한테서 책임 전가라는 비난도 받지 않고 인간적으로도 떳떳할 수 있었을 것이다.

하지만 이 시점에서 최우선 사항은 패배한 군대의 재건이지 카이사르 개인의 떳떳함은 아니다. 인간은 낙심해 있을 때 너한테는 책임이 없다는 말을 들으면 그만 안심하여 '그래, 그건 내 책임이 아니었어'라고 생각해버리는 법이다. 이렇게 생각해버리면 재기에 필요한 에너지를 스스로 생산하기가 어려워지고 지도자의 판단을 기다리는 소극성에 빠져버리기 쉽다. 카이사르는 이것을 피하고 싶었을 것이다. 책임은 너희한테 있다고 분명히 말함으로써 병사들이 스스로 재기하도록 유도했다고 나는 생각한다.

실제로 총사령관의 훈시가 끝난 뒤 병사들의 가슴에 솟아오른 감정은 '부끄러움'이었다. 모두 회한의 눈물을 글썽이며 자신을 부끄러워했다. 특히 앞장서서 패주한 제9군단 병사들에게는 그런 기분이 강했다. 그들은 8개월 전에 북이탈리아의 피아첸차에서 종군 거부라는 파업을 일으킨 병사들이다. 그때도 카이사르의 일장 연설을 듣고 자신을 부끄러워하는 결과로 끝났지만, 카이사르는 '10분의 1형'을 선고했다. 추첨으로 열 명당 한 명의 병사를 선발하여 나머지 아홉 명이 직접 때려죽이는 '10분의 1형'은 로마군에서는 가장 무거운 형벌이다. 하지만 그 장면에서도 말했듯이, 카이사르는 그것을 뒤로 미루어 흐지부지한 상태로 끝내버렸다. 제9군단 병사들은 패주의 책임이 어느 누구보다도 자기들한테 있다면서 뒤로 미룬 그 형벌을 지금 집행해달라고 카이사르에게 요청했다.

카이사르는 여기에 대해 분명히 "안 된다"고 대답했다. 이 대답에 제9군단 병사들의 수치심은 더욱 강해졌다. 그들은 저마다 외쳤다.

"하다못해 기수들만이라도 사형에 처해주십시오. 기수는 절대로 전선을 떠나면 안 되는 것이 군율입니다."

그러나 카이사르는 여기에도 분명히 "안 된다"고 대답했다. 병사들은 이제 울고 있었다. 울면서 이번에는 전력을 다해 싸울 테니까 제발 적진으로 보내달라고 애원했다. 그러나 카이사르는 "나한테도 생각이 있다"고만 말할 뿐, 이 요구도 받아들이지 않았다.

이날 카이사르가 병사들에게 내린 벌은 부대 깃발을 버리고 도망친 기수 몇 명을 강등한 것, 그것뿐이었다.

유인작전

디라키움에서 아폴로니아까지는 남쪽으로 5킬로미터를 내려가야 한다. 디라키움과 아폴로니아는 고대에는 그리스였지만, 오늘날에는 둘 다 알바니아에 속해 있다. 아폴로니아에 카이사르 군대가 도착한 것은 패배한 지 사흘 뒤인 7월 9일이었다. 카이사르는 아폴로니아와 오리쿰을 방어하기 위해 8개 대대 2천 명과 기병 100기를 남겨두었다. 이탈리아와의 연락항을 확보하는 것이 주된 목적이었지만, 행군에 데려갈 수 없는 부상자를 치료하는 것도 목적의 하나였다.

그리스에 건너온 카이사르군은 중무장 보병 10개 군단 2만 5천 명과 기병 1,300기로 이루어져 있었다. 수석 부사령관 도미티우스에게 2개 군단과 500기를 주어 메텔루스 스키피오의 2개 군단을 맨투맨식으로 막도록 내보낸 뒤, 8개 군단 2만 명과 기병 800기로 무려 6만 명에 이르는 폼페이우스군과 디라키움에서 공방전을 벌였다. 이 싸움에서 패하여 보병 1천 명과 기병 200기를 잃은 지금, 남은 병력은 보병 1만 9천 명과 기병 600기뿐이다. 거기에다 아폴로니아와 오리쿰 방어를 위해 보병 2천 명과 기병 100기를 남겨두었으므로, 카이사르 휘하에는 이제 중무장 보병 1만 7천 명과 기병 500기밖에 남지 않았다. 따라서 카이사르는 도미티우스의 2개 군단과 합류할 필요가 있었다. 그러려면 그리스 서해안을 떠나 그리스 중앙부로 들어가야 한다. 그런데 그리스 중부로 들어가면 디라키움을 본거지로 하는 폼페이우스한테서 더욱 멀리 도망치게 된다. 그러나 카이사르는 어떤 일도 한 가지 목적만으로는 하지 않는 사나이였다.

도미티우스의 2개 군단과 합류하기 위해 그리스 중부로 들어감으로써 카이사르는 디라키움을 떠나려 하지 않는 폼페이우스를 본거지에서 끌어내어 회전으로 유인할 생각이었다. 그 실현 가능성이 높다는 것을 보여주는 요인은 다음 세 가지였다.

첫째, 폼페이우스가 그토록 우위에 있던 디라키움에서도 카이사르의 도전에 응하지 않았던 것은 장인인 메텔루스 스키피오와 합류하기 전에는 적극 전법으로 나서지 않겠다고 결심했기 때문일 것이다.

둘째, 카이사르가 그리스 중부로 이동하고 있는 것을 알면, 폼페이우스도 카이사르가 도미티우스와 합류하러 간다고 생각할 테고, 합류한 카이사르군의 공격을 받을 게 뻔한 메텔루스 스키피오의 2개 군단을 걱정할 수밖에 없을 것이다.

셋째, '디라키움 공방전'의 승리로 폼페이우스 진영의 사기는 고조되어 있을 게 분명하고, 카이사르와의 정면 대결에 호소하려는 분위기도 높아져 있을 것이다.

평원에 진을 치고 정면으로 맞붙는 형태의 전투인 회전은 단 한 번의 승부로 다른 모든 것의 운명도 결정할 수 있다는 이점이 있다. 카이사르야말로 이런 형태의 전투에 모든 것을 걸 필요가 있었다. 모든 것이 부족한 상태에서 전쟁이 장기화하면, 모든 것을 충분히 갖춘 적에게 이로울 뿐이기 때문이다. 또한 디라키움에서 카이사르가 패배했다는 소식이 그리스 전역에 퍼져 그리스인들이 모두 폼페이우스 쪽으로 달려가기 전에 결전을 치르고 싶었다.

카이사르는 아폴로니아에 사흘 동안만 머문 뒤 군대를 이끌고 중부로 떠났다. 행군방향은 남동쪽. 그리스 중부의 테살리아 지방이 목적지다. 도미티우스는 메텔루스 스키피오의 군대가 서쪽으로 가는 것을 저지하고 있었지만, 진영을 거두고 카이사르와 합류하라는 명령을 받았다.

그리스에는 바위산이 많다. 로마 시대의 여행자가 그리스의 많은 신전은 단순히 암석의 위치를 바꾸어놓은 데 불과하다고 농담을 했지만, 내륙으로 들어갈수록 바위산이 점점 더 자주 눈앞을 막아선다. 그 험한 바위산을 하나씩 넘어서 행군하는 것은 결코 쉬운 일이 아니었다. 하루 행군거리가 50킬로미터나 되는 카이사르 군대가 바위산을 넘고 또 넘어 200킬로미터를 가는 데 무려 12일이 걸렸다. 하지만 계절이 여름인 게 그나마 다행이었다. 산지를 누비며 행군하는 만큼 물만은 부족하지 않았다. 7월 24일, 카이사르의 명령을 받고 남하한 도미티우스와 테살리아 지방 북쪽 끝에 있는 아이기니움에서 합류했다.

폼페이우스도 그리스 중부로 행군하고 있었다. 역시 카이사르가 예상한 대로였다. 메텔루스 스키피오가 이끄는 2개 군단의 운명이 걱정된 것이다. 다만 폼페이우스는 디라키움에서 그리스 북부를 가로질러 동쪽으로 뻗어 있는 에그나티아 가도를 따라 나아가다가 남하하는 평탄한 길을 택했다. 행군거리를 줄일 수 있는 로마 가도를 선택했는데도 폼페이우스군의 행동은 느렸다. 하지만 그것은 폼페이우스군의 행군이 느린 게 아니라 카이사르군의 행군이 빨랐다고 말해야 할 것이다. 도미티우스와 합류한 뒤에도 카이사르는 걸음을 늦추지 않았다. 폼페이우스를 보급기지인 디라키움에서 멀리 떼어놓고 우세한 해군력의 지원을 바랄 수 있는 그리스 서해안에서도 떼어놓으면, 카이사르 자신도 말했듯이 "대등한 조건에서 싸울 수 있기" 때문이다.

그렇기 때문에 도미티우스와 합류한 뒤에도 카이사르는 행군방향을 바꾸지 않았다. 방향을 돌려 북쪽에서 내려오는 폼페이우스를 맞아 싸우는 것이 아니라, 계속 남동쪽으로 도망치는 것이다. 다만 목적은 폼페이우스를 회전으로 끌어내는 것이니까, 쏜살같이 도망치기만 하면 되는 것은 아니다. 조금씩이나마 적과의 거리를 좁히면서 도망쳤다. 최우선 목표를 달성하기 위해 폼페이우스와 메텔루스 스키피오가 합류하는 것도 내버려두었다.

도미티우스와 합류하여 보병 2만 2천 명과 기병 1천 기로 늘어난 카이사르 군대는 아이기니움에서 남동쪽으로 50킬로미터 떨어진 곤피스에 도착했다. 곤피스는 테살리아와 에페이로스의 접경에 자리 잡았는데, 몇 달 전에 카이사르에게 복종의 뜻을 표하고 군량 제공도 약속한 도시였다.

그러나 여기에도 이미 디라키움 공방전의 결과가 전해져 있었다. 주민들은 이제 카이사르의 '동조자'로 남아 있을 형편이 아니었다. 남아 있고 싶어도 폼페이우스가 무서웠다. 주민들은 전투원이 될 만한 남자들을 모두 도시로 불러들이고 성문도 닫은 다음, 폼페이우스와 메텔루스 스키피오에게 각각 구원을 청하는 사절을 보냈다. 하지만 카이사르로서도 이곳을 잠자코 지나칠 수는 없었다. 곤피스를 이대로 방치해두면 그리스 전체가 단번에 그에게 등을 돌릴 것은 뻔했다.

곤피스에서 달려온 사절을 맞이했을 때, 메텔루스 스키피오는 곤피스에서 북동쪽으로 90킬로미터 떨어진 테살리아 지방의 대도시 라리사에 있었다. 폼페이우스와 9개 군단은 테살리아 지방에 아직 들어와 있지도 않았다.

척후병이 가져온 정보로 그것을 안 카이사르는 전격작전을 택하기로 결정했다. 설욕의 일념에 불타는 병사들은 반나절 만에 공성 준비를 끝냈다.

7월 26일 오후 3시에 불을 뿜은 공격은 해가 지기 전에 끝나버렸다.

카이사르는 병사들에게 약탈을 허용했다. 그러나 그것도 잠시뿐, 그날 밤 안으로 진영을 거두고 다음 목적지인 메트로폴리스로 출발했다. 남동쪽으로 20킬로미터 떨어진 메트로폴리스에는 이튿날 아침에 도착했다.

메트로폴리스도 일단은 카이사르 편에 서겠다고 서약한 도시다. 이 도시도 곤피스와 마찬가지로 카이사르에게 성문을 닫아걸 작정이었다. 하지만 메트로폴리스 주민들은 카이사르군 앞에 끌려나온 곤피스 주민들의 모습을 보고 곤피스의 운명을 알았다. 저항하다가 약탈당하고 포로가 되기보다는 성문을 여는 게 낫다고 판단한 메트로폴리스 주민들은 재빨리 성문을 열었다.

카이사르는 메트로폴리스에 대해 곤피스와는 정반대의 태도를 취했다. 이것은 메텔루스 스키피오의 군대가 있는 라리사를 제외한 테살리아 지방의 모든 도시를 서약대로 자기편에 붙잡아두기 위한 방책이었다. 그리고 실제로도 그렇게 되었다.

그제야 비로소 카이사르는 행군방향을 바꾸었다. 지금까지처럼 남동쪽이 아니라 동쪽으로 향한 것이다. 동쪽으로 50킬로미터쯤 떨어진 곳에 회전에 적합한 평원이 펼쳐져 있었기 때문이다. 마침 수확기에 들어선 참이라 거기서는 우선 군량을 보급할 수 있었다. 게다가 폼페이우스를 기다리기에도 안성맞춤인 곳이었다.

카이사르가 파르살로스 평원에 도착한 것은 7월 29일이었다. 디라키움에서 철군한 지 23일이 지났다.

카이사르를 뒤쫓아 그리스 중부로 행군해온 폼페이우스가 라리사에서 메텔루스 스키피오와 합류한 것은 8월 1일이었다. 두 영웅이 격돌하는 결전의 무대는 이것으로 모두 갖추어진 셈이다.

폼페이우스는 58번째 생일을 한 달 보름 앞두고 있었다.

카이사르는 52번째 생일을 맞이한 지 한 달이 지났을 때였다.

결전

『갈리아 전쟁기』와 『내전기』는 둘 다 카이사르의 저술이지만, 표현에 미묘한 차이가 있다. 가장 큰 차이는 전략에 대한 표현 방법이다. 『갈리아 전쟁기』에서는 어떤 전략을 서술할 때 그 전략을 구상한 이유까지 분명하게 밝혔다. 반면에 『내전기』에서는 전략을 분명하게 표현하는 것을 피했다.

그 이유는 『갈리아 전쟁기』가 갈리아인·게르만인·브리타니아인 등 이민족을 상대로 싸운 전쟁 기록이고 또 그것을 읽는 독자는 로마인인 반면, 『내전기』는 동족을 상대로 싸운 전쟁 기록이고 또 그것을 읽는 독자도 같은 로마인이었기 때문일 것이다.

그래서 카이사르도 유인작전이니 미끼니 함정이니 하는 말은 되도록 피했던 것 같다.

카이사르는 이 두 권의 저서―특히 『내전기』―를 키케로가 평한 것처럼 "역사서를 쓰려는 자들에게 사료를 제공할 작정으로 쓴" 것은 아니었다. 물론 결과적으로는 사료를 제공하게 되었지만, 그것은 카이사르 특유의 투철한 관점과 간결하고 명석하고 객관적인 표현법이 낳은 결과다. 카이사르의 참뜻, 특히 『내전기』를 쓸 때의 참뜻은 동시대 로마인에게 자기가 한 행위를 이해시키는 데 있었다. 동족에게 말함으로써 동족의 이해와 지지를 얻는 것이 그의 진정한 의도였다.

카이사르가 자신에게 부과한 가장 중요한 과제는 국가 로마에 새 질서를 수립하는 것이었기 때문이다. 그 과제를 실현하려면 전쟁에 호소할 수밖에 없었고, 전쟁에 호소한 이상은 이겨야 했고, 전쟁이 끝나자 이번에는 전쟁기를 써서 새 질서 수립에 대한 협력자나 지지자를 얻으려고 애써야 했다.

이런 사정이 있었기 때문에 『내전기』에서 카이사르는 어휘 선택에 대단히 신중했다. 폼페이우스가 저지른 잘못도 단적으로 잘못이라고는 말하지 않았고, 폼페이우스를 함정에 빠뜨렸다는 따위의 표현은 절대로 쓰지 않았다. 동족인 로마인의 신경을 거스르는 표현은 신중하게 피했다.

새 질서 수립은 정치다. 정치에 뜻을 둔 사람이라면 중도파는 물론이고 반대파까지도 포용하지 않으면 진정한 정치를 펼 수 없다는 것을 알고 있다.

그러나 어휘 선택에 그토록 신중했던 카이사르지만, 사실을 추구하는 서술방식은 『갈리아 전쟁기』와 다름이 없다. 글은 그것을 쓰는 사람의 성격을 반영하니까 변할 수도 없다.

따라서 『내전기』도 읽어가다 보면 그의 전략을 알게 되고, 폼페이우스에 대한 그의 평가도 알 수 있다. 또한 선입관을 갖지 않고 읽어가다 보면, 파르살로스 평원에서 벌어진 두 영웅의 결전이 사실은 카이사르가 디라키움에서 철수한 한 달 전에 이미 시작된 것을 알 수 있다. 그리고 카이사르가 안전한 아폴로니아로 일단 철수한 뒤에도 그곳에 오래 머물지 않고, 사흘 뒤에는 벌써 테살리아 지방을 향해 새로운 철수를 시작한 이유도 납득하게 될 것이다.

왜 하필이면 테살리아 지방이었을까. 이곳에는 도미티우스의 맨투맨 방어 때문에 발목이 잡혀 있던 메텔루스 스키피오의 2개 군단이 있었기 때문이다. 카이사르가 테살리아 지방에 들어가 도미티우스와 합류하면, 메텔루스 스키피오와 2개 군단을 버릴 수 없는 폼페이우스는 전쟁이 장기화하더라도 전혀 불편하지 않은 디라키움에서 나올 수밖에 없다.

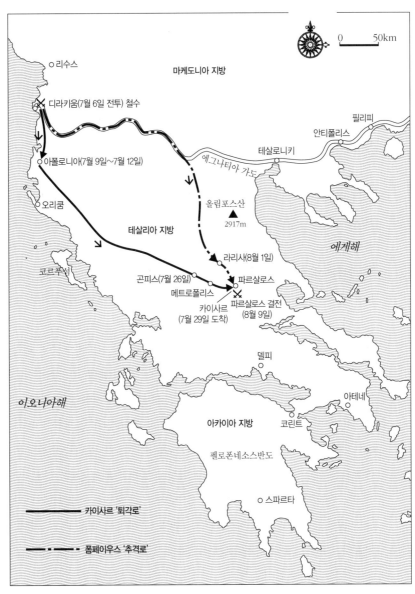

리수스

마케도니아 지방

디라키움(7월 6일 전투) 철수

필리피

안티폴리스

테살로니키

에그나티아 가도

아폴로니아(7월 9일~7월 12일)

오리쿰

올림포스산
2917m

에게해

테살리아 지방

코르푸섬

라리사(8월 1일)

곤피스(7월 26일)
메트로폴리스

파르살로스

카이사르
(7월 29일 도착)

파르살로스 결전
(8월 9일)

이오니아해

델피

아테네

아카이아 지방

코린트

펠로폰네소스반도

스파르타

━━━━━ 카이사르 '퇴각로'

━·━·━ 폼페이우스 '추격로'

디라키움 공방전 뒤에 옮겨진 전쟁터

포위전에 실패한 카이사르의 말을 빌리면, 이것이 바로 '전략의 근본적 변경'이었다. 후세 역사가 가운데 하나는 카이사르가 테살리아로 철수한 것을 '절묘한 철수작전'이라고 평했다. 카이사르가 피한 단적인 표현을 사용하면 폼페이우스를 함정에 빠뜨린 것이다. 메텔루스 스키피오와 2개 군단은 말하자면 미끼였다. 카이사르는 그 미끼를 무는 시늉을 함으로써 폼페이우스로 하여금 미끼에 덤벼들게 한 것이다.

폼페이우스는 최대 보급기지인 디라키움과 그리스 서해안을 수비하기 위해 2만여 병력을 남겨놓고 떠났지만, 그리스 중부의 테살리아 지방에 들어가서 메텔루스 스키피오와 합류한 뒤에는 보병 4만 7천 명과 기병 7천 기를 거느리게 되었다.

폼페이우스 진영은 이제 이긴 것이나 다름없다는 분위기로 가득 차 있었다.

최고사령관 폼페이우스도 여유를 보여 메텔루스 스키피오를 부사령관이 아니라 자신과 같은 총사령관으로 대우했다. 메텔루스 스키피오는 그의 장인일 뿐 아니라 시리아 속주 총독이라서 전직 집정관인 폼페이우스와는 동격이었기 때문이다. 또한 지휘계통의 엄격한 통일보다는 '겸손한 사람'이라는 평판이 나는 것이 폼페이우스에게는 더 바람직한 일이었다. 그는 총사령관의 명령을 병사들에게 전하는 나팔수까지도 메텔루스 스키피오와 분배했다. 물론 메텔루스 스키피오의 막사도 폼페이우스의 것과 마찬가지로 총사령관에게만 허용되는 진홍빛이었다. 이것도 말단 병사한테까지 퍼져 있는 승전 분위기를 더욱 고조시킨 하나의 원인이었다.

폼페이우스를 따라 19개월 전에 로마에서 달아나 그리스에 망명해 있던 원로원 의원들은 벌써 수도에 개선한 것 같은 기분이 되어 있었다. 그들은 저마다 말했다.

"폼페이우스는 매사에 신중한 성격이지만, 이번은 회전이니까 하루 만에 결판을 내줄 것이다."

"폼페이우스의 신중함 뒤에는 집정관이나 법무관을 지낸 우리한테 명령을 내리고 노예처럼 부려먹는 데 대한 쾌감이 있었을 것이다."

로마의 원로원 의원들은 대부분 로마의 패권 밑에 있는 지방에서는 현지 군주보다 나은 대우를 받는 것이 당연하다고 생각했다. 그들은 결전이 아직 시작되지도 않았는데, 이탈리아로 돌아간 뒤의 공직 배분을 둘러싸고 싸우기 시작했다. 게다가 결전을 눈앞에 두고 전략과 전술을 짜야 할 작전회의 자리에서 싸움을 벌인 것이다.

우선, 카이사르파 원로원 의원들의 재산을 몰수하여 분배하자는 데에는 모든 사람의 의견이 일치했다. 이어서 이듬해인 기원전 47년도 법무관에는 힐리우스를 앉히자고 그의 친구들이 주장했다. 힐리우스는 폼페이우스의 명령으로 시리아를 방어하기 위해 파견되었기 때문에 그리스에 없었고, 그 불리함을 친구들이 벌충해주려고 한 것이다. 그러자 다른 사람들은 모두 함께 고생해왔으니까 한 사람만 특별대우를 받는 것에는 반대한다고 소리쳤다.

이런 분위기는 고위층에도 전염되었다. 에노발부스와 메텔루스 스키피오와 렌툴루스는 카이사르가 앉아 있는 최고제사장(폰티펙스 막시무스) 자리에 누가 앉을 것인가를 놓고 말다툼을 벌였다. 최고제사장은 종신직이지만, 회전에서 카이사르가 패배할 것을 믿어 의심치 않는 그들은 벌써 후임자를 선정하기 시작한 것이다. 에노발부스는 수도에서 자신의 인망이 높다는 것을 내세웠다. 메텔루스 스키피오는 폼페이우스와의 관계를 내세웠다. 렌툴루스는 최고제사장에는 두 사람보다 나이가 많은 자기가 적임자라고 주장했다. 에노발부스는 기원전 54년도 집정관, 메텔루스 스키피오는 기원전 52년도 집정관, 렌툴루스는 기원전 57년도 집정관을 지냈다. 나이로 보나 경력으로 보나 카이사르를 대신할 자격은 셋 다 충분히 갖추고 있었다.

작전회의는 이처럼 작전과는 상관없는 문제를 논의하는 자리가 되어버렸다. 눈앞에 다가온 회전보다 과거의 문제를 새삼스럽게 꺼내는 사람도 있었다. 루푸스는 자기가 에스파냐에서 항복한 것은 아프라니우스가 군대를 배신했기 때문이라고 폼페이우스에게 호소했다. 에노발부스는 작전회의에서 다음과 같은 제안을 내놓아 모든 사람의 주목을 받았다.

폼페이우스를 따라온 원로원 의원들은 각자 투표판을 석 장 가질 권리가 있다. 그것으로 로마에 남거나 다른 곳에 있으면서 폼페이우스 쪽에 서지 않은 원로원 의원들을 한 사람씩 재판한다. 투표판 석 장 가운데 한 장은 무죄라고 생각할 경우, 또 한 장은 사형일 경우, 세 번째 투표판은 벌금형에 처해도 좋다고 생각할 경우에 던진다.

요컨대 폼페이우스 진영의 작전회의에서는 어떻게 이길 것인가가 아니라 어떻게 승리를 만끽할 것인가에 논의가 집중되어 있었다.

이런 분위기에 물들지 않은 사람은 폼페이우스뿐이었다.

폼페이우스는 작전회의 자리에서 목청만 높고 요점을 벗어난 다른 사람들의 발언을 제지하지는 않았지만, 그런 논의에 가담하지도 않았다. 58세의 장군은 눈앞에 다가와 있는 결전을 어떻게 치를 것인가를 생각하느라 침묵을 지켰을 것이다. 폼페이우스는 카이사르가 장치한 함정에 자기가 걸려든 것을 알고 있었던 게 거의 확실하다. 아니, 안전한 디라키움에서 출발하기로 결정했을 때 이미 함정에 빠지러 간다는 것을 알고 있었을 것이다.

지금은 모든 사료가 다 나와 있기 때문이기도 하지만, 전쟁터를 총지휘한 경험이라고는 전혀 없는 우리도 그 정도는 추측할 수 있다. 그런데 전쟁을 지휘한 경험이라면 누구에게도 뒤지지 않는 폼페이우스가 그것을 몰랐을 리는 없다. 카이사르가 테살리아로 계속 철수하고 있다는 것을 알았을 때 이미 함정이라는 것을 알아차렸다 해도 이상할 게 없다.

다만, 함정이라는 것을 알고 가는 것과 모르고 함정에 걸려드는 것은 다르다. 폼페이우스는 함정이라는 것을 알면서도, 그래도 이길 수 있다고 생각한 게 아닐까. 폼페이우스는 디라키움과 그 일대를 지키기 위해 보병 2만 명을 남겨놓았지만 기병은 전부 데리고 떠났다. 메텔루스 스키피오와 합류한 뒤, 폼페이우스 진영의 기병 전력은 7천 기가 되었다. 반면에 카이사르 진영의 기병 전력은 1천 기에 불과했다. 58세 생일을 앞둔 원숙한 장군, 로마 제일의 명성을 자랑하는 이 무장이 침묵을 지킨 것은 할 말이 없어서가 아니라 생각할 게 있었기 때문일 것이다.

그로부터 며칠 뒤, 폼페이우스 군대는 라리사를 떠나 카이사르가 기다리는 파르살로스로 출발했다. 라리사에서 남쪽으로 40킬로미터만 내려가면 파르살로스 평원에 도착할 수 있었다.

파르살로스 평원

펠로폰네소스반도를 포함한 그리스 전체로 보면, 파르살로스 평원은 중부라기보다는 북부의 남쪽 끝이라고 해야 할지도 모른다. 폼페이우스와 카이사르의 결전 무대가 되지 않았다면 이 평원은 테살리아 지방에 흔히 있는 산간 평야의 평범한 밀밭으로 끝났을 것이다. 해발 500미터도 안 되는 구릉에 둘러싸인 평원은 동서가 20킬로미터, 남북이 17킬로미터였다. 다리가 없어도 건널 수 있는 강이 평원의 북쪽을 가로질러 동쪽으로 흐르고 있다.

그 넓이로 보아, 우선 병력에서 열세인 카이사르 쪽이 불리하다. 특히 기동력이 뛰어난 기병 전력의 열세를 생각하면 그 불리함은 거의 절대적이었다. 서쪽에서 와서 폼페이우스보다 먼저 파르살로스에 도착한 카이사르는 유리한 지점을 골라서 진영을 설치했을 것이다. 그런데 수비에 유리한 고지대가 아니라 평원 한복판에 진영을 짓게 했다. 넓은 평원이라도 전쟁터는 한정하고 싶었기 때문일 것이다. 또한 병력에서 열세이기 때문에 한층 더 철저한 '공세'로 나갈 작정이었을 것이다. 북쪽에서 온 폼페이우스는 평원 중앙부에 있는 고지대를 골라서 진영을 설치했다.

『내전기』의 기술에 따르면 양군의 전력은 다음과 같았다.
● 폼페이우스 진영
110개 대대의 중무장 보병 4만 5천
폼페이우스의 옛 부하 2천
기병 7천
합계 5만 4천 명이 투입된다.
그밖에 진지를 수비하기 위해 4천 명이 남았다.
● 카이사르 진영
80개 대대의 중무장 보병 2만 2천
기병 1천
합계 2만 3천 명이 참전한다.
이 가운데 보병 500명이 진영 수비를 맡는다. 그러나 카이사르는 회전이 시작되자마자 진영을 비우고 모든 병력을 전투에 투입하게 한다. 따라서 파르살로스 평원에서는 보병 4만 7천 명과 2만 2천 명, 기병 7천 기와 1천 기가 맞붙게 되었다.

카이사르가 병력을 군단 단위가 아니라 대대 단위로 헤아린 것은 소수 정예로 싸우기를 좋아한 카이사르에게는 대대가 전술단위였기 때문일 것이다. 하지만 같은 대대라 해도 폼페이우스의 대대와 카이사르의 대대는 병력 규모에 큰 차이가 있었다.

폼페이우스는 옛 부하 2천 명을 각 대대에 분산시켰다니까 폼페이우스군의 110개 대대는 4만 5천 명이 아니라 4만 7천 명이다. 따라서 1개 대대 병력은 약 430명이라는 계산이 나온다. 반면에 카이사르군의 1개 대대 병력은 평균 275명이었다. 그러나 카이사르는 대대 병력이 적은 것이 반드시 불리하다고는 생각지 않았다.

파르살로스 평원에 진영을 설치한 날 밤, 폼페이우스는 작전회의를 소집하고 그가 생각한 전술을 처음으로 밝혔다. 그 전술에 도달할 때까지는 과거의 수많은 회전이 폼페이우스의 머릿속을 오갔을 게 분명하다. 폼페이우스의 전술을 소개하기에 앞서 그 수많은 회전 가운데 우리도 추적할 수 있는 역사상 유명한 전투만이라도 상기해보는 것도 반드시 헛수고는 아닐 것이다. 그렇게 하면 카이사르의 머릿속을 오간 생각에도 바싹 다가서게 되기 때문이다.

기원전 333년, 지중해 북동쪽 끝의 바다가 서쪽에 보이는 이수스 평원에서 그리스와 페르시아의 회전이 벌어졌다. 나중에 대왕으로 칭송받게 된 알렉산드로스가 이끄는 마케도니아 군대를 주력으로 한 그리스 연합군은 중무장 보병 3만 1천 명과 기병 5천 기를 합하여 3만 6천 명. 다리우스 왕이 직접 이끄는 페르시아 군대는 1만 명 이상의 기병을 포함하여 15만 명에 달하는 대군이었다. 당시 23세였던 알렉산드로스 왕은 우익에 배치한 기병 5천 기의 선두에 서서 적진 좌익을 지키는 기병을 먼저 격파하고, 곧이어 다리우스 왕이 지휘하는 적진 중앙을 배후에서 공격했다. 그리고 적의 본대가 무너지자마자 쉴 사이도 없이 우익의 배후로 우회하여 포위 공격하는 적극 전법으로 완승을 거두었다. "전투는 격동이다. 따라서 전쟁터에서는 모든 일이 격동적으

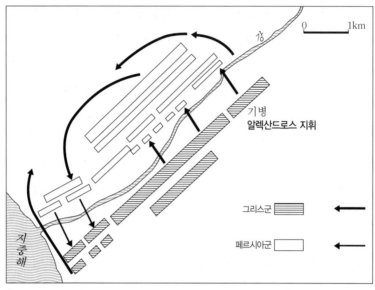

이수스 회전 약도

로 이루어져야 한다"고 말한 알렉산드로스를 생생히 보여주는 전법인
데, 그 결과는 아군의 손실이 200명인 반면 적군 전사자는 5만 명이라
는 수치로 나타났다.

여기서 주목해야 할 것은 우선 바다를 왼쪽에 놓고 포진한 마케도니
아군의 진형이다. 기병을 이끌고 우익에 자리 잡은 알렉산드로스는 바
다로 인한 행동의 제약을 가장 덜 받는 위치에 있었기 때문에 마음껏
'격동적'으로 움직일 수 있었다. 기병대는 둘로 나누어 좌익과 우익에
배치하는 것이 보통이지만, 이때 알렉산드로스는 모든 기병을 우익에
집중시켰다. 그 기병을 이끌고 우선 적의 좌익을 격파한 다음, 곧이어
중앙을 치고 다시 우익을 배후에서 공격하는 포위작전을 전개한 것
이다.

그의 독창성을 보여주는 두 번째 예는 기병의 기동력에 착안했다는
점이다. 페르시아의 중무장 기병은 비록 수는 많지만 사회적으로 신분

마케도니아식 중무장 보병대(이탈리아 중학교용 세계사 교과서에서)

이 높은 자들이 그저 말에 올라타고 있을 뿐이었다. 그런데 알렉산드로스는 기병의 기동력에 착안하여 기병을 군대의 장식품에서 중요한 전술 요소로 승격시켰다.

그의 독창성을 보여주는 세 번째 예는 팔랑크스라고 부르는 마케도니아식 중무장 보병대를 활용한 것이다. 이것은 엄밀히 말하면 알렉산드로스가 아버지인 필리포스 왕의 생각을 이어받은 데 불과하지만, 마케도니아군 중무장 보병대는 방진(方陣)이라고 부르는 밀집대형을 이루고, 5미터나 되는 긴 창을 세워서 거대한 고슴도치로 변한 집단이었다. 맨 앞줄은 창을 수평으로 꼬나잡고, 둘째 줄부터 뒷줄로 갈수록 창을 세우는 각도를 조금씩 늘려서, 맨 뒷줄은 창을 수직으로 세우는 것이다. 이런 대형으로 전진하면 아무리 수적으로 우세한 페르시아군도 공격할 수가 없게 된다. 바로 그때 기병이 옆이나 뒤에서 페르시아군을 덮친다.

거대한 고슴도치와 기동력이 뛰어난 기병을 유기적으로 활용한 것이 알렉산드로스를 대왕으로 만들었다.

이 알렉산드로스를 배우기 위해 그리스어까지 공부한 한니발은 기원전 216년에 이탈리아 남부의 칸나이 평원에서 당시에도 이미 지중해 세계에서 제일가는 명성을 자랑하던 로마군에 완승을 거두었다.

이때 한니발의 전력은 보병 4만 명에 기병 1만 기를 합하여 5만 명이었다. 반면에 로마군은 보병 8만 명에 기병 7,200기를 합하여 8만 7,200명이었다.

칸나이 회전과 자마 회전의 전개 과정에 관해서는 제2권 『한니발 전쟁』에 상세히 기록했으므로 여기서는 생략하겠지만, 칸나이 평원에서 한니발은 적에 비해 우세한 기병을 좌익과 우익에 나누어 배치했다. 그리고 기병이 적의 본대 뒤로 우회할 때까지 적의 맹공을 견뎌내야 하는 중앙에는 그와 함께 알프스산맥을 넘은 심복 정예부대를 배치했다.

움직임은 느리지만 내구력이 뛰어난 중무장 보병과 기동력이 뛰어난 기병을 조합한 전법에서는 한니발도 그 전법을 처음 고안한 알렉산드로스를 답습했다. 한 가지 차이가 있다면, 알렉산드로스는 보병과 기병이 모두 적보다 열세였던 반면, 한니발은 보병은 열세지만 기병은 우세했다는 점이다. 기병을 좌익과 우익에 나누어 배치한 것도 아마 그 때문일 것이다. 양쪽 날개에서 동시에 쳐들어가면 적의 배후로 우회할 때까지 걸리는 시간도 줄어든다.

칸나이 회전에서 로마군은 전사자 6만 명과 포로 8천 명의 피해를 입은 반면, 한니발이 치른 희생은 5,500명에 불과했다. 게다가 '한니발의 정예'라고 불린 병사들 중에서는 전사자가 거의 없었다고 한다.

이 한니발에게 로마의 젊은 장군 스키피오가 도전한 것이 기원전 202년에 지금의 튀니지 중부에 있는 자마 평원에서 벌어진 회전이다.

당시 한니발의 전력은 보병 4만 6천 명과 기병 4천 기를 합하여 5만 명이었다. 여기에 코끼리 80마리가 가세했다. 한편 스키피오의 전력은 보병 3만 4천 명에 기병 6천 기를 합하여 4만 명이었다. 로마군은 보병 전력에서는 열세였지만 기병 전력은 우세했다. 한니발은 코끼리 부대를 이용하여 적진을 교란시킨 다음 정예부대를 맨 나중에 투입하여 기동성의 열세를 만회하려고 생각했다. 하지만 스키피오가 우선 코끼리 부대의 공격을 교묘히 피한 다음 한니발이 칸나이 회전에서 전개한 것과 똑같은 전법을 전개했기 때문에 한니발의 계획은 허사로 돌아가고 말았다.

상승장군 한니발이 패배한 이 회전에서 카르타고 쪽은 전사자 2만여 명과 포로 2만 명의 피해를 입은 반면, 로마 쪽 전사자는 1,500명에 불과했다. 스키피오 아프리카누스의 완승으로 끝난 것이다. 그 후 로마군은 스키피오식 전법을 답습하게 된다.

이 세 가지가 기원전 고대에서는 가장 유명한 회전이다. 파르살로스 회전도 이 3대 회전과 맞먹는 역사적 의의를 갖게 되리라는 것은 결전이 시작되기 전부터 당사자들은 이미 알고 있었다. 현체제가 유지되느냐, 아니면 카이사르가 새로운 질서를 수립하느냐가 이 대결로 결정될 것이기 때문이다.

파르살로스에서 맞붙게 될 폼페이우스 쪽 전력은 보병 4만 7천 명과 기병 7천 기를 합하여 5만 4천 명, 카이사르 쪽 전력은 보병 2만 2천 명과 기병 1천 기를 합하여 2만 3천 명이었다.

이것을 앞에서 말한 3대 회전과 비교해보면, 보병과 기병이 모두 열세인 카이사르와 유사점이 있는 것은 알렉산드로스 대왕뿐이다. 칸나이 회전 때의 한니발도, 자마 회전 때의 스키피오도 보병 전력에서는 열세였지만 기병 전력에서는 우위에 있었기 때문이다.

그렇기는 하지만, 카이사르는 마케도니아의 젊은 왕이 쓴 전법을 흉내낼 수도 없다. 알렉산드로스 대왕이 싸운 상대는 기병의 기동성을

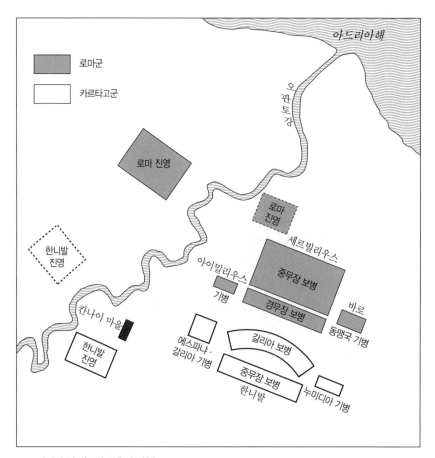

칸나이 회전(포진 직후의 진형)

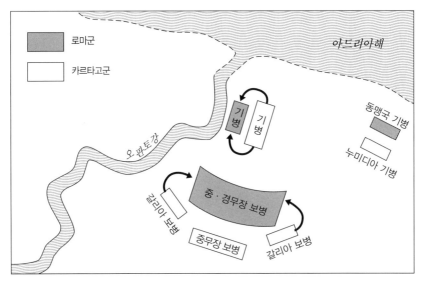

칸나이 회전(제2단계)

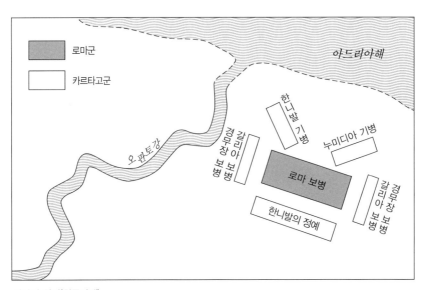

칸나이 회전(최종단계)

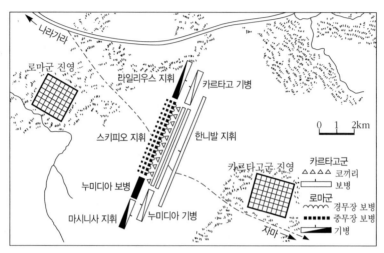

자마 회전(포진 직후)

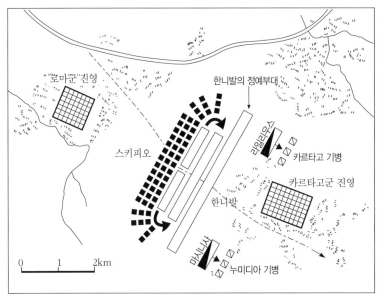

자마 회전(제2단계)

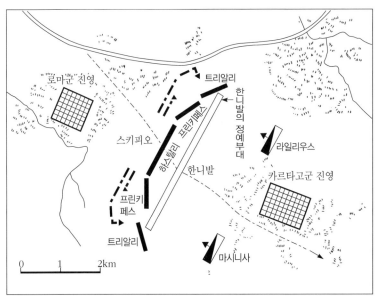

자마 회전(제3단계)

깨닫지 못한 페르시아 기병이었다. 반대로 카이사르가 싸워야 할 상대는 자마 회전 이후 150년 동안이나 로마군의 전법으로 정착한 기병 활용법을 충분히 알고 있는 로마 기병이다. 게다가 수는 일곱 배나 많다. 그리고 폼페이우스는 카이사르의 속셈을 훤히 알고 있는 장수에게 이 기병 전력의 지휘를 맡겼다.

보병에서는 2배, 기병에서는 7배의 전력을 거느리고 있고, 패배한 적도 후퇴한 적도 없는 상승장군 폼페이우스는 작전회의에 참석한 고위 인사들 앞에서 이렇게 단언했다.

"전면전에 들어가기 전에 카이사르군을 궤멸시키겠소."

이 말에 놀라움을 감추지 못하는 사람들을 보고 폼페이우스는 말을 이었다.

"내 장담이 허황하게 여겨졌다 해도 무리는 아니오. 하지만 내가 생각한 전술에 귀를 기울여주시오. 그러면 여러분도 평온한 마음으로 회전에 임할 수 있을 것이오.

나는 전투가 시작되자마자 카이사르의 우익에 맹공을 퍼부으라고 기병대에 명령해두었소. 우익을 공격하여 무너뜨리는 것은 아군 본대에서 투석이 이루어지기 전에(즉 본대가 전투에 돌입하기 전에) 해내지 않으면 아니 되오. 그런 다음 기병대는 적진 뒤로 우회하여 포위망을 완성하는 거요. 이렇게 하면 회전은 아군 본대인 중무장 보병이 위험에 노출되기 전에 끝날 테고, 따라서 희생자도 거의 없는 상태로 싸움을 끝낼 수 있을 것이오.

아군 기병력이 절대적으로 우세하다는 점을 고려하면, 이 전술은 그리 어렵지 않게 실행할 수 있을 것이오."

폼페이우스가 생각한 진형은 다음과 같았다.

양군의 진영은 서로 7킬로미터쯤 떨어져 있었지만, 파르살로스 평원을 동서로 양분하면 폼페이우스 쪽 진영은 동쪽에 있고 카이사르 쪽 진영은 서쪽에 있다. 따라서 이 두 곳에서 병사를 내보내 포진한다면, 폼페이우스는 강을 오른쪽으로 바라보게 되고 카이사르는 강을 왼쪽으로 바라보는 형태가 될 수밖에 없다.

그러면 폼페이우스 쪽에서는 우익이 강에 더 가까이 자리 잡게 되는데, 그 우익에 폼페이우스는 아프라니우스가 지휘하는 킬리키아와 에스파냐 병사들을 배치했다. 폼페이우스는 용병인 에스파냐 병사가 아군에서 가장 강력하다고 생각하여 기병의 엄호를 받지 못하는 우익을 맡긴 것이다.

중앙에는 메텔루스 스키피오가 시리아에서 데려온 2개 군단을 배치했다.

좌익에는 파르티아에 파병한다는 명목으로 2년 전에 카이사르한테서 빼앗은 2개 군단을 배치했다.

폼페이우스의 옛 부하 2천 명을 포함한 나머지 보병은 우익과 중앙과 좌익에 똑같이 분배한다. 로마 장군들이 '본대'라고 부르는 이 중무장 보병은 앞에서도 말했듯이 4만 7천 명에 이르렀다.

폼페이우스는 중무장 보병대의 왼쪽인 극좌익에 기병 7천 기를 모두 배치했다. 그리고 전황 타개의 열쇠를 쥐고 있는 이 기병대의 지휘를 라비에누스에게 맡겼다. 총지휘를 맡는 폼페이우스 자신은 좌익의 배후에 있는 낮은 언덕 위에 진을 쳤다.

전쟁터의 지형과 이 진형만 보아도 폼페이우스의 의도를 분명히 파악할 수 있다. 디라키움 포위전 때 탈영한 갈리아 기병으로부터 카이사르군 기병이 모두 1천 기에 불과하다는 말을 들은 폼페이우스는 카이사르가 통상적인 전법대로 좌익과 우익에 기병을 나누어 배치할 여유는 없다고 생각했다. 그래서 그 역시 통상적인 전법을 깨뜨리고 극좌익에 기병 전부를 투입한 것이다. 이것은 좌우의 차이는 있지만, 전술적으로는 알렉산드로스 대왕이 이수스 평원에서 사용한 전술과 똑같았다. 그리고 이수스에서는 알렉산드로스가 직접 이끌었을 만큼 중요한 이 기병대를 지휘하는 라비에누스는 카이사르의 속셈을 훤히 알고 있다는 점에서는 어느 누구한테도 뒤지지 않는 인물이었다.

작전회의에서 폼페이우스가 전술을 밝힌 뒤, 라비에누스도 그 뒤를 이어 자신만만하게 말했다.

"나는 승자로서가 아니면 진영으로 돌아오지 않을 것을 맹세하오."

그러고는 다른 장수들에게도 같은 맹세를 하라고 요구했다. 폼페이우스가 맨 먼저 맹세했다. 이어서 다른 장수들도 모두 서약했다. 작전회의는 승리에 대한 희망으로 부푼 가운데 해산했다. 폼페이우스와 라비에누스처럼 경험이 풍부한 장수들의 자신만만함이 다른 사람들의 가슴속에도 침투했다. 싸우면 반드시 이긴다고 모두 확신했다.

영화에 나오는 회전 장면에서는 양군이 접근하자마자 싸움이 시작되는 것처럼 보이지만, 그것은 상영시간 관계로 시간을 단축할 수밖에 없기 때문이다. 현실의 회전은 그렇게 간단히 시작되지 않는다. 포진을 끝내는 데만도 두세 시간은 걸리는 게 보통이다. 또한 며칠 동안이나 포진한 채 대치하는 경우도 많았다. 로마군은 밤이 되면 고지식하게 진영지로 돌아오기 때문에, 아침에 전쟁터에 나갔다가 밤이 되면 돌아와서 잠을 자는 일이 되풀이된다. 그렇게 되는 것은 최고사령관이 전투에 적합한 시기를 찾고 있기 때문이다. 또한 이런 대치상태는 최고사령관에게 적이 어떻게 나올 것인가를 알아차릴 기회를 주기도 했다.

카이사르는 폼페이우스군이 파르살로스 평원에 들어와 진영을 세운 이튿날부터 아군을 밖에 내보냈다. 디라키움 포위전에서 패배한 것은 카이사르 군대니까 병사들에게는 패배의식이 남아 있었다. 카이사르

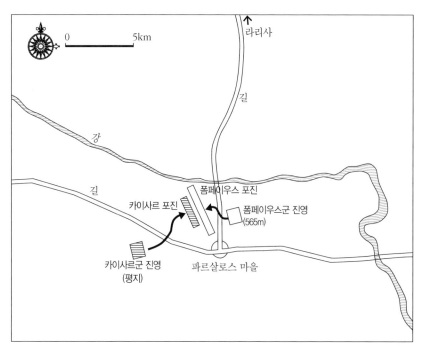

파르살로스 평원 약도

가 군대를 내보낸 것은 그 패배의식을 없애기 위해서였다. 그래서 첫날은 적진에서 5킬로미터나 떨어진 곳에 포진했고, 그 이튿날부터는 포진 위치를 조금씩 앞으로 전진시켰다. 그런 식으로 하여 폼페이우스군 진영지가 있는 고지대 바로 아래까지 접근했다. 이것은 아군 병사들이 적을 가까이에서 보고 적에게 익숙해지게 하기 위해서였지만, 그와 동시에 카이사르 자신이 적의 진용을 직접 관찰하려는 목적도 있었다.

이리하여 카이사르는 폼페이우스의 속셈을 간파했다. 카이사르는 『갈리아 전쟁기』에서 "교범대로 대처해서는 이길 수 없었다"고 쓴 적이 있다. 이 장면에서도 그는 폼페이우스의 전술이 교범대로라고 판단했는지도 모른다. 보병이 버티는 동안 기병이 적진 뒤로 우회하여 포위 공격하는 전법은 말하자면 알렉산드로스 대왕과 한니발과 스키피오의 전법을 합하여 셋으로 나눈 것이다. 다만 이 전법은 기병력이 우세해야만 구사할 수 있다. 따라서 카이사르보다 일곱 배나 많은 기병 전력을 사용할 수 있는 폼페이우스로서는 충분히 채택할 수 있는 전법이었다.

반면에 적의 7분의 1밖에 안 되는 기병을 가진 카이사르로서는 폼페이우스가 답습할 수 있는 '교과서'를 답습할 수 없다. 그렇다면 카이사르는 알렉산드로스 대왕도 한니발도 스키피오도 쓰지 않은 전법, 쓸 필요가 없었던 전법을 새로 고안해내야 한다는 뜻이다.

카이사르 쪽도 모든 면에서 열세였던 것은 아니다. 중무장 보병은 수적으로는 열세지만 '질'은 신뢰할 수 있었기 때문이다. 폼페이우스군 보병이 4만 7천 명인 반면, 카이사르군 보병은 그 절반도 채 안 된다. 하지만 이 중무장 보병 2만 2천 명 가운데 주력은 갈리아 전쟁 초기부터 카이사르 휘하에서 싸워온 역전의 용사들이 차지하고 있었다. 카이사르는 이들을 주력으로 하는 중무장 보병대에 더 많은 기동성을 부여하는 방법을 생각했다. 즉 '교과서'대로라면 보병은 기병이 적진 뒤로 우회할 때까지만 버티면 되지만, 카이사르는 적군 보병을 좌우와 정면의 세 방향에서 공격하여 적을 포위하는 임무까지 보병에게 맡겼다. 기병을 포위에 사용할 수 없기 때문에 생각해낸 책략이지만, 카이사르의 '정예'는 비록 보병이라도 민첩하고 실전 경험이 풍부했기 때문에 이런 임무도 맡길 수 있었다.

남은 과제는 기병이 최대한 기동성을 발휘할 수 있는 평야에서, 더구나 일곱 배나 많은 적군 기병력의 공격에 어떻게 대처할 수 있느냐 하는 것이었다. 7천 기와 1천 기가 정면으로 맞붙으면 결과는 뻔하다.

카이사르는 기병 1천 기로는 세 선배가 가르쳐준 전법, 즉 적진 뒤로 우회하여 포위 공격하는 전법은 처음부터 불가능하다고 보고, 우선 그 전법을 포기했다. 따라서 1천 기는 적의 7천 기에 대항하는 수단으로만 투입된다. 하지만 정면으로 부딪치면 진다. 그래서 카이사르는 자기가 가진 장기말을 활용한 '비밀 병기'를 생각해냈다. 기병의 보충이 불가능한 곳에서 벌어지는 싸움인 만큼 현재 갖고 있는 장기말을 활용할 수밖에 없다. 며칠 동안 포진을 반복한 것은 그 '비밀 병기'의 예행연습에도 도움이 되었다.

강을 왼쪽에 두고 포진하게 된 카이사르군의 진형은 다음과 같다.

좌익 — 제8군단, 제9군단이 주력. 지휘는 마르쿠스 안토니우스

중앙 — 주력은 제11군단. 지휘는 도미티우스

우익 — 주력은 제10군단, 제12군단. 지휘는 술라

극우익 — 기병

총지휘를 맡은 카이사르는 폼페이우스와 대치하듯 우익 뒤에 포진한다. 다만 고지대가 아니기 때문에 카이사르는 말에 올라탄 채였다.

포진을 되풀이하는 동안에도 적에게 눈치채이지 않도록 조심한 카이사르의 '비밀 병기'는 적군 기병의 기동성을 줄이는 것을 목적으로 했다. 그것은 다음 두 가지로 이루어져 있었다.

1. 카이사르는 여느 때의 전투라면 부대기를 지키며 싸우는 젊은 경무장 보병 400명을 기병 1천 기와 합하여 보병과 기병의 혼성부대를 편성했다. 그들은 젊은데다 중무장을 하지 않았기 때문에 움직임도 민첩하다. 기병 뒤에 올라타거나 말에서 뛰어내리면서 기병과 행동을 같이할 수 있는 체력과 민첩함을 갖추고 있다. 물론 카이사르는 며칠 동안 포진을 되풀이하면서 여기에 대한 예행연습도 충분히 시켰다.

2. 이것이야말로 적에게 눈치채이지 않도록 예행연습도 하지 않은 진짜 '비밀 병기'였는데, '비밀 병기 1'과는 달리 이 '비밀 병기 2'를 받

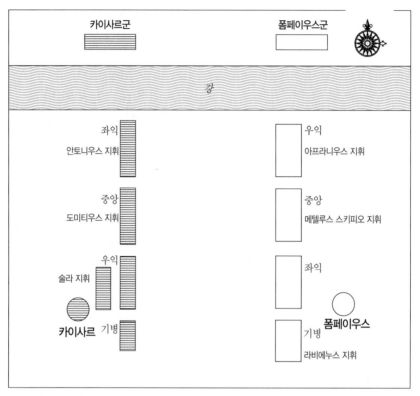

카이사르군　　　　　　　　폼페이우스군

강

좌익
안토니우스 지휘

우익
아프라니우스 지휘

중앙
도미티우스 지휘

중앙
메텔루스 스키피오 지휘

우익
술라 지휘

좌익

카이사르　기병

폼페이우스

기병
라비에누스 지휘

양군 포진 약도

은 것은 고참 중의 고참병이었기 때문에 가능한 일이었다.

　카이사르도 중무장 보병은 로마군의 전통에 따라 좌익과 중앙과 우익에 3열 횡대로 포진시켰다. 앞줄부터 하스탈리, 프린키페스, 트리알리라고 부른다. 하스탈리에는 젊은 신병, 프린키페스에는 중견 병사, 트리알리에는 노련한 병사를 배치하는 것이 보통이다. 하지만 17세부터 45세까지가 일반 병사의 현역 복무 기간으로 되어 있는 로마군에서는 노련한 병사라 해도 40대 전반이다. 게다가 카이사르군의 '노련한 병사'는 갈리아 전쟁이 시작된 기원전 58년부터 10년 동안 카이사르 휘하에서 싸워온 역전의 용사들이다.

카이사르는 좌익과 중앙과 우익의 트리알리에서 '노련한 병사'만 모아 1개 군단의 별동대를 편성했다.

여기에 고참병을 고른 이유는 그들이 보병이면서도 적군 기병 앞을 가로막는 역할을 맡게 되기 때문이다. 그러기 위해서는 기병 앞에서도 꼼짝하지 않는 배짱이 필요하다. 젊은 병사에게는 체력이나 투지는 있어도 실전 경험에 바탕한 담력은 기대하기 어렵다. 막상 싸움이 벌어졌을 때 과연 그렇게 대담한 배짱을 발휘해줄지는 의문이었다.

또한 노련한 병사들은 고참인 만큼 예행연습을 할 필요도 없고, 카이사르가 내린 지시만으로도 충분했다. 카이사르는 이 별동대 군단을 적에게 눈치채이지 않도록 우익의 배후, 즉 바로 자기 앞에 배치했다.

이 '비밀 병기' 두 개로 적군 기병 7천 기의 기동성을 줄인다는 목표를 달성할 수 있다고 생각했을까. 카이사르는 가능하다고 생각했다.

카이사르가 소년 시절에 목 뒤로 두 손을 올린 채 안장도 얹지 않은 말을 타고 돌아다녔다는 이야기를 기억해달라. 그 후에도 그는 말을 잘 다루는 점에서는 기마민족으로 이름 높은 누미디아 기병이나 게르만 기병과도 맞겨룰 수 있다고 병사들 사이에 정평이 나 있었다. 이것은 카이사르가 말이라는 동물을 잘 알고 있었다는 뜻이다.

말을 잘 알고 있으면, 말이라는 동물이 발길에 무언가가 채이는 것을 본능적으로 싫어하는 동물이라는 것도 알고 있었을 것이다. 말은 토끼가 앞에 웅크리고 있어도 멈춰서버린다. 서투른 기수는 그것을 깨닫지 못하고 느닷없이 멈춰선 말에서 공중제비를 돌며 나가떨어지게 된다. 그래서 고삐를 잘 다룰 필요가 있지만, 말은 어느 정도의 도움닫기 거리를 주지 않으면 장애물을 뛰어넘지 못하는 동물이기도 하다. 요컨대 말의 돌격력을 활용하거나 기동성을 발휘하게 하려면 어느 정도의 거리나 공간이 필요하다.

그렇다면, 그 거리나 공간을 적군 기병에게 허용하지만 않으면 기동성을 줄이고 돌격력을 차단하는 것도 결코 꿈은 아니다. 이렇게 되면 폼페이우스군 기병이 7천 기나 된다는 것조차도 카이사르 쪽에는 오히려 유리하게 작용한다.

7천 기나 되는 기병에게 필요한 도움닫기 거리나 공간을 주려면 상당한 넓이가 필요하다. 그 넓이를 주지 않으면 되는 것이다. 7천 기의 맹공을 우선 기병 1천 기와 보병 400명으로 이루어진 혼성부대가 상대하는 척하면서 피한다. 그러면 기병 7천 기는 카이사르군의 배후로 쉽게 우회할 수 있다고 믿을 것이다. 이때를 놓치지 않고 별동대 고참병 2천 명이 적군 기병 7천 기 앞을 가로막는다. 그것을 보자마자 기병 1천 기와 보병 400명도 적군 기병 뒤로 돌아간다. 이리하여 적군 기병 7천 기를 '울타리' 속으로 몰아넣는다. 다시 말해서 말 1천 마리와 창을 꼬나쥔 인간 2,400명으로 이루어진 '울타리' 속으로 7천 기를 몰아넣는 것이다.

가장 중요한 것은 한 덩어리가 되어 질주해올 7천 기를 앞에서 막아설 별동대 2천 명이 어떤 사태가 벌어져도 물러서지 않고 버티는 것이었다. 카이사르는 이 작전 지시를 내린 뒤 그들에게 말했다.

"승패는 오로지 너희들의 용기에 달려 있다."

어느 회전에서나 적의 주력을 무력화하는 데 성공한 쪽이 승자가 된다. 파르살로스에서 카이사르는 알렉산드로스 대왕도 한니발도 스키피오도 쓰지 않은 방법으로 그 일을 해내려 했다. 게다가 적의 주력을 이끄는 것은 그의 속셈을 훤히 알고 있는 라비에누스였다. 그 라비에누스조차도 생각할 수 없는 방법으로 폼페이우스군의 주력을 무력화해야 했다.

폼페이우스군의 진영지는 높다란 언덕 위에 세워져 있었다. 따라서 진영지에서 평야까지는 넓고 완만한 비탈이 펼쳐져 있다. 카이사르가 포진을 되풀이할 때마다 폼페이우스도 군대를 진영지에서 내보내긴 했지만, 넓고 완만한 능선에 포진할 뿐 평야로 내려가서 진을 치지는 않았다. 이래서는 카이사르가 싸울 수 없다. 낮은 위치에서 높은 곳에 있는 적을 공격하면 아군의 희생만 늘어날 뿐이다. 그러나 폼페이우스는 조금도 아쉬울 게 없었다. 전쟁이 장기화할수록 불리해지는 것은 카이사르 쪽이기 때문이다. 그래서 전투 준비는 다 끝났는데도, 카이사르는 싸움을 시작할 기회를 잡지 못하고 있었다.

그래서 카이사르는 다시 유인작전을 시도했다. 아군 진영지를 걷어치운 것이다. 출발 나팔을 요란하게 불고, 짐을 실은 수송부대는 일부러 적에게 보이도록 평원을 가로질렀다.

한편 폼페이우스군 진영 안에도 이제 그만 결전에 나서자는 분위기가 높아져 있었다. 폼페이우스는 이길 수 있다고 확신했다. 라비에누스는 카이사르의 고참병도 갈리아 전쟁 때 많이 죽어서 조금밖에 남아 있지 않으니까 두려워할 필요는 없다고 말하면서 부하들을 격려했다. 진영지를 걷어치우고 이동하기 시작한 카이사르군에 자극을 받은데다 이런 분위기까지 겹쳐서 폼페이우스군은 전날보다는 좀더 평원 쪽으로 내려와 진을 쳤다. 폼페이우스군의 포진 위치가 진영지를 둘러싼 방책에서 전날보다는 멀어져 있는 것이 카이사르의 눈에 띄었다. 이제는 불리한 지형에서 싸우지 않아도 된다는 것을 안 카이사르는 당장 이동을 중단시켰다. 그러고는 짐이고 뭐고 다 팽개치고 빨리 집합하라고 명령했다. 무기만 들고 집합한 병사들에게 카이사르는 말했다.

"지금이야말로 이동이 아니라 전투만 생각할 때다. 우리 모두가 오랫동안 기다려온 때가 찾아왔다. 아군의 준비는 완벽하다. 오늘처럼 좋은 기회는 앞으로 두 번 다시 찾아오지 않을 것이다."

그리고 당장 전투대형을 짜라고 명령했다.

전투태세에 들어가는 병사들의 움직임을 보면 그들의 사기를 측정할 수 있다. 카이사르는 부하 장병들의 사기가 최고로 높아진 상태라고 보았다. 말을 탄 카이사르는 포진을 끝낸 군대 앞을 사열하면서 짤막하게 연설을 끝냈다. 전투에 들어가기 전에 총사령관이 연설하는 것은 로마군의 관례였다. 카이사르가 이 연설에서 강조한 것은 다음 한 가지였다.

카이사르 자신은 쓸데없는 유혈사태를 피하기 위한 노력을 게을리하지 않았다는 것. 그래서 폼페이우스와 대화로 문제를 해결하려고 몇 번이나 시도했다는 것. 이런 사실은 병사들이 증언할 수 있으리라는 것.

연설을 마친 카이사르는 전투 개시를 알리는 붉은 깃발을 내걸었다. 그리고 자기 위치로 가는 도중에, 우익의 주력인 제10군단 근처를 지나가려 했을 때였다. 백인대장인 클라스티누스가 부하 병사들을 격려하는 말이 귀에 들어왔다.

"나의 지휘를 받는 병사들은 나만 따르면 된다. 그렇게 하면 우리 최고사령관(임페라토르)에 대한 서약을 지킬 수 있다. 오늘의 이 싸움에서 모든 것이 결판난다. 이 싸움만 끝나면 카이사르는 명예를 회복하고, 우리는 고향으로 돌아갈 수 있다."

카이사르가 말을 세운 채 열심히 듣고 있는 것을 알아차린 백인대장은 총사령관을 돌아보며 외쳤다.

"나의 장군이시여, 오늘은 제가 살든 죽든 장군께서 감사하지 않으면 안 될 만큼 용감히 싸워 보이겠습니다."

말을 끝내자마자 백인대장 클라스티누스는 맨 먼저 대열을 빠져나가 적진을 향해 달려나갔다. 그가 지휘하는 병사 120명도 그 뒤를 따랐다. 파르살로스 회전은 이렇게 카이사르 쪽이 먼저 도화선에 불을 붙이는 것으로 시작되었다.

기원전 48년 8월 9일

양쪽 진영 사이에는 양군이 서로 달려나가 맞붙기에 충분한 거리가 가로놓여 있었다. 그러나 공세로 나온 것은 카이사르 쪽 군대뿐이었고, 폼페이우스는 군대를 움직이지 않았다. 폼페이우스 쪽에서 움직이지 않으면 카이사르군 보병들은 무기를 들고 갑절의 거리를 달려가야 하고, 따라서 폼페이우스군 앞에 도달했을 때는 기진맥진한 상태가 될 테니까, 그때 맞아 싸우는 편이 더 유리하다고 생각했기 때문이다. 하지만 이런 방식은 카이사르의 고참병한테는 통하지 않았다.

카이사르도 『내전기』에서 이 장면을 다음과 같이 말하고 있다.

"내가 추측하기에, 폼페이우스는 전쟁터에 나갈 때 병사들의 가슴속에 솟아오르는 전의나 감정적 충동 같은 자연스러운 기분을 고려하지 않고 이 전법을 택한 것 같다. 하지만 지휘관은 이런 종류의 충동적 행동을 억누르면 안 되고 오히려 부추겨야 한다. 전단이 열리자마자 요란하게 나팔을 불고 모든 전선에서 함성을 지르는 오랜 관습도 무의미한 것은 아니다. 적을 겁먹게 하는 동시에 아군을 부추겨 적에게 부딪치는 의미를 갖기 때문이다."

폼페이우스도 역전의 용장이다. 그는 적병이 지치기를 기다리는 동시에, 처음에는 질서정연하게 달려나오더라도 먼 거리를 달리다보면 대형이 흐트러지리라는 것도 계산하고 있었다. 질서정연한 대형을 이룬 적을 맞아 싸우기는 어렵지만, 진형이 흐트러진 적을 맞아 싸우기는 쉽기 때문이다. 하지만 이것도 카이사르군 병사한테는 통하지 않았다.

전투 개시 신호와 함께 좌익과 중앙 및 우익에서 고참병 군단인 제8군단·제9군단·제10군단·제11군단·제12군단을 선두로 일제히 달려나간 그들은 양군의 중간지점까지 이르렀을 때 폼페이우스군이 움직이지 않는 것을 알아차렸다. 그러자 그들은 누구의 명령을 받은 것도 아닌데 그 자리에 멈춰섰다. 이것이야말로 지금까지의 오랜 전투 경험이 효과를 나타냈다고 말할 수 있을 것이다. 그들은 잠시 달리기를 멈추고 호흡을 가다듬으면서 전열을 정비한 다음, 다시 창을 겨누고 돌격하기 시작했다. 그래서 적진 앞에 도달했을 때는 숨도 헐떡거리지 않았고, 전열도 흐트러지지 않았다. 질서정연한 대형을 이룬 채 좌익과 중앙과 우익이 일제히 적진을 향해 돌격해 들어갔다.

그러나 폼페이우스군은 이 돌격을 잘 견뎌냈다. 어쨌든 병력에서는 세 배나 우세하다. 수적 우세를 믿은 폼페이우스군은 전열을 무너뜨리지 않고 응전했다. 이것을 본 폼페이우스는 극좌익에 포진한 기병 7천 기에게 총공격을 명령했다. 공세에 나선 기병에 대한 지원 사격은 경무장 보병이 맡아서 일제히 화살을 쏘아댔다.

카이사르군 기병 1천 기는 라비에누스를 선두로 질주해오는 적군 기병 7천 기를 보고 겁에 질린 척하면서 옆으로 피했다. 그러자 적군 기병은 더욱 기세를 올려 돌진했다. 카이사르는 이 순간을 놓치지 않았다.

지금까지 숨겨둔 별동대 2천 명에게 출전명령을 내렸다. 그와 동시에 옆으로 피한 척했던 기병 1천 기와 보병 400명이 적군 기병의 배후로 돌아갔다. 적군 기병을 인간 '울타리' 속에 몰아넣는 작전이 시작된 것이다.

기병에 대한 지원 사격을 맡고 있던 폼페이우스군 궁병이 우선 격퇴되었다. 카이사르군 고참병들은 창을 겨누고 앞을 막아설 뿐 아니라 앞뒤에서 조금씩 포위망을 좁혀왔다. 폼페이우스군 기병 7천 기 가운데 카이사르군 고참병들이 만든 이 '울타리'를 돌파할 수 있었던 사람은 하나도 없었다.

그러나 기병 1천 기와 보병 2,400명으로 이루어진 인간 '울타리'가 기병 7천 명을 모두 에워쌀 수는 없는 노릇이었다. 그리고 전쟁터에서도 이 일대는 남쪽을 향해 탁 트인 평원이 펼쳐져 있어서 '울타리'의 틈새로 탈출한 기병들이 뿔뿔이 흩어져 도망치는 것까지 추격하기는 불가능했다.

그래도 카이사르군은 적군 기병 7천 기가 배후로 우회하여 아군 전체를 포위하는 사태는 피할 수 있었다. 기동성이 뛰어난 기병도 한 덩어리를 이루지 않으면 전력이 되지 못한다. 카이사르는 회전 첫 단계에서 이미 적의 주력을 무력화하는 데 성공한 셈이다.

폼페이우스도 그것을 당장 알아차렸다. 그는 말을 끌고 오게 하여 그 말을 타고 진영지로 돌아가버렸다.

한편 카이사르는 적군 기병의 공격을 격퇴한 기병 1천 기와 젊은 병사 400명과 별동대 2천 명을 모두 적진 좌익으로 보내 그쪽을 공격하게 했다.

적진 좌익에는 이미 카이사르군의 우익이 공격을 퍼붓고 있었다. 거기에 이 새로운 지원병이 투입되자, 폼페이우스군의 좌익은 정면만이 아니라 왼쪽에서 배후로 돌아온 적병의 공격까지 받게 되었다. 카이사르 밑에서 4년 동안 전투 경험을 쌓은 2개 군단도 이 협공에는 견디지 못했다.

그래도 폼페이우스군의 중앙과 우익은 아직 진형도 흐트러뜨리지 않은 채 분전하고 있었다. 이제 카이사르한테는 그 배후로 우회하여 앞뒤에서 협공할 전력이 남아 있지 않을 거라고 생각하겠지만, 실제로는 남아 있었다.

카이사르가 로마군의 전통에 따라 하스탈리·프린키페스·트리알리의 3열 횡대로 포진한 것은 앞에서 말했지만, 카이사르는 회전 첫 단계에서는 첫째 줄과 둘째 줄의 병사만 투입했다. 셋째 줄인 트리알리는 그대로 남아 있었다.

이 '노련한 병사'들에게 비로소 출전명령이 떨어졌다. 세 배나 많은 적과 용감히 싸운 첫째 및 둘째 줄은 잠시 뒤로 물러나 거칠어진 숨을 가다듬는다. 그 대신 비록 수는 적지만 원기왕성한 셋째 줄이 투입되었다.

폼페이우스군 병사들도 지치거나 상처를 입고 있었다. 그때 피로하기는커녕 햇빛에 반짝반짝 빛나는 창을 꼬나쥔 '노련한 병사'들이 기운차게 돌격해왔다. 게다가 호흡을 가다듬고 칼에 묻은 적병의 피를 씻어낸 첫째 및 둘째 줄의 병사들까지 옆으로 또는 배후로 돌아왔다. 그들은 카이사르의 돌격명령을 애타게 기다릴 만큼 사기가 충천해 있었다.

폼페이우스군의 우익과 중앙도 좌익과 마찬가지로 완전히 무너졌다. 끝까지 버티며 싸우는 사람은 하나도 없었다.

그리스의 한낮의 태양이 전쟁터에 널부러진 산더미 같은 시체 위에 사정없이 내리쬐었다.

패주하는 병사들은 아군 진영지를 지키는 것조차도 잊어버린 것 같았다. 대다수는 진영지와는 반대쪽인 강 건너편의 고지대를 향해 달아났다.

카이사르는 부하들이 지쳤다는 것은 알고 있었지만, 단숨에 적을 추격하기로 결심했다. 우선 적의 진영지에 대한 공격이 시작되었다.

그 소리는 막사 안에 있던 폼페이우스한테도 들렸다. 어제까지만 해도 무패를 자랑하던 장군은 이때 처음으로 진영지를 버렸다. 말을 채찍질하여 라리사로 달아나는 폼페이우스를 따른 것은 기병 몇 기뿐이었다.

주인이 도망친 진영지에 들어갔을 때, 카이사르가 본 것은 승자를 맞을 준비가 갖추어진 막사 몇 개뿐이었다. 고위층 인사들의 천막은

 카이사르군 폼페이우스군

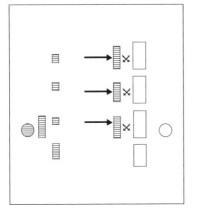

회전 제1단계(카이사르군의 $\frac{3}{4}$ 돌격)

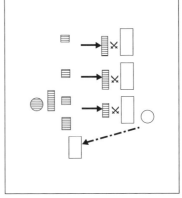

회전 제2단계(폼페이우스, 기병에 출동명령)

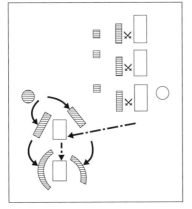

회전 제3단계(카이사르군의 '비밀 병기' 출동)

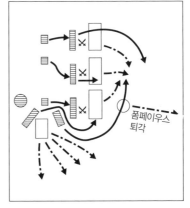

회전 최종단계

담쟁이 잎으로 장식되고, 바닥에는 초록빛 풀이 깔리고, 식탁 위에는 은식기가 놓여 있었다.

이것은 폼페이우스 쪽의 물자가 풍부함을 보여주는 동시에, 오늘 회전에서 패배할지도 모른다고는 아무도 생각조차 하지 않았다는 것을 보여주고 있었다.

카이사르는 우선 부하 병사들에게 아직 싸움은 끝나지 않았다고 말하고, 적이 놓고 간 물건에는 손도 대지 못하게 했다. 그리고 진영지 뒷문으로 빠져나가 북쪽으로 도망쳤다는 폼페이우스를 당장 뒤쫓게 했다.

그러나 추격대는 폼페이우스가 라리사에 머물지 않고 50킬로미터 떨어진 해변을 향해 동쪽으로 도망쳤다는 보고를 가져왔다.

그 폼페이우스를 따라간 것은 먼저 라리사로 도망친 30명이었다고 한다. 그들 중에는 메텔루스 스키피오와 기원전 49년도 집정관인 렌툴루스와 마르켈루스도 끼어 있었다.

카이사르는 이 보고를 받기 전에 이미 패잔병 처리에 착수했다. 적병 대다수는 바로 강 건너에 있는 고지대로 도망쳐 들어갔다. 이들을 빨리 처리하지 않으면 수비가 견고한 라리사로 도망칠 위험이 있었다.

카이사르는 군대를 나누었다. 일부는 아군 진영지를 지키고, 일부는 탈취한 적군 진영지를 지키도록 남겨둔 다음, 그는 나머지 4개 군단을 이끌고 강을 건너 적이 도망쳐 들어간 고지대로 갔다.

병사들은 아침부터 계속된 전투로 기진맥진해 있었다. 게다가 어스름도 다가오고 있었다. 그러나 카이사르는 고지대와 강 사이에 참호를 파라고 명령하고, 그 일이 끝날 때까지 병사들을 독려하면서 곁을 떠나지 않았다. 물길을 끊음으로써 피를 흘리지 않고 적군의 항복을 받아낼 작정이었다.

공사가 끝난 것은 주위 풍경이 아침 햇살에 하얗게 떠오르는 이튿날 아침이 되어서였다. 적군 패잔병이 보낸 항복 사절이 고지대를 내려온 것도 그 무렵이었다.

카이사르는 앞에 늘어선 폼페이우스군 패잔병에게 무기를 버리라고 명령했다. 포로가 된 사람의 수는 2만 4천. 그들 중에는 카이사르의 발밑에 엎드려 울면서 목숨만 살려달라고 애걸하는 사람도 있었다.

카이사르는 그들에게 일어나라고 말하고, 포로들의 두려움을 없애기 위해 자신의 방식인 관용정신에 대해 잠깐 연설했다. 그런 다음 모든 포로에게 거취 선택의 자유를 주었다. 그는 포로들을 자유롭게 풀어주겠다고 말했을 뿐 아니라, 아군 병사들한테는 패잔병을 해치면 안 되고 그들의 물건에 손을 대서도 안 된다고 엄명했다. 그러고는 철야 작업까지 강행한 4개 군단 병사들에게는 진영지로 돌아가 휴식을 취하라고 명령하고, 진영지를 지키면서 휴식을 취한 4개 군단을 이끌고 폼페이우스를 뒤쫓았다. 하지만 바다를 향해 달아난 폼페이우스는 마침 지나가던 곡물 수송선을 타고 동쪽으로 도망친 뒤였다. 어쩔 수 없이 카이사르는 일단 파르살로스 평원으로 돌아왔다. 선후책을 세워서 지시를 내릴 필요가 있었기 때문이다.

'파르살로스 회전'이라는 이름으로 역사에 남은 카이사르와 폼페이우스의 결전은 카이사르의 완승으로 끝났다. 패배한 폼페이우스 쪽 전사자는 6천 명, 포로는 무려 2만 4천 명에 달했다. 포로로 잡혔다가 석방된 자들 중에는 카이사르가 애인인 세르빌리아한테 특별히 부탁받은 마르쿠스 브루투스도 끼어 있었다. 세르빌리아의 아들인 브루투스는 그해 나이 37세였다. 말단 병사에 이르기까지 브루투스는 죽이지 말라는 명령이 하달되어 있었기 때문에 포로들 가운데 그가 끼어 있다는 것을 알자마자 당장 카이사르한테 보고되었다. 다른 포로들과 함께 석방된 마르쿠스 브루투스는 카이사르가 강요한 것도 아닌데, 도망친 폼페이우스 쪽 고관들과 행동을 함께하지 않고 앞으로는 카이사르한 테 충성을 다하겠다고 맹세한 병사들과 같은 길을 택했다.

카이사르 쪽 전사자는 200명뿐이었다. 다만 백인대장을 30명이나 잃어버렸다. 이 30명 중에는 싸움이 시작되기 직전에 카이사르에게 오 늘은 죽든 살든 장군께서 감사하지 않으면 안 될 만큼 용감하게 싸워 보이겠다고 말한 클라스티누스도 끼어 있었다. 그는 얼굴에 적의 칼을 정통으로 받고 전사했다.

카이사르 앞에는 폼페이우스군의 군단기인 독수리 깃발 9개 외에 대대기와 중대기를 합하여 깃발 180개가 운반되었다. 폼페이우스군은 11개 군단이었으니까, 독수리 깃발 11개 가운데 무려 9개가 카이사르 의 수중에 들어온 셈이다. 로마인이라면 이것만으로도 전투 결과를 헤 아릴 수 있었을 게 분명하다.

패배한 폼페이우스 쪽 요인들 중에서는 에노발부스만이 패주하다가 카이사르의 기병에게 추격당해 죽었다.

나머지 요인들 가운데 폼페이우스와 메텔루스 스키피오, 지난해 집 정관이었던 렌툴루스와 가이우스 마르켈루스는 징발한 곡물 수송선을 타고 동쪽으로 도망치는 중이었다.

키케로와 카토는 디라키움 수비를 맡았기 때문에 파르살로스 회전 에는 참가하지 않았다.

폼페이우스의 맏아들 그나이우스도 아드리아해에서 해군을 지휘하 고 있었기 때문에 파르살로스 회전에는 참가하지 않았다.

우익을 지휘하고 있던 아프라니우스, 아프라니우스와 함께 에스파 냐에서 카이사르에게 패배한 경험이 있는 페트레이우스와 바로, 또한 폼페이우스가 어느 누구보다도 군사적 재능을 인정하고 아군의 주력인 기병대의 지휘를 맡긴 라비에누스. 이 네 사람은 그 혼란 속에서 디라키움까지 도망치는 데 성공했다. 지휘관이었던 그들은 모두 말을 타고 있었기 때문이다.

그러나 디라키움으로 도망친 이들도, 디라키움에 머물러 있던 키케로와 카토를 비롯한 폼페이우스파 원로원 의원들도 디라키움에 틀어박혀 항전을 계속하는 것은 불가능하다는 데 의견이 일치했다. 디라키움은 곶 끝에 있어서 수비가 견고하다고는 하지만, 그래도 육지와 이어져 있었기 때문이다. 그래서 그들은 디라키움을 버리고 해군이 없는 카이사르가 쉽게 쳐들어올 수 없는 코르푸섬으로 이동했다.

동쪽으로 도망친 사람들을 제외한 폼페이우스파 요인들은 코르푸섬에서 회의를 열었다. 폼페이우스의 맏아들 그나이우스도 회의에 참석했다.

논의 결과, 코르푸섬도 안전하지 않다는 데 의견이 일치했다. 코르푸섬에서 이탈리아 남쪽 끝까지는 뱃길로 이틀밖에 걸리지 않는다. 파르살로스 회전에서 승리하여 기세가 오른 카이사르군이 언제 이탈리아에서 만든 배를 타고 쳐들어올지 모른다.

그래서 아직은 해군이 건재한 폼페이우스파는 그것을 이용하여 북아프리카로 망명하기로 결정했다. 카이사르파인 쿠리오와 4개 군단을 궤멸시킨 아프리카 속주에 가서 폼페이우스를 기다리고 병력을 모으며 권토중래를 꾀하기로 결정한 것이다.

이 방침에 동참하지 않은 사람도 있었다. 그들은 파르살로스에서의 패배는 단순히 회전에서 패배한 것이 아니라 카이사르에게 패배한 것이라면서 이제는 정치생활에서 은퇴하겠다고 말했다.

기원전 51년도 집정관이고 카이사르 반대파의 선봉장이었던 마르쿠스 마르켈루스는 은퇴하여 그리스의 섬에서 여생을 보낼 작정이라면서 떠났다.

폼페이우스 휘하에서 군단장을 지내며 에스파냐에서 카이사르와 대결하여 패배한 바로는 카이사르에게 항복했다가 석방된 뒤 폼페이우스에게 돌아갔지만, 이번에는 폼페이우스를 버렸다. 무인이라기보다 문인인 그는 이탈리아로 돌아가 다시 학구적인 생활을 시작하겠다고 말하고 떠났다.

키케로도 북아프리카에는 가지 않기로 결심했다. 그 역시 이탈리아로 돌아가 문필생활에 전념하겠다고 말하여 그나이우스 폼페이우스한테 변절자로 매도당하기도 했다. 바로와 키케로가 마르켈루스처럼 타향에서의 망명생활을 선택하지 않고 로마로 돌아가기로 결심한 것은 학문이나 문예에 관해 카이사르와 친하게 이야기할 수 있는 사이였기 때문이다. 그래서 두 사람은 카이사르라면 폼페이우스 쪽에 가담한 그들의 과거도 용서해줄 거라고 생각할 수 있었다. 실제로 나중에 카이사르는 자신의 착상으로 세워진 로마 최초의 국립도서관 관장을 바로에게 맡겼다.

그거야 어쨌든, 파르살로스 회전은 이수스와 칸나이와 자마 회전에 비하면 패배자 쪽 전사자 수가 이상할 만큼 적다. 절대수가 적을 뿐만 아니라, 상대적으로도 포로가 전사자보다 훨씬 많은 유일한 회전이다. 게다가 보병 4만 7천 명에 기병 7천을 합한 전체 병력 5만 4천 명 가운데 전사자 6천 명과 포로 2만 4천 명을 빼면, 도망친 병사가 2만 4천 명이나 된다. 도망병의 수도 4대 회전 가운데 가장 많다. 그렇다면 장수로서 카이사르의 능력은 알렉산드로스나 한니발이나 스키피오보다 한 수 아래였던 것일까.

폼페이우스군에는 폼페이우스의 '클리엔테스'인 오리엔트 국가에서 참전한 지원군이 많았다. 군주가 직접 지휘한 경우도 있었고 휘하 장수에게 지휘를 맡긴 경우도 있었지만, 파르살로스에서 진형이 무너지

자마자 달아난 폼페이우스를 따라갈 수도 없고, 그렇다고 디라키움으로 도망치는 폼페이우스파 로마인과 행동을 함께할 수도 없어서 각자의 고국을 향해 자기들끼리만 도망친 것이다. 카이사르는 로마 세계의 구성요소 가운데 하나인 이들 동맹국 병사까지 추격할 필요도 없었고 추격하지도 않았다. 이들이야말로 각자의 고국에 파르살로스 회전 결과를 널리 알려줄 현장 증인이었기 때문이다. 이들을 공격한다면, 그것은 이들의 고국이 전과 마찬가지로 계속 폼페이우스의 '클리엔테스'로 남아 있을 경우였다.

파르살로스 회전에서 포로 수가 전사자 수보다 네 배나 많은 이유는 구태여 설명할 필요도 없을 것이다. 카이사르보다 먼저 태어난 세 명장은 적국 백성을 상대로 싸운 반면, 카이사르는 동족을 상대로 싸웠기 때문이다. 그렇기 때문에 2만 4천 명이나 되는 포로들에게 당장 자유를 주었다. 자기 군대에 가담하라고 강요하지도 않았다.

동족끼리 싸우는 내전에서는 이기기만 하면 되는 것은 아니다. 이기기만 하면 된다고 생각하면 술라와 다를 게 없다. 카이사르는 술라의 방식을 답습하기를 싫어했다. 단순히 싫어한 게 아니라, 그런 방식은 유익하지 않다고 확신하고 있었다.

그러나 파르살로스 회전은 포위작전의 좋은 사례인 이수스 회전이나 칸나이 회전이나 자마 회전처럼 오늘에 이르기까지 사관학교 교범으로 계속 살아남는 영광은 누리지 못했다. 강의하는 교수는 있을지 모르나 교과과정으로 정착하지는 못했다.

나는 그게 당연하다고 생각한다. 앞의 세 사람은 회전 '방식'을 창안하고 그것을 구사하여 승리한 반면, 카이사르는 따지고 보면 '임기응변'으로 승리했기 때문이다.

'방식'은 누가 답습하더라도 나름대로 성과를 거둘 수 있는 것이어

야 한다. 그것을 구사하는 사람의 재능에 좌우되거나 특정한 경우에만
적용할 수 있는 것은 교범이 될 수 없다.

알렉산드로스 대왕도 한니발도 스키피오 아프리카누스도 웨스트포
인트(미국 육군사관학교)의 강단에 설 수 있을 것이다. 그러나 카이사
르라면 아마 이렇게 말할 것이다. "우선 적과 전쟁터를 보여달라. 그것
을 본 뒤에 이기는 방법을 생각하겠다"고.

그렇게 해서 이겨버리니까 유쾌하긴 하지만, 이래서는 보편타당성
이 요구되는 '방식'을 창출했다고는 말할 수 없다.

카이사르의 본질이 세 선배와는 달리 '군사'(軍事)보다는 '정사'(政
事)에 있었기 때문일 것이다. 카이사르에게 군사는 정사를 도모하기
위한 수단에 불과했다. 실제로 전사(戰史) 연구자들은 전사에서 카이
사르를 어떻게 다룰 것인가를 놓고 고심하고 있다.

알렉산드로스 대왕이 창안하고, 한니발이 완성하고, 스키피오 아프
리카누스가 유효성을 실증한 방식, 즉 기병의 기동성을 활용한 포위작
전 방식은 그 후에도 오랫동안 유효성을 입증했다. 기병이 전차에 자
리를 내준 뒤에도 이 방식은 여전히 보편타당성을 갖고 있었다. 걸프
전쟁을 보면, 전차는 이라크 쪽에도 있었으니까 과거의 기병 역할은
전차부대가 아닌 헬리콥터 부대가 계승했다고 생각할 수 있다.

파르살로스 회전에서 카이사르가 사용한 방식을 임기응변이라고 부
르든 기발한 꾀라고 부르든, 어쨌든 그는 압승을 거두었다. 하지만 포
로들을 모두 석방한 것은 좋다 쳐도, 폼페이우스 쪽 요인들을 거의 다
놓쳐버린 것은 부인할 수 없는 사실이다. 카이사르가 군사적 재능을
인정하고 두려워한 대상은 폼페이우스 한 사람뿐이었던 게 아닐까. 아
무리 병사들을 독려하기 위한 구호라지만, 그는 이런 말을 했다.

아프라니우스와 페트레이우스가 7개 군단과 함께 기다리는 에스파

나로 갈 때에는 "지휘관이 없는 군대를 공격하러 간다"고 말했고, 드디어 폼페이우스와 대결하기 위해 그리스로 떠날 때는 "군대를 갖지 않은 지휘관을 공격하러 간다"고 호언했다.

그런데 그 폼페이우스를 그만 놓쳐버렸다. 카이사르는 파르살로스에서 승리한 뒤에도 로마로 돌아가지 않고 직접 폼페이우스를 추격하기로 결정했다.

"폼페이우스가 도망친 곳에서 군대를 재편성하여 내전이 계속되는 사태가 벌어지는 것을 막기 위해서였다"고 그는 『내전기』에서 말했다. 그러나 카이사르가 직접 추격에 나서는 이상, 선후책은 충분히 강구해둘 필요가 있었다. 카이사르에게 폼페이우스와의 대결은 아직 끝나지 않았다.

파르살로스 회전이 치러진 기원전 48년 8월 9일은 나중에 카이사르가 개혁한 달력으로는 6월 29일이 된다. 따라서 추격하기에는 알맞은 계절이었고 추격할 시간도 충분히 남아 있었지만, 실제 사용되고 있는 달력으로 결정되는 집정관 임기는 다섯 달도 남아 있지 않았다. 폼페이우스에 대한 추격이 얼마나 오래 계속될지 예측할 수 없는 상태에서는 이듬해인 기원전 47년에 대한 대책도 세워두는 편이 안전했다.

하지만 집정관에 재선되려면 10년을 기다려야 한다는 '술라법'을 개정하지 않는 한, 기원전 48년도 집정관인 카이사르는 기원전 47년도 집정관이 될 수 없다. 20년 이상 시행되어온 '술라법'을 개정하려면 새 법안을 제출할 필요가 있지만, 그럴 시간 여유도 없었다.

그렇다면 기원전 52년에 폼페이우스가 취임한 바 있는 '단독 집정관'에 취임하는 방법은 어떨까. 기원전 55년에 집정관을 지낸 폼페이우스가 10년은커녕 불과 2년 뒤에 다시 집정관이 된 것은 긴급사태 수습이라는 임무가 있었기 때문이다. 긴급사태를 수습하기 위해서라면 국법으로 인정되는 독재관에 취임할 수도 있었겠지만, 폼페이우스는 독재관 제도를 싫어하는 원로원을 의식했기 때문에 독재관 대신 '단독 집정관'이 되었다.

원로원 주도의 현체제 타도를 목표로 삼은 카이사르는 원로원을 의식할 마음도 없었고, 그럴 필요도 인정하지 않았다. 그래서 기원전 47년이 시작되자마자 긴급사태를 수습하기 위해 독재관에 취임하기로 했다. 독재관은 집정관 두 명 가운데 한 사람이 임명하기만 하면 된다. 카이사르는 수도에 남아 있는 동료 집정관 이살리쿠스에게 기원전 48년 12월 말일에 자기를 독재관에 임명해달라고 요구하는 서한을 보냈다.

독재관에게는 부독재관(직역하면 '기병단장')을 임명할 권리가 있었다. 카이사르는 34세의 마르쿠스 안토니우스를 부독재관에 임명했다. 안토니우스는 폼페이우스를 추격한 카이사르 대신 본국을 통치하고, 귀환병들의 처우를 결정하고, 그밖의 모든 일을 도맡아 하게 되었다. 이것으로 정치 공백을 피하기 위한 대책도 끝났다. 안토니우스는 전쟁터에서는 상당한 재능을 보였지만, 이번에는 정치적 재능이 시험대에 오른 셈이다.

그 후의 행동으로 역산하면, 카이사르가 파르살로스 회전에서 승리한 뒤 전후 처리를 끝내고, 이듬해에 대한 대책을 세우고, 수많은 지시를 내리고, 다시 추격을 시작할 때까지는 불과 며칠밖에 걸리지 않았다. 카이사르는 휴식다운 휴식도 취하지 못했다. 역시 폼페이우스가 마음에 걸렸기 때문이다. 폼페이우스를 추격하는 데에는 제6군단만 데려가기로 했다.

파르살로스 회전에서 주력이 되어 용감히 싸운 제8군단·제9군단·제10군단·제11군단·제12군단의 고참병들에게는 이탈리아로 돌아가서 쉬라고 명령했다. 이들 군단병들은 갈리아 원정이 시작된 기원전 58년부터 카이사르 밑에서 싸워온 병사들이다. 거기에 비해 제6군단은 기원전 53년부터 투입된 군단이었다. 군단병의 평균 연령도 5세는 젊다. 그렇기는 하지만 제6군단도 카이사르 밑에서 6년 동안 싸운 경험이 있다. 카이사르는 신뢰할 수도 있고 나이도 젊은 병사들을 앞길에 무엇이 기다리는지도 모르는 추격행에 데려가기로 한 것이다.

추격

배가 없기 때문이기도 하지만 카이사르는 육로로 폼페이우스를 추격하기로 결정했다. 폼페이우스를 추격하는 동시에, 폼페이우스의 '클리엔테스'인 동방의 여러 국가를 자신의 세력권에 편입하려는 목적도 있었기 때문이다.

폼페이우스는 우선 라리사로 도망쳤다가 다시 밤낮을 가리지 않고 말을 달려 해안에 이른 다음, 거기서 곡물 수송선을 징발하여 에게해에 이르렀다. 하지만 보통 범선으로는 불안해서 그리스 북부의 마케도니아 지방에 있는 항구 안티폴리스에 일단 상륙하기로 했다. 그날이 8월 12일이었다고 한다. 그리고 안티폴리스에서 5단층짜리 대형 갤리선을 징발했다. 그러나 파르살로스에서 멀리 떨어진 이곳에도 카이사르가 접근하고 있다는 소식이 전해졌다. 폼페이우스는 다시 바다로 나갔다. 이번 목적지는 아내 코르넬리아와 어린 아들 섹스투스를 피난시킨 레스보스섬이었다. 지금까지 줄곧 동행했던 기원전 49년도 집정관 마르켈루스와 렌툴루스는 로도스섬으로 가게 되었다. 로도스섬을 중심으로 폼페이우스군을 재건하는 임무가 이 두 사람에게 맡겨졌다. 폼페이우스는 레스보스에 들러 처자를 태운 뒤 로도스섬으로 가기로 결정했다. 로도스섬에서 소아시아의 로마 속주를 돌아 키프로스섬을 거처 시리아로 가서 재기를 꾀하자는 것이 폼페이우스의 생각이었다. 그러나 파르살로스 회전 결과가 이들 지방에 퍼지는 속도는 폼페이우스의 진행 속도보다 더 빨랐다.

카이사르는 이미 이것을 꿰뚫어보고 있었다. 그는 폼페이우스가 바다로 도망친 것을 안 뒤에도 배를 마련하여 그 뒤를 쫓지 않고, 여전히 육로를 따라 동쪽으로 나아가 그리스와 소아시아 사이에 가로놓인 다르다넬스해협에 이르렀다.

폼페이우스의 명령을 받아 그 근해를 지키는 사람은 카시우스였다. 5년 전에 파르티아 원정에서 완패한 크라수스 휘하의 장수 가운데 유일한 생존자인 카시우스는 그 후에도 계속 시리아 속주에 남아 있었다. 폼페이우스파인 카시우스도 파르살로스 회전의 결과를 알고 있었다. 카시우스는 저항을 시도해보지도 않고 폼페이우스가 맡긴 군선 10척과 함께 카이사르에게 투항해버렸다.

물론 카이사르는 그들을 모두 받아들였다. 하지만 바로 이 카시우스가 파르살로스에서 용서받은 마르쿠스 브루투스를 끌어들여 4년 뒤에 일어나는 '카이사르 암살'의 주모자가 된다.

다르다넬스해협을 건너 아시아 쪽으로 들어간 카이사르는 소아시아 서해안을 따라 남쪽으로 행군을 계속했다. 폼페이우스에게 자금이나 병력이나 선박을 제공한 나라들은 파르살로스 회전의 승리를 축하한다는 명목으로 앞다투어 카이사르에게 사절을 보내왔다.

카이사르는 이런 나라들이 폼페이우스 편에 선 것에 대해서는 비난도 하지 않고 벌도 주지 않았다. 벌을 주기는커녕 이런 지방에서 징수되는 간접세를 오히려 절반으로 줄여주었다. 이 조치에는 폼페이우스에게 무거운 세금을 부과당한 기간에 상응하는 기간에만 시행한다는 조건이 붙어 있었다. 폼페이우스파를 고려한 정치적 배려인 것은 말할 나위도 없다.

그러자 폼페이우스가 자기 기반이라고 생각한 지중해 동부 지역의 나라들도 일제히 카이사르 쪽으로 돌아섰다. 로도스섬으로 간 전직 집정관 두 사람은 항구에도 들어가지 못했다. 폼페이우스는 레스보스섬에서 며칠 머문 뒤 남쪽으로 떠났지만, 킬리키아와 키프로스는 일찍이 그가 제패하여 속주로 삼은 곳이었는데도 이곳 주민들은 그에게 성문을 열어주지 않았다. '클리엔테스'의 의리도 패장한테는 통하지 않았다.

이로 말미암아 폼페이우스는 시리아를 본거지로 삼아 권토중래를 꾀하겠다는 기개를 잃어버렸다.

이제는 소아시아에도 시리아에도 갈 곳이 없어졌지만, 그래도 폼페이우스가 선택할 수 있는 길은 아직 두 가지가 남아 있었다.

하나는 북아프리카로 가서 파르살로스 회전 이후 그곳으로 망명한 동지들과 합류하는 길이었고, 또 하나는 이집트에 의지하는 길이었다. 하지만 둘 다 일장일단이 있었다.

북아프리카에는 맏아들 그나이우스도 있고 아프라니우스와 페트레이우스, 라비에누스와 카토도 있었다. 하지만 북아프리카로 가면, 아프리카 속주와 맞닿아 있는 누미디아 왕국을 무시할 수 없다. 쿠리오의 군대를 전멸시킨 것은 북아프리카의 폼페이우스 세력이 세운 공이라기보다는 누미디아 왕이 세운 공이었다. 공식적으로는 동맹국이지만 실질적으로는 속국인 누미디아가 그 일로 발언권을 강화한 것은 분명했다. 폼페이우스는 평생 동안 자타가 공인하는 로마 제일의 장군이었고, 사람들은 그에게 알렉산드로스 대왕(마그누스)과 같은 존칭을 붙여 '위대한 폼페이우스'(폼페이우스 마그누스)라고 불렀다. 난생처음 패배를 맛보았다고는 하지만, 속국의 왕 따위가 잘난 체 뻐기고 있는 곳으로 도망쳐가는 것은 그의 자존심이 허락하지 않았다.

이집트를 선택해도 일장일단이 있었다. 현재 이집트를 공동 통치하고 있는 오누이의 선왕인 프톨레마이오스 12세는 일찍이 왕위에서 쫓겨났다가 폼페이우스의 도움으로 왕위에 복귀한 인물이다. 폼페이우스는 이집트 왕조의 평안을 위해 휘하 장수인 가비니우스에게 1개 군단을 주어 알렉산드리아에 주둔시켰을 정도였다. 말하자면 현재 이집트를 통치하고 있는 왕조는 폼페이우스의 '클리엔테스'였다. 실제로 폼페이우스가 카이사르와의 대결을 앞두고 오리엔트 전역에 지원군을 요청하자, 이집트의 공동 통치자인 오누이(누나인 클레오파트라와 남동생인 프톨레마이오스 13세)는 군선 50척을 제공해주었다. '파트로네스'가 요구하면 거기에 응하는 것이 '클리엔테스'의 의무였기 때문이다.

이 상부상조 관계는 부모한테서 자식으로 계승된다고 로마인은 믿어 의심치 않았다. 그러나 이 로마 특유의 인간관계를 로마인이 아닌 사람도 존중한다면, 그것은 존중하는 편이 이롭다고 생각하는 경우뿐이다. 패배에 익숙지 않은데다 가는 곳마다 문전박대를 당해 의기소침하던 폼페이우스는 이 인간성의 현실을 직시할 능력을 잃고 있었다. 아니, 좌절을 모르고 살아온 그에게는 원래 그런 능력이 없었는지도 모른다. 카이사르는 "곤경은 친구를 적으로 만든다"고 쓸 정도였으니까 인간성의 실체를 알고 있었지만.

게다가 이 시기의 이집트는 망명지로 선택하기에는 부적당한 상태에 있었다. 공동 통치자인 오누이가 서로 대립하여 내전 상태에 있었기 때문이다. 추방된 누나 클레오파트라는 병사들을 모아서 왕위 탈환을 노리고 있었다. 그래서 폼페이우스의 장인인 메텔루스 스키피오와 전직 집정관 두 사람은 북아프리카 속주를 선택하라고 강력하게 권했다. 그러나 폼페이우스는 이집트를 선택했다.

에게해를 떠난 폼페이우스는 이번에는 정남쪽으로 뱃머리를 돌렸다. 며칠 뒤 소아시아 남해안에 도착한 카이사르는 폼페이우스가 바다를 통해 이집트의 알렉산드리아로 간 것을 알았다. 카이사르도 이번에는 배를 타고 추격했다. 보병 3,200명과 기병 800기를 실어 나르는 데 필요한 배 10척은 폼페이우스의 '클리엔테스'인 로도스섬이 제공했다. 이것은 승자의 명령에 복종한 것이기도 했지만, 디라키움 포위전에 들어가기 전에 안토니우스에게 패하여 포로가 된 로도스 선원들을 카이사르가 석방하고 귀국시킨 데 대한 감사의 표시이기도 했다.

남쪽을 향해 순조롭게 항해하던 폼페이우스는 이집트의 소년 왕에게 친서를 보내 자신의 일행을 손님으로 받아들여달라고 요청했다. 친서를 싣고 달려갔던 쾌속선이 돌아와서 전하기를, 이집트 왕가는 폼페이우스 일행을 환영한다는 것이었다. 폼페이우스는 자신의 선택이 옳았다고 안심했다.

어쨌든 이집트의 현재 국왕이 왕위에 앉아 있을 수 있는 것은 모두 폼페이우스 덕이다. 지금 공동 통치자끼리 싸우고 있다면, 폼페이우스처럼 명성이 높은 장군의 시장가치도 더욱 높아질 터였다.

우울해 있던 58세의 장군은 기운을 되찾았다. 이집트 왕 앞에서 할 연설 초안도 마련하기 시작했다.

그러나 폼페이우스의 친서를 받고 손님으로 환영하겠다고 대답하긴 했지만, 소년 왕을 보좌하고 있던, 아니 조종하고 있던 측근들의 생각은 말이나 행동과는 정반대였다. 그들 처지에 서 보면 이해할 수 없는 것도 아니다. 폼페이우스는 결전에서 패하고, 오리엔트의 여러 나라에서도 문전박대를 당하고 쫓기는 인물이다. 망명객으로 이보다 더 귀찮은 존재는 없었다.

과거에 폼페이우스가 이집트에 파견한 로마 병사들의 심정이 여기

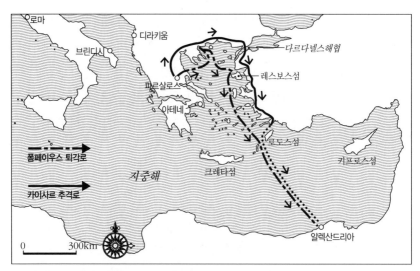

폼페이우스의 퇴각로와 카이사르의 추격로

에 추가된다. 이들은 그 후에도 줄곧 이집트에 정착해 살면서 완전히 이집트화했고, 오누이가 대립하는 이집트 왕실의 내분에서도 남동생 편에 서서 적극적으로 가담하고 있었다. 이것은 로마에서는 절대로 허용되지 않는 잘못이었다. 이들 로마인은 이제 폼페이우스 밑으로 돌아갈 마음은 없었고, 그렇다고 해서 카이사르 편에 붙을 마음도 없었다.

이 두 가지 생각이 합류한 끝에 나온 결론이 폼페이우스를 죽이자는 것이었다. 그러나 주모자들의 천박한 인격을 반영하듯, 그 실행 수단은 참으로 비열하기 짝이 없는 것이었다.

알렉산드리아

이집트 왕국의 수도이자 지중해 동부 지역 최대의 도시인 알렉산드리아의 항구는 대형 선박도 접안할 수 있는 설비가 완벽하게 갖추어져 있다. 따라서 폼페이우스가 타고 온 5단층 갤리선 정도는 저 이름난 파로스 등대 뒤에 펼쳐진 내항에 닻을 내릴 수도 있을 터였다. 그러나 가정교사와 환관으로 이루어진 측근들은 마중을 나갈 테니까 항구 밖에서 기다리라고 15세가 된 왕의 이름으로 폼페이우스에게 전했다. 폼페이우스는 이 말을 조금도 의심하지 않고 항구 밖에서 기다렸다. 얼마 후, 마중 나온 배가 접근하고 있다는 보고가 들어왔다.

그것은 많은 노잡이가 노를 젓긴 했지만, 거룻배라고밖에 부를 수 없는 작은 배였다. 거기에는 논리학 교사라는 그리스인 아킬라스와 로마 병사인 셉티무스가 타고 있었다. 폼페이우스는 해적소탕 때 자기 밑에서 백인대장을 지낸 셉티무스를 기억하고 있었기 때문에 아는 얼굴을 보고 안심했다. 그래서 우선 폼페이우스만 항구에서 기다리는 왕에게 모시고 가겠다는 아킬라스의 말을 믿었다. 다른 사람들에게는 따로 배를 보내겠다는 말도 의심치 않았다.

아킬라스의 권유를 받아들여, 작은 배에는 폼페이우스 이외에 기원전 49년도 집정관인 렌툴루스와 병사 몇 명밖에 타지 않았다. 배는 이 사람들만 태우고, 폼페이우스의 처자와 장인인 메텔루스 스키피오가 지켜보는 가운데 5단층 갤리선에서 멀어져갔다. 화살의 사정거리 정도는 두고 나서 계획을 실행했을 테니까, 100미터 이상은 멀어졌을 것이다. 하지만 탁 트인 바다에서는 100미터쯤 떨어진 배 위에서 무슨 일이 일어나는지는 훤히 보인다. 셉티무스가 폼페이우스에게 몸을 부딪쳐간 것도, 폼페이우스가 뱃전에 고꾸라진 것도 훤히 보였다. 지켜보던 이들의 경악과 탄식과 절망의 소리 속에서 모든 일은 끝났다.

폼페이우스를 따라간 몇몇 병사는 그 자리에서 살해되었고, 렌툴루스는 감옥에 갇혔다가 거기서 살해되었다. 폼페이우스를 싣고 온 배는 급히 닻을 올려 비탄에 잠긴 사람들을 싣고 떠났다.

기원전 48년 9월 28일의 일이었다. 파르살로스 회전이 끝난 지 한 달 20일밖에 지나지 않았다. 그리고 그로부터 나흘 뒤에 카이사르가 알렉산드리아 앞바다에 모습을 나타냈다.

그 카이사르에게 향유 항아리에 담긴 폼페이우스의 목과 도장을 겸한 폼페이우스의 금반지가 전해졌다. 후세 역사가들—후세라 해도 플루타르코스나 카시우스 디오 같은 로마 시대의 역사가들이지만— 에 따르면, 이것을 본 카이사르의 뺨에는 눈물이 흘러내렸다고 한다.

12년 전인 기원전 60년, 당시 46세였던 폼페이우스와 40세인 카이사르는 '삼두정치'를 결성한 동지였다. 이듬해인 기원전 59년, 폼페이우스는 카이사르의 딸 율리아를 아내로 맞아들였다. 그리고 그 이듬해에 카이사르는 수도 로마를 폼페이우스에게 맡기고 갈리아로 떠났다. 갈리아로 떠나기 전에 써둔 카이사르의 유언장은 사위인 폼페이우스를 상속인으로 지정했다.

그러나 동지관계를 맺은 지 7년이 지날 무렵부터 폼페이우스는 카이사르와 멀어졌고, 결국에는 반카이사르파의 등에 업혀 과거의 동지와 적대하는 사이가 된다. 카이사르가 루비콘강을 건너자, 폼페이우스는 이탈리아를 탈출했고, 파르살로스 회전에서 참패한 뒤 이집트로 도망쳤다가 목숨을 잃었다. 이것이 여섯 살밖에 차이가 나지 않는 로마 최고의 두 장군이 마지막 2년 동안 겪은 운명이었다. 카이사르는 냉철하긴 하지만 냉혹하지는 않았다. 몰라보게 변해버린 옛 친구의 모습을 보고 눈물을 흘렸다 해도 부자연스럽지는 않다. 그러나 카이사르 자신은 여기에 관해서는 글을 단 한 줄밖에 남기지 않았다.

"알렉산드리아에서 폼페이우스의 죽음을 알았다."

이 한 줄이야말로 고바야시 히데오의 말을 빌리면 문장이라기보다는 대리석에 새겨진 고대 미술품 같은 게 아닐까.

그러나 카이사르의 『내전기』는 동시대 로마인을 대상으로 쓴 책이다. 당시의 '독자'에게는 미술품이라 해도 과거의 미술품은 아니다. 이 글 한 줄을 읽은 사람이 카이사르파라면 개가를 올렸을 테고, 폼페이우스파라면 눈물을 흘리지 않을 수 없었을 것이다. 위의 한 줄은 그 양쪽의 감정에 모두 들어맞도록 쓰여 있다.

게다가 폼페이우스의 비참한 최후에 눈물을 흘린 사람도 카이사르를 나쁘게 말할 수는 없다. 카이사르는 폼페이우스를 비판하지도 않았고, 그의 죽음을 안 순간 가슴속을 교차한 생각을 조금도 밝히지 않았기 때문이다. 카이사르 자신의 기질을 정직하게 반영하면서도 정치적 배려를 잊지 않은 한 줄이었다. 제약이 있어도 문장력만 충분히 갖추고 있으면, 대리석에 새겨진 문자와 같은 중량감도 전할 수 있다는 것을 보여주는 좋은 예다.

키케로가 폼페이우스의 죽음을 알고 쓴 글은 카이사르와는 또 다르다. 친구인 아티쿠스에게 보낸 편지라서 정치적 배려를 할 필요가 없었다고는 하지만, 이 글도 쓴 사람의 문장력과 기질을 잘 반영하고 있다.

"폼페이우스가 그런 최후를 맞이하리라는 것은 나도 충분히 예상할 수 있는 일이었네. 파르살로스 이후, 로마 세계의 모든 군주와 백성은 그가 놓여 있던 위험한 상황을 분명히 보아버렸기 때문이지. 그런 상황에서는 어디로 도망쳐도 필경은 그렇게 끝날 수밖에 없었다네.

그렇긴 하지만, 그의 운명에는 애처로움을 느끼지 않을 수 없네. 내가 알고 있던 폼페이우스는 올곧고 절도있는 진실한 사람이었네."

2천 년 뒤, 영국의 한 연구자는 이렇게 말했다.

"폼페이우스는 전쟁터에서는 카이사르가 상대할 가치가 있는 유일한 장군이었다. 그러나 디라키움에서 패배한 카이사르는 맨 나중에 전쟁터를 떠난 전사였던 반면, 파르살로스에서 패배한 폼페이우스는 맨 먼저 전쟁터를 떠난 전사였다.

그리고 단순히 재능있는 사람과 천재를 구별해주는 것은 지성과 정열의 합일인데, 폼페이우스에게는 그것이 모자랐다."

"알렉산드리아에서 폼페이우스의 죽음을 알았다"는 글 한 줄은 그 당시에도 독자들에게 정반대되는 독후감을 안겨준 문장이었지만, 후세에도 여러 가지 다양한 해석을 가능하게 해주는 문장이다.

어떤 학자는 자기 손을 더럽히지 않고 숙적을 처치할 수 있었으니까 카이사르가 바랄 수 있는 최고의 결말이었다고 말했다. 여기에 동의하는 연구자도 적지 않다. 하지만 카이사르가 정말로 그렇게 생각했을까.

만약에 카이사르가 폼페이우스를 생포하는 데 성공했다면 어떻게 되었을까. 카이사르는 말단 병사까지도 자유롭게 풀어주었으니까 폼페이우스라면 더더욱 풀어줄 수밖에 없다. 그러면 풀려난 폼페이우스는 어떤 삶을 선택했을까. 지난 15년 동안의 생활방식으로 추측하건대, 알바의 별장에라도 틀어박혀 젊은 아내와 아이들, 그리고 이따금 찾아오는 옛 부하들과 함께 지내면서 평온한 은둔생활을 즐기지 않았을까.

그래서는 카이사르가 곤란하다. 폼페이우스가 원로원 주도의 과두정을 고수하기로 결정한 '원로원파'의 지도자가 된 것은 명확한 정치적 신념에 따른 행위가 아니었다. 오히려 그는 명확한 정치적 신념을 가진 사람들에게 떠받들려 지도자가 된 인물이다. 따라서 폼페이우스 자신은 평온한 은둔생활을 바란다 해도, 그를 추대하려고 생각하는 사람들이 있는 한 그들의 등에 업혀 나올 가능성은 항상 존재한다. 그러면 카이사르에게 폼페이우스는 여전히 위험인물이라는 이야기가 된다.

그러면 어떻게 할까.

카이사르라면 폼페이우스에게 '이두정치'를 제안하지 않았을까. 카이사르가 루비콘강을 건넌 뒤에도 카이사르 쪽과 폼페이우스 쪽은 평화적 해결을 시도했다. 그때 카이사르가 유일하게 고집한 조건은 폼페이우스와 직접 만나 대화로 해결하겠다는 것이었다. '삼두정치' 시절부터, 특히 '루카 회담' 이후 카이사르는 폼페이우스와 무릎을 맞대고 이야기하기만 하면 자신의 뜻대로 결론이 나온다는 자신감이 있었던 게 아닐까. 파르살로스 회전 이후에는 그 자신감이 더욱 강해졌을 것이다. 겉으로는 '이두정치'지만 실질적으로는 '일두정치'가 된다는 자신감이다.

그리고 패자도 끌어들여 동화해버리는 것은 로마인의 전통적인 방식이다. 많은 사례가 보여주듯이 카이사르는 화합적이고 현실적인 로마인의 표본이었다.

두 사람 사이에 화합(콩코르디아)이 성립되면, 맨 먼저 갈채를 보낼 사람은 키케로였다. 설령 '이두정치'의 '일두'가 실권 없는 명예회장이라 해도.

이 키케로가 생전의 폼페이우스에 대해 내린 평가는 좋은 점이라고는 하나도 없다는 것이었다. 아무리 허물없는 친구에게 속마음을 터놓고 쓴 편지라 해도, 이런 식이다.

폼페이우스는 지성이 부족하다. 설득력은 전혀 없다. 신체적인 지구력도 이제는 옛날이야기다. 젊은 아내한테 푹 빠져서 국정을 소홀히 하는 등, 자제력도 없다. 어떤 일을 지속하겠다는 의지는 옛날부터 없었던 게 아닐까…… 등등.

생전의 폼페이우스에 대한 키케로의 평가를 읽으면, 이토록 폼페이우스를 나쁘게 말하면서 용케도 그를 따라갔구나 하는 생각이 들어서 어처구니가 없어진다.

폼페이우스의 죽음을 알고 난 뒤에는 그에 대한 비난을 뚝 그쳤다.

죽은 뒤에는 살아 있을 당시의 비판은 깨끗이 잊어버리고 좋은 점만 들추어낸다는 것이다. 그렇긴 하지만, 이것이 대부분 사람들에게 공통된 인간성의 현실이었다.

폼페이우스가 회장이고 카이사르가 사장인 '이두정치'가 실현되었다면 사태는 달라졌을까.

우선, 북아프리카로 도망친 강경파는 카이사르에 반대했기 때문에 폼페이우스파가 되었지만, 폼페이우스와 카이사르가 손을 잡으면 이들도 더 이상 카이사르에 반대할 명분을 잃어버렸을 것이다.

그러나 폼페이우스는 죽었다. 더구나 살해당했다. 그렇기 때문에 오히려 카이사르 반대파가 기댈 기둥은 남아버렸다. 게다가 그 기둥은 수많은 결점을 지닌 살아 있는 폼페이우스가 아니라, 죽어버렸기 때문에 장점만 부각되어 우상화된 '위대한 폼페이우스'였다.

"알렉산드리아에서 폼페이우스의 죽음을 알았다"는 한 줄을 나는 이렇게 해석한다. 이 짧은 문장에는 이것으로 모두 끝났다는 안도감이 아니라, 그것과는 정반대되는 체념조차 감돌고 있다고.

폼페이우스의 죽음을 안 직후에 카이사르의 심경이 어떤 것이었든, 폼페이우스가 죽은 것은 엄연한 사실이었다. 이 기정사실 앞에서 카이사르는 앞에서 말한 부정적인 측면과 함께 긍정적인 측면도 생각했을 것이다. 긍정적인 측면은 두 가지가 있었다.

첫째, 무장으로서는 카이사르의 유일한 경쟁자였던 사나이가 죽었다. 그렇다면 앞으로 카이사르는 '지휘관이 없는 군대를 공격하러 가기'만 하면 된다. 카이사르가 이집트에 오래 머무른 것은 이집트 왕실의 내분에 말려들었기 때문이고, 북서풍이 부는 계절이 되어 출항하기가 어려워졌기 때문이고, 클레오파트라의 매력에 끌렸기 때문이기도 하지만, 그때까지 줄곧 팽팽하던 긴장이 단번에 풀어졌기 때문이기도 할 것이다.

둘째, 폼페이우스는 죽은 뒤에도 반카이사르파의 상징으로 남아 있기는 했지만, 원로원파가 그를 지도자로 추대할 수는 없게 된 것이 현실이다. '위대한 폼페이우스'를 대신할 수 있는 사람은 원로원파에는 한 사람도 없다. 폼페이우스의 아들인 그나이우스와 섹스투스는 폼페이우스의 피를 이어받았을 뿐이다. 카토는 두려움의 대상이긴 하지만 인망이 없다. 키케로는 로마의 '매스컴'을 대표하지만, '매스컴'은 견인차가 될 수 없다.

내전은 나라를 양분한 세력이 서로 힘을 겨루기 때문에 일어나는 투쟁이다. 카이사르는 이런 의미의 내전은 루비콘 도하로 시작되어 폼페이우스의 죽음으로 끝났다고 생각했을 것이다. 루비콘강을 건넌 장면부터 시작되는 『내전기』는 파르살로스 회전에서 끝나지 않고 폼페이우스의 죽음으로 끝난다. 그 후에도 '폼페이우스파'와의 전투는 계속되지만, 그것은 더 이상 내전이 아니라는 카이사르의 '선언'이 아닐까. 폼페이우스가 죽은 뒤의 싸움은 서로 맞버티는 양대 세력의 투쟁이 아니라, 단순한 불평분자의 반항에 불과하다는 선언이었을 것이다. 『내전기』가 거기서 기술을 끝낸 것은 카이사르가 글을 쓸 시간 여유를 갖지 못했기 때문이 아니라, 그렇게 할 필요성을 인정하지 않았기 때문이 아닐까.

사실 그 후에 이어지는 『알렉산드리아 전쟁기』와 『아프리카 전쟁기』 및 『에스파냐 전쟁기』는 카이사르 휘하의 참모나 중견 지휘관들이 쓴 것이다. 특히 『알렉산드리아 전쟁기』의 저자인 히르티우스는 『갈리아 전쟁기』의 마지막 권을 카이사르 대신 쓴 인물인데, 알렉산드리아 전쟁에는 종군하지 않았다. 종군하기는커녕 알렉산드리아에 가지도 않은 히르티우스가 전쟁기를 쓸 수 있었던 것은 카이사르가 그것을 구술했기 때문이다. 카이사르는 자신의 체험을 털어놓기는 했지만 글로 쓰지는 않았다. 『아프리카 전쟁기』와 『에스파냐 전쟁기』를 쓰는 일도 참모들에게 맡겼다. 카이사르가 구술하는 것을 그냥 받아적기만 해도 훌륭한 산문이 될 정도인데, 그런 사람이 글을 쓰지 않았던 것은 쓸 의지가 없었기 때문이라고 해석해야 하지 않을까.

클레오파트라

그러면 카이사르가 '알렉산드리아에서 폼페이우스의 죽음을 안' 뒤에는 어떤 일이 일어났을까. 이집트 왕실의 궁정신하들은 폼페이우스를 죽임으로써 카이사르한테 큰 은혜를 베풀었다고 생각한 모양이다.

폼페이우스의 목과 반지를 보낸 뒤, 가정교사와 환관으로 이루어진 그들은 이제 로마 제일의 실력자인 동시에 패권국 로마의 현직 집정관인 카이사르에게 원하는 것을 손에 넣었으니 빨리 이집트를 떠나달라고 요구했다. 카이사르는 사사로운 감정에는 좌우되지 않는 사람이지만, 이것은 개인 문제가 아니라 국가적인 문제였다. 이집트는 독립국가지만, 로마의 패권을 인정하고 로마와 동맹관계를 맺고 있는 나라다. 로마가 독립국으로 인정하기 때문에 독립국의 지위를 유지할 수 있는 것이다. 카이사르는 그런 로마의 최고위 공직자인 현직 집정관으로서 알렉산드리아에 상륙하기로 결심했다.

마키아벨리는 민주적인 토론으로 매사를 결정하는 습관이 없는 민족에게 그런 습관을 이식하려고 애써봤자 헛수고라고 말했다.

이집트는 기원전 3000년부터 지배자는 바뀔망정 신정(神政)이라 해도 좋을 정도의 절대왕정은 바뀌지 않았다. 그런 이집트에 그리스인 왕조가 수립된 것은 기원전 4세기 초에 이집트를 정복한 알렉산드로스 대왕 때문이었다. 대왕이 젊은 나이에 세상을 떠난 뒤, 그의 장군

가운데 한 사람을 시조로 하는 프톨레마이오스 왕조가 시작되었다.

그리스에서도 마케도니아의 젊은 왕 알렉산드로스가 인간의 아들이 아니라 신의 아들이라고 전한 것은 이집트 아몬 신전의 신관들이었다. 이 신관들이 신탁이라는 형태로 알렉산드로스를 신의 아들로 끌어올린 것은 신의 아들이 지배해온 이집트가 인간의 아들에게 지배를 받는다면 체면이 서지 않았기 때문이다. 이집트인이 생각하기에, 불사신이 아닌 인간은 지배자의 정통성을 갖지 못한다. 그 덕택에 마케도니아의 안티고노스 왕조와 시리아의 셀레우코스 왕조와 이집트의 프톨레마이오스 왕조는 모두 알렉산드로스 대왕 휘하의 장군을 시조로 하지만, 안티고노스 왕조의 군주는 인간들의 제일인자, 셀레우코스 왕조의 군주는 신과 인간 사이에서 중간 역할을 하는 중재자, 프톨레마이오스 왕조의 군주는 인간을 다스리는 신의 아들이라는 미묘한 차이가 있었다. 그것이 바로 카르타고를 굴복시키고 지중해 동부 지역으로 진출한 로마가 마케도니아와 시리아는 속주로 삼으면서도 이집트만은 독립국으로 남겨둔 이유 가운데 하나였다. 또 다른 이유는 로마가 카르타고를 상대로 싸움을 벌이던 시절부터 이집트 왕조는 로마 편에 섰고, 그 후에도 마케도니아나 시리아처럼 로마에 선전포고를 하는 외교적 실수를 저지르지 않았기 때문이다.

기원전 63년에 폼페이우스가 시리아의 셀레우코스 왕조를 폐지하고 속주로 삼았을 때, 로마는 마음만 먹었다면 이집트도 속주로 만들 수 있었다. 이집트의 군사력은 더 이상 로마의 적수가 아니었다.

그러나 로마는 닥치는 대로 직접 다스리는 것을 대외관계의 기본방침으로 삼지 않았다. 어떤 나라를 속주로 삼더라도, 내부의 여러 세력에 대해서는 그들이 로마에 적대하지 않는 한 그대로 두는 것이 로마인의 지배방식이다. 로마인은 종교도 언어도 생활습관도 자기네 것을 강요하지 않는다. 로마인은 다신교를 믿는 민족이다. 자기들이 믿는 신만 신이라고 주장하는 일신교와는 달리 타민족의 신들을 인정하는 데에도 거부감을 느끼지 않는다. 그래서 팔레스타인에는 유대교가 계속 살아남았고, 그리스계 프톨레마이오스 왕조가 지배하는 이집트에는 오시리스 신이나 이시스 신에 대한 신앙이 살아남았다. 그렇긴 하지만, 그리스계 왕조가 통치하는 이집트는 그리스어권에 속했다.

로마에 적대하지 않아야 한다는 조건이 붙은 것은, 로마인들이 로마의 패권하에 있는 모든 지방의 국제관계와 안전보장과 사회간접자본을 충실하게 하는 것을 현재와 장래의 목표로 삼았기 때문이다. 로마식 도로망 건설을 비롯한 사회간접자본 정비는 통치와 군사의 효율성을 중시한 결과였지만, 이것이 '로마 세계'에 사는 사람들의 생활수준을 향상시킨 것은 지극히 당연했다.

'로마 세계'는, 형식적으로는 독립국이지만 대외관계와 안전보장을 로마에 의존했기 때문에 실질적으로는 속국인 동맹국들과 로마가 직접 다스리는 속주로 이루어져 있었는데, 로마가 속주화를 되도록 피한 것은 안전보장비 때문이었다. 속주는 로마가 직접 통치하기 때문에 내외의 안전을 보장할 의무도 로마가 짊어진다. 속주민은 속주세를 내니까 안전보장의 의무는 없다. 반면에 동맹국은 형식적이라도 독립국이기 때문에 로마인이 그 나라 국내의 안전까지 보장할 의무는 없다. 따라서 속주세도 들어오지 않지만, 안전보장비는 어느 시대에나 막대한 법이다. 그리고 동맹관계에 있으니까, 로마가 외국과 전쟁을 하는 경우에는 상호안전보장의 원칙에 따라 병력 파견까지 요청할 수 있다. 동맹국이 파견하는 지원군의 비용은 그 나라가 지불한다. 로마가 이런 나라들을 '로마인의 친구이자 동맹자'(소키우스 에 아미쿠스 포풀리 로마니)로 대우한 것은 동맹관계를 맺는 편이 로마에는 이익이었기 때문이다.

그런데도 불구하고 로마가 속주로 삼은 지방은 두 종류로 나눌 수 있었다.

첫째, 에스파냐나 갈리아처럼 수많은 부족이 난립해서 교섭 상대가 될 만한 지배계통을 일원화할 수 없는 지방.

둘째, 지배계통은 일원화되어 있지만, 마케도니아나 시리아처럼, 그리고 과거의 카르타고처럼 몇 차례나 로마에 적대행위를 되풀이한 나라들. 제2차 포에니 전쟁에서 패배한 카르타고가 좋은 예인데, 한니발에게 그토록 시달린 뒤에도 로마는 카르타고를 속주로 만들지 않았다. 마케도니아와 시리아의 경우도 마찬가지였다. 로마는 최초의 전쟁에서 승리하고도 그 나라들을 속주화하지 않았다. 그래도 적대행위가 거듭되자, 다른 방법이 없다는 식으로 마지못해 속주로 삼았다. 누미디아나 마우리타니아는 마케도니아나 시리아와는 비교가 안 될 만큼 약소국이었는데도, 한 번도 로마에 적대행위를 하지 않고 계속 '로마인의 친구이자 동맹자'였기 때문에 독립국으로 남았다. 따라서 대국 이집트도 계속 '로마인의 친구이자 동맹자'로 남아 있으면 독립국으로서 평안을 누릴 수 있을 터였다. 더구나 이집트에는 '로마인'이 다스리는 것은 민심에 어긋난다는 특수한 사정까지 존재했다. 왜냐하면 이집트인들이 보기에 '로마인'은 신의 아들이 아니라 인간의 아들이기 때문이었다.

하지만 여기에는 '로마인'에 적대하지 않는다는 조건이 붙어 있었다. 가정교사와 환관으로 이루어진 이집트 왕실의 벼슬아치들은 이 점을 인식하는 정치 감각이 부족했던 게 아닐까. 과거의 대국은 자주 이런 잘못을 저지른다. 기원전 1세기 후반의 이집트는 두 가지 의미에서 과거의 대국이었다. 하나는 3천 년의 역사를 자랑하는 이집트 문명이었고, 또 하나는 알렉산드로스 대왕 이후 300년의 영광에 빛나는 그리스 문명이었다. 클레오파트라라는 이름도 마케도니아 왕가의 여자한테는 흔한 이름이었다.

카이사르는 이집트 왕실이 향유 항아리에 담아서 보내온 폼페이우스의 목을 화장하여 미망인에게 보냈다. 미망인 코르넬리아는 그 유골을 폼페이우스가 어느 곳보다도 좋아한 알바의 별장 뜰에 묻었다고 한다. 폼페이우스의 무덤은 지금도 남아 있다.

카이사르가 알렉산드리아에 상륙한 것은 기원전 48년 10월 4일이었다. 폼페이우스가 살해된 날부터 엿새째 되는 날이었다. 패권국가 로마의 최고위 공직자인 현직 집정관의 자격으로 상륙한 카이사르는 그 지위를 나타내는 '릭토르'(호위병)를 12명 거느리고 있었다. 로마와는 지금까지 아무런 풍파도 없이 지내온 이집트 수도의 주민들에게는 처음 보는 광경이었다.

이것이 알렉산드리아 주민을 자극했다. 이집트 왕조는 그리스계였기 때문에 알렉산드리아에는 그리스계 주민이 많았다. 지금까지 그들은 로마의 권력을 이렇게 직접적인 형태로 본 적이 없었다. 길가에 모여든 사람들이 보기에, 궁궐로 향하는 카이사르와 로마 군단의 행진은 그리스계 이집트 왕가에 대한 모욕이었다. 카이사르도 이 험악한 분위기를 알아차리고 진지하게 대처할 필요가 있다고 생각했다. 그는 소아시아로 전령을 보내, 폼페이우스의 패잔병으로 편성하여 소아시아 수비군으로 배치해둔 군단을 이집트에 파견하도록 명령했다. 하지만 카이사르는 알렉산드리아에서 해야 할 일을 분명히 알고 있었고, 그 일을 하겠다는 결심에는 변함이 없었다.

동맹국에서 내분이 일어난 경우, 로마는 항상 중재 역할을 맡아서 사태를 수습해왔다. 내정의 자유는 존중하지만, 동맹국의 국내 정세가 안정되어야만 동맹관계를 맺을 이유도 있다는 것이다. 카이사르는 이집트의 국내 정세를 안정시키는 것이 로마 집정관인 자신의 임무라고 생각했다. 그래서 상륙하자마자 분쟁 당사자인 누나(클레오파트라)와 남동생(프톨레마이오스 13세)을 사흘 뒤인 10월 7일로 날짜를 정해 궁퀼로 불렀다. 이것이 이집트의 궁정신하들을 자극했다.

카이사르는 『내전기』에서 "인간은 자기가 보고 싶다고 생각하는 현실밖에 보지 않는다"고 말했다.

보고 싶다고 생각하는 현실밖에 보지 않는 것은 이집트 왕실의 신하들만은 아니었다. 오래전에 이집트에 정착해 살고 있는 그리스 상인들도 마찬가지였다. 이집트는 그리스계 왕조가 지배하는 만큼, 특히 수도 알렉산드리아에는 정착한 그리스 상인이 많았다. 카이사르가 상륙한 뒤 맨 먼저 한 일은 소아시아에 전령을 보내 원군을 파병하라고 명령한 것이었고, 두 번째로 한 일은 오누이를 부른 것이었지만, 오누이를 만나기도 전에 세 번째로 한 일은 알렉산드리아 시내에서의 통상을 자유화한 것이었다. 구체적으로 말하면, 알렉산드리아 경제계가 그리스인과 유대인으로 양분되어 있는 현실에서 이 양자가 누리고 있는 불평등한 권리를 평등하게 바로잡은 것이다. 이에 따라 유대인들은 카이사르를 존경하게 되지만, 기득권을 침해당했다고 생각한 그리스계 알렉산드리아 시민은 카이사르에 대해 결정적인 반감을 품게 되었다.

그런 가운데 10월 7일이 왔다. 카이사르는 집안 싸움을 벌인 당사자들의 중재에 나서서 회담을 주선했다.

오누이의 선왕인 프톨레마이오스 12세가 기원전 59년에 이집트 왕실에서는 상례처럼 되어 있던 내분으로 쫓겨나 로마에 도움을 청했을 때, 그를 '로마인의 친구이자 동맹자'라 하여 왕위에 복귀시키기 위해 적극적으로 노력한 사람은 폼페이우스다. 또한 그해에 집정관을 지내고 있던 카이사르도 원로원의 허가를 얻고 민회에서 가결시키는 데 힘을 보탰다. 실제 왕위 복귀는 폼페이우스가 휘하 장군인 가비니우스와 1개 군단을 보낸 기원전 55년에야 실현되었지만, 로마가 이집트 왕실의 내분을 해결하기 위해 적극적으로 나선 선례는 이미 있었던 셈이

클레오파트라

다. 특히 카이사르는 비록 폼페이우스의 뜻을 받았다고는 하지만 프톨레마이오스 12세의 왕위 복귀를 실제로 법제화하기 위해 애썼기 때문에, 폼페이우스가 죽은 이제 이집트의 정세를 안정시키는 것은 자신의 의무라고 생각했다.

'로마인의 친구이자 동맹자'였던 프톨레마이오스 12세는 기원전 51년에 65세의 나이로 세상을 떠났다. 그는 두 공주와 두 왕자를 남겼는데, 당시 18세인 클레오파트라가 맏이였다. 선왕의 유언장에는 주요 사항으로 다음 두 가지가 적혀 있었다.

1. 맏공주와 맏왕자가 공동으로 통치할 것.

2. 이집트 왕실은 앞으로도 계속 '로마인의 친구이자 동맹자'로 남을 것.

당시 이집트에서는 오직 이 선왕만이 보고 싶지 않은 현실도 본 유일한 인물이었는지도 모른다.

선왕의 유지 가운데 첫 번째 조항은 충실히 집행되었다. 기원전 51년부터 이집트는 클레오파트라 7세와 프톨레마이오스 13세가 공동으로 통치했다.

그런 이집트에서 내분이 재발한 원인이 무엇인지, 소년 왕의 측근들이 클레오파트라를 배제하려고 했기 때문인지, 아니면 영리하고 당차고 야심만만한 클레오파트라가 평범한 동생과의 공동 통치를 싫어했기 때문인지는 분명치 않다. 어쨌든 카이사르가 이집트에 도착한 기원전 48년 가을에는 가비니우스의 잔당인 로마 병사를 자기편으로 끌어들인 남동생이 21세의 누나보다 우위에 있었다. 소년 왕은 수도에 있었던 반면, 수도 알렉산드리아에서 쫓겨난 클레오파트라는 병사를 모아 왕위를 탈환할 기회를 노리고 있었기 때문이다.

현실주의를 현실과의 타협으로 해석한다면, 이 시점에서는 카이사르가 군사적으로 우위에 서 있는 소년 왕을 편들어 이집트 정세를 안정시키는 편이 더 타당했을 것이다. 하지만 10월 7일에 열린 두 당사자의 회담에서, 카이사르는 오누이가 화해하고 다시 공동으로 나라를 다스리라는 판정을 내렸다.

얼핏 보기에 클레오파트라에게 유리한 이 판정이야말로 동서고금에 걸쳐 숱한 억측을 불러일으킨 문제다. 많은 사람은 플루타르코스를 비롯한 역사가들이 쓴 에피소드가 이 판정의 발단이라고 믿었다. 그 에피소드에 따르면, 판정이 내려지기 전날 밤 클레오파트라는 깔개로 몸을 감싸고 그것을 궁궐로 들여가게 하여 궁내에 몰래 침입하는 데 성공했다. 그리고 궁궐에서 처음 만난 카이사르를 자신의 매력으로 사로잡았기 때문에 그녀에게 유리한 판정이 내려졌다는 것이다. 파스칼은 클레오파트라의 코가 조금만 낮았다면 역사는 달라졌을 거라고 말하기까지 했다.

나도 이 에피소드의 사실성을 부인할 생각은 없다. 클레오파트라의 성격을 생각해볼 때, 그녀라면 충분히 할 수 있는 일이다. 또한 카이사르는 일에서는 금욕주의자였지만 사생활에서는 쾌락주의자였다. 차려준 밥상도 못 먹는 것은 사나이의 수치라는 말을 실천하는 데 망설임을 느낄 사람은 아니었다. 그리고 긴장의 연속인 세월을 보낸 52세의 승자 앞에 선 것은 생애 최대의 도박에 흥분하여 온몸이 빛나고 있었을 21세의 젊은 여자였다. 코가 조금 낮더라도, 그런 것쯤은 개의치 않는 매력이 넘쳐흘렀을 것이다. 게다가 이 젊은 여왕은 유머 감각도 풍부했다. 사랑만 나눌 수 있을 뿐 대화가 통하지 않는 여자는 오랫동안 카이사르의 애인 노릇을 할 수 없다. 따라서 승부사적 기질을 가진 두 남녀가 애인관계로 발전한 것은 지극히 자연스러운 결과였을 것이다. 그렇다면 문제는 카이사르가 내린 판정이 클레오파트라의 매력에 사로잡힌 결과냐 아니냐 하는 것이다.

'로마인'의 대표인 현직 집정관 카이사르는 법적으로도 아무 문제가 없는 대표였고, 그 자격으로 동맹국 이집트의 내분을 수습하기 위한 중재 역할을 맡았지만, 그에게 가장 중요한 일은 이집트가 선왕 시대와 마찬가지로 앞으로도 계속 '로마인의 친구이자 동맹자'로 남는 것이었다. 따라서 이것을 계승하라는 선왕의 유지를 그대로 집행하는 것이 로마에는 가장 바람직한 결과였을 것이다. 그런데 선왕의 유언장에는 맏공주와 맏왕자가 공동 통치를 하라고 적혀 있었다. 카이사르가 내린 판정은 선왕의 유지를 충실히 지키라는 것에 불과하다.

또한 카이사르에게는 내분 상태에서 군사적 우위만 고려하여 클레오파트라의 남동생한테 유리한 판정을 내릴 수 없는 사정도 있었다.

폼페이우스를 직접 죽인 것은 로마인인 셉티무스지만, 그 행위를 사주한 것은 소년 왕의 측근들이다. 로마인은 동족을 살해한 외국인을 용서하지 않는다. 더구나 폼페이우스는 전직 집정관의 지위를 가진 어엿한 공인이었고, 이집트 왕실의 '파트로네스'이기도 하다. '파트로네스'와 '클리엔테스'는 상부상조 관계에 있는데, 피보호자가 보호자를 살해한 것은 '클리엔테스' 관계를 중요시하는 로마인으로서는 용서하기 어려운 행위였다. 성문을 닫는 정도라면 패배자가 당하는 비운에

클레오파트라 동전의 앞면과 뒷면(이집트에서 주조)

불과하지만, 죽이는 것은 다른 문제다. 카이사르는 알렉산드리아에 상륙했을 때부터 폼페이우스 살해를 모의하고 실행한 사람들을 그대로 내버려둘 마음은 전혀 없었다.

소년 왕을 단독 통치자로 인정하는 것은 소년 왕의 측근들─카이사르 자신의 말에 따르면 '살인자들'─의 죄를 묻는 것을 포기하는 거나 마찬가지였다. 살인자들을 눈감아주면 로마인들의 심정에 미칠 영향이 두렵다. 로마인으로서, 그리고 로마를 다스리는 집정관으로서 카이사르가 소년 왕을 단독 통치자로 왕위에 앉히는 것은 처음부터 불가능한 일이었다.

그리고 사랑을 나누어보면 여자의 자질도 알게 된다. 카이사르는 명석한 두뇌와 강한 의지를 가진 클레오파트라가 공동 통치자의 한 사람으로 적합하다고 생각한 게 아닐까. 소년 왕이 측근들의 영향을 받기 쉬운 나약한 성격이라는 것을 안 뒤에는 더더욱 그렇게 생각했을 것이다.

요컨대 애인관계로 발전하지 않았다 해도, 카이사르한테는 클레오파트라의 군사적 열세를 만회해줄 이유가 많았다. 국제 정치는 연애가 개입하여 좌우할 수 있을 만큼 허술하지 않다. 또한 카이사르는 원래 여자와 사랑은 할망정 여자한테 깊이 빠지지는 않는 성격이었다.

다만 클레오파트라가 그것을 자신의 매력 덕택으로 믿었다 해도 무리는 아니다. 여자는 어떤 일이 뜻대로 되었을 때, 그것이 사리에 맞아서가 아니라 자기가 여자로서 매력이 있었기 때문이라고 믿기를 좋아하는 법이다. 그리고 카이사르라면 여자가 그렇게 믿도록 만드는 것쯤은 식은죽 먹기였을 것이다. 클레오파트라는 카이사르의 유언장이 공개된 뒤에야 자신의 착각을 깨달은 게 아닐까. 그때 그녀가 느낀 굴욕감이 그 후 그녀의 반생을 이해하는 열쇠가 될지도 모른다.

그렇긴 하지만, 기원전 48년에 카이사르가 내린 판정은 군사적으로 우위에 있던 소년 왕과 그 측근들을 만족시켜주지 못했다. 판정이 내려진 지 한 달 뒤, 그들은 카이사르에 대해 군사행동을 일으켰다. '알렉산드리아 전쟁'은 이렇게 시작되었다.

알렉산드리아 전쟁

보통은 너무 흥분해서 이성을 잃었나 하고 생각하는 정도지만, 자신이 보고 싶다고 생각하는 현실밖에 보지 않는 사람은 무섭다. 가정교사 아킬라스와 환관 포티우스는 소년 왕의 군대를 수도 알렉산드리아에 집결시켰다.

이집트군은 보병 2만 명과 기병 2천 기로 이루어져 있었다. 여기에는 7년 전 폼페이우스가 파병한 가비니우스 휘하의 병사들도 일부 포함되어 있었다. 그들은 이집트에 남아서 결혼하고, 완전히 이집트화하여 로마군의 규율도 까맣게 잊어버린 병사들이었다. 가비니우스 휘하의 병사들은 대부분 폼페이우스의 소집령을 받고 그리스로 건너갔기 때문에 이집트에 남아 있는 병력은 그리 많지 않았다. 하지만 내분이 계속된 이집트에 7년 동안 머물면서 전투에는 익숙해져 있었다. 그밖에 병사라기보다 강도라고 부르는 편이 어울리는 무리들, 시리아나 킬리키아 지방의 해적, 참전하면 사형을 면해준다는 말을 듣고 무기를 든 죄수와 추방자, 그리고 많은 도망 노예가 가담했다. 이들의 공통적인 실전 경험은 전쟁터에서 적과 싸우는 것이 아니라 약탈과 살인과 방화였다.

한편 카이사르는 보병 3,200명과 기병 800기밖에 갖고 있지 않았다. 군선도 카이사르가 10척인 반면에 적은 72척이나 갖고 있었다. 이집트 선단의 주력은 폼페이우스의 요청에 따라 그리스로 건너가다가 파르살로스 회전의 결과를 알고 도망쳐 돌아온 대형 갤리선이었다.

이래서는 카이사르도 수비에 전념할 수밖에 없다. 게다가 시가전을 치르면서 수비를 해내야 한다. 그리스계 알렉산드리아 시민들은 앞에서 말한 이유 때문에 카이사르에게 강한 반감을 갖고 있어서 그들의 지원을 받는 것은 기대도 할 수 없었다.

아킬라스와 포티우스는 모든 것이 유리하다고 판단하여 강경하게 나왔고, 카이사르는 그들의 공세에 맞서서 방어전을 치러야 했다. 그는 바다로 나가는 출구를 차단당하는 것이 두려워서 적 해군을 집중적으로 공격했다. 카이사르군 병사들은 적의 선단에 불을 질렀는데, 그 불길이 번지는 바람에 헬레니즘 문화의 본산이었던 알렉산드리아 도서관도 장서 40만 권과 함께 불타버렸다. 카이사르는 당장 등대(세계 7대 불가사의의 하나인 파로스 등대)가 서 있는 섬을 점거하려고 했다. 파로스라고 불리는 이 섬만 점거하면 1.4킬로미터의 제방으로 이 섬과 이어져 있는 항구 전체를 점거하는 첫걸음이 된다.

그럭저럭하는 동안에 환관 포티우스가 죽었다. 하지만 소년 왕만이 아니라 아르시노에 공주까지 아킬라스 편에 가담했기 때문에 카이사르는 클레오파트라 편에 서서 싸우는 꼴이 되어버렸다. 그런데 얼마

후 아르시노에 공주의 명령으로 아킬라스까지 살해되었다. 이렇게 되자, 선왕의 유지에 따라 왕위계승권을 가진 클레오파트라와 왕위계승권이 전혀 없는 여동생 아르시노에가 왕위를 놓고 다투게 되었다. 카이사르도 시시한 집안 싸움에 말려든 셈이지만, 보내라고 명령해둔 지원군이 도착할 때까지는 결정적 행동으로 나갈 수 없는 상황이 계속되었다.

히르티우스가 쓴 『알렉산드리아 전쟁기』 가운데 실제 알렉산드리아에서 치러진 공방전을 서술한 부분은 전체의 3분의 1에 불과하다. 로마인의 관점에서 보면 이 전쟁이 그다지 중요한 의미를 갖지 않았기 때문이다. 그렇긴 하지만 알렉산드리아 전쟁은 갈리아 전쟁부터 파르살로스 회전에 이르기까지 카이사르가 관련된 전투 중에서는 가장 극적이었다.

그야말로 할리우드에서 제작되는 스펙터클 사극에 알맞는 장면의 연속이다. 카이사르가 가져오게 한 깔개가 풀리자, 거기에서 벌떡 일어서는 젊고 아름다운 여왕. 그 여왕을 지키기 위해 싸우는 로마 최고의 장군. 항구에 묶인 대형 군선 50척에서 치솟는 불길. 그 불길이 번져서 활활 타오르는 헬레니즘 문화의 꽃 알렉산드리아 도서관. 그 높은 기술 수준 때문에 세계 7대 불가사의의 하나로 꼽힌 유명한 파로스 등대를 둘러싸고 벌어지는 알렉산드리아 해전. 배에서 바다로 뛰어들어 간신히 위기를 모면하는 카이사르.

대충 이런 식이다. 이집트 왕실의 영화(榮華)를 배경으로 내분과 사랑과 살인과 전투와 화재가 있으니, 영화로 만드는 데 좋은 요소는 빠짐없이 갖추었다는 느낌이지만 역사적으로는 아주 간단한 전쟁이었다.

카이사르의 전략은 원군이 도착할 때까지 수비에 전념하면서 기다리는 것뿐이었기 때문이다. 그는 본디 싸움이라면 선제공격을 하는 데 익숙한 총사령관이었다. 그런데 알렉산드리아 전쟁에서 카이사르는 위기일발의 순간들을 즐기는 듯한 느낌마저 준다.

카이사르의 지령에 따라 소아시아에서 원군이 도착한 것은 기원전 47년 2월 말경, 전쟁이 시작된 10월 중순부터 넉 달쯤 지난 뒤였다. 이집트에 도착한 원군은 도미티우스가 보낸 2개 군단만이 아니었다. 소아시아와 시리아에서도 카이사르 휘하에서 싸운다는 것만으로도 흥분한 용사들이 자진해서 모여들었다. 여기에는 폰투스 왕가의 피를 이어받은 미트라다테스라는 용장도 끼어 있었다.

원군은 도착했지만, 바닷길로 온 사람도, 시리아와 팔레스타인을 거쳐 육로로 온 사람도 알렉산드리아 주변에 그물처럼 얽혀 있는 나일강 지류에 도착하게 된다. 왕궁을 방패 삼아 싸우던 카이사르는 원군과 합류할 필요가 있었다. 카이사르는 제해권을 장악하고 있었기 때문에 배를 타고 바다로 나가 원군과 합류하려고 했다. 한편 소년 왕쪽에서는 그 합류를 저지하려고 한다. 이리하여 전쟁터는 알렉산드리아 시내에서 나일강 어귀(델타)로 이동했다. 그 일대가 델타라고 불린 것은 수많은 지류로 나뉘어 지중해로 흘러드는 나일강 어귀가 그리스 알파벳의 '델타'(Δ)와 비슷했기 때문이다.

번잡하고 성가신 시가전에서 해방되어 원군과 합류한 카이사르는 드디어 그 특유의 전법을 쓸 수 있게 되었다. 나일 델타에서 벌어진 전투는 한 달도 지나기 전에 결말이 난 모양이다. 소년 왕은 패주하는 군대의 혼란에 휩싸여 전사했다. 지휘를 맡고 있던 환관 가니메데스도 전사했다. 아르시노에 공주는 포로가 되었다. 카이사르는 그가 가는 곳마다 그림자처럼 따라다니는 충실한 게르만 기병대의 선두에 서서 알렉산드리아 시내에 개선했다. 기원전 47년 3월 27일이었다고 한다.

왕실의 내분을 이용하여 이집트에서 로마 세력을 추방하려다 실패한 그리스계 알렉산드리아 시민들은 이 결과에 당황했다. 그들은 무기를 버린 것은 말할 것도 없고, 승자 카이사르에게 목숨만 살려달라고 애원했다. 심지어는 카이사르에게 이집트 왕이 되어달라고 말하기까지 했다. 오리엔트의 관습으로는 죽거나 노예가 되는 것이 패자의 정해진 운명이었다.

그러나 카이사르의 생각은 다섯 달에 걸친 전쟁이 끝난 뒤에도 변치 않았다. 선왕의 유지를 충실히 집행한다는 것이 그의 생각이었다. 클레오파트라와 두 왕자 가운데 살아남은 동생이 이집트를 공동 통치하는 것이 선왕의 유지에 따르는 길이었다. 이것이 이집트의 민심에도 맞고, 따라서 로마에도 적절한 방책이었기 때문이다. 공동 통치자인 클레오파트라 7세와 프톨레마이오스 14세는 카이사르와 새로운 동맹 조약도 맺었다.

프톨레마이오스 14세가 아직 어린 소년이었기 때문에 이집트 왕위는 사실상 22세의 클레오파트라가 차지한 셈이다. 클레오파트라는 그 후 선왕과 마찬가지로 '로마인의 친구이자 동맹자'가 되었다. 또한 카이사르에게 군사적으로 맞선 알렉산드리아 시민들은 사형도 당하지 않고 노예로 팔리지도 않고, 어떤 벌도 받지 않았다. 어쨌든 그들도 '로마인의 친구이자 동맹자'의 신민으로 돌아왔기 때문이다. 동맹국 백성에 대한 간섭은 로마인이 싫어하는 내정 간섭이 된다.

폼페이우스 살해의 주모자들은 모두 죽었기 때문에 로마인이 살해된 경우 소홀히 할 수 없는 복수도 끝났다. 하지만 클레오파트라의 여동생이고 반란의 주모자이기도 한 아르시노에는 이집트에 그대로 두면 또다시 내분의 씨앗이 될 우려가 있었기 때문에 로마로 압송하기로 결정했다.

이리하여 카이사르는 이집트에서 해야 할 일을 모두 끝냈다. 계절은 봄. 북서풍 때문에 알렉산드리아 항구에 발이 묶인 채 로마로 떠나지 못했던 계절도 지나갔다. 그런데 카이사르는 휴가를 얻기로 결정해버렸다. 이유는 두 가지였다. 하나는 병사들에게 휴식을 주기 위해서였고, 또 하나는 나일강의 수원을 찾기 위해서였다. 영국 왕립지리학회가 발행한 공식 문서에는 나일강의 수원 찾기에 처음으로 관심을 가진 사람이 카이사르로 되어 있지만, 그 수원을 실제로 발견하여 빅토리아호라고 이름붙인 사람은 카이사르보다 2천 년 뒤에 탐험에 나선 영국 왕립지리학회 회원이라는 사실을 우리는 알고 있다. 따라서 카이사르의 여행 목적은 나일강의 수원을 찾기보다는 나일강 유람에 있었을 게 분명하다. 이 여행의 동반자는 말할 것도 없이 클레오파트라였다. 참모가 쓴 『알렉산드리아 전쟁기』가 이 유람선 여행에 대해 한 마디도 언급하지 않은 것을 보면, 카이사르도 그의 부하들도 사적인 여행으로 생각한 게 분명하다.

휴가는 두 달 동안이나 되었다. 카이사르는 폼페이우스를 꺾고 로마 세계의 제일인자가 되었지만, 폼페이우스의 잔당은 이집트와 육지로 이어진 현재의 튀니지와 알제리에서 반카이사르의 칼을 갈고 있었다. 그런데 카이사르는 무려 두 달 동안이나 애인과 함께 나일강을 유람하면서 유유자적 휴가를 즐겼던 것이다.

당시에도 클레오파트라의 매력에 빠졌기 때문이라고 해석한 사람도 있었고, 대담하기 이를 데 없는 카이사르다운 행동이라고 해석한 사람도 있었다. 나는 이 두 가지가 모두 맞다고 생각하지만, 여기에 한 가지 덧붙이고 싶기도 하다.

이 시기의 카이사르는 심신이 모두 휴식을 필요로 하고 있었을 것이다. 알레시아 공방전부터 파르살로스 회전까지 5년 동안, 카이사르는 한순간도 긴장을 늦출 수 없는 세월을 보냈다. 최대 경쟁자였던 폼페이우스도 이제는 저세상으로 떠났다. 천재한테도 스트레스는 쌓이는 법이다. 새로운 활동을 시작하기 전에 스트레스를 해소해두는 것은 누구에게나 필요한 일이다. 자제력은 긴장과 이완을 스스로 제어하는 능력이기도 하다.

게다가 무대는 남국이다. 상쾌한 강바람이 불어오는 나일강. 이국 정서가 넘쳐흐르는 피라미드와 신전들. 동반자는 젊고 아름답고 재치가 넘치는 클레오파트라. 쾌락주의자 카이사르에게 이렇게 잘 어울리는 여가 선용은 없었을 것이다.

수원 찾기는 어떻게 되었는지 모르지만, 이 휴가 기간에 카이사르는 『내전기』 3권을 탈고했다.

휴가를 끝내고 알렉산드리아로 돌아온 카이사르를 기다리는 것은 소아시아 방어를 맡고 있던 도미티우스가 보낸 급보였다. 도미티우스는 원래 3개 군단을 이끌고 소아시아 방면을 지키고 있었는데, 카이사르한테서 원군을 보내라는 명령을 받고 그 가운데 2개 군단을 보낸 뒤, 남은 1개 군단만 거느리고 폰투스 왕 파르나케스를 상대하느라 애를 먹고 있었다. 그래서 카이사르는 로마로 돌아가기 전에 한 가지 일을 처리하기로 했다.

그는 이집트 왕실의 안전을 위해 2개 군단을 남겨두고, 파르살로스 회전 이후 폼페이우스를 추격해온 제6군단과 게르만 기병 800기만 데려가기로 했다. 클레오파트라에게 작별을 고하고 출발한 것이 기원전 47년 6월이었다. 실제 계절로는 4월 중순, 전투하기에는 적합한 계절로 접어들어 있었다. 즉 활동을 재개하기에 안성맞춤인 계절이기도 했다.

다만 카이사르는 분쟁지인 소아시아로 직행하지는 않았다. 가는 길에 해야 할 일이 있었기 때문이다.

로마 세계의 제일인자쯤 되면, 전쟁터로 급히 가야 할 필요가 있든 없든 전쟁터까지 가는 시간도 헛되이 낭비할 수 없다. 게다가 그는 지금 마음과 몸을 새로이 가다듬고 활동을 재개한 참이다. 53세 생일을 앞둔 카이사르는 그 후 석 달 동안 주도면밀하면서도 신속한 여느 때의 모습을 여실히 보여주었다.

"왔노라, 보았노라, 이겼노라!"

이집트의 알렉산드리아에서 팔레스타인 지방의 프톨레마이오스 아케(오늘날 이스라엘의 아콘)까지는 바닷길을 이용했다. 유대도, 다음 목적지인 시리아도 폼페이우스의 동방 제패로 로마의 속주나 동맹국이 된 지중해 동해안 일대다. 로마의 최고권력자로서만이 아니라 개인적으로도 카이사르가 이 지방을 방문한 것은 이때가 처음이었다.

아콘에는 유대의 제후들과 제사장들이 마중 나와 있었다. 알렉산드리아에서 카이사르는 유대인에게 그리스인과 평등한 통상권을 인정했다. 아콘에서도 그는 정교(政敎) 일치를 특징으로 하는 유대 민족의 특수한 사정을 당연한 것으로 인정했다. 그는 최고제사장에게 유대 지상권(地上權)의 최고위자 자리를 돌려주었다. 예루살렘 성벽을 재건하는 것도 허가했다. 로마가 제패한 뒤 몰수한 유대의 주요 항구 야파(오늘날의 텔아비브)도 유대인에게 반환했다. 로마군의 월동 숙영지에 식량을 공급해야 하는 의무도 동맹국과 같이 해제했다. 또한 영구적인 조치는 아니라는 조건을 붙여 속주세 면제도 약속했다. 이런 일들을 실시하려면 원로원과 민회의 승인이 필요하지만, 그것은 로마로 돌아가서 처리하겠다고 약속했다. 유대인은 지중해 세계에서 이류 민족으로 취급받아왔다. 그들은 카이사르를 구세주처럼 환대했다.

하지만 카이사르가 유대인에게 특별한 호의를 갖고 있었던 것은 아니다. 다민족·다종교·다문화를 하나로 통합해야 하는 사람으로서 행동했을 뿐이다.

똑같은 행동은 아콘 북쪽에 있는 안티오키아에서도 되풀이되었다. 아콘에서 육로를 따라 북상한 카이사르는 시리아와 팔레스타인 지방에서 가장 큰 도시인 안티오키아에 도착하자, 시리아 속주와 그 주변 지역의 제후들을 소집했다. 사막 민족인 베두인족도 예외는 아니었다.

이 제후들은 정복자 폼페이우스에 의해 '로마인의 친구이자 동맹자'가 된 사람들이었고, 그 때문에 파르살로스에서는 폼페이우스 편에 선 사람이 많았다. 그러나 이제 승자는 카이사르다. 모두 카이사르와 로마에 복종을 맹세했다. 카이사르는 그 자신과 국가 로마의 이름으로 이들과 '로마인의 친구이자 동맹자'로서 서약을 맺었다. 그리고 그들에게 로마와 협력하여 이 일대의 안전을 유지할 임무를 주었다. '현지 법인'이라고 말할 수 있는 이 협약관계의 로마 쪽 책임자로는 친척인 섹스티우스 카이사르를 남겨놓았다. 이런 일들을 끝낸 뒤, 카이사르는 아콘에서 미리 안티오키아로 보내둔 배를 타고 소아시아 남해안에 있는 킬리키아로 갔다. 육로를 택하면 알렉산드로스 대왕과 페르시아의 옛 전쟁터인 이수스를 지나 북쪽으로 먼 길을 돌아와야 하지만, 바닷길로는 이틀도 걸리지 않기 때문이다.

킬리키아도 로마의 속주다. 수도는 타르수스. 여기에서도 같은 일이 되풀이되었다. 패권국가 로마는 자신의 세력권에 있는 민족들 사이에 생기는 여러 가지 문제를 조정할 의무가 있었다. 그 의무를 수행하고, 그들의 영토와 로마 세계를 '오랑캐'로부터 지키는 의무를 수행해야만 비로소 '로마인의 친구이자 동맹자'를 통합하는 패권국 로마의 존재를 그 세력권에 있는 다른 민족한테도 납득시킬 수 있기 때문이다.

로마가 조정하고 판정해야 할 '친구이자 동맹자'인 여러 민족 사이의 문제에는 종교 문제도 포함되었다. 카이사르가 종교의 자유를 확인한 것은 유대교만이 아니었다. 헬레니즘 시대에도 살아남은 오리엔트의 여러 종교도 카이사르가 신전 영지를 재확인해준 덕택에 되살아났다.

로마의 지배 아래 있는 '로마 세계'는 민족과 종교가 다양하기 때문에 사용하는 언어도 많다. 이런 나라를 고대인은 제국이라고 불렀다. 따라서 로마도 황제가 통치하는 시대에 들어가기 200년 전부터, 즉 카르타고를 굴복시킨 시대부터 이미 '제국'(임페리움)이라고 불렀다. 또는 '공화국'(레스 푸블리카)이라고 불리기도 했다. 제국은 패권국이라는 뜻이니까, 정치체제가 제정이든 공화정이든 모순되지 않는다. 그리고 이 '로마 제국'에서의 공통 규범은 로마법이었고, 공통어는 그리스어와 라틴어였다.

말이 나온 김에 덧붙이면, 로마 고고학을 전공하는 내 아들은 라틴어 금석학(金石學)은 물론 그리스어 금석학도 필수과목으로 이수하고 있다. 로마 시대에도 지중해 동부 지역은 그리스어권이었고, 따라서 이 지역의 포고령이나 비문은 모두 그리스어로 되어 있었기 때문이다.

고대인이 생각한 제국은 후세의 식민지 제국보다 더 본원적인 의미의 제국 형태라고 나는 생각하지만, 이런 형태의 제국이야말로 카이사르가 로마인에게 제시하려 한 로마 국가의 미래상이었다. 즉 폴리스(도시국가)를 초월한 단계에서 태어나는 코스모폴리스(세계국가)가 장차 로마가 취해야 할 국가 형태라고 그는 생각했던 것이다.

이런 의미에서 카이사르는 제국주의자였고, 알렉산드로스 대왕의 후계자이기도 했다. 그렇기 때문에 카이사르는 폰투스 왕 파르나케스가 일으킨 군사행동에 대해서도 적과 대결하는 방식이 아니라 문제를 조정하는 방식으로 대처했다. 팍스(평화)는 우열이 없는 나라끼리의 대화로 성립되기보다는 절대적으로 우세한 나라의 조정이나 판정으로 또는 부득이한 경우에는 물리적인 힘으로 성립될 확률이 더 높은 것이 인간 세계의 현실이기도 하다. 팍스 로마나, 팍스 브리타니카, 팍스 아메리카나라는 말부터가 이 '현실'을 보여주고 있다.

폰투스 왕 파르나케스는 술라와 루쿨루스 등 로마에서 손꼽히는 용장들을 상대로 패배와 승리를 되풀이한 끝에 결국 폼페이우스에게 쫓겨 자살한 미트라다테스의 아들이다. 다만 그가 자살을 택할 수밖에 없었던 것은 아들이 배신했기 때문이다. 당시 30세였던 파르나케스는 자결한 부친의 유해를 폼페이우스에게 보냈고, 오히려 폼페이우스가 정중하게 장사지내는 일까지 있었다. 그리고 폼페이우스는 부왕 시절보다 줄어든 왕국을 파르나케스에게 주었다.

그런데 그로부터 15년 뒤, 그리스를 전쟁터로 한 폼페이우스와 카이사르의 대결이 결전의 시기를 맞이했다. 사람들의 이목이 모두 그리스로 쏠려 있는 틈에 파르나케스가 행동을 개시한 것이다. 그는 부왕 시절의 영토 회복을 기치로 내걸었지만, 부왕의 영토라 해도 그것은 주변 국가들을 침략한 결과였고, 바로 그 때문에 로마와 충돌했으니까, 로마가 그 기치를 인정하는 것은 애당초 불가능한 일이었다. 어쨌든 로마의 내전을 틈탄 파르나케스의 행동은 우선 흑해 남해안에서 가장 큰 도시인 시노프를 함락하고, 그 여세를 몰아 카파도키아까지 침략하는 것이었다. 이런 지방은 '로마인의 친구이자 동맹자'들의 영토다. 파르나케스도 '로마인의 친구이자 동맹자'니까, 로마로서는 자신의 패권 아래 있는 나라들끼리의 다툼에 결말을 지을 필요가 있었다.

파르살로스 회전에서 승리하자마자 카이사르는 수석 부사령관 도미티우스에게 3개 군단을 주어 이 문제를 해결하게 했다. 차석 부사령관 안토니우스에게는 본국 로마의 내정을 맡겼으니까, 파르나케스 문제를 더 중시한 셈이다. 카이사르 자신은 폼페이우스 추격이라는 가장 중요한 일을 떠안고 있었다.

도미티우스는 딱한 처지였다고 말할 수도 있다. 고참병 군단에는 휴가를 주어 본국에서 쉬게 했으니까, 그에게 맡겨진 3개 군단은 도저히 정예라고는 부를 수 없는 옛 폼페이우스군의 지원병뿐이었기 때문이다. 게다가 이집트 왕실의 내분에 말려든 카이사르가 2개 군단을 보내라고 명령해왔다. 자신보다 카이사르를 더 걱정한 도미티우스는 그 명령을 충실히 수행했기 때문에 그의 휘하에는 1개 군단밖에 남지 않게 되었다. 군사적 재능이 뛰어난 것도 아닌 도미티우스는 이 전력으로 파르나케스와 싸워서 지고, 시리아로 도망쳐 겨우 목숨을 건졌다. 기원전 48년 12월의 일이었다.

이 시점에서 그는 카이사르에게 도움을 청하는 편지를 보냈지만, 그 편지가 도착했을 때 카이사르는 이집트군과 한참 싸우는 중이었다. 게다가 카이사르는 그 싸움이 결판난 이듬해 3월 말부터 두 달 동안이나 휴가를 보냈기 때문에 그동안 도미티우스는 시리아의 안티오키아에서 애를 태우며 초조한 나날을 보내고 있었다.

드디어 6월, 카이사르가 안티오키아에 모습을 나타냈다. 그리고 팍스 로마나를 유지하는 데 필요한 여러 가지 일을 끝낸 뒤 소아시아에 상륙한 것이 6월 말이었다. 이 여섯 달 동안 파르나케스는 소아시아의 거의 절반을 공략했다.

이때 카이사르가 거느린 전력은 고참병인 제6군단과 게르만 기병 800기 이외에 도미티우스 휘하의 1개 군단, 그리고 파르나케스의 침략을 로마에 호소한 제후들의 군대였다. 그렇긴 하지만, 제6군단은 병에 걸려 죽은 병사도 있어서 1천 명으로 줄어들어 있었다니까 전체 병력은 2만 명도 채 되지 않았다. 하지만 카이사르가 도착했다는 소식만으로도 파르나케스에게 위압감을 주어 외교 교섭에 나오도록 하기에는 충분했다.

카이사르는 거기에 응했다. 하지만 여기서 파르나케스는 잘못을 저질렀다. 교섭 사절의 출발을 늦추거나 그밖의 여러 가지 방법으로 외교 교섭을 질질 끈 것이다. 교섭을 포기한 카이사르는 소아시아를 북상하는 행군속도를 높였다. 양군은 카파도키아 지방에서도 흑해와 가까운 젤라(오늘날 터키의 질레)에서 마주쳤다.

수는 줄어들었지만 카이사르의 정예라는 이름에 부끄럽지 않은 제6군단의 맹공 앞에서 오리엔트 병사들은 적수가 되지 못했다. 이 전투가 끝난 뒤, 카이사르는 로마 원로원에 보낸 전과 보고를 다음 세 마디로 시작했다고 한다.

"왔노라, 보았노라, 이겼노라."

'주사위는 던져졌다'나 훗날의 '브루투스, 너마저'를 보면, 카이사르는 카피라이터의 재능도 갖추고 있었다고 생각할 수밖에 없다. 이렇게 생각하는 것은 나만이 아닌 듯, 오늘날에도 '왔노라, 보았노라, 이겼노라'를 라틴어 원문으로 보는 것은 아주 간단한 일이다. 말보로 담배 한 갑만 사면 된다. 담뱃갑 앞뒤에 찍혀 있는 문장(紋章) 밑에 'VENI, VIDI, VICI'(베니, 비디, 비시)라는 라틴어가 적혀 있다. 마치 말보로 맨, 즉 전형적인 미국 남성의 생활방식은 '왔노라, 보았노라, 이겼노라'가 아니면 안 된다는 식이다.

카이사르가 '와서 보고 이긴' 상대인 파르나케스는 전쟁터에서는 겨우 도망칠 수 있었지만, 4년 뒤에 쓸쓸히 죽었다. 폰투스 왕국은 알렉산드리아 전쟁 때 지원군의 선두에 서서 용감히 싸운 폰투스 왕가의 미트라다테스에게 주어졌다. 이리하여 '로마인의 친구이자 동맹자'인 소아시아 제후들을 괴롭힌 분쟁도 해결되고, 각 민족은 각자의 땅으로 돌아갈 수 있었다.

파르살로스에서 벌어진 세기의 결전에서 이긴 뒤에도 카이사르의 생애를 특징지은 명석한 문제의식은 조금도 흐려지지 않았다. 이집트에서는 예상외로 시간이 걸렸지만, 그것은 예측할 수 없는 사태가 일어나 방어전을 치르지 않을 수 없었기 때문이고 해야 할 일은 다 끝냈다. 그 후에는 시계를 거꾸로 돌리듯 유대와 시리아와 소아시아에서 해야 할 일을 착착 처리하면서 행군한 카이사르가 본국으로 돌아가기 전에 남은 문제는 그리스뿐이었다.

지중해 동부 지역은 내전이 일어났을 당시에는 폼페이우스의 '기반'이었던 지방이다. 로마식으로 말하면 폼페이우스의 '클리엔테스'였던 지역이다. 그렇기 때문에 본국을 포기한 폼페이우스도 그리스에서라면 카이사르를 맞아 싸워도 이길 수 있다는 확신을 가질 수 있었다. 따라서 폼페이우스가 죽은 뒤 카이사르가 해야 할 일은 폼페이우스의 기반이었던 지방을 자신의 기반으로 바꾸는 것이었다.

그가 이 일을 로마의 국익에도 도움이 되는 형태로 해낸 것은 두말할 나위도 없다. 그는 이집트나 파르나케스처럼 부득이한 경우를 제외하고는 군사력이 아니라 정치력으로 그 일을 해내려고 했다. 그는 1천 명을 밑돌았다는 제6군단과 800기를 밑돌았을 게 분명한 기병밖에 거느리지 않았다. 어떤 소국의 영주라도 쉽게 소집할 수 있는 병력이다. 그는 군사적 압력이 아니라 폼페이우스까지 무찌른 장군이라는 명성과 조정이나 판정에 드러나는 공정함으로 목적을 달성하려 했고, 실제로 달성하는 데 성공했다. 지난 1년 동안 그가 군사행동에 호소한 것은 알렉산드리아 전쟁과 "왔노라, 보았노라, 이겼노라"를 합하여 두 번밖에 없다. 폼페이우스와 카이사르의 대결장이 되었을 때 거의 전역이 폼페이우스 쪽에 선 그리스에서도 카이사르의 이 방침은 변하지 않았다.

그리스 북부를 가로지르는 에그나티아 가도를 따라 서쪽으로 행군하여 그 종점인 디라키움에서 배를 타면, 파르나케스를 물리친 뒤 보름 만에 이탈리아로 돌아갈 수 있었을 것이다. 그러나 카이사르가 이탈리아로 돌아가는 데에는 한 달이 걸렸다. 안토니우스에게 맡겨둔 본국 로마의 상황이 예측할 수 없는 상태라는 것은 보고를 받아 알고 있었으니까, 로마보다는 그리스 문제의 해결을 우선했다고 생각할 수밖에 없다. 행군거리를 줄일 수 있는 로마식 가도를 버리고 중부 그리스로 들어간 카이사르는 그리스 도시들의 대표를 아테네로 소집했다.

여기서도 폼페이우스 편에 선 죄는 묻지 않았다. 속주가 된 지방도, 아테네나 스파르타 같은 자유도시도 전과 똑같이 대우했다. 똑같이 대우한 정도가 아니라, 카이사르와의 대결을 앞두고 폼페이우스가 징수한 특별세는 폐지되었다. 다만, 마지못해 폼페이우스 편에 선 도시들과는 달리 기꺼이 폼페이우스 편에 선 아테네 시민들에게는 딱 한마디 빈정거리는 것을 잊지 않았다.

"여러분은 죽어 마땅한 죄를 되풀이해서 짓는 것으로도 유명하지만, 그때마다 눈부신 업적을 남긴 조상 덕택에 용서받는 것으로도 유명하군."

이렇게 그리스도 카이사르색(色)으로 물들인 뒤, 그는 디라키움에서 배를 타고 이탈리아로 떠났다. 아드리아해의 제해권도 이제는 카이사르의 수중에 들어와 있었다. 그가 제6군단과 게르만 기병대를 이끌고 브린디시에 상륙한 것은 기원전 47년 9월이 거의 끝나갈 무렵이었다.

폼페이우스와 결전을 치르기 위해 브린디시를 떠난 날부터 헤아리면 1년 8개월 만의 귀국이었다. 파르살로스 회전에서 승리한 날부터 헤아려도 1년 만의 귀환이었다.

이집트에 대한 패권을 완전히 확립하고 폰투스 왕에게 깨끗한 승리를 거둔 것은 로마 시민을 열광시키기에 충분했다. 민회는 그를 독재관에 임명하고, 무려 5년 동안의 임기를 인정하는 것으로 카이사르를 환영했다.

카이사르와 키케로

키케로에게 지난 1년은 카이사르의 1년과는 전혀 달랐다. 키케로는 파르살로스 회전에서 패배한 뒤에도 북아프리카로 망명한 폼페이우스파 동지들과 행동을 같이하지 않고 이탈리아로 돌아왔지만, 그를 기다린 것은 꿈에도 예상치 못한 일이었기 때문이다.

원로원 의원의 자손이 아니고 수도 로마에서 태어나지도 않은 지방 출신으로서 집정관의 지위에까지 오른 사람을 로마인들은 '신참자'(호모 노부스)라고 불렀다. 원로원 의원이고, 집정관을 지냈고, 로마 제일의 변호사인데다 뛰어난 저술가이기도 한 키케로는 자수성가한 '신참자'의 대표자로 여겨졌다. 이 때문인지, 아니면 타고난 경제 관념 때문인지, 키케로는 부동산 취득에 열심이어서 수도 제일의 고급 주택가인 팔라티노 언덕에 있는 본가 외에도 온천지와 해변과 시원한 골짜기에 여덟 개나 되는 별장을 갖고 있었다. 파르살로스 회전 이후 폼페이우스를 버린 키케로는 철따라 별장을 돌면서 문필에만 전념하는 생활로 돌아갈 생각이었다. 승자가 된 카이사르와는 친구 사이니까, 자기라면 그것도 허용될 거라는 생각으로 귀국한 것이다.

그런데 브린디시에 상륙했을 때 '브레이크'가 걸렸다. 카이사르가 본국 통치를 맡긴 안토니우스가 자기한테는 그런 것을 허가할 권한이 없다는 편지를 보내왔기 때문이다. 34세의 안토니우스는 58세의 키케로에게 정말 죄송하다고 사과하면서 정중하게 그 뜻을 전해왔다. 이것은 연장자에 대한 예의라기보다는, 안토니우스의 할아버지가 술라 시대의 유명한 변호사이고 키케로도 저서에서 안토니우스의 할아버지를 진정한 교양인으로 자주 언급했기 때문이다. 안토니우스의 이 편지에

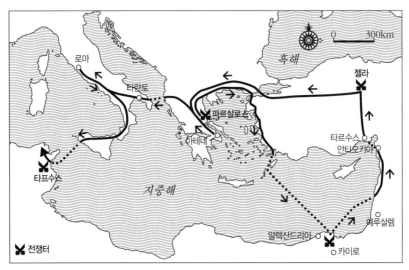

파르살로스 회전 이후 카이사르의 이동 경로

는 마치 변명이라도 하듯 카이사르가 안토니우스에게 보낸 편지 사본
도 동봉되어 있었다.

　"소(小)카토와 루키우스 마르켈루스가 이탈리아로 돌아가, 수도에서
정치생활을 다시 시작한다는 소문이 퍼져 있다. 이런 일을 허가하면
내전의 원천을 끊을 수 없다. 본국 거주를 허용하느냐는 내가 직접 개
별적으로 검토해본 뒤에 결정하겠다."

　여기에 키케로의 이름은 없다. 하지만 안토니우스에게는 카이사르
의 허락도 없이 키케로만 예외로 배려할 용기가 없었다. 그래서 브린
디시에서 오도가도 못하게 된 키케로를 딱하게 여긴 안토니우스는, 알
렉산드리아에서 싸우고 있는 카이사르에게 사람을 보내 당신 문제만
이라도 결재를 청하는 것이 어떠냐고 키케로에게 물었다. 그러나 키케
로는 이 제안을 받아들이지 않았다. 자기만 특별대우를 받는 것을 떳
떳지 못하게 생각해서가 아니라, 그런 짓을 했다가 아프리카로 망명한
폼페이우스파 사람들의 미움을 사게 될까봐 두려웠기 때문이다. 지식

은 풍부하지만 선견지명이 없고 게다가 결단력도 부족한 키케로가 이런 경우에도 맨 먼저 걱정한 것은 대립해 있는 두 파 사이에서 태도를 분명히 하면 한쪽의 미움을 사게 된다는 것이었다.

그래도 브린디시에서 발목이 잡혀버린 키케로의 나날은 절망과 불안에 가득 찬 것일 수밖에 없었다. 플루타르코스의 말마따나, 이 지식인은 '역경에는 아주 약한' 위인이었다. 그리고 카이사르의 귀국을 기다려야 한다는 것은 알았지만, 언제까지 기다려야 하는지는 확실치 않다. 알렉산드리아에서 싸우고 있다거나 전투가 끝났다는 소식은 들어왔지만, 그럼 이제 귀국하려나 했더니 두 달 동안 소식이 없다. 클레오파트라와 유람여행을 하고 있다는 것이지만, 그것도 언제 끝날지 모른다. 겨우 유람여행이 끝났나 했더니, 이번에는 유대와 시리아와 소아시아를 순행한다는 것이다. 기한이 확실하다면 키케로도 그럭저럭 시간을 때울 수 있을 터였다. 브린디시 주변은 그리스 문화로 가득 차 있고, 배로 사흘만 가면 역시 그리스 문화로 가득 찬 시칠리아섬도 있었다. 시칠리아섬은 키케로가 속주 관리로 주재한 적이 있는 곳이었다.

하지만 신출귀몰하기로 이름난 카이사르다. 카이사르의 도착을 알리는 전령이 도착하기도 전에 본인이 먼저 모습을 나타내는 일도 드물지 않았다. 키케로가 이탈리아 남부에 흩어져 있는 그리스 신전을 관광하러 간 사이에 카이사르가 느닷없이 귀국하기라도 하면 집으로 돌아갈 기회를 놓쳐버린다. 키케로는 이것이 걱정스러운 나머지, 브린디시에서 꼼짝도 하지 않고 카이사르가 귀국하기만을 목이 빠지게 기다렸다. 절망과 불안을 호소할 수 있는 대상은 역시 친구인 아티쿠스뿐이었다.

"도대체 내가 어떤 동기에서 그런 선택(폼페이우스 편에 가담한 것)을 해버렸는지 알다가도 모르겠네. 괴롭고 중대하고 나 자신도 예측할 수 없는 동기겠지. 이성적인 판단이라기보다는 충동적인 선택이었다고 생각할 수밖에 없네. 나 자신을 탓하지 않고는 글을 쓸 수도 없을 정도라네. 그 결단이 나로 하여금 얼마나 무거운 짐을 지게 했는지는 결과(파르살로스 회전의 결과)만으로도 충분히 상상할 수 있을 걸세. 그런 사정으로 해서, 자네한테 보고할 것도 없는 공허한 나날을 여기서 보내고 있네. 자네한테 무엇을 부탁해야 좋을지도 모르겠네. 나한테 도움이 될 거라고 여겨지는 일이 있으면 자네가 알아서 해주게. 나를 이 비참한 상황에서 구출하기 위해."

"나는 육체와 정신 양쪽에 정말로 난생처음이라 해도 좋을 타격을 받아서 편지를 보내준 이들에게 답장조차 쓸 수 없는 상태에 있네. 바실루스(카이사르의 부하)와 이살리쿠스(기원전 48년에 카이사르와 함께 집정관을 지낸 사람)한테는 자네가 대신 편지를 보내주게."

"카이사르의 병사들이 무서워서 집에서 나가지도 못하고 날마다 집에만 틀어박혀 있네. 발부스와 오피우스(둘 다 카이사르의 측근)한테는 편지를 보냈네. 카이사르가 귀국했을 때, 그것이 나에 대한 심정에 좋은 영향을 미치기를 기대하고 한 일일세.

그런데 요즘은 자꾸 옛날 일만 생각나는군. 옛날 일을 생각하면서, 그것이 왜 현재의 비참함으로 연결되어버렸는가를 생각하고 있네."

신참자가 오히려 열성적인 보수파로 돌아서는 예가 적지 않은데, 이것은 아마 자기처럼 연줄이 없는 사람한테까지 출세할 기회를 준 현체제에 대해 떨쳐버릴 수 없는 강한 애착을 느끼기 때문일 것이다. 키케로의 선견지명을 흐린 것도 이런 종류의 애착이 아니었을까. 그렇기 때문에 그는 원로원 주도의 로마식 공화정 고수를 주장하는 '원로원파'였다. 그런데도 키케로가 마지막까지 폼페이우스 편에 설까 말까 망설인 것은 폼페이우스의 지도력에 의문을 품었기 때문이다. 그래서 로마를 버린 폼페이우스와 끝까지 동행하지 않고, 아피아 가도 연변에 있는 포르미아의 별장에 도중하차해버렸다.

폼페이우스의 이탈리아 탈출을 저지하지 못한 카이사르가 로마로 돌아가는 길에 그 별장에 들렀다. 하지만 무릎을 맞대고 담판한 결과, 카이사르가 얻은 것은 키케로의 중립이었다. 카이사르에게는 그것으로 충분했지만, 에스파냐 전쟁에서 카이사르가 고전하고 있다는 소식이 들어오자마자 키케로는 태도를 바꾸었다. 그는 마음 내켜하지 않는 동생 퀸투스와 카이사르에게 심취하여 동행하기를 꺼린 아들과 조카를 강제로 배에 태웠지만, 그들 일행이 폼페이우스에게 도착하기 전에 에스파냐에서 카이사르가 역전승을 거두었다. 그리고 그 후에 이어진 폼페이우스와 카이사르의 대결. 파르살로스 회전과 폼페이우스의 죽음.

카이사르가 직접 설득하려고 애쓴 폼페이우스파 요인은 키케로 한 사람뿐이다. 그런데 키케로는 일단 카이사르에게 중립을 지키겠다고 약속해놓고는 그 약속을 저버리고 폼페이우스에게 달려갔다. 이제 승자가 된 카이사르가 자기를 어떻게 대할지, 키케로는 불안에 사로잡혔다.

북아프리카로 도망치지 않고 이탈리아로 돌아오기로 결정했을 때는 느끼지 못했던 불안이 브린디시에 못박혀 있는 키케로를 덮쳤다. 카이사르에게 한 약속과 배신을 생각하는 동안, 전에는 느끼지 못한 불안과 공포가 고개를 쳐든 것이다. 지난 1년 동안, 키케로는 친구 아티쿠스에게 무려 22통이나 되는 장문의 편지를 보냈다. 그 편지들을 읽어보면, 고민하는 키케로를 동정하기보다는 그 푸념을 계속 들어준 친구의 인내심에 감탄하게 된다. 지난 1년 동안, 키케로는 가정적으로도 사면초가 신세였다.

동생 퀸투스는 말을 잘못 탔다고 형을 비난했다. 비난했을 뿐만 아니라, 다시 카이사르 편에 서겠다면서 파르살로스 회전 이후에는 그리스에 남았다. 키케로가 아버지의 권위를 내세워 강제로 폼페이우스파로 끌어들인 아들도 파르살로스 회전 이후에는 카이사르 밑으로 달려갔다. 조카도 마찬가지였다. 이탈리아로 돌아온 뒤에는 아내한테까지 버림받았다. 키케로가 누구보다도 사랑한 외동딸은 병석에 누워 있었지만, 카이사르가 돌아오기 전에는 몸둘 곳도 정해지지 않은 키케로는 문병하러 갈 수도 없는 형편이었다.

그가 돌보아주고 귀여워한 고향 후배 카일리우스도 이제는 카이사르 휘하에서 활약하고 있었다. 사위인 돌라벨라는 카이사르의 측근이라고 뻐기고 다닌다. '아버지는 폼페이우스파, 아들은 카이사르파'인 것이 이 내전의 특징이었지만, 키케로 일가는 그 전형적인 사례였다.

게다가 이제 키케로는 폼페이우스파의 옛 동지들한테는 배신자에다 탈주자였다. 카토나 폼페이우스의 맏아들 그나이우스는 그를 변절자라고 공공연히 비난했다. 키케로를 괴롭힌 불안과 절망과 회한은 끝이 없었다.

이 시기에 친구한테 보낸 22통이나 되는 편지를 읽어보면, 58세가 된 이 지식인의 신경이 날이 갈수록 약해져서 산산조각나는 모습을 엿볼 수 있다. 급기야는 그 참을성있는 친구한테 불만을 터뜨리기까지 했다. 브린디시는 로마에서 아피아 가도를 이용하면 쉽게 올 수 있는데, 곤경에 허덕이는 자기를 위로하러 와주지도 않는다고 화를 낸 것이다.

아티쿠스라는 인물은 격동의 시대인 기원전 1세기의 로마를 살아가는 흥미로운 삶의 방식을 보여준다. 아티쿠스(아티카인이라는 뜻)는 그가 그리스 문화에 심취했기 때문에 생겨난 별명이고, 본명은 티투스 폼포니우스라고 한다. 로마의 명문가에서 기원전 109년에 태어났다. 키케로보다 세 살 위이고, 카이사르보다는 아홉 살 연상이다. 평생 친구인 키케로와는 아테네 유학 시절부터 우정을 나눈 사이였다.

정치에 계속 정열을 쏟은 키케로와는 달리, 아티쿠스는 정치에는 전혀 관여하지 않는 일생을 보냈다. 부모가 남긴 풍부한 유산을 금융업이나 검투사 육성업이나 출판업 등에 교묘히 투자한 결과, 경제인으로 크게 성공했다. 축재에 열심이었던 키케로한테는 경제 고문 같은 존재이기도 했다.

하지만 격동기의 로마에서 내전에 말려들지 않으려면 경제인으로 일관했다는 것만으로는 부족하다. 아티쿠스는 내전에 말려들지 않도록 빈틈없는 주의를 기울였다.

우선 각종 사업으로 누구하고나 좋은 관계를 유지했다. 폼페이우스는 물론 카이사르와도 좋은 관계에 있었고, 키케로의 고민을 들어준 지난 1년 동안에도 카이사르의 대리인으로 이탈리아를 통치하고 있던 안토니우스와 친밀한 관계를 맺었다. 정치에 종사하는 사람들은 늘 자금난에 시달렸기 때문에 금융업자인 아티쿠스는 참으로 편리한 존재였다.

그는 키케로의 친구였기 때문에 심정적으로는 '원로원파'였지만, 폼페이우스나 브루투스한테 자금만 원조했을 뿐 표면적으로는 그들과 아무 관계도 맺지 않았다. 자금 원조도 융자 형태를 취하여 반대파의 공격을 피할 수 있는 방책을 강구해두었다.

나중에 카이사르가 살해되고, 안토니우스에게 키케로도 살해되고, 그 후 안토니우스와 옥타비아누스가 대결하게 된 시대에도 아티쿠스는 살아남아서 키케로의 서간집을 출판했다. 그런데 당시 분량으로 모두 16권이나 된 『키케로 서간집』은 당연히 왕복 서간집이어야 할 터인데, 아티쿠스가 보낸 편지들은 모두 삭제한 형태로 간행되었다. 출판사 '사장'인 아티쿠스가 삭제시켰기 때문이다. 따라서 후세의 우리는 카이사르의 저술과 더불어 공화정에서 제정으로 옮아가는 과도기인

이 중요한 시대를 알려주는 최고의 사료이기도 한 『키케로 서간집』을 읽어도, 공적으로는 중립을 유지한 아티쿠스의 생각을 알 수가 없다. 단지 키케로의 편지에서 추측할 수 있을 뿐이다. 하지만 추측은 어디까지나 추측이다. 『서간집』이 간행되었을 당시 사람들도 아티쿠스를 비난하고 싶어도 증거가 없었을 것이다. 키케로가 아티쿠스에게 보낸 편지만으로도 오늘날의 분량으로 세 권이나 되지만, 키케로의 편지를 읽은 사람이라면 누구나 한번쯤은 아티쿠스라는 이 냉철한 사나이를 생각지 않을 수 없을 것이다.

일급 교양인인 아티쿠스 자신도 책을 몇 권 저술했다. 기원전 47년, 즉 키케로의 푸념을 들어준 해에는 기원전 54년까지의 공직자 이름을 열거한 저서를 『연대기』라는 제목으로 발표했다. 또한 로마의 명문 중에서도 명문인 율리우스, 파비우스, 마르켈루스, 아이밀리우스 가문의 족보도 썼다. 그가 유창하게 구사한 그리스어로 『키케로론』도 집필했다.

그의 저서는 모두 현대의 역사가들도 무색해질 만큼 오로지 사실만을 기술한 모양이다. 77세 때 불치병으로 쓰러진 아티쿠스는 스스로 식음을 전폐하고 죽음을 선택했다. 동란에 말려들지 않기 위해 지나칠 만큼 세심한 주의를 기울인 인물이지만, 한편으로는 강인한 정신의 소유자이기도 했을 것이다. 아티쿠스와 키케로의 우정이 키케로가 죽을 때까지, 아니 죽은 뒤까지 계속된 것은 두 사람이 취향은 같지만 성격은 정반대였기 때문이 아닐까 하는 생각이 든다.

아피아 가도를 따라오기만 하면 되는데 위로하러 오지도 않는다고 키케로는 불평했지만, 아티쿠스는 키케로에게 필요한 물품이나 돈은 보내주면서도 직접 찾아가지는 않았다. 그것은 수도에 있는 편이 키케로를 곤경에서 구해내는 데 도움이 된다는 이유 때문은 아닌 것 같다. 아티쿠스는 지나치게 개입하기를 꺼렸다. 카이사르는 승자이고, 이제는 로마 세계의 최고권력자였다. 그런 카이사르가 어떻게 나올 것인가를 키케로가 내다보지 못한 것과 마찬가지로, 아티쿠스도 내다보지 못한 게 아닐까. 내다보지 못하는 이상, 의심받기 쉬운 행동은 삼가는 편이 좋다.

참으로 냉철한 사나이다. 자기가 로마에 있는 편이 키케로를 위해 유익하다는 아티쿠스의 말을 곧이듣고, 금방 답장을 써서 "자네 말이 옳으이. 자네 충고는 항상 유익하지. 그러니까 써주게. 무슨 말이든 거리낌없이 있는 그대로 써주게. 그것도 되도록 많이" 하고 말하는 키케로의 어수룩함에는 너무 어이가 없어서 말이 나오지 않을 정도다.

어이가 없는 것은 그것만이 아니다. 키케로나 아티쿠스처럼 최고의 교양을 갖추었던 동시대인조차도 카이사르의 기질을 이해하지 못했나 하고 생각하면, 정말 할 말이 없다. 분노나 복수는 상대를 자신과 대등하게 여기기 때문에 생기는 감정이고 일어날 수 있는 행위다. 카이사르가 평생 이것과 무관했던 것은 분노나 복수가 윤리 도덕에 어긋난다고 생각했기 때문이 아니라, 자신의 우월성에 확신이 있었기 때문이다. 우월한 자신이 왜 열등한 타인의 수준으로 내려가서 그들과 똑같이 분노에 사로잡히거나 그들과 똑같이 복수심을 불태워야 하는가.

술라와 카이사르는 유사점이 많았지만 이 점에서는 양극단이었다. 후세 역사가들은 이런 카이사르를 '진정한 귀족 정신의 소유자'라고 평한다.

박식하기는 했지만 진정한 귀족 정신의 소유자는 아니었던 키케로와 아티쿠스가 카이사르의 심중을 헤아리지 못한 것도 당연하다는 생각이 든다.

아무리 친구라 해도 역시 말하기가 부끄러웠는지, 아니면 이제 곧 만나서 이야기할 수 있다고 생각하여 일부러 쓰지 않았는지는 모르지만, 키케로의 편지에 나오지 않는 에피소드가 하나 있다. 플루타르코스의 저서에 나오는 이 에피소드는 키케로의 불안도 아티쿠스의 심모원려도 함께 날려버린 사건이었다. 그 부분을 플루타르코스의 저서에서 인용하면 다음과 같다.

브린디시에서 카이사르의 귀국을 애타게 기다리던 키케로는, 카이사르가 상륙한 것을 알자마자 그를 만나기 위해 서둘러 집을 나섰다. 카이사르를 만나러 가는 길에 키케로의 마음속에는 카이사르라면 자신을 호의적으로 대해줄 거라는 희망이 조금이나마 싹트고 있었다. 하지만 한편으로는 이제 승자가 된 카이사르에게 많은 사람 앞에서 자기를 선처해달라고 부탁하기는 부끄럽다는 생각 때문에 괴로워하고 있었다.

그러나 키케로는 자신의 인격을 손상시키는 말을 할 필요도 없었고, 자신의 신분에 어울리지 않는 행동을 할 필요도 없었다. 카이사르는 길가에 모여든 환영 인파 속에서 키케로의 모습을 보자마자, 그리고 키케로가 군중 속에서 빠져나오기를 망설이는 것을 알아차리자마자 키케로에게 다가갔다.

말을 타지 않은 키케로에 맞춰 말에서 내린 카이사르는 반갑게 키케로를 포옹하고 친밀하게 말을 걸었다. 그러고는 단둘이 이야기를 나누며 수백 미터나 되는 먼 길을 함께 걸어갔다.

또 다른 고대 역사가는 계속해서 이렇게 말했다.

"카이사르를 따르던 게르만 기병들은 친하게 이야기를 나누며 걸어가는 최고사령관과 그 친구에게 지나치게 접근하지 않도록 말의 걸음을 늦추느라 애를 먹었다."

이 사건이 일어난 직후에 키케로가 쓴 편지는 로마로 가는 길에 아피아 가도 연변에 있는 베노사에서 아내에게 보낸 것이었다. 이 편지에서 그는 귀가 예정일을 알리고, 도착하자마자 목욕을 하고 싶으니까 준비해두라고 이른 다음, 귀가했을 때 아무것도 부족한 게 없도록 해놓으라고 명령했다. 그다음 편지 발신지는 이미 로마로 되어 있었다.

키케로의 불안과 두려움을 해소해주었을 당시, 사실 카이사르한테는 그게 문제가 아니었다. 그보다 훨씬 중대한 문제를 안고 있었기 때문이다.

정치가 안토니우스

패배를 맛본 병사들을 다루기도 어렵지만, 승리한 병사들을 다루는 것도 어렵기는 마찬가지다. 병사는 쉬게 해줄 필요가 있지만, 지나치게 휴식을 주면 안 되는 존재다. '로마 세계'를 망라하게 되는 로마 가도는 대부분 군단병이 건설했는데, 이것도 월동기나 비전투 기간에 병사들이 너무 놀지 못하게 하려고 생각해낸 방책이었다.

파르살로스 회전에서 승리한 카이사르가 폼페이우스를 직접 추격하기로 결정했을 때, 그는 디라키움 포위전과 파르살로스 회전을 잇달아 치른 고참병들을 본국으로 돌려보내 휴식을 취하게 하고, 이들에 대한 처우를 안토니우스에게 맡겼다. 그리고 기원전 47년에 독재관이 될 예정인 카이사르는 안토니우스한테 '기병단장'이라는 지위를 주었다. 이것은 부독재관을 의미하는 공직이다. 카이사르의 대리인 역할을 정식으로 수행할 권한을 부여한 셈이다. 당시 안토니우스의 나이는 34세. 총사령관 카이사르 밑에서 쌓은 실전 경험은 부족하지 않았다.

그러나 부독재관 자리에 앉아 독재관의 대리 역할을 수행한다 해도 독재관이 자리를 비운 기간은 무려 1년이나 되었다. 그리고 그동안 안토니우스에게 부과된 임무는 전쟁터에서 총사령관의 지시를 충실히 수행하기만 하면 되는 군단장의 임무와는 전혀 달랐다.

1. 고대 로마에서 독재관에게 인정된 권한은 군사만이 아니라 정치를 비롯한 국정 전반에 걸쳐 있었다. 따라서 독재관 대리인도 그 모든 일을 원만히 처리할 수 있는 능력을 갖추어야 한다.

2. 게다가 독재관 권한대행인 안토니우스는 이 대권을 전시가 아니라 평시에 수행해야 했다.

3. 또한 카이사르는 폼페이우스파 사람들에 대한 처벌, 추방, 재산몰수 등을 엄격히 금했기 때문에, 안토니우스는 반대파 세력을 그대로 놓아둔 채 국내를 평온하게 유지해야 하는 어려운 임무를 떠맡았다.

4. 그와 동시에, 승리한 카이사르파 사람들의 폭주를 억눌러야 하는 임무도 맡고 있었다. 카이사르 밑에는 키케로가 말한 '로마의 젊은 과격파'들이 모여 있었는데, 이들이 생각하기에 카이사르의 승리는 곧 반대파 세력에 대해서는 무슨 짓을 해도 좋은 시대가 도래한 것을 의미했다. 원래 주창자보다는 지지자가 더 과격해지는 법이다. 그 자신도 '로마의 젊은 과격파' 가운데 한 사람인 안토니우스의 처지에서 보면, 나이가 비슷한 친구들을 통제하는 임무도 부과된 셈이다.

5. 제8군단·제9군단·제10군단·제11군단·제12군단 등 갈리아 원정 첫해부터 10년 동안 줄곧 카이사르 밑에서 싸워온 고참병들을 쉬게 하고 카이사르가 귀국하기를 기다려, 재개될 다음 전쟁에 대비하여 준비를 갖추어두는 중책도 안토니우스에게 부과되었다.

34세의 안토니우스는 이런 임무를 열심히 수행하긴 했다. 키케로에게 마음을 쓴 것에도 그것이 잘 나타나 있다. 하지만 아무리 마음을 썼어도, 결과적으로는 키케로를 1년 동안이나 브린디시에 못박아둔 채 카이사르가 직접 이 문제를 해결해줄 때까지 기다릴 수밖에 없었던 것만 보아도 안토니우스의 재능에는 한계가 있었다.

그래도 카이사르가 없는 1년 동안, 로마 본국에서는 살해된 사람도 없고 추방된 사람도 없었다. 다만 폼페이우스파 사람들 가운데 재산을 몰수당한 사람은 있었다. 귀국한 카이사르가 맨 먼저 시행한 일은 그 재산을 돌려주라고 안토니우스에게 명령한 것이었기 때문이다. 그러나 안토니우스가 저지른 최대의 실책은 고참 군단병을 통제하지 못한 것이었다. 전쟁터에서는 충분히 병사들을 통제할 수 있었지만, 평시에는 그러지 못했다. 이것도 카이사르의 귀국을 기다리고 있던 문제의 하나였다.

키케로 문제를 해결한 뒤, 아피아 가도를 따라 수도로 향하는 카이사르에게 안토니우스한테서 긴급 보고가 잇달아 도착했다. 고참병들 가운데 일부가 종군을 거부하고 있다는 것. 특히 주동자격인 제10군단 병사들은 무기를 들고 수도까지 쳐들어와, 성벽 밖의 마르스 광장에서 기세를 올리고 있다는 것. 법무관 살루스티우스(나중에 『카틸리나의 음모』를 쓴 작가)를 파견하여 급료를 일시불로 지급하겠다는 타협안을 제시했지만 병사들은 거부해버렸다는 것.

카이사르의 제10군단이라면, 지중해 세계에서는 이제 모르는 사람이 없는 카이사르의 심복 중 심복이었다. 그런 군단이 반기를 들었다니까 사태는 중대하다. 게다가 카이사르에게는 북아프리카에서 병력을 모으고 있는 폼페이우스파 잔당을 제압하는 일이 남아 있었다. 그일을 해내려면 신뢰할 수 있는 고참병들이 꼭 필요했다.

아피아 가도를 따라 수도로 들어갈 때는 마르스 광장과는 반대방향인 남쪽에서 들어가게 된다. 수도에 입성한 카이사르는 그의 신변을 걱정하는 측근들의 만류도 뿌리치고, 그대로 시내를 가로질러 파업으로 기세를 올리고 있는 부하들 앞에 모습을 나타냈다. 이제는 그의 호위병처럼 된 게르만 기병대도 거느리지 않은 채 무장집단 앞에 나타난 것이다. 카이사르에게도 제10군단 병사들에게도 1년 만의 재회였다.

연단에 모습을 나타낸 카이사르는 거두절미하고 다짜고짜 말했다.

"무엇을 바라는가?"

병사들은 저마다 제대시켜달라고 외쳤다. 다음에 그들을 기다리고 있는 것이 북아프리카 전선이라는 것은 그들도 알고 있었다. 카이사르가 북아프리카에서 싸우기 위해서는 그들이 필요하다는 것도 알고 있었다. 따라서 제대를 요구하면, 카이사르도 일시불이나 급료 인상을 약속하여 타협으로 나올 수밖에 없을 거라고 생각했다. 원래 그들에게는 카이사르가 전쟁을 계속하는 한 제대할 마음은 추호도 없었다. 그런데 카이사르한테서 돌아온 대답은 천만 뜻밖이었다.

"제대를 허락한다."

예기치 못한 대답에 병사들이 치켜들었던 칼은 저절로 내려가고, 요란한 외침소리도 뚝 그쳤다. 무거운 침묵이 내리덮였다. 그런 병사들 위에 카이사르의 목소리만이 울려퍼졌다.

"시민 여러분(퀴리테스), 여러분의 급료도 그밖의 보수도 모두 약속대로 지불하겠다. 다만 그것은 나를 따라와주는 다른 병사들과 함께 전투를 끝내고 개선식까지 함께 끝낸 뒤에 지불하겠다. 여러분은 그동안 어디든 안전한 곳에서 기다리면 된다."

카이사르의 심복 중의 심복이라고 자부하는 제10군단 병사들은 카이사르가 그들을 '시민 여러분'이라고 부른 것에 이미 충격을 받았다. 이제까지 카이사르는 항상 '전우 여러분'(콤밀리테스)이라고 불렀다. 그런데 지금은 이미 제대하여 카이사르와의 인연도 끊어진 보통 시민을 부르듯 '시민 여러분'이라고 부른 것이다. 카이사르가 자신들을 벌써 남으로 여긴다고 생각한 그들은 종군 거부도 급료 인상도 다 필요없다는 심정이 되어 있었다. 울음을 터뜨린 병사들은 저마다 외쳤다.

"병사로 돌아가게 해주십시오."

"카이사르 밑에서 싸우게 해주십시오."

여기에 대해 카이사르는 대답도 하지 않았다. 지금까지는 카이사르의 제10군단이라는 자부심으로 우쭐대던 그들도 의기소침해졌다. 다음 전쟁터인 북아프리카로 가는 군단의 집결지가 시칠리아섬의 마르살라로 결정된 뒤에도 제10군단에만은 출동명령이 하달되지 않았다. 제10군단 병사들은 출동명령을 받고 시칠리아로 가는 다른 군단을 풀죽은 개처럼 슬금슬금 뒤따라갈 수밖에 없었다. 카이사르가 그들에게 참전을 허락한 것은 마르스 광장에서 '단체교섭'이 있었던 날부터 두 달 가까이 지난 뒤였다.

물론 카이사르는 보너스도 주지 않고 급료도 올려주지 않고 제10군단을 참전시키는 데 성공했다. 게다가 제발 참전해달라고 애원해서 참전시킨 게 아니라, 병사들이 스스로 원해서 따라온 형태로 참전시켰다. 현대 연구자 가운데 한 사람은 이렇게 말했다.

"카이사르는 휴먼 코미디를 능숙하게 연기한 희극배우였다."

고대 역사가들도 이 에피소드를 소개할 때는 이구동성으로 말한다.

"카이사르는 단 한마디로 병사들의 기분을 역전시켰다."

'문장은 어휘 선택으로 결정된다'고 쓴 적이 있는 카이사르의 면모가 생생하게 드러난 에피소드다. 안토니우스는 아테네에 유학한 경험이 있어서 학력에서는 카이사르보다 한 수 위였지만, 이런 종류의 재능은 갖추지 못했다.

카이사르는 키케로 문제 해결, 제10군단의 파업, 안토니우스가 저지른 실정의 뒤처리에 쫓기고 있었지만, 출전을 코앞에 두고 처리해야할 일 또 하나 남아 있었다. 카이사르가 항상 사회 안정의 중요한 요인으로 보고 있던 경제 문제였다.

사람들이 내일을 불안하게 여기는 시대에는 투자도 소비도 둔화된다. 채무자들은 빚을 갚지 않아도 될지 모른다는 기대감에 부채상환을 중단해버린다. 이래서는 '장롱 예금'만 늘어날 뿐, 사회는 경제 활성화를 지향하는 카이사르의 뜻과는 반대되는 방향으로 흘러갈 뿐이었다.

이에 대한 대책에서도 안토니우스는 잘못을 저질렀다. '로마의 젊은 과격파'를 통제하는 데 실패했기 때문이다. 카이사르의 승리는 곧 자기네 천하가 도래한 것을 의미한다고 생각한 '젊은 과격파'는 경제원칙을 무시하고 부채를 전액 탕감한다는 급진적인 법안을 가결시켜버렸다. '젊은 과격파'의 대표는 키케로의 사위인 돌라벨라와 키케로의 애제자인 카일리우스였는데, 이 두 사람은 그해 법무관과 호민관 자리에 앉아 있었다.

여기에 대해 안토니우스는 카이사르가 귀국할 때까지 새로운 법률 제정을 모두 보류하는 수단으로 대항했다. 말하자면 동결이다. 그러나 부채 전액 탕감이 현실화될지도 모른다는 것을 알면서 누가 빚을 갚으려고 애쓰겠는가. 로마 경제는 차갑게 식어버렸다.

이런 상황을 타개하기 위해, 카이사르는 인기있는 물건에 인기없는 물건을 끼워 파는 식으로 두 가지 법안을 함께 제출하여 문제를 해결하려고 했다.

1. 앞으로 1년 동안에 한하여 집세 지불을 면제하되, 수도 로마의 경우에는 연간 집세 500데나리우스 이하, 이탈리아의 경우에는 연간 집세 125데나리우스 이하까지만 이 법률을 적용하고, 집세가 이보다 많은 집에는 이 법률의 적용을 인정하지 않는다.

2. 앞으로 1년 동안에 한하여 이자 지불을 면제한다. 여기에는 부채한도를 지정하지 않는 대신, 이 1년 이외의 이자는 카이사르가 2년 전에 성립시킨 법에 준하여 지불한다. 즉 내전이 일어난 뒤 물가가 급등한 점을 고려하여, 물가 상승분은 제하고 내전이 일어나기 전의 가치를 기준으로 원금을 상환하고 이자를 지불한다. 그리고 연리도 공인된

12퍼센트를 넘지 못하도록 규정했다. 이렇게 하면, 채권자는 물가 상승분만큼 손해를 보게 되지만, 원금과 이자는 기대할 수 있기 때문이다.

카이사르가 생각하기에 1은 소비를, 2는 투자를 자극하는 데 도움이 될 터였다. 이것 하나만 보더라도 카이사르의 정치가 빈민구제만 목적으로 한 것은 아니라는 사실을 알 수 있다. 그는 사회복지의 중요성을 이해했고, 세간에서는 그를 '민중파'의 대표로 여기고 있었지만, 카이사르가 생각하는 사회복지는 경제 활성화와 한 덩어리가 되어야 했다. 이런 점에서 그는 그라쿠스 형제 가운데 동생인 가이우스 그라쿠스의 후계자였다.

그리고 마지막으로 폼페이우스파 사람들에 대한 처리 문제가 있었다. 적어도 이것만은 안토니우스의 실수 탓으로 돌릴 수 없다. 이것은 카이사르만이 결정할 수 있는 문제였기 때문이다.

키케로의 경우가 보여주듯이, 카이사르는 이들에게 거취 선택의 자유를 주는 방법으로 대처했다. 북아프리카에 집결해 있는 '폼페이우스군'에 가담하고 싶으면 마음대로 가담할 수 있었다. 가담하고 싶지 않으면, 키케로나 바로처럼 본국에 남을 수도 있었다. 재산을 몰수하지도 않았고 공직에서 추방하지도 않았고 언론도 자유로웠다. 또한 이들에게도 카이사르파 사람들과 마찬가지로 공직에 앉을 기회까지 평등하게 보장했다. 다만 공직에 앉고자 하는 옛 폼페이우스파 사람들에게는 카이사르에 대한 복종을 요구했다. 브루투스도 카시우스도 카이사르에게 복종을 맹세했다. 카이사르는 "나는 술라가 아니다"라고 말하면서, 반대파에 대한 보복을 엄격히 금지했다. 술라 시대에 악명 높았던 '살생부' 따위는 물론이고, '블랙 리스트'조차도 만들지 않았다. 원로원 의원 가운데 결원은 '기사계급'(경제인) 출신이나 우수한 백인대장으로 메웠지만, 원로원 의원이 죽은 경우에만 결원으로 처리했다.

북아프리카에서 그를 기다리는 옛 폼페이우스파의 강경분자들, 즉 폼페이우스의 장인인 메텔루스 스키피오와 카토, 아프라니우스, 페트레이우스, 그리고 라비에누스도 여전히 원로원 의원이었다.

카이사르는 위에서 말한 일들을 한 달도 지나기 전에 모두 끝냈다. 그리고 북아프리카로 떠나기 전에 정치적 공백을 피하기 위해 이듬해인 기원전 46년도를 담당할 정부도 미리 결정해두었다. 독재관과 집정관을 겸임하는 카이사르의 동료 집정관에는 레피두스가 선출되었다. 카이사르는 안토니우스를 유임시키지 않았고, 집정관에 앉히지도 않았다. 안토니우스의 통치능력에 실망했기 때문이다. 마르쿠스 안토니우스는 카이사르보다 열여덟 살 아래이고 어머니가 카이사르 가문과 같은 율리우스 씨족 출신이라서, 나이로 보나 혈연으로 보나 카이사르의 후계자 자리에 가장 가까이 가 있는 인물이었다. 안토니우스 자신은 이 시기에 카이사르의 태도 변화를 일시적인 것으로밖에 생각지 않았던 모양이다. 그러나 사실은 그렇지 않았다. 카이사르는 안토니우스의 통치능력에 더 이상 기대를 걸지 않았다. 하지만 안토니우스는 그것을 평생 깨닫지 못한 게 아닌가 싶다. 이것도 카이사르가 죽은 뒤 로마 세계의 주인공이 되는 마르쿠스 안토니우스 재능의 한계였다.

아프리카 전쟁

장군에는 두 가지 부류가 있는 것 같다. 하나는 만반의 군사적 준비가 갖추어지기를 기다린 다음에야 결정적 행동에 나서는 사람이고, 또 하나는 자기가 먼저 행동을 개시하고 뒤따라 도착하는 병사들을 기다려 결전에 임하는 사람이다. 폼페이우스는 전자였고, 카이사르는 후자였다. 군사에는 문외한인 내가 보기에는 파르살로스 회전이 끝난 뒤 1

년 동안이나 방치해놓고 이제 와서 그렇게 서두를 필요는 없지 않은가 싶지만, 카이사르가 생각하는 전쟁은 시행착오로 보이기까지 하는 소규모 충돌을 되풀이하면서 기회를 찾다가 마지막으로 단번에 결말을 내는 것이었다. 그리고 총사령관이 앞장서면 병사들도 뒤따를 수밖에 없다.

걸프 전쟁 때 느꼈지만, 교통수단이 발달하여 수송이 쉬워진 20세기에도 대군이 집결하려면 상당한 기간이 필요하다. 걸프 전쟁 때는 병력을 50만 명 집결시키고 전투 준비를 끝낼 때까지 반년 가까운 기간이 필요했다. 2천 년 전인 카이사르 시대의 병력은 50만 명의 10분의 1이고, 병력의 이동도 지중해 주변에 국한되어 있었다. 그래도 병력 집결에 상당한 기간이 필요한 것은 매한가지였을 것이다. 갈리아 전쟁 때 카이사르가 겨울마다 월동지 선택에 그토록 신중했던 것은, 제패한 지방을 감시하기 위해서만이 아니라 이듬해에 군사행동을 시작하기에 유리하고 병력을 당장 사용할 수 있는 상태로 월동시키기 위해서이기도 했다.

그러나 갈리아 원정 때의 전쟁터는 갈리아와 브리타니아 일부, 라인 강 동쪽의 극히 일부에 한정되어 있었다. 오늘날의 지도에서는 프랑스와 벨기에, 네덜란드의 일부와 독일 서부에 해당한다. 한편 내전 시대의 전쟁터는 지중해 세계 전역에 걸쳐 있었다. 오늘날의 지도에서 카이사르의 이동 경로를 따라가면 이탈리아, 프랑스, 에스파냐, 알바니아, 그리스, 터키, 이집트, 이스라엘, 시리아, 튀니지에 해당한다. 이래서는 이듬해 전투를 염두에 두고 겨울철 숙영지를 설치하기란 불가능하다. 게다가 내전 시대의 카이사르는 시간 여유가 생길 때마다 수도로 돌아가서 내정까지 포함한 모든 정사에 대해 지시를 내려야 했다. 따라서 카이사르 군대의 출발점은 자연히 본국인 이탈리아가 된다. 이탈리아반도에서 다음 전쟁터로 결정된 지방으로 가는 것이다. 이해(기

원전 47년)의 전쟁터는 폼페이우스파 잔당이 기다리고 있는 아프리카
속주(오늘날의 튀니지)였다. 병력은 시칠리아 서쪽 끝에 있는 항구도시
마르살라에 집결하여, 거기서 배를 타고 북아프리카로 건너간다. 카이
사르는 병력 집결이 끝나는 것도 기다리지 않고 행동을 개시하는 만큼
마르살라에도 맨 먼저 들어갔다.

　카이사르는 『내전기』를 폼페이우스가 죽은 장면까지만 쓰고 붓을
거두었다. 그 뒤에 이어진 이집트 전쟁과 '왔노라, 보았노라, 이겼노라'
의 전투를 서술한 『알렉산드리아 전쟁기』는 카이사르의 비서인 히르
티우스가 썼지만, 그 뒤에 이어지는 『아프리카 전쟁기』도 역시 히르티
우스가 썼는지, 아니면 카이사르의 참모가 썼는지는 고대부터 분명치
않았다. 『아프리카 전쟁기』의 문장력은 간결하고 명쾌하고 세련된 『갈
리아 전쟁기』나 『내전기』에 훨씬 미치지 못하고, 카이사르의 문체를
흉내낸 히르티우스의 문체에도 미치지 못한다. 하지만 그렇다고 해서
가치가 없는 것은 아니다. 첫째, 아프리카 전쟁의 전개 과정을 현장 목
격자의 증언으로 알 수 있다는 역사적 가치가 있다. 둘째, 제삼자가 썼
기 때문에 부하들의 눈에 비친 카이사르의 모습이 좀더 자세히 표현되
어 있다는 이점이 있다. 즉 훌륭한 문장을 읽는 즐거움은 맛볼 수 없지
만, 카이사르와 부하들 사이에 벌어지는 '휴먼 다큐멘트'는 충분히 맛
볼 수 있다. 실제로 『아프리카 전쟁기』의 서두는 이렇게 시작된다.

　카이사르는 통상적인 기병의 행군속도로, 그러나 하루도 쉬지 않고
(기원전 47년) 12월 19일 마르살라에 도착했다. 그리고 도착하자마자
배에 올라탔다. 그렇지만 마르살라항에는 그가 데려온 기병 600기밖
에 없었고, 보병은 아직 1개 군단도 도착하지 않았다. 그래서 항구에서
대기하게 되었는데, 대기하는 동안에도 카이사르는 시내에 묵지 않고

밀려오는 파도를 뒤집어쓸 만큼 바다 가까이에 총사령관용 막사를 치게 했다. 이것은 잇달아 도착하고 있는 군단병들에 대한 총사령관의 의사 표시, 즉 북아프리카로 가기 전에 시칠리아에서 느긋하게 쉴 생각 따위는 아예 하지도 말라는 의사 표시이기도 했다. 어쨌든 카이사르는 순풍이 불지 않는 날에도 갓 도착한 병사에서부터 노잡이와 선원에 이르기까지 모든 사람에게 승선을 명령하고, 바람이 부는 대로 당장 출항할 수 있도록 준비시켰다. 이리하여 군대가 모두 집결을 끝낼 때까지 느긋하게 쉴 수 있을 거라고 생각한 사람도 마음을 다잡을 수밖에 없었다.

그럭저럭하는 동안 도착한 군단병도 계속 늘어났지만, 그들은 대부분 새로 편성된 신병 군단이었고 고참병은 제5군단뿐이었다. 제5군단은 내전이 일어나기 직전에 카이사르가 남프랑스 속주에서 편성한 군단인데, 모두 로마 시민권을 갖지 않은 갈리아인으로 이루어져 있어서 편성 당시에는 정규 군단에 편입되지 못하고 '종다리 군단'으로 불리고 있었다. 그 후 카이사르는 그들의 충성에 대한 보답으로 로마 시민권을 주었고, 그때부터 제5군단이라는 이름을 받아서 정규군으로 승격했다.

한편 아프리카와 가까운 마르살라에서 취합한 정보에 따르면, 오늘날의 튀니지에서 기다리고 있는 폼페이우스파 군대의 전력은 막강한 것이었다.

이들의 전력은 10개 군단 3만 5천 명의 보병과 지중해 각지에서 고용한 기병 9천, 로마식으로 훈련받은 누미디아의 중무장 보병이 4개 군단 2만 5천, 이름난 누미디아 기병이 6천으로 합하면 보병 6만 명에 기병이 1만 5천 기가 된다. 여기에 누미디아의 코끼리 120마리가 가세한다. 또한 아프리카 속주 총독이 폼페이우스 편에 서 있는 이상 총독이 지휘권을 갖는 해상 전력에서도 우위에 있었다.

이에 대해 카이사르는 보병 10개 군단과 기병 4천 기로 아프리카 전쟁을 치를 예정이었다. 새로 편성된 5개 군단과 고참병 5개 군단이다. 고참병 군단은 갈리아 전쟁 초기부터 싸운 제9군단·제10군단·제13군단·제14군단, 그리고 갈리아 병사로 이루어진 제5군단이다. 늘 그렇기 때문에 특별히 강조할 필요도 없는 일이지만, 카이사르가 이끄는 군대는 이번에도 수적으로는 열세였다. 적군 전력이 보병 6만 명과 기병 1만 5천 기인데, 카이사르군은 보병 3만 명과 기병 4천 기에 불과했다. 현대의 전차라고 해도 좋은 코끼리는 한 마리도 갖고 있지 않았다. 게다가 전쟁터는 적지다. 군량 보급도 시칠리아에 의존할 수밖에 없었다.

이런 현실은 병사들도 알고 있었다. 병사들이 걱정하는 것은 카이사르가 어떻게 생각하고 있는가 하는 것이다. 그런데『아프리카 전쟁기』에 따르면, 53세의 총사령관은 "그런 불리함은 전혀 개의치 않는 듯, 그의 행동거지는 믿음과 희망에 가득 차" 있었다. 카이사르는 아직 보병 1만 8천 명과 기병 2천 기밖에 집결하지 않았는데, 마르살라에 도착한 지 일주일 뒤인 12월 27일에 벌써 출항명령을 내렸다. 시칠리아 속주 총독인 아리에누스한테는 군량 보급을 당부하고, 후속 군단도 도착하는 즉시 출항시키라는 지시를 남겼다.

아프리카는 카이사르가 한 번도 발을 들여놓은 적이 없는 미지의 땅이었다. 이런 곳에서 카이사르는 어디를 상륙지점으로 선택했을까. 보통 사람이라면 보급기지인 시칠리아에서 가장 가까운 거리에 있고 순풍을 받으면 하루 만에 도착할 수 있는 튀니지만을 상륙지점으로 생각할 것이다. 튀니지만은 주위가 100킬로미터나 되는 넓은 지역이어서 적도 완전히 방어할 수는 없을 테니까, 그곳 어딘가에 상륙하기는 그리 어렵지 않다. 게다가 오늘날의 튀니지 북부를 상륙지점으로 선택할 경우, 아프리카 속주의 수도이고 폼페이우스파 잔당의 거점이기도 한 우티카와 가장 가깝고, 스키피오 아프리카누스가 설치한 이후 아프리카 제패의 기지처럼 되어 있는 '코르넬리우스 진지'를 발판으로 삼을 수 있다는 이점도 있었다. 실제로 3년 전인 기원전 49년에 카이사르의 명령으로 아프리카를 원정한 쿠리오는 오늘날의 튀니지에 해당하는 로마의 아프리카 속주 북부에 상륙했다.

그러나 튀니지 북부에 상륙하는 데에는 불리한 점도 있었다.

첫째, 적의 본거지 가까이에 상륙하여 곧바로 적의 본거지를 공격하는 것은 모든 면에서 보급이 충분한 군대와 정면으로 대결해야 한다는 것을 의미한다.

둘째, 적의 본거지와 가깝기 때문에, 당연한 일이지만 방어태세도 완벽할 것이다.

셋째, 폼페이우스는 죽었지만, 그의 잔당이 틀어박혀 있는 아프리카 속주의 서쪽에는 쿠리오가 이끄는 카이사르군을 궤멸시킨 누미디아 왕 유바가 버티고 있다. 메텔루스 스키피오를 총사령관으로 하는 폼페이우스파 군대는 이 누미디아 왕과 공동투쟁 체제를 이루고 있다. 고대 누미디아 왕국은 오늘날의 알제리 동부를 차지하고 있었다. 튀니지 북부를 전쟁터로 선택한다는 것은 유바 왕이 쉽게 참전할 수 있는 곳에서 전쟁을 벌이는 것을 의미했다.

카이사르가 선택한 상륙지점은 튀니지 북부가 아니라 튀니지 동부였다. 그렇게 했을 경우의 이점은 다음 세 가지였다.

첫째, 보급기지인 시칠리아의 마르살라항에서는 나흘이나 걸리지만, 적도 보급기지인 우티카에서 200킬로미터나 떨어진 곳을 전쟁터로 삼을 수밖에 없다는 점.

둘째, 유바 왕이 폼페이우스파 군대와 합류하려면 300킬로미터의 먼 거리를 달려와야 한다는 점.

셋째, 도시가 집중해 있는 튀니지 북부에 비해 동부는 아프리카 속주 총독의 위세가 약하기 때문에 적지에서 싸우는 불리함도 그만큼 줄어든다는 점. 바다 너머의 시칠리아에 보급기지를 둔 만큼 군량 보급을 전적으로 믿을 수 없는 이상, 현지 조달 가능성이 어느 정도인지는 카이사르군의 사활이 걸린 문제였다.

카이사르가 전혀 실수를 저지르지 않은 것은 아니다. 다만, 실수는 하되 똑같은 실수는 두 번 다시 되풀이하지 않는다. 폼페이우스와의 대결은 대부분 폼페이우스군의 보급기지인 디라키움 근처에서 벌어졌다. 카이사르는 이 잘못을 되풀이하고 싶지 않았을 것이다. 그때도 디라키움에서 멀리 떨어진 파르살로스까지 폼페이우스를 유인하는 데 성공한 뒤에야 비로소 대결에 결말을 지을 수 있었다. 아프리카 전쟁에서 카이사르는 처음부터 적의 보급기지인 우티카에서 적군을 끌어내는 것을 가장 중요한 전략으로 삼았다고 생각할 수 있다. 상륙지점으로 결정한 튀니지 동부는 아무도 살지 않는 땅은 아니었다. 북부만큼 인구가 밀집하지는 않지만, 하드루멘툼이나 렙티스나 타프수스 같은 성채도시가 바닷가에 점점이 흩어져 있어서 어디에 상륙해도 적과 마주치게 마련이었다. 그래도 우티카에서는 직선거리로 200킬로미터나 남쪽에 있다. 하드루멘툼에서 북쪽으로 100킬로미터 떨어진 곳에 접안하기 쉬운 모래밭이 펼쳐져 있는데도 거기에 상륙하지 않고 그 남쪽에 있는 루스피나 근처에 상륙한 카이사르의 참뜻은 적의 보급기지에서 되도록 먼 곳을 전쟁터로 삼기 위해서가 아니었을까. 이 부근에 많이 있는 성채를 공격하면, 우티카에 틀어박혀 있는 적도 거기서 나오지 않을 수 없다. 적을 안전하고 물자도 풍부한 곳에서 끌어낼 것. 그러기 위해서는 군대 전체가 집결을 끝낼 때까지 기다릴 필요는 없다. 먼저 가서 카이사르의 상륙을 적에게 알린다. 적이 카이사르의 상륙과 공세를 알고 200킬로미터를 남하해오는 동안 후속 군단이 시칠리아에서 도착한다. 그것을 기다려, 유리한 기회를 잡아 단번에 결판을 낸다. 적을 본거지에서 멀리 떨어진 곳으로 유인한 다음 단판 승부로 전쟁 전체를 결정짓는 것은 카이사르처럼 수적으로 열세인 군대를 이끌고 적지에서 싸우는 사령관이 택할 수 있는 최상의 전략이었다.

이런 전략은 카이사르의 머릿속에만 들어 있을 뿐, 일반 병사들은 알 도리가 없다. 또한 카이사르는 부하들에게 자세히 설명해주는 사령관도 아니다. 갈리아 전쟁을 함께 치른 고참병들은 전략을 세우는 건 사령관이 할 일이고 병사들은 거기에 따르기만 하면 된다는 카이사르 군의 방식을 잘 알고 있기 때문에 불평하지도 않지만, 아프리카에 먼저 건너간 선발대에는 신병이 많았다. 신병이라 나이도 젊은 병사들은 두 가지 일로 불만을 품고 있었다.

첫째, 보병 1만 8천 명과 기병 2천기밖에 집결하지 않은 상태에서 보병 6만 명과 기병 1만 5천 기에다 코끼리 부대 코끼리 120마리까지 기다리고 있는 적지로 뛰어들려 한다는 점이었다. 경솔하고 무모하다는 것이 총사령관에 대한 그들의 불만이었다.

둘째, 왜 한겨울에 출전해야 하는가 하는 점이다. 카이사르 군대는 필요한 경우에는 겨울이고 여름이고 가리지 않는다는 것을 그들은 아직 알지 못했다.

하지만 카이사르를 맞아 싸우는 폼페이우스파 잔당도 카이사르가 12월 말이 다 된 한겨울에 출항하리라고는 예상하지 못했다. 카이사르가 마르살라항을 떠난 것은 당시 달력으로는 12월 27일이었다. 그러나 그로부터 1년도 지나기 전에 제정된 '율리우스력(曆)'으로는, 즉 실제 계절로는 아직 10월이다. 지중해에서는 항해하기 어려운 계절은 아니다. 카이사르의 발의로 달력이 개혁되기 전에 그의 머릿속에 있는 달력은 이미 개혁이 끝나 있었다. 반대로 다른 사람들은 실제 계절과는 두 달 이상 차이가 나는 종래의 달력으로 모든 생활이나 행동을 규정하는 데 어떤 의문도 품지 않았다.

마르살라를 떠난 지 나흘째 되는 날 튀니지 동해안에 접근했을 때, 신병들의 불만은 더욱 높아져 있었다. 보병과 기병을 합하여 2만 명의 병사를 가득 실은 배는 100척 가까이나 되었지만, 배들은 육지를 행군하는 것이 아니라 망망대해를 항해하는 것이다. 따라서 길을 잃고 헤매는 배도 나오게 마련이다. 그런데 카이사르는 상륙 예정지를 어떤 배의 선장한테도 알리지 않았다. 이 때문에 카이사르가 탄 배를 놓친 다른 배들은 어디에 접안해야 좋을지 모르게 되었다.

전략상 비밀을 유지할 필요가 있는 이런 지령은 봉인하여 각 배의 선장에게 건네주고, 선장은 바다로 나온 뒤에 비로소 그 지령을 읽는 것이 보통이다. 그런데 카이사르는 지령을 건네주지 않았기 때문에 길을 잃고 헤매는 배가 적잖게 나왔다. 병사들은 또다시 경솔하고 무모한 사령관이라고 불만을 터뜨렸다. 그러나 『아프리카 전쟁기』의 저자는 카이사르를 옹호하고 있다. 튀니지에서도 동부는 어디나 방어가 허술하니까 배들은 상륙지점을 자율적으로 선택하고, 상륙한 뒤에 집결하면 된다고 카이사르는 생각했다는 것이다. 그래서 배들은 자율적으로 판단하고 자율적으로 행동할 수밖에 없었지만, 그게 오히려 좋았는지 배 한 척도 잃지 않고 모든 병사가 무사히 상륙하여 카이사르가 있는 곳에 집결했다. 이 무렵에는 신병들도 더 이상 불만을 입 밖에 내지 않았다.

카이사르에 대한 불만이 가라앉았다 해도 신병들의 불안이 완전히 사라지지는 않았을 것이다. 튀니지 동해안의 3대 도시 가운데 카이사르에게 성문을 연 것은 렙티스뿐이었고, 하드루멘툼과 타프수스는 폼페이우스파 병사들이 굳게 지키고 있어서 카이사르가 항복을 권고해도 꿈쩍하지 않았다. 게다가 카이사르의 상륙은 이미 우티카에 보고되었을 게 분명하다. 신병들은 북쪽 지평선에 금방이라도 6만 대군이 나타날 것 같은 불안에 사로잡혔다. 그런데 총사령관은 진영지를 다 세운 뒤에도 군대를 이끌고 주변을 행군하거나 시찰하는 데 여념이 없었다. 한편 시칠리아에서 오기로 되어 있는 후속부대는 아무리 기다려도 소식이 없다. 이 당시 병사들의 심정을 『아프리카 전쟁기』의 저자는 이렇게 말하고 있다.

"장교나 병사를 불문하고, 총사령관의 생각을 훤히 아는 사람은 하나도 없었다. 그래서 누구나 걱정과 불안에 사로잡혀 카이사르의 심중을 살피려고 애썼다. 어쨌든 소규모 군대로 적지에 고립되어 있는 것이다. 특히 엄청나게 많다는 적군 기병이 두려웠다. 병사들의 걱정과 불안은 직속 상관인 대대장이나 백인대장도 해결할 수 없었다. 그들도 병사들과 같은 심정이었기 때문이다. 오직 총사령관의 쾌활한 표정과 지칠 줄 모르는 행동력만이 병사들이 자신감을 되찾는 데 도움이 되었다. 실제로 병사들은 카이사르를 볼 때마다 그의 위대한 정신과 확고한 자신감을 느끼고, 자신들도 침착성과 용기를 되찾았다. 카이사르의 깊은 사려와 뛰어난 역량만 있으면 어떤 사태도 바람직한 결과로 끝날 거라는 희망과 확신을 가질 수 있었다."

처음에는 경솔하고 무모하게 비친 카이사르가 한 달도 지나기 전에 같은 병사들의 눈에 이런 모습으로 비치게 되었다. 이리하여 신병들도 어느덧 지중해 세계에서는 대명사가 된 '카이사르의 전사'로 차츰 변신해가고 있었다.

이듬해, 즉 기원전 46년 1월 말이 되어서야 드디어 굳건한 신념을 지닌 '카이사르의 전사'들이 도착했다. 후속부대는 카이사르와 함께 루비콘강을 건넌 제13군단과 제14군단의 고참병 2개 군단과 역시 카이사르의 심복인 갈리아 기병 800기, 그리고 투석병과 궁병 1천 명으로 이루어져 있었다. 제2진의 도착으로 카이사르군의 전력은 중무장 보병이 2만 5천 명, 기병이 2,800기, 투석병과 궁병을 합한 경무장 보병이 1,150명으로 늘어났다. 그렇기는 하지만 보병 전력은 적의 절반도 안 되고, 기병은 적의 5분의 1도 안 된다. 고참병이 도착했어도 카이사르의 전략은 바뀌지 않았다.

첫째, 진영지를 중심으로 긴 방책을 만든다. 이것은 압도적으로 우세한 적군 기병력에 대한 대책이었다. 둘째, 카이사르 자신도 자주 멀리까지 나가서 군량을 확보했다. 카이사르의 존재가 필요했던 것은, 그가 약탈로 군량을 확보하려 하지 않고 인근 도시들을 자기편으로 끌어들이는 방법으로 군량을 확보하려 했기 때문이다. 적지에서 싸울 때 잊어서는 안 될 것은 적지에서도 우군을 확보하는 것이다. 속주 정부에 불만을 품은 도시나 부족은 반드시 있게 마련이다. 이들을 우군으로 끌어들이면 군량을 확보할 수 있을 뿐 아니라, 결전에 임할 때 배후의 안전을 보장받을 수도 있었다.

튀니지 동부에 있으면서도 카이사르의 눈은 북아프리카 전체를 보고 있었다. 누미디아 왕국 서쪽에는 마우리타니아 왕국이 있었다. 이 왕국도 누미디아와 마찬가지로 로마의 패권을 인정한 동맹국이다. 그런데 이웃 나라끼리는 항상 사이가 나쁜 탓도 있어서, 누미디아가 폼페이우스 쪽에 붙은 것과는 반대로 마우리타니아는 패권국 로마에 내전이 일어났을 때에도 누미디아와 보조를 같이하지 않았다. 그렇지만 처음부터 카이사르 편에 서 있었던 것은 아니다. 마우리타니아 왕의 고문은 시티우스라는 로마인이었다. 카이사르는 이 남자를 회유했다. 마우리타니아 군대로 하여금 누미디아 영토를 침공하게 하여 누미디아 왕 유바의 행동을 견제하는 것이 목적이었다.

동시에 카이사르는 누미디아 남쪽에 있는 사하라사막의 주민에게도 손을 뻗치고 있었다. 이들 부족은 누미디아 왕에게 병사를 제공하여 부족의 존속을 인정받고 있었다. 카이사르는 여러 민족으로 구성된 폼페이우스군의 내부 분열을 노렸다. 이런 카이사르의 책략은 조금씩 성공을 거두고 있었다.

안전한 보급기지인 우티카에서 적을 꾀어내어 결전을 치른다는 카이사르의 전략을 폼페이우스군 수뇌진이 눈치채고 있었는지 어떤지를 밝혀주는 사료는 없다. 하지만 디라키움 포위전에 이은 파르살로스 회전만 생각해보아도, 그 전략을 눈치채지 못했다면 군대를 이끌 자격이 없다. 폼페이우스가 죽은 뒤 총사령관이 된 메텔루스 스키피오, 카토, 아프라니우스, 페트레이우스, 라비에누스 등 북아프리카에서 카이사르를 맞아 싸울 지휘관은 모두 그리스에서 카이사르와 싸워본 경험자였다.

나는 눈치채고 있었을 거라고 생각한다. 직선거리로 200킬로미터나 떨어져 있다는 사정을 고려해도, 카이사르가 상륙한 것을 안 이후 그들이 군대를 움직일 때까지는 상당한 시간이 걸렸기 때문이다. 카이사르의 전략을 눈치챘기 때문에 움직임도 늦은 게 아닐까.

그렇지만 결국에는 그들도 움직이기 시작했다. 그러나 가장 먼저 출동한 라비에누스의 기병은 수적으로 훨씬 우세했는데도 카이사르의 빈약한 군대를 압도하지 못했다. 압도하기는커녕, 공격할 때마다 진영으로 돌아오는 병사의 수가 줄어들곤 했다. 카이사르가 만든 방책이 기병의 활동을 방해했기 때문이다.

그러는 동안 카이사르 쪽에는 고참병으로만 이루어진 제2진이 도착했다. 또한 카이사르의 영향력이 튀니지 동부 일대에 미치기 시작한 것도 우티카에 틀어박혀 있는 사람들을 불안하게 만들었다.

메텔루스 스키피오는 마침내 군대 전체를 출동시키기로 결심했다. 카이사르의 통찰은 옳았다. 이리하여 전쟁터는 튀니지 북부가 아니라 동부가 될 것이 확실해졌다.

양군이 몇 킬로미터의 거리를 두고 대치하자마자 당장 회전이 시작된 것은 아니다. 양쪽 진영 모두 그럴 수 없는 사정이 있었다.

폼페이우스파 진영의 사정은 마우리타니아 군대의 침공으로 말미암아 자국 방어를 우선할 수밖에 없는 누미디아 왕 유바가 도중에 회군해버린 것이었다. 누미디아군이 본격적으로 참전하지 않는 한, 메텔루스 스키피오는 카이사르와 결전을 치를 용기가 나지 않았다.

카이사르 진영의 사정은 시칠리아에서 오기로 되어 있는 제3진이 좀처럼 도착하지 않는다는 것이었다. 제3진은 고참 중의 고참인 제9군단과 제10군단으로 구성되어 있다. 카이사르는 작년에 파업을 일으킨 제10군단에 벌을 줄 속셈으로 아프리카로 수송하는 것을 미루었지만, 미루는 동안에 바다가 거칠어지기 시작했다. 마르살라항구에 발이 묶인 제10군단 병사들도 초조했겠지만, 카이사르도 속으로는 아뿔싸 하고 생각했을 것이다. 평소에는 늘 '전우 여러분'이라고 부르던 제10군단 병사들을 '시민 여러분'이라고 불러 휴먼 코미디를 연출하긴 했지만, 역시 카이사르는 제9군단과 제10군단 병사들을 다른 어느 군단보다도 신뢰하고 있었다. 그런데 그 군단이 둘 다 도착하지 않는다. 이 시기의 카이사르를 『아프리카 전쟁기』의 저자는 이렇게 묘사하고 있다.

"몸도 마음도 밤낮없이 바다 쪽을 향하고 있었다."

평소의 카이사르와는 달리 적극적인 공세로 나가지 않은 시기이기는 했지만, 카이사르가 헛되이 시간을 보낸 것은 아니었다. 나이도 젊고 참전 경험은 처음인 신병들을 모아놓고 싸우는 법을 가르쳤다. 『아

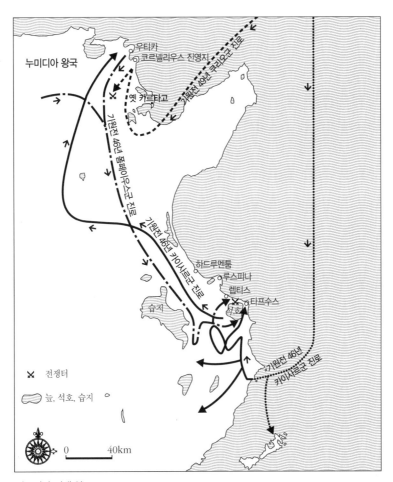

아프리카 전쟁 약도

프리카 전쟁기』의 저자는 이 무렵의 카이사르를 다음과 같이 묘사했다.

"카이사르는 이민족인 아프리카 병사가 많은 적군과의 본격적인 전투를 앞두고 병사들을 훈련하기 시작했다. 그 방식은 실전 경험도 풍부하고 수많은 승리에 빛나는 고참병에 대한 총사령관의 훈련 방식은 아니었다. 그것은 마치 검술 사범이 새로 들어온 제자들을 가르치는 방식과 비슷했다.

적과는 어느 정도 거리를 두어야 하는가. 적병에게 돌격할 때는 어디까지 나아가야 좋은가. 어떤 자세로 적병을 대하면 자기는 안전하면서 적을 쓰러뜨릴 수 있는가. 전진 방식. 후퇴 방식. 효과적인 투석 방식. 이런 것들을 모두 자세히 가르쳤다."

카이사르군에서는 고참병조차도 훈련을 강 건너 불구경하듯 하는 것은 허용되지 않았다. 고참병들은 갈리아인과도 브리타니아인과도 게르만인과도 싸워본 경험이 있고, 에스파냐와 그리스와 오리엔트 병사들과도 싸워본 경험이 있었다. 하지만 코끼리를 상대로 싸운 경험은 없었다.

"그래서 카이사르는 코끼리를 조달했다. 그러고는 이 살아 있는 교재를 앞에 놓고 병사들에게 설명했다. 코끼리라는 동물이 어떤 습성을 갖고 있는지. 코끼리의 공격력은 어떤 것이고, 전력으로서의 결함은 무엇인지. 코끼리의 어느 부분이 공격에 취약한지. 투석할 때는 어디를 노릴 것인지. 어디를 창으로 찌르면 효과가 있는지. 그는 병사들에게 코끼리를 실제로 만지면서 그런 것들을 배우게 했다. 코끼리한테 익숙해진 것은 병사들만이 아니었다. 카이사르는 말도 데려오게 하여 코끼리라는 거대한 동물 앞에서도 두려워하지 않도록 길들였다. 마지막으로 기병들은 실제로 투창을 던지고, 보병은 돌을 던지거나 창으로 찔러 그 거대한 동물을 쓰러뜨리는 것까지 실습했다. 이런 훈련을 쌓은 병사와 말은 코끼리가 돌진해와도 문제없다는 생각을 하게 되었다."

그럭저럭하는 동안 애타게 기다리던 제3진이 도착했다. 그에 뒤이어 제4진도 도착했다. 제3진은 제9군단과 제10군단의 고참병들이었지만, 제4진도 질병이나 그밖의 사정으로 출발이 늦어진 고참병으로, 중무장 보병 4천 명과 기병 400기에 투석병과 궁병으로 이루어진 경무장 보병이 1천 명이었다. 이리하여 카이사르군의 전력은 중무장 보병이 3만 명, 기병이 3,200기, 경무장 보병이 2,150명으로 되었다. 그래도 수적으로는 폼페이우스군에 훨씬 미치지 못했다.

카이사르도 준비를 갖추었지만, 적도 이 무렵에는 준비를 끝낸 상태가 되어 있었다. 누미디아 왕 유바가 자국 방어를 부하 장수에게 맡기고 카이사르를 향해 남하해왔기 때문이다. 이렇게 되자 카이사르는 적극적인 공세로 나갈 수 있는 가능성과 필요성을 갖게 되었다. 가능성이 생긴 것은 병력 집결이 끝났기 때문이고, 필요성이 생긴 것은 적지에 더 이상 머무는 것이 불리했기 때문이다. 계절도 어느덧 4월을 맞이하고 있었다.

그렇지만 적은 결전을 서두를 필요가 없었다. 그래서 카이사르가 몇 번이나 도전했는데도, 적은 소규모 충돌로만 응할 뿐 본격적으로 응해오지는 않았다. 파르살로스 평원에서 폼페이우스와 대치하고 있을 때와 같은 상황이 다시금 전개되었다. 카이사르는 이번에도 적을 회전으로 유인하는 책략을 강구해야 했다. 아무래도 싸울 수밖에 없는 상태로 몰고 가려면, 적이 방치할 수 없는 어딘가를 공격할 필요가 있다.

군대를 이리저리 움직이면서 기회를 노리고 있던 카이사르는 렙티스에서 남쪽으로 15킬로미터 떨어진 타프수스를 점찍었다. 폼페이우스의 휘하 장수 가운데 한 사람이 지키고 있는 타프수스는 이 부근에서는 중요한 전략적 요충이었다.

그러나 타프수스가 이 일대에서 가장 중요한 전략적 요충은 아니었다. 가장 중요한 기지로서 아직도 카이사르에게 성문을 닫고 있는 곳은 하드루멘툼이었다. 그렇다면 카이사르는 왜 하드루멘툼을 비롯한 다른 성채도시에는 눈길도 주지 않고 타프수스만 노렸을까.

그것은 타프수스(오늘날의 라스디나스)가 바다에 면한 곳 끝에 있으면서도 육지 쪽에는 석호가 펼쳐져 있고, 2킬로미터 남짓한 가늘고 긴

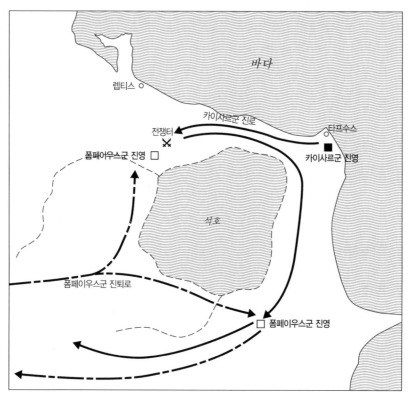

바다

렙티스 ○

카이사르군 진로

전쟁터 ✕

타프수스 ○

폼페이우스군 진영 □

카이사르군 진영 ■

석호

폼페이우스군 진퇴로

폼페이우스군 진영 □

타프수스 부근 약도

육지로 내륙과 이어져 있었기 때문이다. 이 육지는 석호를 북쪽과 남쪽에서 껴안는 듯한 형태로 뻗어 있었고, 바닷물이 담긴 석호는 염전으로도 쓰이고 있었다.

이 타프수스를 공격하면, 적은 타프수스를 내륙과 이어주는 북쪽과 남쪽의 육지 부분을 반드시 봉쇄할 터였다. 두 개밖에 없는 통로를 봉쇄하여 타프수스 앞에 포진하고 있는 카이사르군을 협공하려 할 게 뻔하다. 적이 이 전법을 택한다면, 수에서는 카이사르군의 두 배가 넘는 적군도 군대를 양분해야 한다. 카이사르가 타프수스를 공격하는 것은 말하자면 '미끼'였다.

기원전 46년 4월 4일 새벽, 밤새도록 행군한 끝에 카이사르군은 타프수스 앞에 도착했다. 당장 사각형의 로마식 진영지 건설이 시작되었다. 그리고 진영 설치가 끝나자마자 성에 대한 공격이 시작되었다. 이것은 어디까지나 '미끼'니까 본격적으로 공격할 필요는 없다. 절반은 진영 안에서 수면을 취하고 나머지 절반이 공격을 담당하는, 이른바 교대제를 택하여 병사들의 체력과 기력을 회복시키는 것도 잊지 않았다.

아니나다를까, 적군은 역시 카이사르를 따라왔다. 이튿날인 5일 해질녘에는 벌써 반도 입구에 도착해 있었다. 그리고 카이사르의 예상대로 군대를 둘로 나누었다.

메텔루스 스키피오의 군대는 봉쇄지점에 도착하자마자 진영 건설에 착수했다.

그러나 카이사르군 고참병은 전투에서만 베테랑이 아니라 진영 설치나 그밖의 건설 작업에서도 베테랑이다. 적군이 진영지를 건설하는 데 걸린 시간은 카이사르군이 진영지를 건설하는 데 걸린 시간보다 훨씬 길었다. 카이사르는 이 점에 착안했다. 생각난 김에 덧붙이면, 고참병을 뜻하는 베테랑은 라틴어 베테라누스(veteranus)에서 유래한 말이다.

타프수스 회전

기원전 46년 4월 6일, 동이 트자마자 카이사르는 행동을 개시했다. 배후의 적을 막기 위해 타프수스 앞에 2개 군단을 배치한 뒤, 나머지 병력을 이끌고 진영을 떠났다. 공격 진형은 적의 포진을 보고 나서 지시할 작정이었는지, 군단별로 행군하는 형태로 출발했다. 그런데 적의 포진을 보고 카이사르가 지시한 것은 정석과는 정반대의 진형이었다.

보통은 기병을 양분하여 극좌익과 극우익에 배치하거나, 아니면 파르살로스 회전 때처럼 극우익에 집중시킨다. 하지만 타프수스에서 카이사르는 기병을 모두 중앙에 배치했다.

석호 쪽 좌익에는 제13군단과 제14군단의 고참병을 배치했다. 바다 쪽 우익에는 제9군단과 제10군단을 배치했고, 극좌익과 극우익에는 갈리아 병사의 군단인 제5군단을 양분하여 5개 대대씩 배치했다. 제5군단이 맡은 것은 각각 60마리 코끼리떼뿐이었다. 적병한테는 눈길도 주지 않고 투석과 투창으로 코끼리를 쫓아버리는 것이 이들에게 주어진 임무였다. 나머지 3개 군단의 신병들은 기병의 배후, 즉 중앙에 배치되었다.

한편 메텔루스 스키피오의 군대는 아직 진영지도 완성하지 않은 상태에서 카이사르군을 맞아 싸우게 되었지만, 황급히 갖춘 진형은 완전히 정석대로였다. 극좌익과 극우익에는 코끼리 부대. 좌익과 우익은 기병. 그리고 중앙에는 중무장 보병을 배치한 것이다.

군사에는 문외한인 나도 이렇게 전투 이야기만 쓰다보면 조금은 알 것 같은 기분이 들지만, 전술은 요컨대 어떻게 하면 적을 배후에서 포위 공격할 것인가로 귀착되는 게 아닐까. 이 전법만이 적의 주력을 조기에 무력화할 수 있기 때문이다.

타프수스를 전쟁터로 선택한 카이사르는 되도록 짧은 시간에 스키피오 군대를 처리할 필요가 있었다. 남쪽에 있는 누미디아 군대가 응원하러 달려오기 전에 승부를 결정지어야 했다.

그러려면 방법은 속공뿐이다. 정석을 어기면서까지 중앙에 기병을 배치한 것은 보병으로 편성된 적진 중앙을 기병이 돌파하여 양분한 다음, 적의 우익과 좌익의 배후로 돌아가는 전술을 생각했기 때문인 게 분명하다.

적의 우익과 좌익에 대한 정면 공격은 제9군단·제10군단·제13군단·제14군단의 고참병들이 맡는다. 코끼리 부대는 제5군단이 처리한다.

이 전법이 실현되면 적을 포위하여 궤멸시킬 수도 있다. 게다가 바다 쪽과 석호 쪽으로 나뉘어 포위작전을 전개하는 것이므로, 포위된 적도 양분되어 더 쉽고 더 빠르게 궤멸시킬 수 있다.

포위 궤멸 작전은 알렉산드로스 대왕이 창안하여 한니발이 완성했고, 스키피오 아프리카누스가 한니발한테도 승리함으로써 그 유효성을 입증한 전법이다. 파르살로스 회전 때 카이사르도 기병 전력이 워낙 열세였기 때문에 비밀 병기를 사용하긴 했지만, 기본적으로는 적군 전체를 포위하여 궤멸하는 선배들의 전법을 답습했다.

그러나 타프수스에서 카이사르는 기병을 중앙에 배치함으로써 종래의 전법과는 달리 1개가 아니라 2개의 포위망으로 적을 양분하여 에워싸는 작전을 세웠다. 이 작전은 누미디아 군대가 지원하러 달려오기 전에 승부를 결정지어야 할 필요성이 낳은 아이디어였다.

병사들이 진형을 갖춘 채 적진을 향해 진격하기 시작하자, 카이사르는 말도 타지 않고 총사령관의 붉은 망토를 아침 바람에 펄럭이며 병사들 사이를 누비면서 독려를 거듭했다.

고참병들에게는 한 사람씩 이름을 불러, 이제까지의 모든 전투에 부끄럽지 않게 싸우라고 격려했다. 신병들에게는 카이사르 군단의 명성과 영예를 쌓아 올리려고 애쓴 선배들에게 지지 않도록 용감히 싸우라고 격려했다.

그런데 적군 진형이 병사들에게 뚜렷이 보이게 되었을 때, 카이사르가 계산에 넣지 않은 일이 일어났다.

종군을 거부하여 카이사르의 기분을 상하게 하고, 아직도 카이사르

전반전

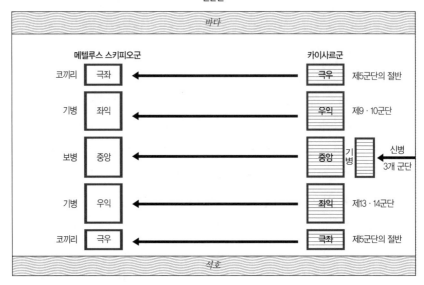

후반전

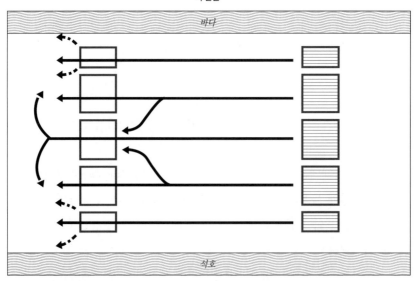

타프수스 회전 약도

한테 완전히 용서받지 못했다고 생각한 제10군단 병사들이 빨리 공을 세우려고 서두른 것이다. 거기에 떠밀린 제10군단 나팔수가 카이사르의 명령도 떨어지지 않았는데 돌격 나팔을 불어버렸다.

카이사르는 사실 적진에 좀더 접근했을 때 전투개시를 명령할 작정이었다. 그러나 『갈리아 전쟁기』에서도 카이사르는 "병사들의 사기가 폭발했을 때는, 작전에 어긋나더라도 저절로 폭발한 사기를 억누르기보다는 거기에 편승하는 편이 낫다"고 썼다. 지체없이 내려진 총사령관의 돌격명령이 모든 전선에 전달되었다.

카이사르 자신도 말에 뛰어올라 기병대의 선두에서 적진을 향해 돌격하기 시작했다. 우익의 제10군단은 벌써 달리기 시작했고, 역시 고참병으로만 이루어진 좌익도 "임페라토르를 따르라!"고 외치며 한 덩어리가 되어 돌격해갔다.

전황은 카이사르가 예상한 대로 전개되었다. 제5군단 병사들의 공격으로 상처를 입고 화가 난 코끼리떼는 적을 쓰러뜨리기는커녕 아군 병사들을 짓밟으며 달아나 순식간에 전선을 이탈해버렸다.

라비에누스가 지휘하는 기병대도 앞쪽은 카이사르의 고참병, 뒤쪽은 기병에게 포위되어 라비에누스를 비롯한 몇 명이 겨우 도망쳤을 뿐 전멸하고 말았다.

메텔루스 스키피오의 3만 보병은 1만 명이나 되는 전사자를 남기고 사방팔방으로 뿔뿔이 패주했다.

카이사르 쪽 희생자는 50명도 채 안 되었다.

한나절도 지나기 전에 회전이 결판나자, 카이사르는 제9군단과 제10군단에게 적에 대한 추격을 맡기고 자신은 나머지 군대를 이끌고 돌아섰다. 하지만 진영지에도 들어가지 않고, 타프수스 공격을 재개하지도 않았다. 진영지 앞을 지나고 타프수스 앞도 그대로 지나쳐 누미디아 왕 유바의 진영지를 공격한 것이다.

북쪽에 있는 메텔루스 스키피오의 진영지와 남쪽에 있는 누미디아 왕의 진영지 사이에는 넓은 석호가 가로놓여 있다. 그 석호를 카이사르가 반 바퀴 돌아왔을 때에는 이미 메텔루스 스키피오 진영지 앞에서의 전투 결과가 누미디아 왕의 진영지에도 전해져 있었다. 아무도 이 카이사르군을 맞아 싸울 용기를 내지 못했다. 누미디아군은 싸워보지도 않고 모두 줄행랑을 쳤다. 카이사르가 도착했을 때 진영지는 텅 비어 있었다. 카이사르는 군대의 절반에게는 패잔병 추격을 명령하고, 그 자신은 나머지 절반을 이끌고 누미디아 왕을 뒤쫓았다. 행선지는 유바가 도망쳤다는 자마. 자마 평원은 150년 전에 한니발과 스키피오 아프리카누스의 결전이 벌어졌던 곳이다.

그러나 150년 뒤인 기원전 46년, 북아프리카의 미래를 결정할 전투는 타프수스에서 이미 끝난 상태였다. 누미디아 왕 유바는 자마에서 카이사르를 맞아 싸울 형편이 아니었다. 자마 주민들이 도망쳐온 자기네 왕의 코앞에서 성문을 닫아버렸기 때문이다. 유바는 갈 곳이 없어졌다. 타프수스 회전 결과로 말미암아 누미디아 국내의 도시들은 눈사태라도 일어난 것처럼 잇달아 카이사르 쪽으로 기울어지고 있었다. 체념한 왕은 동행한 폼페이우스파 장수 페트레이우스와 동시에 칼을 휘둘러 동반 자살했다. 150년 전에 스키피오 아프리카누스와 함께 카르타고를 상대로 싸우면서 성장한 누미디아 왕조도 이로써 멸망하고 말았다. 카이사르는 마우리타니아 군대를 이끌고 누미디아를 배후 공격함으로써 공을 세운 로마인 시티우스에게 옛 누미디아 왕국의 통치를 맡겼다. 그리고 곧장 북상하여 우티카로 갔다.

우티카로 가고 있는 카이사르에게 폼페이우스파 수뇌진의 소식이 잇달아 전해졌다.

총사령관 메텔루스 스키피오는 배를 타고 도망치려다가 붙잡혀, 그를 알아보지 못한 병사들에게 살해되었다.

술라의 아들이었지만 군사면에서도 정치면에서도 전혀 눈에 띄지 않는 존재였던 파우스투스 술라도 도망치다가 죽었다.

에스파냐 전쟁에서 카이사르에게 항복한 뒤에도 폼페이우스 편에 남았지만, 파르살로스에서도 지고 타프수스에서도 패장이 되어버린 아프라니우스는 에스파냐 전쟁 때 포로가 되었다가 풀려난 경험이 이번에도 되풀이되리라고 기대했다. 그래서 아프리카까지 데려온 가족과 노예들이 기다리는 도시까지 도망쳤지만, 그곳을 떠나 카이사르에게 가다가 카이사르 휘하 병사들이 아니라 인근 도적떼의 주의를 끌었다. 패잔병한테는 도적떼야말로 독수리 같은 존재였다. 그러나 일찍이 집정관까지 지낸 폼페이우스파 중진과 그 가족은 가진 것을 몽땅 털리는 정도로는 끝나지 않았다. 노예를 제외하고는 모두 목숨을 잃었다.

소(小)카토

우티카는 지금은 해안선이 연장되어 내륙 도시가 되어버렸기 때문에 옛 모습이 남아 있지 않지만, 고대에는 번창한 항구도시다. 카르타고가 건재했을 때는 수도 카르타고에 버금가는 제2의 도시였다. 카르타고가 멸망하고 수도가 폐허로 변한 뒤에는 우티카가 이 지방 제일의 대도시가 되었다. 옛 카르타고 영토를 속주로 만든 로마가 우티카를 아프리카 속주의 수도로 삼은 지 100년이 지났다. 북아프리카에서 카이사르를 맞아 싸우기로 결정한 폼페이우스파 잔당도 당연히 이 우티카를 본거지로 삼았고, 주위에서 징발한 군량도 이곳에 저장해두었다.

카르타고 시대부터 항구도시니까, 우티카의 방어시설은 잘 갖추어져 있었다. 이 본거지를 수비하고 있던 소(小)카토는 타프수스 전투 결과를 안 뒤에도 도망치지 않고, 방어태세를 충분히 갖춘 우티카에서 항전을 계속할 작정이었다. 노예한테도 자유를 주어 병사로 만들고, 타프수스에서 도망쳐온 기병 1,500명을 주축으로 방어군도 조직했다.

그런데 우티카 주민들이 방어에 협력하기를 거부했다. 그들도 타프수스 전투 결과를 알고 있었다. 주민의 협력을 기대할 수 없으면 항전도 꿈으로 끝난다.

카이사르의 아프리카 상륙을 알았을 때, 폼페이우스의 맏아들과 둘째 아들은 만약에 대비한다는 명목으로 카나리아제도로 도망쳤다. 또한 타프수스에서 싸운 폼페이우스파 장수들 가운데 바로와 라비에누스 두 사람만 겨우 목숨을 건져 에스파냐로 도망친 것도 카토는 알고 있었다. 그도 이 시점에서는 도망치려고 마음만 먹었다면 충분히 도망칠 수 있었다. 그러나 카토는 그리스에 이어 북아프리카에서도 카이사르 앞에서 도망칠 마음은 없었고, 그렇다고 항복할 마음도 없었다.

카이사르보다 다섯 살 아래인 카토는 카이사르와는 달리 원로원이 주도하는 과두정을 고수하겠다는 정치적 신념을 갖고 있을뿐더러, 개인적으로도 카이사르를 증오하고 있었다.

청렴결백한 생활을 무엇보다 중시하고 올바르지 않은 일이라면 뭐든지 반대한 카토 같은 인물에게 카이사르 같은 사나이 — 깨끗하지도 않고, 품행도 좋지 않고, 야망은 남달리 강하고, 빚을 지고도 태연하고, 정치를 해도 전투를 해도 항상 이기고, 민주적으로 행동하는 것도 아닌데 지지자는 부족하지 않고, 게다가 이런 일들을 거침없이 추진해버리는 사나이 — 는 용납할 수 없는 존재였다. 요컨대 서로 기질이 맞지 않아서, 설령 정치적 신념이 다르지 않았다 해도 두 사람이 친구가 되지는 못했을 것이다.

카토가 디라키움에서 도망친 것은 그때는 아직 폼페이우스가 살아 있었기 때문이다. 폼페이우스는 이제 이 세상에 없다. 폼페이우스파 장수들은 대부분 전사했거나 카이사르에게 투항했다. 브루투스는 비록 무장은 아니었지만, 카토를 아버지처럼 여기고 가깝게 지내온 조카였는데, 그런 브루투스조차도 파르살로스 회전 이후에는 카이사르파로 돌아섰다. 이제 천하는 카이사르의 것이었다.

그 카이사르가 우티카에 접근하고 있었다. 이 소문만 듣고도 선원들이 모두 모습을 감추어버려, 바다에 면해 있는 우티카에서도 배를 타고 도망치기가 불가능해졌다.

카토는 카이사르의 친척이면서도 폼페이우스파에 속한 루키우스 카이사르를 불러서, 요인과 가족들을 안전하게 보살펴달라고 부탁했다.

독재자 술라의 아들 파우스투스 술라의 아내이자 폼페이우스의 딸인 폼페이아와 그 아들들. 자신의 아들과 딸 포르키아. 포르키아는 기원전 59년에 카이사르의 동료 집정관을 지냈고 내전이 일어난 뒤에는 폼페이우스의 해군을 지휘한 비불루스에게 시집갔지만, 비불루스가 죽은 뒤 줄곧 과부로 지내고 있었다.

카토는 루키우스 카이사르에게 이들을 데리고 도망치라고 말한 게 아니라, 이들을 데리고 카이사르에게 가라고 말했다. 카이사르가 어떤 대가도 요구하지 않고 이들을 본국으로 돌려보내줄 거라고 확신했기 때문이다.

그 자신은 카이사르한테 용서를 빌 생각이 없었다. 적을 용서하는 특권을 카이사르에게 인정하고, 적까지도 용서한다는 쾌감을 카이사르에게 안겨줄 마음은 추호도 없었다.

타프수스 회전이 끝난 지 엿새가 지난 4월 12일, 카토는 우티카의 유지들을 저녁식사에 초대했다.

로마인이 손님을 초대하는 저녁식사는 플라톤의 『향연』에도 나오듯이 침대형 의자에 비스듬히 누워 술과 음식을 즐기면서 주제를 정하여 토론하는 자리다. 로마인은 식사와 술을 곁들인 이 대화를 '심포시움'이라고 불렀다. 이것은 그리스어의 '심포시온'을 라틴어식으로 발음한 것이다. 이 자리에서 대화 주제를 정하고 사회를 맡는 것은 초대자, 즉 주인의 역할이었다. 카토가 주최한 향연에서는 타프수스 회전은 화제에 오르지 않았고, 오로지 철학적인 명제만 논의되었다. 그날 밤의 주제는 '자유란 무엇인가'였다고 한다.

카토는 소크라테스를 예로 들면서, 자기 자신에게 정직한 사람은 설령 죽는다 해도 자유로운 인간으로 계속 살 수 있다고 강조했다.

향연이 끝나고 손님들이 돌아간 뒤, 카토는 침실로 물러갔다. 하지만 곧 잠자리에 든 것은 아니었다. 그는 등불을 가까이 갖다놓고 플라톤의 『파이돈』을 읽었다. 『파이돈』은 사형집행일을 내일로 앞둔 소크라테스가 감옥을 찾아온 제자들과 삶과 죽음에 관해 대화하는 광경을 서술한 철학서다. 잠시 이 책을 읽은 뒤, 카토는 단검을 꺼내 배를 찔렀다. 펼쳐진 『파이돈』의 파피루스 위에 선혈이 튀었다.

그러나 칼끝이 급소를 피했는지 금방 죽지는 않았다. 저녁식사 자리에서 카토가 하는 말을 듣고 혹시나 하고 걱정하던 아들과 노예들이 침실 밖에서 몰래 상황을 살피고 있었기 때문에 그의 신음소리를 재빨리 알아차렸다. 그들은 당장 의사를 불렀다. 달려온 의사는 고통으로 신음하는 카토의 상처를 꿰매려고 했다. 그러나 카토는 그 손을 뿌리치고, 자기 손으로 내장을 끄집어내어 겨우 죽을 수 있었다. 향년 49세였다.

아무리 소수지도체제라 해도 공화정을 택한 로마에서는 모든 시민이 평등한 권리를 갖는 것이 원칙인 이상, 한 로마인이 멋대로 다른 로마인을 사면하고 용서하는 행위는 용납되지 않는 특권이다. 특히 국정을 담당하는 원로원 의원들끼리는 더욱 그렇다. 그런 특권을 가진 개인의 존재를 인정하는 것은 공화제 정신에 어긋난다는 카토의 생각은 논리적으로는 옳다. 설령 그것이 남의 목숨을 살려주고 재산도 몰수하지 않고 추방하지도 않는 선한 행위라 해도, 로마 시민이 같은 로마 시민의 생사를 결정할 권리는 없다고 생각하는 것은 법의 민족인 로마인에게는 당연한 일이다. 따라서 오늘날에도 카토의 자결을 권력에 대한 자유의 저항으로 찬양하는 사람이 많다.

그러나 그 논리를 철저히 관철하고 싶었다면 아들과 딸한테도 적용해야 마땅하다. 카토라는 사나이는 그렇게까지 철저하지는 못했다. 아들과 딸을 폼페이우스의 딸과 손자와 함께 카이사르에게 맡겼기 때문이다. 이런 심리 상태를 한꺼풀 벗겨보면, 미운 자에게 앙갚음하기 위해 일부러 심술을 부린 것이라고 볼 수도 있다.

그렇긴 하지만, 로마인이 '의지적인 죽음'이라고 부른 자살 방법으로는 상당히 장렬했기 때문에 사람들에게 준 충격도 강렬했다. 카토는 생전에는 그리 대단한 업적도 올리지 못했지만, 죽은 뒤에는 절대권력에 죽음으로 항거한 자유인의 표상으로 이름을 남겼다. 반대파에게는 살아 있을 때보다 죽은 뒤에 더 위험해지는 전형적인 인물이었다.

카토의 죽음을 안 키케로는 카이사르에게 용서를 받아 자유롭게 살고 있는 자신의 처지도 잊어버리고, 아니 어쩌면 그것이 양심에 찔렸기 때문인지는 모르지만, 카토를 찬양한 『카토』를 발표했다. 그러자 카이사르는 『안티 카토』를 써서 반론을 폈다. 키케로의 『카토』와 카이사르의 『안티 카토』는 둘 다 남아 있지 않아서 내용을 알 수는 없지만,

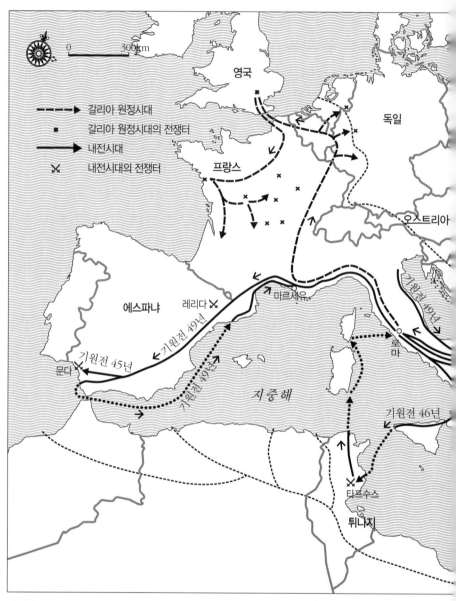

영국

독일

오스트리아

프랑스

에스파냐

레리다

마르세유

로마

기원전 49년

기원전 49년

기원전 49년

문다

기원전 45년

기원전 49년

지중해

기원전 46년

타프수스

튀니지

카이사르의 전적지 약도

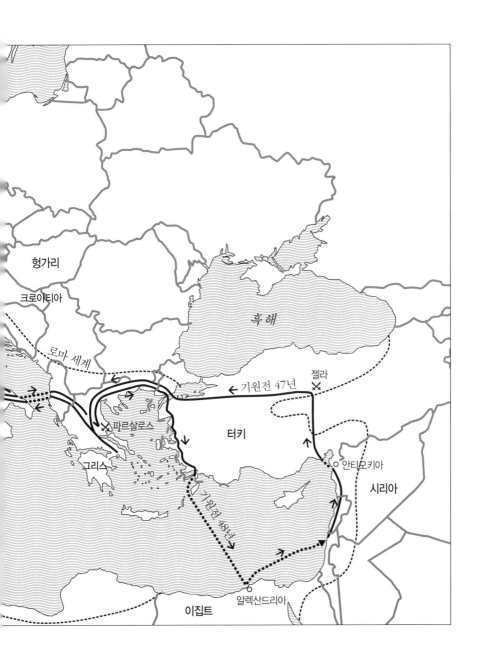

헝가리

크로아티아

로마 세계

흑해

기원전 47년

젤라

파르살로스

터키

그리스

안티오키아

시리아

기원전 48년

알렉산드리아

이집트

율리우스 카이사르

그래도 어느 정도는 상상할 수 있다.

키케로가 쓴 '카토론(論)'은 아마 카토의 청렴결백한 생활을 찬미하고, 자기 생각을 끝까지 관철하기 위해 죽음을 선택한 행위를 찬양했을 것이다. 한편 카이사르의 '카토론'은 카토의 좁은 안목을 비난하고, 인간 세상에는 카토가 자랑한 청렴결백이나 만족할 줄 모르는 논리의 추구보다 우선해야 할 문제가 있다고 설파했을 것이다. 이 에피소드를 보아도, 정치만이 아니라 모든 사상은 결국 그 사람의 생활방식을 반영하는 데 불과하다는 생각이 든다.

카토가 자결한 이튿날, 카이사르는 우티카에 입성했다. 그리고 당장 찾아온 루키우스 카이사르가 말을 꺼내기도 전에 카토의 아들과 딸, 폼페이우스의 딸과 손자들의 안전을 보장했다. 우티카에 남아 있던 폼페이우스파 사람들 가운데 처형된 사람은 하나도 없었다. 카토의 목이 잘려 우티카의 광장에 효수되지도 않았다. 카이사르는 카토가 공화정의 논리에 어긋나고 자유의 정신에 어긋난다고 규탄한 관용(클레멘티아)으로 모든 적에게 선처를 베풀었다.

나중에 역사가가 된 살루스티우스를 아프리카 속주의 신임 총독으로 지명한 뒤, 카이사르는 배를 타고 우티카를 떠났다. 우티카에 승자로 입성한 지 이틀 뒤였다.

아프리카를 제패하는 데 석 달이나 걸렸으니까, 보통은 우티카에서 배를 타고 시칠리아로 돌아가 거기서 해로나 육로를 거쳐 수도 로마로 곧장 개선하는 것이 당연하다. 이제 천하는 그의 것이었고, 루비콘강을 건너면서까지 집착한 로마 국가의 새 질서를 수립할 수 있는 환경은 폼페이우스파 잔당을 소탕한 기원전 46년에야 비로소 갖추어졌기 때문이다. 그런데 이것이 카이사르의 유쾌한 점이지만, 군대에는 귀국을 명령해놓고 그 자신은 소수의 병사만 거느리고 사르데냐섬으로 갔다. 사르데냐에 폼페이우스파 잔당이 있어서 그랬던 것은 아니다. 이것은 순수한 시찰이었다. 사르데냐섬과 코르시카섬을 아직 한 번도 가보지 못했기 때문이라는 게 그가 길을 우회한 이유였다.

생각해보면, 도버해협에서 나일강에 이르는 '로마 세계' 가운데 카이사르가 눈으로 직접 보지 않은 곳은 사르데냐와 코르시카밖에 남아 있지 않았다. 게다가 이 두 섬은 식량 자급자족을 포기한 로마에는 중요한 곡창일 뿐 아니라, 지중해 한복판에 있다는 점에서도 중요한 전략적 요지였다. 시찰할 이유가 없었던 것은 아니다. 다만 기간이 너무 오래 걸렸다.

사이에는 바다가 놓여 있다. 아무리 카이사르라도 난바다에서는 배를 띄울 수 없고, 반대로 바람이 불지 않으면 항구에서 순풍을 기다릴 수밖에 없었다. 이런 사정으로 말미암아 우티카를 떠난 것은 4월 중순이었고, 사르데냐와 코르시카 시찰을 끝내고 로마로 돌아온 것은 7월 25일이 되어서였다. 이런 식이었기 때문에 후세 연구자 가운데 일부는 "아무 계획도 없이 그때그때 형편대로 행동하는 카이사르"라고 평하게 되었지만, 카이사르는 자기가 없어도 명확한 지시만 내려두면 일을 추진해줄 유능한 참모를 거느리고 있었다. 한 예를 들면, 폼페이우스는 이틀에 걸친 화려한 개선식을 거행하기 위해 귀국한 뒤 아홉 달 동안의 준비 기간을 필요로 했지만, 카이사르는 귀국한 지 불과 열흘 만에 네 차례로 나누어 폼페이우스 때보다 더욱 화려한 개선식을 거행했다. 만족할 줄 모르고 효율성을 추구하는 것은 예측할 수 없는 사태도 고려하기 때문에 의미를 가질 것이다.

개선식

54세를 맞이한 카이사르가 로마인으로 태어난 사나이에게 최고의 영예인 개선식을 거행한 것은 이때가 처음이었다. 업적이 부족했기 때문이 아니라 시간이 부족했기 때문이다. 열흘 안팎의 기간을 사이에 두고 네 차례로 나누어 개선식을 거행한 것은 물론 이틀에 걸친 폼페이우스의 개선식을 의식한 것이지만, 승리한 상대가 네 나라에 이르렀기 때문에 나누어서 거행할 필요성도 있었다. 즉 첫째 날은 갈리아인에 대한 승리를, 둘째 날은 이집트의 프톨레마이오스 13세와 아르시노에 공주에 대한 승리를, 셋째 날은 폰투스 왕 파르나케스에 대한 승리를, 넷째 날은 누미디아 왕 유바에 대한 승리를 축하했다. 파르살로스에서 폼페이우스에게 거둔 승리는 개선식이라는 형태로 축하할 수 있는 성질의 것이 아니었다. 같은 로마인을 상대로 거둔 승리였기 때문이다. 패배자를 배제하지 않고 승자와 동등한 권리와 기회를 주는 융화노선을 채택한 이상, 폼페이우스파 사람들의 신경을 거스르는 행위는 정치적으로도 어리석은 짓이었다. 또한 카이사르 자신도 폼페이우스에 대한 승리만은 축하할 마음이 나지 않았을 것이다. 카이사르는 냉철하긴 했지만 냉혹하지는 않았다.

다만 타프수스 회전의 승리는 누미디아 왕 유바에 대한 승리를 표면에 내세워 축하했다. 일찍이 '삼두정치'의 동지였던 폼페이우스와 달리, 폼페이우스가 죽은 뒤에도 반항을 멈추지 않은 잔당은 카이사르의 마음속에서는 적이었다. 투항한 자는 목숨도 재산도 빼앗지 않고 추방도 하지 않았지만, 그건 그것대로 카이사르의 방식이다. 게다가 누미디아 왕 유바는 쿠리오의 군대를 궤멸시킨 장본인이었기 때문에 그에 대한 승리는 카이사르군에게는 보복이었다. 또한 겉으로는 로마와 동맹을 맺고 있으면서 로마에 반항한 동맹국에 대한 승리이기도 했다. 로마인에게는 축하할 이유가 충분히 있었던 셈이다.

아무리 기발한 착상이 풍부한 카이사르라도, 개선식만은 전통에 충실하게 따랐다.

우선 퍼레이드에 참가하는 모든 사람이 성벽 밖에 있는 마르스 광장에 집결한다. 행렬의 선두부터 후미까지 이곳에서 대열을 짜기 때문에 개선식 날이면 마르스 광장은 장사진을 친 행렬로 메워진다. 개선식이 열리는 날은 휴일이 되니까, 퍼레이드가 지나가는 길은 물론 출발점인 마르스 광장도 구경꾼으로 가득 차곤 했다.

대열이 정비되면, 독재관의 권한으로 릭토르(호위병)를 24명 거느린 카이사르가 모습을 나타낸다. 군단병들은 군단장의 구령에 따라 일제히 부동자세에서 오른팔을 비스듬히 들어올리는 경례로 그를 맞이한다. 나중에 '로마식 경례'라고 불리게 된 이런 투의 경례는 오늘날에도 나치 독일의 기록영화에서 볼 수 있다. 무솔리니가 먼저 이것을 흉내냈고, 그것을 다시 히틀러가 흉내냈기 때문이다. 이민족을 배척한 나치 독일이 역사상 처음으로 이민족과의 공존공영을 실현한 로마를 흉내낸 데 대해서는, 설령 그것이 군대의 경례만 흉내낸 것이라 해도 강력하게 이의를 제기하고 싶지만, 군대의 경례로서는 영미식보다 볼품이 있는 것 같다.

말이 나온 김에 덧붙이면, 무솔리니는 고대 로마의 릭토르가 받쳐든 권표(權標), 즉 파스키스(fascis)를 따서 그가 주창하는 이데올로기를 '파시즘'이라 하고, 사단이라고 하는 대신 군단이라고 부르고, 로마식 경례를 도입하고, 최정예 군단을 제10군단이라고 이름짓는 등 여러 가지 방법으로 이탈리아 군대를 강화하려고 애썼지만, 결과는 제2차 세계대전에서 참패로 끝났다. 형식도 중요하지만, 내용이 따르지 않으면 아무 소용도 없다는 것을 입증하는 예이기도 하다.

개선장군이 도착하면 개선 퍼레이드가 출발한다. 원로원 의원과 정부 고관들이 행렬의 선두를 맡는다. 이것은 군사 세력보다 문민 세력을 앞세워야 한다는 로마인의 사고방식을 보여주었다. 그 뒤에는 악대가 따르고, 전리품을 가득 실은 마차 행렬이 이어진다. 마차 위에 그냥 차곡차곡 싣는 것이 아니라, 길가에 나온 관중이 잘 볼 수 있도록, 보고 감탄할 수 있도록 전시법을 궁리하는 것이 보통이었다.

전리품을 실은 마차 행렬이 지나가면, 승리한 전쟁 상황을 그린 플래카드 행렬이 나타난다. 갈리아 전쟁의 승리를 축하하는 날에는 갈리아 지도 위에 로마 군단기인 독수리 깃발이 꽂힌 그림이라든가, 라인 강에 걸린 다리, 알레시아 공방전이 끝난 뒤 카이사르 앞에 무릎을 꿇

'왔노라, 보았노라, 이겼노라'(개선식 기념 은화)

은 패장 베르킨게토릭스의 그림 등이다. 폰투스 왕 파르나케스에 대한 승리를 축하하는 날에는 "왔노라, 보았노라, 이겼노라"라고 쓴 플래카드가 퍼레이드를 선도했다. 누미디아 왕에 대한 승리를 축하하는 날에는 유바 왕과 페트레이우스가 서로를 죽이는 그림, 카토가 스스로 내장을 끄집어내어 죽는 모습을 그린 플래카드가 개선식을 장식했다. 로마의 개선식에서 그림으로든 글자로든 플래카드가 활약한 것은 그리스인과 달리 로마인은 누구나 보고 이해할 수 있는 수준의 선전을 중시했기 때문이다.

플래카드 뒤에는 그 '전쟁의 결과'인 패배자를 태운 마차가 등장한다. 연도를 가득 메운 군중은 플래카드를 보고 전쟁의 개요를 대충 파악한 뒤에 그 결과를 실제로 보게 되는 것이다. 마차 위에 쇠사슬로 묶여 있는 패배자 대표는 갈리아 전쟁의 승리를 축하하는 날에는 베르킨게토릭스, 이집트 전쟁의 승리를 축하하는 날에는 아르시노에 공주, 폰투스에서의 승리를 축하하는 날에는 파르나케스의 아들, 누미디아 왕에 대한 승리를 축하하는 날에는 유바의 다섯 살 난 아들이었다.

이 포로들은 개선식이 끝난 뒤에도 이탈리아에 붙잡아두기는 할망정 죽이지는 않는 것이 보통이다. 누미디아 왕의 어린 아들은 로마에서 성장한 뒤, 대가 끊긴 마우리타니아의 왕위에 앉았다. 그러나 베르킨게토릭스만은 개선식이 끝난 뒤 감옥 안에서 살해되었다. 그는 지나치게 유능했고, 따라서 살려두기에는 너무 위험하다고 카이사르가 판단했기 때문이다.

패배자를 태운 마차 행렬 뒤에는 퍼레이드가 끝난 다음 거행되는 제사에서 제물로 바쳐질 흰 소가 끌려온다. 흰 소 뒤에는 제사장들이 따랐다. 전임(專任) 성직자 계급을 두지 않은 로마에서는 제사장들도 선거에서 뽑혀 제사를 담당할 뿐이다. 카이사르 자신이 최고제사장이었기 때문에, 카이사르의 개선식에서는 여느 때라면 제사장들의 선두에 서는 최고제사장이 없었다.

행진에 참석하는 사람들은 모두 예복으로 위의를 갖추고, 마차와 말도 이날을 위해 아름답게 치장되어 있게 마련이다. 패배자를 태운 마차조차도 로마인이 좋아하는 초록빛 담쟁이 잎을 얽어서 만든 장식으로 가장자리를 둘러 치장했다. 로마인은 네모나게 자른 평평한 돌로 포장하기를 좋아한 만큼, 나무는 군데군데 울타리로 둘러싼 곳에만 심어져 있다. 포장도로에 푸른 나무를 심으면 하얀 대리석과 어우러져 아름답지만, 땅밑으로 뻗은 뿌리가 포장된 돌을 헐겁게 만들어버리는 단점이 있었다. 그래서 로마인들은 축하행사가 열릴 때마다 담쟁이 잎을 얽은 초록빛 리본 모양의 장식을 벽에 두르곤 했다. 그렇게 하여 무뚝뚝한 돌벽을 채색한 것이다.

정부 관리로 상징되는 '정치', 그리고 제사장으로 상징되는 '종교'가 지나간 뒤, 드디어 '군사'가 등장한다. 이날의 주역인 개선장군의 등장이다. 백마 네 필이 끄는 전차는 기원전 2세기경까지는 개선장군이 직접 몰았지만, 기원전 1세기에는 백마를 모는 것은 하인에게 맡기고 개선장군은 그 뒤에 한 단 높은 곳에 서서 연도에 모인 군중이 보내는 환호에 답하고 사람들이 던지는 꽃을 받는 역할에만 충실하게 되었다.

개선장군은 하얀색 투니카 위에 정교한 돋을새김으로 장식한 황금 흉갑을 걸치고, 장식이 달려 있는 의전용 장화를 무릎까지 올라오게 신는다. 그 위에는 가장 값비싼 염료인 자주색으로 물들인 망토를 걸치는데, 왼쪽 어깨를 넓게 덮고 오른쪽 어깨에서 고정시킨다. 왼손에는 지휘봉을 쥔다. 전투할 때는 오른손에 쥐는 이 지휘봉은 상아에 금장식을 상감한 것이다. 투구를 쓰지 않은 머리에는 초록빛 월계관을 쓴다. 얼굴은 개선식 날만은 붉게 칠한다. 승자의 얼굴을 붉게 칠하는 것은 에트루리아 민족의 풍습을 흉내낸 것인데, 재앙을 쫓는 의미였다고 한다.

개선장군의 전차 뒤에는 참모들이 말을 타고 나아가고, 그 뒤에 기병대가 따른다. 카이사르의 개선식에서는 게르만 출신 기병대가 이국 정취를 더해주었다. 키가 크고 건장한 체격, 금발에 푸른 눈, 무뚝뚝한 표정의 게르만인들은, 몸집은 건장하지만 키가 작고 머리와 눈은 다갈색이고 표정이 풍부한 로마인들 사이에서는 눈길을 끌지 않을 수 없었다.

당당한 게르만 기병대의 행렬이 지나가면, 이름 높은 로마 군단병들의 퍼레이드가 시작된다. 군단별로 군단기인 독수리 깃발을 앞세우고 군단장(레가투스), 대대장(트리부누스), 백인대장(켄투리오), 군단, 대대, 중대별로 대오를 짜서 행진한다. 모두 창과 칼을 든 군장 차림이다. 겉모습은 무장하고 있어도, 로마의 개선식에서 군단병들의 행진은 위풍당당함보다는 장난스러운 분위기가 강했다. 그들은 일제히 큰 소리로 그날을 위해 미리 정해둔 구호를 합창한다. 카이사르의 개선식에서 군단병들이 외친 구호는 이것이었다.

"시민들이여! 마누라를 숨겨라. 대머리 난봉꾼이 나가신다!"

이건 너무하지 않느냐고 카이사르는 항의했지만, 카이사르와 12년 동안이나 고락을 함께한 고참병들은 경애하는 총사령관의 항의에도 귀를 기울이지 않았다. 개선식에서 어떤 구호를 외치든, 그것은 군단병의 권리라는 것이다. 그건 사실이었다. 우쭐해지기 쉬운 개선장군의 위엄에 찬물을 끼얹는 구호를 외치는 것은 로마 개선식의 전통이기도 했다. 신들이 개선장군을 질투하지 않게 한다는 것이 그 이유였다. 카이사르가 유머 감각이 풍부한 만큼, 부하들에게 항의한 것도 평소의 '휴먼 코미디'가 아니었나 싶다. 다만 '대머리'라는 말만은 마음에 걸렸던 모양이다. 이 무렵에는 머리카락이 후퇴를 멈출 줄 모르는 것이 카이사르의 유일한 약점이었기 때문이다. 원로원은 카이사르가 10년 임기의 독재관에 취임하는 것을 가결했을 때, 카이사르한테만은 특별히 개선식이 아닌 경우에도 월계관을 쓰는 것을 허락했다. 이것은 카이사르가 크게 기뻐하며 받아들인 영예였다. 월계관을 쓰고 있으면 넓어진 이마도 감출 수 있었기 때문이다.

그거야 어쨌든, 군단병들이 그런 구호를 큰 소리로 합창하면서 카이사르를 따라갔다면, 구경 나온 시민들도 위풍당당해야 할 개선식을 킬킬거리면서 보았을 게 분명하다. 그러나 마르스 광장을 출발한 개선식 퍼레이드가 포로 로마노로 들어간 다음, 포로 로마노 한복판을 남쪽에서 북쪽으로 가로지르는 성도(聖道 : 비아 사크라)를 지나 카피톨리노 언덕을 올라가기 시작하면, 군단병들도 이제는 구호 합창을 삼가고 엄숙한 표정으로 바뀐다. 카피톨리노 언덕에서는 신들에게 승전보를 올리고 감사를 바치는 의식이 거행되기 때문이다.

오늘날에는 캄피돌리오, 즉 카피톨리노 언덕에는 북쪽에서 올라가도록 되어 있다. 하지만 그것은 16세기 전반에 미켈란젤로의 설계로 이 일대를 재개발한 결과다. 그때까지는 포로 로마노가 있는 남쪽에서 올라가도록 되어 있었다. 로마의 일곱 언덕 가운데 가장 높은 카피톨리노 언덕은 로마 건국 이래 신들이 사는 곳으로 되어 있다. 그 언덕에

카피톨리노 언덕의 최고신 유피테르 신전(복원도)

는 최고신 유피테르에게 바쳐진 신전을 비롯하여 많은 신전이 늘어서
있다. 로마에서는 유일하게 인간은 살지 않고 신들만 사는 곳이다. 개
선식은 이 언덕에 올라와 승전보를 올리고, 그 승리에 도움을 아끼지
않은 불사의 신들에게 감사를 드리는 것으로 끝난다.

　최고신 유피테르에게 바쳐진 신전의 내전에는 개선장군 한 사람만
들어간다. 합리주의자인 카이사르도 이때만은 진지하게 신과 대면했
을 것이다. 오늘에 이르기까지 그 얼마나 길고 험난한 세월의 연속이
었던가.

　개선식이 끝나면, 퍼레이드가 벌어지는 동안에는 관중이었던 시민
들도 초대하여 잔치를 베푼다. 카이사르가 화려한 것을 좋아하는지라
축하연은 후세까지 전해질 만큼 호화판이었다.

　그와 함께 싸운 장병들에게는 포상금이 지급되었다. 병사들에게는 1
인당 5천 데나리우스, 백인대장에게는 1만 데나리우스, 대대장에게는
2만 데나리우스. 상례에 어긋난 것은 전사자 가족이나 병역을 끝까지

수행하지 못한 부상자에게도 전액은 아니지만 약간의 보상금이 지급된 것이다. 그러면 이 액수는 어느 정도 가치가 있었을까. 포에니 전쟁 시대부터 병사의 연봉은 70데나리우스로 고정되어 있었다. 그런데 카이사르가 내전이 시작된 뒤에 두 배로 올렸기 때문에 로마 군단병의 연봉은 140데나리우스가 되었다. 따라서 개선식에서 일시불로 지급된 포상금은 무려 35년치 연봉에 상당하는 액수였다.

보너스를 받은 것은 병사들만이 아니었다. 개선식을 구경하러 나온 모든 사람—여자와 17세 이하의 미성년과 노예는 제외하고—이 각자 밀 10모디우스(87.5리터)와 올리브유 10리브라(3.2킬로그램)와 100데나리우스를 '선물'로 받았으니까, 호화판이라고 말할 수밖에 없다.

이런 보너스도 보통 화폐로 지불된 것은 아니다. 25데나리우스짜리 은화를 특별히 주조하여 이 기념화폐로 지불했다. 그 시대의 화폐는 액면가와 같은 실제 가치를 가져야 했다. 따라서 통화로서도 훌륭하게 통용되었다.

네 차례에 걸친 개선식이 끝날 때마다 잔치를 베풀었는데, 잔칫상이 무려 2만 2천 개에 이르렀다니까, 시원한 밤바람이 불어오는 여름밤의 야회에 초대받은 손님이 6만 명이라는 것도 결코 과장된 숫자는 아니었을 것이다. 초대받지 않은 서민도 실제로는 잔치에 참석했다. 야회는 모두 포로 로마노나 테베레강에 떠 있는 섬 같은 야외에서 열렸기 때문에 슬쩍 끼어들어 국물을 얻어먹은 사람도 많았다. 카이사르 자신도 평소에 많은 사람이 어울리는 회식을 좋아하는 성격이었다.

야회가 끝나면 사람들은 집으로 돌아가는 카이사르를 배웅한다. 개선식 날 밤에는 평소와 같은 릭토르가 아니라 활활 타오르는 햇불을 등에 높이 세운 코끼리떼가 앞장서서 카이사르를 인도했으니까, 이것도 사람들을 즐겁게 해주는 구경거리였다. 코끼리는 카르타고어로 카

카이사르 개선식 기념 화폐
상 : 둘 다 패배한 갈리아를 상징
중 : 코끼리
하 : 카이사르의 아내 칼푸르니아

이사르라고 한다.

개선식은 퍼레이드와 그 후의 잔치로 끝나는 것은 아니다. 카이사르는 네 차례로 나누어 치른 개선식 사이사이에 연극을 공연하거나, 경기장에 테베레강물을 끌어들여 모의 해전을 연출하거나, 검투사의 검술시합을 개최하거나, 400마리나 되는 사자 사냥대회를 주최했다. 물론 입장료는 없다. 아프리카의 날이라고 명명된 행사에는 아프리카에서 이날을 위해 보낸 기린까지 등장했다. 로마의 패권이 지중해 남해안까지 미침에 따라 로마인은 아프리카산 동물도 별로 신기하게 여기지 않게 되었지만 기린을 보는 것은 처음이었다. 카이사르는 연극을 폼페이우스 극장에서 상연하게 했다. 많은 행사 중에서도 이것만은 젊은 나이에 죽은 외동딸 율리아를 기념한 것이었다. 율리아는 폼페이우스의 아내이기도 했다.

유력자가 공공건물을 자비로 건축하여 국가에 헌납하는 전통이 강한 로마에서는 강적을 물리치고 개선식을 거행할 정도의 인물이라면 공공건물을 한 개 정도는 세워서 국가에 기증하는 것이 보통이다. 포로 로마노 북서쪽에 있는 '아이밀리우스 회당'(바실리카 아이밀리아)은 기원전 179년에 마케도니아 왕 페르세우스를 물리친 아이밀리우스 파울루스가 기증한 것이다. 성도(비아 사크라)를 사이에 두고 그 맞은편에는 그라쿠스 형제의 아버지인 셈프로니우스 그라쿠스가 기원전 170년에 기증한 '셈프로니우스 회당'(바실리카 셈프로니아)이 서 있었다. 기원전 80년에는 독재자 술라도 '타불라리움'이라고 불린 공문서 보관소—실제로는 관청용 건물—를 포로 로마노에 면한 카피톨리노 언덕에 세웠다. 그 남쪽 부분은 중세에 세워져 오늘날까지 쓰이는 로마 시청의 일부로 남아 있다. 지중해 동부 지역을 제패한 폼페이우스도 물론 선배들을 본받는 데 인색하지 않았다. 그는 기원전 55년에 성벽 밖에 로마 최초의 석조 극장과 대회랑을 지어 국가에 기증했다.

카이사르도 이들 선배들에게 질 마음은 없었다. 그는 갈리아 전쟁을 치를 당시부터 이미 포로 로마노 확장공사를 선도한 신전과 회랑 건설에 착수했다. 그리고 개선 기념사업으로 '셈프로니우스 회당'을 개축하겠다고 발표했다. 그러나 이 회당은 워낙 파손이 심했기 때문에, 결국 토대부터 다시 짓게 되어 '율리우스 회당'(바실리카 율리아)이라고 불리게 된다. 카이사르가 도시계획에 관심이 각별했던지라 공공건물의 건설과 기증은 개선 기념사업의 범위를 훨씬 넘어서게 되었다. 카이사르는 국가 로마에 새로운 정치질서를 주는 동시에 새로 단장한 수도도 함께 줄 생각이었기 때문이다.

카르타고는 700년의 역사 뒤에 멸망했다. 로마는 700년의 역사 뒤에 다시 태어나려 하고 있었다.

카이사르가 구상한 수도 재개발 사업도 역시 카이사르에 의한 로마의 새로운 탄생을 나타내는 것이어야 했다.

◆　◆　◆

"역사는 이따금 하나의 인물 속에 자신을 응축시키고, 그 후 세계는 이 인물이 지시한 방향으로 나아가기를 좋아하는 법이다. 이런 위대한 개인에게는 보편과 특수, 멈춤과 움직임이 한 사람의 인격에 집약되어 있다. 그들은 국가나 종교나 문화나 사회의 위기를 구체적으로 나타내는 존재다……

위기에는 기존의 것과 새로운 것이 뒤섞여 하나가 되고, 위대한 개인에게서 정점에 이른다. 이런 위인들의 존재는 세계사의 수수께끼다."

● 부르크하르트의『세계사에 관한 고찰』에서 발췌

국가 개조

카이사르가 기원전 49년 1월 12일 루비콘강을 건넘으로써 시작된 내전은 타프수스 회전에서 승리하여 폼페이우스파 잔당을 소탕하고 아프리카를 떠난 기원전 46년 4월에 끝났다고 생각한 게 아닌가 싶다. 그러나 폼페이우스파와 카이사르파의 투쟁은 원로원 체제를 고수하려는 '보수파'와 거기에 반대하는 '개혁파'의 다툼이었다.

그렇다면 국가 로마의 내부 혼란은 원로원 체제가 기능을 발휘하지 못하게 된 것을 맨 처음 지적한 그라쿠스 형제로부터 비롯되었다는 얘기가 된다. 고대 역사가 아피아누스도 『내전기』를 그라쿠스 형제 이야기로 시작했다. 고대 로마인도 그렇게 생각하고 있었던 셈이다. 시공을 뛰어넘어 생각하는 카이사르 역시 패권자 로마가 빠진 혼미상태는 그라쿠스 형제로부터 비롯되었다고 생각한 게 분명하다. 실제로 카이사르가 처음 집정관에 취임한 해에 가장 중요한 정책으로 시행한 것은 그라쿠스 형제가 제안했다가 젊은 나이에 죽는 바람에 중단된 농지개혁법이었기 때문이다.

그러나 로마의 혼미는 개별적인 정책을 시행하는 정도로는 더 이상 해결할 수 없을 만큼 심각하다는 사실을 그라쿠스 형제 이후 몇 사람은 깨닫게 된다. 이들은 로마가 오래전에 채택한 공화정 자체가 기능을 발휘하지 못하게 된 것이 혼미상태를 초래했다고 생각하게 되었다. 그 대표적인 인물이 술라와 키케로와 카이사르 세 사람이었다.

로마 특유의 공화정은 해마다 선출되는 집정관 두 사람을 정점으로 하는 행정기구를 선거를 거치지 않은 엘리트로 구성된 원로원이 보좌하고, 시민권 소유자 전원이 투표권을 갖는 민회에서 최종 결정을 내리는 체제다. 행정을 담당하는 대다수가 원로원 의원이기 때문에 과두정(올리가르키아)이라고 불린다.

포에니 전쟁 시대의 그리스 역사가인 폴리비오스는 로마의 정치체제를 집정관으로 대표되는 군주정(모나르키아)의 이점과 원로원으로 구현되는 귀족정치(아리스토크라티아)의 이점과 민회로 상징되는 민주정(데모크라티아)의 이점을 짜맞춘 이상적인 정치체제라고 찬양했다.

어쨌든 집정관을 비롯한 행정관료에 선출되는 데에도, 원로원 의석을 얻는 데에도 계급 차별은 존재하지 않고 누구한테나 기회는 균등하게 주어지지만, 권력 행사권은 능력에 따라 주어진다는 것을 인정한 체제였다.

로마인은 민주정 자체에는 한 번도 매력을 느낀 적이 없었다. 페리클레스 시대의 아테네 민주정은 정치력이 뛰어난 페리클레스라는 인물이 이끌었기 때문에 기능을 발휘할 수 있었다는 것을 로마인은 꿰뚫어보았다. 그리고 페리클레스가 죽은 뒤 아테네를 쇠퇴로 몰아넣은 중우정치는 당시에는 아직 신흥국이었던 로마에는 좋은 타산지석이기도 했다.

로마인은 폴리스라는 도시국가 체제에 집착한 그리스인과는 반대되는 방식을 택했다. 어딘가를 정복하면, 그 지방과 그곳 주민을 정복자인 자신들과 동화시키는 노선을 채택한 것이다.

이 노선은 결국 시민권 소유자의 확대로 귀착된다. 민주정이 제대로 기능을 발휘할 수 있느냐는 유권자 각자의 지성과 판단력에 따라 결정되는 것이 아니다. 무슨 일이 일어나면 당장 달려올 수 있는 유권자 수가 많으냐 적으냐에 따라 결정된다. 아테네는 양친 가운데 한쪽이 다른 폴리스 출신이면 시민권을 인정하지 않았다. 민주정은 이처럼 시민권 소유자를 확대하지 않은 아테네에서나 기능을 발휘할 수 있는 정치체제였다.

원로원이 주도하는 로마 특유의 공화정은 제1권 『로마는 하루아침에 이루어지지 않았다』에서 다룬 시대에 확립되어, 제2권 『한니발 전쟁』에서 다룬 시대에는 외국인인 폴리비오스한테 칭찬받을 필요도 없이 훌륭하게 기능을 발휘하고 있었다. 군사의 천재 한니발과 강대국 카르타고를 상대로 끝까지 싸워서 승리할 수 있었던 것도 원로원이 한 덩어리가 되어 지휘계통을 담당했기 때문이다. 카르타고에 대한 승리는 로마의 조직력의 승리라고 말하기까지 한다. 전사자 비율도 줄곧 최전선에서 싸운 원로원 계급의 비율이 가장 높았다.

하지만 어떤 체제에도 수명은 있게 마련이다. 카르타고를 무찌르고 지중해 세계의 패권자가 된 로마에 승자의 혼미가 찾아왔다. 가장 큰 이유는 어떤 체제도 피할 수 없는 동맥경화증이었다. 두 번째 이유는 승자가 되었기 때문에 직면하게 된 문제의 질이 달라진 것이다.

이제까지 긍정적 기능을 하던 것이 환경 변화로 말미암아 부정적 기능을 하게 되었다.

아무것도 없는 상태에서 새롭게 시작하는 것보다는 지금까지 훌륭하게 기능을 발휘하고 있던 체제를 바꾸기가 훨씬 어려운 법이다. 후자의 경우에는 무엇보다 우선 자기 자신을 개혁해야 하기 때문이다. 자기 개혁, 특히 자신의 능력에 자신감을 갖는 데 익숙해진 사람들의 자기 개혁만큼 어려운 일은 없다. 하지만 이것을 게을리하면 새 시대에 맞는 새로운 체제를 수립하기는 더욱 불가능해진다. 그라쿠스 형제 이후, 로마 엘리트들의 고민은 바로 이 점에서 출발했다.

술라도 키케로도 카이사르도 강대해진 로마의 통치능력을 회복할 필요가 있다는 인식에서는 완전히 일치했다. 그리고 통치 담당자인 원로원 계급의 현재 상황은 그 임무를 수행하기에 부적합하다고 생각했다는 점에서도 세 사람은 일치했다. 세 사람이 내린 처방은 제각기 달랐지만, 모두 나라를 걱정하는 우국지사이기는 했다.

그러면 이 어려운 문제를 세 사람은 어떤 방법으로 해결하려 했을까.

술라는 한마디로 말하면 체제 내 개혁을 단행했다. 아무도 반대할 수 없는 독재관에 취임하여 일종의 위기관리 내각을 조직하고, 반대파는 죽이거나 공직에서 추방하거나 재산을 몰수하는 탄압정책으로 숙청한 뒤에 단행한 술라의 정치 개혁은 원로원 체제를 보강함으로써 통치능력을 회복하려 한 것이었다. 제3권 『승자의 혼미』에서 상세히 기술했듯이 연공서열제도를 엄격히 실시하여 개인의 부상(浮上)을 방지하고, 그와 동시에 통치자 계급인 원로원 의원에게는 통치능력을 갈고 닦을 기회를 더 많이 주어 지도층의 질적 향상을 꾀했다.

다만 술라가 생각한 통치자 계급은 그와 생각을 같이하는 사람들만으로 구성되어야 했다. '살생부'까지 만들어 반대파를 철저히 숙청한 것도 술라로서는 로마 공화정에 대한 충성도가 높은 사람들로 국정 담당 계급을 구성하려는 나름대로의 이유가 있었던 셈이다.

술라보다 한 세대 아래인 키케로는 로마를 현재의 위기에서 구출하는 방책으로 무엇을 생각했을까.

키케로는 술라가 단행한 반대파 숙청과 이를 통한 통치자 계급의 강화에 반대했다. 술라의 공포정치가 결국 사람들의 마음을 황폐하게 만든 것을 '카틸리나의 음모' 당시 집정관이었던 그는 깊이 우려했기 때문이다.

그러나 체제 자체를 뜯어고치자는 카이사르의 생각에도 동시대인인 그는 동의할 수 없었다.

키케로는 지방 출신으로 성공한 사람이다. 인간 세상에서는 아웃사이더였다가 출세한 사람이 자신을 받아들여준 현체제를 유지하는 데

더 열성적으로 나서는 경우가 많다.

그렇긴 하지만, 키케로도 국가 로마의 현재 상황을 우려하는 마음은 남보다 훨씬 강했다. 그런 키케로가 로마 개혁안으로 생각한 것은 그의 말을 직역하면 '공직생활의 정화'였다. 이것만 실현되면 국가 로마의 장래도 평온무사할 거라고 그는 생각했다.

키케로는 그것을 언론의 힘으로 실현할 수 있다고 확신했다. 그가 발표한 수많은 저술은 인간의 일반적인 덕을 향상시키려는 철학서라기보다는 로마 공인의 덕을 향상시키기 위해 쓴 것이다. 재판 변론문에서도 키케로의 목적은 로마 공인의 덕을 향상시키는 것으로 귀결된다.

키케로는 출세의 정점에 있을 때에는 자신을 다음과 같이 표현하기를 좋아했다.

Consul sine armis(군사력을 갖지 않은 집정관)

Dux et imperator togae(토가 차림의 최고사령관)

Cedant arma togae(文이 武를 제압하다)

그러나 현실의 로마에서는 술라가 단행한 체제 내 개혁도 시대에 걸맞지 않다는 사실이 곧 드러났고, 공인의 덕을 향상시키자는 키케로의 주창도 결과적으로는 전혀 성공하지 못한 것을 보여줄 뿐이었다.

그러면 카이사르는 무엇을 어떻게 고치려고 했을까. 기원전 46년 이후 카이사르는 과거의 술라와 마찬가지로, 거부권 행사에 방해받지 않고 자신의 생각을 정책화할 수 있는 독재관(딕타토르)의 절대권력을 손에 넣었다.

54세를 맞이한 카이사르는 우선 그가 수립하고자 하는 새 질서의 표어로 '클레멘티아'(관용)를 내걸었다. 개선식 때 배포된 기념 은화의 한쪽 면에는 '클레멘티아'라는 문자가 새겨져 있다. 카이사르는 기회가 있을 때마다 "나는 술라와는 다르다"고 공언했다.

반대파를 처단하기 위한 '살생부' 작성을 거부하고, 망명한 사람도 원하면 귀국을 허락하고, 그의 의중을 헤아리지 못하고 폼페이우스파 사람들의 재산을 몰수한 안토니우스에게는 그 재산을 반환하도록 시켰다. 포로 로마노의 연단에 폼페이우스파 사람들의 목이 효수되는 일도 없었다. 귀국과 복직을 원한 사람 가운데 카이사르의 허락을 받지 못한 사람은 하나도 없었다. '원로원 최종권고'를 발동하여 카이사르를 반역자로 규정한 전직 집정관 마르켈루스의 귀국도 허락했다. 카이사르가 원한 것은 적도 동지도 없이 일치단결하여 국가 로마의 재생을 위해 애쓰는 것이었다.

카이사르의 방식은 반대파를 배제하고 자기편끼리만 개혁을 단행한 술라의 방식보다 훨씬 어려울 수밖에 없었다. 그래도 술라의 방식이 술라의 기질에 맞은 것과 마찬가지로, 이것이 카이사르의 기질에 맞는 방식이었다.

이런 카이사르에 대한 로마인의 반응은 한마디로 안도감이었다. 대부분의 로마인이 안심하여 가슴을 쓸어내렸다. 동족끼리 피를 흘리는 데 지쳐 있었기 때문이다. 하지만 카토처럼 로마인이 같은 로마인을 관용으로 용서한다는 것은 공화정 정신에 어긋난다고 생각하는 사람도 소수나마 있었다. 카토는 우티카에서 자결을 선택했지만, 다른 사람들은 폼페이우스의 두 아들이 달아난 에스파냐에 모이기 시작했다.

다만 키케로는 『카토』를 간행하여 카토의 장렬한 죽음을 찬양하면서도 카이사르의 관용 노선에는 찬성의 뜻을 표했다. 이 무렵 키케로는 옛 동지들과 카이사르의 관계를 회복하는 것이 자기한테 주어진 하늘의 명령이라도 되는 것처럼 적극적이었다.

키케로가 거기에 열심이었던 것은 권력을 장악한 카이사르가 자신과 같은 정치이념 — 소수의 엘리트가 주도하는 공화국 재건 — 을 가지고 있으며, 앞으로 그 이념을 실현하기 위해 애쓰리라고 기대했기 때문이다. 국가는 이념이 아니라 실제이고, 문제는 국가가 제대로 기능을 발휘하느냐 아니냐에 있다는 카이사르의 생각을 키케로조차도 이해하지 못했다는 것을 알 수 있다. 이런 부류의 사람들은 자기가 이해하지 못했다는 것조차 깨닫지 못하고, 얼마간 시간이 지나도 자신의 기대가 충족되지 않으면 배신당했다고 불평하는 것이 보통이다. 전쟁터에서는 고독하지 않았던 카이사르도 정치 무대에서는 고독을 피할 수 없었다.

그러나 고독은 창조를 직업으로 삼는 사람한테는 평생을 따라다니는 숙명이다. 신이 창조의 재능을 준 대가로 고독을 주었나 싶을 정도다. 고독을 한탄하고 있으면 창조라는 작업을 수행할 수 없다. 아니, 사실은 한탄하고 있을 시간적 여유도 정신적 여유도 없다. 그래서 카이사르도 키케로의 생각과는 관계없이 자신이 해야 한다고 생각한 바를 착착 실행에 옮기기 시작했다. 그 첫 번째 사업이 달력 개정이었다는 것은 현실주의자인 그의 면모를 여실히 보여주어 상징적이기까지 하다.

달력 개정

로마인이 사용하던 달력은 기원전 7세기에 제2대 왕 누마가 정비한 태음력이었다. 여기에 따르면 1년은 달이 차고 이우는 데 따라 열두 달로 나뉘고, 1년의 날수는 355일이 된다. 남는 날수는 몇 년마다 한 달을 늘리는 방법으로 조정해왔다. 하지만 이렇게 해도 차이는 계속 커져서, 기원전 1세기 중엽에는 달력상의 계절과 실제 계절 사이에 석 달 가까운 차이가 생겨 있었다.

카이사르가 달력을 개정하기로 결심한 것은 이 차이를 없앨 필요가 있었기 때문만은 아니다. 정확한 달력만 만들면 '로마 세계'의 어디에서나 받아들여질 테고, 그에 따라 생활 리듬도 어디서나 같아질 거라고 생각했기 때문이다. 로마 세계는 로마의 군사적 패권이 미칠 뿐 아니라, 문화는 다양해도 문명은 공통이어야 한다. 나날의 생활을 재는 기구인 달력을 공유하는 것은 문명 통합의 첫걸음이었다.

이집트에 머무는 동안 알게 된 이집트인 천문학자와 그리스인 수학자들이 달력 만드는 작업을 맡았다. 카이사르의 초빙을 받고 로마에서 그 작업에 착수한 과학자들은 지구가 태양 주위를 한 바퀴 도는 데 걸리는 시간을 365일 6시간으로 계산했다. 따라서 365일이 1년이고, 이것은 다시 열두 달로 나뉜다. 그리고 1년마다 생겨나는 6시간의 오차는 4년에 한 번씩 2월 23일과 24일 사이에 하루를 끼워넣어 청산한다. 결국 그해의 2월은 29일이 된다. 이리하여 태양력이 탄생했다. 이 달력은 카이사르의 이름을 따서 '율리우스력(曆)'이라고 불렸다.

그런데 지금까지 쌓이고 쌓인 오차를 청산하는 문제가 남아 있었다. 그래서 기원전 46년 한 해만은 11월이 끝나고 12월이 시작되기 전에 3개월을 삽입하기로 했다. 따라서 기원전 46년에는 달의 순서가 다음과 같았다.

1월, 2월, 3월, 4월, 5월, 6월, 7월, 8월, 9월, 10월, 11월, 삽입 제1월, 삽입 제2월, 삽입 제3월, 12월. '율리우스력'은 이듬해인 기원전 45년 1월 1일부터 시행하기로 결정되었다.

이 '율리우스력'은 서기 1582년에 교황 그레고리우스 13세가 다시 개량할 때까지 1,627년 동안 지중해 세계와 유럽 및 중근동에서 사용되었다. 교황 그레고리우스 13세가 율리우스력을 다시 개량한 이유는 16세기 후반에 천문학 연구가 급속히 발전하면서 지구가 태양 주위를 한 바퀴 도는 데 걸리는 시간이 365일 6시간이 아니라 365일 5시간

48분 46초라는 사실을 알았기 때문이다. 이 계산을 토대로 한 '그레고리우스력'이 '율리우스력'을 대신하여 오늘날까지 쓰이고 있다. 11분 14초의 오차를 판정하는 데 무려 1,627년이나 걸렸으니까, '율리우스력'은 그것이 만들어졌을 당시로서는 경이적일 만큼 정확했다고 말할 수밖에 없다. 그리고 '그레고리우스력'도 11분 14초만 정확해졌을 뿐, 달력의 개념은 '율리우스력'과 똑같다.

카이사르는 이민족에게 '율리우스력'을 채택하라고 강요하지 않았다. 그는 '율리우스력'을 이른바 '국제 달력'으로 생각했기 때문이다. 각 민족은 나름대로 익숙한 옛 달력을 계속 사용했다. 갈리아인들은 '율리우스력'이 제정된 뒤에도 오랫동안 자신들의 태음력을 사용한 모양이다. 그렇지만 '율리우스력'을 거부하지는 않았다. 오늘날에도 태양력과 태음력을 병용하는 예를 적잖이 볼 수 있는데, 이것이 로마의 패권 밑에서 살고 있는 비로마인의 생활양식이 되었다.

통화 개혁

병용해도 좋다는 카이사르의 생각은 달력 개정에 이어 시행된 통화 개혁에도 나타나 있다. 그러나 병용해도 좋다고는 하지만 기축이 되는 것은 어디까지나 로마 화폐니까, 로마 세계 전체의 경제를 활성화하기 위해서는 개정된 화폐를 확립할 필요가 있다.

그래서 카이사르는 국립조폐소를 신설하여 지금까지 원로원이 가지고 있던 조폐권을 넘겨주고, 금화와 은화 및 동화를 주조하는 업무를 체계화했다. 로마에서 기념 화폐만이 아니라 보통 화폐에도 생존인물—요컨대 카이사르 자신—의 옆얼굴을 새기게 한 것은 카이사르가 처음이다. 몇몇 속주와 아테네 같은 자치도시를 비롯하여 조폐권을 인정받고 있는 지방에서는 그곳에서 주조한 화폐가 계속 통용되었다.

따라서 환전상이 번창했을 게 분명하다.

역사가들 중에는 그리스인이 많은데, 이들은 역사책을 쓸 때 그리스 화폐를 기준으로 서술하는 것이 보통이었다. 이런 역사책을 읽어야 하는 현대 연구자들은 나와 마찬가지로 각국 화폐의 환산표와 전자계산기를 상비해야 한다. 이것도 카이사르의 병용주의가 낳은 후유증이라고 할 수 있다.

병용은 언어 세계에서도 마찬가지였다. 하지만 이 세계에서는 정확하고 실제적이었기 때문에 광범위하게 채택된 '율리우스력' 같은 언어가 두 개 있었다. 언어로서 완성도가 높은 그리스어와 라틴어였다.

라틴어도 키케로와 카이사르라는 희대의 문장가 덕택에 기원전 1세기에는 그리스어와 비슷한 완성도에 도달했기 때문에 패권자의 언어가 로마 세계를 제패해도 좋았을 것이다. 그러나 로마인은 옛날부터 내려온 이중 언어 방식을 버리지 않았다. 특히 카이사르는 로마 최초의 국립도서관에 그리스어 책과 라틴어 책을 함께 갖추어놓으라고 명령했다. 또한 그리스어권에서는 로마 중앙정부에서 나온 공고도 그리스어로 발표되었다.

이 2대 국제어 외에 현지인들 사이에서는 토착어도 오랫동안 사용되었다. 로마 제국이 멸망한 뒤, 이런 토착어와 라틴어가 뒤섞여 근대의 각국 언어로 탈바꿈한 것이다.

이처럼 카이사르는 타당하다고 여겨지는 많은 분야에서는 지방분권주의를 인정했지만, 통치체제와 법률과 군사, 도로와 상하수도 및 항만설비로 대표되는 사회간접자본 분야에서는 로마식을 관철했다. 이런 면에서 그는 확실한 중앙집권주의자였다. 그리고 지방분권과 중앙집권이 균형있게 병용되는 사회야말로 카이사르가 생각하는 제국이었다. 카이사르는 코스모폴리스, 즉 세계국가 창설을 염두에 둔 것

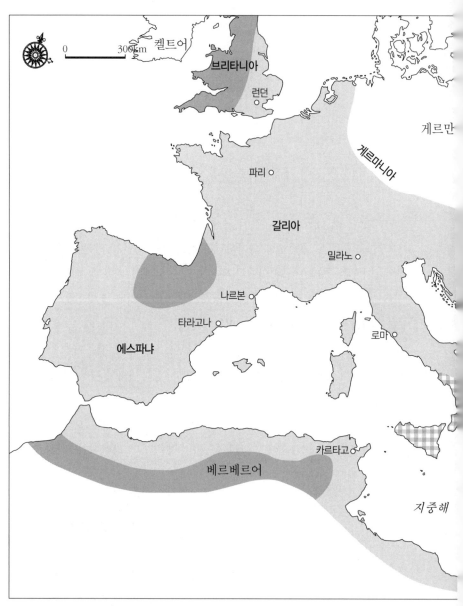

로마 시대의 언어권(이탈리아 고등학교 교과서에서)

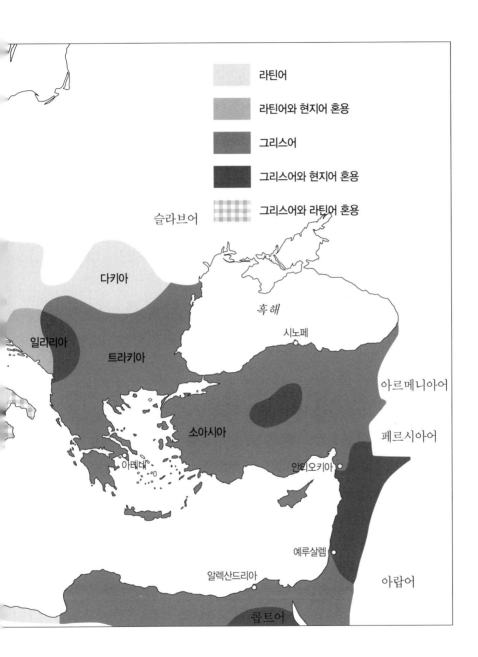

라틴어

라틴어와 현지어 혼용

그리스어

그리스어와 현지어 혼용

그리스어와 라틴어 혼용

슬라브어

다키아

흑해

일리리아

트라키아

시노페

아르메니아어

소아시아

페르시아어

아테네

안티오키아

예루살렘

아랍어

알렉산드리아

콥트어

이다.

그러나 이 원대한 사업도 잠시 중단하지 않으면 안 되었다. 폼페이우스의 두 아들을 등에 업은 반카이사르파 세력이 에스파냐 땅에서 다시 반기를 들었기 때문이다.

문다 회전

폼페이우스의 맏아들 그나이우스와 둘째 아들 섹스투스, 그리고 타프수스 회전에서 패배하고 도망친 라비에누스와 바로 등의 봉기가 성공한 것은 에스파냐 원주민을 자기편으로 끌어들였기 때문이다.

에스파냐인은 원래 로마의 통치에 얌전히 복종하는 민족이 아니었다. 좋게 말하면 권력에 굴복하지 않는 게 되지만, 사실은 권력도 살아가는 데 필요하다는 사실을 자각하지 못했을 뿐이다. 그래서 로마에 저항하는 인물이 나올 때마다 그 사람을 따라 로마에 반란을 일으키고, 그때마다 패하여 다시 로마의 지배 밑으로 돌아오는 일을 되풀이해온 민족이었다.

기원전 75년에 폼페이우스가 나서서 겨우 해결한 '세르토리우스 반란'이 그 전형이다. 그런데 이번에는 정반대로 폼페이우스의 아들들 편에 섰다. 에스파냐인이 폼페이우스파였던 것은 아니다. 로마 정부의 대표가 카이사르가 아니라 폼페이우스였다면, 폼페이우스에게 반항하여 일어났을 것이다. 이런 민족에 대해서는 군사적으로 제압할 수밖에 없다. 카이사르는 군단장 페디우스와 파비우스를 파견하여 문제가 커지기 전에 처리할 방책을 강구하고 있었다.

그런데 갈리아 원정 때부터 카이사르의 참모였던 이 두 장수는 군단장 정도는 충분히 맡을 수 있는 그릇이었지만, 전쟁을 총지휘하는 일은 그들에게는 너무 무거운 짐이었던 모양이다. 그들은 그나이우스 폼페이우스가 에스파냐 남부 일대에 세력을 확대하는 것을 허용해버렸다. 에스파냐 남부에 있는 중요한 도시 가운데 카이사르 편에 남은 것은 코르도바뿐이었다. 폼페이우스군은 8만 병력을 갖게 되었다. 카이사르는 직접 나서기로 결심할 수밖에 없었다.

기원전 45년 3월 17일에 벌어진 문다 회전으로 폼페이우스파의 마지막 저항은 분쇄되었다. 카이사르는 갈리아 병사만으로 이루어진 제5군단과 파르살로스 회전 이후 이집트에까지 데려간 제6군단, 그리고 이제 카이사르가 가는 곳은 어디나 따라다닌다는 말까지 듣게 된 제10군단을 에스파냐로 데려갔다. 나머지 병력은 북아프리카의 마우리타니아 왕국에서 참전한 병사가 주축을 이루고 있었다. 병력은 모두 합하여 4만 8천 명. 한편 8만 명이나 되는 적군은 폼페이우스의 맏아들 그나이우스와 타프수스 회전 이후 에스파냐로 도망친 라비에누스가 지휘를 맡았다. 대격전이 된 이 싸움에서 카이사르 쪽은 1천 명, 폼페이우스 쪽은 3만 3천 명의 전사자를 냈다. 라비에누스는 전사했고, 그나이우스 폼페이우스도 상처를 입고 도망치다가 붙잡혀 목숨을 잃었다. 폼페이우스의 둘째 아들 섹스투스만이 멀리 대서양 연안에 있는 산지로 달아나 목숨을 건졌다.

카이사르가 지휘한 내전 시대의 전투는 전사자 수보다 포로 수가 많은 것이 특징이다. 카이사르가 동족을 죽이기보다는 포로로 잡으라고 병사들에게 엄명을 내렸기 때문이다. 그러나 이 문다 회전에서는 포로가 없었다. 힘겨운 전투 끝에 겨우 승리한 카이사르군 병사들이 포로를 함부로 죽여버렸기 때문이지만, 카이사르에게 저항하는 로마인이 줄어들었다는 것도 보여준다. 폼페이우스파의 마지막 저항을 이끈 사령관이나 지휘관은 로마인이지만, 그 휘하에서 싸운 병사들 중에는 에스파냐 원주민이 많았기 때문이다.

라비에누스는 전사한 뒤에야 겨우 카이사르에 대한 적대행위를 그만두었다. 카이사르는 4년 만에 몰라보게 변한 옛 친구를 재회했다. 자기를 버리고 적진으로 달려간 옛 동지의 유해 앞에서 카이사르가 어떤 심경이었는지, 거기에 대해 『에스파냐 전쟁기』는 한마디도 전해주지 않는다. 다만 "라비에누스도 전사하여 매장되었다"고 적혀 있을 뿐이다.

지금까지는 폼페이우스한테 이기거나 폼페이우스파 사람들한테 이겨도 그런 명목을 내세운 개선식은 거행하지 않았다. 그런데 문다 회전에서 이긴 뒤에는 신들에게 승리를 감사하고 시민들과 축하하는 개선식을 거행했다.

현대 연구자들 중에는 카이사르가 마침내 가면을 벗어던졌다고 평하는 사람도 있다. 하지만 카이사르가 생각하기에 문다 회전은 어디까지나 정통 로마 정부에 반항하여 일어난 반도들을 진압한 것이었다. 이때의 개선장군은 카이사르 한 사람만은 아니었다. 결국 카이사르가 나서서 승리를 얻긴 했지만, 페디우스와 파비우스도 개선장군으로 백마네 필이 끄는 전차를 타고 개선식에 참석했다. 두 군단장을 개선장군으로 대우한 것은 그들이 전략단위인 2개 군단을 지휘하는 '절대지휘권'(임페리움)을 부여받고, 즉 공적인 지위를 부여받고 반도를 진압하기 위해 파견된 공인임을 나타내기 위한 것이었다. 카이사르는 두 부하도 승리의 공로자로 개선식에 참석시켜 자신의 정당성을 분명히 했다.

기원전 46년에 원로원은 카이사르를 10년 임기의 독재관에 임명했다. 게다가 카이사르는 기원전 46년에 그랬던 것처럼 기원전 45년에도 독재관 자리에 있으면서 집정관까지 겸임했다. 기원전 46년도 동료 집정관은 레피두스였고, 기원전 45년도 동료 집정관은 파비우스였다.

파비우스는 12월 말에 병사했는데, 임기가 얼마 남지 않았는데도 카이사르는 당장 트레보니우스로 빈 자리를 메웠다. 카이사르는 원로원과 민회에서 처음에는 5년, 다음에는 10년 임기의 독재관에 임명되었지만, 로마의 정치체제에서는 특례로 되어 있는 독재관 지위를 상설직으로 만드는 데에는 무척 조심스러운 태도를 보인 것을 알 수 있다. 어쨌든 로마인은 왕정의 조짐만 보여도 알레르기 반응을 일으키는 민족이었다.

유언장

이번에야말로 전쟁보다 정치에 전념할 수 있게 된 카이사르의 심경은 유언장 작성에도 나타나 있다.

카이사르의 첫 번째 유언장은 딸 율리아가 폼페이우스에게 시집간 뒤, 그리고 갈리아 전쟁에 나가기 전인 기원전 58년경에 작성된 게 분명하다. 이 유언장에는 상속인이 폼페이우스로 되어 있기 때문이다. 그런데 딸 율리아가 죽은 뒤에도, 폼페이우스와의 관계가 완전히 달라진 뒤에도, 심지어는 폼페이우스가 죽은 뒤에도 유언장을 그대로 둔 것은 유쾌하지만, 아마 그때의 유언장은 누구나 만드는 부류의 것이고, 또 상속재산도 대단치 않았기 때문일 것이다. 당시 카이사르가 가진 재산이라고는 수부라의 집 외에 두세 군데의 별장뿐이었고, 재산보다는 부채가 더 많을 정도였다.

그러나 기원전 45년에 작성된 유언장은 다르다. 우선 전쟁터에 나가기 전에 쓴 것이 아니라 전쟁에서 이기고 돌아온 뒤에 작성했다. 그리고 빚은 없어졌지만, 재산이 늘어난 것도 아니었다. 기원전 45년에 작성된 유언장은 정치적 유언장이다. 즉 유언이라는 형태로 후계자를 지명한 것이었다.

기원전 45년에 유언장을 작성한 것이 55세라는 나이 때문이라고는 생각되지 않는다. 로마의 병졸은 45세에 현역 복무를 끝내지만, 긴급할 때 방어에 동원되는 예비군의 연령 제한은 60세다. 60세까지는 장년기(비릴리타스)로 간주되고, 60세가 넘어야 비로소 노년기(세넥투스)에 들어가는 것으로 여겨졌다. 또한 사령관급에 대해서는 처음부터 퇴역 연령이 존재하지 않았다.

게다가 카이사르는 병을 앓아본 적이 없는 건강한 사람이었다. 카이사르가 간질환자라는 설은 유명하지만, 동시대의 사료 가운데 카이사르의 간질을 언급한 것은 하나도 없다. 150년 내지 200년 뒤에 플루타르코스를 비롯한 그리스 역사가들이 쓴 저서에 드문드문 나타날 뿐이다. 간질은 때와 장소를 가리지 않고 발작하니까, 카이사르처럼 온종일 남의 눈에 노출되어 있던 사람이 그 병을 앓았다면 숨기기가 어려웠을 것이다. 또한 정보 수집에 그토록 열심이었던 키케로의 귀에 들어가지 않았을 리도 없다. 그리고 키케로가 그 이야기를 들었다면, 카이사르와는 우정으로 맺어져 있다 해도 정치적 신념에서는 반대파였던 키케로가 친구인 아티쿠스한테 보낸 편지에 그 이야기를 쓰지 않았을 리도 없다. 그런데 키케로의 저술과 편지를 샅샅이 뒤져보아도 카이사르의 간질을 언급한 부분은 없다. 이것도 제왕절개(帝王切開, 카이사르가 이 수술로 태어났다는 설이 있다. 그래서 제왕절개를 영어로는 'Caesarean section'이라고 한다 – 옮긴이)와 마찬가지로 후세의 창작이 아닐까 싶다. 사실 학문적으로 중요하게 여겨지는 저술을 남긴 근현대의 역사가나 연구자 가운데 이것을 다루는 사람은 하나도 없다.

카이사르의 유언장 내용에 관해서는 그것이 공개되는 시점에서 상세히 다루겠지만, 후계자로 지명된 인물이 당시 18세에 불과했다는 점으로 미루어보아 유언장을 작성할 당시의 카이사르는 앞으로 12, 3년 정도는 더 일할 수 있다고 생각한 듯싶다. 당시 55세였던 카이사르는 앞으로 12, 3년 동안 더 살면서 새로운 로마 건설을 끝내고, 건설이 끝난 뒤의 국가 경영을 후계자에게 맡길 생각이 아니었을까. 로마에서 정치생활을 시작하는 것은 30세부터이고, 12년 뒤라면 카이사르가 점찍은 후계자도 서른 살이 되기 때문이다. 역사는 그에게 그것을 허용하지 않았지만, 토대를 쌓는 것은 허용했다.

'제국'으로 가는 길

기원전 202년에 한니발을 무찌른 뒤 갈리아 정복이 끝난 기원전 50년까지 로마는 고도성장기에 있었던 것으로 여겨진다. 다만 한니발의 말을 빌리면, 그것은 육체가 먼저 성장해버린 탓에 내장의 발달이 그것을 미처 따라가지 못한 시대이기도 했다.

로마의 내장, 즉 정치체제를 비롯한 여러 가지 제도는 카르타고와의 전쟁이 시작될 때까지의 로마를 통치하기에 적합한 체제였기 때문이다. 그 당시 로마가 점유하고 있던 영토는 루비콘강에서 메시나해협까지 뻗어 있는 이탈리아반도에 불과했다.

그런데 카르타고와의 전쟁에서 이겼기 때문에 그 영토가 급속히 팽창했다. 지중해는 외국과의 경계가 아니라 '우리 바다'(마레 노스트룸)이자 '내해'(마레 인테룸)로 변했다. 그러나 내장은 여전히 이탈리아반도만 영유하던 시대의 통치체제였다. 모순이 생기는 것도 당연하다. 이 모순을 맨 먼저 지적한 것은 그라쿠스 형제였지만, 그 후 로마는 승자의 혼미에 시달리게 되었다.

율리우스 카이사르는 강대해진 육체에 걸맞은 내장을 로마에 주고자 했다. 바꿔 말하면 국가 로마를 고도성장기에서 안정성장기로 이끌어가려고 했던 것이다.

　국가 로마의 방어선은 라인강과 도나우강에서 흑해를 거쳐 유프라
테스강에 이르고, 지중해를 사이에 둔 남쪽에는 옛 카르타고 영토를
속주화한 아프리카 속주를 중앙에 두고 양쪽에 이집트와 마우리타니
아라는 두 동맹국이 있다. 서쪽은 이베리아반도에 접해 있는 대서양,
그리고 북쪽은 브리타니아와 갈리아가 접해 있는 북해.

　이 무렵 카이사르는 파르티아 원정을 최후의 전쟁으로 염두에 두고
있었는데, 이 원정의 목적은 파르티아 왕국을 정복하는 데 있는 것이
아니라 파르티아를 제패함으로써 유프라테스강의 방어선을 확립하는
데 있었다. 따라서 파르티아 원정 계획에는 파르티아에서 돌아오는 길
에 도나우강 남쪽 연안 일대를 평정하는 것도 포함되어 있었다.

　카이사르는 로마의 영토가 더 확대되는 것을 바라지 않았다. 바라지
않았다기보다 영토를 더 이상 늘리는 것은 실질적이 아니라고 생각
했다.

　방어선을 확립한 뒤, 그 내부에서 국력을 충실하게 다지는 것. 로마
의 패권 밑에 있는 여러 지방의 여러 민족한테까지 질서있는 평화가
미치게 하는 것. 즉 '팍스 로마나'를 확립하는 것. 그리고 그것을 통하
여 생활대국을 실현하는 것. 생활대국은 외치기만 하면 실현되는 것은
아니다. 생활대국을 실현하려면, 우선 여러 제도를 그에 걸맞게 개혁
해야 한다.

　카이사르는 앞으로의 로마에는 원로원 주도의 공화정보다 제정이
적합하다고 생각했다. 민주정은 그것이 시행되는 영역이 넓어질수록
기능을 발휘하기 어려워지는 것과 마찬가지로, 과두정도 지리적인 사
정과 무관할 수 없다. 광대한 영토를 기능적으로 통치하려면 무엇보다
도 우선 효율성이 요구된다. 원로원 의원이 600명이나 되면, 의견을

통일하는 것부터가 어려운 일이고 정책을 일체화하기도 어려웠다.

국력이 강대해지면 반드시 기존 제도를 재검토할 필요가 생긴다. 중세와 르네상스 시대의 강대국인 베네치아 공화국도 통치능력을 향상하기 위해 의사결정기관을 200명으로 구성된 원로원에서 '10인 위원회'로 바꾸었다.

카이사르는 로마의 국정을 담당하는 의사결정기관을 600명으로 구성된 원로원에서 단 한 사람의 황제로 바꾸려 했다. 14세기의 베네치아가 통치한 지역에 비하면, 기원전 1세기의 로마가 통치한 지역은 비교도 되지 않을 만큼 넓었다. 그리고 로마의 정치체제를 제정으로 바꾸는 것, 이것이야말로 카이사르가 건넌 진정한 '루비콘'이었다.

로마인은 로마식 도로망을 건설하는 따위의 하드웨어 면에서는 그 필요성을 당장 이해했다. 이익을 눈으로 볼 수 있었기 때문이다. 그런데 카이사르는 국가체제를 개조하는 소프트웨어 면에서도 그것을 실행하려고 했다. 그 목적은 물론 '육체'에 맞게 '내장'을 충실하게 하는 데 있었다.

그러면 카이사르는 그것을 구체적으로는 어떤 형태로 이루려고 했을까.

생각해보면, 카이사르와 이념이 같았던 것으로 여겨지는 알렉산드로스 대왕은 고도성장만 끝내고 죽어버렸다.

시민권 문제

달력 개정과 통화 개혁에 관해서는 앞에서 이야기했다. 또한 안전보장과 관련한 방어선을 어디에 칠 것인가 하는 문제에 대해서도 이야기했다. 그다음에 이어지는 것은 제국으로 탈바꿈할 로마의 장래와 밀접

한 관계가 있는 시민권 문제였다.

카이사르는 루비콘에서 알프스에 이르는 북이탈리아 속주의 모든 자유민에게 로마 시민권을 주었다. 이리하여 '키살피나'(알프스 이쪽)에 이주한 지 오래인 갈리아인도 로마 시민이 되었다. 갈리아 전쟁 때 카이사르에 대한 후방 지원을 아끼지 않은 북이탈리아 주민에게 보답한다는 것이 로마 시민권을 부여한 이유였지만, 북이탈리아는 사실상 루비콘 이남과 다르지 않을 만큼 로마화되어 있었다. 로마식 도로망도 본국 못지않게 잘 갖추어져 있었다.

모든 주민이 속주민의 지위에서 벗어나 로마 시민이 된다는 것은 큰 의미를 지니고 있다. 갈리아인 집단촌에 불과했던 메디올라눔(오늘날의 밀라노)이나 타우리노룸(오늘날의 토리노)에도 로마인 도시와 같은 도시 계획이 시작되었다. 루비콘강이나 피렌체를 흐르는 아르노강도 이제 더 이상 본국과 속주를 가르는 경계선은 아니었다.

그러나 주민은 로마 시민이 되었어도, 북이탈리아는 행정상으로는 여전히 속주로 남아 있었다. 로마 국법은 본국에 군대를 상주시키는 것을 허용하지 않았지만, 속주에 군대를 상주시키는 것은 허용했기 때문이다. 알프스까지 무방비 상태로 두기에는 아직 불안한 상태였다. 따라서 북이탈리아(키살피나)에는 여전히 로마에서 총독이 부임했다. 그렇지만 북이탈리아 주민은 속주세를 낼 의무가 없어졌다.

카이사르는 시칠리아에도 시민권을 확대할 생각이었다. 그러나 시칠리아에는 카이사르의 후방 지원을 맡았다는 직접적인 이유가 없다. 게다가 시칠리아 주민은 그리스계라서, 라틴어를 사용하는 북이탈리아의 갈리아인과는 달리 라틴어와 그리스어를 함께 사용하고 있다.

카이사르는 이 시칠리아에 '라틴 시민권'을 주기로 결정했다. 라틴 시민권을 가진 사람은 선거로 국정에 참여할 권리가 없을 뿐, 그밖의 점에서는 '로마 시민권'을 가진 사람과 똑같은 대우를 받는다. '라틴 시민'은 '로마 시민'의 예비군으로 여겨지고 있었다.

카이사르가 라틴 시민권을 부여한 지방으로는 시칠리아 이외에 남프랑스 속주가 있었다. 남프랑스 속주민에게 라틴 시민권을 부여한 것도 카이사르를 후방에서 지원한 데 대한 보답이었다. 그러나 같은 갈리아인인데 북이탈리아와 남프랑스 주민에게 격이 다른 시민권을 부여한 것은 두 속주가 '로마화'한 정도에 차이가 있었기 때문이다. '경우에 따라 대처하는 것'은 로마인의 치세가 보여준 특색이기도 했다.

시민권이 문제가 되는 것은 로마 시민권을 갖고 있으면 여러 가지로 유리했기 때문이다.

시민의 의무로 되어 있는 병역도 마리우스의 군제개혁 이후 지원제가 되었기 때문에 원하지 않는 사람은 하지 않아도 된다. 병역 의무가 없는 대신 속주세를 낼 의무가 있는 속주민과는 달리, 로마 시민권 소유자는 이런 종류의 직접세를 낼 의무도 없었다. 당시의 직접세는 수입의 10퍼센트였으니까, 결코 많다고는 할 수 없지만.

로마 시민권을 갖고 있으면 이처럼 경제적으로 이익일 뿐 아니라 안전을 보장받을 수도 있었다. 외국인이 로마 시민을 죽이면, 로마는 잠자코 있지 않았다. 또한 사유재산 보호와 개인의 인권 보호를 양대 지주로 삼고 있는 로마법 체계의 보호를 받을 수 있다는 이점도 있었다. 한마디 하소연도 못하고 재산을 강탈당할 염려나 재판도 받지 않고 처형당할 염려가 없다는 것은 커다란 이점이었다.

혈연관계가 없으면 시민권을 주지 않은 아테네와 달리, 로마는 시민권에 그런 제약을 두지 않았다. 하지만 이런 개방적인 경향도 카이사르 이전에는 기껏해야 이탈리아반도에 사는 사람들만을 대상으로 했다. 그런데 카이사르는 제대한 부하 병사들의 정착지를 종래와는 달리 본국이 아니라 속주에 분산하고, 갈리아인이나 게르만인이나 에스파냐인에게도 로마 시민권을 주어 개방노선을 확립했다. 이리하여 속주에 사는 로마 시민의 수는 계속 늘어났다.

카이사르도 방위상의 경계 개념은 갖고 있었다. 그러나 후세의 우리가 생각하는 국경 개념은 갖고 있지 않았다.

정치 개혁

● 원로원

원로원 의원의 정원은 초대 왕 로물루스 시대부터 700년 가까이나 300명을 유지하다가, 술라가 600명으로 늘린 지 35년이 지났다. 그것을 카이사르는 다시 900명으로 늘렸다.

술라는 원로원에 새로운 피를 수혈하기 위해 정원을 늘렸지만, 그 대상은 본국에 사는 로마 시민으로 한정했다. 그러나 카이사르가 의석을 새로 준 사람은 대부분 속주에 사는 로마 시민권 소유자와 그의 군단의 백인대장이었다. 백인대장들도 새로운 식민정책—나중에 상술함—에 따라 속주에 살게 되었기 때문에 로마 원로원에는 속주 출신들이 대거 유입되었다.

특히 카이사르는 얼마 전에 정복한 중북부 갈리아의 부족장들한테도 원로원 의석을 제공했는데, 이런 조치는 패배자를 동화시키는 오랜 전통을 갖고 있는 로마인조차도 놀라게 했다. 생각해보라. 인도를 비롯한 영국 식민지 대표가 대영제국 의회에 의석을 얻을 수 있었는가.

수도 로마에 사는 사람들은 이 개방화 현상을 웃음거리로 삼았다.

"원로원 회의장으로 가는 길을 묻는 원로원 의원이 있더라니까."

"우리 로마인은 라틴어도 제대로 못하는 원로원 의원을 갖게 된 거야."

"토가를 입어도 그 밑에는 바지를 안 입을 수 없나봐."

갈리아인이 바지를 입는다는 것은 제4권에서 말한 대로다.

그러나 서민들에게는 한낱 웃음거리였지만, 회의장에서 그들과 나란히 앉게 된 본국 태생의 원로원 의원들한테는 그다지 유쾌한 현상이 아니었던 모양이다. 카이사르의 개방노선을 불쾌하게 여긴 사람들 중에는 키케로와 브루투스, 카시우스 같은 의원도 있었다. 현대 이탈리아의 고등학교 교과서조차도 이들을 '회고주의자들'이라고 평한다.

원로원에 새로운 피를 수혈했다는 점에서는 같지만, 술라와 카이사르의 목적은 정반대였다. 술라가 정원을 늘린 것은 원로원을 강화하기 위해서였지만, 카이사르의 경우는 원로원을 약화시키기 위해서였기 때문이다.

카이사르가 생각하는 원로원은 어디까지나 보조적인 기관이고, '원로원 최종권고'라는 형태의 계엄령을 선포할 권한 따위는 절대로 주어서는 안 될 기관이었다. 원로원은 행정관들을 모아두는 조직이고, 독재관인 카이사르의 정치를 보조하는 기관이다.

이런 카이사르의 생각을 '회고주의자들'은 완벽하게 이해했다. 카이사르는 위선을 싫어하는 인물이어서 본심을 숨기려 하지 않았기 때문이다. 하지만 이해하는 것과 찬성하는 것은 다른 문제다.

그래도 원로원이 유명무실해진 것은 아니다. 의원의 사회적 지위는 예전과 다름없이 높았고, 카이사르가 선정한 인물을 승인하는 형태로나마 속주 총독 임명권도 갖고 있었다. 그리고 행정관은 대부분 원로원 의원이었다.

● 민회

이 무렵 로마 시민권 소유자, 즉 유권자 수는 100만 명을 넘어서 있었다. 유권자가 100만 명이나 되면, 직접민주주의는 기능을 발휘할 수 없다. 게다가 이 100만 명은 이탈리아 전역에 흩어져 있을 뿐 아니라,

로마의 패권이 확대됨에 따라 지중해 세계 전역에 흩어져 있었고, 이런 경향은 점점 더해질 뿐이었다.

수도 로마에 유권자들을 모아놓고 민회를 개최하는 의의는 이탈리아반도에 사는 모든 자유민에게 로마 시민권을 부여한 기원전 91년에, 즉 반세기 전에 이미 사라진 셈이었다. 이것은 카이사르가 말할 때까지 기다리지 않아도 누구나 알고 있었다. 카이사르는 지금까지 사람들이 알고 있으면서도 분명히 말하기를 피해온 것을 분명히 말했을 뿐이다.

그러나 카이사르는 형식적 기관으로 떨어진 민회일망정 폐지하지는 않았다. 민회는 공화정의 상징이기도 했기 때문이다. 이 '상징'은 독재관 카이사르가 결정한 일을 추인하는 기관으로 남게 된다. 민회에서 선출하는 정부 요직도 카이사르가 선정한 인물을 추인하는 데 불과했지만, 선거로 추인하는 제도만은 남았다.

● 호민관

카이사르의 개혁으로 유명무실해진 것은 호민관이다.

카이사르가 피통치자 계급, 즉 일반 대중의 권익 보호를 목적으로 하는 호민관 제도가 불필요하다고 생각한 것은 아니다. 또한 반체제 운동의 기수가 되는 일이 많았던 호민관의 권한을 술라처럼 억누르려 했던 것도 아니다.

카이사르는 이른바 양당주의자는 아니었다. 원로원 계급을 대표하여 통치자 계급의 정점에 서는 '프린켑스'(원로원의 제일인자)는 피통치자 계급의 권익을 지키는 것도 중요한 책무로 삼아야 한다고 그는 생각했다.

명문 귀족으로 태어난 카이사르는 호민관에 취임할 자격이 없었지만, 그의 후계자인 옥타비아누스는 평민 귀족으로 태어났다. 공식적으로는 '프린켑스'지만 실질적으로는 초대 황제가 되는 옥타비아누스는 '프린켑스'인 동시에 '호민관'도 겸하게 된다.

카이사르가 염두에 두고 있는 새 질서는 원로원에 기반을 둔 '체제'와 호민관을 기수로 하는 '반체제'로 나뉘지 않고, 이 두 파벌의 통합에서 생겨나는 '새 질서'였다.

황제와 호민관을 겸임한 옥타비아누스, 나중의 아우구스투스는 카이사르의 이런 생각을 계승한 인물이었다.

● 종신 독재관

왜 카이사르는 로마 역사상 전례가 없는 '종신 독재관'이 되었을까.

로마 시민들은 왕정의 조짐만 보여도 알레르기 반응을 일으켰기 때문에 '임페라토르'(나중에는 '황제'라는 뜻이 되었지만, 원래는 개선장군에게 경의를 표하기 위해 붙인 호칭이었다 – 옮긴이)는 어디까지나 총사령관에 머물러야 하고, '프린켑스'는 원로원 의장 이상의 존재가 되어서는 안 되었다.

카이사르가 '독재관'(딕타토르)이 된 것은 이 관직만이 로마 국법에 유일하게 인정되어 있는 단독 행정직이었기 때문이다. 게다가 호민관이 가진 최대의 무기인 '거부권'도 독재관한테만은 행사할 수 없었다. 로마 국법에서 거부권의 방해를 받지 않고 정치를 할 수 있는 것은 오직 독재관뿐이었다. 그것은 종래의 독재관이 일시적인 위기관리체제였기 때문이지만, 카이사르는 이 특례제도를 상설제도로 바꾸려 했다.

그렇게 되면 권력집중은 한시적이 아니라 지속적이 된다. 그러나 종래에도 독재관은 '체제'를 구현하는 집정관과 '반체제'를 구현하는 호민관의 통합체를 의미하고 있었기 때문에, 다음 두 가지 목적을 달성하기에는 적합한 체제라는 것이 카이사르의 생각이었다.

1. 국내 계급투쟁의 해소.

2. 광대한 로마 세계의 효율적인 통치.

카이사르는 독재관을 상설제도로 만들려 하고 있었다.

2년 만에 독재관을 사임한 술라에 대해 카이사르가 "술라는 정치를 몰랐다"고 평한 것은 당연하다.

술라에게 '정치'는 원로원을 강화하여, 즉 종래의 체제를 강화하여 통치능력을 회복하는 것이었지만, 카이사르에게 '정치'는 새 질서를 수립하여 통치능력을 회복하는 것이었다.

기원전 44년 2월, 원로원과 민회는 카이사르를 '종신 독재관'(딕타토르 페르페투아)에 임명했다. 제정으로 가는 길이 열린 셈이다.

금융 개혁

국립조폐소를 설치하여 화폐 주조를 체계화한 카이사르는 로마 화폐가 로마 제국 전체의 기축 통화가 되어야 한다는 관점에서 금화와 은화의 환산가치를 고정했다. 금화 한 닢의 가치는 은화 열두 닢의 가치에 해당한다는 고정가치제가 시행된 것이다. 그때까지 로마 통화는 변동가치제였지만, 기축 통화의 가치가 고정되어 있어야만 각 속주에서 통용되고 있는 지방 통화와 기축 통화의 관계가 통일되어 경제 활성화에도 도움이 된다고 생각한 게 아닌가 싶다. 금과 은의 함유량을 엄격하게 감시하는 것은 국립조폐소 운영을 맡은 '조폐 3인 위원회'의 역할이었다.

빚더미 위에 앉아본 경험이 있기 때문인지, 카이사르는 빚을 나쁘게 생각지는 않았다. 나쁘게 생각하기는커녕, 경제 활성화에 중요한 요소로 생각한 것 같다. 부채 문제에서 공정을 기해야 할 것은 담보물의 가치를 공정하게 평가하고 이자율을 규제하는 것이라는 게 카이사르의 생각이었다.

첫 번째 문제는 물가가 폭등한 내전 이전으로 거슬러 올라가, 그동안의 인플레이션을 고려하지 않고 담보물의 가치를 평가하는 방식으로 해결하려고 했다.

두 번째 문제는 연리 12퍼센트를 상한선으로 정하여 해결했다. 그는 머지않아 연리를 6퍼센트로 떨어뜨릴 생각이었던 모양이다. 우선 그 자신이 돈을 빌릴 경우에는 연리 6퍼센트를 솔선수범했다. 그러나 로마에는 사유재산권을 불가침의 권리로 생각하는 전통이 있었다. 이자율 상한까지는 결정할 수 있지만, 그밖의 것은 경제 논리에 따를 수밖에 없었다.

행정 개혁

카이사르는 최고위 행정직인 집정관을 해마다 두 명씩 선출하는 제도는 바꾸지 않았다. 그러나 두 명 가운데 하나는 독재관인 카이사르가 겸하고 있고, 독재관에 대해서는 집정관의 권한인 거부권을 행사할 수 없도록 되어 있었기 때문에, 동료 집정관이라 해도 실질적으로는 독재관 카이사르를 보필하는 부독재관 같은 존재로 바뀌었다. 공화정의 형태는 남겨놓되 내용은 제정으로 바꾸겠다는 카이사르의 의도는 여기에도 분명히 드러나 있었다. 말이 나온 김에 덧붙이면, 카이사르의 국가 개조가 본격적으로 시작되는 기원전 45년도 집정관은 카이사르와 파비우스이고, 파비우스가 죽은 뒤에는 트레보니우스가 뒤를 이었다. 기원전 44년도 집정관은 카이사르와 안토니우스였다. 파비우스와 트레보니우스와 안토니우스는 셋 다 카이사르 휘하에서 군단장을 지낸 사람들이다. 동료 집정관이라기보다 '종신 독재관'인 카이사르의 보좌역이라고 하는 편이 현실에 가깝다. 최고제사장 외에는 모든 관직을 복수제로 하여 한 개인에게 권력이 집중되는 것을 막아온 로마 공화정은 죽어버렸다.

카이사르는 집정관 다음가는 요직인 법무관(프라이토르)의 정원을 술라가 정한 8명에서 16명으로 늘렸다. 그러나 1년 임기는 그대로 두었다.

카이사르는 모든 공직의 임기를 1년으로 정해놓은 공화정 시대의 제도를 바꾸지 않았다. 속주 총독만은 안전보장을 담당하고 있기 때문에 임기를 융통성없이 고정하지 않았지만, 그밖의 공직에 대해서는 임기를 1년으로 하여 되도록 많은 사람이 공직을 경험할 수 있게 한 것은 제국 통치에 필요한 인재를 육성하기 위해서였다. 정해진 임기가 없는 것은 '최고제사장'과 '종신 독재관'뿐이다. 이 두 공직은 모두 카이사르가 맡고 있었다.

법무관 정원을 16명으로 늘린 이유는 술라 시대보다 속주 수가 늘어났기 때문이다. 법무관은 1년 임기가 끝나면 전직 법무관(프로프라이토르)이 되어 전략단위인 2개 군단을 지휘할 수 있는 '절대 지휘권'을 부여받고 속주에 파견된다. 말하자면 법무관은 로마 제국의 안전보장을 최전선에서 담당하는 사람들이기 때문에 증원할 필요가 있었던 것이다.

1개 군단에 적어도 한 명 이상 배치되는 회계감사관(콰이스토르)도 두 배인 40명으로 늘렸다. 회계감사관은 앞에서도 자주 말했듯이 군단의 총무 역할을 맡는다. 요컨대 출납을 담당하는 직책이다. 자격 연령이 30세라는 점에서 로마 정계로 들어가는 등용문이기도 하다. 회계감사관을 지낸 사람에게는 거의 자동적으로 원로원 의석이 주어지는 것도 종래와 마찬가지였다.

수도 로마의 '시장'이라 해도 좋은 안찰관(아이딜리스)도 4명에서 6명으로 정원을 늘렸다. 카이사르는 로마를 하드웨어와 소프트웨어 양면에서 다른 도시를 뛰어넘는 '세계의 수도'(카푸트 문디)로 변모시킬 생각을 하고 있었다.

지금까지 말한 것은 국정 전반에서의 행정 개혁이지만, 로마 본국에는 '지방자치단체'(무니키피아)가 있다. 로마 제국이 본국과 속주와 동맹국의 집합체인 것처럼, 본국 안에 있는 지방자치단체에도 속주에 인정된 것과 비슷한 자치권이 인정되고 있었다.

지방자치단체에는 일종의 관선 지사라고 할 수 있는 '지방장관'(프라이펙투스)이 중앙에서 파견된다. 다만 지방장관은 지방의회와 함께 그 지방을 다스려야 한다. 지방의회를 구성하는 의원들은 그 지방에 거주하는 로마 시민권 소유자의 직접선거로 선출된다. 국정을 결정하는 민회와 마찬가지로, 지방의회 선거권도 병역 연령인 17세부터 있었던 것으로 여겨진다. 여기까지는 이미 술라가 결정하여 실시한 것이었다. 그런데 카이사르는 의원이 될 수 있는 자격 연령, 즉 피선거권 연령을 다음 세 가지로 나누었다.

1. 병역 무경험자 – 30세 이상.
2. 군단 보병으로 병역을 경험한 자 – 23세 이상.
3. 기병 내지 백인대장으로 병역을 경험한 자 – 20세 이상.

또한 카이사르는 선거권은 있지만 피선거권은 없는 사람까지도 명기했다. 범죄자, 위증자, 군단에서 탈영하거나 추방된 자, 검투사, 배우, 매춘업자 등이 피선거권을 갖지 못하는 사람으로 분류되었다.

카이사르가 일찍이 노예였다가 자유를 얻은 '해방노예'(리베르투스)도 지방의회 의원이나 지방자치단체의 공무원이 될 수 있도록 문호를 개방한 것은 특기할 만한 일이다. 그의 이런 사고방식은 총독을 수반으로 하는 속주 행정에서도 관철되었다. 한마디로 말하면 '해방노예'를 행정 분야에 대거 등용한 것이다.

'해방노예' 등용

카이사르가 로마 화폐를 '로마 세계'의 기축 통화로 만들기 위해 설치한 국립조폐소의 소장이라 할 수 있는 '조폐 3인 위원회'의 초대 위원은 셋 다 평소부터 카이사르한테 경제통으로 인정받고 있던 카이사르 집안의 노예였다. 물론 카이사르는 노예 신분으로는 체면이 서지 않는다는 이유로 이들에게 자유를 준 뒤에 위원으로 임명했지만, 취임 당시 그들의 신분은 해방노예였다.

그라쿠스 형제의 아버지가 집정관 시절에 성립시킨 법률에 따라, 일찍이 노예였다 할지라도 5세 이상의 자녀를 두고 있고 3만 세스테르티우스 이상의 재산을 가진 사람, 즉 어엿한 시민에 상응하는 생활 여건을 갖춘 사람은 자식대까지 기다리지 않고도 로마 시민권을 취득할 수 있게 되었다. 그 법률이 성립된 지 벌써 124년이 지난 지금은 해방노예가 행정관이나 지방자치단체 관리에 등용될 기반이 갖추어져 있었다. 카이사르는 그것을 확실히 정책화한 셈이다.

카이사르의 이 정책에 대한 여론의 반발은 전혀 없었다. 원래부터 로마인 가정은 노예 없이는 성립되지 않는다. 영세 농가나 가게에도 노예가 한두 명은 있고, 주인도 노예들과 함께 기거한다. 원로원 계급에 속하는 집에는 집사가 있어서 집안일을 관리하는데, 이 집사도 노예일뿐더러 그의 지휘를 받는 고용인들도 모두 노예다. 가정교사들 중에도 노예가 많았고, 키케로는 노예인 비서에게 너 없이는 내가 집필 활동을 할 수 없을 거라고 말하기까지 했다. 크라수스의 연설문 초고를 쓴 그리스 태생의 노예 비서를 비싼 값을 주고라도 사고 싶다고 말하는 원로원 의원은 수없이 많았다.

그러나 평생 노예 신분으로 있어도 상관없다고 생각하는 노예는 카이사르에게 심취해 있던 카이사르 집안의 갈리아인 노예나 에스파냐인 노예 정도였고, 대다수 노예는 자유인이 되는 것이 소망이었다. 키케로의 비서도 언젠가는 자유를 주겠다는 키케로의 말을 삶의 지주로 삼고 있었다. 그런데 해방노예만 되면 공직에도 참여할 수 있는 길을 카이사르가 열어준 것이다. 카이사르는 공직에 종사하는 해방노예를 더 이상 '리베르투스'라고 불러서는 안 된다고 포고했다. 로마 제국이 효율적으로 기능을 발휘할 수 있도록 하기 위한 '새로운 피'의 수혈은 여기에서도 이루어졌다.

속주 통치

본국의 국정과 지방자치단체에 대해 이야기한 이상, 속주 행정에 관한 카이사르의 정책도 서술해야 하리라. 로마 제국은 본국인 이탈리아 반도와 속주 및 동맹국으로 이루어진 다민족·다문화·다종교·다인종·다언어의 집합체였기 때문이다.

우선 동맹국부터 이야기하면, 카이사르가 인정한 동맹국은 소아시아의 폰투스와 갈라티아, 그 동쪽에 있는 아르메니아, 갈릴레아라고 불린 유대, 이집트와 마우리타니아 등이다. 모두 '로마인의 친구이자 동맹자'의 칭호를 받은 왕국으로서, 로마의 패권을 인정하는 독립국가였다.

동맹국은 로마와 상호안전보장조약을 맺어서 로마가 전쟁을 치를 경우에는 병력을 제공할 의무가 있었다. 따라서 로마에 직접세를 낼 의무는 없다. 그런데 가도를 비롯한 로마의 '사회간접자본'은 동맹국에도 미쳤다. 미치지 않으면 목적이 달성되지 않기 때문이기도 했지만, 어쨌든 로마 가도를 통한 물자 유통에 부과되는 세금은 동맹국이 로마에 지불했다고 주장하는 연구자도 있다.

다음은 로마 제국의 중요한 요소로 여겨지던 속주인데, 카이사르는 속주를 18개로 나누었다. 술라는 속주를 10개로 나누었지만, 그 후 35 년 동안 폼페이우스와 카이사르가 정복지를 넓혔기 때문에 8개가 늘 어났다. 하지만 정복지가 넓어졌다는 것은 속주가 거의 두 배로 늘어 난 이유의 하나에 불과하다. 또 다른 이유는 카이사르가 속주를 재편 성했기 때문이다. 그때까지 1개 속주였던 그리스는 마케도니아 속주 와 아카이아 속주로 나뉘었다. 속주 재편성은 방위상의 이유만이 아니 라 각 속주의 경제력도 기준으로 삼았다. 따라서 그리스보다 영토가 세 배나 넓은 갈리아는 여전히 1개 속주로 남아 있었다.

각 속주를 본국 이탈리아와 가까운 것부터 시계바늘과 같은 방향으 로 열거하면 다음과 같다.

1. 시칠리아섬

2. 사르데냐 및 코르시카섬

3. 먼 에스파냐(히스파니아 울테리오르 : 오늘날의 에스파냐 남부)

4. 가까운 에스파냐(히스파니아 키테리오르 : 오늘날의 에스파냐 북부)

5. 나르본(갈리아 나르보넨시스 : 오늘날의 남프랑스)

6. 장발의 갈리아(갈리아 코마타 : 오늘날의 프랑스, 벨기에, 네덜란드 남부, 독일 서부, 스위스)

7. 알프스 이쪽의 갈리아(갈리아 키살피나 : 오늘날의 북이탈리아)

8. 일리리아(오늘날의 슬로베니아, 크로아티아)

9. 마케도니아(오늘날의 알바니아, 그리스 중북부)

10. 아카이아(오늘날의 그리스 중남부)

11. 아시아(소아시아 중서부, 즉 오늘날의 터키 중서부)

12. 비티니아(다르다넬스해협에 면해 있는 지방, 즉 오늘날의 터키 북 부로, 흑해를 패권 아래 두기 위해서는 중요한 지방이었다)

13. 킬리키아와 키프로스섬(소아시아 남동부 일대, 즉 오늘날의 터키

남동부와 키프로스섬)

14. 크레타섬(2천 년 뒤인 제2차 세계대전 때 영국군과 독일군은 '지중해 동부에 떠 있는 항공모함'이라고 불린 크레타섬을 차지하기 위해 쟁탈전을 벌였다. 그런 크레타섬을 일찌감치 독립된 속주로 격상시킨 카이사르의 의도는 분명하다. 그는 크레타를 지중해 동부 지역의 '팍스 로마나'를 위한 '항공모함'으로 삼을 생각이었던 것이다)

15. 시리아(오늘날의 시리아 북서부와 레바논, 동맹국 갈릴레아를 제외한 팔레스타인 일대)

16. 키레나이카(오늘날의 리비아 북부)

17. 아프리카(옛 카르타고 영토로서 오늘날의 튀니지)

18. 새 아프리카(아프리카 노바 : 옛 누미디아 영토로서 오늘날의 알제리 중북부)

다인종·다민족·다문화·다종교·다언어로 나뉜 사람들을 통합하는 로마의 통치가 제대로 기능을 발휘하느냐는 우선 속주 통치가 잘되느냐 아니냐에 달려 있다. 중앙집권과 지방분권을 균형있게 병용하는 것이야말로 제국 통치의 열쇠라고 생각한 카이사르는 본국과 속주의 관계를 착취적 식민 통치의 지배자와 피지배자로는 생각지 않았다.

그가 생각하는 속주는 행정상의 필요에서 생긴 행정구획에 불과했다. 속주에는 속주민만이 사는 것은 아니다. 카이사르는 로마 시민의 속주 이주를 누구보다도 강력하게 장려했다. 로마 가도도 모든 속주를 망라하게 되었다.

현대 이탈리아어에서는 속주를 나타내는 라틴어 프로빈키아를 프로빈차라고 발음하는데, 여기에는 두 가지 의미가 있다. 첫째는 주(州)다. 프로빈차 디 밀라노라고 하면, 밀라노주라는 뜻이다. 두 번째 의미는 '지방'이다. 프로빈차 출신이라고 하면, 지방 출신이라는 뜻이다. 고대 로마인도 속주를 지방이라는 의미 정도로 생각한 게 아닐까. 그렇지 않다면, 아무리 발음을 프랑스식으로 바꾸었다 해도 남프랑스 사람들이 자기네 고장을 계속 '프로방스'라고 부를 리가 없기 때문이다. 그리고 이런 방향으로 로마인의 생각을 이끌어간 것은 카이사르였다.

그러나 로마 제국의 속주는 로마 본국 안에 있는 지방자치단체와는 다르다. 속주 통치의 최고 책임자인 총독은 관선 지사와 비슷한 지방장관과는 달리, 속주 통치 이외에 방위 의무도 짊어지고 있다. 따라서 속주민에게는 안전보장을 위한 비용으로 여겨진 속주세가 부과되었지만, 어쨌든 군단 사령관인 속주 총독은 막강한 권한을 갖고 있었다. 그런데 카이사르는 속주의회라 해도 좋은 기관을 공식적으로 인정했다. 속주의회는 각 속주의 내부 사정에 따라 구성방법이 달라서, 선거로 의원을 뽑는 경우도 있었고 부족장이 자동적으로 의원이 되는 경우도 있었다. 로마인과 마찬가지로 도시국가의 역사가 있는 그리스인에게는 선거제가 당연했지만, 갈리아나 에스파냐에서는 선거가 현실적인 방안이 아니었기 때문이다. 중앙집권과 지방분권은 제국 통치만이 아니라 속주 안에서도 병용되어야 한다는 것이 카이사르의 생각이었다.

지방분권을 어디까지 인정하느냐가 속주 통치의 가장 중요한 열쇠지만, 세제와 종교 문제에 어떻게 대처하느냐도 그에 못지않게 중요한 열쇠다.

카이사르는 이제까지 시행된 '푸블리카누스'라는 민영 징세제를 폐지하고, 공영 징세기관을 설치하기로 결정했다. 징세업에서는 입찰제의 폐해가 크다고 판단했기 때문이다. 납세자 명단도 공개하고 징세관의 재량권이 작용할 수 있는 소지를 되도록 줄여서 조세를 공정하게 하기 위해서였다.

직접세인 속주세의 세율은 여전히 수입의 10분의 1이었다. 현대의 세금 관계자는 수입을 정확히 파악하기가 어렵다고 말하지만, 전체 수입 가운데 실제 소득이 얼마나 되는지도 정확히 파악하기 어려운 건 마찬가지다. 그 때문인지 오늘날에는 소득을 파악하기 쉬운 사람부터 세금을 거두는 것이 일반적인 경향이다.

다민족 국가인 로마 제국은 당연히 다종교 국가다. 여기에 대한 카이사르의 생각은 단순히 각자에게 신앙의 자유를 인정한다는 것은 아니었다. 이 분야에서도 그는 중앙집권과 지방분권을 병용했다.

로마인에게 신은 인간의 생활방식을 규제하는 존재가 아니었다. 인간의 생활방식을 규제하는 것은 법률이었고, 신은 법률에 따라 생활방식을 스스로 규제하는 인간을 보호하고 그 노력을 돕는 존재에 지나지 않았다. 이렇게 생각하면 당연한 귀결이지만, 로마인은 가는 곳마다 신들을 데려갔다. 통치나 군사나 장사를 위해 속주에 가는 로마인은 계속 늘어났고, 속주에 이주하여 정착하는 로마인도 계속 늘어났다. 카이사르는 그들을 위해서라도 로마의 종교를 명확히 할 필요가 있다고 생각했다. 그래서 최고신 유피테르와 그 아내 유노와 미네르바를 로마의 주신(主神)으로 정하고, 속주에서도 이 신들의 축일은 휴일로 하기로 결정했다.

이것은 그리스어권에 속하는 지방에서는 간단했다. 원래 이 세 신은 그리스 태생이었기 때문이다. 그리스어권에서는 본명으로 되돌려 제우스와 헤라와 아테나를 섬기면 된다. 카이사르는 그가 직접 정복한 갈리아의 제사장 계급도 그대로 놓아두었을 정도니까, 그리스-로마 종교를 믿지 않는 사람은 이 세 신에게 바쳐진 신전을 참배할 의무는 없다. 갈리아의 토착 종교를 믿는 사람에게 유피테르 축일은 단순한 휴일에 불과했다.

카이사르의 이 같은 조치에 가장 열광적인 반응을 보인 것은 유대

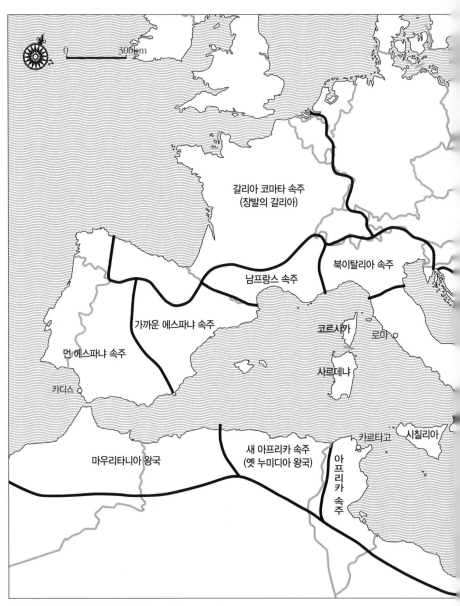

갈리아 코마타 속주
(장발의 갈리아)

북이탈리아 속주

남프랑스 속주

가까운 에스파냐 속주

먼 에스파냐 속주

카디스

코르시카

로마

사르데냐

마우리타니아 왕국

새 아프리카 속주
(옛 누미디아 왕국)

아프리카 속주

카르타고

시칠리아

0   300km

카이사르가 재편성한 속주와 동맹국 약도

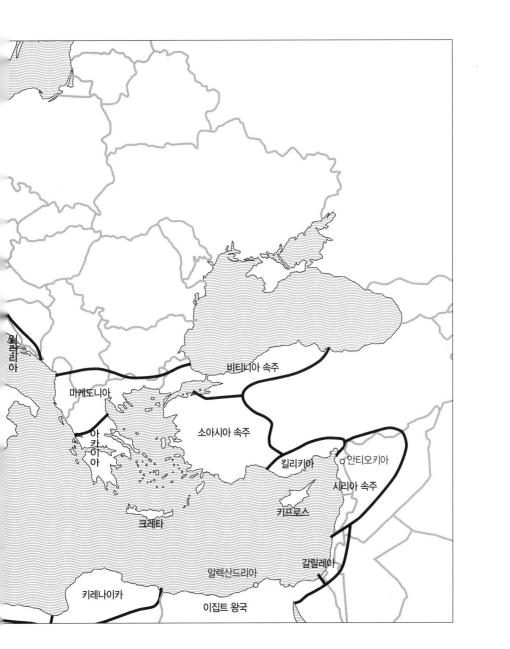

이탈리아

마케도니아

비티니아 속주

아카이아

소아시아 속주

킬리키아

안티오키아

시리아 속주

키프로스

크레타

갈릴레아

키레나이카

알렉산드리아

이집트 왕국

미네르바 여신　　　　　　유피테르 신의 아내 유노　　　　　최고신 유피테르

민족이다. 유일신을 믿는 유대인은 로마인이 로마의 종교를 유대인에게도 강요하지나 않을까 두려워하고 있었다. 그들 자신이 그렇게 하고 있었기 때문이다. 카이사르가 암살당했다는 소식을 듣고 누구보다도 슬퍼한 것은 바로 유대인이었다고 한다.

사법 개혁

로마의 사법제도에서 가장 중요한 것은 항소권과 배심원이었다.

어떤 죄를 지은 사람도 재판을 하지 않고 항소할 기회도 주지 않은 채 형에 처하는 것을 금지한 '셈프로니우스법'은 그라쿠스 형제 가운데 동생인 가이우스 그라쿠스의 제안으로 성립되었다. 이 법은 반체제파인 호민관의 제안으로 성립되었기 때문에 원로원파의 반격을 받게 된 것은 필연적인 결과였다. 원로원은 '원로원 최종권고'라는 비상사태 선포로 대항했다. '원로원 최종권고'가 발동되면, 그 대상이 된 사람은 반역자로 규정되어 재판절차도 없이 또 항소할 기회도 주지 않은 채 즉각 사형에 처할 수 있게 되었다. 원로원은 강력한 무기를 손에 넣은 셈이다. 이 무기에 처음으로 희생된 사람이 '셈프로니우스

법'의 입안자인 가이우스 그라쿠스였다. 그 후로는 '원로원 최종권고'
가 남발된 반면, 그와 반비례하여 '셈프로니우스법'은 차츰 유명무실
해졌다.

카이사르는 37세 때부터 정책결정기관이 아니라 자문기관에 불과한
원로원이 비상사태를 선포할 권한은 없다고 일관되게 주장해왔다. 이
제 최고권력자가 된 카이사르는 '셈프로니우스법'을 되살렸다. 이 법
의 존재를 재확인함으로써 '원로원 최종권고'라는 강력한 무기를 원로
원한테서 빼앗은 것이다. 그와 동시에 로마 시민권 소유자라면 재판도
받지 않고 항소권도 인정받지 못한 채 사형당하는 일도 없어졌다.

공정한 재판을 위해서는 피할 수 없는 배심원 구성도 역시 그라쿠스
형제 이후 구성비율을 둘러싼 다툼이 끊이지 않았던 문제다. 이것은
계급투쟁이기도 했기 때문이다.

기원전 509년에 공화정으로 이행할 당시부터 줄곧 로마 배심원은
원로원 의원이 독점해왔다. 그런데 기원전 122년에 가이우스 그라쿠
스가 원로원 의원(정계)과 기사(경제계)와 평민이라는 로마 사회의 3
대 계급에 각각 3분의 1씩 배심원을 배정한다는 법률을 성립시켰다.
그러다가 기원전 81년에 술라가 원로원 체제를 강화하기 위해 배심원
을 원로원 의원이 독점하는 상태로 되돌려놓았다. 그러나 배심원 문제
는 계급투쟁이기도 하다. 평민층의 지지를 등에 업은 폼페이우스와 경
제계의 이익 대표인 크라수스가 집정관에 당선된 기원전 70년, 두 사
람은 가이우스 그라쿠스의 법에 따라 배심원의 구성비율을 정하기로
결정했다. 원로원 의원·기사·평민이 배심원을 3분의 1씩 차지하는
제도는 카이사르가 독재관이 될 때까지 시행되고 있었다.

카이사르는 이 제도를 완전히 폐지했다. 그 대신, 배심원을 맡을 수
있는 자격을 정했다. 40만 세스테르티우스 이상의 재산을 가진 로마
시민이 그 자격 요건이었다. 당시 로마인의 경제력으로는 중산층에서

도 상위권에 속한다. 이 정도 재산을 가진 사람이라면 출신 계급은 묻지 않기로 했다. 한때 노예였던 사람도 재산만 있으면 배심원이 될 수 있다. 카이사르는 배심원 구성비율을 둘러싼 계급투쟁에 마침표를 찍은 셈이다.

판결이 나온 뒤의 항소는 민회에 제기하도록 되어 있었다. 그러나 카이사르가 생각하는 새 질서에서 민회는 카이사르의 결정을 추인하는 기관에 불과하다. 카이사르는 독재관인 자신에게 항소를 제기하도록 바꾸었다.

그리고 정치범에 대한 최고형은 사형이 아니라 추방형으로 했다. 추방형은 본인에게만 한정되고, 가족이나 자손에게는 미치지 않는다.

카이사르는 로마법의 집대성도 염두에 두고 있었다.

성문법의 민족인 로마인은 법률을 성립시키는 데에는 아주 열심이지만, 그 덕택에 수없이 만들어진 법률도 오랫동안 쓰이지 않으면 잊히는 경우가 허다하다. 카이사르는 묻혀 있던 법률을 끌어내는 데 명수인 만큼, 누구나 읽을 수 있는 형태로 법률을 정리해야 할 필요성도 절실하게 느꼈을지 모른다.

게다가 로마법의 집대성은 세계 국가인 로마 제국을 통치하는 데에도 도움이 될 터였다.

제1권『로마는 하루아침에 이루어지지 않았다』에서 나는 이렇게 말했다.

"인간의 행동 원칙을 바로잡는 역할을
종교에 맡긴 유대인,
철학에 맡긴 그리스인,
법률에 맡긴 로마인.
이것만 보아도 이 세 민족의 특징이 떠오를 정도다."

종교는 그것을 믿지 않는 사람에게는 '행동 원칙을 바로잡는 역할'을 할 수 없다.

철학은 그것을 이해할 만한 지적 능력을 갖지 못한 사람에게는 영향력을 행사할 수 없다. 아테네의 외항 피레우스에서 일하는 부두 노동자에게 소크라테스의 교묘한 논법으로 접근한다 해도, 철학이 그 사람의 '행동 원칙을 바로잡는 역할'은 하지 못할 것이다. 소크라테스의 처형을 아테네 시민이 압도적으로 찬성한 사실은 이런 종류의 '바로잡기'가 지닌 영향력의 한계를 보여준다.

그런데 법률은 다르다. 법률은 종교를 달리하거나 철학에 무관심한 사람이라도 인간 사회에서 살아가는 데 필요한 규범이기 때문이다. 따라서 다인종·다민족·다문화·다종교·다언어의 제국을 이룩하고 있던 카이사르는 로마 가도와 로마 통화 및 로마 달력과 더불어 로마법률도 '로마 세계'의 공통항으로 만들어야 했다. 법의 정신은 사고방식이 다른 사람도 함께 살아가기 위한 규범이 아닐까.

그러나 카이사르는 로마법의 집대성을 미처 실현하지 못한 채 죽었다. 카이사르의 생각은 600년 뒤에야 동로마 제국 황제인 유스티니아누스의 『로마법 대전』으로 실현된다. 그러나 이 무렵에는 '로마의 정신'에 가득 찬 로마인 자체가 존재하지 않았다.

사회 개혁

● 복지정책

최고권력자가 된 카이사르는 초기에 자신의 지지 기반이었던 '민중파'의 이익 대표만은 아니라는 점을 분명히 했다.

그라쿠스 형제 가운데 동생인 가이우스는 빈민층에 곡물을 싼값으로 배급하는 제도를 시행했지만, 이 제도는 술라에 의해 폐지되었다가 아우렐리우스 코타에 의해 부활되는 등 파란만장한 역사를 거쳤다. 그것은 빈민층에 대한 밀 배급을 규정한 '소맥법'이 정치투쟁의 도구로 이용되었기 때문이다. 카이사르가 등장한 뒤에도 이런 상황은 변하지 않았다. 원로원파인 소(小)카토가 빈민층의 지지를 얻기 위해 배급 인구의 상한선을 철폐하고 무제한으로 값싼 밀을 공급하자, 호민관 클로디우스는 빈민층에 공짜로 밀을 배급하여 가난한 유권자들을 자기편으로 끌어들이려고 했다. 그 덕택에 카이사르가 자신의 정치를 거리낌 없이 펼 수 있게 된 무렵에는 공짜로 밀을 배급받는 사람의 수가 무려 32만 명에 이르러 있었다.

이래서는 국고가 받는 압력을 무시할 수 없다. 또한 카이사르가 생각하는 복지는 그냥 주는 것이 아니라, 생계비가 보장되는 일자리를 얻을 수 있을 때까지 일시적으로 지원해주는 것이었다.

카이사르는 공짜로 밀을 배급받는 사람의 수를 32만 명에서 단번에 15만 명으로 줄였다. 그리고 어떤 경우에도 15만 명 이상으로 증원하는 것을 금지했다. 또한 이 일만 담당하는 안찰관을 두 명 두기로 결정했다. 세대주의 소득과 가족수 등을 엄격히 조사하여 무상 배급을 받을 필요가 있는지 없는지를 공정하게 심사하기 위해서였다. 공정한 심사만이 '소맥법'을 정치투쟁에서 지키고, 진정한 의미의 복지로 돌아가는 길이기도 했다.

15만 명으로 줄였는데도 빈민층의 불만은 일어나지 않았다. 정치투쟁의 도구가 되었기 때문에 무상 배급을 받을 필요가 없는 사람들까지 혜택을 받고 있었다는 증거다.

● 실업대책과 식민정책
실업은 당사자의 생활수단을 빼앗는 데 그치지 않고 자존심을 유지하는 수단까지 박탈하는 것이다. 보통 사람은 무슨 일이든 일을 함으로써 자신의 존재이유를 스스로 확인한다. 따라서 실업 문제는 복지로는 해결되지 않고, 일자리를 주는 것만이 유일한 해결책이 된다.

이 대책을 그르치면 도시에는 사람이 필요 이상으로 흘러들게 되어 철저한 복지정책이 있든 없든 관계없이 사회 불안의 온상이 된다.

그래서 그라쿠스 형제는 '농지개혁법'을 실현하기 위해 애썼고, 마리우스는 징병제를 지원제로 바꾸어 실업 예비군이라 해도 좋은 농가의 둘째 아들이나 셋째 아들을 군대로 흡수했다.

카이사르는 처음 집정관에 취임한 기원전 59년에 농지개혁이자 실업대책이기도 한 '농지법'을 그라쿠스 형제 이후 70년 만에 되살렸다. 또한 로마 군단은 실업 예비군을 흡수하는 기능을 계속 수행하고 있었다.

그러나 '농지법'에 따라 실업자가 빌릴 수 있는 본국의 국유지에는 한계가 있다. 그리고 카이사르에게는 본국과 속주를 구분하는 국경이라는 개념이 없었다.

카이사르는 실업자나 제대 군인에게 토지를 주어 이주시키는 곳을 여러 속주에 분산시켰다. 그 이점은 다음 두 가지라고 카이사르는 생각했다.

1. 이탈리아 안의 원주민한테서 땅을 빼앗아 부하들에게 분배한 술라의 방식을 답습할 필요가 없다는 점.

2. 로마 시민인 이들이 속주 전역에 이주하여 정착한다는 것은 곧 제국 활성화 기지가 로마 제국 전역에 분산되는 것을 의미한다는 점.

카이사르의 식민정책은 결코 로마 시민을 불모지에 갖다 버리는 '기민'(棄民) 정책이 아니었다. 그가 가장 총애하고 신뢰한 고참병 군단인 제6군단·제7군단·제8군단·제9군단·제10군단의 군단별 식민지는 모두 남프랑스를 비롯한 속주에 분산되어 있다.

또한 카이사르는 로마가 멸망시키고 소금까지 뿌려서 불모지로 만

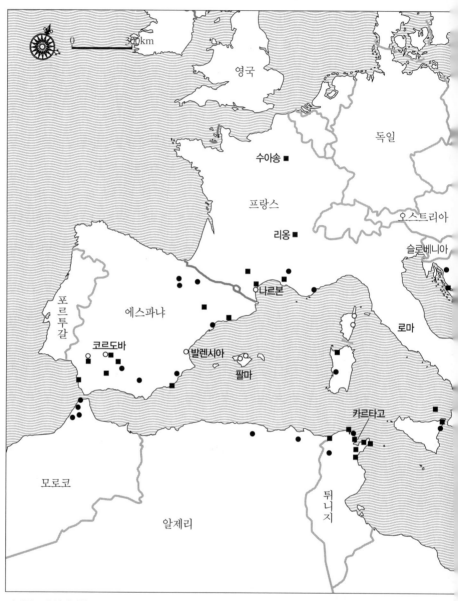

카이사르의 식민정책

○ 카이사르 이전에 건설된 로마의 식민도시

■ 카이사르가 건설한 식민도시

● 카이사르가 죽은 뒤 그의 계획에 따라 제2차 삼
두정치가 건설한 식민도시

헝가리

크로아티아

보스니아 헤르체고비나

지노페

마케도니아

알바니아

그리스

터키

코린트

시리아

지중해

이집트

들어버린 카르타고와 코린트를 부활시켰다. 북아프리카의 카르타고도 그리스의 코린트도 700년이 넘도록 번영한 나라의 수도였다. 오랫동안 번영을 누린 요인에는 좋은 지리적 조건도 포함된다. 단지 승자라는 사실을 과시하기 위해 이처럼 이점이 많은 땅을 방치해두는 것은 아깝다는 것이 카이사르의 생각이었다.

이리하여 카르타고와 코린트는 기원전 146년에 멸망한 뒤 무려 100년 만에 되살아났다. 카이사르는 펠로폰네소스반도를 돌지 않고 이탈리아에서 에게해에 이를 수 있도록, 그리고 코린트의 중요성을 살리기 위해 그리스 본토와 펠로폰네소스반도를 잇는 지협에 운하를 파는 문제도 고려했다. 그러나 카이사르가 착상한 토목공사 대부분이 그러했듯이, 이 생각이 실현된 것은 근대에 이르러서였다.

카이사르가 이런 땅에 이주시킨 로마인은 세대주만 해도 8만 명에 이르렀다고 한다. 이런 식민정책만 보아도, 카이사르가 생각한 '로마 세계'나 '로마 제국'은 착착 형성되어가고 있었다.

● 조합대책

로마에는 예부터 직능별 '조합'(콜레기움)이 존재했다. 같은 직업에 종사하는 사람들의 상부상조를 목적으로 하는 조직이지만, 다신교인 로마에서는 직능별 조합이라 해도 종교조직의 색채를 띨 수밖에 없다. 예를 들면 석공에게는 석공의 수호신이 있다. 그래도 로마인은 국외자를 끌어들여 사회 불안을 일으키는 광신적인 종교집단 외에는 어떤 조직도 인정하는 것이 보통이었기 때문에 이런 '조합'도 로마 사회의 한 요소로 존속했다.

그런데 기원전 1세기 중엽에 이르러 호민관 클로디우스가 여기에 주목했다. 직능조합인 이상, 조합원은 평민계급에 속한다. 갈리아에 원정 중인 카이사르한테서 원로원을 묶어두는 임무를 부여받은 클로디우스는 직능조합을 정치화하여 원로원 체제를 공격하는 데 활용하려고 마음먹었다. 이 발상은 지나칠 만큼 효과를 거두었다. 이에 대한 대항 수단으로 원로원은 밀로가 조직한 폭력단 비슷한 원외단(院外團)을 묵인할 수밖에 없을 정도였다.

그러나 카이사르는 어느 시기까지는 이것을 활용했지만, 새 질서 수립을 지향하는 마당에 종래의 반체제 세력은 해롭기는 할망정 이롭지는 않았다. 게다가 카이사르는 배심원 구성에서도 원로원 의원과 기사계급(경제인)과 평민의 구별을 없앤 인물이다. 평민계급의 권력의 온상이 되고, 그 때문에 정치조직화한 '콜레기움'을 과감하게 해산해버렸다. 그 대신 조합원의 상부상조를 목적으로 하는 직능조합은 재건할 수 있도록 허용했다. 이런 '조합'들이 각자의 수호신을 자유롭게 받들어 모실 수 있었던 것은 말할 나위도 없다.

● 치안대책

연구자들의 추정에 따르면, 카이사르 시대에 수도 로마의 인구는 여자와 어린이, 노예, 외국인까지 포함하여 100만 명 정도였다고 한다. 다인종·다민족·다종교·다문화·다언어의 세계가 로마 제국이라면, 그 수도인 로마는 로마 제국의 축소판이 될 수밖에 없다.

그런데 지금까지 로마에는 수도 경찰 같은 기관이 존재하지 않았다. 카이사르는 수도 경찰을 창설하기로 마음먹었다. 치안대책을 게을리하면 유복한 집에서는 사설 경비대를 갖추게 되고, 그것이 수도 치안에 중대한 폐해를 초래한다는 것은 클로디우스와 밀로의 폭력단으로 이미 증명되었다.

그리고 '세계의 수도'가 된 로마는 치안에서도 다른 도시보다 뛰어나지 않으면 제국의 수도가 될 자격이 없다. 치안대책을 강구하는 것은 호위병을 데리고 다니기를 싫어한 카이사르의 성품을 반영하는 것이기도 했다.

● 교통대책

100만 명 안팎의 인구가 집중해 있으면, 도심인 포로 로마노나 장이 서는 테베레강 일대는 몹시 혼잡해지는 게 당연하다. 사람만이 아니라 짐수레의 정체도 심각했을 것이다. 그래서 카이사르는 교통을 규제했다.

낮에 시내에서 가마를 탈 수 있는 것은 기혼부인과 여사제뿐이었다. 짐수레는 해가 진 뒤부터 이튿날 해가 뜰 때까지만 다닐 수 있다.

최고권력자인 카이사르도 시내에서는 걸어다닌다. 야간에만 짐수레가 다닐 수 있도록 규제한 결과, 길가에 사는 사람들은 돌로 포장된 도로에 울려퍼지는 바퀴 소리 때문에 편안한 잠을 이루지 못하게 되었다. 짐수레의 통행 규제는 제정 시대에 들어간 뒤에도 계속되었다. 그래도 로마의 도심에 있는 집들은 제4권에서도 소개했듯이 창문이 바깥쪽으로 나 있지 않고 모두 안쪽으로 나 있는 게 그나마 다행이었을 것이다. 어쨌든 그 당시에는 아직 고무가 존재하지 않았다.

그로부터 100년 뒤, 에스파냐에서 갓 '상경'하여 아직 문명(文名)도 얻지 못한 채 셋방살이를 할 수밖에 없었던 세네카는 해가 지자마자 일제히 도심으로 들어오는 짐수레의 소음을 익살스럽게 한탄했다.

다만 잊어서는 안 될 것은 로마인은 예부터 도시생활과 전원생활을 병행하고 있었다는 점이다. 호사스러우냐 소박하냐의 차이는 있지만, 대부분의 시민이 별장을 가지고 있었다. 그들에게 시내의 소음은 도시생활의 편리함에 대한 대가로 여겨지고 있었다.

● 청소문제

치안과 청소는 도시에 사는 사람들의 민도를 재는 가장 간단한 척도다.

카이사르는 로마의 청소에도 주의를 게을리하지 않았다. 공공장소의 청소는 안찰관이 관장했지만, 그밖의 장소를 청소하는 것은 거기에 사는 주민의 의무가 되었다. 자기 집 주위는 스스로 청소하자는 것이다. 자신있게 말하건대, 고대 로마는 오늘날의 로마보다는 훨씬 깨끗했을 것이다.

● 사치금지법

카이사르가 로마인을 스파르타인으로 바꾸려고 생각했던 것은 아니다. 한도를 넘으면서까지 실질강건을 강요하는 것은 인간성의 현실에 어긋나기 때문에 오래 지속되지 않는다. 그렇다고 해서 사치를 방임하면 사람들 사이에 위화감을 자극하기 쉽다. 그래서 카이사르는 도가 지나친 사치를 금지했다. 한 예를 들면, 생선장수 외에는 양어장에 물고기를 키우는 것을 금지했다.

로마의 부유층 사이에서는 웬만한 수영장쯤 되는 커다란 양어장에 물고기를 키우는 것이 유행했다. 로마인은 육류보다 생선을 더 좋아했다. 개인집의 양어장을 금지한 이 법률에 대해 키케로는 다음과 같이 빈정거렸다.

"요즘에는 유난히 설사가 잦다. 그놈의 법률 때문에 생선을 먹지 못하고 채소만 먹은 탓이다."

카이사르 자신이 미식에는 무관심했다. 병사들과 한솥밥을 먹는 데 익숙해진 탓도 있다. 포도주도 취할 만큼 마시는 일은 전혀 없었다. 카토도 이렇게 말하고 있다.

"공화정 타도를 노리는 사람 가운데 오직 카이사르만이 취하지 않고 말짱한 얼굴이다."

최고권력자가 된 뒤에도 카이사르는 요리에 까다로운 주문을 다는 일도 없었고, 나온 요리에 대해 이러쿵저러쿵 불평하는 일도 없었다. 함께 식사하는 사람이 음식 투정을 하면, 음식이 마음에 안 들면 안 먹으면 된다고 말했을 뿐이다.

수도 재개발

소아시아의 폰투스 태생인 스트라보는 기원전 64년에 태어났으니까, 카이사르와 거의 동시대인이라 해도 좋다. 오늘날에도 인문지리학의 선구자로 여겨지는 이 그리스인은 위대한 저서인 『지리』에서 이렇게 말하고 있다.

"그리스인은 아름답고 안전하며 수출입에 필요한 항구까지 갖춘 도시를 건설하면, 그것으로 도시는 완성되었다고 생각했다.

한편 로마인은 그리스인이 소홀히 한 것까지 정비하지 않으면 도시가 아니라고 생각한다. 예를 들면 도로포장과 상하수도 설비 등이 그렇다. 특히 로마인의 하수도는 훌륭해서 로마 시가지의 지하에 그물처럼 뻗어 있다. 아치 모양의 석조 하수도이기 때문에 하수도 위는 그대로 도로로 쓰이고 있다. 도시 전체에서 나오는 하수는 모두 테베레강으로 흘러나가도록 되어 있다.

도로포장도 완벽해서, 시내 도로만이 아니라 로마의 영토가 된 모든 지방을 연결하는 가도까지 포장되어 있다.

로마 가도는 언덕을 깎아내어 지형의 높낮이를 고르게 만든 뒤에 건설된다. 이렇게 만들어진 로마 가도는 평탄하기 때문에 짐수레에 짐을 더 많이 실을 수 있다.

상수도 설비도 완벽해서 어느 집이든 음료수가 부족하지 않다. 저수조를 갖추고 있는 집도 많고, 개중에는 온종일 물을 뿜어올리는 분수까지 갖춘 집도 있다."

로마인은 도시에 기능과 쾌적함까지 요구했다. 카이사르는 2천 년 뒤의 연구자들한테도 "힘차고 건전한 정신을 가진 로마 자체를 구현한 현실주의자"라는 평가를 받았다. 그가 구상한 수도 재개발이 그런 방향으로 추진된 것은 당연한 일이었다.

무솔리니는 독일이 흉내낼 수 없는 무대장치에서 벌어지는 군사 퍼레이드를 히틀러에게 과시하고 싶어 했다. 그 때문에 카이사르가 앞장선 로마 도심 재개발 구상은 한 줄기의 넓은 도로로 무참하게 분단된 채 오늘에 이르고 있다. 그 당시 건축가인 르 코르뷔지에는 도로를 건설하지 말고 다리를 놓아야 한다고 제안했다고 한다. 그러나 다리는 고대 로마를 상기하는 데에는 도움이 되지만 군사 퍼레이드에는 적합하지 않았다. 그리하여 베네치아 광장에서 콜로세움에 이르는 '비아 데이 포리 임페리알리'가 뚫리게 되었다. 아무리 최고권력자라도 지성이 모자라면 이런 짓을 저지르고도 부끄러워하지 않는다는 것을 보여주는 실례다.

'비아 데이 포리 임페리알리', 직역하면 '황제들의 포룸의 거리'에는 그 이름에 걸맞게 남쪽에는 카이사르의 입상, 북쪽에는 아우구스투스와 네르바, 티투스 등 카이사르의 재개발 구상을 이어받은 황제들의 동상이 늘어서 있다. 지성이 모자란 파시즘은 붕괴했지만, 파시즘을 대신하여 50년 동안이나 계속되고 있는 민주주의 정권도 지성이 모자란 것인지, 아니면 재정적 여유가 없기 때문인지, 황제들의 포룸의 절반 이상은 지금도 아스팔트 밑에서 잠자고 있다.

'세계의 수도'가 된 로마의 공공생활은 신들을 모시는 카피톨리노 언덕과 포로 로마노, 황제들의 포룸, 그리고 트라야누스 황제의 재개발 지역을 중심으로 이루어졌다.

그러나 이곳이 분단되어버린 오늘날에는 지도의 도움을 얻어 상당

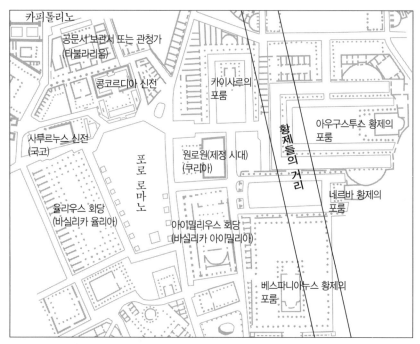

카피톨리노

공문서 보관서 또는 관청가
(타불라리움)

콩코르디아 신전

카이사르의
포룸

아우구스투스 황제의
포룸

사루르누스 신전
(국고)

원로원(제정 시대)
(쿠리아)

황
제
들
의
거
리

네르바 황제의
포룸

포
로
로
마
노

율리우스 회당
(바실리카 율리아)

아이밀리우스 회당
(바실리카 아이밀리아)

베스파니아누스 황제의
포룸

제정 시대 포로 로마노와 무솔리니가 건설한 '황제들의 거리'

한 상상력을 발휘하지 않는 한 머릿속으로나마 그 전모를 재현하기는 불가능하다.

말이 나온 김에 덧붙이면, '황제들의 포룸의 거리'는 축제일에는 차량 통행이 금지되는 보행자 천국이지만, 평소에는 차량의 홍수와 시위 행렬로 메워지는 것이 현실이다. 그것을 황제들은 어떤 마음으로 바라보았을까. 나도 모르게 그만 그런 생각이 든다.

카이사르의 포룸

'포룸'(forum) — 이탈리아어로는 '포로'(foro) — 은 고대 로마인에게는 공공생활의 중심지를 의미했다. 포룸은 정치·행정·사법·종교·

경제가 혼연일체가 되어 이루어지는 곳이다. 혼연일체 방식이 로마의 도시 건설을 특징지은 것은 시민이라면 누구나 다소는 이 모든 일에 참여하고 있었기 때문이다.

카이사르의 수도 재개발 구상은 이 혼연일체 방식을 더욱 명확히 한 것이다.

카이사르 이전의 신전들은 따로 고립되어 있었다. 포로 로마노 안에 있는 신전들도 그렇고, 시가지에 있는 신전들도 마찬가지다. 카피톨리노 언덕에 서 있는 신전들이 바로 그런 양식이다. 이것은 그리스 신전 양식을 답습했기 때문이다.

그러나 기원전 55년부터 부지를 매입하기 시작하여 기원전 46년에 완성한 '카이사르의 포룸'은 좀 다르다. 카이사르 집안의 수호신인 베누스(비너스) 여신에게 바쳐진 신전을 정면으로 하여, 그 좌우에는 회랑이 길게 뻗어 있다. 원기둥 행렬이 떠받치고 있는 회랑 안쪽에는 상점이 늘어서 있다. 상점이라 해도 생필품을 파는 가게가 아니라 '기사 계급'(경제인)의 오피스 같은 곳이다. 이것은 종교와 경제의 동거다. 여기에 '문화'와 '교육'이 추가된다.

'카이사르의 포룸'은 길이가 165미터, 너비가 75미터나 되었다. 165미터 곱하기 2면 330미터나 되지만, 양쪽 길가가 모두 '오피스 거리'였던 것은 아니다. 한쪽에는 로마 최초의 국립도서관이 들어서도록 계획되어 있었다. 카이사르는 도서관이 완성되는 것까지는 보지 못하고 죽었지만, 한때 폼페이우스파였던 바로가 카이사르의 지시를 받고 그리스어와 라틴어 서적을 수집하고 있었다.

또 한쪽에는 사설 학원 형식의 학교가 들어설 예정이었다. 이 계획은 실현된 게 분명하다. 그 증거로, 학생들이 남긴 낙서를 지금도 찾아볼 수 있다.

다시 말해서 카이사르가 생각한 '포룸'은 포로 로마노의 축소형이었다.

포로 로마노에는 국고(國庫)로도 쓰이는 사투르누스 신전 외에 신전이 몇 개나 있다. 그리고 '바실리카'라고 불리는 회당(會堂)도 두 개 있다. 하나는 아이밀리우스 파울루스가 세웠기 때문에 '바실리카 아이밀리아'라고 불리는 회당이고, 또 하나는 그라쿠스 형제의 아버지가 세운 회당을 율리우스 카이사르가 더 큰 규모로 재건했기 때문에 '바실리카 율리아'라고 불리는 회당이다.

바실리카는 그리스 건축 양식을 도입한 것인데, 이 바실리카 양식은 그대로 후세의 기독교 교회 건축 양식이 되었다. 하지만 똑같이 바실리카라고 불려도 교회는 닫힌 공간이지만, 로마 시대의 바실리카는 사방이 모두 트여 있고 중앙의 넓은 공간을 중심으로 좌우에 원기둥이 늘어서 있는 열린 공간이다. '바실리카 아이밀리아'는 70미터 길이에 너비가 29미터이고, '바실리카 율리아'의 규모는 그 두 배에 이른다. 로마인들은 이 바실리카 안에서 재판도 하고, 상담(商談)도 벌이고, 정보도 교환했다.

'카이사르의 포룸'은 오피스 거리를 설치했기 때문에 바실리카의 역할까지 맡게 되었다. 이것은 완전히 포로 로마노의 축소판이라고 말할 수밖에 없다. 그와 동시에 이 건축 양식은 로마인이 그리스의 영향에서 벗어나 로마의 독자적인 건축 양식을 창조한 것을 의미했다. 그러나 카이사르는 한복판에 서 있는 자신의 기마상을 둘러싼 포룸 전체가 어린이를 비롯한 모든 사람에게 개방되기를 바랐을 뿐이다.

카이사르는 포로 로마노 재개발이 '바실리카 율리아'를 세우는 것으로 끝났다고는 생각지 않았다. 그러나 카이사르는 자기가 현재 살고 있는 최고제사장 관저를 호화롭게 꾸미는 것에는 무관심했다. 그보다는 민회가 열리거나 무슨 일이 있을 때마다 연설회장이 되는 그 일대

'카이사르의 포룸'(복원도)

를 개조했다. 연단을 중앙에 좀더 가까운 곳으로 옮겨서 다시 세운 것
이다. 연단을 수리하거나 개축할 필요가 있었던 것은 아니다. 이유는
단지 너저분한 것을 말끔하게 정리하기 위해서였다. 카이사르는 혼연
일체 방식을 좋아했지만, 무질서한 혼잡은 싫어했는지도 모른다.

카이사르의 수도 재개발 구상은 성벽 밖에 펼쳐져 있는 마르스 광장
(캄푸스 마르티우스)에도 미쳤다.

군신 마르스의 이름으로 불리고 있던 이 일대는 크게 굽이치는 테베
레강에 감싸안겨 있는 넓은 평지다. 군신의 이름을 붙인 것에서도 알
수 있듯이, 원래는 군대 집결장이자 연병장이었다. 그런데 로마가 강
대해짐에 따라 성벽 안에 수용할 수 없게 된 공공건물이 조금씩 이 일
대로 진출하게 되었다.

이 마르스 광장에 맨 처음 세워진 공공건물은 아마 '빌라 푸블리카'
(공청)였을 것이다. 이것은 곡물창고이자 빈민들에게 밀을 배급하는
곳이었다. '빌라 푸블리카' 바로 서쪽에는 오늘날에도 유적으로 남아

있는 신전이 세 개 세워졌다. 그리고 테베레강 연안에는 대경기장(키르쿠스 막시무스)과 어깨를 나란히 하는 '플라미니우스 경기장'이 건설되었다. 이 경기장은 평민 출신 집정관 플라미니우스가 평민들의 체력을 향상하기 위해 기원전 221년에 세운 것이다. 대경기장은 아무래도 귀족들에게 독점되기 쉬운 것이 현실이었기 때문이다. 그렇다고 해서 대경기장이 귀족계급에만 개방되어 있었던 것은 아니고, 플라미니우스 경기장도 평민이 아니면 이용할 수 없는 것은 아니었다. 그래도 평민계급의 집합소라는 느낌은 이어지고 있었기 때문에, 호민관이 의장을 맡는 평민집회는 언제나 플라미니우스 경기장에서 열렸다.

훗날 한니발에게 맞서다 전사한 플라미니우스는 오늘날 이탈리아의 3번 국도가 되어 있는 플라미니아 가도를 건설한 사람이기도 하다. 플라미니아 가도는 르네상스 시대부터는 '코르소 거리'(비아 델 코르소)로 이름이 바뀌었지만, 로마 가도는 이런 것이라고 과시하듯 출발점인 포로 로마노에서 테베레강까지 5.5킬로미터를 일직선으로 뻗어 있다.

마르스 광장은 이렇게 조금씩 공공건물로 메워지게 되었지만, 이곳이 성벽 밖이라고는 말할 수 없을 정도로 바뀐 것은 폼페이우스 때문이다. 기원전 55년, 폼페이우스가 지어서 국가에 바친 로마 최초의 반원형 석조 극장이 완성되었다. 수용인원은 1만 2천 명. 폼페이우스는 이 극장 옆에 길이가 180미터, 너비가 135미터나 되는 대회랑도 건설했다. 회랑의 한쪽에서는 원로원 회의도 열 수 있을 정도였고, 물론 회랑에는 오피스 거리가 진출했다.

카이사르는 정치와 군사에서 경쟁자였던 폼페이우스에게 공공건축면에서도 지고만 있지는 않았다. 그는 폼페이우스가 개발한 지역 바로 북쪽에 '사이프타 율리아'를 건설하기 시작했다. 민회 투표장 겸 시민들에게 휴식처를 제공하는 것이 목적이었다. 이 건축물의 규모는 길이가 300미터, 너비는 125미터나 되었다. 그 사방을 원기둥이 가득 메우고 있었으니까, 틀림없이 장관이었을 것이다. 원기둥은 지붕을 떠받친다는 실질적인 역할 외에 그것이 늘어서 있는 것 자체가 아름다웠다.

그밖에 카이사르는 테베레강 근처에 반원형 석조 극장을 건설할 계획도 세웠다. 이 극장도 역시 카이사르의 후계자인 아우구스투스가 완성했는데, 초대 황제 아우구스투스는 일찍 죽은 조카를 기리는 뜻에서 '마르켈루스 극장'이라고 이름지었다. 마르켈루스 극장은 오늘날에도 그 흔적이 남아 있다.

'카이사르의 포룸'에서도, 극장이나 회랑이나 회당이나 경기장에서도, 즐비한 원기둥 사이나 '에세드라'라고 불린 반원형 공간이나 광장 중앙을 장식한 것은 대리석이나 청동으로 만든 입상이었다. 로마에서 이런 종류의 예술 양식이 전성기를 맞이한 것도 이처럼 폭발적으로 늘어난 '내수'에 부응하기 위해서였다.

이렇게 유력자들이 허영심이든 경쟁의식이든, 또는 영예라는 형태로 얻은 이익의 사회 환원이든 간에, 공공건물 건축에 강한 관심을 보인 덕택에 로마는 '세계의 수도'에 걸맞은 기능과 쾌적함을 추구하면서 확장과 정비를 추진할 수 있었다.

그러나 카이사르는 이들 유력자 중에서도 뛰어나게 '정치적인 인간'(호모 폴리티쿠스)인지라, 건설만 한 게 아니라 파괴도 추진했다. 그것도 파괴한 자리에 새로운 건축물을 세우기 위한 파괴가 아니라 파괴만을 목적으로 하는 파괴였다.

로마는 기원전 6세기부터 제6대 왕 세르비우스가 세운 '세르비우스 성벽'(무라 세르비아나)으로 둘러싸여 있었다. 일곱 언덕을 에워싸는

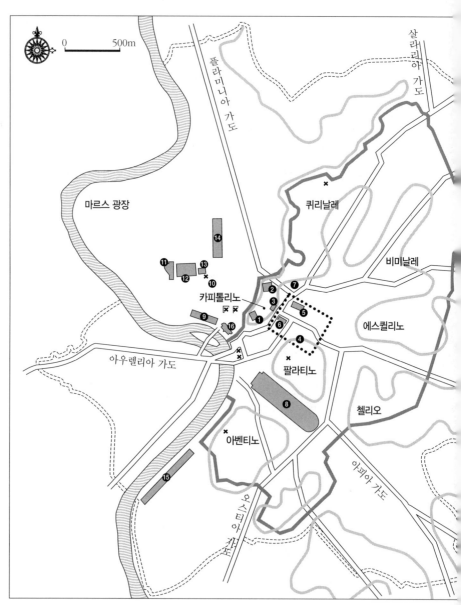

카이사르 시대(공화정 말기)의 수도 로마

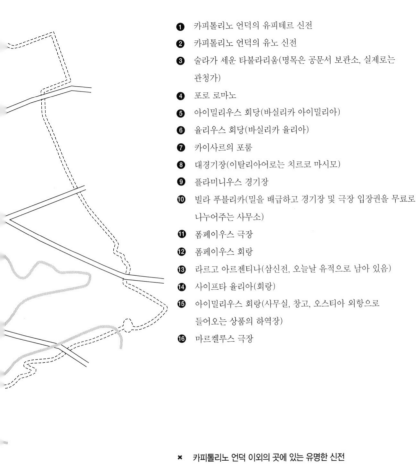

❶ 카피톨리노 언덕의 유피테르 신전

❷ 카피톨리노 언덕의 유노 신전

❸ 술라가 세운 타불라리움(명목은 공문서 보관소, 실제로는
관청가)

❹ 포로 로마노

❺ 아이밀리우스 회당(바실리카 아이밀리아)

❻ 율리우스 회당(바실리카 율리아)

❼ 카이사르의 포룸

❽ 대경기장(이탈리아어로는 치르코 마시모)

❾ 플라미니우스 경기장

❿ 빌라 푸블리카(밀을 배급하고 경기장 및 극장 입장권을 무료로
나누어주는 사무소)

⓫ 폼페이우스 극장

⓬ 폼페이우스 회랑

⓭ 라르고 아르젠티나(삼신전, 오늘날 유적으로 남아 있음)

⓮ 사이프타 율리아(회랑)

⓯ 아이밀리우스 회랑(사무실, 창고, 오스티아 외항으로
들어오는 상품의 하역장)

⓰ 마르켈루스 극장

× 카피톨리노 언덕 이외의 곳에 있는 유명한 신전

------- 서기 3세기에 세운 '아우렐리우스 성벽'

▨▨▨▨ 기원전 6세기에 세운 '세르비우스 성벽'

===== 가도

•••••••• 포로 로마노

라티나 가도

이 성벽은 총길이가 8킬로미터에 이른다. 성문은 열네 군데에 만들어져 있다. 성벽은 명장 한니발조차도 공격을 포기할 수밖에 없었을 만큼 견고했다.

그런데 견고하기 이를 데 없는 세르비우스 성벽은 오늘날에는 테르미날역 앞과 아벤티노 언덕과 카피톨리노 언덕 위에 조금밖에 남아 있지 않다. 2천 년 동안 자연히 풍화되었다 해도 그 잔재가 너무 적다. 후세의 건물 속에 끼어들어간 게 아닌가 하고 조사해보았지만 그런 흔적도 없다.

카이사르가 파괴했다고 한다. 현대 로마의 옛 시가지를 둘러싸고 있는 '아우렐리우스 성벽'(무라 아우렐리아나)은 서기 3세기에 세워진 것이다. 그 무렵에는 '팍스 로마나'도 위태로워져 방비를 강화할 필요가 생겼기 때문이다.

그리고 이 아우렐리우스 성벽이 1,700년 뒤인 오늘날에도 건재한 것은 고대 로마의 건축술이 워낙 뛰어난 덕도 있지만, 황제들 대신 로마의 주인이 된 교황들이 수리와 보강을 게을리하지 않았기 때문이다. 그리스도의 지상 왕국도 방벽 없는 평화까지는 실현할 수 없었을 것이다.

반면에 고대 로마 제국의 수도는 무려 300년 동안이나 방벽도 없이 지냈다는 얘기가 된다. '팍스 로마나'의 완성자는 아우구스투스지만, 수도를 성벽으로 에워쌀 필요도 없을 만큼 평화로운 것이 로마가 지향하는 길임을 아우구스투스와 그 후의 황제들에게 보여준 것은 카이사르였다.

벽은 안전을 확보하는 데에는 도움이 되지만 교류에는 방해가 되기 쉽다. 카이사르가 성벽을 부순 것은 로마의 도심을 확장하기 위해서이기도 했지만, 또 한편으로는 성벽이 없어도 평화를 유지할 수 있다는 의지의 표명이기도 했다. 공화정 시대의 성벽 유적이 너무 빈약한 것을 의아하게 생각한 나도 연구자들의 논문을 읽고, 실제로 걸어보면서 그것을 납득했을 때에는 솔직히 감동했다. 그리고 유형이든 무형이든 온갖 '벽'을 쌓는 것밖에 몰랐던 그 후의 역사를 생각하면서 인류의 진보라는 것에 회의를 품지 않을 수 없었다.

이상의 사업이 카이사르의 수도 재개발 구상이다. 하지만 무너진 성벽을 포함하여 이것들은 모두 하드웨어 면에서의 개조였다. 카이사르는 소프트웨어 면에서의 개조도 구상하고 있었다. 교육 및 의료 수준의 향상이 그것이었다.

교사와 의사

카이사르는 수도 로마에서 '아르테스 리베랄레스'(교양과목)를 가르치는 교사와 의료에 종사하는 의사들에게 로마 시민권을 부여하기로 결정했다. 인종도 피부색도 따지지 않는다. 민족과 종교의 차이도 문제삼지 않는다. 조건은 단 하나, 로마에서 교사나 의사로 일하는 것뿐이었다.

로마 시민이 되면, 우선 속주세로 대표되는 직접세를 면제받는 이점이 있다. 둘째, 로마법에 따라 안전을 보장받는다는 의미도 있다.

카이사르는 교육이나 의술에 뜻을 둔 사람들은 이런 직접적인 이익만을 미끼로 해서는 낚을 수 없다는 것도 알고 있었다.

그래서 의사에게는 의료설비를 충실하게 갖추어주는 것으로 보답했다. 나중에 제정 시대를 기술할 때 상세히 말하겠지만, 이런 카이사르의 생각을 계승한 제정 시대의 군단기지 병원은 이게 정말로 2천 년 전의 병원인가 하고 놀랄 만큼 훌륭한 설비와 규모를 갖추고 있다.

한편 교양과목을 가르치는 교사들한테는 학문을 연마할 수 있는 기회를 주고 직장까지 제공했다. '카이사르의 포룸' 안에 있는 국립도서관은 그 자체가 이미 연구소였고, 수많은 '에세드라'는 사설 학원을 열기 위한 구획이었기 때문이다.

　카이사르의 이런 방식은 교육과 의료 수준의 향상에만 도움이 된 것은 아니었다. 소아시아의 할리카르나소스에서 로마로 이주하여 『고대 로마사』를 쓴 디오니시오스도 로마에서 교사로 일하면서 로마사를 집필했다. 로마사를 쓰고자 하는 사람에게는 술라가 세운 '공문서 보관소'의 자료도, '최고제사장 연대기'라는 이름으로 알려진 공사(公事) 연감도 공개되어 있었다. 공개되었을 뿐 아니라 필사본으로 '출판'까지 되어 있었다.

　교사와 의사들은 사회에서 그들의 직업이 갖고 있는 중요성을 역사상 처음으로 공인해준 카이사르에게 감사해야 할 것이다. 교사와 의사에게 로마 시민권을 부여하는 제도는 곧 이탈리아 전역으로 퍼졌고, 로마인이 이주한 식민도시나 군단기지에까지 파급되었기 때문이다.

그밖의 공공사업

　1. 북이탈리아의 라벤나에서 남이탈리아의 브린디시까지 아드리아 해를 따라 뻗어 있는 가도 건설. 그전에도 길은 있었지만, 그것을 로마식 고속도로로 바꾸는 공사였다. 이 가도는 제정 시대에 완성되었다.

　2. 로마에서 동쪽으로 뻗어 있는 발레리아 가도를 아드리아해까지 연장하는 공사. 이것도 제정 시대에 완성되었다.

　3. 발레리아 가도 연변에 있는 피치노호를 간척하고, 그 일대를 농경지로 만드는 사업. 간척사업은 제정 시대에 실현되었지만, 농경지로 만드는 사업은 19세기에 들어온 뒤에야 끝났다.

4. 로마의 외항 오스티아의 항만설비 개선. 이 사업은 클라우디우스 황제와 트라야누스 황제가 완성했다.

5. 아피아 가도 연변에 펼쳐져 있는 습지대 1만 헥타르를 농경지로 만드는 사업. 20세기에 무솔리니가 끝냈다.

6. 구불구불한 테베레강의 흐름을 종래의 물줄기와 바티칸 배후를 흐르는 지류로 양분하여, 테베레 동안(마르스 광장)의 홍수를 막는 동시에 테베레 서안(바티칸)을 로마 시내로 끌어들이는 사업.

그러나 이 사업은 후계자 아우구스투스가 비현실적이라고 생각했기 때문에 착공조차 되지 않았다. 홍수 문제는 제방공사로 해결할 수 있었던 모양이다.

하지만 제방공사는 완전하게 하려고 하면 할수록 축대가 높아질 수밖에 없고, 따라서 테베레강을 사이에 두고 도시 로마를 일체화한다는 구상은 꿈으로 끝날 수밖에 없었다. 피렌체는 중세에 아르노강을 상류와 하류에서 막아 흐름을 완만하게 바꿈으로써, 강을 사이에 두고 있는데도 분리된 느낌을 주지 않는 도시를 만드는 데 성공했다. 그러나 테베레강은 아르노강에 비해 수량이 훨씬 많기 때문에 아르노강과 같은 방식을 사용할 수 없다.

카이사르가 실행하거나 계획한 사업 가운데 평판이 나빠서 실현되지 않은 것이 또 하나 있었다. 그것은 제책법이었다.

고대의 서적은 파피루스 종이에 필사한 두루마리였다. 책을 제○장이 아니라 제○권이라고 하는 것도 그 흔적이다.

그런데 카이사르는 긴 두루마리를 일정한 길이로 절단하고 그것을 한 묶음으로 철하여 한 권의 책으로 만드는 방법을 생각했다. 필요한 부분만 즉석에서 읽을 수 있도록 하기 위해서였다.

합리적이었던 카이사르가 생각할 법한 일이지만, 이것만은 로마인의 취향에 맞지 않았다. 책장을 넘기기보다 긴 두루마리를 굴리는 편이 한결 장중한 느낌을 주어서, '그라비타스'(장중함)를 유난히 좋아하는 로마 지배계급 남자들에게는 훨씬 어울렸기 때문이다. 그래서 카이사르가 고안한 제책법은 무시되고 말았다.

그런데 고대 로마에 이어 역사의 주인공이 된 기독교, 특히 고대 서적의 필사에 열중한 중세 수도원이 이 제책법에 주목했다. 중세의 종이는 파피루스가 아니라 양피지였다. 양피지는 두껍고 뻣뻣해서 두루마리 모양으로 만들기에는 부적당했다. 수도승들은 양피지를 절단하여 한 묶음으로 철한 다음, 가죽표지까지 씌워서 뻣뻣함을 누그러뜨릴 필요가 있었다. 수도승들은 카이사르의 제책법에 대해 기술한 고대 서적을 읽고 그것을 알았을 것이다. 이리하여 중세에 부활한 이 제책법은 종이가 얇아져서 두루마리로 해도 괜찮은 시대에도 계승되어 오늘에 이르렀다.

카이사르의 특권

기원전 45년부터 기원전 44년에 걸쳐 55세의 율리우스 카이사르에게 원로원과 민회가 안겨준 영예와 권위와 권력은 구체적으로 다음과 같은 형태를 취하고 있었다.

1. '종신 독재관' 취임. 이제까지 450년 동안 존속한 공화정에서는 독재관의 임기가 6개월로 제한되어 있었지만, 이 관직에 인정된 권한은 그대로 둔 채 임기만 무기한으로 한 '종신 독재관'에 카이사르를 임명했다.

2. 카이사르 자신이 필요하다고 판단한 해에는 집정관도 겸임할 수 있는 권리.

3. 개선장군에게만 일시적으로 부여되는 '임페라토르'라는 칭호를 언제나 사용할 수 있는 권리.

4. '조국의 아버지'(파테르 파트리아이)라는 칭호를 받는 영예. 시민들은 로물루스를 로마의 건국자라고 부르듯, 카이사르를 로마의 두 번째 건국자라고 불렀다.

5. 개선장군이 개선식 당일에만 착용할 수 있는 자줏빛 망토를 평소에도 입을 수 있는 권리.

6. 평소에도 월계관을 쓸 수 있는 권리.

7. 종신 '프라이펙투스 모룸'에 단독으로 취임. 굳이 직역하면 '윤리감찰관'이라고 할 수밖에 없는데, 원로원 의원 및 사회 전반의 윤리와 풍속을 감찰하는 업무는 종래에는 재무관(켄소르)이 맡고 있었다.

8. 원로원 회의장에서 집정관보다 한 단 높은 곳에 앉을 수 있는 권리.

9. 극장이나 경기장에서 관중석 중앙의 특별석에 앉을 수 있는 영예.

10. 카피톨리노 언덕에 있는 유피테르 신전 입구에 늘어서 있는 왕정 시대 임금들의 입상 사이에 자신의 입상을 놓을 수 있는 영예.

11. 원로원 회의에서 가장 먼저 발언할 수 있는 권리.

12. 로마 국가의 공무원 임명권은 카이사르에게 있고, 민회는 그것을 승인한다. 이에 따라, 기원전 509년에 공화정으로 이행할 당시부터 공직자 선출권을 갖고 있었던 민회는 그 권리를 사실상 포기한 셈이 되었다.

13. 거부권과 신체 불가침권. 종래에는 호민관에게만 인정된 권리였으나, 카이사르는 호민관이 아닌데도 이 권리를 인정받았다. 명문 귀족 출신인 카이사르는 평민이나 평민귀족에게만 문호가 열려 있는 호민관에는 취임할 수 없었다.

14. 기념 화폐가 아니더라도 화폐에 자신의 옆얼굴을 새길 수 있는 권리.

15. 제2대 왕 누마가 만든 달력을 개혁한 이후, 제5월(퀸틸리스)이라고 불러온 7월이 카이사르가 태어난 달인 것을 기념하여 명칭을 '율

리우스'로 바꾸었다. 로마 시대에는 1년의 첫 번째 달이 1월이 아니라 3월이라서 7월이 다섯번째 달이었기 때문에 '퀸틸리스'라고 불렀다. '율리우스'는 이탈리아어로는 '룰리오'(luglio), 영어로는 '줄라이' (July)가 된다.

16. 카이사르 정치의 기본정신인 '관용'을 신격화하여, '카이사르의 관용'(클레멘티아 카이사리스)이라고 명명한 신전의 건립을 인정.

사실상 제정이 이루어진 셈이다.

카이사르는 타고난 부지런함으로 제정을 추진하고 있었다. 카이사르의 부지런함은 그에게 별로 호의적이지 않았던 플루타르코스까지도 인정했을 정도다.

그러나 카이사르가 염두에 둔 제정, 즉 다민족의 통합국가를 다스리는 통치방식으로서의 제정은 동시대인들의 상상을 초월하고 있었다. 한번은 군중 속에서 카이사르를 '왕'이라고 부르는 소리가 나온 적이 있었다. 거기에 대해 카이사르는 "나는 왕이 아니다. 그저 카이사르일 뿐이다"라고 대답했다.

반대파는 이것을 위선으로 받아들였다. 왕이 되고는 싶은데, 아직은 시기상조라서 그렇게 말했다고 생각한 것이다. 그러나 카이사르 자신은 한 민족의 우두머리인 왕과 여러 민족을 통합하는 황제를 구별했다.

그리고 카이사르의 '관용'은 그에게 반대하는 사람들도 그대로 놓아둔 채 자신이 생각하는 정치를 추진해야 하는 숙명을 안고 있었다. 게다가 이들에게는 카이사르와 대등한 지위에서 국정을 담당해왔다는 자부심이 있었다.

불만을 품은 사람들

키케로는 한 친구에게 이런 편지를 써 보냈다.

"전에도 국가의 진로를 감시하는 역할을 좋아한 것은 아니었지만, 과거의 우리는 고물에서 배의 키를 잡고 있었네. 그런데 나는 지금 배를 타고 있긴 하지만, 내가 있는 곳은 고물이 아니라 밑바닥일세. 내가 나폴리에 있었다 해도 로마 원로원에서 결의되는 정책에 변화가 있을 거라고 생각하나?

이제 원로원 결의는 우리 친구인 한 인물의 관저에서 이루어지고 있네. 그리고 그 인물이 법안의 기초자를 내 이름으로 하는 게 타당하다고 생각하면, 법안의 기초자는 내가 되는 식일세. 아르메니아나 시리아에 대한 정책을 기초한 사람이 키케로로 되어 있지만, 그건 나 자신도 전혀 모르는 사이에 일어난 사건이었네.

농담으로 여기지는 말아주게. 실제로 일어난 일이니까.

영문도 모르는 나한테 느닷없이 먼 나라 왕들한테서 감사 편지가 날아온 뒤에야 비로소 자초지종을 알았다네. 먼 나라의 왕들은 내가 기초한 정책으로 왕의 지위를 보장받은 것에 대한 감사의 뜻을 전해왔지 뭔가. 나는 그런 사람들이 이 세상에 존재한다는 것조차도 몰랐는데 말일세."

절친한 친구 아티쿠스에게 보낸 편지에서는 불만을 더욱 솔직하게 터뜨리고 있다.

"내가 있어야 할 곳은 원로원이라고 자네는 역설하지만, 원로원이 의미가 있었던 까닭은 그곳이 정치의 중심이었기 때문일세. 그런 의미를 지닌 원로원이 존재하지 않게 된 지금, 원로원에 남아 있을 의미가 어디 있겠는가?

아티쿠스, 키케로의 존재이유는 이제 없어졌네. 존재이유가 없어진

건 사실 오래전이지만, 이제 확실히 인정할 수밖에 없네. 나와 국가를 잇고 있던 실은 끊어져버렸네. 별장에라도 틀어박혀 고독과 맞서는 것이 내 남은 인생이겠지."

"아티쿠스, 이제 우리는 편지를 통해 의견을 교환할 의미도 없어졌네. 쓴다고 해봤자 언제나 똑같은 말뿐이잖은가. 우울하고 쓸쓸한 것밖에 쓰고 있지 않으니까 말일세. 나는 이제 실업자일세."

"요즘에는 로마 공화국의 장래를 생각하며 눈물에 젖을 때가 부쩍 많아졌네."

"과거에는 정치가 노련하고 원숙한 사람들의 일로 되어 있었네. 그런데 이제는 누군가와 그 누군가의 명령에 따라 뛰어다니는 젊은이들의 일이 되어버렸네. 이렇게 되면 노쇠한 정열을 가지고 할 수 있는 일이란 정원 가꾸는 일 정도밖에 남지 않을 걸세."

과거의 원로원은 로마의 지혜가 결집된 기관으로 자타가 인정하고 있었다. 그런데 이제는 갈리아인이나 에스파냐인이나 그리스인이 옆자리에 앉아서, 문장가 키케로로서는 차마 들을 수 없는 유치한 라틴어로 의견을 말하고 있었다. 키케로는 친구에게 보낸 편지에서 이렇게 불평하고 있다.

"갈리아에서 도시로 흘러들어온 자들은 우리 로마인이 오랫동안 자랑해온 로마의 빛나는 전통에 그림자를 드리우는 존재로 변해 있네."

'질서있는 융화'야말로 키케로 정치사상의 근저를 이룬 생각이었다. 그러나 그가 주장하는 융화는 그가 현재 속해 있는 원로원 계급과 그의 출신 계급인 '기사계급'의 융화였을 뿐, 카이사르가 지향하는 로마와 속주민의 융화는 아니었다. 키케로는 이렇게 말했다.

"카이사르의 정책기관에 속해 있지 않은 나로서는 그가 과연 어떤 정치를 하려고 하는지 알 수가 없네. 어쩌면 카이사르 자신도 모르고 있는 게 아닐까."

카이사르는 알고 있었다. 카이사르가 꿰뚫어볼 수 있었던 것을 키케로는 꿰뚫어보지 못했을 뿐이다.

그래도 키케로는 정치를 단념하지 못했다.

하지만 이제는 카이사르 혼자서 모든 국정을 담당하고 있다. 그래서 키케로는 정치론이나 쓸까 하고 친구한테 의논한다. 정치론의 헌정 상대는 카이사르. 국가 로마의 장래에 대한 키케로의 의견서인 셈이었다.

"생각하다가 그만두고, 하지만 또 생각하고…… 그러기를 되풀이하고 있네. 편지 형식의 '정치 각서'를 쓰는 것에 대해서. 하지만 어떻게 시작해야 좋을지 모르겠네. 내 옆에는 알렉산드로스 대왕에게 바친 아리스토텔레스와 테오폼포스의 책이 놓여 있네. 하지만 이런 책들이 참고가 될까. 이 두 사람은 자신한테도 명예롭고 알렉산드로스 대왕한테서도 환영받는 주제에 대해 썼네.

아티쿠스, 자네는 이 두 사람과 나 사이에 공통점이 있다고 생각하나? 나는 공통점이 있는지 없는지도 판단할 수가 없네."

결국 키케로는 정치론을 쓰지 않았다. 카이사르에게 '정치 각서'를 써 보내는 것이 키케로 자신에게 명예가 될지 어떨지 의문이었기 때문이다. 키케로가 염려한 것은 이런 글을 발표하면 자기가 카이사르의 현재 지위를 인정한 것으로 잘못 받아들여지지나 않을까 하는 점이었다. 그런 위험을 무릅쓰고 정치론을 썼다 해도, 과연 그것을 카이사르가 환영할지도 자신이 없었다.

키케로는 카이사르의 관용정신을 거부하고 자결의 길을 택한 카토를 칭송하는 『카토』를 간행했다. 그러자 카이사르는 이 책이 세간에 주는 영향을 염려하여 『안티 카토』라는 제목의 반론을 발표했다. 키케로의 『카토』를 판금시킨 것이 아니라, 스스로 반론을 쓰는 쪽을 선택한 것이다. 종신 독재관에 취임한 기원전 44년 2월 이후에도 밤이면 포로 로마노 건물벽에 카이사르를 비난하는 대자보가 나붙었지만, 그는 필자를 추적하지 않고 그냥 내버려두었다.

키케로가 원로원 주도의 과두정이야말로 로마가 고수해야 할 정치체제라고 주장한 '정치 각서'를 발표했다 해도, 카이사르는 언론을 탄압하기보다는 직접 붓을 들어 반박하는 쪽을 선택했을 것이다. 따라서 끝내 정치론을 쓰지 않은 키케로는 탄압이 두려워서 쓰지 않은 게 아니라, 스스로 쓰지 않는 쪽을 선택한 것이다.

키케로는 카이사르의 비서관인 히르티우스한테서 카이사르가 쓴 『안티 카토』를 증정받고, 당장 그 책을 읽었다. 그러고는 그 독후감을 친구 아티쿠스에게 이렇게 써 보냈다.

"내가 쓴 카토론을 읽은 카이사르의 기분이 어떤 것이었는지는 히르티우스가 보내온 그의 반론을 읽는 것만으로도 충분히 상상할 수 있네. 이 반론에서 카이사르는 카토의 결점을 열거하여 그를 비난하고 있네. 하지만 내 문장력은 칭찬했더군. 그래서 나는 당장 이 책을 무스카스에게 보내 필사시키기로 했네. 『안티 카토』가 더 많은 사람에게 읽히기를 바라기 때문일세."

키케로는 누구의 칭찬이든 또 무엇에 대한 칭찬이든, 칭찬이라면 그저 좋아서 어쩔 줄 모르는 사람이다. 환갑이 넘었는데도 자화자찬하는 버릇은 여전한가 하고 쓴웃음을 지을 수밖에 없지만, 어쨌든 서로 격론을 주고받는 분위기는 카이사르의 독재 치하에서도 엄연히 존재하고 있었다. 그런데 절대권력자는 비판을 받으면 반론을 제기할 만한 기개가 있었지만, 절대권력자의 옛 동료라도 현재는 친구에 불과한 이들은 이름을 밝히고 절대권력자를 비판할 만한 기개를 잃어버리고 있었다. 그리고 이런 부류의 대표자인 키케로는 자율적으로 비판서를 쓰지 않는 쪽을 선택한 것이다.

　자율 규제는 참으로 흥미로운 현상이다. 자율 규제를 일으키는 심리적 배경도 흥미롭지만, 자율 규제가 낳는 심리적 영향도 흥미롭다.

　술라라면, 키케로에게 반론을 쓸 것인가 말 것인가를 놓고 고민할 겨를도 주지 않았을 것이다. '살생부'에 이름을 적어넣고, 행동대를 보내서 당장 죽여버렸을 테니까.

　또한 로마인이 같은 로마인을 용서할 권리를 인정해서는 안 된다고 주장한 카토, 그의 영향을 받고 자신이 지금 누리고 있는 지위가 카이사르의 은혜 덕택이라는 것 때문에 고민하고 있는 브루투스 같은 사람도 술라였다면 태연히 죽였을 것이다. 살해되어버리면, 고민 끝에 자율 규제를 하거나 은혜를 입고 있다는 것 때문에 양심의 가책으로 고민할 필요도 없어진다.

　그러나 카이사르는 '살생부'를 만드는 것조차도 거부했다. 폼페이우스파였던 사람들도, 원로원 주도의 공화정을 지지하는 자들도 모두 용서하고, 귀국을 허락하고, 본국에서 옛날처럼 사는 것을 허락하고, 전과 마찬가지로 원로원 의석도 주었다. 마르쿠스 브루투스는 기원전 46년도 북이탈리아 속주 총독에 임명되었다. 이것은 브루투스가 평생 애인이었던 여인의 아들이기 때문이니까, 말하자면 정실 인사였지만.

　술라는 정적인 킨나의 딸과 결혼한 카이사르에게 이혼을 강요했다. 카이사르는 카토가 죽은 뒤 그의 딸을 아내로 맞이한 브루투스에게 이혼을 명령하기는커녕 불쾌한 기색조차 보이지 않았다.

　제삼자가 보기에는 술라의 방식보다 카이사르의 방식이 좋을 게 뻔하다. 하지만 거기에 직면한 당사자들은 어떠했을까.

　언론 탄압 때문에 쓸 수 없다면, 언론을 탄압한 쪽에 책임을 돌릴 수 있다. 하지만 탄압을 당한 것도 아닌데 자율적으로 붓을 들지 않았다면, 그 책임은 누구한테도 전가할 수 없다. 또한 자기가 칼을 겨눈 상대에게 용서받고 목숨을 건졌을 뿐 아니라 고위직에 임명되기까지 했다면, 그 때문에 느끼는 양심의 가책을 누구 탓으로 돌릴 수 있겠는가.

술라는 적을 죽임으로써 이런 고민이나 양심의 가책이나 증오가 생기기도 전에 없애버렸다. 카이사르는 죽이지 않음으로써 그런 감정이 생겨나게 했다.

생전의 술라는 공포에 둘러싸여 있었다. 공포에 둘러싸이는 것을 싫어한 카이사르는 겉으로는 드러나지 않는 증오에 둘러싸이게 되어버렸다.

기원전 45년부터 기원전 44년에 걸친 이 무렵, 키케로와 마르쿠스 브루투스, 그리고 브루투스와 마찬가지로 폼페이우스파였다가 카이사르에게 용서를 받고 지금은 카이사르 밑에서 고위 관리가 된 카시우스 사이에 편지 왕래가 부쩍 늘어났다. 편지는 수도에 있는 브루투스와 카시우스, 그리고 별장에서 무료함을 달래고 있는 키케로 사이에 교환된 것이었다.

환갑이 지난 키케로와 이제 갓 마흔 살이 된 브루투스나 카시우스는 체험을 공유하는 같은 세대가 아니다. 키케로와 같은 세대는 오히려 55세인 카이사르였다. 키케로와 카이사르는 체험을 공유할 뿐 아니라, 교양을 공유하고 명석한 라틴어 문장을 쓰고자 하는 생각도 공유하고 있었다.

두 사람은 정치적으로는 줄곧 반대편에 서 있었다. 성격도, 여자에 대한 처신이나 돈에 대한 태도에서도 양극단에 있다고 해도 좋을 만큼 달랐다. 그래도 키케로는 한 인간으로서는 폼페이우스보다 카이사르를 높이 평가했고, 정치적 동지들을 제쳐놓고 카이사르를 더 높이 평가했다. 한마디로 말하면 카이사르를 좋아했던 것이다. 로마에는 자기가 있을 곳이 없어졌다고, 자기는 이제 실업자라고 탄식한 뒤 키케로는 이렇게 말하고 있다.

"카이사르는 균형감각이 뛰어나고 무슨 일에나 관대하다. 그렇긴 하지만, 누구한테나 관대한 것은 아니다. 큰 사업을 수행할 만한 기개가 있고 재능이 풍부한 인재라면, 출신 지역도 출신 계급도 따지지 않고 등용한다."

"카이사르의 진지함과 공정을 기하려는 태도, 그리고 현명한 처신에는 나도 칭찬을 아끼지 않는다. 저 폼페이우스를 언급할 때에도 카이사르는 반드시 경의에 찬 어휘를 사용한다."

폼페이우스 극장에 딸린 회랑에는 이 건물을 세워서 나라에 바친 폼페이우스의 대리석상이 서 있었다. 그런데 카이사르가 파르살로스 회전에서 승리한 뒤, 그의 측근들이 이 등신대 석상을 무너뜨렸다. 이것을 원래 있던 자리에 다시 세우게 한 것은 카이사르였다. 그는 죽은 사람에게도 '관용'을 베풀고 싶어 했다. 이런 부류의 관용이라면 키케로도 이해할 수 있었다. 그리고 문장에 대한 비평에서는 로마에 키케로를 넘어서는 평론가가 없었다.

"카이사르의 문장은 입에서 나오든 글로 쓰이든 관계없이 다음과 같은 특징을 나타내고 있다. 품격이 높고, 광채를 발하며, 화려하고 웅장하고 고귀하며, 무엇보다도 먼저 이성적이다."

그러나 키케로는 문예비평이 자신의 본업이라고는 생각지 않았다. 또한 폼페이우스 진영에 가담했다가 패배한 뒤에는 정치에서 발을 씻고 카이사르가 맡긴 국립도서관 창설에 전념하고 있는 바로처럼 책만 상대하면서 살아갈 마음도 나지 않았다. 그래서 몇 번이나 결심했다가 그만두기를 되풀이한 뒤 카이사르의 관저를 찾아간다. 카이사르와의 오랜 우정을 믿고 찾아간 것이다.

그런데 독재자가 되어 자신의 정치를 정력적으로 실행에 옮길 수 있게 된 뒤, 카이사르의 일상은 많은 참모와 비서진에 둘러싸인 바쁜 생활로 바뀌어 있었다. 수도 재개발 사업에 관여하고 있는 건축가만 해도 그리스인, 로마인, 이집트인 등 여러 민족의 혼성집단이었다. 히르티우스나 발부스나 오피우스처럼 오랫동안 카이사르의 비서를 지낸 사람이라면 카이사르와 키케로의 관계를 알고 있기 때문에 키케로한테는 특별히 대했겠지만, 신참 비서들은 그것을 모른다. 관저에 도착한 키케로는 다른 많은 면회객과 마찬가지로 대기실에서 기다려야 했다.

기다리는 동안 키케로가 어떤 기분이었을지는 쉽게 상상할 수 있다. 과거의 대등한 지위와 현재의 격차에 굴욕감을 느끼지 않을 수 없었을 것이다. 하지만 이 일을 친구에게 자세히 써 보낸 것은 그 굴욕감도 곧 사라졌기 때문이다. 무슨 볼일로 우연히 집무실을 나온 카이사르가 대기실에 앉아 있는 키케로를 발견하고는 비서관들에게 큰 소리로 야단쳤기 때문이다.

"이래서야 내가 미움을 받고 있다는 소문이 거짓말이라고 말할 수 있나? 마르쿠스 키케로조차도 자유롭게 내 집무실에 들어오지 못하고 대기실에서 기다려야 하는 게 현실이라면……."

그로부터 두 달도 지나지 않은 기원전 45년 12월, 카이사르가 키케로에게 편지를 보내왔다. 12월 17일부터 시작되는 사투르누스 축제 기간을 이용하여 나폴리 근교에서 휴가를 보낼 작정인데, 키케로의 별장에서 하룻밤 묵고 싶다는 뜻을 전해온 것이다.

고대를 맛보고 싶은 현대 관광객들은 나폴리 동쪽에 있는 베수비오 화산이나 그 기슭에 있는 폼페이를 찾는 경우가 많지만, 고대 로마의 요인들 사이에서는 나폴리 서쪽에 있는 쿠마이나 미세노곶, 바이아

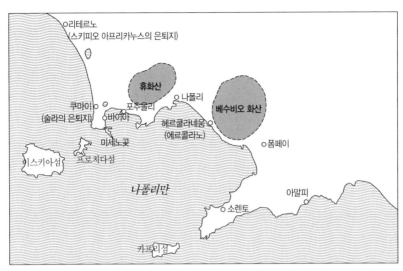

나폴리 일대 약도

만, 포추올리 등지에 별장을 갖는 것이 유행이었다. 당대의 명사(名士) 임을 자부하는 키케로는 별장을 여덟 개나 갖고 있었는데, 그 가운데 하나는 포추올리에 있었다. 나폴리만에 면해 있는 이 일대에 별장을 갖고 있지 않은 카이사르는 겨울에도 따뜻하고 온천이 있는 나폴리 근처에서 휴가를 보내고 싶으면 거기에 흩어져 있는 명사들의 별장에 손님으로 신세를 질 수밖에 없었다.

그러나 키케로는 긴장했다. 게다가 들려오는 소문에 따르면 카이사르 일행은 근위대를 포함하여 2천 명이나 된다고 한다. 그렇다고 해서 최고권력자인 카이사르의 요청을 거절할 수도 없는 노릇이었다. 키케로는 만반의 준비를 갖추고 기다렸다. 마침내 그날이 왔다. 이날 있었던 일에 대해서는 그 이튿날 카이사르가 별장을 떠나자마자 키케로가 아티쿠스에게 보낸 편지를 번역하는 것으로 대신하고자 한다. 다만 2천 명이라는 숫자는 믿을 수 없다. 중세에 필사할 때 생긴 오류가 아닐까. 다른 역사적 사실에 비추어보아도, 그 10분의 1 정도면 어느 정도 현실성이 있지만.

　성가시기 이를 데 없는 손님은 떠나주었네. 하지만 솔직히 고백하면, 즐겁기 이를 데 없는 하루였던 것도 사실일세. 사투르누스 축제 이틀째 되는 날 해질녘에 카이사르 일행은 필리푸스(기원전 56년도 집정관이고 옥타비아누스의 어머니와 재혼한 상대)의 별장에 도착했네. 별장은 카이사르를 수행한 사람들로 가득 메워지고, 빈방은 주빈을 맞이할 식탁이 놓인 방밖에 남지 않았다더군. 어쨌든 수행원이 2천 명이나 되었으니 말일세. 그래서 이튿날 그 많은 일행을 맞이해야 하는 나로서는 난감하기 이를 데 없었지만, 다행히 발바 카시우스가 도움의 손길을 뻗어주었네. 카이사르가 머무는 동안 내 별장을 경비할 사람들을 보내주었기 때문에 카이사르의 호위병들은 밖에 천막을 치고 재울 수 있게 되었으니까.

　카이사르는 필리푸스의 별장에 묵은 이튿날 새벽에 일어났지만, 오후 한 시까지는 아무하고도 만나지 않았다네. 발부스만은 침실로 불러들였다니까, 경리 문제를 처리하고 있었던 모양일세. 그 일을 끝낸 뒤에는 오랫동안 해변을 산책하면서 보냈네. 그리고 그 길로 내 별장에 도착하여 목욕을 했네. 목욕을 끝낸 뒤에는 마사지를 받고, 그것도 끝나자 옷을 입고, 측근인 마물라의 보고를 표정 하나 바꾸지 않고 들었다네. 그런 뒤에야 비로소 식탁에 앉더군. 토하는 약을 먹었으니까, 소화를 걱정할 필요도 없이 마음껏 먹고 마셨지.

　저녁식사에 나온 요리는 키케로의 만찬답게 호화롭긴 하지만 취미가 좋은 것이었네. 게다가 유쾌하고 수준 높은 대화가 식사에 더할 나위 없이 훌륭한 양념 구실을 해주었지. 자네가 알고 싶다면 말하겠지만, 식탁에서 오간 대화는 처음부터 끝까지 친밀하면서도 예의를 갖춘 것이었다네(아마 아무도 취하지 않았다는 의미일 것이다).

수행원들에게도 다른 방 3개에서 식사를 제공했네. 별로 중요하지 않은 해방노예나 하인들도 식사는 충분히 제공받았고, 시중도 충분히 받았네. 요직에 있는 해방노예들한테는 물론 특별 대우를 했지.

요컨대 손님을 맞는 주인에게도, 대접을 받는 손님에게도, 그 지위에 걸맞은 접대였다고 말할 수 있을 걸세.

그렇긴 하지만, 떠나는 손님에게 이 근처에 오거든 꼭 다시 한번 들러달라는 인사치레까지는 할 마음이 나지 않더군. 그런 일은 한 번으로 족하다네.

식사할 때도 그 후에도 진지한 일(정치)은 일절 화제에 오르지 않았다네. 화제는 오로지 문학에 관한 것이었지. 카이사르는 무척 즐거워하는 것처럼 보였네. 마치 그 본연의 장소에 있는 것 같았지. 포추올리에는 하루만 더 있고, 그다음 하루는 바이아에서 보낼 예정이라고 하더군.

카이사르가 키케로의 별장에서 묵은 하루는 이렇게 끝났네. 내가 바란 것은 아니었지만, 막상 끝나고 보니 유쾌한 하루였네. 나는 여기에 며칠 더 있을 작정일세. 그런 다음 투스쿨로의 별장으로 옮길까 하네.

카이사르가 돌라벨라(키케로의 사위이자 카이사르의 측근)의 별장에 도착했을 때, 별장 현관 양쪽에 많은 병사가 도열한 채 말을 타고 도착한 카이사르를 맞이했다더군. 하지만 카이사르가 금지했는지, 이런 일은 그 후 두 번 다시 되풀이되지 않았네.

기원전 44년으로 해가 바뀌자마자, 카이사르는 파르티아 원정을 공식 발표했다. 이미 지난해 가을부터 원정 준비에 들어간 카이사르는 출발 날짜를 3월 18일로 결정했다.

파르티아 원정은 카이사르로서는 생전에 꼭 해두어야 할 일이었다.

패배는 설욕으로 갚아야 한다는 것이 로마인의 사고방식이다. 9년 전에 크라수스가 당한 패배는 너무나 분명한 참패여서 결코 방치할 수 없었다.

게다가 그때 파르티아군에 사로잡힌 로마 병사가 1만 명 있었다. 죽음은 면했지만, 모두 파르티아 왕국의 북동쪽 끝에 있는 메르프(오늘날 투르크멘 공화국의 마리)로 끌려가 종신 병역을 강요당하고 있다. 오지에서 유형살이를 하는 것과 마찬가지였다. 9년이 지났으니 얼마나 생존해 있을지 모르지만, 그들을 구출하는 것은 로마군의 의무였다.

파르티아 왕국을 제패하는 것은 파르티아 원정의 목적이 아니었던 것 같다. 그것까지 생각하고 있었다면, 2년이라는 예정은 너무 짧다. 파르티아 군대를 제압함으로써 로마의 힘을 오리엔트 군주들에게 다시금 인식시키고, 그럼으로써 유프라테스강을 방어선으로 확립하고, 그에 따라 유프라테스강 서쪽 지방을 로마의 패권 아래 확실히 집어넣는 것이 원정의 첫 번째 목적이었던 것으로 여겨진다.

파르티아 원정을 끝낸 뒤에는 도나우강 유역을 지나 돌아올 예정이었던 것으로 미루어보아, 도나우강을 방어선으로 확정하는 것이 이 원정의 두 번째 목적이었던 것 같다. 이 두 가지 목적이 이루어지면, 카이사르가 직접 확정한 라인강에 이어 도나우강과 흑해, 유프라테스강으로 이어지는 로마 제국의 방어선이 완성된다. 경계가 완전히 확정된 제국을 후계자에게 남겨줄 수 있게 되는 것이다.

카이사르는 이 원정 기간을 2년으로 예정하고 있었다. 앞으로 2년 동안 본국과 각 속주의 통치와 방어를 맡을 책임자를 선정해두었기 때문이다. 방어선을 확정하는 일은 그곳 주민과의 대화로 이루어지는 것이 아니다. 복종을 맹세하지 않는 주민과는 싸워야 하고, 싸움에 이겨야만 방어선을 확정할 수 있다. 따라서 그리스를 지나 오리엔트로 가서 파르티아를 무찌른 뒤, 흑해로 빠져나가 도나우강 유역을 제패하면서 이탈리아로 돌아오는 데에는 아무리 카이사르라도 최소한 2년은 필요했다. "왔노라, 보았노라, 이겼노라"를 매번 되풀이할 수 있는 것도 아니었다.

카이사르에게 이 원정은 원숙기의 후반을 장식하는 데 어울리는 일대 장거가 될 터였다.

어느 역사가에 따르면, 카이사르는 "남은 속였을지 모르나 자기 자신만은 한 번도 속인 적이 없"었다. 파르티아 원정도 최고권력자의 힘을 과시하기 위한 것은 결코 아니었고, 그 필요성을 냉철하게 판단한 결과였다.

카이사르는 원로원 의원들에게 다음과 같은 서약을 요구했다. 카이사르를 적대시하는 사람은 그들에게도 적이고, 그 적과 맞서서 카이사르를 지키겠다는 맹세였다.

이 서약서에는 키케로도 서명했다. 브루투스와 카시우스도 서약했다. 카이사르는 원로원 의원 모두의 서약을 받은 뒤, 주로 에스파냐인과 게르만인으로 이루어진 호위대를 해산했다. "늘상 신변의 안전을 걱정하면서 사는 것은 사는 게 아니다"라는 게 원로원 의원들에게 서약을 요구한 이유였다.

그러나 파르티아 원정을 발표하고 종신 독재관에 취임한 카이사르에게 한 가지 소문이 따라다니게 되었다. 카이사르가 왕위를 노리고 있다는 소문이었다. 로마인들이 기회가 있을 때마다 들으러 가는 시빌라의 신탁 가운데 오직 왕만이 파르티아 원정에 성공할 수 있다는 예언이 있었는데, 이것이 소문의 출처였다. 게다가 매사를 깊이 생각지 않는 안토니우스의 경거망동이 이 소문을 더욱 증폭시켰다.

해마다 2월이면 로마에서는 루페르칼리아 축제가 열린다. 축제에는 경기대회가 따라다닌다. 그날 대회가 열린 대경기장에서는 카이사르도 참관하고 있었다. 그 자리에서 카이사르와 함께 그해 집정관이 된 안토니우스가 관중석 중앙에 앉아 있는 카이사르에게 왕관을 본뜬 관을 바쳤다. 박수를 치는 사람도 있었지만, 대부분은 놀라서 말도 안 나온다는 표정이었다. 되풀이 말하지만, 로마인은 왕정에 대해서는 알레르기 반응을 보인다.

안토니우스가 바치는 관을 물리친 카이사르는 사태의 심각성을 당장 깨달았다. 카이사르는 포로 로마노 한쪽의 대리석 기둥에 새기는 '공식기록'에 다음과 같은 글을 새기게 했다. 왕위를 노리고 있다는 풍문에 마침표를 찍을 작정이었다.

"집정관 마르쿠스 안토니우스는 종신 독재관 가이우스 율리우스 카이사르에게 왕의 권위를 받도록 요청했지만, 카이사르는 그것을 거절했다."

그로부터 한 달도 지나지 않은 3월 15일, 원로원 회의장에서 카이사르는 살해되었다.

무엇 때문인지 암살자 집단에 끼지 않은 키케로는 3월 15일에 원로원 회의에도 참석하지 않았다. 그러나 카이사르의 죽음을 알자마자 암살자 가운데 한 사람인 바실루스에게 편지를 보냈다. 날짜는 같은 3월 15일이었다.

"오오, 얼마나 반가운 소식인가. 자네한테 감사하네. 자네를 사랑하네. 자네도 나를 사랑해주어야 하네. 자네와 자네 동지들이 앞으로 어떻게 할 작정인지 자세히 알려주게."

이런 키케로에게 카이사르는 다음과 같은 편지를 보낸 적이 있었다.

승리한 카이사르가 폼페이우스 편에서 싸운 사람들을 죽이지 않고 살려주었을 뿐 아니라 거취 선택의 자유까지 허용한 것을 칭송한 키케로의 편지를 받고 쓴 답장이었다.

"나를 잘 이해해주는 당신이 하는 말이니까, 내 행동에서는 어떤 의미의 잔인성도 찾아볼 수 없다는 당신의 말은 믿어야 할 거요. 그렇게 행동한 것 자체로 나는 이미 만족하고 있지만, 당신까지 찬성해주니 만족을 넘어서서 기쁘기 한량없소.

내가 석방한 사람들이 다시 나한테 칼을 들이댄다 해도, 그런 일로 마음을 어지럽히고 싶지 않소. 내가 무엇보다도 나 자신에게 요구하는 것은 내 생각에 충실하게 사는 것이오. 따라서 남들도 자기 생각에 충실하게 사는 것이 당연하다고 생각하오.

당신이나 다른 사람들도 로마에 와서 내가 목표로 삼은 사업을 완성할 수 있도록 협력해준다면 얼마나 기쁘겠소. 조언도 좋고 충고도 좋소. 당신이나 다른 사람들이 각자 장기로 삼는 분야에서 협력해주어도 좋소. 나는 언제나 도움이 된다고 생각하면 누구의 제안이든 거리낌없이 받아들였소. 지식이 풍부한 당신의 제안이라면, 그 유용성은 헤아릴 수 없을 거요."

암살당했을 때, 율리우스 카이사르는 56번째 생일을 넉 달 앞두고 있었다.

제7장

'3월 15일'

기원전 44년 3월 15일~기원전 42년 10월

율리우스 카이사르

마르쿠스 안토니우스

마르쿠스 브루투스

옥타비아누스

키케로

역사란 승자가 자기한테 유리하게 쓴 기록이라는 믿음은 오래전부터 정설로 통해왔다. 나는 기회있을 때마다 반드시 그렇지는 않다고 주장하곤 했는데, 앞으로 서술하는 내용은 내 주장을 입증하는 전형적인 예라고 하겠다. 제7장의 서술은 패배자 쪽, 다시 말해서 반카이사르파가 남긴 사료만을 토대로 하고 있기 때문이다. 그 이유는 간단하다. 사료를 남긴 사람이 반카이사르파인 키케로이기 때문이다. 나는 제7장에서 다루는 사건을 키케로와 제7장의 등장인물들 사이에 오간 편지들을 바탕으로 서술할 수밖에 없었다. 이 편지들이야말로 '현장 목격자의 증언'이고, 100년 뒤에 쓰인 플루타르코스의 『영웅전』이나 그보다 더 뒤에 쓰인 아피아누스의 역사책과 카시우스 디오의 책은 현장 목격자가 아닌 후세의 서술에 들어가기 때문이다.

그러면 어떻게 키케로의 서간집이 '현장 목격자의 증언록'이 될 수 있었는가. 그것은 카이사르가 죽은 뒤, 키케로가 이제 자기한테도 로마라는 배의 키를 잡을 기회가 다시 찾아왔다고 생각하여 카이사르파와 반카이사르파 사이의 중개 역할을 적극적으로 맡고 나섰기 때문이다. 다만 그 자신이 반카이사르파 진영에 속해 있었던 만큼 중개 활동이 암살자 쪽의 이익을 목적으로 한 것은 물론이다. 62세라는 연륜과 로마 제일의 석학이라는 명성 때문에 키케로에게는 카이사르파와 반카이사르파의 편지가 쇄도했고, 그를 만나서 조언을 얻으려는 사람들의 방문도 끊이지 않았다.

로마인들에게 카이사르 암살은 구름 한 점 없이 맑은 하늘에 난데없이 천둥번개와 함께 덮쳐온 폭풍우 같은 것이었다. 죽인 쪽도 죽음을 당한 쪽도, 즉 반카이사르파도 카이사르파도 당황하여 방향감각을 잃어버린 것은 마찬가지였다. 그런 가운데 오직 키케로만이 폭풍우 속에 홀로 우뚝 서 있는 지주처럼 보였다. 키케로는 죽인 쪽에서 보면 정치

이념을 같이하는 동지였고, 당한 쪽에서 보면 카이사르 암살음모의 아웃사이더였다.

키케로는 그러나 편지를 보내오거나 조언을 청하는 자들을 끌어들이는 '자석'은 아니었다. 그들을 끌어들인 자석은 그 자신도 편지를 썼다는 점이다. 게다가 친구인 아티쿠스한테는 브루투스나 카시우스한테 쓸 수 없는 것까지도 써 보냈다. 키케로에게는 비록 선견지명은 없었지만, 지식인이 으레 그렇듯이 현재 상황을 관찰하고 인식하는 능력은 뛰어났다. 그리고 그것을 남에게 충분히 전달할 수 있는 표현력은 두말할 것도 없이 일급이었다. 따라서 키케로의 서간집은 신뢰할 수 있는 '현장 목격자의 증언록'이다.

게다가 100년 후에 쓰인 플루타르코스의 『영웅전』이나 그보다 더 나중에 쓰인 고대 역사가들의 저작과는 달리, 『키케로 서간집』은 시시각각 변하는 상황을 솔직하게 반영하고 있다. 날마다 썼으니까 당시의 상황을 반영할 수밖에 없었던 탓도 있지만, 어쨌든 2천 년 뒤에 태어난 우리도 키케로 덕택에 브루투스나 안토니우스나 옥타비아누스의 실상에 바싹 다가설 수 있다. 그리고 그런 인물들의 배후에 죽어서도 여전히 우뚝 서 있는 카이사르의 실상에도 더 가까이 다가갈 수 있다.

'3월 15일'

로마에서는 오랫동안 원로원 회의장이 정해져 있지 않았다. 이 점은 국가 최고기관인 민회도 마찬가지였다. 원로원 회의장이 정해진 것은 제정 시대 후반에 접어든 뒤였다. 그때까지는 수백 명을 한자리에 모을 수 있고 격리시킬 수도 있는 곳이라면, 그리고 로마 도심에 있는 곳이라면 어디든 좋았다. 신전에서 열리는 경우도 있었고, 회랑 한쪽에서 열리는 경우도 많았다. 이탈리아 전역에 포고되는 원로원 소집령에 개최 날짜와 함께 장소도 반드시 명기한 것만 보아도 회의장이 일정하지 않았다는 사실을 알 수 있다.

'카이사르의 포룸'은 아직 마무리가 끝나지 않았기 때문에, 종신 독재관 카이사르가 참석하는 원로원 회의는 대개 폼페이우스 극장 바로 동쪽에 있는 대회랑에서 열리곤 했다. 어쨌든 길이가 180미터에 너비가 135미터나 되는 대회랑이다. 폼페이우스 극장과 나란히 서 있어서 '폼페이우스 회랑'이라고 불린 이곳이라면, 회의가 열리는 날에만 일반인의 출입을 금지하면 원로원 회의를 열 수 있는 공간은 충분했다.

만약 카이사르가 수도 재개발 사업에 착수하지 않았다면, 폼페이우스 회랑에서 원로원 회의가 열리지는 않았을 것이다. 이 회랑은 종래의 성벽 밖에 펼쳐져 있는 마르스 광장에 있었기 때문이다. 어디에서 회의를 열어도 좋았지만, 성벽 밖에서 원로원 회의를 여는 것은 군대 사령관이 참석할 필요가 있는 경우뿐이었다. 로마 공화정에서는 군대나 사령관이 성벽 안으로 들어가는 것이 금지되어 있었기 때문이다.

그러나 카이사르가 추진한 수도 재개발 사업의 특징은 바로 그 성벽을 허무는 데 있었다. 수도 로마와 로마 제국을 가로막는 '벽'은 이제 더 이상 필요없다는 것이 성벽을 허문 진정한 의미였다. 따라서 성벽 밖에 있던 마르스 광장도 이제는 '성벽 밖'(포메리움)으로 구별되지 않고, 종래의 도심과 다름없는 구역으로 변해 있었다. 그렇다면 원로원 회의를 열기에 부적당한 곳은 아니다.

따라서 카이사르는 폼페이우스 회랑에서 회의가 열리는 데 대해 어떤 망설임도 느끼지 않았다. 조금이라도 망설였다면, 달리 회의를 열 만한 곳이 없었던 것도 아니니까 장소를 다른 곳으로 옮겼을 것이다. 그런데 회의장을 옮기기는커녕, 3월 15일의 원로원 회의는 카이사르의 명령으로 다시 세워진 폼페이우스의 석상이 내려다보고 있는 곳에서 열렸다.

포로 로마노의 최고제사장 관저에 살고 있던 카이사르가 폼페이우스 회랑으로 가려면 걸어갈 수밖에 없었다. 낮에 시내에서는 기혼부인만이 가마를 탈 수 있고, 말도 급한 용무로 심부름 가는 사람만이 탈 수 있다는 법률을 성립시킨 것은 바로 카이사르 자신이었기 때문이다. 직선거리로는 1킬로미터도 안 되지만, 모형으로 복원한 당시의 로마를 토대로 측정하면 실제 거리는 그 두 배였다.

고위층 인사들이 '등청'할 때는 하위직에 있는 사람이 집까지 모시러 가서 회의장까지 수행하는 것이 로마의 관습이다. 그날 관저에서 회의장으로 가는 카이사르를 수행한 사람은 데키우스 브루투스였다.

카이사르가 걸어가는 동안, 길에서는 사람들이 그에게 앞다투어 인사를 보냈을 게 분명하다. 해돋이와 해넘이를 기준으로 하루를 구분짓는 시대에는 아침 일찍 일어나는 게 보통이고, 특히 로마인은 오전에 일과를 다 끝내는 것이 관례로 되어 있었다. 일반인의 업무도, 원로원의 회의도 오전에 이루어진다는 점에서는 마찬가지였다. 기원전 44년 3월 15일, 이날도 원로원 회의는 평소처럼 오전 10시에 시작되었다고 한다.

라틴어로 'Idus Martiae'라고 하든, 영어로 'The ides of March'라고 하든, 이탈리아어로 'Idi di marzo'라고 하든, '3월 15일' 또는 '3·15'라고 쓰면, 서양 사람들은 이것이 카이사르가 암살당한 날이라는 것을 굳이 설명하지 않아도 알고 있다. 서양사에서는 극적인 하루로 손꼽히는 날이다.

그 때문인지, 이 하루의 경과에 대해서는 사건 직후부터 생겨난 풍

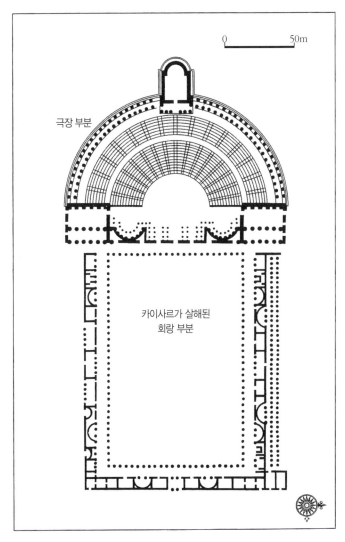

극장 부분

카이사르가 살해된
회랑 부분

0   50m

폼페이우스 극장과 회랑의 평면도

문에 계속 군더더기가 붙었고, 후세로 갈수록 오히려 군더더기 쪽만 유명해져버렸다.

카이사르의 아내 칼푸르니아가 꾼 악몽. 3월 15일을 조심하라는 점쟁이의 예언. 3월 14일 밤부터 15일 새벽에 걸쳐 로마를 덮친 폭풍우. 포로 로마노에 평소에는 볼 수 없었던 수많은 새떼가 날아들었다는 이야기 등등.

불길한 전조를 기록하는 고대 역사가들의 상상력은 참으로 대단하다. 이성적인 카이사르를 서술하느라 한껏 억눌렸던 상상력이 단번에 해방된 듯한 느낌이다. 그 대표격이 플루타르코스의 『영웅전』이고, 이 작품을 바탕으로 쓴 것이 셰익스피어의 『줄리어스 시저』였다.

로마에서 3월은 날씨가 불규칙한 것이 보통이었다. 또한 카이사르는 꿈이나 예언이나 점술 등으로 인간에게 예시된다는 전조에는 누구보다도 무관심했다. 이런 것을 그가 완전히 무시하고 경멸했던 것은 아니다. 국가 통합이나 병사들의 사기를 높이는 데 도움이 된다고 여겨지면, 망설이지 않고 그것을 활용했다. 로마 종교계의 수장인 최고 제사장에는 스스로 원해서 취임했다. 그러나 카이사르가 철저한 합리주의자이고 이성적인 사람이라는 데에는 고대부터 현대에 이르는 모든 역사가와 연구자의 의견이 일치한다.

이 사건을 다룬 고대의 저술 가운데 오늘날까지 남아 있는 것은 키케로를 빼면 모두 그리스인이 쓴 것이다.

그리스 민족은 이성을 바탕으로 진실을 추구하는 철학도로 유명하지만, 이성을 유일무이한 것으로 신봉하기 때문에 일단 그 고삐가 풀리면 그 반동인가 싶을 만큼 비이성적으로 치닫기 쉽다. 그러나 로마인, 특히 카이사르는 달랐다. 인간은 100퍼센트 이성적일 수는 없고, 그렇다고 해서 100퍼센트 비이성적인 존재도 아니라고 그는 생각했다. 바로 그렇기 때문에 양자의 균형을 취하는 것이 중요하고, 균형감각의 필요성에 대한 인식도 여기서 생겨난다.

이처럼 인간의 현실을 직시한 로마인은 카이사르만이 아니었다. 정치이념은 다르지만 키케로도 역시 로마인이었다. 그런 키케로나 그에게 편지를 보낸 '현장 목격자' 가운데 어느 누구도 초현실적인 전조나 예언을 언급한 사람은 없고, 그들의 글이나 편지의 어디에도 그런 것을 언급한 대목은 없다.

또한 '3·15'는 갖가지 불길한 조짐이나 예언을 보고 듣고 알고 있었던 사람들이 숨을 죽이고 지켜보는 가운데 일어난 사건도 아니다. 모든 것이 평소와 똑같은 날, 음모자들말고는 아무도 예상치 못했던 가운데 느닷없이 일어난 참사였다. 극적인 사건은 처음에는 평범한 상태로 진행되다가 갑자기 상황이 돌변하기 때문에 극적인 법이다.

카이사르는 3월 18일 파르티아 원정에 나설 예정이었다. 그처럼 중차대한 출발을 사흘 앞둔 그에게, 3월 15일의 원로원 회의는 아내가 불길한 꿈을 꾸었다는 정도의 이유로는 빠질 수 없는 중요한 회의였다. 원정으로 로마를 비우게 되는 2년 동안, 본국과 속주의 방어와 통치를 맡을 책임자를 공표할 수 있는 마지막 기회였기 때문이다. 그러나 카이사르에게 마지막 기회는 음모자들에게도 마지막 기회였다.

원로원 의원들은 파르티아 원정이 성공하기를 바랐다. 9년 전에 당한 패배를 설욕해야 한다는 것은 로마인이라면 누구의 가슴에나 맺혀 있는 원망이었다. 이런 열망에 사로잡힌 의원들이 원정 출발을 사흘 앞둔 마지막 원로원 회의에서 카이사르에게 공식으로 왕위를 부여할지도 모른다. 이것이 바로 음모자 일당이 두려워하고 있는 점이었다. 게다가 그런 일이 일어나지 않는다 해도, 그들의 위기의식이 사라지는 것은 아니었다.

카이사르가 싸우면 반드시 이긴다는 것은 로마인에게는 이제 의문의 여지가 없는 일로 여겨지고 있었다. 크라수스가 당한 패배를 설욕하는 것도, 변경에서 병역을 강요당하고 있는 로마인 병사들을 데리고 돌아오는 것도, 또한 돌아오는 길에 도나우강 일대를 제패하는 것도, 카이사르라면 충분히 성공하고 개선할 것이라고 모두 믿어 의심치 않았다. 누구보다도 먼저 음모자들이 그것을 확신하고 있었다. 그런 일을 모두 끝내고 귀국한 카이사르가 왕위를 바란다면, 그때는 어떤 수단을 써도 카이사르의 야심을 막을 수 없을 것이라고 그들은 생각했다. 그것을 저지할 수 있는 마지막 기회가 3월 15일의 원로원 회의였다. 죽이려면 파르티아 원정을 떠나기 전에 죽여야 한다.

격론을 주고받는 자리인지라, 무기를 지니고 원로원 회의장에 들어가는 것은 금지되어 있었다. 카이사르도 카이사르파 의원들도 무방비 상태로 출석할 터였다. 수위는 있지만, 무장병은 아니었다.

게다가 카이사르는 에스파냐와 게르만 병사로 이루어진 호위대를 의원 모두의 충성 서약을 받은 직후에 해산해버렸다. 독재관은 릭토르를 24명 거느리도록 되어 있지만, 그들이 받쳐들고 있는 것은 도끼와 나뭇가지를 묶은 권표(權標)일 뿐 무기는 아니다. 그나마 회의 중에는 멀찌감치 떨어진 곳에서 대기하는 것이 보통이었다.

주름이 많은 토가 안쪽에 단검을 숨긴 암살자들이 염려한 것은 안토니우스의 체력뿐이었다. 키케로가 검투사 못지않다고 평가했을 만큼 안토니우스는 힘이 장사였다.

그래서 누군가가 안토니우스를 대화로 유인하여 카이사르에게서 떼어놓기로 했다. 그 역할은 트레보니우스가 맡았다. 카이사르 휘하에서 오랫동안 군단장을 지낸 만큼 트레보니우스는 안토니우스의 의심을 살 염려가 적었기 때문이다.

회의가 시작된 뒤에 암살이 결행되었다면, 의원 수백 명 앞에서 이루어지게 되므로 성공할 가능성도 줄어들었을지 모른다. 그러나 암살자들의 행동은 재빨랐다. 회의가 열리기 직전, 의원들이 오락가락하느라 분위기가 어수선한 때를 골라서 결행한 것이다.

카이사르 암살음모에 가담한 원로원 의원이 60명에 이른다는 설이 있지만 확증은 없다. 그러나 암살을 실행한 14명의 이름은 알려져 있다. 이들도 막상 큰일을 결행할 때에는 침착성을 잃었는지, 단검을 겨누고 카이사르에게 덤벼들다가 실수로 동지를 찔러버린 사람도 있었다.

광란에 빠진 14명이 한 사람을 마구 찌른 결과, 카이사르가 입은 상처는 모두 23군데. 그중 가슴에 받은 두 번째 상처가 치명적이었다고 한다.

죽음을 깨달은 카이사르는 꼴사납게 자빠지지 않도록 토가 자락을 몸에 감으면서 쓰러졌고, 잠시 후 숨을 거두었다. 오랜 정적이었던 폼페이우스의 입상 발치였다고 한다.

다른 의원들은 영문도 모른 채 멍한 사이에 시작되어 끝난 한순간의 참극이었다.

암살자들의 이름과 경력, 그리고 사건 당시의 나이는 다음과 같다.

마르쿠스 브루투스 — 아버지는 '마리우스파'에 속했고, 술라가 죽은 직후에 무력으로 민중파 정권을 수립하려 한 레피두스와 손잡고 싸우다가, 그 반란을 진압하러 간 폼페이우스에게 붙잡혀 처형당했다. 이때 마르쿠스의 나이는 8세. 그 후 아들의 양육을 혼자 떠맡게 된 어머니 세르빌리아는 가정교사도 그리스인을 초빙하고 아들의 유학에도 충분한 배려를 아끼지 않았다는 점에서는 현모였지만, 그녀의 마음을 사로잡고 있던 인물은 사춘기로 막 접어든 아들이 아니라 그 무렵부터 공공연한 애인 사이가 된 카이사르였다. 미망인은 재혼하는 것이 보통인 로마에서는 재혼하지 않는 게 오히려 화제가 되었지만, 세르빌리아는 재혼도 하지 않고 카이사르에게 일편단심을 바쳤다. 카이사르는 정략결혼을 거듭했을 뿐 아니라 많은 애인의 존재를 숨기지도 않았지만, 그런 카이사르를 그녀는 계속 사랑했다. 그러나 그녀의 아들 브루투스는 남자를 있는 모습 그대로 사랑하는 이런 부류의 사랑을 성년이 된 뒤에도 이해하지 못했던 것 같다.

브루투스는 청년시절의 전반기를 학업에 바쳤다. 유학지도 아테네, 페르가몬, 로도스섬 등 당시의 최고학부를 망라했다. 요즘으로 치면 국내 일류대학을 수석으로 졸업한 뒤 다시 옥스퍼드 대학과 프린스턴 대학에서 학위를 따는 것과 비슷하다. 같은 계급에 속하는 로마 젊은 이들의 관심사가 정치와 군사였던 반면, 청년 브루투스의 관심은 오직 철학에만 쏠려 있었다. 그 때문인지 군무 경험이 전혀 없다. 정계 진출의 출발점인 회계감사관도 지내지 않았고, 안찰관에는 출마조차 하지 않았다. 브루투스는 평민 귀족이었으니까 호민관이 될 수 있는 길도 열려 있었을 텐데, 여기에도 관심을 보이지 않았다. 소년기와 청년기의 브루투스에게 절대적인 영향을 준 사람은 열 살 위인 삼촌 소(小) 카토였다. 이 삼촌은 반카이사르파의 선봉이기도 했다.

특별히 부유한 집에서 태어난 것은 아니었기 때문에 로마의 상류층에 어울리는 생활을 유지하려면 무언가 일거리를 찾을 필요가 있었다. 변호사는 정계 입문과 결부되는 것이 싫었는지, 변호사가 되려는 시도는 해보지도 않았다. 브루투스가 서른 살 무렵에 직업으로 삼은 것은 금융업이었다. 소아시아에서 연리 48퍼센트나 되는 고리대금을 하여 소아시아 총독인 키케로의 분노를 산 것도 그 무렵이다.

그 무렵 카이사르는 태연히 빚을 늘리고 있었지만, 브루투스는 빚과는 평생 거리가 멀었다. 항산(恒產)이 없이는 항심(恒心)도 없다는 말이 있다. 일정한 재산이나 직업이 없으면 마음도 안정되지 않아서 변함없는 올바른 마음을 가질 수 없다는 뜻이다. 여기에 공감한 것은 카이사르와 브루투스가 마찬가지였지만, 빚도 액수가 커지면 항산과 마찬가지라는 생각은 브루투스의 머릿속에는 들어갈 여지가 없었을 것이다.

그러나 브루투스는 30대 후반에 금융업에서도 손을 뗐다. 카이사르가 루비콘강을 넘은 탓으로 로마가 내전에 들어갔기 때문이다. 36세가 된 브루투스는 어머니의 반대를 뿌리치고 삼촌인 카토에게 동조하여 폼페이우스 진영에 가담했다. 폼페이우스는 아버지를 죽인 사람이지만, 그런 사사로운 감정보다 공익을 우선해야 한다고 믿고, 원로원 체제 고수를 내세운 폼페이우스군에 몸을 던진 것이다.

그리고 파르살로스 회전이 일어났다. 이때 브루투스는 포로로 잡혔지만, 세르빌리아의 부탁을 받은 카이사르가 브루투스만은 무슨 일이 있어도 절대 죽이면 안 된다고 명령해둔 덕택에 목숨을 건졌고 또 석방되었다. 석방된 뒤 일단 달아난 브루투스는 피신처에서 카이사르에게 승리를 축하하는 편지를 보내 자기가 있는 곳을 알렸다. 이에 안심한 카이사르는 당장 호위병을 보내 그를 정중히 호위하게 했다. 그리고는 마치 가출한 아들을 어머니에게 돌려보내듯, 브루투스를 세르빌리아에게 보내주었다.

그 후 브루투스는 어머니의 충고를 받아들였는지, 아프리카로 달아나 권토중래를 노리고 있던 카토와 행동을 같이하지 않았다. 로마에서 학문 세계에 잠겨 있었는지도 모른다.

하지만 폼페이우스도 죽고, 이집트 내분도 해결되고, '왔노라, 보았노라, 이겼노라'로 소아시아도 평정된 뒤, 로마로 개선한 카이사르에게 세르빌리아는 또다시 외아들의 장래를 맡겼다. 카이사르는 평생 애인의 부탁을 뿌리칠 사나이가 아니었다.

국가 공직을 하나도 경험하지 않은 브루투스가 전직 법무관이라는 직위를 받고 북이탈리아 속주 총독에 부임한 것은 기원전 46년, 그의 나이 39세 때였다. 그렇게 친했던 삼촌 카토가 북아프리카에서 카이사르와 싸우고 있는데도 브루투스는 얌전히 임지에 머물러 있었다. 북이탈리아 속주는 주민 대다수가 카이사르 덕택에 로마 시민으로 승격했기 때문에, 총독으로서 브루투스의 역량을 시험할 만한 일도 일어나지 않았다.

브루투스는 임무를 마치고 귀국한 뒤, 이제까지 함께 살던 아내와 이혼하고 아프리카에서 자결한 카토의 딸 포르키아와 재혼했다. 무엇 때문인지는 알 수 없다. 어쩌면 삼촌에 대한 그 나름의 속죄였는지도 모른다. 다만 포르키아는 카이사르에 대한 반대로 일생을 불태운 카토의 딸일 뿐 아니라, 카이사르와 동료가 될 때마다 계속 당하기만 한 비불루스의 미망인이기도 했다. 포르키아의 가슴속에 카이사르에 대한 증오가 활활 타오르고 있었다 해도 무리는 아니다. 그러나 브루투스는 카이사르 밑에서 출세를 거듭하고 있었다. 카이사르를 암살한 기원전 44년에는 법무관 자리에 앉아 있었다.

브루투스는 당대의 석학 키케로가 인정하고 총애했을 만큼 해박한 지식과 깊은 교양을 갖추고 있었다. 학자로 일관했다면 그에 상응하는 업적을 쌓아올렸을 게 분명하다. 그러나 지식과 교양이 반드시 지성과 일치하지는 않는다. 그리고 브루투스는 항상 누군가의 영향을 받고 있었다.

카이사르 암살도 처음부터 그가 주모자였던 것은 아니다. 매제인 카시우스가 진짜 주모자다. 브루투스는 주모자로 떠받들렸을 뿐이다. 하지만 브루투스가 주모자가 되었기 때문에 음모에 가담하기로 결심한 사람도 많았으니까, 우두머리에 어울리는 무언가는 갖고 있었을 것이다. 이건 여담이지만, 기원전 509년에 왕정을 타도하고 공화정을 수립한 유니우스 브루투스와 이 마르쿠스 브루투스 사이에는 혈연관계가 없다. 그래도 성이 같다는 이유로 그가 왕정을 타도한 브루투스를 모방했다고 상상할 수는 있다. 사람은 무언가 대의명분이 없으면 큰일을 결행할 수 없기 때문이다.

언젠가 브루투스는 키케로한테 연설문 원고를 다듬어달라고 부탁한 적이 있다. 그 원고를 보고 키케로가 브루투스한테 뭐라고 했는지는 모르지만, 무슨 일이든 다 털어놓는 친구 아티쿠스한테는 이렇게 말했다.

"문장 구성은 치밀하고 논리적일세. 하지만 정열이 부족하더군. 남에게 자기 뜻을 전달하여 이해시키고 싶다는 의욕이 충분치 않아."

생전의 카이사르는 브루투스를 이렇게 평가했다. 브루투스의 연설을 들은 뒤의 감상이었다고 한다.

"그 젊은이가 원하는 것이 무언지는 알 수 없었지만, 무언가를 강렬히 원하고 있다는 것만은 알 수 있었다."

이런 빈정조의 평가를 받았다면, 나도 잠을 이루지 못했을 것이다. 평생 애인의 아들이어서 정실 인사로 정계에 진출시키긴 했지만, 카이사르는 브루투스의 재능을 그리 높게 평가하지는 않았던 것 같다. 따라서 "브루투스, 너마저!"의 브루투스는 이 마르쿠스 브루투스가 아니라 데키우스 브루투스였다고 주장하는 연구자도 적지 않은데, 나도 그 주장에 동조한다. 마르쿠스 브루투스가 카이사르를 죽였을 때, 그의 나이는 만으로 40세나 41세였다.

카시우스 롱기누스 ─'3·15'의 실질적인 주모자. 나이는 브루투스와 같지만 경력은 전혀 다르다.

카시우스는 30세 때인 기원전 54년 시작된 크라수스의 파르티아 원정에 회계감사관으로 종군했다. 그리고 이듬해 전투에서는 전직 회계감사관 자격으로 크라수스군의 우익을 지휘했다. 31세로는 빠른 출세지만, '카레의 패전'으로 유명한 파르티아군과의 이 전투는 크라수스 군의 궤멸로 끝났다. 그때 카시우스는 총사령관 크라수스를 버리고 기병 500명과 함께 도망쳐서 목숨을 건졌다.

그 후로는 시리아 속주 방어에 전념하여 군지휘관으로서는 상당한 재능을 발휘했지만, 내전이 일어나자 폼페이우스 진영에 가담하여 에게해의 제해권을 확보하는 임무를 맡았다. 그러나 파르살로스 회전에서 승리한 카이사르가 폼페이우스를 추격하여 다르다넬스해협을 건너 소아시아에 도착하자, 카시우스는 휘하에 있던 군선과 함께 싸워보지도 않고 카이사르에게 투항했다. 카이사르는 '관용'을 베풀고 거취 선택의 자유를 주었지만, 카시우스는 이집트로 망명한 폼페이우스를 따라가지도 않았고, 북아프리카로 망명한 동지들을 따라가지도 않았다. 그렇다고 해서 브루투스처럼 당분간 근신한 것도 아니다. 그는 적극적으로 카이사르에게 협력했다. '왔노라, 보았노라, 이겼노라'로 알려진 전투에서는 카이사르 휘하의 군단장에 임명되었다. 군사적 재능은 있었던 모양이다. 그리고 이때는 카시우스가 카이사르 충성파가 된 것을 아무도 의심치 않았다. 그 무렵 카시우스는 역시 세간에서 카이사르 충성파로 여겨지고 있던 브루투스의 누이를 아내로 맞이했다. 그리고 기원전 44년, 법무관에 임명된 브루투스와 함께 카시우스도 법무관에 취임했다. 그의 나이 41세, 순조로운 출세였다.

그러나 카시우스 자신은 불만이었다. 같은 법무관이라도 브루투스는 수도 담당 법무관, 말하자면 수석 법무관에 임명되었는데, 나이는 같아도 경력에서는 브루투스를 훨씬 능가하는 카시우스는 본국 로마에 거주하는 외국인 담당 법무관에 불과했기 때문이다. 카시우스는 폼페이우스를 등진 뒤에는 폼페이우스파 잔당과도 관계를 끊고 오로지 카이사르한테 충성을 바쳤다고 자부했다. 그런 자신을 홀대하는 카이사르에 대한 원한이 활활 타올랐다.

카시우스는 카이사르가 자기한테 호의를 품고 있지 않은 것은 이것으로 분명해졌다고 생각했다. 따라서 카이사르가 권력을 쥐고 있는 한 자신의 장래는 없다고 판단했다.

실제로 카이사르는 카시우스에게 호의를 품지 않았던 모양이다. 카이사르는 다른 사람과 마찬가지로 카시우스에게도 '관용'을 베풀었지만, 크라수스를 버리고 기병 500명과 함께 도망친 행위에 대해서는 속으로 용서하지 않았던 게 아닐까.

기병 500기는 훌륭한 전력이다. 만약 카시우스가 500기를 이끌고 도망치지 않았다면 전황을 역전시킬 수 있었을지도 모른다. 역전은 어렵더라도, 크라수스가 지휘하는 로마군이 그렇게 비참한 최후를 맞이하지는 않았을지도 모른다. 적 앞에서 혼자 도망친 것이라면 또 모르지만, 카시우스는 기병 500기를 데리고 도망쳐 원정군 전체가 궤멸하도록 방치했다. 자신에게 맡겨진 병사들의 생명을 승리 못지않게 중시한 카이사르로서는, 그 후의 언행이 어떠했든 간에 그런 짓을 저지른 카시우스를 용서할 마음이 나지 않았을 것이다.

카시우스는 자기가 저지른 잘못의 본질을 깨닫지 못했다. 그것을 인식할 만한 지성이 있었다면, 500기를 데리고 적 앞에서 도망치는 짓 따위는 애초에 하지도 않았을 것이다.

하지만 카시우스도 자기가 앞장서면 따라올 사람이 없다는 것을 알 만한 머리는 갖고 있었다. 하위직에 배치되었다는 불만은 최고권력자를 죽이는 명분으로는 너무 약하다. 아무도 그만한 이유로 그런 큰일을 저지르지는 않는다. 그래서 그는 브루투스를 기수로 내세웠다. 브루투스가 요직에 앉은 것은 그 자신의 야심 때문이 아니라는 것, 즉 카이사르의 배려 때문이라는 것은 원로원 의원이라면 누구나 알고 있었다. 카이사르가 베푸는 이익을 희생해서라도 국가 로마의 공익을 중시하는 결백한 사람, 욕심없는 사람, 야심없는 사람, 마르쿠스 브루투스.

여기에는 '능력있는 사람'이 빠져 있는데, 능력있는 사람을 기수로 내세우면 사람들은 경계심을 품고 따라오지 않는다. 카시우스는 카이사르 암살의 기수를 제대로 고른 셈이다.

브루투스와 카시우스 외에 리갈리우스, 아킬라, 루블리우스, 나소, 가이우스 카스카, 푸블리우스 카스카, 그리고 카이사르 반대파의 선봉장으로 기원전 54년도 집정관이었던 에노발부스의 아들도 음모에 가담했다. 이 아홉 사람을 역사가들은 '카이사르에게 용서받은 옛 폼페이우스파'로 분류하고 있다.

그러나 암살자 일당에는 카이사르파 사람들도 끼어 있었다.

툴리우스 킴브로 — 경력은 분명치 않지만, 카이사르의 추천으로 원로원에 들어간 카이사르 동조자.

가이우스 트레보니우스 — '3·15' 당시에는 마흔대여섯 살이었을 것이다. 기원전 60년에 회계감사관을 지내고, 5년 뒤에는 호민관에 취임했다. 기원전 54년부터는 카이사르 휘하의 군단장으로 갈리아 원정을 끝까지 치렀다. 내전이 일어난 뒤에도 카이사르 진영에 남아서, 마르세유 공방전 때는 육지 쪽 공격을 맡았다. 기원전 47년에는 카이사르의 지시로 에스파냐 통치를 맡았지만, 폼페이우스의 두 아들이 군대를 모으는 것을 허용하여 결국 카이사르의 출전을 요청할 수밖에 없었다. 카이사르 휘하의 군단장들 중에서는 중간 정도의 재능을 갖고 있었다고 한다.

데키우스 브루투스 — 갈리아 원정 시절에 카이사르를 모신 참모들 중에서는 파르티아 원정에서 전사한 푸블리우스 크라수스와 이 데키우스 브루투스가 군사적 재능이 가장 뛰어났던 것으로 여겨진다. 이 두 사람은 양갓집 자제라는 점도 비슷하고, 20대 초반부터 카이사르 밑에서 경력을 쌓기 시작했다는 점도 비슷하다. 총사령관 카이사르가 이 두 사람을 언급할 때는 '젊은 크라수스'나 '청년 브루투스'라고 쓰는 것이 보통이었다. 재능을 인정하는 아랫사람에 대한 애정이 배어 있는 표현이다. '젊은 크라수스'는 아버지를 따라 파르티아 원정에 참가했다가 장렬하게 전사하지만, '청년 브루투스'는 갈리아 원정에서도 마지막까지 용감하게 싸웠고, 내전이 일어난 뒤에도 카이사르 편에서 끝까지 싸웠다.

이 청년 장교의 재능을 높이 산 카이사르는 유언장에서 제1상속인이 상속을 사양한 경우의 두 번째 상속인으로 그를 지명했다. 그러나 '3·15' 당시 마흔 살이었던 데키우스 브루투스는 그 사실을 알지 못했다. 유언장이 공개된 이후, 그의 안색은 흙빛으로 변하여 줄곧 침묵에 잠겨 있었다고 한다. '브루투스, 너마저!'의 브루투스는 마르쿠스 브루투스가 아니라 데키우스 브루투스였다고 주장하는 사람이 많다. 실제로 카이사르의 죽음을 알게 된 로마 서민층의 분노는 마르쿠스 브루투스보다 데키우스 브루투스에게 집중되었다.

술피키우스 갈바─이 사람도 역시 갈리아 원정이 시작되었을 때부터 카이사르 휘하의 군단장이었다. 하지만 군단장으로서의 재능은 별로였는지, 카이사르는 갈리아에서 전쟁을 계속하는 동안 원로원 대책 임무를 갈바에게 맡겼다. 갈바는 기원전 54년도 법무관에 선출되었다. 기원전 49년에는 카이사르파의 추천으로 집정관에 출마했지만, 폼페이우스와 원로원파가 공동으로 내세운 후보 두 명에게 지고 말았다. 내전 시대에는 카이사르 휘하에서 군단장을 지냈지만, 통솔력은 그저 무난한 정도였다.

미누키우스 바실루스─기원전 55년부터 갈리아 원정에 참가한 군단장. 내전 시대에도 카이사르 밑에서 싸웠다. 무장으로서의 재능이 뛰어났음을 보여주는 역사적 사실은 없다. 카이사르파이면서도 키케로의 제자를 자처했다.

이 다섯 사람, 그중에서도 특히 카이사르 휘하의 고급장교였던 트레
보니우스, 갈바, 바실루스, 데키우스 브루투스가, 내전 시대에도 계속
카이사르를 추종한 이 네 사람이 왜 카이사르 암살에 가담했을까.

이 다섯 사람은 '3·15' 이후 2년 안에 모두 살해되어버렸기 때문에
어떤 글도 남기지 않았고 말을 남기지도 않았다. 따라서 상상력을 동
원할 수밖에 없지만, 연구자들의 추측으로는 카이사르에게 배신감을
느꼈기 때문이라고 한다. 자기들이 카이사르 편에서 싸운 것은 로마에
질서를 회복하기 위해서였지 카이사르를 왕위에 앉히기 위해서는 아
니었다는 것이다. 연구자들은 이 다섯 사람을 '두려워한 카이사르파'
로 분류하고 있다.

그러나 카이사르 휘하의 참모나 측근들이 모조리 카이사르에게 칼
을 들이댄 것은 아니다. 카이사르가 조직한 참모망을 생각하면, 카이
사르에게 칼을 겨눈 사람은 전체의 20분의 1이 될까 말까 한 정도다.
하지만 전체의 20분의 1이라 해도, 카이사르의 심복이었던 그들이 무
엇 때문에 자기 손을 카이사르의 피로 더럽혔을까.

이런 일은 권력자에게 중용되고 있던 사람이 어느 시기부터 소외되
었을 때 일어나는 것이 보통이다. 그 변화를 자신의 파멸이라고 믿은
나머지 절망적인 반격으로 나오는 것이다. 오다 노부나가(織田信長,
1534~82)에게 반란을 일으킨 아케치 미쓰히데(明智光秀, 1528~82)가
바로 그런 경우다[오다 노부나가는 일본 전국시대의 무장으로, 각지에
할거한 봉건영주들을 차례로 평정하여 전국 통일의 길을 열어가고 있
던 중에 가신(家臣)인 아케치 미쓰히데의 기습을 받고 자결했다. 오다
의 부장(副將)인 도요토미 히데요시(豊臣秀吉, 1536~98)가 아케치를
토벌한 뒤 통일의 위업을 마무리했다 - 옮긴이].

하지만 카이사르와 이 다섯 사람 사이에 그런 종류의 변화가 일어난 흔적은 전혀 보이지 않는다. 파르티아 원정을 앞두고 카이사르가 준비하고 있던 인사에서도 데키우스 브루투스와 트레보니우스에게는 속주 총독이라는 요직이 약속되어 있었다. 따라서 이런 종류의 불안감과 절망감이 카이사르에게 칼을 겨눈 이유가 아닌 것은 분명하다.

또한 카이사르는 왕위를 줄기차게 거부했지만, 로마의 정치체제가 장차 모나르키아(한 사람이 통치하는 체제)로 귀착되리라는 생각을 감춘 적은 한 번도 없었다. 실제로 카이사르의 다른 측근들, 예를 들어 히르티우스나 발부스나 안토니우스는 그것을 알고 있었다. 그들과 마찬가지로 카이사르와 가까웠던 데키우스 브루투스나 다른 세 사람은 왜 그것을 알지 못했을까.

알았다면, 그리고 거기에 동조할 수 없었다면, 그 시점에서 폼페이우스 편으로 달려갈 수도 있었다. 모나르키아(군주제)에 반대하고 올리가르키아(과두정)에 찬성했다면, '3·15' 이전에 태도를 결정할 수 있었을 것이다. 폼페이우스와 카이사르의 대결은 내전 2년째에 일어난 파르살로스 회전까지는 혼돈에 빠져 있었기 때문이다.

나는 다음과 같은 카이사르의 말에서 이 '왜'에 대한 대답을 끌어낼 수밖에 없다고 생각한다.

"인간이라면 누구에게나 모든 게 다 보이는 것은 아니다. 많은 사람은 자기가 보고 싶어 하는 것밖에는 보지 않는다."

카이사르 암살에 직접 가담한 이들의 동기를 추궁하는 것은 무의미한 일이 아닐까. 개개인의 참뜻이야 어떻든 간에, 이 14명이 카이사르에게 칼을 들이댄 동기는 왕정 이행을 저지하고 종래의 공화정으로 돌아가자는 데 있었다.

카이사르가 염두에 두었던 것은 '제정'이라는 새로운 정치체제였지만, 그것을 '보고 싶어 하지 않는' 그들이 본 것은 어디까지나 로마 초창기의 정치체제이자 당시 다른 군주국의 정치체제인 '왕정'이었기 때문이다. 왕정이 카이사르의 궁극적인 의도라면, 그것을 실현하기 전에 분쇄해야 한다. 여기에 14명은 의기가 투합했던 것이다.

그러나 생전의 카이사르는 이런 말도 했다.

"아무리 나쁜 결과로 끝난 일이라 해도, 애초에 그 일을 시작한 동기는 선의였다."

그렇다면 동기에 계속 구애받기보다는 '선의'의 행방을 추적하는 편이 더 의미가 있지 않을까. 따라서 지금부터는 선의를 가진 또 하나의 인물인 키케로의 증언을 토대로, 암살자들이 애초에 갖고 있었던 '선의'의 행방을 추적하고자 한다. 그러면 플루타르코스의 『영웅전』만을 토대로 한 셰익스피어의 『줄리어스 시저』와는 이야기가 상당히 다르게 전개될 수밖에 없다.

무려 스물세 군데나 칼을 맞고 쓰러진 카이사르의 시신 앞에서는 아무도, 심지어는 안토니우스조차도 고인을 애도하는 말을 입 밖에 낼 여유가 없었다. 하나같이 달아나는 데 급급했기 때문이다. 안토니우스도, 카이사르파 의원들도, 카이사르파도 아니고 브루투스파도 아닌 의원들도 카이사르가 살해된 것을 알자마자 모두 도망쳐버렸다. 브루투스를 비롯한 암살자들은 광란상태에서 마구 찔러댔기 때문에 동지가 휘두른 칼에 팔을 다칠 정도였지만, 마침내 그들이 정신을 차렸을 때는 그 넓은 '폼페이우스 회랑' 어디에도 사람의 모습은 없었다. 수위의 모습조차도 보이지 않았다. 피묻은 단검을 손에 쥐고 하얀 토가에 선혈을 뒤집어쓴 암살자들만 남아 있을 뿐이었다.

암살자들은 브루투스를 앞세워 밖으로 나왔다. "자유는 회복되었다!" "폭군은 죽었다!" 그들은 외치면서 밖으로 나왔지만, 거기에 응답하는 소리는 들리지 않았다. 앞서 달아난 의원들이 달려가면서 "카이사르가 살해됐다!"고 외쳐댔기 때문에, 시민들은 이미 변고를 알고 각자 집으로 도망쳐 들어가 문을 걸어잠그고 집 안에서 숨을 죽이고 있었다. 사람들로 북적거리던 로마의 도심이 무인지경으로 변해버렸다.

자유를 사랑하는 로마 시민들의 환호를 받으리라고 믿었던 암살자들은 눈앞에 펼쳐진 무인지경 앞에서 카이사르에게 칼을 들이댄 순간에 느낀 것과 똑같은 공포에 사로잡혔다. 또다시 광란이 그들을 덮쳤다. 제정신을 잃은 암살자들은 "자유는 회복되었다!"거나 "폭군은 죽었다!"고 외치면서 아무도 없는 거리를 누비고 다닐 용기가 나지 않았다. 당초 계획으로는 시민들 앞에서 브루투스가 연설하기로 되어 있었지만, 포로 로마노에도 시민의 모습은 보이지 않았다. 암살자들은 카피톨리노 언덕으로 올라갔다. 큰일을 결행한 것을 신들에게 보고하고 성공을 감사하기 위해서 올라간 것은 아니었다. 캄피돌리오라고도 불리는 이 언덕만은 신들이 사는 곳이라서 로마에서는 성역이 되어 있다. 거기에 서 있는 신전에 틀어박히면 안전하다고 생각했다. 변고를 전해 들은 키케로가 캄피돌리오로 달려왔다.

키케로는 아직도 피묻은 단검을 손에 쥐고 있는 암살자들을 치하한 뒤, 당장 원로원을 소집하여 공화정으로 복귀할 것을 결의해야 한다고 주장했다. 브루투스도 카시우스도 현직 법무관이다. 로마법에서는 법무관에게도 원로원 소집권이 인정되어 있었다. 특히 브루투스는 법무관 중에서도 수도 로마를 담당하는 법무관이다. 따라서 브루투스에게는 원로원 소집권이 있다는 것이 키케로의 의견이었다.

그러나 집정관 카이사르는 죽었지만, 또 다른 집정관 안토니우스는 로마에 건재했다. 법무관이 원로원을 소집할 수 있는 것은 어떤 이유로든 집정관이 둘 다 원로원을 소집할 수 없는 경우뿐이다. 집정관 안토니우스를 제쳐놓고 법무관 브루투스가 회의를 소집하면 위법행위가 된다.

브루투스는 카이사르의 신체를 침해하지 않는 것은 물론이고 적극적으로 지켜주겠다는 서약까지 했다. 그런 사람을 죽여놓고 새삼스럽게 위법이고 뭐고가 어디 있느냐 싶지만, 브루투스는 키케로의 충고를 거부했다. 원로원 소집권은 집정관 안토니우스에게 있다는 것이 그 이유였다. 공화정으로 복귀할 가능성은 이 순간 사라지고 말았다. 브루투스도 '루비콘'을 건너기는 했지만, 카이사르와는 달리 건넌 뒤에는 제자리걸음을 해버린 것이다.

한편 '폼페이우스 회랑' 한쪽에 쓰러진 카이사르의 유해는 방치된 채였다. 변고는 카이사르의 관저에도 알려져 있었지만, 아내 칼푸르니아는 실신해버렸고, 노예들은 어쩌면 좋을지 몰라서 허둥대기만 했다. 그래도 오후 늦게, 평소에 주인에게 심취해 있던 노예 세 사람이 폼페이우스 회랑에 몰래 들어가 카이사르의 유해를 들고 나왔다. 그들이 유해를 운반한 곳은 포로 로마노에 있는 관저가 아니라 수부라에 있는 사저였다. 불려간 의사의 진단으로는, 스물세 군데나 되는 상처 가운데 하나만이 치명상이었다고 한다.

카피톨리노 신전 안에서 열린 키케로와 암살자들의 회합에서는, 그라쿠스 형제의 경우처럼 카이사르의 시체도 테베레강에 던져야 한다는 의견이 나왔다. 하지만 이를 둘러싸고 격론이 벌어지는 동안, 용감한 노예들이 카이사르의 유해를 가져가버린 것이다.

그러는 동안 3월 15일 밤이 되었다. 흥분상태에 있었던 암살자들도 조금씩 평정을 되찾고 있었다. 키케로가 노예를 보내 조사한 결과, 안토니우스를 비롯한 카이사르파 사람들은 여전히 문을 굳게 걸어잠근 채 틀어박혀 있다고 한다. 마르스 광장 일대에서 야영하고 있는 카이사르군 고참병들도 예상치 못한 변고에 망연자실해 있다는 것도 알았다. 노예들은 주인들끼리의 관계와는 상관없이 자기들 사이의 정보망을 갖고 있는 법이다. 상황이 교착상태에 있다는 것을 안 암살자들은 포로 로마노에서 이튿날 아침에 다시 만나기로 약속하고 각자 집으로 돌아가기로 했다.

하지만 도심 중의 도심인 팔라티노 언덕에 집이 있는 키케로만은 집으로 돌아가기가 무서워서 카이사르의 친구인 금융업자 마티우스의 저택에 신세를 지기로 했다. 마티우스 저택은 아피아 가도 연변에 있어서 도심과 떨어져 있는데다 카이사르의 고참병들도 카이사르의 친구 집까지는 습격하지 않을 거라고 생각했기 때문이다.

카이사르는 파르티아 원정에는 갈리아 원정 초기부터 그의 휘하에서 싸운 고참병 군단을 데려가지 않기로 결정하고 그들에게 땅을 주어 정착시켰지만, 아무래도 따라가고 싶어 하는 병사만은 데려가기로 하고 마르스 광장 일대에서 야영하도록 했다. 대부분 백인대장인 그들은 신병훈련에서도 실전에서도 총사령관 카이사르에게는 믿음직한 존재였다. 고급 장교 네 사람은 카이사르를 배신했지만, 중견 장교나 병사들은 그에게 절대적인 충성을 바쳤다. 이들이 군단장들보다 더 카이사르의 정치를 이해했기 때문은 아니다. 이들은 이해하려고도 하지 않았다. 그저 카이사르를 믿고, 카이사르가 하는 일이라면 무조건 맹종했다. 그러나 신뢰는 어쩌면 맹종에 불과한 것인지도 모른다. 남자에 대한 여자의 사랑이 세르빌리아가 카이사르에게 바친 것과 같은 사랑, 다시 말해서 남자를 있는 모습 그대로 사랑하는 것에 불과한 것과 마찬가지로……. 암살자들이 가장 두려워한 것도 카이사르군 고참병들의 동태였다.

3월 16일

이튿날인 3월 16일. 시민들은 거리로 돌아왔다. 그렇지만 가게를 여는 사람도 없었고, 물건을 사러 가는 사람도 없었다. 회당이나 회랑이나 포럼 한쪽에서 열리는 학원도 교사나 학생이 아무도 나오지 않아서 저절로 휴교상태가 되었다. 시민들은 포로 로마노에 모여 있었다. 브루투스가 연설한다는 소문이 퍼져 있었다. 카이사르의 고참병들도 연단 주위를 가득 메운 군중 속에 섞여 있었다.

브루투스가 연설을 시작했다. 우리가 카이사르를 죽인 것은, 그를 미워했기 때문이 아니라 그보다 로마를 더 사랑했기 때문이다. 카이사르를 그대로 두면, 카이사르를 제외한 로마인은 모두 노예가 되었을 것이다. 우리는 로마인의 자유를 빼앗으려 한 카이사르를 쓰러뜨렸다.

군중은 말없이 듣고 있었다. 야유하는 소리도 없었지만 환호하는 사람도 없었다. 브루투스에 이어 킨나가 연단으로 올라갔다. 킨나는 암살에는 가담하지 않았지만, 변고를 알자마자 카피톨리노 언덕으로 달려가 암살을 지지한다는 뜻을 밝힌 인물이었다. 그 킨나가 카이사르를 비난하는 연설을 시작한 순간, 이제까지 침묵하고 있던 군중이 폭발했다. 카이사르의 유해는 장례식도 허용하지 말고 테베레강에 던져버리는 것이 폭군에게 어울리는 처사라는 킨나의 말은 당장 일어난 고함소리에 묻혀버렸고, 성난 군중은 킨나와 브루투스가 서 있는 연단을 향해 몰려갔다.

암살자들은 자기 노예들의 보호를 받으며 포로 로마노 뒤쪽에서 카피톨리노 언덕으로 통하는 비탈을 달려 올라가, 전날과 마찬가지로 신전 안으로 도망쳐 들어갈 수밖에 없었다.

유언장 공개

이 무렵 안토니우스는 카이사르의 사저를 방문하고 있었다. 4년 전부터 안토니우스는 첼리오 언덕에 있는 폼페이우스 저택에서 살고 있었다. 폼페이우스가 죽은 뒤에 빼앗아 자기 집으로 삼았는데, 귀국한 카이사르가 이를 알고 화를 냈다. 안토니우스는 카이사르의 명령으로 폼페이우스의 미망인에게 집값을 치른 뒤에야 그 집의 정식 주인이 될 수 있었다. 그 집에서 수부라에 있는 카이사르의 사저까지는 포로 로마노를 지나지 않고도 갈 수 있었다.

암살이 일어난 지 24시간 뒤에야 안토니우스는 처음으로 카이사르의 유해와 대면했다. 수부라에 있는 카이사르의 집에는 미망인이 된 칼푸르니아와 그녀의 아버지이자 원로원의 유력 의원인 피소가 있었다.

카이사르가 유언장을 남겼다는 것을 안토니우스에게 알려준 사람은 피소였다. 안토니우스는 그런 게 있는 줄도 모르고 있었다. 유언장은 여제사장에게 맡겨져 있다고 한다. 여제사장에게 사람을 보내 받아온 유언장은 카이사르의 유해를 바라볼 수 있는 안뜰 회랑에서 개봉되었다. 칼푸르니아와 피소, 카이사르의 측근이었던 히르티우스와 발부스, 그리고 집정관이기 때문에 카이사르가 없는 로마에서는 최고권력자가 된 안토니우스가 지켜보는 앞에서 개봉된 것이다. 날짜는 기원전 45년 9월 15일로 되어 있었다. 여섯 달 전에 작성된 유언장이었다.

1. 카이사르 소유 재산의 4분의 3은 가이우스 옥타비우스와 아티아의 아들인 옥타비아누스에게 남긴다.

2. 나머지 4분의 1은 루키우스 피나리우스와 퀸투스 페디우스에게 절반씩 나누어준다.

3. 제1상속인인 옥타비아누스가 상속을 사양할 경우, 상속권은 데키

우스 브루투스에게 돌아간다.

4. 옥타비아누스가 상속할 경우, 유언집행 책임자로 데키우스 브루투스와 마르쿠스 안토니우스를 지명한다. 카이사르가 죽은 뒤 카이사르의 아내 칼푸르니아에게 아이가 생겼을 경우, 데키우스 브루투스와 마르쿠스 안토니우스를 그 아이의 후견인으로 지명한다.

5. 제1상속인 옥타비아누스는 상속과 동시에 카이사르의 양자가 되고, 아들이 된 뒤에는 카이사르라는 성을 이어받는다.

6. 수도에 사는 로마 시민에게는 일인당 300세스테르티우스씩을 주고, 테베레강 서안에 있는 카이사르 소유 정원도 시민들에게 기증한다. 이 일을 실행할 책임자는 제1상속인으로 한다.

카이사르가 암살당했을 당시, 옥타비아누스는 18세 6개월의 젊은이였다. 아버지 가이우스 옥타비우스는 아피아 가도 연변에 있는 소도시 벨레트리의 '기사계급' 출신으로 원로원 의원을 지낸 인물이고, 어머니 아티아는 카이사르의 누이동생의 딸이었다. 옥타비아누스라는 이름은 옥타비우스의 아들이라는 뜻이다. 카이사르에게 옥타비아누스는 누이의 외손자가 되고, 옥타비아누스에게 카이사르는 외할머니의 오빠니까 종조부가 된다.

피나리우스와 페디우스는 둘 다 카이사르의 누나의 아들이니까, 카이사르의 생질이다.

데키우스 브루투스와 카이사르 사이에는 혈연관계는 없었던 것 같다.

반대로 마르쿠스 안토니우스는 어머니의 이름이 율리아인 점으로 미루어보아 율리우스 씨족과 혈연관계가 있다. 말하자면 그는 카이사르의 친척이었다.

이처럼 핏줄과는 거의 관계가 없는 카이사르의 유언장은 보통 유언장이 아니다. 로마 시민 모두에게 300세스테르티우스씩 증여하면 재산도 바닥이 나버릴 테니까, 재산을 증여하기 위한 유언장도 아니다. 이것은 옥타비아누스를 양자로 삼아, 그에게 율리우스 카이사르라는 성을 주는 것으로 후계자를 지명한 정치적 유언장이었다.

유언장 내용을 알고 나서 누구보다 실망한 것은 안토니우스와 클레오파트라였을 것이다. '3·15' 당시 클레오파트라는 카이사르와 관계해서 낳은 아들 카이사리온을 데리고 로마에 머물고 있었다.

카이사르는 클레오파트라와 내연관계라는 것을 숨기지도 않고, 그녀가 로마에 머무는 동안 테베레강 서안에 있는 정원 안의 별장을 숙소로 제공했다. 그리고 그 자신은 관저에서 아내와 함께 지냈다.

그런데 클레오파트라가 낳은 아들에 대해서는 유언장에서 한마디도 언급하지 않았다. 자기 아들이 아니라고 부인하거나 친자식으로 인지하기를 꺼리는 것은 카이사르답지 않다. 카이사르는 그런 짓을 할 남자가 아니었다. 그럼에도 아들에 대해 언급하지 않은 것은 공식적으로는 남남 사이를 유지하는 편이 결국 클레오파트라 모자에게는 최선이라고 생각했기 때문일 것이다. 하지만 클레오파트라는 이런 카이사르의 참뜻을 이해하지 못했다. 클레오파트라는 아들과 함께 남몰래 로마를 떠났다. 배를 타고 테베레강을 내려간 이집트 여왕은 오스티아 외항에 정박해둔 배를 타고 그대로 이집트를 향해 떠났다. 유언장에 실망했기 때문만이 아니라, '3·15' 직후의 로마 정세는 누구에게나 위험했기 때문이다.

38세였던 안토니우스도 유언장에 크게 실망했다. 그는 카이사르가 후계자를 지명한다면 그의 오른팔인 자기야말로 적임자라고 믿어 의심치 않았다. 실제로 종신 독재관과 집정관을 겸하고 있던 카이사르의 동료 집정관은 안토니우스였다. 카이사르가 파르티아 원정을 떠난 뒤 로마를 지키는 책임도 그가 맡고 있었다.

물론 카이사르가 파르살로스 회전에서 승리한 뒤 폼페이우스를 추격하느라 1년 남짓 본국을 비웠을 때, 안토니우스가 내정을 잘못 처리하여 혼란을 초래하고 제10군단의 반란을 다스리지 못했기 때문에 귀국한 카이사르의 역정을 산 시기가 있었다. 하지만 그것은 1년도 지나기 전에 해소되었고, 카이사르와 안토니우스의 관계는 다시금 최고권력자와 그 오른팔의 관계로 돌아갔다. 그런데 카이사르는 왜 1개 대대도 지휘해본 적이 없는 병약한 18세짜리 소년을, 게다가 특별히 가까운 혈연도 아닌 옥타비아누스를 후계자로 선택했을까. 안토니우스가 아니더라도 납득하기 어려운 일이었을 게 분명하다.

　18세 풋내기를 로마 제국의 제일인자에 앉힐 생각이었다면, 그것은 무책임한 행위라고 말할 수밖에 없다. 그러나 유언장을 작성할 당시만 해도 카이사르는 앞으로 최소한 12, 3년은 더 일할 수 있다고 생각하고 있었다. 공화정에서 제정으로 이행할 준비를 모두 끝내놓고 옥타비아누스에게 나라를 맡기면 된다고 생각했던 것이다. 56세를 앞둔 카이사르가 12년을 더 살았다면, 옥타비아누스는 30세에 카이사르한테서 제국을 물려받게 된다. 로마에서 30세는 정계에 들어갈 나이였다.
　그래도 아직은 30세다. 나이로는 장년기에 들어선 시점이지만, 한창 나이로 여겨지는 장년기가 되려면 아직 멀었다. 한편 안토니우스는 카이사르가 12년을 더 살았다 해도 50세다. 로마인의 생각으로는 원숙기에 들어간 나이다. 후계자 지명에서 젊음보다 경륜을 중시한 로마인으로서는 30세보다 50세를 더 신뢰할 수 있다. 따라서 암살이라는 뜻밖의 죽음 때문에 18세짜리 후계자가 탄생하고 말았지만, 설령 그렇지 않다 해도 안토니우스로서는 이해하기 어려운 후계자 지명이었다. 카이사르의 유언장은 그에게 쓰디쓴 실망감만 안겨주었을 뿐이다.

안토니우스도 카이사르의 참뜻을 이해하지 못한 점에서는 클레오파트라와 조금도 다를 게 없었다.

파르살로스 회전 이후 1년 남짓한 기간에 안토니우스가 저지른 실정은 카이사르에게 한때의 불쾌감을 주는 것만으로는 끝나지 않았다. 카이사르는 안토니우스가 평시에는 나라를 다스릴 능력이 없다고 판단하고, 더 이상 그에게 기대를 걸지 않았다. 안토니우스는 군사면에서는 군단장급 중에서도 최고였고, 우익과 중앙과 좌익으로 포진하는 것이 보통인 로마군에서 우익이나 좌익을 맡을 수 있는 능력의 소유자라는 것은 카이사르도 인정하고 있었다. 하지만 전시가 아닌 평시의 통치능력은 인정하지 않았다. 그래서 파르티아 원정을 떠난 동안 본국을 통치하는 임무를 안토니우스한테 계속 맡기지는 않았다. 카이사르가 이듬해와 그 이듬해 집정관으로 선정해놓은 사람 가운데 안토니우스의 이름은 없다. 카이사르는 이듬해부터 안토니우스를 그리스 북부의 마케도니아 속주 총독으로 내보낼 예정이었다. 카이사르는 파르티아에서 승리하고 돌아오는 길에 도나우강 남쪽 일대를 평정할 생각이었는데, 안토니우스를 마케도니아 속주 총독으로 내정한 것은 그것을 위한 사전 준비임이 분명하다. 안토니우스는 전쟁터에서는 용맹하고 과감한 지휘관이었기 때문이다.

그렇다면 왜 카이사르는 후계자로 옥타비아누스를 선택했을까. 유언장이 공표되었을 때 대다수 시민이 "옥타비아누스가 누구지?" 하고 되물었을 만큼 로마 안에서도 밖에서도 전혀 이름이 알려지지 않은 젊은이를 왜 후계자로 선택했을까. 그것은 옥타비아누스가 안토니우스와는 반대되는 재능의 소유자였기 때문이다.

카이사르 자신은 평시와 전시 양쪽에 대처할 수 있는 재능이 있었다. 안토니우스에게는 전시에 필요한 군사적 재능밖에 없다. 반면에 옥타비아누스는 평시의 통치능력을 갖고 있었다. 카이사르는 그것을 꿰뚫어보았지만, 옥타비아누스가 전쟁터에서 필요한 재능은 갖고 있지 않다는 것도 꿰뚫어보고 있었다. 방어를 위해 노력하지 않고는 평화도 성립될 수 없다고 생각하는 카이사르는 군사적 재능이 모자란 옥타비아누스를 그대로 후계자로 삼는 것은 부적당하다고 판단했다. 그래서 옥타비아누스에게 모자란 면을 보충하기 위해, 출신은 비천하지만 성실하고 군사적 재능이 뛰어난 아그리파라는 젊은 병사를 골라서 옥타비아누스에게 붙여주었다. 아그리파는 옥타비아누스와 동갑이었다.

카이사르는 유언장을 작성한 직후에 이 일을 실천에 옮겼다. 그리고 이 젊은 두 사람을 파르티아 원정군이 집결하고 있는 그리스 서해안의 아폴로니아로 보냈다. 파르티아 원정은 18세의 옥타비아누스에게는 최초의 본격적인 출전이 될 터였다. 따라서 카이사르가 암살되었을 때, 옥타비아누스는 로마에 없었다.

카이사르의 유언장 내용을 안 안토니우스는, 옥타비아누스가 로마에 없는 것을 기화로 후계자 자리를 대신 차지하겠다는 야심을 품게 되었다. 다만 이 야심을 겉으로 드러낼 수는 없었다.

그는 우선 카이사르의 금고를 자기 집으로 옮겼다. 유언집행 책임자로서 금고를 안전하게 보관할 책임이 있다는 이유를 내세웠다. 카이사르는 파르티아 원정을 준비하고 있었기 때문에 금고에는 1억 세스테르티우스나 되는 거액이 들어 있었다고 한다. 돈을 수중에 넣은 뒤, 안토니우스는 암살자들과 접촉하기 시작했다. 접촉하는 역할은 카이사르의 비서였던 히르티우스가 맡았다. 안토니우스가 유언장 내용을 안 것은 3월 16일 오전이다. 히르티우스는 그날 밤에 이미 데키우스 브루투스의 집을 은밀히 방문했다. 데키우스 브루투스는 그 일을 당장 마르쿠스 브루투스와 카시우스에게 편지로 알렸다. 그와 동시에 키케로한테도 그 편지의 사본을 보냈다.

"3월 17일 아침, 로마.

현재 상황을 알려드리겠소. 어젯밤에 히르티우스가 우리 집을 찾아왔소. 그리고 안토니우스의 생각을 전합디다. 그것은 참으로 불성실하기 짝이 없는 최악의 생각이었소.

우리들 가운데 어느 누구도 로마에서는 안전하지 않다는 거요. 민중과 카이사르의 고참병들이 분노하여 복수를 외치기 때문이라지만, 우리 집에서는 그 말의 진위를 확인할 수가 없소. 당신이 있는 곳에서는 확인할 수도 있지 않을까 싶은데.

확실한 것은 히르티우스가 전해준 안토니우스의 생각이오. 안토니우스는 우리가 이탈리아 안에 머물면서 아무리 사소한 관직에라도 취임하는 것에 반대하고 있소. 시민과 병사들로부터 우리의 안전을 지킬 자신이 없다는 거요.

그래서 나는 히르티우스에게 제안해보았소. 우리 모두가 그 제도(원로원 의원만은 공무가 아니라 사적인 일로 속주나 동맹국에 가도, 공무로 나갔을 때와 똑같은 대우를 받으며 체재할 수 있는 제도)의 적용 대상이 되어 이탈리아 밖으로 나가는 게 어떠냐고.

히르티우스는 안토니우스를 설득해보겠다고 약속했소. 하지만 우리 모두에게 그 제도를 적용해주지는 않으리라는 게 내 느낌이오. 카이사르파 사람들은 마치 승리자처럼 행동하면서 우리를 궁지로 몰아넣는 것밖에 생각지 않는 모양이니까. 설령 우리의 제안을 받아들인다 해도, 그 후에 금방 태도를 바꾸어 우리를 국가의 적으로 규정할 거요. 우리를 추방자로 삼아 쫓아다닐 게 분명하오.

당신은 그럼 어떻게 하는 게 좋으냐고 물을 거요. 그래서 나는 제안하겠소. 불운에 굴복합시다. 이탈리아에서 멀리 떠납시다. 로도스섬으로 가든 다른 어디에 가든 상관없소. 그리고 운이 트이면 다시 로마로 돌아옵시다. 운이 평행선을 그리면 망명생활을 계속합시다. 운이 다하면 우리도 모두 무너질 뿐이오.

이런 내 제안을 어떻게 생각하는지 알고 싶소. 히르티우스도 빨리 당신의 생각을 알고 싶다고 말했소. 당신의 답장이 오는 대로 히르티우스한테 전하기로 되어 있소. 그러면 히르티우스가 거기에 대한 안토니우스의 회답을 오전 10시 전에 나한테 전해준다는 거요. 그러니까 답장은 빨리 보내주시오."

이것이 카이사르가 죽은 뒤 48시간도 지나지 않은 시점에서 암살자들이 놓여 있던 상황이었다.

타협

같은 날인 3월 17일 오후, 민중이 포로 로마노에 모여 계속 불온한 태도를 보이는 가운데, 첼리오 언덕에 있는 신전에서 안토니우스가 소집한 원로원 회의가 열렸다. 회의에는 암살자들이 모두 참석했다. 안토니우스를 비롯한 카이사르파 사람들도 모두 참석했다. 키케로는 이때도 방관자가 되었다. 원로원 회의라 해도, 실제로는 서로 속셈을 살피는 카이사르파와 암살자 일당이 타협점을 찾아내는 것이 목적이었기 때문이다.

카이사르가 생전에 마련해둔 이듬해와 그 이듬해의 요직 내정자 명단을 처음 알았을 때, 두 파 중에서 더 심하게 동요한 것은 암살자 쪽이었다. 명단에는 자기네 이름이 많이 들어가 있었기 때문이다. 안토니우스는 적의 이런 동요를 활용했다. 카이사르의 피가 흐른 지 이틀밖에 지나지 않은 이날, 원로원 회의에서는 다음과 같은 결정이 이루어졌다.

카이사르 쪽은 공식 선서를 어기고 카이사르를 죽인 암살자들의 형사적 책임은 추궁하지 않기로 한다.

한편 암살자 쪽은 카이사르의 정치가 계속되는 것을 용인한다. 구체적으로는 카이사르가 내정한 요직 인사를 그대로 실행한다는 것이었다.

브루투스를 비롯한 암살자 일당의 주된 관심사는 카이사르를 죽이면서까지 회복시키려 한 공화정보다는 불온한 움직임을 멈추지 않고 있는 민중과 카이사르의 고참병들로부터 목숨을 지키는 것으로 바뀌어 있었다. 정부 요직에 앉으면, 목숨에 대해서는 안심할 수 있었기 때문이다.

카이사르가 준비하여 원로원과 민회의 승인을 앞두고 있던 요직 인사는 다음과 같다. (×)표는 암살자 일당에 속한 사람이거나, 카이사르에게 칼을 들이대지는 않았지만 암살음모에는 가담한 사람을 나타낸다.

기원전 43년도 집정관 – 히르티우스, 판사.

기원전 42년도 집정관 – 플란키우스, 데키우스 브루투스(×).

기원전 44년부터, 즉 카이사르가 파르티아를 원정하는 동안의 각 속주 총독 :

가까운 에스파냐 속주 – 레피두스.

먼 에스파냐 속주 – 폴리오.

남프랑스를 포함한 갈리아 속주 – 기원전 43년 말까지는 플란키우스. 플란키우스가 집정관에 취임하는 기원전 42년부터는 가까운 에스파냐 속주 총독인 레피두스가 겸임한다.

북이탈리아 속주 – 기원전 43년 말까지는 데키우스 브루투스(×). 그가 기원전 42년도 집정관에 취임한 뒤의 후임 총독은 그 시점에서 카이사르가 결정한다.

'알프스 이쪽의 갈리아'(갈리아 키살피나)라고 불린 북이탈리아 속주는 주민 대다수가 카이사르 덕택에 로마 시민권을 얻은 뒤에도 형식적으로는 속주로 남아 있었는데, 이는 루비콘강에서 메시나해협에 이르는 로마 본국 안에는 군대를 둘 수 없다는 국법이 아직도 살아 있었기 때문이다. 속주라는 이름만 남겨두면 군대를 주둔시킬 수 있다. 갈리아 정복이 이루어진 지 아직 6년도 채 지나지 않은 그 당시, 갈리아 민족에 대해서나 라인강 동쪽으로 몰아낸 게르만 민족에 대해 이탈리아반도 북부의 방어태세를 풀 수는 없었다. 반면에 시칠리아에 대해서는 로마 시민권보다 한 단계 낮은 라틴 시민권을 부여했음에도 그곳을 속주로 삼을 필요가 없었던 것은, 남쪽은 안전했기 때문이다. 본국 방어라는 관점에서는 시칠리아보다 북이탈리아가 훨씬 중요했다.

따라서 루비콘강을 사이에 두고 본국과 맞닿아 있는 북이탈리아 속주의 총독이자 주둔군 사령관에는, 본국 통치를 맡기는 집정관 못지않게 신임할 수 있는 인물을 선정할 필요가 있었다. 정실 인사이긴 하지만, 카이사르는 기원전 46년도 북이탈리아 속주 총독에 마르쿠스 브루투스를 임명했다. 당시 브루투스는 폼페이우스 편에 서서 싸우다가 투항한 지 1년밖에 지나지 않은 때였다. 또한 카이사르는 자신이 없는 동안 북이탈리아 속주를 맡을 총독에 데키우스 브루투스를 내정해놓고 있었다. 로마의 민중이 이 두 사람을 배은망덕하다고 비난한 것도 무리는 아니다. 나머지 속주 총독으로 내정된 명단은 다음과 같았다.

마케도니아 속주 – 집정관 임기가 끝나는 대로 안토니우스가 취임.
아시아 속주(소아시아 남서부) – 트레보니우스(×).
비티니아 속주(소아시아 북서부) – 킴브로(×).
시리아 속주 – 돌라벨라.

옛 아프리카 속주 - 코르니피키우스(×).

새 아프리카 속주 - 세스티우스.

그리고 기원전 44년 12월 10일부터 임기가 시작되는 호민관 중에는 카이사르를 맨 처음 칼로 찌른 카스카의 이름도 들어 있었다.

호민관 - 카스카(×).

여기서 한 가지 주목해야 할 것은, 기원전 44년도 법무관으로서 이 듬해에는 당연히 속주 총독으로 승진해야 할 카시우스의 이름이 보이지 않는다는 점이다. 마르쿠스 브루투스는 북이탈리아 속주 총독을 지냈지만, 브루투스와 동갑이고 매제이기도 한 카시우스는 중요한 북이탈리아 속주는 물론 어느 속주 총독에도 임명되지 않았다. 속주 총독에게는 군단 지휘권이 주어진다는 점을 생각하면, 카이사르는 카시우스한테 군단 지휘권까지 줄 마음은 없었다고 생각할 수밖에 없다.

암살 이틀째에 열린 원로원 회의는 카이사르파와 암살자파의 타협으로 카이사르가 내정한 인사를 그대로 실행하기로 결정했다. 카이사르는 죽었지만, 카이사르가 생각한 인사는 살아남은 셈이다.

그 자리에 없었던 키케로는 이것을 알자마자 아티쿠스에게 분노와 개탄을 털어놓았다.

"도대체 무엇을 위한 암살이었단 말인가!"

원로원 회의는 요직 인사만이 아니라 모든 면에서 카이사르의 정치를 계승하기로 결정했다. 원로원 보수파들은 갈리아나 에스파냐 속주 대표들이 원로원에 들어오는 것을 그토록 싫어했지만, 이 정책도 그대로 남았다. 본국 태생이 아닌 사람들한테까지 로마 시민권을 주는 정책도 전혀 바뀌지 않았다.

안토니우스가 암살자들에게 양보한 것은 앞으로 종신 독재관을 폐지한다는 것뿐이었다. 카이사르가 죽은 이상, 누가 종신 독재관에 취임하든 시민들의 비웃음만 살 뿐이라는 것은 안토니우스도 잘 알고 있었다. 또한 파르티아 원정도 더 이상 입 밖에 내는 사람이 없었다.

요직 인사라는 미끼에 걸려든 암살자들 가운데 카이사르의 장례식을 포로 로마노에서 거행하겠다는 카이사르파의 뜻에 반대한 사람은 아무도 없었다. 장례식은 이틀날인 3월 18일에 거행하기로 결정되었다.

데키우스 브루투스는 3월 17일의 원로원 회의가 끝난 직후에 남몰래 로마를 떠났다. 카이사르가 그의 임지로 내정해둔 북이탈리아 속주로 가기 위해서였다. 민중과 고참병들의 분노가 자기한테 쏠려 있는 것을 느끼고, 군단을 지휘할 수 있는 속주에 한시라도 빨리 도착하고 싶었기 때문이다. 트레보니우스와 킴브로도 각자의 임지로 떠날 준비를 서둘렀다.

그러나 주모자인 마르쿠스 브루투스와 카시우스는 그날 이루어진 타협을 믿었던 모양이다. 원로원 회의가 끝난 뒤, 이들은 각자 카이사르파 인물의 집에서 저녁식사를 같이했다. 마르쿠스 브루투스는 레피두스의 집에 초대되었고, 카시우스는 안토니우스 저택의 손님이 되었다. 저녁식사는 마음속의 생각이야 어떻든, 겉으로는 화기애애한 분위기 속에서 끝났다고 한다.

이틀날인 3월 18일은 카이사르의 장례식이 거행되는 날이었다.

셰익스피어가 쓴 『줄리어스 시저』에서는 마르쿠스 브루투스가 먼저 연설하고, 이어서 민중 선동의 걸작으로 평가받는 저 유명한 안토니우스의 연설이 행해진 것으로 되어 있지만, '현장 목격자들의 증언록'에 따르면 그렇지 않았다.

우선 암살 당일인 3월 15일에는 암살자들이 시민 앞에서 감히 연설할 엄두도 못 내고 카피톨리노 언덕으로 달아난 것은 앞에서 말한 바와 같다. 이튿날인 3월 16일에는 마르쿠스 브루투스가 연설을 하긴 했지만, 연설을 끝낸 뒤에는 전날과 마찬가지로 다시 카피톨리노 언덕으로 줄행랑을 치지 않을 수 없었다. 그리고 카이사르의 장례식이 치러진 3월 18일에도 데키우스 브루투스는 물론 마르쿠스 브루투스도 카이사르의 고참병들이 섞여 있는 군중 앞에 모습을 나타낼 수 있는 분위기가 아니었다는 점에서 상황은 지난 이틀과 조금도 다를 바가 없었다. 따라서 고인을 추도하는 연설은 안토니우스가 혼자 했다.

다만 안토니우스의 추도사를 기술한 역사가는 한 사람도 없다. 그러나 연설했다는 사실은 모든 역사가가 기록하고 있다. 당연할 것이다. 로마에서는 고인과 가장 가까운 육친이 추도 연설을 하는 것이 관례였다. 옥타비아누스를 대신하여 카이사르의 실질적인 후계자를 노리던 안토니우스가 시민들에게 그것을 인식시킬 절호의 기회를 놓칠 리가 없다. 그러나 연설 내용은 전해오지 않는다.

『줄리어스 시저』의 안토니우스가 연극이나 영화에서 주역을 맡게 된 것은 바로 그 연설이 있기 때문이지만, 그토록 유명한 그 연설도 사실은 셰익스피어의 창작이었던 셈이다. 『줄리어스 시저』는 누구나 마음만 먹으면 읽을 수 있는 작품이니까 여기서 번거롭게 인용하지 않겠지만, '3·15' 당시의 로마 민중을 구태여 그런 연설로 선동할 필요가 있었을까 하는 의문은 남는다. 안토니우스의 선동 연설이 없었다면, 로마 민중은 과연 브루투스 일당에게 박수를 보내고 그들의 행위를 칭찬했을까. 암살자들을 증오하고 그들을 규탄하게 된 것은 과연 안토니우스의 선동에 휘둘린 결과였을까.

고대 역사가 가운데 한 사람은 이렇게 말하고 있다.

"안토니우스는 포로 로마노의 연단에 놓인 카이사르의 유해 옆에 서서, 수도에 사는 모든 로마 시민에게 300세스테르티우스씩을 주고 테베레강 서안의 정원을 기증한다는 카이사르의 유언장을 낭독하고, 암살자들도 다른 원로원 의원들과 함께 카이사르를 지키겠다는 서약에 서명했다고 말한 다음, 고인의 업적을 찬양하는 것으로 추도사를 끝냈다."

안토니우스가 구태여 선동 연설로 민중의 가슴을 흔들지 않아도 이것으로 충분했을 것이라고 나는 생각한다.

카이사르, 화장되다

카이사르의 유해를 목격한 군중은 그제야 지금껏 억누르고 있던 눈물과 함께 분노를 폭발시켰다. 그 후의 광경은 『줄리어스 시저』에 묘사된 것과 마찬가지다. 카이사르의 유해를 태우는 불길은 그것을 바라보는 이들의 가슴에도 옮겨붙어, 카이사르의 장례식은 그의 죽음을 슬퍼하는 자리가 아니라 그의 죽음을 초래한 자들에 대한 분노와 증오의 자리로 일변했다.

카이사르의 유해를 태우는 불을 저마다 횃불에 옮겨붙인 군중은 순식간에 폭도로 변하여 암살자들의 집으로 몰려갔다. 브루투스를 비롯한 전원이 친구 집으로 피신했기 때문에 암살자들 가운데 이날 피살된 사람은 없었지만, 일당 가운데 하나인 킴브로와 이름이 같았기 때문에 카이사르파였던 시인 한 사람이 살해되었다.

유해를 태우는 불길이 꺼져갈 무렵, 이번에는 세찬 비가 쏟아졌다. 카이사르의 유해를 태운 재는 누군가가 미처 긁어모으기도 전에 빗줄기에 씻겨가버렸다. 후계자인 옥타비아누스가 내전을 평정한 뒤에 황제묘를 만들었지만, 황제묘에 맨 먼저 들어가야 마땅한 카이사르를 거기에 매장할 수 없었던 것은 유골이 빗물에 떠내려가버렸기 때문이다.

따라서 카이사르는 무덤이 없다. 카이사르의 시신을 태운 재는 로마의 땅속으로 스며들어가 버렸는지도 모르고, 완비된 하수도를 통해 테베레강으로 들어가 그대로 지중해와 섞여버렸는지도 모른다. 그러나 평범한 무덤 따위는 없는 편이 카이사르한테는 어울리는 것 같다.

도피행

이튿날인 3월 19일, 아직 동도 트기 전에 브루투스와 카시우스는 로마에서 달아났다. 브루투스는 수도 담당 법무관이기 때문에 수도 로마에 있을 의무가 있었다. 하지만 민중의 분노가 폭발된 로마는 그들에게 너무 위험했다. 목적지는 아피아 가도를 따라 남쪽으로 30킬로미터쯤 내려간 곳에 있는 브루투스의 별장이었다. 교외의 단독주택을 통칭하여 '빌라'라고 부르는데, 빌라라고 하면 로마에서는 높고 견고한 돌담을 둘러치고 그 안에 살림집과 마구간과 노예 거처까지 들어 있는 넓은 저택을 말한다. 따라서 방어에는 시내의 저택보다 유리했다. 카이사르 암살의 주모자 두 사람은 안전한 그곳에 머물면서, 안토니우스가 약속한 '사면'이 실현되기를 기다릴 작정이었다. 그것만 이루어지면 로마로 돌아갈 수 있을 것이기 때문이다.

그러나 안토니우스 쪽에서 보면 상황은 예상보다 한결 유리하게 돌아가고 있었다. 키케로는 타협안을 실현하려고 애썼지만 안토니우스는 자신이 약속했던 암살자 전원에 대한 '사면'을 재고하기 시작했다. 그 책임을 안토니우스한테만 돌릴 수는 없다. 민중의 분노가 워낙 격렬했기 때문에, 만약 '사면'을 실행하려고 하면 그 실행자까지도 분노의 표적이 될 판이었다.

카이사르는 종신 독재관에 취임한 직후 원로원 의원 전원에게 카이사르의 신변 안전을 지키겠다는 서약을 요구했고, 모두 그 서약에 서명했다. 암살자들도 원로원 의원이다. 원로원 의원 전원에게 서약을 받은 직후, 카이사르는 지금까지 자신의 신변 경호를 맡고 있던 게르만 병사와 에스파냐 병사로 이루어진 호위대를 해산했다.

인간의 맹세를 믿은 것은 경솔했다고 현대인은 말할지도 모른다. 하지만 고대 로마인이 생각하는 서약은 대단히 중대한 의미를 지녔다.

다신교 민족인 로마인은 일신교를 믿는 유대인과 달리 신과 계약을 맺는다는 개념이 없었다. 신들은 인간을 수호하고 도와주는 존재일 뿐, 인간의 생활방식이 옳으냐 그르냐를 판가름하는 재판관은 아니었다. 인간의 생활방식이 옳으냐 그르냐를 판가름하는 것은 인간 자신이다. 그렇기 때문에 로마인은 법의 정신을 만든 창조자가 되는 것이다. 재판관이 인간 자신이라는 것은 인간의 말을 믿지 않고는 성립되지 않는다. 로마인은 누구하고나 서약을 나누었지만, 그 서약에도 몇 가지 종류가 있었다.

1. 패배자와 서약 ─ 볼모를 잡고 동맹관계를 맺는 서약.

2. 채무자와 계약 ─ 담보를 잡고 대출관계를 맺는 계약.

3. 볼모나 담보 같은 형태의 보증을 개입하지 않고 오로지 말만 신뢰하는 서약. 말하자면 공적인 효력까지 가진 신사협정.

카이사르는 원로원 의원들에게 '신사협정'을 요구한 것이다. 그리고 암살자들을 포함한 원로원 의원 모두가 종신 독재관 카이사르와 '신사협정'을 맺었다.

이 서약을 나누지 않았다면, 카이사르 암살은 단순한 살인에 불과했을 것이다. 따라서 단순한 형사 범죄로 끝나고, 자진 망명을 선택하면 로마법 ─ 특히 카이사르가 개정한 로마법 ─ 에서는 외국에서의 자유로운 생활이 보장된다. 그러나 공적인 효력까지 지닌 로마식 '신사협정'을 맺은 이상, 카이사르 암살은 단순한 살인이 아니다. 볼모나 담보 같은 보증을 개재시키지 않아도 효력을 가져야 하는 서약을 통치자 계급에 속하는 지도층 인사들이 깨뜨렸기 때문이다. "사내 대장부는 한

입으로 두 말 하지 않는다"는 말도 있지만, 특히 타의 모범이 되어야 할 신사들이 사내 대장부에 어울리지 않는 행동을 한 셈이다. 그들의 말을 믿고 호위대를 해산한 카이사르는 신사지만, 그런 카이사르를, 더구나 격론을 주고받는 장소라 하여 무기를 휴대하는 것도 금지되어 있는 원로원 회의장에서 암살한 자들은 이중으로 통치자 계급에 어울리지 않는 인간들로 여겨진다.

키케로는 암살 직후의 흥분이 가라앉자마자, 이 사건의 중대한 의미를 당장 알아차렸다. 그가 암살자들에 대한 사면을 얻어내려고 그토록 열심히 움직인 것은 오직 사면만이 암살자들을 불명예부터 해방시킬 수 있기 때문이었다. 그가 생각한 사면은 아무 일도 없었던 것으로 한다는 의미였다. 그러나 당시 로마에는 키케로가 생각한 의미의 사면은 물론 죄를 용서한다는 의미의 사면이라는 개념도 없었다. 굳이 찾는다면 자진 망명이 사면이라는 개념과 가까웠다.

암살자들도 일을 벌인 뒤에나마 카이사르 암살의 중대한 의미를 깨달았다. 카이사르를 죽여놓고도, 카이사르가 내정해둔 요직 인사를 그대로 수용한 것도 그 때문이다. 주요 공직에 취임하면, 신사협정을 깬 도의적 책임도 줄어들기 때문이다. 게다가 키케로가 추진했고 안토니우스가 약속한 '사면'이 실현되면 '신사'로 다시 복귀할 수도 있다. 그들은 카이사르가 추진하고 있던 속주 유력자들의 원로원 입성에 강한 불쾌감을 품고 있었다. 바꿔 말하면 암살자 그룹은 본국 태생인 로마 시민임을 자랑스럽게 여기는 원로원 의원 집단이었다. 서약 엄수를 지도자의 최고 덕목으로 중요시한 점에서는 누구한테도 뒤지지 않는다고 자부한 사람들이기도 했다.

다만 '신사협정'이라는 개념은 '신사'들 사이에서만 통한다. 자신들이 통치자 계급, 즉 원로원 계급에 속하지 않는다는 사실을 잘 알고 있는 일반 민중한테는 효력이 미치지 않는 개념이다. 그러나 카이사르 암살에는 일반 시민도 격분했다. 그렇다면 무엇 때문에 그토록 격분했을까?『줄리어스 시저』에 묘사되어 있듯이 안토니우스의 교묘한 선동에 놀아났기 때문일까. 아니면 모든 시민에게 300세스테르티우스를 준다는 카이사르의 유언에 감격했기 때문일까. 그것도 아니면, 어제까지의 최고권력자가 비참하게 죽은 데 대한 단순한 동정심 때문이었을까.

원로원과 민회는 카이사르에게 '조국의 아버지'(파테르 파트리아이)라는 칭호를 부여했다. 카틸리나의 음모사건 당시 키케로도 그렇게 불린 적이 있었지만, 카이사르에게는 단순한 별칭이 아니라 정식 칭호로 주어졌다. 로물루스가 로마의 건국자라면, 카이사르는 제2의 건국자, 즉 '중흥의 시조'라는 의미였다.

조국의 아버지는 곧 백성의 아버지라는 뜻이다. 원로원 의원에게나 일반 시민에게나 카이사르는 아버지가 되었다. 로마 역사상 전례가 없는 일이지만, 카이사르가 모든 시민에게 300세스테르티우스씩 주라고 유언한 것은 아버지가 자식에게 유산을 남겨주는 것과 같다고 카이사르 자신도 생각했고, 유산을 받은 시민들도 그렇게 생각했다. 그리고 부친 살해는 로마에서는 최고의 중죄였다.

'신사협정'과는 별로 인연이 없는 일반 서민이라도 부친 살해는 이해한다. 그들은 카이사르를 죽인 자들을 암살자라고도 부르지 않았다. 증오와 슬픔과 분노에 찬 민중이 브루투스 일당에게 내뱉은 말은 '파리키다'(아비를 죽인 놈)였다.

안토니우스는 이런 민심의 동향을 알아차리고 있었다. 카이사르의 유언장 내용을 안 직후부터 사실상의 후계자가 되기로 작정한 안토니우스는 로마에서 달아난 암살자들을 로마로 돌아오게 할 마음이 없어졌다. 3월 하순부터 4월 중순에 걸친 키케로의 편지는 안토니우스의 행동에 대한 불안으로 가득 차 있다. 암살음모에는 가담하지 않은 키케로도 로마 시내는 물론 로마 교외의 친구 집에 머무는 것조차 위험해졌다. 브루투스와 카시우스는 현재는 법무관이지만, 이듬해인 기원전 43년부터는 관직이 없는 신세가 된다. 키케로는 안토니우스를 우두머리로 하는 카이사르파와 교섭하여 브루투스와 카시우스의 신분 보장을 얻어내는 역할을 스스로 떠맡고 나섰지만, 제 발등에 불이 떨어진 지금은 그게 문제가 아니었다. 키케로도 재빨리 로마를 떠나 별장으로 피신했다.

하지만 로마에서 20킬로미터밖에 떨어지지 않은 투스쿨룸의 별장은 안심할 수 없었다. 카이사르의 고참병들이 복수를 맹세하고 칼을 갈고 있다는 소문이 전해졌던 것이다. 키케로는 자신은 표적이 아니라고 생각했지만, 표적이 되어 있는 브루투스와 카시우스가 걱정이었다. 그래서 키케로는 브루투스와 카시우스에게 두 사람이 지금 숨어 있는 라누비움의 브루투스 별장을 떠나 아스툴라로 거처를 옮기라고 권했다. 키케로의 별장이 있는 아스툴라는 라누비움에서 남쪽으로 30킬로미터 떨어져 있고, 가도에서도 떨어진 바닷가에 자리 잡고 있었다. 키케로도 두 사람을 뒤따라 아스툴라로 갔다. 빚을 얻어서라도 부동산에만 투자한 것이 이런 경우에는 도움이 되었다.

그러나 안토니우스도 카이사르의 실질적인 후계자를 기정 사실화해버릴 수 있는 절호의 기회를 놓쳤다. 후계자를 기정 사실화하고 싶으면, 시민들에게 돈을 나누어주라는 카이사르의 유언을 재빨리 실행에 옮겨야 했다.

하지만 안토니우스는 그렇게 하지 않았다. 카이사르의 금고에 들어 있는 돈을 그 자신의 군대를 조직하는 비용에 충당할 작정이었기 때문이다. 마르쿠스 안토니우스라는 사나이는 이런 경우에 어떻게 돈을 써야 하는지를 모르는 인물이었을 것이다.

안토니우스는 카이사르의 유언을 집행하는 것은 잊었지만, 요직을 자기 측근으로 채워넣는 것은 잊지 않았다. 카이사르의 죽음으로 공석이 된 최고제사장에는 독재관 카이사르 밑에서 수석 부독재관을 지낸 레피두스를 앉혔다. 역시 카이사르의 죽음으로 공석이 된 그해의 집정관에는 돌라벨라를 앉혔다. 둘 다 카이사르파인데다 38세인 안토니우스와는 동년배였다.

이처럼 키케로를 불안에 빠뜨릴 정도의 기세로 카이사르의 후계자임을 기정 사실화하는 방향으로 힘차게 나아가던 안토니우스에게 달갑지 않은 소식이 전해졌다. 그가 어느 누구보다도 환영하지 않는 사람이 브린디시에 상륙했다는 소식이었다. 18세의 옥타비아누스가 귀국한 것이다. 기원전 44년 4월 중순, 카이사르가 암살된 지 겨우 한 달이 지나고 있었다.

옥타비아누스

카이사르의 명령으로 지난해인 기원전 45년 가을부터 그리스 서해안의 아폴로니아에 머물던 옥타비아누스는 카이사르의 죽음과 카이사르의 유언장 내용을 거의 동시에 알게 되었을 것이다. 아폴로니아에는 카이사르의 파르티아 원정에 따라갈 병력이 집결하고 있었다. 군단 지휘관들은 카이사르의 젊은 후계자에게 로마에는 가지 않는 편이 좋겠다고 충고했다. 카이사르가 죽은 뒤에도 카이사르의 수족임을 자랑스럽게 여기는 병사들에게 둘러싸여 당분간 로마 정세를 관망하는 것이 상책이라고 설득한 것이다. 하지만 18세의 옥타비아누스는 한시라도 빨리 로마에 돌아가서 카이사르가 남겨준 것을 계승하는 것이 카이사르의 유지를 받드는 길이라고 고집했다.

카이사르가 유언장을 만든 것은 지난해 가을. 당시만 해도 옥타비아누스는 유언장 내용을 전혀 알지 못했다. 카이사르 자신이 이렇게 일찍 죽음이 찾아올 줄은 미처 예상치 못했기 때문에, 유언장 내용은 물론 후계자를 누구로 정했는지도 전혀 내색하지 않았기 때문이다.

카이사르는 기원전 46년 말부터 기원전 45년 중순까지 에스파냐의 문다에서 폼페이우스의 아들들과 싸울 때, 자기도 함께 데려가 달라고 간곡히 부탁한 옥타비아누스를 데려갔다. 그때 옥타비아누스의 나이는 17세였다. 또한 문다에서 승리하고 귀국한 뒤에는 이제 갓 18세가 된 옥타비아누스에게 군사적 재능이 뛰어난 아그리파라는 젊은이를 붙여주었다. 그래서 아그리파도 아폴로니아로 파견된 옥타비아누스와 동행했다.

그러나 이런 일은 로마의 상류층에서는 흔히 있는 일이다. 이 두 가지 일만으로 카이사르가 옥타비아누스를 후계자로 생각하고 있다는 것을 짐작할 수 있는 사람은 아무도 없었다. 로마의 일반 시민 사이에서도 옥타비아누스는 이름이 알려지지 않은 존재였다. 그래서 옥타비아누스에게 재산만이 아니라 성까지 준다는 카이사르의 유언장이 공개되었을 때, 시민들이 품은 생각은 "도대체 옥타비아누스가 누구지?"였고, 원로원 계급에 속하는 사람들의 반응도 같은 것이었다.

옥타비아누스는 지방 소도시인 벨레트리 출신으로 원로원 의원까지 지낸 아버지를 일찍 여의었다. 어머니 아티아는 그 후 곧 재혼했다. 로마에서는 여자가 재혼하면 전남편과의 사이에 태어난 자식은 데려가지 않는 것이 관례였기 때문에 소년 옥타비아누스는 누나와 함께 외할머니의 슬하에서 자랐다. 외할머니인 율리아는 카이사르의 누이동생이다. 과부인 율리아는 친정으로 돌아와, 당시에는 아직 생존했던 어

옥타비아누스

머니—즉 카이사르의 어머니—와 함께 살고 있었다. 수부라의 사저에서 살았는지 포로 로마노에 있는 최고제사장 관저에서 살았는지는 알 수 없지만, 어쨌든 이런 사정으로 소년 옥타비아누스는 카이사르의 집에서 자랐다.

물론 그 무렵 카이사르는 계속 갈리아에 있었기 때문에 소년 시절의 옥타비아누스와 함께 생활한 것은 아니다. 하지만 카이사르의 갈리아 원정은 로마의 청소년들을 열광시키는 승리의 연속이었다. 알레시아 결전에서 멋진 역전승을 거두어 로마 전체가 들끓었던 해, 옥타비아누스는 11세가 되어 있었다. 그리고 그로부터 2년 뒤에 카이사르가 루비콘강을 건넜다. 내전이 일어난 뒤, 로마의 상류층은 양분되었다. 젊은층은 카이사르파, 장년층은 폼페이우스파로 나뉘어 원로원 의원들의 집에서는 집안 싸움이 빈발할 정도였다. 키케로가 총애한 쿠리오나 카일리우스나 돌라벨라 같은 청년들은 모두 카이사르 곁으로 달려갔고, 아직 10대인 조카와 아들까지도 카이사르한테 달려가려고 했기 때문

아그리파

에 키케로는 그들을 로마 젊은층의 열광에서 떼어놓기 위해 강제로 그리스에 보냈다. 옥타비아누스는 13세부터 17세까지 이런 공기를 충분히 마시며 자랐다. 그에게도 카이사르는 동경의 대상이었을 것이다. 게다가 그 인물은 옥타비아누스에게는 종조부다. 종조부는 어쩌다 한 번씩 로마에 돌아올 뿐이지만, 카이사르가 로마에 돌아왔을 때 머무는 관저나 사저나 라비코의 산장은 옥타비아누스에게도 집이었다.

종조부가 여러 가지로 마음을 써주는 것은 소년도 알고 있었을 것이다. 그에게 군사적 재능이 부족하다는 것을 알면서도 체념하지 않고, 군사적 재능이 뛰어난 젊은 병사 아그리파를 붙여준 것도 종조부가 그에게 품고 있는 호의의 표시로 받아들였을 게 분명하다. 그렇기 때문에 파르티아 원정에 참가시켜줄 테니까 병력 집결지인 아폴로니아로 먼저 떠나라는 종조부의 명령에 기꺼이 따랐던 것이다.

카이사르가 암살되었다는 소식은 많은 사람에게 불의의 타격이었던 것처럼 18세의 젊은이에게도 청천벽력이었을 것이다. 많은 사람이 슬픔에 잠겼듯이 옥타비아누스도 깊은 슬픔에 잠겼을 것이다. 하지만 곧

이어 전해진 유언장 내용을 알고 젊은이의 가슴에 솟아오른 감정은 그 한 사람밖에는 가질 수 없는 것이었다.

카이사르는 그를 상속인으로 지명했을 뿐 아니라 양자로 삼았고, 게다가 성까지 물려주겠다고 말했다. 옥타비아누스의 친아버지인 가이우스 옥타비우스는 원로원 의원까지 지냈지만, 이름이 두 개뿐인 것만 보아도 알 수 있듯이 분명한 평민 출신이다. 옥타비아누스라는 이름도 작은 옥타비우스, 즉 옥타비우스의 아들이라는 뜻에 불과하다. 로마인은 그 이름만 들어도 출생 신분이 낮다는 것을 알 수 있다. 그래서 카이사르도 그를 양자로 삼는 것만으로는 후계자가 되기에 불충분하다고 생각하여, 로마 제일의 명문가인 자기 성을 이어받으라고 유언장에 쓴 것이다. 카이사르의 이 같은 배려를 누구보다도 정확히 이해한 사람은 옥타비아누스 자신이었을 것이다. 카이사르의 유언장은 일개 지방 유지의 아들에 불과한 옥타비아누스를 로마에서 손꼽히는 명문 귀족의 후계자로 끌어올렸다.

그리고 카이사르는 앞으로 최소한 10여 년은 더 살 수 있다고 생각했다 해도, 18세밖에 안 된 젊은이에게 스스로 창설하고 있던 제국을 남겼다. 아직 아무 업적도 쌓아올리지 못한 그를 벌써 인정해주었다는 것만으로도 옥타비아누스가 감격한 것은 당연하지 않을까. 18세의 젊은이를 뒤흔들었을 게 분명한 이 감동이 그 후 그를 지탱해준 강렬하고도 지속적인 의지의 원천이었을 것이다. 옥타비아누스의 이런 감정을 알아차린 사람은 아무도 없었다. 브루투스도, 카시우스도, 안토니우스도, 키케로도 끝내 알아차리지 못했다.

카이사르가 암살된 지 한 달도 지나지 않은 4월 중순, 수도 로마는 물론 이탈리아반도에서도 사람들은 아직 불안 속에서 살고 있었다.

안토니우스는 로마에서 자신의 지위를 강화하는 일에만 전념하며 나날을 보내고 있었다. 암살자들 가운데 속주 총독으로 부임할 수 있는 자들은 재빨리 본국을 떠나버렸고, 그런 자격도 없는 브루투스와 카시우스는 조금씩 남쪽으로, 즉 수도 로마에서 좀더 먼 곳으로 이동하는 데에만 신경을 썼다. 키케로가 아무리 나무라고 격려해도, 브루투스는 철학 이야기밖에 하지 않았다.

그런 가운데, 공포에 질려 그리스의 아폴로니아에 틀어박혀 있을 줄 알았던 옥타비아누스가 귀국한 것이다. 국법을 지켜서 군대는 데려오지 않았다. 그렇다고 홀몸도 아니었다. 아그리파를 비롯한 소수의 수행원이 그를 따르고 있었다. 브린디시에 상륙한 뒤에는 아피아 가도를 따라 북상하기 시작했다. 키케로는 옥타비아누스가 4월 16일에 나폴리에 도착한 것을 친구 아티쿠스에게 알렸다. 어머니가 재혼한 전직 집정관 필리푸스의 별장에 들른 젊은이에게 로마에 있던 카이사르의 측근들이 벌써 달려오고 있었다.

카이사르가 옥타비아누스를 후계자로 지명한 것을 뜻밖으로 생각했다는 점에서는 히르티우스나 발부스나 오피우스도 다른 사람들과 마찬가지였다. 그러나 카이사르의 측근이었던 이들은 '왜?'냐고 묻지 않았다. 그들이 심취해 있던 카이사르가 선택한 젊은이다. 그들도 카이사르의 유지를 받드는 쪽을 택했다.

나폴리에서 며칠을 보내는 동안, 18세의 젊은이는 돌아가신 '아버지'의 뒤를 잇겠다는 결심을 분명히 밝혔다. 그리고 돌아가신 아버지와 절친했고 존경할 만한 선배이기도 하다는 이유로, 인근 별장에 머물고 있던 키케로를 방문했다. 추켜세우면 금세 하늘 높이 올라가버리는 키케로는 자신을 존경해서 찾아온 젊은이의 행동거지에 완전히 기분이 좋아졌다.

이 옥타비아누스를 키케로는 편지에서 '어린애'(푸에르)라고 불렀다. 62세의 키케로에게 18세의 젊은이는 어린애였을지 모르지만, 이

이야기는 당장 퍼져서 옥타비아누스의 기분을 상하게 했다.

하지만 옥타비아누스에게는 카이사르에게는 없는 자질이 있었다. 그것은 바로 위선이었다.

옥타비아누스는 나폴리부터는 카이사르의 측근들에게 둘러싸여 아피아 가도를 따라 4월 말경에 로마에 도착했지만, 안토니우스는 그를 쌀쌀맞게 맞이했다.

키케로와 마찬가지로 38세의 안토니우스도 이 18세의 젊은이를 '어린애'로밖에 보지 않았다. 역전의 용사라는 자부심과 나이 차이가 안토니우스를 오만하게 만들었다. 그러나 이 '어린애'는 이제 카이사르의 양자이고 카이사르의 성을 물려받을 자격을 갖추고 있다. 물론 그것은 아직 정식으로 실현되지는 않았다. 명문 귀족의 상속자가 되려면 먼저 최고제사장의 승인을 받고, 다시 민회의 승인을 얻어야 한다. 카이사르가 죽은 뒤, 최고제사장에는 레피두스가 취임했다. 온후한 성품의 레피두스를 안토니우스가 자기 뜻대로 움직이기는 쉬운 일이었다. 민회도 집정관인 안토니우스에게 소집권이 있었다. 안토니우스는 옥타비아누스가 카이사르의 양자로 인정받는 것을 방해하기로 결심했다. 알기 쉽게 말해서 사보타주를 하기로 작정한 것이다.

연장자에 대한 예의를 갖추어 안토니우스 저택을 방문한 옥타비아누스는 우선 카이사르의 유지를 계승하겠다는 결심을 밝혔다. 그리고 카이사르가 죽은 뒤 안토니우스가 맡고 있던 돈을 돌려달라고 요구했다.

사회적으로 지위가 높던 사람이 죽으면, 그 뒤를 잇는 사람은 고인을 기리는 연극을 상연하고 경기대회를 주최하는 것이 로마의 관습이다. 연극이나 경기대회에는 관중을 무료로 초대하니까, 비용이 많이 든다. 게다가 카이사르는 수도에 사는 로마 시민에게 일인당 300세스테르티우스씩 나누어주라는 유언을 남겼다. 옥타비아누스의 생가는 카이사르 집안보다는 유복했지만, 과거의 크라수스나 폼페이우스 같은 갑부는 아니다. 안토니우스가 맡고 있는 돈을 돌려받지 못하면, 옥타비아누스는 카이사르의 아들로서의 의무를 다할 수 없다.

물론 안토니우스는 이 핑계 저 핑계로 돈을 돌려주지 않았다. 돈이 없으면 후계자의 의무를 다할 수 없고, 거기에 실망한 시민들도 옥타비아누스가 카이사르 가문을 계승하는 것에는 무관심해질 거라고 안토니우스는 생각했다.

18세는 역시 미숙한 나이인지라, 옥타비아누스도 한동안은 난감했던 모양이다. 그러나 이 '어린애'의 결심은 확고했다. 카이사르가 생전에 친하게 지낸 사람들 가운데 재력이 있는 이들을 찾아가서 도움을 청했다. 그 가운데 마티우스라는 사람이 있었다. 카이사르가 암살당한 직후, 분위기가 살벌한 로마에서 피신한 키케로를 아피아 가도 연변에 있는 자기 집에 감추어준 사람이기도 하다. '기사계급'에 속하는 경제인으로, 정치에는 관여하지 않는 주의로 일관한 금융업자였다. 하지만 교양이 풍부해서 호메로스의 『일리아스』를 라틴어로 번역하기도 했다. 카이사르의 친구들은 출신 계급은 공통되지 않았지만, 모두 교양이 풍부하다는 공통점이 있었다.

하지만 여기에도 훼방꾼이 끼어들었다. 이번의 훼방꾼은 안토니우스가 아니라 키케로였다. 이유는 안토니우스와 달랐지만, 키케로도 옥타비아누스가 카이사르의 뒤를 잇는 것에는 반대였다. 옥타비아누스가 카이사르의 정치를 계승하면, 카이사르를 죽인 의미가 없어지기 때문이다. 그래서 친구인 마티우스에게 나폴리에서 일부러 편지를 보내, 카이사르가 죽은 뒤에도 카이사르파와 인연을 끊지 않는 마티우스를 비난한 뒤, 옥타비아누스의 부탁을 받아들이지 말라고 충고했다. 이에 대해 마티우스가 보낸 답장이 지금까지 남아 있다. 좀 길긴 하지만 그

글을 소개하겠다.

당신의 편지는 나에게 생생한 기쁨을 주었소. 내용이야 어떻든, 당신이 나한테 품고 있는 친밀감이 넘쳐흐르고 있기 때문이오. 하지만 편지 내용이 나를 괴롭혔다는 점은 말해두어야겠소. 내가 하려고 하는 일(옥타비아누스에 대한 자금 지원)이 당신처럼 고귀한 정신을 그렇게까지 어지럽힐 줄은 미처 몰랐소.

그러나 내 결심이 바뀌지 않는 이상, 그 이유를 밝히는 것은 누구 못지않게 당신을 존경하고 있는 나의 의무라고 생각하오. 설령 그것이 당신의 비난에 대한 반론이 된다 해도 말이오.

카이사르가 죽은 뒤 나에게 쏟아진 비난은 나도 잘 알고 있소. 그것은 모두 친구를 잃고 슬픔에 잠길 줄밖에 모르는 나를 비난하는 것이었소. 존경하고 사랑하는 친구일 뿐 아니라 보기 드문 능력을 지닌 사람에게 닥친 그 비참한 죽음에 대해 그저 분노할 줄밖에 모르는 나를 비난하는 것이었소.

그들은 국익이 우정보다 우선해야 한다고 말했소. 따라서 로마 국가에 이로운 카이사르의 죽음에 대해서는 설령 친구라 해도 눈물을 흘리면 안 된다는 것이오. 나는 그런 고상한 견해에는 흥미가 없소. 솔직히 고백하면, 내 교양은 그렇게 현명한 지혜의 단계에는 아직 이르지 못한 모양이오.

카이사르와 원로원파의 다툼에서도 나는 카이사르를 편들지 않았고, 카이사르의 행위(루비콘 도하)에도 동의하지 않았지만, 그래도 그 어려운 시기에 친구를 저버릴 마음은 나지 않았소. 내전이 일어난 뒤에는 카이사르와 폼페이우스 사이에 대화가 재개되도록 나름대로 노력했다고 자부하오(실제로 마티우스는 한때 두 사람 사이에서 은밀히 중개 역할을 맡았다. 그러나 폼페이우스가 카이사르와 1 대 1로 교섭

할 마음이 없었기 때문에 마티우스의 노력은 끝내 열매를 거두지 못했다).

따라서 그 두 사람의 대결이 내가 더 친애하는 쪽의 승리로 끝난 뒤에도, 나는 승자와의 친분 관계를 이용하여 사사로운 이익을 탐한다는 건 생각할 수도 없었소. 그러기는커녕 카이사르가 단행한 금융 개혁으로 나는 큰 손실을 입었소(담보 평가액을 내전 이전으로 돌려놓는 정책, 즉 내전이 일어난 뒤의 인플레이션을 계산에 넣지 않는다는 카이사르의 정책으로 말미암아 사실상 담보 평가액이 25퍼센트나 줄어들었기 때문에 채권자였던 금융업자들이 손해를 보았다).

경제 활성화를 위해서라고는 하지만, 카이사르는 우리 금융업자들의 희생을 강요하는 정책까지 단행했소. 그래도 카이사르가 관용을 베푼 덕에 반카이사르파 사람들도 계속 로마에 살 수 있었고 공직도 여전히 유지할 수 있었다는 사실을 잊을 수는 없소. 그것이 허락되었기 때문에 '3·15' 때 칼을 휘두를 수도 있었지만 말이오.

그런데 어째서 나까지 그 배은망덕한 자들처럼 카이사르를 증오하고, 카이사르의 죽음을 기뻐해야 한단 말이오? 그들은 이렇게 말했소. "우리가 암살을 결행하지 않았다면 당신들도 조만간 카이사르의 희생자가 되었을 것"이라고.

이게 무슨 오만이오! 살인을 저지른 것에 대해 고뇌하기는커녕, 사람들이 눈물을 흘리며 카이사르의 죽음을 슬퍼하는 것조차 금지하려하니 말이오. 노예조차도 두려움이나 기쁨이나 고뇌를 느끼는 것은 자유인데, 폭군한테서 우리를 해방시켰다고 자칭하는 자들은 개인의 감정까지 지배하지 않으면 직성이 풀리지 않소?

나한테는 어떤 협박도 효과가 없을 거요. 아무리 내 지위를 위협해도, 나한테서 인간성과 친구로서의 의리까지 빼앗을 수는 없소. 죽음으로 협박해도 소용없소. 카이사르의 죽음을 보고, 나는 자기 자신에 대한 긍지를 가지고 죽는 것에 대해 깊이 생각지 않을 수 없었소. 이제는 내 죽음과도 당당하게 맞설 수 있을 것 같소.

그렇소. 분명히 말하지만, 내 소원은 카이사르의 죽음에 대해 모든 사람이 고뇌하는 거요.

그렇긴 하지만, 이런 생각을 남에게 강요할 생각은 없소. 그러니까 남들도 나를 그냥 내버려두었으면 좋겠소. 내가 가장 경애한 친구이자 최고의 역량을 갖춘 인물의 죽음을 마음껏 슬퍼하도록 내버려두시오.

키케로여, 당신은 카이사르를 추모하는 경기대회 자금을 내가 책임진다는 소문을 듣고 나한테 편지를 쓴 모양인데, 나는 이것을 나 개인의 의무로 받아들였을 뿐, 거기에 정치적인 의미는 전혀 없소. 위대한 인물이자 절친한 친구이기도 했던 사람을 기리기 위해, 개인적으로 경의가 담긴 선물을 하는 것뿐이오. 나는 그 젊은이의 진지한 부탁을 뿌리칠 수 없었소. 그 청년이 카이사르의 후계자로 어울리는 인물이라는 것도 나에게는 더없는 기쁨이었소.

당신은 내가 집정관 안토니우스의 저택을 자주 찾아간다고 말했는데, 그건 사실이오. 내가 방문하는 목적은 단순한 인사치레지만, 당신도 안토니우스의 저택을 찾아가보면 알 거요. 그곳은 이제 방문객들로 북적거리고 있는데, 그들 대다수는 현재의 최고 실력자를 등에 업고 사리사욕을 노리는 자들이고, 개중에는 카이사르를 애도한다는 이유로 나를 비난한 자들까지 끼어 있다는 것을 알 수 있을 거요.

카이사르는 내가 누구를 찾아가든, 누가 나를 찾아오든 상관하지 않았소. 설령 그 사람이 그의 적이라 해도, 나한테 그 사람을 사귀지 말라고 말한 적도 없을뿐더러 불쾌감조차 내비친 적이 없었소. 그런데 나한테서 가장 사랑하는 친구를 빼앗아간 자들은 내가 개인적인 감정을 드러내는 것조차도 금지하려 하는 거요? 이런 정신 분야까지 참견하는 독재는 오래 계속될 리가 없소. 계속된다면 나는 로도스섬에라도 은퇴하여 여생을 보낼 작정이오. 로마에서 멀리 떨어진 로도스섬이라면 아무한테도 방해받지 않고 카이사르의 추억에 잠겨 나날을 보낼 수 있을 테니까.

의연한 마티우스의 반박에 키케로도 더 이상 방해하기를 단념한 모양이다. 옥타비아누스가 주최하는 카이사르 추모 경기대회는 카이사르가 태어난 달인 7월에 개최될 예정이었다. 개최를 앞두고 대대적인 준비가 시작되었다. 이제는 마티우스와 또 다른 경제계의 거물이 책임을 맡아주었기 때문에 로마 경제계 전체가 경기대회를 지원하게 되었다. 안토니우스도 더 이상 방해할 수 없게 되었다. 하지만 이 사건은 18세의 '어린애'에 대한 사람들의 인식, 특히 로마에서 막강한 영향력을 가지고 있던 사람들의 인식을 바꾸어놓게 된다. 아들로서의 의무를 다하는 것은 가족을 중시하는 로마인에게는 마땅히 칭찬받아야 할 미덕으로 여겨졌기 때문이다. 18세의 젊은이는 군단의 도움도 받지 않고 첫 번째 싸움에서 승리를 거둔 셈이다.

암살자들

수도 로마가 다시 카이사르파의 천하가 되어가는 것과 반비례하여 암살자 쪽의 상태는 점점 악화되고 있었다. 브루투스와 카시우스는 라누비움의 별장을 떠나 로마에서 60킬로미터나 떨어진 안치오의 브루투스 별장으로 옮겼지만, 여기서도 안심할 수 없는 형편이었다. 그래서 두 사람은 가족까지 데리고 더 남쪽에 있는 나폴리로 가는 문제를 고려하고 있었다. 브루투스는 자진 망명까지 생각했다. 그러나 자진 망명하면 죄를 인정하는 셈이 된다. 게다가 브루투스는 어디로 도망쳐도 카이사르의 고참병들의 분노까지 피할 자신은 없었다.

이런 불안 속에서, 안치오에 있는 브루투스의 별장에 사람들이 모여 선후책을 의논하게 되었다. 키케로가 도착했다. 이 자리에는 브루투스 외에 그의 어머니 세르빌리아, 아내 포르키아, 그리고 카시우스의 아내가 된 누이동생 테우툴리아도 참석했다.

키케로는 안치오로 오는 길에 생각한 방안을 브루투스가 받아들이게 하려고 애썼다. 그것은 브루투스와 카시우스가 시칠리아로 밀을 사러 가는 역할을 맡는다는 방안이었다. 그러면 안토니우스도 거부하지는 않을 거라고 키케로는 예상했다.

키케로는 침통한 표정으로 침묵을 지키는 브루투스를 계속 설득했다. 우리 모두가 지금 당면한 가장 중요한 과제는 공화정의 기수인 브루투스의 신변 안전이라고 그는 말했다. 그때 카시우스가 들어왔다. 키케로는 이야기를 처음부터 다시 되풀이했다.

브루투스는 여전히 침묵을 지키고 있었지만 카시우스는 격분했다. 그는 분노에 활활 타오르는 눈으로 키케로를 노려보면서 말했다.

"시칠리아에는 절대로 가지 않겠소. 그런 굴욕을 마치 선물이라도 되는 것처럼 감지덕지 받아들여야 한단 말이오!"

키케로는 그렇다면 어떻게 할 작정이냐고 물었다. 카시우스는 아카이아(그리스 중남부)에라도 갈 생각이라고 대답했다. 키케로는 브루투스를 바라보며 자네는 어떻게 할 작정이냐고 물었다. 그제야 비로소 브루투스가 입을 열었다.

"키케로, 당신도 찬성한다면 나는 로마로 돌아갈 생각입니다."

"당치도 않아. 나는 찬성할 수 없네. 로마에 돌아가면 자네 신변이 위험해."

"위험하지만 않다면, 내가 로마로 돌아가는 데 찬성하십니까?"

"그야 물론이지."

키케로는 이렇게 대답하고 말을 이었다.

"사실은 자네가 현직 법무관인 올해에도, 관직에서 물러난 내년부터도 속주에 가지 말고 본국에 계속 남아주었으면 하는 게 내 본심이라네. 하지만 지금 로마의 상황은 자네한테 안전하지 않다는 점을 알아둘 필요가 있어."

이어서 키케로는 왜 수도가 암살자들에게 위험해졌는가를 분석했다. 이것이 그 자리에 참석한 사람들의 불만에 불을 질렀다. 선후책을 의논하는 자리가 단번에 동지들끼리 서로 비난하는 자리로 바뀌었다. 특히 카시우스는 좋은 기회를 놓친 것을 한탄하고, 누구보다도 격한 어조로 다른 동지들의 책임을 추궁했다. 가장 격렬한 비난을 받은 것은 북이탈리아 속주 총독으로 임지에 가 있는 데키우스 브루투스였다.

데키우스 브루투스는 암살자들 중에서 카이사르와 가장 친했으니만큼 암살 직후 망연자실한 시민들을 상대로 주도권을 잡을 수도 있었을 텐데 그렇게 하지 않았다고, 카시우스만이 아니라 마르쿠스 브루투스까지 그를 비난했다.

키케로도 잠자코 있지 않았다. 62세의 공화주의자는 그에게 희망의 별이었던 브루투스와 카시우스 앞에서 그들에 대한 불만을 터뜨리지 않을 수 없었다.

왜 안토니우스도 함께 죽여버리지 않았는가. 설령 위법이 될지라도, 왜 암살 직후에 원로원을 소집하여 그 자리에서 재빨리 공화정 복귀를 결의해버리지 않았는가?

왜 암살 직후에 망연자실하여 어찌할 바를 모르는 민중을 부추기고 그들의 고삐를 잡아, 카이사르가 타도한 원로원 주도의 공화정으로 다시 끌고 가지 않았는가?

여기서 끼어든 사람이 브루투스의 어머니인 세르빌리아였다. 그녀의 입에서는 격렬한 말이 튀어나왔다.

"나는 지금까지 누구한테도 그런 얘기를 들어본 적이 없어요!"

세르빌리아는 암살 후에 무엇을 어떻게 할 것인지도 정해놓지 않고 카이사르 암살을 결행했느냐고 말하고 싶었던 것이다.

세르빌리아는 카이사르의 평생 애인이라는 말을 들은 여자였다. 재혼을 권하는 말에도 아랑곳하지 않고, 정략결혼을 거듭하거나 여기저기 애인을 만드는 카이사르를 있는 그대로 사랑한 여자다. 그러나 그런 여자를 기다리고 있었던 운명은 가혹하기 이를 데 없었다. 가장 사랑하는 사람을 자기 아들이 죽여버렸으니, 이렇게 얄궂은 운명이 어디 있는가. 마치 그리스 비극의 세계 같다. 당시 세르빌리아의 감정을 알려주는 사료는 위의 말을 비롯하여 조금밖에 남아 있지 않다. 그래도 그런 사료를 근거로 추리하면, 카이사르가 살아 있는 동안에는 아들보다 애인을 우선한 세르빌리아도 카이사르가 죽은 뒤에는 다시 어머니로 돌아간 것 같다. 이날처럼 선후책을 논의하는 자리에도 참석했고, 카이사르를 통해 친해진 안토니우스나 히르티우스나 발부스 같은 카이사르파 사람들에게 아들의 명예가 손상되지 않는 형태로 이탈리아를 탈출하는 문제를 부탁해보마고 약속했다. 다만 세르빌리아는 그 후로는 아들과 행동을 같이하지 않았다. 아들 브루투스는 40세였고, 그 아들에게는 포르키아라는 아내가 있었다. 카토의 딸 포르키아는 아버지한테서 카이사르에 대한 증오심을 고스란히 물려받았다. 세르빌리아와 포르키아의 고부관계는 최악이었다고 한다. 세르빌리아는 아들을 카이사르 쪽으로 끌어들이려고 애썼고, 포르키아는 남편을 카이사르한테서 떼어놓는 것밖에는 염두에 없었으니, 고부관계가 험악해지는 것은 당연한 결과였을 것이다. 마르쿠스 브루투스가 카이사르 암살을 결심할 때까지 어머니와 아내는 그를 사이에 놓고 줄다리기를 하는 것과 비슷한 상태에 있었을 게 분명하다.

이날 회합이 끝난 뒤, 세르빌리아는 카이사르가 생전에 선물로 준 나폴리 근처의 별장으로 떠났다. 그녀는 암살 주모자의 어머니이긴 하지만 카이사르의 평생 애인이었다. 안토니우스와 옥타비아누스뿐 아니라 카이사르의 측근이었던 히르티우스나 발부스나 오피우스도 세르빌리아에게는 카이사르가 살아 있을 때와 다름없이 정중하게 대했고, 여러 가지 배려를 아끼지 않았다. 세르빌리아는 카이사르한테 받은 별장에서 여생을 보내는 동안, 경제적 걱정은 물론 신변 안전도 걱정할 필요가 없었던 셈이다. 그러나 그 별장에 아들을 숨겨두지는 않았다.

선후책을 논의하는 자리에서 세르빌리아에게 사후 대책도 마련하지 않고 무작정 암살을 결행했느냐고 질책을 들은 사람들은 사실 그런 핀잔을 들어 마땅하지만, 그 정도밖에 안 되는 사람들인 만큼 상황이 나빠질수록 거기에 마음을 빼앗겨 냉정하게 대책을 생각할 여유를 잃어버렸다. 결국 절망적인 상황을 한탄하고 서로를 비난했을 뿐, 아무 결론도 내지 못한 채 회합을 끝냈다. 키케로는 친구 아티쿠스에게 보낸 편지에서 이날 회합의 자초지종을 자세히 기록한 다음, 말미에서 이렇게 개탄하고 있다.

"나는 제각기 생각이 다른 사람들을 태운 배를 보고 있는 듯한 기분이었네. 목적지를 명확하게 아는 사람은 하나도 없고, 앞으로 어떻게 해야 좋은가를 냉정하게 판단하고 주장할 수 있는 사람도 없었지. 사건 직후에도 그들은 혼란에 빠져 있었지만, 지금은 그것이 절망적일 정도로 심해졌다네. 모두 날개만 있다면 암살 이야기를 듣지 않아도 되는 먼 곳으로 날아가버리고 싶다는 생각밖에는 없는 모양일세."

키케로가 아티쿠스에게 보낸 이 편지의 날짜는 기원전 44년 6월 8일로 되어 있다. '3·15'부터 석 달도 채 지나지 않았다. 키케로는 같은 무렵 아티쿠스에게 쓴 또 다른 편지에서는 이렇게 말하고 있다.

"3월 15일의 그 일에 계속 희망을 건다는 건 이제 어리석은 환상에 불과한지도 모르겠네. 그들은 영웅의 정열로 그 일을 결행했지만, 그 영웅들의 두뇌는 어린애보다 못했다네. 거목을 쓰러뜨리긴 했지만 뿌리는 그대로 남겨두었으니 말일세."

그러나 키케로도 브루투스를 비롯한 '영웅'들을 유치하다고 헐뜯을 자격은 없었던 게 아닐까. 같은 시기에 쓴 또 다른 편지에서 그는 이렇게 말하고 있다.

"옥타비아누스는 내가 보기에 재능도 있고 용기도 있는 젊은이더군. 우리의 영웅(브루투스와 카시우스)들에 대한 감정도 (안토니우스처럼) 증오심으로만 똘똘 뭉쳐 있지 않고, 화해 쪽으로 기울어져 있는 것 같네. 하지만 뭐니뭐니해도 너무 젊어서 주위 사람들에게 영향을 받지 않을까, 그게 걱정일세. 우리의 과제는 그와 안토니우스 사이를 갈라놓는 것일세. 나를 '아버지'(파테르)라고 부르는 그 '어린애'를 이쪽으로 끌어들이기만 하면, 우리 영웅들의 장래에도 서광이 비치겠지."

그러나 키케로를 '아버지'라고 부르는 것 정도는 18세의 위선자에게는 식은죽 먹기였다. '어린애'는 경애심으로 가득 찬 편지를 보내 로마 제일의 석학인 키케로의 허영심을 자극하는 한편, 7월 중순에는 마침내 대대적인 경기대회를 개최하기에 이르렀다. 7일 동안 계속된 카이사르 추모 경기대회에는 여자들까지 포함한 모든 시민이 초대되었다. 시민들은 새삼 넉 달 전의 '3·15'를 생각해내고, 56세 생일을 앞두고 죽은 카이사르를 그리워했다. 그리고 그 카이사르를 죽인 사람들에 대한 증오심과 복수심을 새로이 했다. 옥타비아누스는 돌아가신 '아버지'의 유지에 따라 시민들에게 300세스테르티우스씩 나누어주는 것도 잊지 않았다.

경기대회 마지막 날 밤, 커다란 혜성이 로마의 밤하늘을 가르며 나타났다가 사라졌다. 사람들은 이것을 보고, 카이사르가 하늘로 올라갔

옥타비아누스가 만든 카이사르 기념 은화(핼리 혜성을 나타냄)

다고 말했다.

말이 나온 김에 덧붙이면, 후세의 천문학 연구에서 이때 나타난 혜성은 '핼리 혜성'으로 밝혀졌다.

옥타비아누스가 주최한 카이사르 추모 경기대회가 대성공을 거둔 것은 또다시 은신처를 옮겨 나폴리에 가 있던 브루투스와 카시우스보다는 같은 로마에 있는 안토니우스의 마음에 더 어두운 그림자를 던졌다.

안토니우스는 계속 높아지는 옥타비아누스의 명성에 대항하기 위해 브루투스와 카시우스에게 다시 접근했다. 이런 정세 변화는 명예를 손상시키지 않고 해외로 탈출하고 싶은 일념에 사로잡힌 암살자들로서는 더 이상 바랄 수도 없는 일이었다. 암살 직후인 3월 17일의 원로원 회의를 연상시키는 타협이 안토니우스와 브루투스 사이에 두 번째로 이루어졌다.

국외 탈출

이제는 모든 로마인이 '제5월'(퀸틸리우스)이라고 부르지 않고 '율리우스'라고 부르는 '7월'에 개최된 카이사르 추모 경기대회는, 수도 로마에 사는 시민만이 아니라 이탈리아반도에 사는 로마인에게도, 또한 장사 때문에 외국에 나가 있거나 외국에 이주하여 정착했거나 외국에서 병역을 치르고 있는 로마 시민한테도 옥타비아누스의 이름을 알리는 효과를 낳았다. 이제는 아무도 옥타비아누스가 누구냐고 되묻지 않았다. 초조해진 것은 안토니우스였다.

안토니우스는 최고제사장에 취임한 레피두스를 움직여 옥타비아누스의 양자 입적을 위한 사무절차를 중지시키는 한편, 3월 17일의 원로원 회의 이후 접촉을 거부해온 브루투스와 카시우스를 다시 접촉하기 시작했다. 키케로의 편지가 여기에 대해 한마디도 언급하지 않은 것을 보면, 키케로를 개입시키지는 않았던 모양이다. 하지만 안토니우스가 원로원에서 가결시킨 사항이 브루투스 쪽에 뜻밖의 일이었던 기미도 보이지 않으니까, 원로원 회의가 열리기 전에 안토니우스와 브루투스 사이에 미리 합의가 이루어져 있었던 것은 확실하다. 이 타협안을 성립시키기 위해 카이사르파 사람들과 친한 세르빌리아가 뒤에서 움직였을지도 모른다.

원로원은 '율리우스' 다음 달인 8월 초에 회의를 열고, 집정관 안토니우스가 제안한 의제를 다수의 찬성으로 가결했다. 그것은 표면적으로는 현직 집정관인 안토니우스와 돌라벨라가 집정관 임기를 마치고 기원전 43년에 부임할 임지를 결정하는 형태를 취했다. 브루투스나 카시우스와 직접 관련되는 사항은 이 임지 결정안에 딸린 부수조항처럼 곁다리로 끼워서 제출되었다.

1. 기원전 43년에 '전직 집정관'이 되는 집정관 안토니우스는 기원전 43년부터 5년 동안 계속 북이탈리아 속주 총독을 맡는다. 돌라벨라도 역시 전직 집정관 자격으로 5년 동안 시리아 속주 총독을 맡는다.

2. 안토니우스가 집정관을 맡고 있는 기원전 44년 말까지는 마르쿠스 브루투스가 마케도니아 속주 총독을 맡는다. 다만 카이사르가 아폴

로니아에 집결시킨 파르티아 원정군은 브루투스의 지휘를 받지 않고 본국으로 소환한다. 또한 마케도니아 속주 총독 브루투스에게는 군단 편성권을 부여하지 않는다.

카시우스도 기원전 44년 말까지 시리아 속주 총독을 맡는다. 카이사르가 시리아 속주 총독에 내정해둔 사람은 돌라벨라였지만, 돌라벨라가 카이사르의 후임으로 집정관에 취임했기 때문에 시리아 속주 총독자리는 비어 있었다.

아무리 명성이 높아져도 18세의 옥타비아누스는 원로원 의원이 될 수 없다. 카이사르가 암살된 뒤 원로원을 지배한 것은 원로원 소집권을 가진 현직 집정관 안토니우스였다. 그는 카이사르의 정치를 계승하겠다고 공언해놓고는 카이사르가 내정해둔 인사를 제멋대로 변경했고, 원로원은 그것을 아무 반대도 하지 않고 가결했다. 그러나 설령 옥타비아누스가 원로원 회의에 출석했다 해도, 안토니우스의 제안에는 반대하지 않았을 것이다. 옥타비아누스는 목적을 달성하기 위해 길을 우회할 필요가 있을 경우에는 주저없이 그 길을 택하는 성격의 소유자였다.

카이사르가 암살된 지 5개월째에 이루어진 이 결정은 두 가지 의미를 내포하고 있다.

첫째, 38세를 맞은 안토니우스가 19세 생일을 두 달 남겨놓은 옥타비아누스를 거들떠보지도 않고, 카이사르의 실질적인 후계자가 되겠다는 의지를 처음으로 공개한 것.

앞에서도 말했듯이 '갈리아 키살피나'라고 불린 북이탈리아 속주는 카이사르가 주민 모두에게 로마 시민권을 부여했기 때문에 실질적으로는 루비콘 이남의 본국과 마찬가지가 되었다. 그래도 속주로 남은 것은 우선 북방의 적에 대한 방어를 위해서였고, 둘째로는 군대를 두지 못하는 본국 바로 옆에 군대를 둘 수 있는 땅을 남겨두기 위해서였다.

하지만 첫 번째 이유는, 카이사르가 암살된 직후에 갈리아인과 게르만인이 조문사절을 보내 카이사르의 죽음을 애도하고 카이사르가 죽은 뒤에도 계속 로마에 충성을 바치겠다는 뜻을 전해왔기 때문에 존재 이유가 희박해졌다. 그러나 두 번째 이유는 남아 있었다. 안토니우스는 집정관에서 퇴임한 뒤에도 쉽게 건널 수 있는 루비콘강 북쪽에서 군대를 등에 업고 본국에 영향력을 행사할 작정이었다. 그것이 이미 현지에 부임해 있는 데키우스 브루투스를 쫓아내고 북이탈리아 속주 총독에 취임하는 참뜻이었다. 임기도 5년이다. 바로 옆에서 본국에 영향력을 행사하는 것이 안토니우스의 참뜻인 것은 분명했다.

안토니우스의 제안이 내포하고 있는 두 번째 의미는 암살자들에 대한 사실상의 '사면'이었다. 임기는 기원전 44년 말까지로 한정되어 있어서 결의가 이루어진 시점부터 헤아리면 고작 넉 달 남짓한 기간에 불과했지만, 마케도니아 속주 총독에 임명된 브루투스도 시리아 속주 총독이 된 카시우스도 이제 공무를 띠고 이탈리아를 떠날 수 있게 되었기 때문이다. 되풀이 말하지만, 자진 망명을 선택하면 카이사르 암살죄를 인정한 셈이 된다. 그런데 실질적으로는 국외 탈출이라도 공직에 취임하기 위해서라는 명분이 있으면, 살인범이 죄를 사면받기 위해 택하는 자진 망명과는 성격이 달라진다. 브루투스와 키케로가 즐겨 쓴 표현을 빌리면, "명예를 손상시키지 않는 형태의 국외 탈출"이 되는 것이다. 실권을 장악하고 싶은 일념에 사로잡힌 안토니우스로서는 이제 걱정할 만한 상대는 옥타비아누스였고, 암살을 결행한 뒤로는 그저 로마에서 좀더 먼 곳으로 도피할 궁리밖에 하지 않는 브루투스나 카시우스는 더 이상 두려운 상대가 아니었다. 이 두 사람을 '사면'하는 것은 키케로를 비롯한 원로원의 브루투스 동조자를 자기편으로 끌어들여 권력을 안토니우스 자신에게 집중시키기 위해 치러야 할 대가 같은 것이었다.

브루투스와 카시우스도, 그리고 키케로도 안토니우스의 이런 의중을 눈치채고 있었다. 그런 안토니우스에게 협력하는 것은 공화정 재건을 위해 전제군주를 살해한 사람이 또 다른 전제군주의 권력 확립에 협력하는 것과 마찬가지였지만, 키케로 말마따나 "당면한 첫 번째 과제는 공화정 재건의 상징인 브루투스의 신변 안전"이었다. 이를 위해 암살자 쪽은 궁지에 빠진 데키우스 브루투스를 모른 체 내버려두었다.

데키우스 브루투스는 암살 직후에 이루어진 원로원 의결에서는 이듬해인 기원전 43년까지 북이탈리아 속주 총독을 보장받았고, 현재 북이탈리아 속주 총독에 부임해 있었다. 그런데 안토니우스가 제안하여 원로원이 의결한 새 법은 데키우스 브루투스의 임지를 빼앗을 뿐 아니라, 그것을 대신할 다른 속주도 주지 않았다. 이것은 데키우스 브루투스의 신변 안전을 보장해줄 방패가 없어졌다는 뜻이다. 카이사르 휘하에서 오랫동안 군단장을 지냈고 제2 상속인으로 지명되었을 만큼 카이사르의 총애와 신임을 받았으면서도 카이사르에게 칼을 들이댄 데키우스 브루투스에 대해, 카이사르의 고참병들과 일반 시민들은 격렬한 분노를 느끼고 있었다. 그런데 군단을 지휘할 수 있는 속주 총독의 지위를 빼앗기고 다른 관직도 없는 신세가 된다는 것은 사람들의 분노와 복수심을 피할 수 있는 방패를 잃어버린다는 뜻이다. 안토니우스가 제안한 타협안을 받아들인 마르쿠스 브루투스와 카시우스도, 그리고 원로원에서 여기에 찬성표를 던진 키케로도 동지 데키우스를 죽게 내버려둔 셈이다.

게다가 안토니우스가 제안한 이 법률은 상당히 교묘하게 되어 있었다. 시리아 속주 총독에 임명하여 국외로 탈출시키는 카시우스의 임기는 현직 집정관 돌라벨라가 집정관 임기를 끝내고 시리아 속주 총독에 부임하는 기원전 44년 말까지로 한정되어 있지만, 마케도니아 속주 총독이 되어 떠나는 마르쿠스 브루투스의 후임 인사는 결정하지 않았다. 키케로를 비롯한 원로원의 브루투스 동조자들에게 희망을 품을 수 있는 여지를 남겨둔 것이다. 이것도 안토니우스에게 약점을 잡힌 반카이사르파가 그에게 마음껏 농락당한 것을 보여준다. 절망에 빠진 반카이사르파는 하다못해 카이사르 암살의 상징적 존재인 브루투스만이라도 살리고 싶다고 생각할 만큼 몰락해 있었고, 안토니우스는 그 약점을 간파한 것이다.

8월 말에 브루투스는 마케도니아로, 카시우스는 시리아로 떠났다. 공직에 부임하는 것이기 때문에 대낮에 당당히 출발했다. 하지만 폭군은 죽었다고, 자유는 회복되었다고 외친 '3·15' 당시에는 생각도 못했던 사실상의 망명이었다.

키케로는 친구 아티쿠스에게 보낸 편지에서 이 두 사람을 "전제군주만 죽이면 자동적으로 전제정치는 타도된다고 믿고 있던 유치한 어린애"라고 맹렬히 비난했지만, 그래도 아직은 이 두 사람에게 공화정 재건의 희망을 품고 있었다. 두 사람을 배웅하는 62세의 지식인의 격려는 공화주의자라면 누구나 감동하지 않을 수 없었을 것이다.

"과거에는 로마 공화정의 정신은 수도 로마에 있었네. 하지만 이제 그것은 자네들이 가는 곳에 있네."

그러나 키케로는 아직 자신의 영향력을 믿고 있었다. 그는 브루투스와 카시우스를 안전한 곳으로 보낼 수 있게 된 지금이야말로 그 영향력을 충분히 발휘할 수 있게 되었다고 생각했다. 용기를 얻은 키케로가 두 사람이 떠난 로마에서 자기가 해야 할 일, 아니 자기밖에 할 수 없는 일이라고 확신한 것은 장기인 언론을 무기로 공화정 재건을 향해 돌진하는 것이었다.

안토니우스 탄핵

기원전 44년 9월부터 무려 열네 차례에 걸쳐 이루어진 저 유명한 안토니우스 탄핵 연설『필리피카이』가 시작된 것이다. 키케로가 이 연설에 '필리포스 탄핵'이라는 제목을 붙인 것만 보아도 그의 의도는 이미 분명했다. 알렉산드로스 대왕의 아버지 필리포스, 즉 쇠퇴기에 들어선 그리스의 도시국가들을 통일하려 한 마케도니아 왕 필리포스를 규탄하고, 자유야말로 시민이 지켜야 할 최고의 가치라고 아테네 시민들에게 호소한 데모스테네스의 연설 제목이『필리피카이』였기 때문이다. 로마인이라면 '필리피카이'라는 말만 들어도 키케로의 의도를 알아차릴 수 있었을 것이다. 이것을 노린 키케로의 교묘한 '제목 붙이기'이기도 했다.

그러나 키케로의 안토니우스 탄핵 캠페인은 기대한 효과를 거두지 못했다. 그의 연설에 찬성한 민중이 포로 로마노에 모여, "키케로의 말이 옳다. 로마는 개인의 독재를 허용해서는 안 된다. 공화정으로 돌아가야 한다. 안토니우스를 추방하고 브루투스를 불러들이자"고 외치거나, 원로원도 시민들의 목소리에 호응해 공화정 복귀를 결의하는 사태는 끝내 일어나지 않았기 때문이다. 하지만 늙은 키케로의 정열은 '3·15' 이후 안토니우스의 전횡을 불쾌하게 여겨온 원로원 의원들, 키케로의 말을 빌리면 온건파를 안토니우스한테서 떼어놓는 데에는 효과가 있었다. 키케로가 온건파로 분류한 사람들은 옥타비아누스를 옹립하는 데 의견이 일치한 옛 카이사르파였다.

그런데 왜 키케로는 안토니우스 한 사람만을 표적으로 삼았을까. 왜 카이사르가 후계자로 지명한 옥타비아누스는 공화정 재건에 장애가 된다고 생각지 않았을까.

『필리피카이』에서 키케로는 안토니우스를 몸이 건장하다는 것을 빼고는 아무 장점도 없고 교양도 없는 사람, 술에 취해 천박한 창녀와 시시덕거릴 줄밖에 모르는 검투사 같은 사내라고 비난했다. 이 같은 인신공격은 키케로의 장기지만, 비난은 안토니우스 한 사람에게만 집중되어 있었고, 옥타비아누스한테는 비난의 화살이 돌려지지 않았다. 비난하기는커녕 오히려 칭찬하기까지 했다. 안토니우스 한 사람에게만 비난을 집중시킴으로써 안토니우스와 옥타비아누스를 이간시키는 것이 키케로의 의도였다. 키케로의 탄핵 연설에 깜짝 놀란 옥타비아누스가 안토니우스와 협력하기보다는 키케로 편에 붙어서 '아버지'의 충고에 따르게 되리라고 키케로는 기대했다.

옥타비아누스는 귀국한 뒤 넉 달 동안 자신의 지위를 착실히 강화하고 있었다. 옥타비아누스를 에워싼 것은 이제 카이사르의 옛 측근들만이 아니었고, 그는 카이사르의 부하였던 고참병들의 마음까지 사로잡고 있었다. 그런 옥타비아누스를 자기쪽으로 끌어들일 수만 있다면, 브루투스의 귀국도 꿈은 아니라고 키케로는 생각했다.

로마 제일의 석학인 62세의 키케로가 옥타비아누스를 보는 눈은 그를 '어린애'로 보았을 당시와 본질적으로는 조금도 달라지지 않았다. 이제 겨우 19세가 된 '어린애'의 희망은 율리우스 카이사르 가문을 이어받는 것일 뿐, 율리우스 카이사르의 정치를 이어받는다는 야망까지는 품고 있지 않다는 게 키케로가 옥타비아누스에 대해 내린 평가였다.

10월, 겉으로는 계속 교착상태에 있던 '3·15' 이후의 정세가 급변하기 시작했다. 카이사르가 파르티아 원정을 위해 집결해둔 군대가 그리스에서 귀국했기 때문이다. 안토니우스는 군단 상륙항인 브린디시로 달려갔다. 이 군대를 빨리 자기 휘하에 넣어버리기 위해서였다.

그런데 옥타비아누스의 요구에도 아랑곳하지 않고 카이사르가 남긴 돈을 계속 착복하고 있던 안토니우스가 그 돈을 아낌없이 내던져 병사들에게 호화판 잔치를 베풀었음에도, 거의 절반에 이르는 병사들이 안토니우스 휘하에 들어가기를 거부했다. 카이사르가 후계자로 지명한 사람의 휘하에 들어가겠다는 것이 그 이유였다. 안토니우스한테는 키케로의 탄핵 연설보다 더 큰 타격이었다. 당황한 안토니우스는 북이탈리아 속주 총독인 데키우스 브루투스에게 그 자리를 넘겨달라고 요구하는 집정관 통보를 보냈다. 옥타비아누스에게 대항하기 위해서는 북이탈리아 속주에 있는 군대를 자기 휘하에 편입시키는 것이 급선무라고 생각했기 때문이다.

그러나 군단이 없이는 카이사르파의 증오를 한몸에 받고 있는 자신을 지킬 수 없다는 것은 데키우스 브루투스도 잘 알고 있다. 데키우스는 안토니우스의 요구를 거부했다. 안토니우스는 전투를 치러서라도 데키우스 브루투스한테서 북이탈리아 속주 총독의 자리를 빼앗기로 결심했다. 안토니우스는 거액의 일시불을 미끼로 낚은 병사들을 거느리고, 수도에도 들르지 않은 채 아드리아해를 따라 북이탈리아로 달려갔다. 그런데도 북이탈리아 속주와 본국의 경계인 루비콘강을 건너기 전에 많은 병사가 옥타비아누스 휘하에 넣어줄 것을 요구하며 안토니우스를 떠났다.

율리우스 카이사르의 이름을 이어받는 것은 1억 세스테르티우스의 유산을 물려받는 것보다 더 효력이 있었다. 그것을 알고 자신의 이름을 남긴 카이사르도 대단하지만, 18세밖에 안 된 나이에 카이사르의 참뜻을 이해한 옥타비아누스도 대단하다. 세계 역사상 손꼽히는 후계자 선정의 걸작이라는 생각마저 든다.

사태의 급변에 누구보다도 기세가 오른 것은 키케로였다. 그는 죽게 내버려둘 수밖에 없다고 체념했던 데키우스 브루투스를 구할 수 있는 절호의 기회가 왔다고 생각했다. 모데나 성채에 틀어박힌 데키우스를 안토니우스 군대가 공격하기 시작했다. 이제는 잠시도 시간을 낭비할 수 없었다.

12월 20일, 키케로는 『필리피카이』 제3탄을 쏘았다. 그날 원로원에서 행한 연설은 다음과 같은 내용으로 되어 있었다.

1. 수도 로마를 안토니우스의 폭정에서 해방한 옥타비아누스에 대한 찬사.

2. 안토니우스의 공격을 받고 있는 데키우스 브루투스를 하루 빨리 지원해야 할 필요성.

3. 안토니우스야말로 로마군의 공격 목표여야 한다는 사실의 강조.

카이사르 암살로 시작된 격동의 기원전 44년은 서서히 막을 내리고, 암살 직후의 소극적인 행동 때문에 절망의 구렁텅이에 빠져 있던 암살자 일당이 사태 호전의 희망을 품을 수 있는 기원전 43년이 열리고 있었다.

그로부터 12일 뒤인 기원전 43년 1월 1일, 새 집정관 두 명이 취임했다. 신임 집정관은 카이사르가 내정해둔 대로 히르티우스와 판사였다. 둘 다 카이사르에게 심취해 있던 측근이다. 따라서 지금은 안토니우스파가 아니라 옥타비아누스파에 속한다. 키케로의 희망은 계속 부풀어오를 뿐이었다. 그리스와 시리아에 머물고 있는 마르쿠스 브루투스나 카시우스와의 편지왕래도 더욱 잦아졌다. 키케로는 북이탈리아에서 안토니우스와 대결하고 있는 데키우스 브루투스한테도 격려 편지를 보내는 것을 잊지 않았다.

개인적으로도 친한 두 사람을 집정관으로 맞이한 키케로는 원로원에서도 나이를 잊었다. 그는 원로원이 다음 두 가지를 결의해야 한다고 요구했다.

1. 옥타비아누스에게 공식 지위를 부여한다.

2. 안토니우스에 대해 '원로원 최종권고'를 발동하여 그를 국가의 적으로 규정한다.

그러나 아무리 안토니우스의 전횡에 반감을 품고 있다 해도, 원로원이 이 두 가지를 순순히 받아들일 만큼 키케로의 영향력이 크지는 않았다. 이제 갓 19세가 된 옥타비아누스는 공직을 주기에는 너무 어리다. 또한 비상사태 선언인 '원로원 최종권고'는 그 비합법성을 일관되게 비난해온 카이사르를 생각하면 그렇게 간단히 발동할 수도 없는 문제였다. 원로원은 안토니우스에게 사절을 보내 번의를 촉구한다는 것만 결의하고 산회했다. 그러나 이것은 사태 해결이 아니라 미봉책에 불과하다고 옥타비아누스는 생각했다. 젊은이는 모든 수단을 동원하여 자금을 모아 자신의 군대를 조직하기 시작했다.

기원전 43년 3월, 히르티우스와 판사는 4개 군단을 거느리고 로마를 떠났다. 목적지는 안토니우스와 데키우스 브루투스가 싸우고 있는 모데나였다. 모데나는 리미니에서 피아첸차까지 일직선으로 뻗어 있는 북이탈리아 속주의 간선도로인 아이밀리아 가도 연변에 있는 군사기지였다. 무력으로 안토니우스에게 번의를 강요하는 이 군사행동에는 옥타비아누스도 동행했다. 그것도 개인 자격으로 참가한 것이 아니라 군대를 이끌고 참전한 것이다. 옥타비아누스에게 참전을 허용한 것은 히르티우스와 판사지만, 적극적으로 찬성한 사람은 키케로였다. 키케로는 두 집정관과 옥타비아누스가 안토니우스를 물리치는 동시에 데키우스 브루투스도 구출해줄 거라고 기대했다.

4월, 공격하기는커녕 오히려 공격을 당하게 된 안토니우스는 어쩔 수 없이 데키우스 브루투스에 대한 포위를 풀고 두 집정관과 옥타비아누스의 연합군과 맞섰다. 이 대결은 안토니우스의 패배로 끝났고, 안토니우스는 서쪽으로 퇴각할 수밖에 없었다. 그러나 집정관 히르티우스와 판사도 전사했다. 두 집정관 휘하에 있던 병사들은 카이사르 암살의 하수인인 데키우스 브루투스 휘하에 들어가기를 거부하고 옥타비아누스 진영으로 달려왔다.

절망한 데키우스 브루투스는 혼자서라도 마르쿠스 브루투스가 있는 그리스로 가려고 했지만, 그 일대 주민인 갈리아인에게 붙잡히고 말았다. 그리고 이것을 안 안토니우스의 명령으로 살해되었다.

그보다 조금 전에 트레보니우스도 시리아로 간 돌라벨라에게 목숨을 잃었다. 카이사르를 죽인 사람 가운데 두 명이, 게다가 카이사르 밑에서 오랫동안 군단장을 지냈으면서 카이사르에게 칼을 들이댄 네 사람 가운데 두 명이 먼저 복수의 제단에 제물로 바쳐진 것이다. 데키우스 브루투스와 트레보니우스의 목은 로마로 보내져 포로 로마노의 연단에 효수되었다.

이리하여 암살자들에 대한 복수는 생전의 카이사르가 가장 바라지 않았던 형태로 시작되었다.

복수

옥타비아누스는 독자적으로 전투를 수행할 수 있을 만한 군대를 처음으로 수중에 넣었지만, 군대를 이끌고 안토니우스를 추격하라는 키케로의 요청을 무시했다. 젊은이는 군대를 이끌고 로마로 돌아와버렸다.

원로원은 군사력을 등에 업은 젊은이의 압력에 끝까지 저항하지 못하고, 두 집정관의 죽음으로 공석이 된 집정관에 옥타비아누스가 출마

하는 것을 인정했다.

이때도 키케로는 전례없는 19세짜리 집정관이 출현하는 데 당혹하긴 했지만, 반대하지는 않았다. 그는 아직도 '어린애'를 자기 뜻대로 조종할 수 있다고 생각했다.

8월, 민회는 압도적 다수로 옥타비아누스를 집정관에 선출했다. 동료 집정관에는 카이사르의 조카인 페디우스가 뽑혔다. 옥타비아누스는 집정관의 자격 연령인 40세에 21세나 미달한 나이였다.

집정관에 취임한 19세 소년이 맨 먼저 한 일은 지금까지 줄곧 안토니우스의 방해로 실현하지 못한 자신의 양자 입적이었다. 민회는 이번에야말로 쌍수를 들어 찬성했다. 옥타비아누스는 이제야 비로소 가이우스 율리우스 카이사르 옥타비아누스가 되었다. 민중도 원로원 의원들도, 심지어는 키케로조차도 그를 카이사르라고 부르게 되었다.

19세의 '카이사르'가 두 번째로 한 일은 동료 집정관 페디우스의 이름으로 제안한 '페디우스법'을 성립시킨 것이었다. 별장에 머물고 있던 키케로는 나중에야 이것을 알고 절망에 빠졌다. '페디우스법'(렉스 페디아)은 카이사르가 요구한 서약에 서명했으면서도 그 서약을 깨뜨리고 카이사르를 살해한 자들을 유죄로 선언하고, 그들에 대한 추방을 결의한 법률이다. 공식적으로 카이사르의 아들이 된 옥타비아누스가 카이사르파 전원에게 '마침내 복수할 때가 왔다'고 알리는 진군 나팔 소리와도 같았다.

그리고 10월, 집정관 옥타비아누스는 이제 11개 군단으로 증강된 병력을 이끌고 북이탈리아 속주로 떠났다.

사태가 여기에 이르렀는데도 여전히 젊은 집정관에게 한 가닥 희망을 걸지 않을 수 없었던 키케로의 어수룩함에는 절망해야 할까. 아니면 조언을 청하는 편지를 계속 보내는 방법으로 63세의 노인을 기쁘게 해준 19세의 위선을 칭찬해야 할까. 키케로는 북쪽으로 간 옥타비아누스가 안토니우스를 타도해주리라고 기대했다. 그리고 '페디우스법'은 암살자들을 추방하기로 결정했을 뿐 죽음을 선고한 것은 아니었다.

옥타비아누스는 마침내 복수할 때가 왔다는 나팔을 불 때까지 1년 이상 기다릴 줄 알았던 인물이다. 젊은 집정관은 안토니우스와 대결할 마음이 추호도 없었다. 아니, 대결하기에는 안토니우스의 세력이 너무 강했다.

옥타비아누스가 로마에서 양자 입적을 공인받고 집정관에 취임하는 동안, 모데나 전투에서 패한 뒤 일단 퇴각한 안토니우스는 갈리아와 에스파냐 속주 총독들과 공동전선을 짜고 있었다. 갈리아 총독인 플란키우스와 에스파냐 총독인 레피두스와 폴리오는 모두 카이사르 휘하에서 군단장을 지낸 사람들이었다. 이들은 휘하 군단을 이끌고 안토니우스와 합류하기 위해 북이탈리아로 향하고 있었다.

기원전 43년 11월, 북이탈리아 속주에 있는 도시 볼로냐에서 카이사르파의 재통합이 이루어졌다. 역사상 '제2차 삼두정치'라고 불리는 안토니우스·레피두스·옥타비아누스의 공조체제가 성립된 것이다. 옥타비아누스에게 걸었던 키케로의 희망을 산산조각내버리는 새로운 사태의 출현이었다.

'삼두'가 모두 군대를 거느리고 볼로냐에서 수도 로마로 진군했다. 그리고 11월 27일, 민회는 5년으로 기한을 정하긴 했지만 삼두정치 체제를 국가 로마의 위기관리체제로 공인했다.

'제2차 삼두정치'

역사상 '제1차 삼두정치'라고 불리는 폼페이우스·크라수스·카이사르의 통치체제는 처음부터 끝까지 비공인 기관이었지만, '제2차 삼두정치'는 공인된 통치 형태가 되었다. 키케로가 신봉했던 공화정, 브루투스 일당이 암살까지 감행하며 지키려고 애쓴 원로원 주도의 공화정, 즉 로마의 독자적인 과두정 체제는 이것으로 완전히 사라지고 말았다.

그리고 '제2차 삼두정치'의 성립은 39세의 안토니우스가 카이사르의 실질적인 후계자가 되려는 야심을 일단 거두어들인 것을 의미하고 있었다.

19세 젊은이의 힘은 이제 무시할 수 없을 만큼 막강해져 있었다. 그런데 안토니우스는 제1차 삼두정치가 '삼두' 가운데 가장 기반이 약했던 카이사르의 도약을 도와주었을 뿐이라는 사실을 생각지 못했을까? 제2차 삼두정치의 '삼두' 가운데 우두머리는 나이로 보나 실적으로 보나 단연 안토니우스였다. 레피두스는 독재관 카이사르 밑에서 부독재관을 지냈다는 이유로 삼두의 하나가 되었지만, 온후한 성품으로 보아도 제1차 삼두정치 당시의 크라수스와 비슷한 존재였다. 그리고 젊은 나이로 보나 실적이 없는 점으로 보아도, 제1차 삼두정치 당시의 카이사르에 해당하는 것은 옥타비아누스였다. 안토니우스는 이런 것을 생각지 않았을까. 아니면 안토니우스도 생전의 카이사르가 말한 '자기가 보고 싶은 현실밖에 보지 않는 인간' 가운데 하나였을까. 제2차 삼두정치를 수립하자는 데 의견이 일치한 뒤에도 안토니우스의 입에서는 자주 이런 말이 튀어나왔다.

"옥타비아누스의 힘이라고? 죽은 카이사르의 이름을 등에 업고 있을 뿐이야."

제2차 삼두정치는 당면 과제로 다음 두 가지를 채택했다.
1. '살생부'를 작성하여 반대세력을 숙청한다.
2. 안토니우스와 옥타비아누스는 공동으로 브루투스와 카시우스를

격파한다. 그동안 레피두스는 본국에 남아서 배후를 철저히 지킨다.

적이었던 사람까지 용서한 카이사르의 '관용'이 어떤 결과로 이어졌는가를 잊을 수는 없었겠지만, 안토니우스도 옥타비아누스도 결국 안토니우스이고 옥타비아누스일 뿐 카이사르는 아니었다. 악명 높은 '살생부', 그리고 생전의 카이사르가 끝내 거부했던 술라식 공포정치가 부활했다. '살생부'를 작성할 때 누구보다 일관되게 피도 눈물도 없는 냉혹성을 보인 사람은 옥타비아누스였다고 한다. '관용'은 이제 '복수'로 바뀌었다.

'살생부'에는 원로원 의원 300명과 2천 명에 이르는 '기사계급' 출신이 올랐다. 원로원 의원 300명 가운데 130명은 반역의 죄를 물어 재판도 없이 즉결 처형하기로 결정되었다. 이들은 일찍이 폼페이우스 편에 섰지만, 카이사르가 용서해준 덕택에 전처럼 원로원 의석을 유지하고 있었기 때문이다. 이 130명 중에는 카이사르 암살에 직접 관여한 사람도 있었지만, 대다수는 직접 칼을 휘두른 것도 아니고 '3·15' 이후에 암살자들을 도운 것도 아니었다. 하지만 제2차 '삼두'는 과거의 술라를 본받아 정적을 뿌리뽑자는 데 의견이 일치했다.

나머지 '처벌자' 2천여 명에게는 재산 몰수의 운명이 기다리고 있었다. 제2차 '삼두'가 '살생부'를 만든 속셈은 바로 자금 조달이었기 때문이다. 그 덕택에 키케로의 친구인 아티쿠스도 브루투스에게 자금을 지원했다는 이유로 (이것은 사실이기도 했지만) 하마터면 희생자 명단에 오를 뻔했다. 그것을 면할 수 있었던 것은 전부터 아티쿠스가 안토니우스의 아내인 풀비아의 경제고문을 맡고 있었기 때문이다. 안토니우스는 아내의 청탁을 받아들여 '살생부'에서 아티쿠스의 이름을 빼주었다.

그리고 이 '살생부'의 맨 위에는 키케로의 이름이 올라 있었다. 『필리피카이』를 잇달아 발표하여 자신을 집요하게 괴롭힌 키케로에게 화가 난 안토니우스가 그를 맨 먼저 희생자로 점찍었다지만, 얼마 전까지만 해도 키케로를 '아버지'라고 부르며 조언을 청하는 편지를 보낸 옥타비아누스도 키케로를 구하려고 노력하기는커녕 눈썹 하나 까딱하지 않고 찬성했다고 한다. 키케로의 죄상은 카이사르 암살의 사상적 지도자였다는 것이다. 카이사르 암살을 전후하여 브루투스를 비롯한 암살자들과 키케로 사이에 오간 많은 편지를 읽어보면, 이 죄상이 전혀 근거가 없다고는 말할 수 없다. 하지만 사상을 처벌하면 형법상 문제가 남지 않을까. 그렇다 해도, 제2차 '삼두'가 '살생부'라는 형태로 강행한 정적 숙청은 그 옳고 그름이야 어떻든 간에 형사 문제가 아닌 정치 문제였다.

기원전 43년 한겨울, 로마와 이탈리아반도에 숙청의 피바람이 휘몰아쳤다. 이것도 역시 술라를 본뜬 것이지만, 밀고하면 상금을 주는 제도가 채택되었기 때문에 인간 사냥도 더욱 음침한 양상을 띠었다. 40년 전에 술라가 편 공포정치의 완벽한 재현이었다. '살생부'에 이름이 오르기만 하면, 그 사람의 운명은 이미 결정되었다. 죄없는 아녀자들도 남편이나 아버지가 숨어 있는 곳을 자백하라는 강요를 받으며 고문을 당했다. 추적자들은 즉결 처형자 130명 가운데 들어 있는 사람을 붙잡으면 연행하는 수고도 생략했다. 그 자리에서 죽이고 목만 잘라서 로마로 보냈기 때문이다. 포로 로마노의 연단에 잘린 목이 즐비하게 효수된 것도 술라 시대와 마찬가지였다.

제2차 '삼두'는 친척도 봐주지 않았다. '삼두' 가운데 하나인 레피두스의 친동생 파울루스 아이밀리우스 레피두스나 안토니우스의 외삼촌인 루키우스 율리우스 카이사르도 즉결 처형자 명단에 올랐고, 처형은 엄격하게 집행되었다.

카이사르의 루비콘 도하로 시작된 내전은 로마인을 카이사르파와 폼페이우스파로 양분했고, 많은 집에서는 이것이 가족의 분열로 이어졌다. 카이사르와 폼페이우스의 다툼이 씨족이나 친족의 이해관계를 둘러싼 다툼이 아니라, 국가 로마의 정치체제를 둘러싼 정치적 투쟁이었기 때문이다. 같은 집안에 속하는 친족이나 육친 사이라 해도 정치 사상이 다른 것은 당연하다. 하지만 그것을 둘러싸고 내전이 일어난 이상, 내전이 끝난 뒤에는 같은 가문만이 아니라 심한 경우에는 부자나 형제도 승자와 패자로 나뉘게 되었다.

이런 현실에서는 원한이 생겨날 게 뻔하다. 카이사르가 패자들을 용서한 이유는 이 원한을 방치해두는 것이 로마에 이롭지 않을뿐더러, 무엇보다도 카이사르의 기질이 이런 음침하고 어두운 원한을 좋아하지 않았기 때문이다. 카이사르가 꿈꾼 로마는 승자도 패자도 없는 세계였기 때문이다.

그러나 카이사르의 후계자들은 카이사르 암살을 경험했다. 과거의 적까지 찾아내어 말살하지 않고는 안심할 수 없었다. 그래도 카이사르가 생전에 일을 맡긴 사람은 설령 폼페이우스파 장수였다 해도 '살생부'에서 제외되었다. 그중 한 사람은 문인인 테렌티우스 바로였다. 카이사르는 학식이 풍부한 이 인물에게 로마 최초의 국립도서관의 장서 선정 작업을 맡겼다. 그리고 바로도 카이사르에게 용서받은 뒤로는 키케로와는 달리 정치에서 완전히 손을 뗐다.

키케로의 죽음

제2차 '삼두'의 '살생부'가 발표된 것은 기원전 43년 11월 28일이었다. 하지만 이날 2,300명의 이름이 모두 발표된 것은 아니다. 11월 28일에 발표된 것은 제1진인 16명뿐이었다. 카이사르 암살에 직접 가담한 브루투스 일당 14명에 키케로 형제를 추가한 16명이다. 게다가 키케로의 이름은 제1진인 16명 중에서도 맨 윗자리에 올라 있었다.

당시 키케로는 옥타비아누스와 안토니우스가 손잡은 것에 절망하여 수도를 떠나 8개나 되는 별장을 돌면서 나날을 보내고 있었다. 그가 걱정한 것은 자신이 아니라 그리스에 있는 브루투스였다. '살생부'의 맨 윗자리에 자기 이름이 오른 사실을 안 것도 아스툴라의 별장에 머물 때였다. 처음에는 배를 타고 그리스로 도망치려고 했다. 그 시점에서는 충분히 가능한 일이었다. 하지만 결심이 서지 않았다. 후세 연구자들은 키케로가 이때도 평소와 마찬가지로 우유부단했기 때문이라고 주장하지만, 나는 그가 동생 퀸투스를 죽게 내버려두고 자기 혼자 도망칠 마음이 나지 않았기 때문이라고 생각한다. 그때까지 형과 함께 별장을 돌아다니며 지내던 퀸투스는 얼마 전에 로마와 가까운 투스쿨룸의 별장으로 필요한 물건을 가지러 돌아가 있었다. 카이사르 밑에서 갈리아 원정을 치른 퀸투스가 '살생부'에, 게다가 즉결 처형자 명단에 이름이 오른 것은 단지 키케로의 동생이었기 때문일 게 분명하다. 동생을 끔찍이 사랑하는 키케로는 자기만 혼자 도망칠 마음이 나지 않았을 것이다.

그리고 키케로는 삶의 의욕을 잃어버렸다. 그토록 글쓰기를 좋아했던 사람이 제2차 삼두정치가 성립된 뒤로는 편지조차 쓰지 않았다. 이제 인생에서는 더 이상 기대할 게 없다고 생각하는 사람에게 세상의 풍파에 몸을 내맡기는 도피행은 너무 혹독했다.

키케로는 수색대가 다가오고 있다는 소식을 듣고도 행동을 취하지 않았다. 노예들이 그를 지켜 싸우겠다고 제의했지만, 쓸데없는 저항은 그만두라고 말했을 뿐이다.

침착하게 맞이한 죽음이었다. 안토니우스의 명령에 따라, 키케로의 시체에서는 머리만이 아니라 오른손도 잘렸다. 키케로의 목과 오른손은 로마로 보내져 포로 로마노의 연단에 효수되었다. 안토니우스는 『필리피카이』를 쓴 오른손까지 처벌하지 않고는 직성이 풀리지 않았던 것이다.

카이사르 암살에 환호한 지 1년 9개월밖에 지나지 않은 기원전 43년 12월 7일의 일이었다. 키케로의 나이 63세였다.

이로부터 50년 이상 지난 어느 날, 팔라티노 언덕의 황궁에서 이런 장면이 벌어졌다.

황제의 손자들이 머리를 맞대고 키케로의 저술을 읽고 있을 때, 연로한 황제가 그 방으로 들어왔다. 소년들도 키케로의 죽음에 할아버지가 관여한 것을 알고 있었다. 그래서 꾸중을 들을까봐 겁이 나서 바싹 긴장했다.

그러나 늙은 아우구스투스는 손자들이 읽고 있던 책을 집어들고 선 채로 두루마리를 펼치기 시작했다. 그렇게 잠시 읽은 뒤에, 그는 책을 손자들에게 돌려주면서 말했다.

"교양은 있는 사람이었지. 그리고 애국자이기도 했단다."

'어린애'라는 말을 듣고 불쾌하게 여겼던 옛날을 추억했을까. 이제는 아우구스투스라는 존칭으로만 불리게 된 과거의 옥타비아누스가 그때 선 채로 읽은 것은 어쩌면 키케로의 다음과 같은 글이 아니었을까.

모든 인간애 중에서도 가장 중요하고 가장 큰 기쁨을 가져다주는 것은 조국에 대한 사랑이다. 부모에 대한 사랑의 소중함은 말할 필요도 없을 만큼 당연하고, 아들과 딸, 친척, 형제, 그리고 친구에 대한 사랑도 친애의 정을 베풀어준다는 점에서 인간에게 소중한 사랑임은 누구나 알고 있다.

하지만 이런 사랑조차도 모두 조국에 대한 사랑에 포함되는 것이다. 조국이 필요로 한다면, 그리고 조국의 필요를 위해 그대에게 떨쳐일어나기를 요구한다면, 조국에 한 목숨 바치는 것을 망설일 시민은 없을 것이다.

●『의무에 관하여』(데 오피키스)

『의무에 관하여』는 카이사르가 암살된 뒤에 저술된 키케로의 마지막 작품이다. 이 글을 읽으면, 늙은 키케로의 조국애와 우국충정에 감동하지 않을 수 없다. 그러나 여기에 소개한 문장만 보면, 저자가 카이사르라 해도 통할 것 같다. 그런데 왜 키케로는 계속 카이사르를 반대했던 것일까.

그것은 키케로와 카이사르가 갖고 있던 '조국'(파트리아)의 개념이 달랐기 때문이 아닐까.

키케로가 이상으로 삼은 것은 포에니 전쟁 시대의 로마였다. 따라서 그가 생각하는 '조국'은 본국에서 태어난 로마인, 그중에서도 엘리트인 원로원 계급이 주도권을 쥐고 통치하는 국가였다. 그런 키케로에게 북쪽의 루비콘강과 남쪽의 메시나해협은 본국과 속주를 가르는 명백한 국경이었고, 그 국경 안쪽만 '조국'이었다.

반면에 카이사르가 생각한 '조국'에는 방어선은 있지만 국경은 없다. 본국에서 태어난 로마인, 그중에서도 원로원 계급으로 태어난 자만이 국정을 독점해야 한다고도 생각지 않았다. 피정복 민족의 대표에게 원로원 의석을 주어 키케로와 브루투스 같은 로마 순혈주의자들의 반발을 샀을 정도다. 카이사르에게는 국가를 위해 애쓰는 사람이라면 갈리아인이든 에스파냐인이든 그리스인이든 아무 상관이 없었다. 카이사르의 '조국'은 로마 문명의 우산 밑에서 다인종·다민족·다종교·다문화가 공존공영하는 제국이었던 것은 말할 나위도 없다.

기원전 1세기의 로마에서 최고의 교양인은 키케로와 카이사르였다는 주장에는 나도 동의한다. 게다가 이 두 인물은 같은 시대에 살았고 친한 사이이기도 했다. 그런데 왜 서로를 이해하지 못했을까.

카이사르는 키케로를 이해하고 있었다고 나는 생각한다. 비록 '조국'의 개념은 달라도, 카이사르는 키케로의 조국애를 이해하고 존중했을 것이다. 그렇기 때문에 키케로가 곤경에 빠질 때마다 그를 구해주고, 그때마다 자신이 추진하고 있던 대사업에 협력해달라고 요구한 게 아닐까. 그런데 키케로는 그런 카이사르를 이해하지 못했다.

키케로는 카이사르가 암살된 뒤 세력을 증강한 안토니우스를 싫어하여, "이럴 바에는 차라리 카이사르가 훨씬 나았다"고 친구 아티쿠스에게 털어놓았다. 그러나 '카이사르가 훨씬 나았다'고 생각한 이유는 카이사르의 사상을 이해했기 때문이 아니라, 카이사르는 자기를 무시하지 않았는데 안토니우스는 무시했기 때문이다. 키케로는 2천 년이 지난 오늘날에도 라틴어 문장의 모범이 되어 있는 훌륭한 글을 썼지만, 그리고 현재 상황에 대한 안목도 뛰어난 사람이었지만, 이 교양인에게 부족한 것은 선견지명이었다. 키케로가 갖고 있던 '조국'의 개념이 그의 한계를 여실히 보여주지 않는가.

'신격(神格) 카이사르'

키케로의 죽음에 이어지는 기원전 42년은 참으로 상징적인 사건으로 막이 올랐다.

고대 로마의 1월 1일은 축제일이 아니니까 휴일도 아니다. 일을 새롭게 시작하는 날일 뿐이다. 그 1월 1일에 열린 원로원 회의에서 죽은 카이사르를 신격화한다는 결의가 이루어졌다. 카이사르는 신이 된 것이다.

지금까지 카이사르를 높이 평가하고 있던 연구자들도 기독교라는 일신교 문명에서 자유로워지기가 어렵기 때문인지, 카이사르의 신격화를 서술할 때는 난감해하는 기색이 역력하다. 카이사르가 합리적 정신의 소유자였으니까 신으로 격상된 것을 오히려 곤혹스러워하지 않았을까 하고 말하는 연구자도 있다. 그러나 나는 신이 800만이나 되는 나라에서 태어났기 때문인지, 기독교도 연구자들이 느끼는 당혹감을 전혀 느끼지 않는다. 당시 로마인도 800만까지는 가지 않았지만, 마구잡이로 신을 만드는 경향은 다신교 민족이라는 이름에 부끄럽지 않을 만큼 왕성했다. 시리아를 속주로 삼으면 시리아의 신들을 도입했고, 이집트의 신들도 카이사르의 초대를 받고 로마에 온 클레오파트라와 함께 로마인들 사이에 침투하기 시작했다.

물론 신으로 격상된 실존인물은 건국의 아버지인 로물루스를 빼면 카이사르가 처음이다. 그러나 알렉산드로스 대왕도 이집트 신관한테서 네 아버지는 인간이 아니라 신이라는 말을 듣고 놀라긴 했지만, 고민 따위는 하지 않았다. 고민하기는커녕 거기에 용기를 얻어 인도까지 원정했는데, 이것이 고대 다신교의 포용적인 세계다. 카이사르는 허영심도 남보다 훨씬 강했던 인물이다. 자기가 신의 반열에 오른 것을 알았다 해도 불쾌하게 여기지는 않았을 것이다. 그러기는커녕 껄껄 웃으면서, "내 생전에 나와 사랑을 나눈 여자들도 이제 신과 사랑을 나누었다고 말할 수 있겠군" 하고 농담을 했을지도 모른다.

하지만 신이 된 덕택에 유감스러운 일도 있었을 것이다. 비범한 인물이긴 했지만 유머 감각이 없었던 옥타비아누스가 신이 된 카이사르에게는 어울리지 않는다는 이유로 『갈리아 전쟁기』와 『내전기』를 제외한 모든 저술을 폐기처분해버렸기 때문이다. 그 때문에 카이사르가 청년 시절에 썼다는 시와 희곡, 그리고 수많은 편지를 포함한 카이사르의 작품이 모조리 지상에서 모습을 감추어버렸다. 그 편지들 중에는 애인에게 보낸 연애편지도 많았다고 한다.

　그리스의 신들에게서 볼 수 있듯이, 다신교의 신들은 인간과 똑같은 결점까지 가지고 있다. 연애도 불륜도 뭐든지 시원스럽게 해버린다. 하지만 신이 여자한테 연애편지를 보낸다는 건 아무래도 체통이 서지 않았을지도 모른다. 그래서 『갈리아 전쟁기』와 『내전기』를 제외한 카이사르의 작품은 키케로나 그 후의 작가들이 인용한 것을 토대로 짐작할 수밖에 없다. 신이 되는 것도 반드시 좋은 일만은 아니다.

　어쨌든 로마 시민들은 카이사르의 신격화를 선선히 받아들였다. 왕위에 앉히는 것에는 거부 반응을 일으킨 로마인들이 신격화에는 알레르기 반응을 일으키지 않은 것에도 로마 다신교의 본질이 잘 드러나 있다. 로마의 서민으로서는 건국의 아버지 로물루스도 신으로 만들었으니까, 그들이 제2의 건국의 아버지로 여기고 있던 카이사르도 신이 되는 게 당연하다고 받아들였을 것이다. 살아 있는 인간을 지켜주는 것이 로마인의 신인 이상, 신의 수가 많으면 많을수록 세심한 보호를 받을 수 있다는 논리다.

　카이사르의 신격화로 카이사르의 아들인 옥타비아누스는 '신의 아들'이 되었지만, 거기에 대한 로마인의 반응도 너그럽고 시원스러웠던 모양이다. 생각해보면 알렉산드로스 대왕도 '신의 아들'이었다.

　그러나 기원전 42년에 이루어진 카이사르의 신격화는 그것을 제안한 쪽의 냉철한 계산에 바탕을 둔 정략이었다. 20세의 옥타비아누스는 기원전 42년이 끝나기 전에 복수를 마무리하기로 결심했다. 그리스에서 병력을 모으고 있는 브루투스와 카시우스를 단번에 격파하기로 작정한 것이다. 하지만 그것은 그 혼자만의 힘으로는 불가능했다. 군사적 재능이 뛰어난 안토니우스가 나서주어야 했다. 그러나 안토니우스는 자기 세력을 증강하는 데에는 열심이었지만, 카이사르의 원수를 갚는 데에는 사실 열심이 아니었다. 그런 안토니우스를 복수전에 끌어내려면 대의명분이 필요했다. 카이사르의 신격화는 대의명분을 확보하기 위한 수단이기도 했다.

로마인의 수호신이 된 카이사르를 죽인 자는 이제 로마인으로서는 방치할 수 없는 공동의 적이 되었기 때문이다. 카이사르의 신격화로 안토니우스와 옥타비아누스의 공동전선이 굳건해졌다. 여름에 19개 군단이 아드리아해를 건넜다. 전쟁터는 카이사르와 폼페이우스가 대결했을 때처럼 그리스의 어딘가가 될 게 분명했다.

출전을 앞두고 20세의 젊은이는 브루투스와 카시우스를 죽이면 '복수의 신'에게 바칠 신전을 세우겠다고 발표했다. 카이사르가 봉헌한 신전은 '관용의 신'에게 바쳐져 있었지만.

브루투스의 죽음

19개 군단을 맞아 싸우게 된 브루투스와 카시우스도 지난 2년을 헛되이 보내고 있었던 것은 아니다. 브루투스는 그리스에서, 카시우스는 시리아에서 언젠가는 찾아올 결전에 대비하여 군비를 증강하고 있었다.

카시우스는 시리아 총독으로 부임한 전직 집정관 돌라벨라를 죽여서 승리를 기원하는 제단에 희생의 제물로 바쳤다. 군비 증강 때문에 그리스와 그 동쪽에 있는 속주의 주민들은 브루투스와 카시우스가 부과하는 무거운 세금에 허덕이게 되었다.

어떤 지역을 다스릴 생각이 있다면, 군비를 증강해야 할 필요성이 아무리 절박해도 수단 방법을 가리지 않고 주민을 쥐어짜지는 않는다. 주민의 미움을 사면 나중에 통치하기가 어려워지기 때문이다. 그

마르쿠스 브루투스의 옆얼굴
(카이사르를 암살한 뒤, 도망친 그리스에서 기원전 43~42년경에 주조)

러나 두 사람은 온갖 수단을 동원하여 자금을 긁어모았다. 브루투스와 카시우스는 복수를 맹세하고 쳐들어올 옥타비아누스와 안토니우스를 맞아 싸우는 것밖에는 염두에 없었던 모양이다. 그 결과, 기병 2만 기를 자랑하는 10만 대군이 편성되었다. 쳐들어오는 쪽의 전력도 기병 1만 3천 기를 포함하여 모두 12만 명에 이르는 대군이다. 폼페이우스와 카이사르 사이에 벌어진 파르살로스 회전 때보다 두 배나 많은 군사력이 충돌하게 되었다. 전쟁터는 그리스 북부의 필리피였다. 그리스를 서쪽에서 동쪽으로 가로지르는 간선도로인 에그나티아 가도를 따라 펼쳐져 있는 평원이다. 필리피는 알렉산드로스 대왕의 아버지인 필리포스가 세운 도시인데, 이때의 회전으로 역사에 이름을 남기게 되었다.

그러나 이해 가을에 필리피 평원에서 벌어진 전투는 20만 군대가 격돌한 것치고는 전략적으로나 전술적으로도 별다른 게 없는 평범한 싸움으로 끝났다. 그 이유를 열거하면 다음과 같다.

안토니우스도 옥타비아누스도 부사령관으로 만족하지 않았기 때문에 둘 다 독자적으로 군대를 지휘했고, 브루투스와 카시우스 역시 독자적으로 군대를 지휘했기 때문에, 전반전은 안토니우스와 카시우스,

옥타비아누스와 브루투스의 대결이 되어 통일된 전략에 바탕을 둔 결전으로 끌고 갈 수 없었던 것이 첫 번째 요인이다.

또한 네 사람 가운데 군사적 재능을 타고난 것은 안토니우스와 카시우스인데, 둘 다 군단장급 인재는 될지언정 최고사령관 재목은 아니었다는 점도 필리피 회전을 평범한 전투로 만든 요인이었다.

폼페이우스와 카이사르가 격돌한 파르살로스 회전과 필리피 회전의 내용이 그토록 달랐던 것은 필리피 회전을 지휘한 사령관들이 전략가로서 격이 떨어지기 때문일 것이다. 양군은 각각 1만 3천 기와 2만 기라는 기병 전력을 갖고 있으면서도, 그 기동력을 활용할 줄도 몰랐다. 따라서 필리피 회전은 단지 '양'(量)이 정면으로 충돌한 전투가 되었을 뿐이다.

브루투스와 옥타비아누스는 둘 다 사령관을 지낸 경험이 없었지만, 그래도 브루투스군이 옥타비아누스군을 계속 밀어붙인 것은 옥타비아누스가 몸져누운 탓도 있었다. 카이사르의 양자는 선천적으로 소화기관이 약해서, 걸핏하면 복통으로 자리에 눕는 일이 많았다. 이것도 안토니우스가 옥타비아누스를 무시한 이유였지만, 카이사르가 그것을 모르고 후계자로 지명한 것은 아니다. 카이사르를 따라 참전한 에스파냐의 문다 전투에서도 옥타비아누스는 계속 앓아누워 전투에 '결석'했다. 하지만 중요하기 이를 데 없는 필리피 회전 때에도 배탈이 난 것은 옥타비아누스의 불운이었다. 그리고 카이사르가 그에게 붙여준 아그리파도 카이사르가 기대한 군사적 재능을 발휘하기에는 아직 경험이 모자랐다.

그래서 필리피 평원에서 벌어진 전반전은 브루투스가 옥타비아누스를 이기고, 안토니우스가 카시우스를 이기는 결과로 끝났다. 카시우스는 패배에 절망한 나머지 자결해버렸다. 그의 나이 43세였다.

그런데 후반전이 시작될 때까지 20일 동안, 브루투스는 아무 일도

브루투스가 만든 '카이사르 암살' 기념 화폐(기원전 43~42년경)

하지 않고 허송세월을 했다. 카시우스가 자살했다는 소식을 듣고 그의 진영에 들어간 브루투스는 친구의 유해를 화장한 뒤에도 진영에 틀어박혀 나오지 않았다. 이 틈에 옥타비아누스군은 재기할 수 있었고, 안토니우스군은 더한층 기세가 올랐다.

추측건대, 브루투스는 필리피 평원에서 옥타비아누스와 안토니우스를 맞아 싸우기 전부터 이미 싸울 의욕은커녕 살아갈 의지조차 잃어버린 게 아닌가 싶다. 그에게 들어오는 것은 하나같이 나쁜 소식들뿐이었다.

트레보니우스가 살해되었다. 데키우스 브루투스도 살해되었다. 안토니우스와 옥타비아누스는 손을 잡았다. 절망한 아내 포르키아는 새빨갛게 달군 숯을 삼키는 끔찍한 방법으로 자살했다. 그리고 키케로도 살해되었다. '살생부'는 브루투스파 사람들을 뿌리뽑아버렸다. 그리고 마지막으로 남은 동지 카시우스마저도 자살해버렸다.

셰익스피어의 『줄리어스 시저』에는 브루투스가 악령에 시달리는 모습이 묘사되어 있지만, 브루투스가 본 악령은 죽은 카이사르의 망령이 아니라 자기 자신의 고뇌였다. 『햄릿』에서 부왕의 망령은 햄릿만이 아니라 보초병들한테도 보이지만, 브루투스가 목격한 악령은 그에게만 보인 것이 그 증거다. 그리고 원한이나 앙심을 초월해 있던 카이사르가 원한의 화신인 망령이 되어 나타날 리가 없다. 악령에 시달렸는지 아닌지는 차치하고, 브루투스는 생애의 마지막 몇 달 동안 인생을 포기한 사람처럼 살았다.

필리피 회전의 후반전은 옥타비아누스와 안토니우스의 연합군의 승리로 끝났다. 브루투스는 피신하라는 권유도 거절하고 죽음을 택했다. 43세에 자살한 것이다.

두 장수는 브루투스의 유해를 로마식으로 화장하고, 유골은 브루투스의 어머니 세르빌리아에게 보내주었다. 말이 나온 김에 덧붙이면, 세르빌리아는 제2차 삼두정치의 숙청 바람에도 말려들지 않고, 카이사르가 선물로 준 나폴리 근교의 별장에서 여생을 보냈다. 세르빌리아는 안토니우스와 옥타비아누스에게는 최고의 정적인 브루투스의 어머니였지만, 그래도 두 사람은 그녀를 카이사르의 평생 애인으로 존중해주었다. 브루투스의 무덤이 어딘지는 옛날부터 알려져 있지 않다.

여기서 브루투스의 편지 한 통을 소개하고자 한다. 후세에 남겨진 편지들 중에서도 특히 이 편지에는 브루투스라는 사나이의 좋은 면과 나쁜 면, 즉 그의 본성이 가장 잘 나타나 있는 것 같다.

카이사르의 편지는 짧으면 석 줄, 길어야 반 장인 반면, 브루투스의 편지는 항상 길다. 여기에 소개하는 편지도 6장이 넘는다. 브루투스가 중언부언했기 때문이다. 이런 편지를 완역하면 쓴 사람의 성격은 이해할 수 있지만, 번역하는 나도 지겹고 읽는 독자도 지겨울 것이다. 그래서 편지를 요약하지는 않더라도, '중략'은 하지 않을 수 없다. '……'로 되어 있는 부분은 브루투스가 같은 말을 되풀이하고 있는 대목이라고 생각해달라.

이 편지가 쓰인 것은 기원전 43년 5월이었다. 그리스의 마케도니아에서 한창 군비를 증강하고 있던 브루투스가 로마에 있는 키케로에게 보낸 편지다. 그 무렵 키케로는 옥타비아누스라면 자기가 조종할 수 있다고 믿고, 옥타비아누스에게 브루투스의 구명과 본국 귀환을 부탁하는 편지를 보내기까지 했다. 브루투스의 편지는 여기에 항의한 것이었다.

브루투스가 키케로에게.

아티쿠스가 사본을 보내준 덕에, 나도 당신이 옥타비아누스에게 보낸 편지를 읽었습니다. 나를 살리려고 애쓰는 당신의 정열에는 무어라 감사해야 할지 모르겠습니다. 본국에서 오는 편지들은 하나같이 본국에서 나를 걱정해주는 당신의 노력을 알려주는 것뿐입니다.

그러나 당신이 옥타비아누스에게 보낸 편지는 나에게 더 이상 견딜 수 없는 고통을 안겨주었습니다. 당신은 내 신변 안전을 얻어내는 대가로 그 젊은이에게 무릎을 꿇으려 하고 있습니다. 어떻게 공화국의 이름으로 그에게 감사할 수 있습니까. 당신은 내 목숨을 그 젊은이한테 맡기려 하고 있습니다. 그렇게 해서 목숨을 구하기보다는 차라리 죽는 편이 훨씬 낫습니다. 카이사르 암살은 군주정을 타도한 게 아니라 군주를 바꾼 것에 불과했단 말입니까.

당신이 그 젊은이에게 한 말은 신하가 왕에게 쓰는 말입니다. 왜 자유로운 사람들 사이에서 그런 탄원이 이루어져야 합니까. 자유를 지키기 위해 손을 피로 물들인 우리 목숨이 단 한 사람의 기분에 좌우된다는 것은 참으로 얄궂기 짝이 없는 일입니다…….

그 젊은이가 바라지 않으면 우리는 살아갈 권리도 없습니까. 그렇다면 그런 삶보다는 차라리 죽음이 낫습니다. 하지만 유피테르 신에게 맹세코, 세계 백성을 해방한 로마인을 폭정의 굴레에서 해방시킨 우리는 로마인에게 감사는 받을지언정 목숨을 살려달라고 애원할 필요는 없다고 믿습니다…….

키케로여, 당신은 옥타비아누스가 믿을 수 있는 상담자라고 말했습니다. 그런 당신이 가장 걱정하고 있는 것은 내 신변 안전이라고 합니다. 그러니까 나도 그 '어린애'의 온정에 매달려 신변 안전을 도모해야 한다는 것입니까…….

그렇다면 왜 안토니우스한테 매달리면 안 됩니까. 어차피 굴욕을 참으며 무릎을 꿇고 온정을 베풀어달라고 부탁하는데, 왜 옥타비아누스는 되고 안토니우스는 안 됩니까. 전제정치를 지향하고 있다는 점에서는 둘 다 마찬가지가 아닙니까.

그렇습니다. 전제정치. 바로 전제정치에 대한 야심 때문에 카이사르는 왕위를 노렸습니다. 전제정치에 대한 야망 때문에 안토니우스는 카이사르가 죽은 뒤 그 뒤를 이을 마음을 먹었습니다. 그리고 이제 로마인들은 사나이라고 부를 수 있을까 말까 한 나이의 '소년'을 전제군주의 지위로 밀어올리려 하고 있습니다.

게다가 그런 사람들 중에는 키케로 당신도 끼어 있습니다. 당신은 안토니우스를 미워하는 나머지 옥타비아누스를 편들고 있는 것입니다. 전제정치를 증오하는 나를 살리기 위해 전제군주를 세우는 모순을 깨닫지 못하십니까…….

그렇다면 카이사르 살해는 쓸데없는 짓이었다는 이야기가 됩니다……. 우리는 살아 있던 카이사르의 노예였지만, 카이사르가 죽은 뒤에도 여전히 그의 노예입니까? 카이사르한테는 거부한 일을 카이사르의 후계자한테는 거부하지 않습니까…….

지금보다는 오히려 카이사르가 살아 있었을 때 훨씬 나 자신에게 충실하게 살 수 있었던 것 같습니다. 그러니까 인간의 노예근성과 비열함을 계속 증오할 수만 있다면, 나는 세계 어디에서 살아도 망명자의 비애를 느끼지는 않을 것입니다. 노예근성을 뿌리내리는 것 밖에 생각지 않는 전제주의자에게 매달려 로마로 돌아가느니, 차라리 망명을 택하겠습니다……. 내가 자유롭게 살 수 있는 곳이야말로 나에게는 로마니까요…….

안토니우스를 탄핵하는 (『필리피카이』의) 키케로는 공화주의의 수호자라는 이름에 어울립니다. 하지만 또 다른 전제주의자 앞에 굴복하는 키케로는 지금까지 쌓아올린 공적을 물거품으로 만들어버립니다. 죽은 뒤의 영광을 희생할 뿐 아니라, 자신의 긍지까지 상처받게 될 것입니다.

키케로여, 조국 로마를 당신보다 더 깊이 사랑하는 사람도 없고, 조국 로마의 토대인 자유의 수호자가 되기에 당신보다 더 어울리는 사람도 없습니다. 그래서 당신한테 부탁하겠습니다. 이제 더 이상 옥타비아누스에게 나를 살려달라고 애원하지 마십시오. 그런 일로 애쓰기보다는 당신 자신에게 충실하게 살 수 있기를 바랍니다. 언젠가는 그 도시(로마)도 조국에 대한 당신의 공헌을 증언할 수 있는 자유와 긍지를 되찾고, 시민들도 전제주의자에 반대하여 하나로 똘똘 뭉쳐 일어날 날이 다시 찾아오기를 빌면서.

이 편지가 쓰인 지 넉 달 뒤에 마르쿠스 브루투스는 필리피 평원에서 패하고 자결했다.

카이사르 암살의 진짜 주모자는 브루투스가 아니라 카시우스였다. 그러나 암살자들은 브루투스가 지도자가 됨으로써 비로소 움직였다. 브루투스가 자신의 고결한 정신을 어느 쪽으로 발휘했는가에 대한 비판은 별문제지만, 고결한 정신은 그에게 결코 부족하지 않았다.

그러나 키케로가 교양은 있되 선견지명이 없는 것과 마찬가지로, 브루투스의 고결한 정신도 로마인에게 앞으로 나아가야 할 길을 가리키지는 못했다. 이탈리아의 고등학교 역사 교과서도 '3·15'를 이렇게 단정하고 있다.

"회고주의자들의 자기도취가 초래한 무익하고 유해한 비극."

'3·15'는 카이사르의 비극이기보다 오히려 브루투스의 비극이 아니었을까. 시대에 거부당한 고결한 정신의 비극이 아니라, 시대의 변화에 눈감은 고결한 정신의 비극.

이런 브루투스가 높은 평가를 받게 된 것은 코스모폴리스(세계도시)인 로마가 무너진 지 1,500년 뒤에 도시국가(폴리스)를 재건한 이탈리아의 르네상스인들 덕택이었다. 『줄리어스 시저』도 영국의 르네상스인인 셰익스피어의 작품이었다.

안토니우스와 클레오파트라 대 옥타비아누스

기원전 42년~기원전 30년

브루투스가 죽기 전까지만 해도 로마의 내전은 정치 투쟁이었다. 원로원 주도의 과두정(올리가르키아)을 계속 유지하느냐, 아니면 한 개인이 통치하는 군주정(모나르키아)을 채택하느냐 하는 로마의 국가 시스템을 둘러싼 정치적 대결이었기 때문이다. 그러나 이제부터는 권력 투쟁으로 바뀌게 된다. 정치 투쟁에서 승리를 거둔 군주정 내부에서, 이번에는 누가 군주의 자리에 앉을 것인가를 놓고 싸움이 벌어졌기 때문이다.

그렇긴 하지만, 앞으로 10여 년 동안 안토니우스와 옥타비아누스 사이에 벌어질 싸움을 노골적인 권력 투쟁이라고 말할 수만은 없다. 두 사람의 싸움은 단순한 권력 투쟁만이 아니라, 카이사르가 생전에 그려 놓은 로마 세계의 청사진을 계승하느냐 마느냐도 쟁점이 되었기 때문이다. 이 점에서는 정치 투쟁이 계속되고 있었던 셈이다. 원래 정치적 인간(호모 폴리티쿠스)이 아닌 안토니우스를 이 정치 투쟁으로 몰아넣은 요인의 절반은 그가 카이사르의 정치를 이해하지 못한 데에서 찾을 수 있고, 나머지 절반은 클레오파트라의 야심에서 찾을 수 있다.

그거야 어쨌든, 카이사르가 암살당하지 않았다면, '3·15' 직후 시작되어 13년 뒤인 기원전 30년에야 겨우 수습된 혼란과 파괴와 무질서와 살육은 피할 수 있었을 것이다. 따라서 '3·15'는 단순한 최고권력자의 암살이 아니었다. 키케로가 마음이 나약해졌을 때 토로했듯이, 그것은 '불모(不毛)의 비극'이었다. 죽인 쪽에게도, 죽음을 당한 쪽에게도, 그리고 로마 세계에 사는 모든 사람에게도, 그것은 "해롭기만 할 뿐 유익함이라고는 전혀 없는 불모의 비극"이었다.

제일인자 안토니우스

'살생부'의 철저한 실행과 필리피 회전의 승리로, 안토니우스와 옥타비아누스는 카이사르 암살에 대한 복수극을 끝내는 동시에 공화주의자를 말살하는 데 성공했다. 필리피 회전이 끝난 뒤 두 사람은 동쪽과 서쪽으로 갈라졌다. 카이사르가 암살당한 지 2년 동안 방치할 수밖에 없었던 로마 세계를 두 사람이 각각 분담하여 복구한다는 것이 표면상의 이유였다. 제2차 삼두정치를 해소한 것은 아니지만, 애당초 레피두스는 두 사람이 필요로 할 때는 참가를 요청받고 필요하지 않을 경우에는 무시당하는 존재였기 때문이다.

　　로마 세계의 동부는 안토니우스가, 서부는 옥타비아누스가 분담하기로 결정한 것은 안토니우스의 의향이 강력하게 작용한 결과였다. 필리피 회전의 사실상 승자가 안토니우스인 것은 분명했고, 그 때문에 40세의 안토니우스는 카이사르의 실질적인 후계자가 되겠다는 야심을 되살렸다. 걸핏하면 앓아눕는 호리호리한 체격의 21세 젊은이 따위는 이제 안중에도 없다는 듯이 위세가 대단했다.
　　안토니우스가 동부를 선택한 것은 파르티아 원정을 계획했기 때문이다. 카이사르가 생전에 이루지 못한 이 과업에만 성공하면, 옥타비아누스가 가진 카이사르의 아들이라는 지위도 빛을 잃게 되고, 그렇게 되면 로마 제국은 저절로 안토니우스의 수중에 굴러들어올 터였다.
　　서부를 옥타비아누스에게 떠맡긴 것도 안토니우스 나름대로 궁리한 결과였다. 카이사르가 죽은 뒤 필리피 회전까지 2년 동안의 혼란을 틈타, 문다 회전에서 살아남은 폼페이우스의 둘째 아들 섹스투스는 에스파냐 땅에서 다시 세력을 키울 수 있었다. 게다가 그의 아버지 폼페이우스는 해적소탕작전에 성공했을 당시부터 지중해 연안의 항구 도시들을 세력 기반으로 삼고 있었다. '파트로네스'와 '클리엔테스'라는 로마 특유의 관계는 아직도 건재했기 때문에 아버지의 세력 기반을 물려받은 섹스투스는 해군력까지 거느리고 있었던 셈이다. 서부를 맡게 된 옥타비아누스는 이 귀찮은 상대를 처리해야 한다. "갖고 있는 것이라고는 카이사르라는 이름뿐"이라고 안토니우스가 평가한 옥타비아누스에게는 서부의 질서를 회복하는 것만도 쉬운 일이 아니었고, 그 때문에 심신이 소모될 수밖에 없으리라는 것이 안토니우스의 계산이었다.

안토니우스가 동부를 선택한 또 하나의 이유는 경제력이었다. 속주세만 놓고 보아도 동부와 서부의 징세액 규모는 비교도 되지 않았다.

그러나 호리호리한 체격의 21세 젊은이는 떠맡겨졌기 때문에 어쩔 수 없이 서쪽을 맡은 것은 아니었다. 선택이 허용되었다 해도, 그는 아마 서쪽을 택했을 것이다.

기원전 1세기 당시, 로마 세계의 서부는 동부에 비해 경제력이 떨어지는 지방이었던 것은 확실하다. 그러나 서부에는 동부에 없는 이점이 있었다.

첫째, 서부에는 로마 본국이 포함되어 있었다. 이것이 더없는 이점이라는 것을 안토니우스는 깨닫지 못했던 것이다.

둘째, 병사를 모집하기에 유리했다는 점이다. 로마 시민권 소유자가 아니면 군단병이 될 수 없었기 때문이다. 동부에는 속주나 동맹국이 많은 반면, 서부에는 본국인 이탈리아반도 외에도 카이사르 덕택에 시민권을 획득한 사람이 많이 사는 북이탈리아와 남프랑스 속주가 포함되어 있어서 로마 시민권 소유자가 많았다.

안토니우스는 자금만 있으면 병사는 얼마든지 모집할 수 있다고 생각했을 것이다. 원래 동부에는 오래전부터 용병제 전통이 내려오고 있었다. 누구나 병사가 될 수 있고, 돈만 주면 얼마든지 병사를 모을 수 있다는 게 상식이 되어 있었다.

그러나 로마에서는 군제가 지원제로 바뀐 뒤에도 군대의 주력인 군단병, 즉 중무장 보병의 자격을 로마 시민권 소유자로 제한하여 일정한 수준의 질을 유지하고자 했다. 동부와 서부가 충돌하면, 그것은 동부의 '양'과 서부의 '질'의 대결이 된다. 이 점에도 안토니우스는 주의를 기울이지 않았다.

그렇긴 하지만, 안토니우스가 필리피 회전에서 이긴 뒤로는 클레오파트라가 아니더라도 누구나 그를 로마 세계의 명실상부한 제일인자로 보았을 것이다.

나이도 한창때인 40세. 키케로가 검투사 같다고 말했을 만큼 건장한 체격에 병이라고는 앓아본 적이 없는 사나이. 게다가 어려운 문제가 많은 서부는 옥타비아누스에게 떠맡겨놓고, 자신은 동부의 부를 마음껏 누리면서 경쟁자의 심신이 소진되기를 기다리기만 하면 되었다. 게다가 그는 옥타비아누스의 발목을 잡고 흔드는 심술궂은 짓까지 준비해놓고 있었다.

카이사르의 후계자를 최종적으로 결정하는 투쟁은 필리피 평원에서 브루투스의 유해를 태우는 불길이 꺼지자마자 시작되었다. 안토니우스 쪽은 절대적인 자신감을 가지고 이 싸움에 임했다. 그리고 옥타비아누스에게 이 싸움은 당면 목표인 복수를 끝낸 뒤 그의 역량을 시험당하는 제2단계의 시작이었다.

클레오파트라

동쪽으로 가는 안토니우스 앞을 가로막는 것은 아무것도 없었다. 어떤 사람도 어떤 나라도 감히 그의 앞길을 막아서지 않았다. 동방의 제후들은 언제나 승자 편에 선다. 이것이 경제력에서는 우월하지만 군사력에서는 로마의 적수가 될 수 없었던 동부 사람들의 연명책이기도 했다. 파르살로스 회전 뒤에는 일제히 카이사르에게 복종을 맹세했고,

필리피 회전 뒤에는 안토니우스 앞에 무릎을 꿇었다. 그 덕택에 싸움한번 치르지 않고 행군을 계속하고 있던 안토니우스는 소아시아 남동부에 있는 속주 킬리키아의 수도 타르수스에 당분간 머물기로 했다. 그리고 이집트 여왕 클레오파트라를 거기로 소환했다.

로마와 동맹을 맺고 있는 군주들을 만나 관계를 재확인하는 것은 로마 세계 동부의 질서 회복을 맡은 안토니우스에게는 중요한 임무였다. 이집트와 로마는 오랫동안 동맹관계에 있었다. 따라서 동맹국의 군주를 부를 때는 초청 형식을 취하는 것이 보통이지만, 클레오파트라의 경우에는 비록 강요당했다 해도 브루투스와 카시우스 연합군을 군사적으로 지원한 전과가 있었다. 그래서 초청하여 동맹관계를 경신하는 것이 아니라, 불러서 질책한 다음 관계를 경신하는 형식을 취했다.

안토니우스가 클레오파트라를 만나는 것은 이번이 처음은 아니었을 것이다. 왜냐하면 클레오파트라가 카이사르의 초대를 받고 로마를 방문했을 때 그녀를 대면할 기회가 분명 있었을 것이기 때문이다. 그때만 해도 클레오파트라는 로마의 동맹국 이집트의 통치자인 동시에 최고권력자인 카이사르의 애인이었다. 그런데 지금은 로마 세계의 제일인자가 된 안토니우스의 소환을 받고 허겁지겁 달려가야 하는 처지로 바뀌었다. 이 변화가 안토니우스의 허영심을 자극했을 게 분명하다. 그러나 안토니우스보다는 클레오파트라의 수완이 한 수 위였다.

클레오파트라. 이 여자는 최고권력자 앞에 나타나는 방법만 보더라도 상당한 두뇌의 소유자였던 것 같다.

카이사르 앞에 나타날 때는 카이사르의 거처로 운반된 깔개 속에서 21세의 생기발랄한 모습을 불쑥 나타냈다. 명문 출신인데다 귀족 정신의 화신 같은 카이사르한테는 재물로 눈이 멀게 하는 방법보다는 재치 있고 유쾌한 방법이 더 효과가 있었기 때문이다.

마르쿠스 안토니우스는 이름이 두 개뿐인 것만 보아도 알 수 있듯이 평민계급 출신이다. 그렇긴 하지만, 그라쿠스나 폼페이우스처럼 원래는 평민이라도 오래전에 원로원 계급에 들어간 평민 귀족의 유력자였다. 따라서 안토니우스에게서 볼 수 있는 벼락부자 취미는 출신 계급보다는 그 개인의 취향에 따른 것이었다. 탄핵 연설문이니까 좀 과장된 면도 있겠지만, 키케로는 안토니우스를 "탐욕스럽고 천박하며 창녀들과 시시덕거릴 줄밖에 모르는, 육체적으로나 정신적으로 검투사 같은 사나이"로 단정했다. 안토니우스는 전쟁터에서는 뛰어난 재능을 발휘했고 병사들에게 인기도 높은 지휘관이지만, 몸에 갖춘 품위로 주위 사람들을 자연스럽게 복종시키는 타입은 아니었다.

27세가 된 클레오파트라는 이런 안토니우스 앞에 등장할 때 정말 멋지다고 말할 수밖에 없는 장관을 연출했다.

오늘날에는 터키의 한 지방도시에 불과하지만, 고대의 타르수스는 소아시아에서는 손꼽히는 도시였다. 오늘날보다 훨씬 바다에 가까웠고, 바다와 시가지는 강으로 이어져 있었다. 그 강을 이집트에서 여왕을 태우고 오는 배가 거슬러 올라간다. 선박 자체가 이미 오리엔트의 풍요로운 부로 이루어진 결정체였다.

선체는 황금색으로 칠해졌고, 바람을 받아 크게 부풀어오른 돛은 가장 값비싼 색깔인 자주색이었다. 황금색으로 빛나는 뱃전에서는 노잡이들이 젓는 은빛 노가 음악소리에 맞추어 좌우의 강물을 가른다.

갑판 중앙에는 금실로 수놓은 장막이 좌우로 열려 있고, 그 아래의 옥좌에는 사랑의 여신 비너스로 분장한 클레오파트라가 앉아 있다. 여왕의 좌우에서는 큐피드로 분장한 여자 노예들이 부채를 흔들고, 그 주위에서는 나르키소스나 미의 여신으로 분장한 시녀들이 살랑이는 옷차림으로 춤을 춘다. 그야말로 그림에서나 볼 수 있는 비너스의 등장이다. 배 위에서는 무어라 형용할 수 없는 좋은 향기가 풍겨왔다니까, 온갖 공을 다 들인 연출이었다고 말할 수밖에 없다. 게다가 눈을 크게 뜨고 구경하는 군중 속에서는 오리엔트의 밝은 장래를 위해 아프로디테가 디오니소스 신을 찾아왔나 보다는 말까지 퍼졌으니, 이보다 더 완벽할 수는 없었을 것이다.

아폴론이 이성의 신이라면, 디오니소스는 감성의 신으로 되어 있다. 졸지에 '남신'이 되어버린 안토니우스는 자기를 찾아온 '여신'을 점심 식사에 초대했다. 그런데 '여신'은 초대에 응하는 대신, 거꾸로 안토니우스를 초대했다. 안토니우스는 이 초대를 받아들였다. 승부는 이것으로 결정되었다.

클레오파트라는 안토니우스의 성격과 재능을 이미 파악한 게 분명하다. 그리고 그를 카이사르와 비교해보았을 테니까, 여자라면 누구나 평생에 한 번은 부닥치는 문제에 그녀도 직면했을지 모른다. 뛰어난 남자는 여자 뜻대로 되지 않고, 여자 뜻대로 되는 남자는 그 아래에 있는 남자뿐이라는 것이다. 여자가 이 문제에 어떻게 대처하느냐에 따라 그 후의 생활방식이 결정된다. 자기 뜻대로 되지 않아도 좋으니 뛰어난 남자를 택할 것인가, 아니면 역량과 재능은 일급이 아니더라도 자기 뜻대로 되는 남자를 택할 것인가. 클레오파트라는 후자를 택했다. 이리하여 앞으로의 생활방식도 결정되었다.

싸움 한 번 하지 않고 승자가 된 클레오파트라는 이 승리를 더욱 확실하게 굳히는 것 외에는 생각지 않았다. 그녀는 안토니우스를 이집트 왕국의 수도인 알렉산드리아로, 즉 자기 집으로 초대했다. 안토니우스는 이 초대를 받아들였다. 그것도 클레오파트라가 원한 형태로, 즉 로마의 '전직 집정관' 자격이 아니라 개인의 사적인 방문이라는 형태로 받아들였다. 기원전 41년 가을, 41세의 장군은 이때 이미 28세의 여왕 클레오파트라의 품 안에 몸을 던진 것이다.

환대는 손님이 무의식중에 바라고 있었던 것을 제공하는 것이다. 하지만 그것만으로는 충분치 않다. 손님은 만족해도 언젠가는 싫증을 내기 때문이다. 따라서 손님이 무의식중에 바라던 것을 계속 제공하면서, 그와 동시에 손님이 전혀 생각지 않았던 것도 '플러스 알파'로 제공할 필요가 있다.

안토니우스를 맞이한 클레오파트라는 당연히 안토니우스와 카이사르를 비교했을 것이다.

같은 휴가라도, 카이사르는 시간을 보내는 방식이 달랐다.『내전기』를 쓰거나, 나일강의 수원에 흥미를 갖거나, 이집트의 국내 정세에 주목하거나, 천문학자와 수학자들의 연구 성과를 토대로 달력 개혁을 생각하는 등, 한마디로 말해서 상당히 능동적으로 시간을 사용하는 손님이었다. 산해진미에는 전혀 관심이 없었고, 호화로운 오리엔트 스타일에도 별다른 흥미를 보이지 않았다. 이런 카이사르에게 클레오파트라가 제공할 수 있었던 것은, 젊은 나이에도 충분히 카이사르의 말상대가 될 수 있었던 그녀 자신의 총명함과 나일강을 여행할 때 필요한 아름답고 쾌적한 유람선 정도였을 것이다.

카이사르에 비해 수동적으로 시간을 사용하는 안토니우스에게는 그녀가 제공할 수 있는 것이 많았다.

첫째, 왕에게 어울리는 호화판 궁정생활. 요리사는 언제 어디서나 손님의 요구에 응할 수 있도록 잔칫상을 갖추어놓고 기다린다. 요리의 가짓수와 양이 많은 것은 물론이고, 종류도 산해진미를 망라한 것이어야 한다. 그리고 악사와 무희와 마술사까지 동원하여 날마다 잔치를 베푼다.

둘째, 그래도 언젠가는 염증이 날 것에 대비한 '플러스 알파'. 하루는 로마의 장군과 이집트 여왕이 나일강에서 낚시를 즐기고 있었다. 물고

기가 통 잡히지 않자, 짜증이 난 안토니우스는 노예를 몰래 강바닥으로 내려보내, 그가 드리우고 있는 낚싯바늘에 물고기를 끼우게 했다. 재빨리 사정을 눈치챈 클레오파트라는 안토니우스와 함께 즐거워했다. 그러나 이튿날 낚시에서 클레오파트라가 벌인 수작은 참으로 걸작이었다. 노예를 강바닥으로 내려보내 안토니우스가 드리우고 있는 낚싯바늘에 물고기를 끼우게 한 것까지는 같았지만, 그 물고기가 말린 생선이었다. 보란 듯이 낚싯줄을 걷어올린 안토니우스가 말린 생선을 보았을 때의 표정은 정말 가관이었을 것이다. 안토니우스는 멋쩍게 웃었고, 클레오파트라도 웃었고, 하인들도 배꼽을 쥐었다.

그러나 클레오파트라가 안토니우스의 체면을 구기고 재미있어한 것만은 아니었다. 그게 바로 클레오파트라의 총명함을 보여주는 점이다. 멋쩍음을 웃음으로 얼버무린 안토니우스에게 여왕은 이렇게 말했다.

"저의 위대한 장군님, 물고기를 낚는 것은 어부들한테 맡기세요. 장군께서 낚을 것은 도시이고 왕국이고 대륙이니까요."

클레오파트라가 내미는 이 '플러스 알파'에 안토니우스는 도취하고 말았다.

도취하지 않는 남자였던 카이사르를 자기 뜻대로 휘두르는 데 실패한 클레오파트라는 안토니우스를 도취시키는 데 모든 정력을 쏟았을 것이다. 하지만 이것은 이급 정도의 역량밖에 갖지 못한 사람에게 자기도 일급이 될 수 있다는 턱없는 믿음을 심어주었을 뿐이다.

안토니우스가 이집트에서 궁정의 호화로움과 여왕의 재치를 만끽하던 기원전 41년 가을부터 기원전 40년 봄까지, 옥타비아누스는 본국에서 악전고투의 나날을 보내고 있었다. 이탈리아 중부의 페루자에서 안토니우스의 동생(루키우스)과 아내(풀비아)가 군대를 일으킨 것이다. 이것은 옥타비아누스의 발목을 잡아 흔들기 위한 안토니우스의 책략이었지만, 본국 안에서 일어난 반란인지라, 전투를 즐기지 않는 옥타비아누스도 진압에 전력을 기울일 수밖에 없었다.

안토니우스의 아내 풀비아는 나중에 제정 시대의 로마사를 요란하게 장식하는 자신만만한 여인들의 선구자이기도 하다. 결혼 상대가 항상 로마에 풍운을 불러일으킨 남자였던 것도 그녀의 정치적 관심을 키우는 데 이바지했을지 모른다.

첫 남편은 호민관 클로디우스였다. 로마 제일의 명문 귀족이라는 신분을 버리고 평민의 양자가 되면서까지 호민관에 취임하여, 갈리아 원정에 전념하고 있는 카이사르 대신 수도 로마에서 원로원을 견제한 인물이다. 이 남편이 원로원파인 밀로에게 살해당한 뒤, 그녀는 역시 호민관인 쿠리오와 재혼했다. 쿠리오도 갈리아 전쟁을 마무리하기에 바쁜 카이사르에게 낚여서, 카이사르에 반대하는 기색이 점점 짙어지고 있던 원로원을 앞장서서 견제한 인물이었다. 이 쿠리오가 내전이 일어난 뒤 아프리카에서 전사하자, 풀비아는 역시 카이사르 휘하의 장수인 안토니우스와 재혼했다. 이렇게 몇 번이나 결혼을 거듭하는 것은, 기독교의 처녀 신앙이 없었던 로마 시대에는 비난받을 일도 아니었고 드문 일도 아니었다.

옥타비아누스는 안토니우스파의 도전에 응할 수밖에 없었지만, 그에게 군사적 재능이 없다고 판단한 카이사르가 그의 측근으로 붙여준 아그리파도 아직은 옥타비아누스와 같은 22세의 젊은이였다. 이 나이에는 실전 경험이 부족한 게 당연하고, 그에 따른 불리함도 감수할 수밖에 없었다. 게다가 아그리파는 알렉산드로스 대왕이나 한니발, 스키피오 아프리카누스나 카이사르, 또는 전성기의 폼페이우스 같은 천재적 장군도 아니었다. 카이사르는 견실한 기질을 가진 옥타비아누스에게 견실한 '오른팔'을 주었을 뿐이다.

그러나 고전을 거듭하면서도 체념하지 않고 계속 싸우면, 언젠가는 성과를 거둘 수 있다. 기원전 40년 2월 말, 22세의 두 사람은 드디어 진압에 성공하고, 풀비아와 루키우스를 그리스로 추방하는 것으로 페루자 전쟁을 끝냈다.

그러나 정보 수집을 중요하게 생각지 않는 안토니우스는 이 결과를 모르고 있었다. 아내와 동생이 군대를 일으켜 옥타비아누스를 흔들어놓으면, 자신이 이탈리아로 건너가 최종적으로 옥타비아누스를 쫓아낸다는 것이 애초의 계획이었다. 그는 이 계획을 마무리하기 위해 이집트를 떠나 이탈리아로 갔지만, 브린디시에 입항해서야 비로소 반란이 실패로 끝난 것을 알았다. 예상과는 달리, 브린디시에는 의기소침한 22세의 젊은이가 아니라 군대를 거느리고 안토니우스의 배신행위를 규탄할 태세를 갖춘 22세의 젊은이가 기다리고 있었다.

안토니우스는 당장 태도를 바꾸어, 페루자 반란의 책임을 아내에게 덮어씌웠다. 자기가 전혀 모르는 사이에 풀비아가 동생 루키우스를 부추겨 군대를 일으켰다고, 모든 책임을 아내에게 전가한 것이다. 이 말을 전해 들은 풀비아는 달아난 그리스 땅에서 분을 이기지 못하고 죽어버렸다.

옥타비아누스가 안토니우스의 변명을 믿은 것은 아니었다. 그러나 당시의 옥타비아누스는 믿는 척할 수밖에 없었다. 페루자 전쟁은 처리되었지만, 폼페이우스의 둘째 아들 섹스투스의 세력은 이제 로마 본국과 인접한 시칠리아를 수중에 넣을 정도로 확대되어 있었기 때문이다.

'브린디시 협정'

카이사르는 후계자로 점찍은 당시 17세의 옥타비아누스에게 아그리파를 붙여줌으로써 그에게 한 가지 가르침을 주었다. 어떤 재능이 부족하다 해도 그것 자체로는 불리하지 않으며, 부족한 재능을 대신할 수 있는 사람과 협력체제만 확립하면 된다는 가르침이었다. 카이사르가 말로 가르쳤는지 어떤지는 모르지만, 옥타비아누스는 카이사르가 군사적 재능을 가진 아그리파를 붙여준 것에서 그것을 터득했다. 가르침이 효과를 발휘하려면 가르치는 사람만이 아니라 배우는 쪽의 자질도 중요하다.

카이사르는 누구한테나 이길 수 있었기 때문에, 당분간은 이길 가망이 없는 강력한 적과 타협할 필요가 없었다. 그러나 20대의 옥타비아누스는 그럴 필요가 있었고, 옥타비아누스 자신이 그 필요성을 깨닫고 있었다. 젊은 옥타비아누스는 이렇게 하여 외교라는 것의 존재이유를 배워간다. 그리고 그는 이 외교에 동년배의 젊은이를 등용했다.

그 젊은이의 이름은 마이케나스. 2천 년 뒤의 일본에도 알려진 '기업의 메세나 운동'의 시조이기도 하다. 문예의 후원자를 뜻하는 '메세나'는 마이케나스 또는 메체나스라고 읽는 라틴어 이름을 프랑스식으로 발음한 것에 불과하다.

옥타비아누스의 '외무장관'이 된 마이케나스는 에트루리아 출신이었다. '국방장관' 아그리파는 일찍이 로마에 합병된 이탈리아 남부 출신이다. 옥타비아누스 자신도 수도 로마 출신은 아니다. 로마의 새 시대를 짊어지기에 어울리는 진용을 갖춘 젊은 삼총사의 탄생이었다. 브린디시에서 서로 의심하며 대치하고 있는 안토니우스와 옥타비아누스 사이를 원만하게 수습하려고 애쓴 것은 마이케나스였다. 이리하여 '브린디시 협정'이 성립되었다.

협정이 맺어진 도시 이름을 따서 '브린디시 협정'이라고 불리는 이 협정은 제2차 삼두정치의 '삼두'가 각자의 세력권을 결정한 협약이다.

로마의 패권이 미치는 지역 전체를 삼분하여 안토니우스는 동부, 옥타비아누스는 서부, 그리고 레피두스는 남부에 해당하는 아프리카를 맡기로 한 것이다.

그러나 필리피 회전이 끝난 뒤에 '삼두'가 담당 지역을 삼분한 것과, '브린디시 협정'에 따라 '삼두'가 세력권을 삼분한 것은 그 의미가 상당히 다르다. 2년 전의 삼분에는 브루투스와 카시우스를 비롯한 공화주의자들의 마지막 저항을 분쇄한 뒤 '삼두'가 로마 세계를 분담하여 질서를 회복한다는 의미가 있었다. 그러나 기원전 40년에 브린디시에서 만난 '삼두'는 서로의 세력권을 침해하지 않겠다는 '상호불가침'을 약속했다. 따라서 카이사르가 남긴 로마 세계를 세 사람이 협력하여 재건한다기보다는 분할하여 통치한다는 색채가 더 짙어졌다. 옥타비아누스에게는 아버지 카이사르의 유지를 받들어 로마 세계를 통일하는 것보다는 당분간 안토니우스의 방해를 저지하는 것이 선결문제였기 때문이다.

'브린디시 협정'을 좀더 확실한 것으로 하기 위해 안토니우스와 옥타비아누스 사이에 인척관계가 맺어졌다.

풀비아의 죽음으로 홀아비가 된 안토니우스는 옥타비아누스의 누나인 옥타비아와 결혼했다. 그리고 옥타비아누스는 안토니우스의 전처 풀비아가 첫 남편 클로디우스와 관계해서 낳은 딸 클로디아와 약혼했다. 안토니우스는 그가 이집트를 떠난 뒤 클레오파트라가 사생아를 낳은 것을 알고 있었다. 그런데도 옥타비아와 결혼식을 올린 것이다.

그러나 옥타비아누스는 약혼만 했을 뿐 결혼까지는 하지 않았다. 클로디아를 싫어했기 때문이 아니라 결혼을 좀더 활용할 수 있는 기회를 노리고 있었을 뿐이다. 아니, 결혼을 좀더 활용하지 않으면 안 되었던 것이 옥타비아누스의 처지였다. 23세가 되었는데도 그의 지위는 여전히 취약해서 결혼으로 보강할 필요가 있었다. 그리고 그 기회는 8개월 뒤에 찾아왔다.

나폴리만의 서쪽 끝에 있는 미세노곶에 폼페이우스의 둘째 아들 섹스투스를 불러서 성립시킨 것이 역사상 '미세노 협정'으로 불리는 삼자 협약이다. 이번 회담에 참석한 사람은 안토니우스와 옥타비아누스와 섹스투스 폼페이우스였다. 회담 장소로 미세노곶을 선택한 것은 배를 타고 오는 섹스투스의 편의를 고려해서였다.

'미세노 협정'에서 결정된 것은 옥타비아누스에 대한 폼페이우스파의 적대행위에 종지부를 찍는다는 것이었다.

그 대신 옥타비아누스는 문다 회전에서 패한 뒤에도 섹스투스 폼페이우스를 따라 망명생활을 계속하고 있던 자들이 로마로 돌아와 공직에 복귀하는 것을 인정하기로 했다. 그와 동시에 섹스투스에게 시칠리아와 사르데냐 및 코르시카의 통치권을 양도했다. 당분간은 이길 가망이 없는 상대에게 양보하고 타협해야 할 필요성은 여전히 옥타비아누스를 따라다니고 있었다.

이와는 반대로, 미세노 회담에서 안토니우스의 역할은 폼페이우스의 아들과 카이사르의 아들 사이에 이루어진 화해의 보증인이었다. 이것은 안토니우스가 두 사람보다 우월한 위치에 있었다는 것을 보여준다.

여유가 있는 안토니우스는 옥타비아누스가 그의 의붓딸인 클로디아와 파혼하고 섹스투스의 처고모인 스크리보니아와 결혼하는 것도 허락했다. 섹스투스의 장인의 누이인 스크리보니아는 당시 23세였던 옥타비아누스보다 나이가 많았다고 한다. 이 결혼에서 옥타비아누스의 유일한 혈육인 율리아가 태어났다.

옥타비아와 결혼한 안토니우스는 다시 로마 남자의 일상으로 돌아갔다. 신혼의 보금자리를 꾸민 곳이 아테네인 탓도 있어서, 악사와 무희를 동원하는 클레오파트라 스타일의 잔치를 그만두고 철학자들과 환담하는 플라톤 스타일의 향연을 베풀어 부하들을 놀라게 했다. 안토니아라고 이름지은 딸도 태어났다. 이 무렵 안토니우스는 클레오파트라를 피하는 기색을 보였다. 아마 안토니우스도 로마적인 생활을 계속하면서 클레오파트라를 잊으려고 나름대로 애쓰고 있었을 것이다. 이 무렵의 안토니우스는 파르티아 원정에 성공하는 것밖에는 염두에 없는 것처럼 보였다. 부하들도 그런 안토니우스를 보고 안심했다. 이런 나날을 보내는 동안 2년이 흘렀다.

옥타비아누스의 사랑

그러나 사랑을 잊으려고 애쓰는 43세의 남자가 있었던 반면, 한편에는 난생처음 찾아온 사랑에 가슴 설레는 24세의 젊은이가 있었다.

옥타비아누스가 사랑한 여자의 이름은 리비아였다. 옥타비아누스보다 다섯 살 아래지만, 이미 클라우디우스 네로와 결혼한 유부녀이고, 티베리우스라는 세 살바기 아들을 둔 어머니이기도 했다. 게다가 둘째 아이를 임신하고 있었다.

셰익스피어가 묘사하는 옥타비아누스는 냉혹하고 비정한 남자에 불과하지만, 실제의 옥타비아누스는 그렇지만은 않다. 카이사르가 죽은 직후부터 일관되게 그의 유지를 계승하려는 마음가짐을 가져온 것이 보여주듯이, 지속적인 의지와 정열의 소유자이기도 했다. 그런 옥타비아누스에게는 임신 중인 유부녀라는 리비아의 신분도 사랑의 장애가 되지는 않았을 것이다.

그리고 옥타비아누스는 독신이었다. 섹스투스 폼페이우스와의 관계가 험악해지자마자 정략결혼 상대였던 스크리보니아와 이혼했기 때문

리비아

이다. 24세의 젊은이는 사랑하는 여자의 남편과 직접 담판을 벌였다.

로마의 명문 귀족인 클라우디우스 네로는 옥타비아누스에게 아내를 양보했다. 기원전 38년 1월, 두 사람은 결혼했다. 신부 들러리를 전남편이 맡은 색다른 결혼식이었다. 결혼식이 끝난 지 석 달 뒤에 리비아는 아들을 낳았다. 이 아들에게는 클라우디우스 네로 집안에 대대로 흔한 이름인 드루수스라는 이름을 붙여주었다.

이 결혼은 결혼식만 색달랐던 게 아니라 그 후에도 색달랐다. 로마의 상류층에서는 여자가 재혼하면 전남편의 자식은 데려가지 않는 것이 보통이다. 하지만 옥타비아누스는 세 살바기 티베리우스도 갓난 드루수스도 자기가 떠맡았다. 어머니가 재혼하는 바람에 외할머니 슬하에서 자란 자신의 어린 시절을 생각하여 온정을 베풀었는지도 모른다.

24세의 남편과 19세의 아내는 로마 상류층에서는 보기 드물게 평생을 해로하게 된다. 그리고 로마 제국의 초대 황제로서 아우구스투스라는 존칭으로 불린 옥타비아누스의 뒤를 이어 제2대 황제가 된 것은 바로 리비아가 데려온 전남편의 자식 티베리우스였다.

정치를 배려할 필요가 없이 자기가 원하는 사람을 아내로 맞이할 수 있었다는 것만 보아도, 옥타비아누스의 지위는 그만큼 탄탄해져 있었던 게 분명하다. 자신의 세력권으로 인정받은 서부를 평정하기 위한 군사행동도 이 무렵부터는 더욱 적극적으로 변했다. 섹스투스 폼페이우스와의 대결에서 지금까지는 옥타비아누스가 눌리고 있었지만, 그 상황이 역전되었다. 그런데 옥타비아누스가 총지휘를 맡으면 져버린다. 그래서 옥타비아누스는 다른 지방에서 싸우는 아그리파가 그쪽 싸움을 처리하자마자 달려와주기를 기다릴 수밖에 없었다.

이리하여 로마 세계의 서부에서 가장 강력한 적이었던 섹스투스 폼페이우스를 타도하는 데 성공한다. 그러나 옥타비아누스는 전투에서 이기는 것만으로 타도를 끝내지 않았다. 그는 역시 카이사르가 아니었다. 브루투스와 카시우스가 죽은 뒤 '복수'라는 간판은 내렸지만, 그 대신 내걸린 것은 '관용'의 간판이 아니었다. 적이 죽어야만 비로소 적을 타도했다고 말할 수 있다는 게 옥타비아누스의 생각이었다. 폼페이우스의 둘째 아들 섹스투스도 도피한 레스보스섬에서 살해되었다.

옥타비아누스가 착착 세력을 확장하는 것을 보고 초조해진 것은 안토니우스였다. 안토니우스도 어느덧 45세가 되어 있었다. 그는 옥타비아누스가 맡은 서부에 비하면 문제가 없다고 해도 좋은 동부를 세력 기반으로 삼았지만, 그렇기 때문에 오히려 본국의 로마인에게 그의 존재를 인식시킬 기회를 얻지 못했다. 게다가 동부를 맡을 때의 대의명분이었던 파르티아 원정에도 아직 손을 대지 못한 상태였다. 그러나 카이사르도 이루지 못한 파르티아 원정에 성공하면, 눈부시게 부상하고 있는 옥타비아누스의 추격을 뿌리칠 수 있을 터였다. 안토니우스도 드디어 무거운 엉덩이를 일으켰다.

이집트에서 도착한 클레오파트라의 편지 때문이었다고 고대 역사가들은 말한다. 하지만 클레오파트라의 편지가 지난 4년 동안 한 번밖에 오지 않았을 리가 없다. 아마 그동안 안토니우스는 이집트 여왕에 대한 사랑을 체념하려고 나름대로 열심히 노력했을 것이다. 아내 옥타비아는 로마 여성의 미덕을 두루 갖춘 여자였기 때문에 불만을 말할 수도 없었다. 그러나 여자의 매력이란 반드시 미덕과 일치하지는 않는다.

드디어 파르티아 원정을 떠나기로 결심한 안토니우스는 둘째 아이의 해산을 앞두고 있는 아내에게 수도 로마로 돌아가 자기가 돌아올 때까지 기다리라고 말했다. 옥타비아는 현모양처답게 클레오파트라에 대해서는 한마디도 하지 않고 남편의 명령에 따랐다. 옥타비아는 둘째 아이를 임신한 무거운 몸으로 어린 딸을 데리고 로마로 돌아가, 친정이 아니라 남편의 저택에서 해산을 기다렸다. 남편과 전처 사이에서 태어난 아이들을 키우면서 남편이 없는 집을 지킨 것이다.

기원전 37년 가을, 안토니우스는 동쪽으로 떠났다. 그전에 클레오파트라에게 안티오키아에서 재회할 것을 약속하는 편지를 보냈다.

편지를 받자마자 클레오파트라도 알렉산드리아를 떠났다. 파르티아 원정에 필요한 물자와 자금을 가득 싣고, 안토니우스와의 사이에 태어난 쌍둥이 남매를 데리고 돛을 올렸다. 안토니우스는 아직 클레오파트라가 낳은 자기 자식의 얼굴도 보지 못했다.

안토니우스와 클레오파트라의 결혼

4년 만의 재회였다. 그리고 일단 재회하자, 안토니우스는 클레오파트라가 마음대로 주무를 수 있는 사내로 돌아갔다.

이때 클레오파트라는 굳게 결심하고 있었다. 애인으로 계속 남아 있을 생각은 없었다. 그녀는 안토니우스에게 정식 결혼을 요구했다. 그리스 스타일의 결혼식이 거행되었다. 안토니우스는 클레오파트라가 낳은 두 아이를 적자로 인정했다. 쌍둥이 가운데 아들의 이름은 알렉산드로스 헬리오스, 딸의 이름은 클레오파트라 셀레네였다. 헬리오스

안토니우스와 클레오파트라가 앞면과 뒷면에 새겨져 있는 금화(기원전 34~33년경)

는 태양을 의미했고, 셀레네는 달을 의미했다. 클레오파트라와 카이사르 사이에 태어난 자식이라 하여 이집트인들이 '작은 카이사르'라는 뜻으로 카이사리온이라고 부른 아들의 이름은 프톨레마이오스 카이사르였는데, 안토니우스는 그 아이의 후견인이 되었다.

그리고 안토니우스와 클레오파트라는 헬레니즘 왕국의 전통에 따라 두 사람의 옆얼굴을 새긴 기념 금화를 만들었다. 그리스인용 금화에 새겨진 안토니우스의 얼굴은 디오니소스 신을 본떴고, 클레오파트라의 얼굴은 아프로디테(비너스)를 본떠서 만들었다. 이집트인용 금화에 새겨진 안토니우스의 얼굴은 오시리스 신을 본떴고, 클레오파트라의 얼굴은 이시스 여신을 본떴다.

안토니우스는 클레오파트라에게 오리엔트 지방의 통치권을 결혼선물로 주었다. 그 대부분은 로마의 속주거나 로마가 동맹자로 인정한 제후의 영토였다. 클레오파트라가 강력하게 원했지만 안토니우스가 끝내 허락하지 않은 것은 헤로데 왕이 다스리는 유대뿐이었다고 한다. 클레오파트라는 이집트 세력이 강성했던 200년 전에 이집트 왕가가 영유하고 있던 지방을 대부분 결혼선물이라는 명목으로 되찾게 되었다.

이것을 안 로마인은 아연실색했다. 로마법은 이중결혼을 허용하지 않는다. 또한 로마의 패권 밑에 있는 많은 지방을 로마의 동맹국에 불과한 이집트에 주어버렸으니, 화가 났다기보다는 어이가 없어서 말도 나오지 않을 지경이었다. 하지만 안토니우스는 파르티아 원정에만 성공하면 로마인들도 자신의 조치를 추인할 수밖에 없을 거라고 생각했다.

그거야 어쨌든, 클레오파트라는 절세미녀가 아니면서도 남들이 그렇게 여기게 만드는 기술이 능할뿐더러, 총명하고 재치가 풍부한 여자였던 것은 분명하지만, 진정한 의미에서의 지성도 갖추고 있었을까?

우선 그녀는 현재 상황에 대한 인식력이 부족했다. 기원전 63년에 폼페이우스가 동방을 제패했을 때, 로마가 마음만 먹었다면 시리아의 셀레우코스 왕조와 마찬가지로 이집트 왕국도 얼마든지 로마의 속주로 만들 수 있었다. 그런데 그것이 실현되지 않은 것은 이집트의 국력을 로마가 두려워했기 때문이 아니라, 로마가 그것을 바라지 않았기 때문이다.

로마는 군사적으로는 로마의 패권 밑에 들어와 있는 나라라 해도 국내 정세가 안정되어 있으면 독립국으로 인정하고, 동맹관계를 유지하면서 상대국의 내정에는 간섭하지 않는 것을 대외정책의 기본방침으로 삼고 있었다. 속주로 삼으면 속주세는 들어오지만, 총독을 파견하여 내정과 방어를 책임져야 한다. 동맹국으로 삼으면 상호안전보장의 의무만 지키면 되고, 내정과 방어를 위한 비용은 그 나라가 부담하게 된다.

이렇게 생각하는 로마인에게 이집트는 오랫동안 이상적인 동맹국이었다. 마케도니아나 시리아와는 달리, 이집트는 같은 헬레니즘 국가이면서도 내정이 안정되어 있었다. 그것은 이집트를 영유해온 프톨레마이오스 왕조가 이집트인에 대해서는 신으로 군림하는 한편, 수도 알렉산드리아에 살면서 이집트 경제를 지배하고 있는 그리스계 주민들에 대해서는 알렉산드로스 대왕의 계승자로 자처하는 교묘한 이중 대응책을 채택했기 때문이다. 클레오파트라라는 이름도 마케도니아 왕가의 여자 이름이고, 이집트의 고유한 이름은 아니다. 클레오파트라 자신도 이집트의 전통 제사에는 단발머리 스타일로 참례했지만, 평소에는 그리스식으로 머리를 매만졌고 옷도 그리스 스타일이었다. 실제로 클레오파트라의 초상으로 남아 있는 것 가운데 단발머리 스타일은 하나밖에 없다. 그밖에는 모두 그리스 스타일이다. 클레오파트라라면 단발머리를 연상하게 되어버린 것은 셰익스피어 시대부터인데, 이것은 이국적 분위기라는 무대효과를 노린 것이 분명하다.『오셀로』의 주인공을 역사상 있을 수 없는 흑인으로 설정한 것과 비슷하다[이 문제와 관련하여 저자는『르네상스의 여인들』의 한 대목에서 다음과 같이 말하고 있다. "셰익스피어의 명작『오셀로』는 베네치아가 전성기에 들어가 있던 무렵의 키프로스를 무대로 하고 있다. 1508년에 크레타 총독인 크리스토포로 모로가 크레타섬으로 돌아가는 배에서 아내를 죽였다는 기록이 남아 있다. 셰익스피어의 주인공 오셀로는 흑인인데, '모로'라는 이름은 무어인(흑인)이나 피부가 검은 사람이라는 의미도 있다. 바다를 삶의 터전으로 삼았던 베네치아 사람들은 적어도 해군만은 자국의 귀족들로 구성했다. 해군 제독은 비상대권을 가진 직위였고, 퇴역한 뒤에는 공화국 통령이 된 경우도 많다. 식민지 총독도 마찬가지였다. 외국인이나 흑인이 식민지 총독이 된다는 것은 거의 불가능한 일이다. 그런데도 셰익스피어가 주인공을 흑인으로 설정한 것은 무엇 때문일까. 이름에 불과한 '모로'를 정말 흑인을 뜻하는 것으로 믿었기 때문일까. 아니면 진상을 알고 있으면서도 일부러 베네치아라는 이국적 정취를 강조하기 위해서 그런 것일까. 어느 쪽이 사실인지는 알 수 없다." – 옮긴이].

프톨레마이오스 왕조는 이집트 색채와 그리스 색채를 교묘히 나누어 사용하는 방법으로 이집트를 통치해왔지만, 로마인에게는 내정만 안정되어 있으면 그것으로 충분하다. 이집트에서 내분이 일어나 클레오파트라의 부왕이 수도에서 쫓겨났을 때, 당시 로마의 양대 실력자였던 폼페이우스와 카이사르가 군사원조까지 하여 그를 왕위에 복귀시킨 것이 그 증거다. 이집트 통치자는 신이 아니면 안 된다. 그런 이집트 왕위에는 로마인이 앉을 수도 없는 노릇이고, 또한 앉지 않는 편이 이집트 국내 정세의 안정을 위해서나 로마인의 반응을 생각해보아도 타당한 방책이었다.

카이사르의 이집트 대책도 이 방침을 그대로 계승했다. 이집트 왕위를 안정시키는 것이 로마 통치자에게는 가장 중요한 문제였고, 누구를 왕위에 앉힐 것인가를 결정하는 데 여자의 아리따운 모습은 아무 관계도 없었다. 카이사르가 클레오파트라를 왕위에 앉힌 것은 왕위 계승권을 가진 두 왕자와 두 왕녀 가운데 클레오파트라만이 폼페이우스 살해에 관여하지 않았기 때문이다. 로마인을 죽인 자를 왕위에 앉히면, 본국의 로마인이 승복하지 않으리라는 것쯤은 삼척동자도 알 수 있는 일이었다.

그런데 클레오파트라는 자기가 왕위에 앉게 된 것을 자신의 미모 덕택이라고 믿었다. 그때부터 그녀의 현실인식 능력에 그림자가 드리우기 시작한 것은 아닐까. 하지만 카이사르는 여자의 뜻대로 조종당하는 남자가 아니었기 때문에, 그가 살아 있는 동안은 클레오파트라도 잘못을 저지르려 해도 저지를 수가 없었다.

그러나 카이사르는 살해되었다. 그리고 공개된 유언장에는 카이사르와 클레오파트라 사이에 태어난 아들 카이사리온(카이사리온이 카이사르의 아들이라는 이야기는 카이사르가 암살된 뒤 나오기 시작했지만)에 대해 한마디도 언급되어 있지 않았다. 클레오파트라는 그때 아마 여자로서의 분노와 굴욕감을 맛보았을 것이다.

클레오파트라는 왜 카이사르의 진정을 이해하지 못했을까. 클레오파트라의 왕위가 무사하기 위해서는 애인인 채로 끝나는 편이 낫고, 아들도 인지하지 않는 편이 낫다고 생각한 카이사르의 깊고도 애틋한 사랑을 이해하지 못했던 것일까. 이집트 왕가의 존망은, 마음만 먹으면 언제든지 이집트를 군사적으로 제패할 수 있는 로마를 섣불리 자극하지 않는 데 달려 있었다.

그러나 클레오파트라는 카이사르에게 앙갚음이라도 하는 것처럼 안토니우스와 정식으로 결혼했다. 아이들도 공식으로 인지하게 했다. 이리하여 클레오파트라는 자멸을 향한 결정적인 첫걸음을 내디딘 것이다.

나도 여자이기 때문에, 여자의 소견이 얕다거나 어리석고 천박하다는 따위의 표현은 피하고 싶다. 하지만 자멸을 향한 첫걸음을 내디뎠을 때, 클레오파트라는 32세였다. 젊어서 경험이 부족했기 때문이라는 투의 변명은 통할 수 없는 나이다.

당시 지중해 세계에서 그녀만큼 많은 재물을 소유하고 있던 여자는 없었을 것이다. 알렉산드리아의 왕궁보다 호화로운 건물은 당시 로마에는 하나도 없었을 게 분명하다. 알렉산드리아만큼 항만 시설이 잘 갖추어진 항구는 지중해의 어디에도 없었다. 그것을 본 카이사르가 오스티아의 항만 공사를 위해 이집트에서 기술자를 초빙했을 정도였다.

또한 이집트 왕국의 수도인 알렉산드리아는 그리스계 주민의 경제력 덕택에 지중해 동부 지역에서 가장 번영을 누리고 있었다. 알렉산드리아의 시장만큼 상품이 풍부한 시장은 없었다.

그러나 이런 것들이 곧 국력이 되지는 않는다는 것을 클레오파트라는 이해하지 못했을까. 국력은 겉에 나타난 것과는 다른 곳에 숨어 있다는 사실을, 즉 필요하면 언제든 퍼올릴 수 있는 지하수맥 같은 것이라는 사실을 그녀는 이해하지 못했을까.

카이사르가 생전에 그려둔 청사진에 따라 진군하고 있는 옥타비아
누스의 로마를 이집트의 부와 안토니우스의 군사력으로 이길 수 있다
고 생각했던 것일까.

게다가 이집트 여왕의 '천박함'은 안토니우스의 파르티아 원정도 망
쳐버리게 되었다.

파르티아 원정

로마인에게 파르티아 원정은 우선 크라수스의 참담한 패배를 설욕
한다는 의미가 있었다. 둘째로는 파르티아를 제압함으로써 유프라테
스강을 방어선으로 확립한다는 의미가 있었다. 이 방어선만 확립되면
로마 세계의 동부 지역의 안전도 보장되기 때문이다. 따라서 파르티아
원정의 목적은 파르티아를 정복하여 영유하는 것이 아니었다. 그런데
파르티아까지 차지하겠다는 야심을 품은 클레오파트라의 영향으로,
안토니우스는 종래의 전략을 바꾸어버렸다. 치고 빠지는 전략이 아니
라, 치고 눌러앉는 전략으로 바꾼 것이다. 하지만 이렇게 되면 원정 방
식부터 완전히 달라진다. 게다가 안토니우스는 전략 변경을 부하 장수
들에게 알릴 수도 없었다. 로마인인 그들은 로마의 방어선을 확립하기
위해서는 싸울지언정, 정복한 땅을 외국 여왕에게 바치기 위해 싸우지
는 않기 때문이다. 이리하여 기원전 36년 봄에 결행된 로마군의 파르
티아 원정은 처음부터 석연치 않은 형태로 시작되었다.

파르티아 원정을 위해 안토니우스가 준비한 전력은 크라수스 때의
세 배가 넘는 대군이었다.

16개 군단의 중무장 보병만 해도 6만 명에 이른다. 모든 군단이 로

마인으로 구성되어 있다.

그리고 갈리아나 에스파냐에서 모집한 기병이 1만 기나 된다.

그밖에 로마와 동맹관계에 있는 오리엔트 국가에서 참가한 병력이 4만 명을 넘는다.

병사만 해도 11만 명. 여기에 수많은 공성기가 추가된 대규모 원정이었다.

한편 이 대군을 맞아 싸울 파르티아군은 총병력이 4만 기. 지휘는 파르티아에 귀화한 그리스인 모네수스가 맡았다. 병력만 놓고 비교하면 로마군의 압승은 의심할 여지가 없었다. 최고사령관 안토니우스는 물론이고, 도중까지 그와 동행하다가 알렉산드리아로 돌아가 승전보를 기다리겠다고 말하고 헤어진 클레오파트라도 승리를 의심하지 않았다.

파르티아군은 로마군을 맞아 싸우기에 이상적인 상태도 아니었다. 왕실의 고질적인 내분은 끊이지 않았고, 크라수스를 무찌른 수레나스처럼 천재적인 명장이 있었던 것도 아니다. 다만 안토니우스가 직접 출전하기 전에 보낸 선발대와의 전초전에서 파르티아가 자랑하는 중무장 기병대가 패배를 맛보았고, 이 전례에서 교훈을 얻을 수 있었을 뿐이다. 그래서 안토니우스가 원정을 4년이나 미루고 있는 동안, 파르티아는 창을 무기로 하는 중무장 기병에서 활을 무기로 하는 경무장 기병으로 군대의 주력을 전환했다. 그러니까 안토니우스는 17년 전에 크라수스를 무찌른 것과 똑같은 형태의 적을 공격하게 된 셈이다. 게다가 정보의 중요성을 모르는 안토니우스는 적의 이런 변화를 알지 못했다.

안토니우스는 원정의 목적이 방어선 확립이 아니라 파르티아 정복에 있다는 사실을 부하들에게도 숨기고 있었지만, 오리엔트 제후들은 이것을 꿰뚫어보았다. 그 결과, 그들은 이집트 여왕이 로마군을 이용하여 야망을 달성하는 것을 도와주기 싫어서 모조리 파르티아 편에 붙어버렸다. 당연한 일이었다. 로마군의 파르티아 원정 목적이 방어선 확립이라면 원정이 성공해도 자기네 지위는 무사하지만, 원정이 성공하여 이집트의 영유권이 확립되면 그들은 현재의 지위에서 쫓겨나게 되기 때문이다.

로마는 로마 군단이라는 우수한 전력을 갖고 있으면서도, 전통적으로 원정지 주변의 제후나 부족을 자기편으로 끌어들여 싸우는 방식을 택하고 있었다. 카이사르도 동맹 부족과의 공동전선을 확립하려고 늘 마음을 썼다. 그런데 안토니우스는 군사행동에 나서기 전에 미리 해두어야 할 이런 외교마저도 게을리했다. 시간 여유가 없었던 것은 아니다. 그 필요성을 자각하지 못했을 뿐이다. 그리고 클레오파트라도 이런 사전 교섭의 필요성에 무지했던 것은 안토니우스와 마찬가지였다.

그 결과, 로마와 중동 연합군이 파르티아군과 대결하는 것이 아니라, 오히려 파르티아와 중동 연합군이 로마와 대결하게 되어버렸다.

아무래도 안토니우스는 군단장급 인재에 불과했을 것이다. 군단장(레가투스)은 총사령관(임페라토르)이 마련한 전략과 전술을 수행하는 사람일 뿐이다. 파르티아 원정은 그가 최초로 총사령관을 맡는 기회였지만, 경험이 없다는 것은 변명이 되지 않는다. 문제가 되는 것은 자질과 역량이기 때문이다. 하지만 이런 인물에게 당신이 낚을 것은 물고기가 아니라 왕국이고 대륙이라고 부추긴 클레오파트라는 정말로 세상 사람들이 말하는 것처럼 남보다 훨씬 뛰어난 여자였을까. 클레오파트라는 그리스어와 라틴어는 물론 이집트의 민중언어까지 이해했다고 한다. 그러나 많은 언어를 구사하는 재능(텔런트)이 반드시 지성(인텔리전스)을 의미하지는 않는다.

안토니우스의 파르티아 원정은 기원전 36년 3월에 출발하여 10월 말에 돌아올 때까지 8개월이 걸렸다. 그것을 간단히 요약하면 다음과 같다. 간단히 요약하는 것은 구태여 상세히 기술할 필요도 없기 때문이다.

안토니우스군은 유프라테스강 서쪽을 행군하는 동안은 무사했지만, 강을 건너자마자 불상사가 잇따라 일어났다.

파르티아군은 로마군의 주력을 공격하는 것이 아니라 수송부대를 공격하여 그 부대를 수비하고 있던 2개 군단을 궤멸시켰다. 물자는 빼앗기고 공성기는 불타버렸다. 그리고 그 후에도 파르티아군은 로마군 보급로를 차단하는 데 공격을 집중했다.

안토니우스는 현지 조달을 명령했지만, 적지에서 물자를 조달하는 것은 병사의 희생을 수반하게 마련이다. 물자 조달에 동원된 오리엔트 출신 병사들이 진영으로 돌아오지 않는 일이 잦아졌다.

8월, 타는 듯한 더위에 물과 식량 부족까지 겹치자 안토니우스는 철수를 생각했다. 그러나 자존심 때문에 철수를 결행하지 못했다. 작전 회의에서 대세는 철수 쪽으로 기울어져 있었지만, 총사령관은 회전을 벌이자고 주장했다.

파르티아군 사령관도 회전에 응했다. 그러나 로마군 중무장 보병과의 충돌에서 아군 80기를 잃자마자 재빨리 철수했다. 그리고 그 후로는 두 번 다시 회전에 응하지 않고, 게릴라식 기습 공격을 되풀이하면서 로마군이 소모되기를 기다렸다.

10월, 사막이 많은 중동의 밤은 이 계절이 되면 견딜 수 없이 추워진다. 마침내 안토니우스도 철수를 결심했다. 그래도 크라수스의 참패를 되풀이하지 않은 것은 어려운 철수작전을 완수한 안토니우스의 군사적 재능 덕택이었다. 그렇긴 하지만, 북쪽으로 우회하여 철수하다가 기습 공격을 되풀이하는 파르티아군을 피해 도망치면서 다시 병사를

8천 명 잃었다.

11월, 안티오키아로 퇴각한 로마군은 주력인 군단병만 해도 3분의 2로 줄어들어 있었다. 본격적인 회전은 한 번도 치러보지 못하고, 애써 준비한 공성기 따위는 사용해보지도 못한 원정이었다. 안티오키아로 돌아온 뒤 안토니우스가 한 일은 클레오파트라에게 전령을 보내 안티오키아로 와달라고 부탁한 것뿐이었다. 절망에 빠진 46세의 사나이가 갈 곳은 사랑하는 여인의 품 속뿐이었을 것이다.

파르티아 원정이 실패한 것을 로마는 한 달도 지나기 전에 알았다. 이 무렵 옥타비아누스는 아그리파와 함께 일리리아 지방이라고 불리는 아드리아해의 동쪽 연안 일대를 평정하는 데 전념하고 있었다. 아드리아해의 제해권이 걸려 있었기 때문에 이 지방을 제압하는 것은 중요했다. 그래서 궁지에 빠진 안토니우스에게 지원군을 보낼 여유도 없었고, 그럴 마음도 없었다. 그러나 안토니우스의 아내 옥타비아는 재빨리 지원 물자를 구입하고, 가장 시급한 군자금도 마련하여 병사까지 2천 명 고용한 다음, 직접 그것을 안토니우스에게 갖다주려고 했다. 옥타비아는 자신을 안토니우스의 정실로 생각하고 있었다. 그런 옥타비아에게 궁지에 빠진 남편을 돕는 것은 아내의 도리였고 당연한 의무였다.

옥타비아가 그리스 아테네에 도착했을 때, 안토니우스한테서 편지가 왔다. 이 편지에는 물자와 자금은 보내도 좋지만, 당신은 로마로 돌아가라고 적혀 있었다. 옥타비아는 이번에도 순순히 남편의 말에 따랐다.

그러나 이를 안 옥타비아누스는 화를 냈다. 그는 누나에게 더 이상 안토니우스를 남편으로 섬길 의무가 없으며, 안토니우스가 없는 집을 지킬 필요도, 안토니우스와 전처 사이에 태어난 아이까지 양육할 필요도 없다는 편지를 보냈다. 그러나 누나를 염려하는 동생의 분노와 충고도 옥타비아의 마음을 바꾸어놓지는 못했다.

옥타비아는 오로지 남편을 위한다는 일념으로 이 모든 일을 했다. 그러나 이런 행동은 그녀의 뜻과는 반대로 안토니우스의 평판을 떨어뜨리는 데 이바지했을 뿐이다. 안토니우스와 옥타비아누스의 암투에는 그다지 관심을 보이지 않은 로마의 일반 민중조차도 현모양처의 귀감이라 해도 좋은 옥타비아에 대한 안토니우스의 무정한 처사에는 분개했다. 외국 여자를 중시하고 로마 여자를 무시하는 안토니우스의 처사를 보고, 그들 자신이 모욕당한 것처럼 느꼈던 것이다.

28세의 옥타비아누스는 로마 세계 서부의 완전 제패로 이어지는 일리리아 평정을 진행하면서, 로마 민중의 이런 감정 변화를 지켜보고 있었다. 물론 이것을 언제 어떻게 활용할 것인가를 생각하면서.

타국에서의 개선식

나는 '루비콘 이전'의 율리우스 카이사르를 다룬 제4권 첫머리에서 버나드 쇼의 말을 인용했다. 여기서 다시 소개하면 이렇다.

"인간의 약점에 대해서는 그토록 깊이 통찰한 셰익스피어였건만, 율리우스 카이사르 같은 인물의 위대함에 대해서는 이해하지 못했다. 『리어 왕』은 걸작이지만 『줄리어스 시저』는 실패작이다."

쇼와 같은 관점에 서면, 셰익스피어의 다른 작품인 『안토니우스와 클레오파트라』도 마땅히 걸작이어야 한다.

클레오파트라는 파르티아 원정 실패로 낙담하고 있는 안토니우스에게 달려왔다. 그녀 역시 패배한 군대에 무엇보다도 필요한 자금과 물자를 가져왔다. 옥타비아는 자금과 물자는 보내도 좋지만 그것을 직접 가져올 필요는 없다는 말을 들었지만, 클레오파트라는 그런 말을 듣지 않았다. 안토니우스에게는 클레오파트라의 존재 자체가 필요했기 때문이다. 그리고 클레오파트라도 안토니우스를 분발시킬 필요가 있었다. 안토니우스가 기운을 내서 일어나지 않으면 그녀도 자멸할 수밖에 없었기 때문이다.

34세의 클레오파트라는 47세의 안토니우스를 격려하고 기운을 북돋워주었다. 다시 한번 원정해서 패배를 과거 속에 묻어버리라고 부추겼다. 그러나 안토니우스도 부하 장병들도 파르티아로 다시 쳐들어갈 자신감과 의욕을 잃어버리고 있었다. 다음 원정의 목적지는 파르티아보다 훨씬 다루기 쉬워 보이는 아르메니아 왕국으로 결정되었다. 아르메니아 원정은 1년 뒤인 기원전 34년 봄으로 정해졌다. 클레오파트라는 전쟁터로 나가는 안토니우스를 배웅한 뒤, 한 발 먼저 귀국하여 알렉산드리아에서 개선을 기다리게 되었다.

아르메니아 원정은 이루어지긴 했다. 다만 그것은 군대를 이끌고 아르메니아로 갔다는 것뿐, 진정한 의미의 원정이라고 하기는 어렵다. 파르티아 국내가 고질적인 내분으로 혼란에 빠진 틈을 이용하여, 파르티아군이 재편성되기 전에 아르메니아 문제를 처리하려고 했기 때문에 당당하게 정면으로 싸움을 거는 회전은 치르지 않았다. 안토니우스는 재빨리 아르메니아 왕과 강화를 맺고 군대를 철수시켰다. 또한 안토니우스는 이제 클레오파트라와 오랫동안 떨어져 지낼 수가 없었다.

강화는 아르메니아 왕국과 안토니우스가 대표하는 로마가 동맹을 맺는 것이기 때문에, 그것뿐이라면 로마인에게 불리할 것은 조금도 없다. 그러나 양국의 강화를 더욱 공고히 하기 위해서라는 명분으로 이루어진 처사가 로마인의 신경을 건드렸다. 안토니우스와 클레오파트라 사이에 태어난 아들과 아르메니아 공주의 약혼이 그것이었다. 안토니우스가 이끌고 있던 군대는 로마 시민으로 이루어진 로마 군단, 즉 국가 로마의 공유물이다. 군대는 사유물이 아니기 때문에 사적으로 사용하는 것은 용납되지 않는다. 본국에서 안토니우스의 평판은 계속 떨어질 뿐이었다. 그리고 여자의 천박함이 거기에 가속도를 붙였다.

아르메니아 원정은 개선이라고 부르기에는 걸맞지 않았지만, 클레오파트라는 안토니우스의 아르메니아 원정 성공을 축하하는 개선식을 거행하기로 결정했다. 게다가 장소는 이집트의 수도 알렉산드리아였다. 이것이 로마인을 격분시킨 또 하나의 원인이 되었다.

클레오파트라는 로마인들이 개선식에 부여하는 의미를 이해하고 있었을까.

로마인에게 개선식은 단순히 전쟁터에서 돌아온 장병들과 그들을 맞는 시민들이 승리를 축하하는 행사만은 아니다. 개선 행렬이 카피톨리노 언덕에 올라가 신들에게 감사를 드리는 것으로 개선식을 끝내는 것만 보아도 알 수 있듯이, 인간끼리는 축하하고 신들에게는 감사를 드리는 것이 로마인이 생각하는 개선식이다. 따라서 아무데서나 거행해도 되는 행사가 아니다. 로마 시민이 있고 그들을 수호해주는 신들이 사는 땅, 즉 수도 로마가 아니면 개선식을 거행하는 의미가 없다. 로마인은 다신교 민족이니까 이집트인의 신인 오시리스와 이시스도 기꺼이 받아들였지만, 자신들을 지켜주는 것은 역시 유피테르 신이고 미네르바 신이고 마르스 신이라고 생각했다. 만약 클레오파트라가 로마의 고유문화에 대한 반발심으로 일부러 알렉산드리아에서 개선식을 강행했다면, 그것은 그녀의 지성을 의심할 수밖에 없는 어리석은 짓이다. 그리고 설령 사랑하는 여자의 부탁이라 해도, 이집트에서 로마식 개선식을 거행한 안토니우스도 키케로 말마따나 "육체만이 아니라 두뇌도 검투사 같았다"고 생각할 수밖에 없다. 남의 문화를 자기 것으로 삼지는 않더라도 존중해주는 것이야말로 지성이기 때문이다.

개선장군은 로마식으로 백마 네 필이 끄는 전차를 타고, 길가에 운집한 이집트 민중과 그리스계 주민들 사이를 지나 왕궁 앞에 도착했다. 거기에는 이시스 여신으로 분장한 클레오파트라가 높은 단 위에 설치된 황금 옥좌에 앉아 기다리고 있었다. 안토니우스는 48세인 이날까지 로마 사나이에게 최고의 영예인 개선식을 거행한 적이 없었다. 그해에 타국에서 올린 개선식이 그에게는 처음이자 마지막 개선식이 되었다.

클레오파트라가 앉아 있는 옥좌 옆에는 역시 황금으로 만든 옥좌가 나란히 놓여 있었다. 전차에서 내린 개선장군은 거기에 앉았다. 두 사람의 좌우에는 조금 낮게 옥좌가 네 개 놓여 있고, 통칭 카이사리온(작은 카이사르)이라고 불린 13세 소년과 여섯 살 난 쌍둥이 남매와 두 살바기 어린애가 앉았다. 쌍둥이와 어린애는 안토니우스와 클레오파트라 사이에 태어난 아이들이었다.

로마인 개선장군은 군중을 향해 이렇게 선언했다.

1. 클레오파트라와 카이사르는 정식으로 결혼했기 때문에, 둘 사이에 태어난 프톨레마이오스 카이사르는 카이사르의 적자다.

2. 클레오파트라는 왕 중의 여왕이고, 프톨레마이오스 카이사르는 왕 중의 왕이다.

3. 알렉산드로스 헬리오스에게는 유프라테스강 동쪽의 아르메니아 왕국과 메디아 및 파르티아 왕국을 주고, 클레오파트라 셀레네에게는 키레나이카 왕국과 리비아 왕국을 준다. 그리고 프톨레마이오스 필라델포스에게는 시리아와 킬리키아를 준다.

4. 이 모든 나라를 망라하는 이집트 제국은 클레오파트라와 프톨레마이오스 카이사르가 공동으로 다스린다.

로마인이 아니더라도 누구나 귀를 의심할 수밖에 없는 미친 짓이다.

클레오파트라는 의기양양했다고 역사가들은 전하지만, 로마의 패권 밑에 있던 지중해 세계의 동부를 로마의 속주든 동맹국이든 모조리 클레오파트라에게 바쳐버렸으니, 설령 사랑하는 여인의 소원이었다 해도 일개 장군의 신분으로 이런 일을 결행한 안토니우스도 안토니우스다. 하지만 그것을 요구하여 받아낸 클레오파트라는 일개 여자가 아니라 한 나라의 통치자다. 그녀가 통치자로서의 책임을 자각하고 있었다고는 도저히 생각되지 않는다. 지나친 자부심이 현실을 바라보는 눈까지 흐려버린 것일까.

이런 공식 선언을 발표한 안토니우스는 로마에 있는 옥타비아에게 이혼을 알리는 편지를 보내고, 옥타비아누스에게는 로마 세계 전체를 동서로 양분할 것을 정식으로 요구했다.

알렉산드리아에서 안토니우스가 저지른 언행에 아연실색하여 벌린 입을 다물지 못하는 사람들이 태반이었지만, 옥타비아누스는 냉정함을 잃지 않았다. 30세의 젊은 지도자는 안토니우스한테 아무 대답도 하지 않았다. 거부하는 회답도 보내지 않았고, 비난하는 편지도 보내지 않았다. 다만 집정관 자리에 앉아 있는 것을 이용하여 당장 원로원을 소집했다. 원로원 회의는 다음과 같은 사항을 의결했다.

1. 기원전 43년에 결성되어 5년 뒤인 기원전 38년에 다시 5년 기한으로 경신된 '제2차 삼두정치'를 더 이상 경신하지 않는다.

2. 안토니우스가 결정한 사항들은 원로원의 승인을 받지 않았기 때문에 무효로 간주한다.

3. 로마 세계의 양분은 카이사르의 유지에 어긋나기 때문에 의제로 상정할 것도 없이 기각한다.

안토니우스에 대한 회답을 이런 형태로 끝낸 옥타비아누스는 일리리아 전선으로 돌아갔다. 안토니우스와는 조만간 대결할 수밖에 없을 터이고, 그렇다면 그전에 일리리아 제패를 끝내둘 필요가 있었기 때문이다. 그리고 그 일이 끝나는 대로, 칼을 맞대는 전투보다 먼저 시작해야할 싸움은 홍보전이었다. 카이사르의 젊은 후계자는 때가 무르익기를 기다릴 줄도 알고 있었지만, 가만히 앉아서 기다리면 때가 무르익지 않는다는 것도 잘 알고 있었다. 홍보전의 목적은 단 하나, 안토니우스와 클레오파트라에게 반대하는 로마의 여론을 최고조로 끌어올리는 것이었다. 삼두정치의 종식을 결의하여 안토니우스의 공식 지위를 박탈하는 데에는 성공했지만, 그것만으로는 충분치 않았다. 안토니우스와 클레오파트라에 대한 민중의 반감을 최고조로 끌어올려, 그들에게 대항하는 옥타비아누스의 지위를 확고히 하고 정당화할 필요가 있었다.

대결을 향해

18세의 젊은 나이에 카이사르의 후계자라는 막중한 책임을 짊어진 옥타비아누스도 기원전 33년 가을에는 30세가 되어 있었다. 카이사르가 꿰뚫어보았듯이 군사적 재능은 전혀 갖고 있지 않았지만, 이 젊은 이에게는 역시 카이사르가 일찌감치 인정한 강한 책임감과 어떤 일을 꾸준히 지속하는 의지가 있었다. 카이사르가 그를 후계자로 지명한 이유도 바로 이것 때문이었다. 군사적 재능이 모자란 그에게 카이사르가 오른팔로 붙여준 아그리파도 30세에 이르자, 17세 때 이미 카이사르의 눈에 띈 군사적 재능이 활짝 꽃을 피우게 되었다. 그들이 일리리아 전쟁에서 승리한 것은 로마 세계의 서부를 완전히 제패한 것을 의미하는 동시에, 한편으로는 이 두 사람의 이인삼각이 완벽하게 기능을 발휘하기 시작했다는 증거이기도 하다.

일리리아는 오늘날의 슬로베니아·크로아티아·보스니아 지방을 말한다. 이곳을 제압하면 아드리아해를 제압하게 된다. 또한 이탈리아반도, 즉 로마 본국의 안전을 보장하는 것이기도 했다. 옥타비아누스의 일리리아 제패가 이탈리아반도에 사는 모든 로마인에게 환영을 받은 것도 당연하다. 사람들은 이 30세의 젊은이가 50세를 앞둔 나이에 외국 여자에게 놀아나는 안토니우스보다 애국자라고 느꼈다. 일리리아 전쟁 때 옥타비아누스는 총사령관이면서도 두 번이나 상처를 입었다. 이것도 직접 선두에 서서 싸울 만큼 강한 책임감을 가진 지도자의 이미지를 민중에게 심어주는 역할을 했다.

옥타비아누스는 일리리아 전쟁을 끝내고 수도에서 거행한 개선식도 로마의 전통에 충실히 따랐다. 이것을 본 시민들이 타국의 수도에서 이민족의 신에게 승리를 보고한 안토니우스의 개선식과 비교했다 해도 결코 무리는 아니다. 더구나 안토니우스가 승전보를 바치고 감사를 드린 것은 이시스 여신으로 분장한 클레오파트라였다. 이집트 왕은 신이니까 이집트인이 보기에는 당연한 일이지만, 로마 민중에게는 조국을 배반한 매국 행위로 보였다.

또한 로마의 개선장군은 자신의 업적을 후세에 남기고 싶은 마음과 아울러 그 업적을 올릴 수 있도록 애써준 공동체에 감사하는 의미를 담아서, 공공 건축물을 지어 국가에 헌납하는 것도 전통이 되어 있다. 술라는 일종의 관청가인 타불라리움을 세웠고, 폼페이우스는 로마 최초의 석조 극장을 건설했으며, 카이사르는 포로 로마노 확장공사를 비롯하여 많은 공공 건축물을 남겼다. 옥타비아누스도 이런 조상들을 본받는 데 열심이었다. 게다가 그는 그 일을 혼자 한 것이 아니라 아그리파와 마이케나스에게도 맡겼다. 그리고 공공 건물을 신축하여 시민들의 눈을 휘둥그렇게 만들 뿐만 아니라, 기존의 건축물을 보수하는 사업에도 자금과 노력을 아끼지 않았다. 이것은 더없이 중요한 일이지만, 별로 빛이 안 나는 수수한 일이었다.

수도 주민에게 물을 공급하는 '율리아 수도(水道)'를 건설하면서 기존의 마르키아 수도를 보수했다. '옥타비아 회랑'을 건설하면서 폼페이우스 극장을 보수하는 것도 잊지 않았다. 카이사르가 구상한 로마 재개발 계획도 가능한 한 계승했지만, 한편으로는 마이케나스의 진언을 받아들여 에스퀼리노 언덕에 공원을 만들어 시민들에게 기부했다.

기존 건축물의 보수도 중시하는 이 방식은 결코 옥타비아누스의 창안이 아니다. 로마인은 공공설비를 충실하게 갖추는 것을 중요하게 생각한 민족이다. 세우는 일에 열심이면, 유지하는 일에도 열성을 보이게 된다. 상하수도나 가도나 신전 같은 공공 건축물의 수명을 오래 유지하고 싶으면, 끊임없는 손질과 필요할 때 당장 이루어지는 보수공사가 무엇보다 좋은 방법이라는 것을 로마인들은 잘 알고 있었다. 로마의 빗돌에는 건설자의 이름만이 아니라 보수자의 이름도 새겨져 있는 경우가 많은데, 이것도 보수공사의 중요성을 알고 있었기 때문이다.

옥타비아누스는 이런 로마인의 전통을 충실히 답습했을 뿐이다. 그러나 옥타비아누스가 가진 지도자로서의 자질을 사람들에게 인식시키는 데에는 건물을 신축하는 것보다는 오히려 기존 건물을 보수하는 것이 훨씬 효과적이었다. 반면에 안토니우스는 새로 지어서 국가에 기증한 공공 건축물도 없었고, 보수한 업적도 없었다.

카이사르가 암살된 뒤 완전히 끊겼던 건설의 망치소리가 11년 만에 다시 로마 시내에 울려퍼지기 시작했다. 그런 가운데 옥타비아누스는 벌써 다음 행동에 착수했다. 안토니우스가 여제사장에게 맡겨둔 유언장을 공개한 것이다. 카이사르라면 이런 부당한 짓을 하지 않았을 테지만, 옥타비아누스는 카이사르가 아니다.

유언장 내용을 안 로마인들은 이중으로 충격을 받았다.

첫째, 안토니우스가 자식으로 인정하고 유산을 남겨준 것은 모두 클레오파트라가 낳은 자식뿐이고, 풀비아가 낳은 자식도 옥타비아가 낳은 자식도 완전히 무시했다는 점이다. 풀비아와 옥타비아는 둘 다 로마의 상류층에 속하는 여자들이다. 그런데 두 여자가 낳은 자식에게 유산을 남겨주지 않은 것은 두 여자를 정식 아내로 인정하지 않는다는 것을 나타내고 있었다. 로마인들은 여기에 마음이 상하여 몹시 분개했다.

둘째, 안토니우스가 자신의 장지를 알렉산드리아로 지정한 점이다.

고대 로마인은 보통 유골이 고향에 묻히는 것을 간절히 바랐다. 이집트에서 살해된 폼페이우스도 유골이나마 일부러 이탈리아로 가져와서 장사를 지냈다. 아프리카에서 자살한 카토의 유골도 고국으로 돌아왔고, 그리스에서 자살한 브루투스의 유골도 고국의 어머니에게 보내졌다. 생전에 자기 무덤에는 전혀 관심을 갖지 않았던 카이사르 같은 인물은 로마인들 사이에서는 예외였고, 보통 로마인에게는 어디에 묻히느냐가 아주 중요한 문제였다. 그런 로마인의 눈에는 일부러 타국 땅에 묻히기를 원한 안토니우스는 더 이상 로마인이라고는 생각할 수 없는 존재로 보였다. 로마에서 태어난 안토니우스가 고국을 버리고 알렉산드리아를 영면의 땅으로 선택한 것은 로마의 신들에 대한 모독인 동시에, 안토니우스가 이기면 로마 제국의 수도를 알렉산드리아로 옮기려는 생각이 거기에 나타나 있다고 사람들은 생각했다.

자기가 죽으면 알렉산드리아의 클레오파트라 곁에 묻어달라는 안토니우스의 소원은 사랑에 빠진 남자의 진정이었을 것이다. 그러나 그는 평범한 로마인이 아니었다. 또한 그가 나란히 잠들기를 원한 여인도 평범한 이집트 여자가 아니었다. 카이사르의 유언이 정치적 의미를 가진 것과 마찬가지로, 안토니우스의 유언도 정치적 유언이 될 수밖에 없다. 공개된 유언장은 로마 민중의 가슴속에 안토니우스에 대한 배신감과 클레오파트라에 대한 증오심을 활활 타오르게 했다. 옥타비아누스의 선전공작은 착실히 효과를 거두고 있었다. 그동안 안토니우스는 소아시아 해안의 화려한 도시 에페소스에서 이제 한시도 떨어져 지낼 수 없게 된 클레오파트라와 함께 로마의 장군이라기보다는 오리엔트 군주로서의 나날을 즐기고 있었다. 서부에서는 그에 대한 적대감이 고조되고 있었지만, 그것을 걱정하지도 않았다. 클레오파트라 역시 그런 보고를 받고도 그저 코웃음을 칠 뿐이었다.

두 사람의 낙관에 전혀 근거가 없었던 것은 아니다.

클레오파트라는 이집트인에게는 신이었고, 수도 알렉산드리아에 거주하는 그리스인과 오리엔트 전역에 흩어져 있는 그리스인들에게는 자기가 마케도니아 왕가의 피를 이어받은 몸이라는 것을 계속 내세웠기 때문이다. 폴리스가 쇠퇴한 뒤의 그리스인은 중세와 르네상스 시대의 제노바인과 비슷하다. 나라는 망해도 인간은 건재한다. 그리스인과 제노바인은 뛰어난 항해술과 상술을 발휘하여 어디서든 살아갈 수 있는 민족이었다. 그러나 그리스인이 제노바인과 다른 점은 한 시대를 창조하고 지배한 민족이라는 자부심을 가지고 있었다는 점이다. 로마의 패권 밑에 들어가도 살아가는 데에는 전혀 지장이 없었지만, 제2급 민족으로 전락했다는 원통함은 언제까지나 남아 있었다. 클레오파트라는 안토니우스를 이용하여 지중해 동부 세계를 로마의 패권으로부터 완전히 독립시키려 하고 있었는데, 이것이 그리스인들에게는 주도권을 회복할 수 있는 절호의 기회로 보였다.

그리스인들 처지에서 보면 클레오파트라는 신뢰할 만한 협력자였던 셈이다. 그러나 클레오파트라는 역사적 안목이 모자랐다고 말할 수밖에 없다. 어디서든 혼자서도 살아갈 수 있는 민족은 자신이 속해 있는 공동체를 유지하려는 의욕이 부족해지기 쉽다. 또한 쇠퇴기에 접어든지 오래인 민족이 다시 융성한 예는 역사상 한 번도 없다. 그런 예가 있다면, 대수술을 가하여 국가의 구조 자체를 완전히 바꾸어버린 경우뿐이다. 알렉산드로스 대왕은 그런 대수술을 단행했지만, 결과를 확인하지 못하고 죽었다. 그리고 그 후의 그리스인한테서는 더 이상 그런 종류의 활력을 찾아볼 수 없었다. 우선 군사력이 없었다. 로마에 적대하는 데에는 찬성하면서도, 직접 전쟁터에 나가려고 하는 사람은 없었다.

로마인은 아직 쇠퇴기에 접어들지 않았고, 공동체를 유지하려는 의욕도 왕성하고, 무엇보다도 직접 전쟁터에 나가는 것을 마다하지 않았다. 그러나 클레오파트라는 이집트의 부와 그리스인의 후원과 안토니우스의 군사적 재능으로 그런 로마인을 충분히 이길 수 있다고 믿었다. 클레오파트라도 카이사르가 말한 '자기가 보고 싶은 것밖에 보지 않는' 인간이었을까. 카이사르의 애인이었는데도 카이사르한테서 아무것도 배우지 못했단 말인가.

준비

기원전 32년, 31세를 맞은 옥타비아누스는 드디어 결전의 시기가 찾아온 것을 느끼고 있었다. 그것은 단순한 국지전의 승부를 결정하는 것이 아니라, 로마 세계를 누가 수중에 넣을 것인가를 결정하는 문자 그대로의 결전이어야 했다.

제8장 첫머리에서도 말했듯이, 안토니우스와 옥타비아누스의 다툼은 정치사상의 대립에서 생겨난 것이 아니라, 누가 최고권력자의 자리에 앉을 것인가를 놓고 벌어진 권력 투쟁이다. 하지만 그래서는 민중의 동의를 얻기가 어렵다. 병사도 많은 급료나 약탈 가능성을 미끼로

낡을 수밖에 없어서 질을 보증하기가 어려웠다.

30대에 접어든 옥타비아누스는 참으로 교묘한 방법으로 개인 간의 투쟁을 국가 간의 투쟁으로 바꿔치는 데 성공했다.

로마의 적은 안토니우스가 아니라 그 로마인 장군을 용병대장으로 만들어버린 이집트 여왕 클레오파트라라고 사람들이 믿게 만든 것이다. 물론 터무니없는 거짓말은 아니었으니까 조작하기도 쉬웠을 것이다. 어쨌든 이제부터 시작될 결전은 로마 민중이 믿은 것만큼, 그리고 클레오파트라가 믿은 것만큼 오리엔트가 총력을 다해 패권자 로마에 마지막 저항을 시도한 전쟁은 아니었다.

지중해 동부 세계는 총력을 기울여 로마에 도전하지는 않았다. 로마 세계 동부의 군주들 가운데 안토니우스 진영에 직접 참가한 사람은 하나도 없었다. 안토니우스의 위세에 눌려 병력을 파견하긴 했지만, 세상 물정에 밝은 그들은 이 결전이 클레오파트라의 야욕에서 비롯되었다는 것을 알고 있었고, 안토니우스와 옥타비아누스의 개인적인 투쟁이라는 것도 꿰뚫어보고 있었다.

지금까지 안토니우스와 클레오파트라가 저지른 실수는 모조리 옥타비아누스에게 이용되어 옥타비아누스의 득점이 되었다. 최고의 선전은 집요한 반복이라는 것도 옥타비아누스는 알고 있었던 모양이다. 수도에서 행해진 규탄 연설은 지방에서도 되풀이되었다. 로마에서 행해진 연설은 '대자보'로 기록되어 폼페이 · 나폴리 · 피사 · 피렌체의 중앙 광장에 나붙었다.

그해 가을, 로마 본국의 모든 지방자치단체는 옥타비아누스를 '국가 로마를 수호하기 위해 적 이집트를 공격하는 원정군 총사령관'에 선출했다.

이에 따라 카이사르의 후계자 자리를 노린 옥타비아누스와 안토니우스의 권력 투쟁은 로마와 이집트 사이에 벌어지는 국가 간의 전쟁으로 그 양상을 달리하게 되었다.

이제까지 안토니우스와 함께 행동해온 폴리오나 플란키우스 같은 참모들은 카이사르 휘하에서 싸울 때부터 안토니우스의 동료였지만, 옥타비아누스와 안토니우스의 싸움이 로마와 이집트의 대결로 바뀐 것을 알고는 안토니우스를 떠나버렸다. 그리고 그들의 이반은 로마 병사들이 안토니우스를 버리는 발단이 되었다.

그러나 안토니우스라는 사나이는 급료를 후하게 주고 병사들 틈에 섞여 서로 어깨를 두드리면서 허물없이 어울리기를 좋아하는 성격이었기 때문에, 병사들한테는 인망이 있는 장군이었다. 그래서 조국의 정규군과 싸우게 되리라는 것을 예상하면서도 안토니우스 휘하에 남은 병사가 많았다. 하지만 그들도 장애가 무엇인지를 알고 있었다. 그래서 그들의 대표가 안토니우스를 찾아가, 이집트 여왕을 이집트로 돌려보내라고, 예상되는 회전에는 여왕을 참가시키지 않는 게 좋겠다고 권유했다. 안토니우스는 즉각 대답하지는 않았지만, 결국 이 요구는 실현되지 않았다. 클레오파트라가 바라지 않았기 때문이다. 클레오파트라는 드디어 로마와 맞붙게 된 것에 흥분했다. 또한 안토니우스라면 이길 수 있다고 확신했다.

안토니우스는 소아시아 서해안의 에페소스에서 전쟁 준비에 들어갔고, 옥타비아누스도 이탈리아에서 원정 준비에 전념하고 있었다. 그리고 여기서도 옥타비아누스는 카이사르가 기대한 재능을 충분히 발휘했다. 이집트의 자금과 지중해 동부에서 거두어들인 속주세로 병사를 고용하고 선단을 편성한 안토니우스와는 달리, 그는 시민들에게 임시세를 부과하면서 민중의 지원도 얻는 데 성공했기 때문이다.

옥타비아누스는 모든 시민에게 연수입의 4분의 1, 해방노예에게는 연수입의 8분의 1에 이르는 임시 특별세를 부과했다. 로마 시민도 해방노예도 소득세라는 형태의 직접세는 면제받고 있었다. 그런데 아무리 임시라고는 하지만 4분의 1 내지 8분의 1이나 되는 고액의 직접세를 부과한 것이다. 납세자에게는 무거운 부담으로 느껴졌을 게 분명하다. 실제로 산발적이긴 했지만 폭동 직전까지 간 지방자치단체도 적지 않았다.

그러나 옥타비아누스는 대의명분도 준비해두고 있었다. 군대에 복무하는 시민과 해방노예에게는 임시세를 면제해주었다. 동시에 간접세는 인상하지 않았다. 또한 속주민이 내는 직접세인 속주세도 그대로 두었다. 이것은 다음과 같은 효과를 가져왔다.

1. 로마 본국의 시민은 임시세를 내는 형태로든 군대에 복무하는 형태로든 모두 각자 역할에 따라 조국 수호 전쟁에 참가하는 체제가 되었다.

2. 간접세를 그대로 둠으로써, 임시세는 어디까지나 전쟁이 끝날 때까지의 특별조치임을 명확히 하여 시민들의 불만을 없앴다.

3. 속주세도 그대로 둠으로써, 속주민한테서도 이 전쟁에 대한 지지를 얻을 수 있었다. 이것은 옥타비아누스와 안토니우스 사이에 전쟁이 벌어지고 있는 동안 각 속주의 평온을 보장해주는 것을 의미했다.

지중해를 내해(內海)로 하는 로마 세계의 서부는 이로써 바위처럼 굳게 단결했다. 한편 안토니우스 진영도 본영을 에페소스에서 사모스 섬을 거쳐 서쪽의 아테네로 옮기기 시작했다. 본영에서의 나날은 화려한 잔치로 채색되었다. 걸핏하면 우울해지는 안토니우스의 기분을 북돋우려고 클레오파트라가 밤마다 즐거운 잔치를 준비했기 때문이다. 50세의 안토니우스는 술에 절은 나날을 보냈다.

한편 로마의 카피톨리노 언덕에 있는 신전에서는 옥타비아누스가 참석한 가운데 출전을 앞두고 으레 거행되는 의식이 엄숙하게 진행되고 있었다. 신들에게 로마의 수호를 기원하고, 로마군의 승리를 빌고,

적에게 선전포고를 하는 의식이다. 이 의식에서 안토니우스의 이름은 한 번도 나오지 않았다. 공식적으로 로마의 적은 이집트 여왕 클레오파트라였기 때문이다.

안토니우스의 해군은 아테네의 외항 피레우스에, 옥타비아누스의 해군은 이탈리아 남부의 타란토와 브린디시에 집결하는 가운데 기원전 32년이 지나갔다. 이제 자웅을 겨룰 수밖에 없게 된 두 사람, 카이사르의 양자와 카이사르의 옛 부하는 각각 31세와 50세가 되어 있었다.

악티움 해전

기원전 48년, 카이사르는 폼페이우스가 기다리는 그리스로 건너갈 때 독재관을 사임하고 집정관으로 선출된 뒤에 출전했다. 기원전 31년, 옥타비아누스도 안토니우스가 기다리는 그리스로 떠날 때 집정관으로 재선된 뒤에 출전하겠다고 고집했다. 옥타비아누스는 집정관을 지낸 지 1년밖에 지나지 않았기 때문에 법적으로는 재선이 허용되지 않았다. 그럼에도 집정관의 지위를 달라고 고집스럽게 요구한 것은 공화정 로마에서는 집정관이야말로 일반 공직으로는 최고위직이었기 때문이다. 독재관조차도 특별직이었다. 안토니우스와 레피두스와 옥타비아누스가 결성한 '제2차 삼두정치'는 공적으로나 사적으로 이미 효력을 잃어버렸다. 안토니우스는 이제 아무 공직도 없는 개인에 불과했다. 이리하여 로마 집정관이 동맹관계를 파기한 이집트 여왕을 공격한다는 도식은 모두 완료되었다.

밤마다 주색에 빠져 지냈다고는 하지만, 안토니우스도 무인이다. 클레오파트라가 군대 편성까지 참견하게 내버려두지는 않았다.

육군은 중무장 보병 6만 5천 명과 궁병 및 투석병을 비롯한 경무장 보병 2만 명, 그리고 기병 1만 2천 기로 이루어져 있었다.

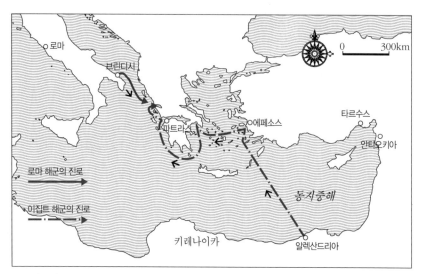

지중해 동부 약도

해군은 군선 60척과 연락용 쾌속선 5척으로 편성된 함대가 8개, 모두 합하면 520척에 이르는 대함대였다. 게다가 클레오파트라가 승선하는 기함 안토니아, 즉 '안토니우스호'는 노 하나에 노잡이가 무려 10명씩 매달린 10단층 갤리선이었고, 그밖에 안토니우스와 장수들이 타는 배는 모두 5단층 갤리선으로 되어 있어서 대형선이 두드러지게 눈에 띄었다. 당연히 노잡이나 선원의 수도 많았다. 전투원으로 승선하는 중무장 보병을 합하면, 520척으로 이루어진 대함대의 승선 인원은 모두 15만 명에 이르렀다. 이런 규모의 대함대가 지중해로 나간 것은 역사상 유례없는 일이었다. 그 많은 육군과 해군을 유지하는 데 필요한 자금은 대부분 이집트에서 나왔다. 클레오파트라도 처음으로 자기 돈을 들여 일대 승부로 나아가고 있었다.

한편 로마 쪽 전력은 육군에서는 이집트 쪽과 막상막하였지만, 해군력은 열세였다. 육상 전력은 8만 명의 중무장 보병과 1만 2천 기의 기병으로 이루어져 있었고, 해상 전력은 모두 400척이었다.

다만 5단층 갤리선은 옥타비아누스가 타는 기함과 아그리파가 타는 배를 빼면 5척도 안 되고, 나머지는 노 하나에 노잡이가 3명 달린 3단층 군선이 함대의 주축을 이루고 있었다. 노잡이 10명이 저으면 10마력, 3명이 저으면 3마력이라고 생각해도 좋을 것이다.

그러나 로마 쪽 군선은 마력에서는 열세지만, 이집트 쪽에 비해 두 가지 이점이 있었다.

1. 아그리파가 고안한 한팍스라는 화기를 모든 배가 갖추고 있었다는 점. 불을 붙인 한팍스를 적선에 쏘아넣어 화재를 일으키는 것이 목적이었다.

2. 뱃머리를 종래보다 견고하고 날카롭게 개량한 결과, 적선에 대한 돌파력이 높아진 점.

대형선은 속력도 빠르고 방어력도 뛰어나지만, 전쟁터에서는 움직임이 둔해지는 결함이 있다. 반대로 소형선은 좁은 곳에서도 쉽게 방향을 바꿀 수 있다는 이점이 있었다. 옥타비아누스한테서 준비와 작전과 지휘까지 모두 위임받은 아그리파는 그리스에 집결한 적군 함대의 초대형 선박에 대한 평판을 듣고도 아군 함대의 군선을 대형화하는 데에는 무관심했다.

기원전 31년 3월, 옥타비아누스는 모든 전력을 이끌고 그리스로 건너갔다. 안토니우스는 지난해 겨울부터 이미 그리스의 파트라스에 본영을 설치하고, 클레오파트라와 함께 거기서 겨울을 나고 있었다. 함대는 파트라스에서 직선거리로 130킬로미터 북서쪽에 있는 프레베자 만에서 대기하고 있었다. 로마군이 그리스 북서부에 상륙하자, 언제라도 싸움에 나설 수 있는 상태가 되었다.

문제는 전략이었다. 로마군은 그리스로 건너온 것이 보여주듯이 이탈리아반도 밖에서 승부를 결정지을 작정이었다. 안토니우스 진영에서도 그리스 북서부의 어딘가가 전쟁터가 되리라고 예측했다. 여기에는 아무도 이의를 달지 않았지만, 지상전을 먼저 할 것인가 바다에서 먼저 승부를 결정지을 것인가를 놓고 의견은 둘로 갈라졌다.

안토니우스 휘하의 로마인 장수들은 지상전을 먼저 치르자고 주장했다. 총지휘를 맡을 안토니우스가 지상전에 익숙하다는 것이 그 이유였다. 그리고 지상전에서 이기면, 당장 프레베자만에서 대기하고 있는 함대에 육군 병력을 태워 이탈리아 남부로 건너가서 단숨에 수도 로마로 북상하자는 것이 그들의 전략이었다.

그러나 작전회의에 늘상 참석하는 클레오파트라에게는 다른 생각이 있었다. 그녀는 해전을 먼저 치르자고 주장했다. 이유는 단순했다. 해군력이 적보다 우세하다는 것이다. 그러나 장교들은 명목상으로는 총사령관이 되는 이집트 여왕에게도 거리낌없이 반론을 제기했다.

적군이 함부로 접근할 수 없는 안전한 프레베자만에 함대를 대기시킬 수 있었던 것만으로도 이미 우위에 서 있는데, 그 우위를 버리면서까지 일부러 해전을 먼저 치를 필요는 없다는 것이 그들의 의견이었다. 하지만 클레오파트라는 자기주장을 철회하려 하지 않았다. 결정은 사실상의 총사령관인 안토니우스에게 맡겨졌다. 안토니우스는 잠시 생각한 끝에 클레오파트라의 주장을 받아들였다.

하지만 사랑하는 여인의 주장이라서 채택한 것은 아니다. 안토니우스에게도 나름대로 판단이 서 있었다.

안토니우스는 로마군의 '등뼈'인 백인대장들을 두려워하고 있었다. 이번 싸움에는 일찍이 카이사르 휘하에서 종군한 백인대장들이 대부분 자원하여 참전했다. 카이사르 휘하에서 군단장을 지내고 부사령관까지 경험한 안토니우스는 용맹한 부대장의 대명사가 된 '카이사르의 백인대장'들의 위력을 잘 알고 있었다. 그러나 바다에서라면 그 위력

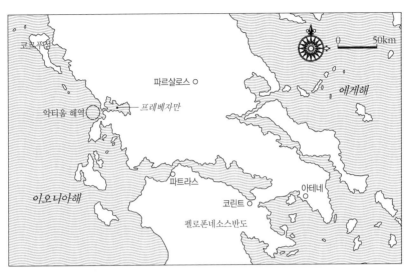

그리스 서해안 일대 약도

도 떨어질 수밖에 없다.

클레오파트라의 주장이 받아들여진 것은 이것만이 아니었다. 이집트 여왕은 해전에서 패배했을 경우의 대비책도 미리 마련해두자고 요구했다. 그래서 작전회의는 해전에서 패했을 경우에는 육군과 해군이 모두 이집트까지 철수하여 그곳에서 로마군을 맞아 싸우기로 결정했다.

총사령관은 이번 전투에 모든 것을 걸겠다는 의지를 분명히 함으로써 장병들을 싸움터로 이끌고 갈 수 있는 법이다. 설령 패했을 때의 대책을 생각했다 해도 그런 것은 저 혼자 가슴속에 담아두어야 하고, 작전회의처럼 공개된 자리에서 결정할 성질의 것은 아니다. 이것은 클레오파트라에게 질질 끌려간 결과일 뿐 아니라, 안토니우스 자신이 총사령관의 재목이 아니었다는 증거이기도 하다.

클레오파트라가 참석하는 작전회의가 거듭될수록 안토니우스 휘하 장수들의 절망도 깊어질 뿐이었다. 그들은 안토니우스가 없는 곳에서는 불만을 털어놓고, 자기는 로마에 충성을 맹세했지 이집트 여왕의 남편에게 충성을 맹세한 적은 없다고 말하게 되었다. 옥타비아누스의 그리스 상륙을 계기로 그들은 안토니우스 진영을 이탈하기로 결심했다.

장교가 이탈하면, 그 휘하에 있는 병사들도 함께 이탈한다. 날이 밝으면 숙영지 하나가 텅 비는 사태가 속출하게 되었다. 작전회의 석상에서도 이빠진 것처럼 여기저기에 빈자리가 눈에 띄기 시작했다. 격분한 안토니우스는 탈영병이 붙잡힐 때마다 사형에 처했지만, 그것은 탈영을 더욱 부채질했을 뿐이었다.

여름이 찾아올 무렵에는, 당연히 안토니우스의 세력권에 들어 있어야 할 동방의 제후들 중에서도 이제 옥타비아누스 편에 서겠다는 뜻을 밝히는 자들이 늘어났다. 그 선봉은 헤로데 왕이 다스리는 유대였다. 유대인들은 카이사르가 유대 상인의 지위를 그리스 상인과 대등하게 해주었을 때부터 카이사르에게 고마움을 느끼고 있었다. 카이사르의 죽음을 슬퍼한 그들이 카이사르가 아들로 선택한 옥타비아누스에게 호의를 보인 것은 당연했다. 또한 클레오파트라가 이기는 것은 경제적으로 유대인의 경쟁자인 그리스인이 다시 우위에 서게 된다는 것을 의미하기도 했다.

그리스인들도 이 무렵에는 클레오파트라의 야심에 말려들어 골탕을 먹게 될까봐 두려워하기 시작했다. 안토니우스 진영에서 장병들이 이탈하는 사태는 그들에게도 불길한 조짐으로 보였다. 옥타비아누스에게 사절을 보내 복종의 뜻을 밝힌 스파르타가 그리스 전체의 이반을 예고했다. 유대인과 그리스인과 오리엔트에서 온 사절들이 옥타비아누스의 막사 앞에서 우연히 마주치는 일까지 일어나게 되었다.

안토니우스는 지금까지 결전을 서두르지 않았다. 군자금도 넉넉하고 군량도 충분했다. 군자금과 군량이 부족하기 쉬운 옥타비아누스군이 소모되기를 기다린 다음 결전을 벌일 작정이었다. 하지만 사태는 급변하고 있었다. 이제 결전을 서둘러야 할 쪽은 옥타비아누스가 아니라 안토니우스였다.

반대로 옥타비아누스는 서두르지 않았다. 안토니우스를 등진 장교들은 모두 옥타비아누스를 찾아왔고, 그때마다 정보를 전해주었기 때문에, 옥타비아누스는 적의 내부 사정을 속속들이 알고 있었다. 32세도 안 된 젊은 지도자가 안토니우스의 부하였던 사람들을 처리하는 솜씨도 교묘하기 이를 데 없었다. 안토니우스 진영을 떠난 장교들은 비록 안토니우스를 버리긴 했지만 그에게 화살을 쏠 마음은 나지 않는다고 말했다. 옥타비아누스는 그들의 부탁을 받아들여, 휘하에 편입시키지 않고 귀국을 허락했다. 이런 소식을 전해 들은 안토니우스 진영에서는 탈영병의 수가 더욱 늘어났다. 이제는 원하든 원하지 않든 관계없이 안토니우스가 선택할 수 있는 길은 해전밖에 없었다.

그런데 이런 형편임에도 여전히 안토니우스를 따르겠다는 마음을 바꾸지 않은 로마 병사들은 프레베자만에 정박해 있는 군선에 올라탈 때 놀라운 것을 목격하고는 아연실색했다. 돛이 언제라도 펼 수 있는 상태로 돛대 밑에 놓여 있었기 때문이다.

되풀이 말하지만, 일급 사령관이라면 반드시 퇴로를 생각해두고 전쟁터에 나간다. 하지만 겉으로는 그것을 내색하지 않는다. 병사들로 하여금 사령관이 이 전투에 모든 것을 걸고 있다고 생각하게 하지 않으면, 언제 죽을지 모르는 전쟁터로 병사들을 몰아넣을 수는 없기 때문이다. 해전의 경우에는 이것이 돛의 처리방법에 나타난다.

고대 지중해에서는 사각돛이 주류를 이루었고, 중세와 르네상스 시대에는 삼각돛이 주류를 이루었다. 이처럼 돛의 모양에는 변화가 있었지만, 돛만 달린 순수한 범선은 고대에나 중세에나 상선으로만 이용되

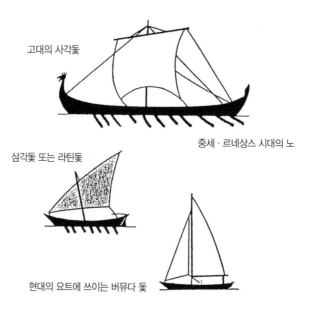

고대의 사각돛

중세 · 르네상스 시대의 노

삼각돛 또는 라틴돛

현대의 요트에 쓰이는 버뮤다 돛

었다는 점에서는 변함이 없었다. 인도양이나 대서양과는 달리, 지중해
에서는 바람의 방향이 계속 바뀌기 때문이다. 따라서 모터 역할을 하
는 노가 달린 배, 즉 갤리선이 지중해에서는 가장 적당한 배로 되어 있
었다. 다만 노잡이가 젓는 노는 어디까지나 모터니까, 배에는 돛도 반
드시 달려 있다. 요컨대 갤리선은 노가 달린 범선이다. 순풍이 불면 노
잡이는 쉬고 돛으로 항해한다. 바람이 멎거나 역풍이 불거나 항구에
출입할 때는 노잡이가 활약한다.

해전에서는 아군의 배를 얼마나 마음대로 움직이느냐가 승부를 결
정한다. 르네상스 시대에 이르러 대포가 활용될 때까지는, 해전이라
해도 보병들이 아군 선박을 타고 적선에 접근한 다음 그 배로 옮겨타
고 싸우는 백병전이었기 때문이다. 당연히 전쟁터에서는 노가 주력이
다. 아무리 순풍이 불어도 돛은 사용하지 않는다. 언제 바람의 방향이
바뀔지 모르기 때문이다.

지중해가 역사의 무대였던 시대에는 대서양이 무대가 되는 르네상

스 시대처럼 높은 돛대에 90도 각도로 고정한 활대에 돛을 개켜놓는 방식은 취하지 않았다. 돛은 활대에 묶여 있고, 돛대에 고정한 활차로 그 활대를 끌어올려 돛을 편다. 즉 돛대와 활대는 서로 고정되어 있지 않았다. 바람의 방향이 자주 바뀌는 지중해에서는 돛을 어느 각도로나 돌릴 수 있어야 했기 때문이다.

이런 까닭에, 노만 사용하는 해전에서는 돛이 아무 쓸모도 없는 물건이다. 그래서 전쟁터가 되는 해역 밖에서 대기하고 있는 수송선에 돛을 단 활대를 아예 맡겨두는 사령관도 있었다. 전투원만이 아니라 노잡이까지도 배수진을 치고 전투에 임한다는 각오를 하도록 하기 위해서임은 말할 나위도 없다. 경주에 나가는 요트 선수가 불필요한 물건은 하나도 배에 싣지 않는 것과 같은 이치다. 갑판에 돛을 놓아두는 경우에도, 언제든지 활대를 끌어올릴 수 있도록, 활대에 매단 밧줄을 돛대에 고정되어 있는 활차에 끼워두는 짓은 절대로 하지 않았다. 그것은 배에 탄 사람들에게 언제라도 달아날 수 있다고 알려주는 거나 마찬가지이기 때문이다. 안토니우스 휘하 병사들이 아연해진 것은 그들이 올라탄 군선의 돛이 언제든지 펼 수 있는 상태로 돛대 밑에 놓여 있는 것을 보았기 때문이다.

그날 밤, 야음을 틈타 10여 척이 탈영했다. 안토니우스가 배에 올라타고, 행차할 때면 언제나 수많은 노예를 거느리고 다니는 클레오파트라가 승선을 끝낸 8월 말에는 이미 1개 함대에 이르는 60척 이상의 배가 모습을 감추어버렸다.

기원전 31년 9월 2일 아침, 싸움이 벌어진 해역의 이름을 따서 역사상 '악티움 해전'이라고 불리는 결전의 막이 올랐다.

날씨는 쾌청했고, 바람은 동쪽에서 불어오는 미풍이었다. 프레베자 만에서 나오는 안토니우스군은 아침 햇살과 바람을 등지는 상태가 되었다. 모든 상황이 안토니우스가 바란 대로였다.

안토니우스가 구상한 전법은 대형선이 많은 데 따른 '마력'의 우위와 군선의 수적 우세를 충분히 활용하여 해상에서 적을 포위하는 것이었다. 한편 옥타비아누스한테서 지휘권을 위임받은 아그리파가 생각한 것도 포위 전법이라는 점에서는 안토니우스와 같았지만, 군선의 수와 마력이 열세이기 때문에 바다에서 적을 포위할 수는 없었다. 그러나 아그리파는 프레베자만의 좁은 어귀를 향해 쇄도하는 것으로 그 열세를 만회할 수 있다고 생각했다.

포진 단계부터 모든 것은 안토니우스의 생각대로 진행되었다. 클레오파트라가 탄 기함과 그 기함을 수비하는 이집트 선단으로 구성된 '중앙'은 프레베자만에서 나온 순서에 따라 후위에 배치되었다. 오른쪽 끝에는 안토니우스가 탄 배가 포진했다. 포위 전술에 앞장서는 것은 그가 지휘하는 '우익'이었다.

한편 프레베자만에서 나오는 적을 맞아 싸우는 처지가 된 옥타비아누스군은 넓은 해상에 활 모양의 진형을 펴고 적을 기다렸다. '중앙'은 옥타비아누스. 사실상 지휘를 맡은 아그리파가 탄 배는 안토니우스의 배와 마주 보는 '좌익'에 포진했다.

해전의 전반부도 안토니우스가 생각한 대로 진행되었다. 바람과 마력을 활용한 안토니우스군은 벌써 거리를 좁혀 적군에 바싹 다가갔다. 전선이 넓어지자 클레오파트라의 '중앙'도 후위에서 나와 전선에 끼어들었다. 해전은 제2단계로 접어들었다. 수많은 배가 부딪치는 소리와 병사들의 함성이 바다 가득 울려퍼졌다. 450척과 400척의 격돌이다. 모든 전선에서 지옥 같은 광경이 전개되었다.

그런데 그때 바람의 방향이 바뀌었다. 지금까지 불고 있던 동풍이 느닷없이 북풍으로 바뀐 것이다. 38세의 클레오파트라는 전선에 나가

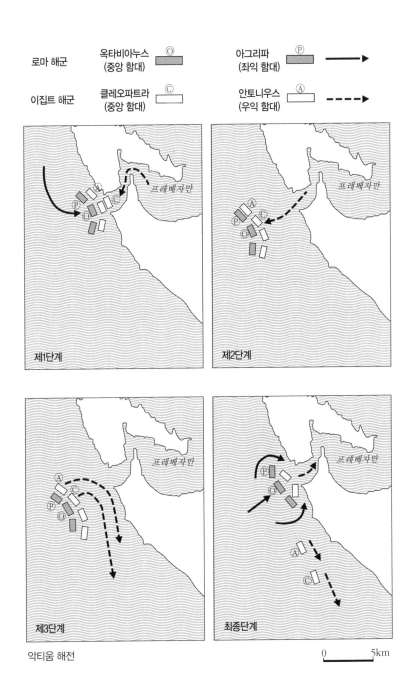

로마 해군　　옥타비아누스 Ⓞ　　아그리파 Ⓟ
　　　　　　(중앙 함대)　　　(좌익 함대)

이집트 해군　클레오파트라 Ⓒ　안토니우스 Ⓐ
　　　　　　(중앙 함대)　　　(우익 함대)

프레베자만

제1단계

프레베자만

제2단계

프레베자만

제3단계

프레베자만

최종단계

악티움 해전

0 ──── 5km

서 싸움을 지켜보는 것만으로 만족하지 못하고 직접 지휘까지 맡고 있었지만, 눈앞에서 전개되는 지옥 같은 광경은 이집트 여왕을 보통 여자로 만들어버렸다. 클레오파트라가 내린 명령은 "더욱 힘차게 돌격하라!"가 아니라 "어서 빨리 돛을 올려라!"였다.

거대한 보라색 돛이 당장 바람을 받아 크게 부풀어올랐다. 노잡이들도 전속력으로 노를 젓기 시작했다. 기함을 에워싸고 있던 이집트 선단의 60척도 모두 돛을 올리고, 때마침 불어온 순풍을 등에 받으며 남쪽으로 쏜살같이 달아나는 기함의 뒤를 따랐다.

이것을 우익에서 지휘하고 있던 안토니우스가 보았다. 이 순간 그는 장군의 신분을 잊어버렸다. 안토니우스도 돛을 올리게 했다. 그러고는 클레오파트라가 탄 배를 뒤따랐다. 하지만 전쟁터를 탈출하고 있던 그의 눈에는 뒤에 남겨진 아군 함대가 아그리파의 함대에 포위되는 광경이 들어왔다. 안토니우스의 함대는 프레베자만으로 도망쳐 들어가려고 했지만, 입구가 좁아서 뜻을 이루지 못하고 모두 노를 높이 쳐들어 항복해버렸다. 이것을 목격한 안토니우스는 머리를 감싸안고 고물에 쭈그리고 앉은 채 꼼짝도 하지 않았다. 지상군이 대기하고 있는 파트라스에 들러야 한다는 생각조차도 그의 머릿속에서는 사라져버렸다. 고대 역사가는 냉혹하게 말했다.

"사나이로서 그의 일생은 이 순간에 끝나고 말았다."

300척이 넘는 함대가 로마군에 포획되었다. 옥타비아누스는 배에 타고 있던 사람들의 목숨은 살려주었지만, 이집트 선박임이 분명한 배는 전리품으로 뱃머리만 잘라내고 불태워버렸다.

파트라스에 있던 안토니우스의 지상군은 그래도 여드레 동안이나 사령관을 기다렸다. 하지만 안토니우스의 소식조차도 알 수가 없었다. 결국 아흐레째 되는 날, 이 지상군 병사들도 목숨을 살려주겠다고 약속한 옥타비아누스에게 항복하고 말았다.

　클레오파트라는 아마 전쟁터에서 도망쳤다고는 생각지 않았을 것이다. 해전이 실패한 경우에는 이집트까지 후퇴하여 싸우기로 한 작전회의의 결정을 실행한 데 불과하다고 생각하지 않았을까.

　하지만 그것을 실행하는 시기가 잘못되었다. 게다가 안토니우스에게는 한마디 의논도 없이 제멋대로 행동해버렸다. 전쟁터는 퍼레이드를 벌이는 곳이 아니다. 아비규환을 보고 이성을 잃을 정도라면, 알렉산드리아의 궁정에서 조용히 기다리는 편이 나았을 것이다.

　아그리파와 안토니우스의 군사적 재능은 별차이가 없었으므로, 만약에 안토니우스만이라도 남아서 계속 싸웠다면 '악티움 해전'은 다른 방향으로 전개되었을까. 아니면 이 회전도 역시 다른 전투와 마찬가지로 질 수밖에 없는 운명의 싸움이었을까.

　어쨌거나 안토니우스와 클레오파트라는 어쩌면 이길 수 있었을지도 모르는 결전을 도중에 포기함으로써 패배하고 말았다.

　이집트로 곧장 달아난 클레오파트라와는 반대로, 안토니우스는 사랑하는 여인의 뒤를 계속 따라가지는 않았다. 그는 남동쪽에 있는 알렉산드리아로 가지 않고 남쪽으로 곧장 도망쳐 오늘날의 리비아에 해당하는 키레나이카에 상륙했다. 그가 지휘하던 우익은 대부분 해전을 벌이다 말고 돛을 올린 총사령관을 따라왔기 때문에, 안토니우스는 수십 척의 군선과 6천 명 안팎의 병사를 거느리고 있었을 것이다. 하지만 51세의 안토니우스는 이제 더 이상 아무 일도 하고 싶지 않았다. 그저 해변의 집에 틀어박혀 온종일 바다만 바라보고 있을 뿐이었다. 클레오파트라에게는 편지를 써서 인편에 보냈다. 편지에는 혼자 살고 싶으니까 자기를 그냥 내버려두라고 적혀 있었다.

　그러나 클레오파트라는 안토니우스를 내버려둘 마음이 없었다. 아니, 내버려두면 자신이 위험해진다. 클레오파트라는 알렉산드리아로 오라고 애원하는 편지를 계속 보냈다. 그리고 안토니우스는 클레오파트라의 애원을 물리칠 수 있는 인물이 아니었다.

클레오파트라는 지금까지도 여러 번 의기소침한 안토니우스를 격려하여 재기시켰듯이, 이번에도 똑같은 일이 되풀이될 거라는 확신을 가지고 왕궁에서 재회한 안토니우스를 격려했다. 그러나 이번만은 달랐다. 안토니우스에 대한 개인적인 호의로 그를 따르고 있던 병사들까지 이반하여 옥타비아누스 진영으로 달려가는 일은 이제 거의 매일처럼 벌어지고 있었다. 클레오파트라가 많은 보수를 약속해도, 거기에 응해서 남는 것은 소수의 충성스러운 부하를 제외하고는 강도나 다름없는 저질의 병사들뿐이었다.

안토니우스도 무인이다. 믿을 만한 참모조차 없는 지금 상황에서는 재기 따위는 꿈에 불과하다는 것을 알고 있었다. 이번만은 아무리 클레오파트라가 애원해도, 군대를 다시 편성하여 옥타비아누스와 맞설 마음이 나지 않았다.

한편 옥타비아누스는 '악티움 해전'이 끝난 뒤에도 로마로 돌아가지 않고, 아그리파와 함께 그리스와 소아시아를 거쳐 시리아로 유유히 추격을 계속하고 있었다. 복종을 맹세하는 군주들과 동맹관계를 경신하는 것도 중요한 일이고, 안토니우스의 방임 통치로 문란해진 각 속주의 통치기구를 재정비하는 것도 중요한 일이었기 때문이다. '악티움 해전'은 안토니우스의 세력권이었던 로마 세계의 동부가 옥타비아누스의 세력권으로 바뀐 것을 의미했다. 군주들 가운데 안토니우스와 클레오파트라를 편드는 사람은 이제 아무도 없었다.

종막

해가 바뀐 기원전 30년 봄, 시리아까지 와 있던 옥타비아누스에게 안토니우스의 편지가 도착했다. 자신은 자결을 선택할 테니, 클레오파트라는 살려달라는 내용의 편지였다.

옥타비아누스는 답장도 보내지 않았다. 그러나 자기는 퇴위할 테니까 아들의 즉위를 인정해달라는 클레오파트라의 편지에는 답장을 보냈다. 답장에는 무장을 해제하는 것이 선결문제라고 적혀 있을 뿐이었지만, 그래도 클레오파트라는 한 가닥 희망을 품었다. 그러나 옥타비아누스의 성격을 잘 알고 있는 안토니우스는 이제 만사가 끝났다는 것을 깨달았다.

이 무렵 처음으로 클레오파트라는 안토니우스를 버릴 마음을 먹은 게 아닐까. 이 싸움은 어차피 안토니우스와 옥타비아누스의 세력 다툼이라는 것을 그녀는 알고 있었다. 그것을 이집트와 로마의 전쟁으로 끌고 간 것은 다름 아닌 클레오파트라 자신이었지만, 이것을 충분히 활용한 옥타비아누스도 안토니우스만 타도하면 목적을 달성하는 거라고 그녀는 생각했을 것이다. 이집트 왕국은 폼페이우스의 동방 제패 때도 살아남았고 카이사르와 맞서서도 살아남았다. 그러니까 옥타비아누스와 맞선 지금도 살아남을 수 있다고 클레오파트라는 생각한 게 아닐까. 그렇게라도 생각하지 않는 한 갑자기 영묘(靈廟)에 틀어박힌 그녀의 행동을 이해할 수가 없다. 영묘에는 유명한 '프톨레마이오스의 보물'이 보관되어 있었다. 클레오파트라는 이 보물을 이용하여 옥타비아누스와 거래를 하려고 한 게 아닐까. 보물과 이집트 왕국의 존속을 맞바꾸는 것이다. 그러나 로마인들 사이에 이런 말이 있는 것을 클레오파트라는 몰랐을까.

"전사(戰士)로 부(富)를 만들 수는 있지만, 부로 전사를 만들 수는 없다."

이 무렵 안토니우스가 무슨 생각을 하고 있었는지는 전혀 알려져 있지 않다. 다만 그는 로마군이 접근해오는 것을 알자마자, 마지막까지 남은 기병대를 이끌고 적을 향해 나아갔다.

7월 31일, 옥타비아누스가 앞서 보낸 로마 기병대와 안토니우스의 기병대 사이에 전투가 벌어졌다. 전투는 안토니우스의 승리로 끝날 것 같았다. 그러나 순식간에 전세가 역전되고 말았다. 안토니우스를 따르고 있던 기병들이 모조리 적진으로 돌아섰기 때문이다. 바로 그때 클레오파트라의 죽음을 알리는 전령이 도착했다. 클레오파트라가 안토니우스에게 자기가 죽었다고 알리게 한 것이다.

부하들의 배신보다 사랑하는 여인이 이미 이 세상에 없다는 것이 안토니우스를 더 큰 절망에 빠뜨렸다. 51세의 장군은 수행 노예에게 칼을 내주면서, 이런 상황에 놓이게 되면 결행하겠다고 맹세한 일을 지금 결행하라고 말했다. 충직한 노예는 칼을 받아들긴 했지만, 주인에게 칼을 겨누는 대신 제 가슴을 찔러 죽었다.

안토니우스는 자살조차도 남의 손에 맡기려고 한 자신을 부끄러워하며, 노예의 몸에서 빼낸 칼로 제 가슴을 찔렀다.

그러나 즉사하지 못했다. 상처를 입고 괴로워하는 안토니우스에게 전령이 달려와서, 여왕은 아직 살아 있다고 전했다. 거짓으로 죽었다고 알린 것을 후회한 클레오파트라가 사실을 알리는 전령을 보낸 것이다. 많은 출혈로 기진한 안토니우스는 아직 몇 명 남아 있는 부하들에게 자기를 여왕에게 데려다달라고 부탁했다.

영묘의 출입구는 클레오파트라의 명령으로 엄중히 폐쇄되어 있었기 때문에 위층에 단 하나 열려 있는 창문으로 끌어올릴 수밖에 없었다.

피투성이가 되고 얼굴마저 핼쑥해진 안토니우스를 클레오파트라는 눈물을 흘리며 끌어안았다. 안토니우스는 그가 늘 원했듯이 클레오파트라의 품 안에서 숨을 거두었다. 여자에 대한 사랑을 끝내 지키는 것도 남자가 사는 방식의 하나다.

안토니우스가 죽은 8월 1일, 옥타비아누스는 알렉산드리아에 입성했다. 이집트 수도에서 이 승자에게 저항을 시도하는 사람은 하나도 없었다. 병사들에게 에워싸여 왕궁으로 향하는 옥타비아누스에게 안토니우스의 죽음이 전해졌다. 옥타비아누스는 거기에 대해서는 아무 말도 하지 않고, 여왕을 산 채로 잡아 연행하라고 명령했다.

클레오파트라는 반항했다. 출입구를 굳게 잠가서 영묘 안으로는 아무도 들어갈 수 없는 상태로 해둔 채, 옥타비아누스와의 협상을 요구했다. 보물을 줄 테니, 그 대신 카이사리온을 왕위에 앉혀달라. 이것이 그녀의 요구 조건이었다. 여기에 대해 옥타비아누스는 아무 대답도 하지 않았다. 하지만 클레오파트라가 영묘 안에서 버티는 동안, 옥타비아누스의 부하들이 영묘 위층을 통해 내부로 침입하는 데 성공했다.

병사들은 클레오파트라를 밖으로 끌어냈다. '프톨레마이오스의 보물'도 옥타비아누스의 손에 들어왔다. 이 보물이 어느 정도였는지는 명확히 알려져 있지 않지만, 그 후 로마로 운반되어 병사들의 급료와 제대군인들에게 줄 토지 구입비에 충당하고도 남아서 공공사업에도 쓰기 시작했는데, 이렇게 많은 돈이 풀리자 그때까지 12퍼센트였던 연리가 4퍼센트로 뚝 떨어졌다고 한다. 오리엔트의 전제국가에서는 군주 한 사람에게 부가 집중되기 때문이었다.

왕궁으로 끌려간 클레오파트라는 그제야 비로소 옥타비아누스가 그
녀의 자식들에게 어떤 운명을 주었는가를 알았다.

17세가 된 카이사리온은 옥타비아누스의 명령으로 살해되었다.

쌍둥이 남매인 10세의 알렉산드로스 헬리오스와 클레오파트라 셀레
네는 로마로 보내져, 아버지 안토니우스의 아내였던 옥타비아에게 맡
겨지게 되었다. 6세인 아들 프톨레마이오스 필라델포스도 형과 누나
와 함께 로마에서 양육된다. 이리하여 어떻게든 아들에게 왕위를 물려
주려고 했던 클레오파트라의 노력도 수포로 돌아가고 말았다.

클레오파트라도 이제는 카이사르의 참뜻을 이해했을까. 카이사리온
을 친아들로 인정하지 않는 편이 그 아들을 위해서나 클레오파트라를
위해서도 좋다고 판단한 카이사르의 진정한 속뜻을 이해할 수 있었을
까. 카이사리온을 친아들로 인지하기는커녕 유언장에서도 한마디 언
급하지 않은 것이 사실은 카이사르의 속깊은 애정이었다는 것을 이해
했을까.

클레오파트라의 자식들 가운데 옥타비아누스가 죽인 것은 카이사리
온뿐이다. 안토니우스와의 사이에 태어난 아이는 셋 다 살아남았다.
카이사르의 아들, 즉 후계자는 옥타비아누스 한 사람으로 충분했기 때
문이다.

39세의 여왕과 33세의 승자는 왕궁 안에서 딱 한 번 만났다고 한다.
두 사람 사이에 어떤 대화가 오갔는지는 알려져 있지 않다. 두 사람 외
에는 아무도 그 자리에 참석하지 않았기 때문이다. 고대 역사가들 중
에는 그때 클레오파트라가 카이사르와 안토니우스를 상대로 수작을
부려 성공한 것과 똑같은 '수법'을 옥타비아누스한테도 시도했다고 말
한 사람도 있다. 그러나 그 시도는 실패로 끝났다고 한다. 40세를 앞둔
나이에는 저 유명한 클레오파트라의 매력도 이미 효력을 잃고 있었다

는 뜻이리라.

그러나 나는 그녀가 애당초 시도하지도 않았을 거라고 생각한다. 고양이는 자기를 귀여워해줄 사람을 한눈에 알아본다고 한다. 여자도 고양이와 같다. 자기한테 마음이 쏠릴 만한 남자는 눈빛만 보아도 안다.

클레오파트라도 용모가 단정한 33세 젊은이의 차가운 눈길을 받은 순간, 그런 수법을 써봤자 아무 소용도 없다는 것을 깨달은 게 아닐까. 불가능하다는 것을 알면서 시도하는 것은 일류라고 자부하는 승부사가 할 짓이 아니다.

옥타비아누스를 만나고 나서 클레오파트라는 모든 희망이 산산조각 난 것을 깨달았을 것이다. 그리고 자신을 기다리는 운명도 분명히 알았을 것이다. 클레오파트라가 현실인식에서는 계속 잘못을 저질렀지만, 막판에 이르러서야 비로소 현실을 분명히 본 게 아닐까. 그녀가 삶에 집착한다면, 로마로 압송되어 수도에서 거행되는 옥타비아누스의 개선식에서 최고의 구경거리가 될 것이다. 개선식이 끝난 뒤에는 여동생 아르시노에와 마찬가지로 이탈리아의 지방도시 어딘가에서 연금생활을 하는 것이 40세 이후의 인생이었다. 로마에서는 패전국 왕이라도 개선식이 끝난 뒤에 죽이는 일은 없었기 때문이다.

클레오파트라는 자살을 결심한다. 한 여자로서 살아남기보다는 여왕으로서 죽기로 결심한 것이다. 하지만 사실은 옥타비아누스도 그것을 기다리고 있었다. 여왕으로서 죽든 무엇으로 죽든 간에, 어쨌든 이 세상에서 영원히 사라져주는 것이 그에게는 편리했기 때문이다.

산 채로 로마까지 압송할 작정이었다면, 클레오파트라에 대한 감시가 너무 느슨하다.

왕궁 안에서 포로가 된 클레오파트라는 전성기의 화려한 생활과는 비교가 되지 않았지만 항상 노예들의 시중을 받았고, 그녀의 시녀들은 왕궁 밖에도 자유롭게 출입할 수 있었다. 무화과 열매를 가득 담아 그 속에 독사를 숨긴 바구니는 외부에서 반입된 것이었다.

클레오파트라는 안토니우스가 잠들어 있는 무덤에 술을 부어주고 싶다면서, 영묘에 가게 해달라고 옥타비아누스에게 부탁했다. 옥타비아누스는 선선히 허락했다. 호위대는 클레오파트라를 영묘까지 호송한 다음, 영묘 안으로 들어간 여왕과 시녀 두 사람을 밖에서 기다렸다.

독사는 야심찬 여자의 일생을 한순간에 끝내주었다. 클레오파트라는 여왕의 정장 차림으로 죽었다고 한다. 이집트 여왕의 차림이었는지, 아니면 그리스의 혈통을 나타내는 프톨레마이오스 왕조 여왕의 차림이었는지는 알려져 있지 않다. 이집트식 정장이라면 셰익스피어 시대 이후 유럽인의 이국 취향에 딱 들어맞았을 것이다. 하지만 그리스식 정장이라면 로마인에게 준 충격은 훨씬 강했을 게 분명하다. 당시 로마인은 3천 년 전의 이집트 문명보다 300년 전의 알렉산드로스 대왕에게 더 관심이 많았기 때문이다. 그렇다면 옥타비아누스는 로마인들이 존경하는 알렉산드로스 대왕의 후예를 죽음으로 몰아넣은 셈이 된다. 여주인과 마찬가지로 그리스인의 피를 이어받은 시녀 두 사람도 자살한 클레오파트라의 뒤를 따랐다.

클레오파트라는 마지막 편지를 옥타비아누스에게 남겼다. 거기에는 안토니우스와 함께 묻어달라고 적혀 있었다. 젊은 승자는 클레오파트라의 이 소원만은 들어주었다.

그리스인인 알렉산드로스 대왕이 페르시아를 무찌르고 이집트를 지배하기 시작한 것은 기원전 333년부터다. 300년 동안 계속된 그리스계의 프톨레마이오스 왕조는 기원전 30년에 마지막 여왕 클레오파트라를 끝으로 막을 내렸다.

옥타비아누스는 여왕의 죽음을 공표하는 동시에 이집트 왕국을 영유하겠다고 선언했다. 국가 로마의 속주로 삼는 것이 아니라 그 개인의 영지로 삼겠다는 것이다. 신이 아니면 지배자가 될 수 없는 이집트에서는 '로마의 원로원과 인민'(S.P.Q.R.)이 지배자가 될 수는 없기 때문이다. 옥타비아누스는 신이 된 카이사르의 아들이다. '신의 아들'이 지배한 선례를 세운 것은 알렉산드로스 대왕이었다.

알렉산드로스 대왕이 죽은 뒤 대왕의 장군들이 창건한 왕조 가운데 마지막까지 남아 있던 프톨레마이오스 왕조는 이렇게 멸망했다. 다른 왕국들처럼 로마의 패권을 인정하는 동맹국으로 만족했다면, 반드시 멸망을 맞을 필요는 없었다.

에필로그

로마에 개선한 옥타비아누스는 수도를 사흘 동안이나 열광시킨 화려한 개선식을 거행했다. 그러나 33세의 승자를 향한 시민의 열광은 그가 이룩한 승리보다 마침내 내전이 끝난 데 대한 기쁨에서 나온 것이었다. 옥타비아누스도 그것을 알고 있었다. 그는 야누스 신전의 문을 닫게 했다. 제2대 임금 누마 시대부터 로마가 전쟁 상태에 있을 때는 전쟁의 신 야누스에게 바쳐진 신전의 문을 열어두는 것이 전통이었다. 뒤집어 말하면, 야누스 신전의 문이 열려 있는 동안은 로마가 전쟁 상태에 있다는 표시였다.

야누스 신전의 문이 닫힐 기회는 기원전 30년 이전에도 있었다. 기원전 45년에 벌어진 문다 회전에서 카이사르가 폼페이우스파 잔당의 마지막 저항을 제압하고 개선했을 때였다. 하지만 그로부터 반년 뒤에 일어난 브루투스 일당의 카이사르 암살로 말미암아 야누스 신전의 문이 닫힐 기회는 14년 뒤로 미루어졌다. 그 14년은 결국 카이사르가 후

전쟁의 신 야누스

계자로 지명한 옥타비아누스의 승리로 막을 내렸다. 이것으로 보아도, 도대체 무엇을 위한 암살이고 무엇을 위한 14년이었던가 하는 생각이 든다. 로마가 얻은 유일한 수확은 이집트를 영유한 것이지만, 이것도 옥타비아누스의 사유지로 영유한 것이었기 때문이다.

결과야 어떻든, 로마인끼리 사투를 벌인 내전은 끝났다. 기원전 44년 봄에 아무도 예상하지 못한 후계자 지명으로 하루아침에 역사의 무대에 등장한 18세의 옥타비아누스도 이제는 어느덧 33세를 맞이하고 있었다. 그 14년 동안, '어린애'라고 놀림을 받았던 옥타비아누스는 카이사르가 물려준 후계자의 지위를 반석 위에 올려놓았다. 안토니우스도 아니고 그밖의 어느 누구도 아닌 옥타비아누스, 아직 미지수인 18세의 젊은이를 후계자로 선택한 카이사르의 통찰력이 거둔 승리이기도 했다.

기원전 46년, 북아프리카의 타프수스에서 폼페이우스파를 무찌르고 귀국한 카이사르가 시정의 기본방침으로 삼은 것은 '클레멘티아'(관용)였다. 기원전 30년, 안토니우스를 무찌르고 귀국하여 16년 전의 카이사르와 마찬가지로 로마 세계의 최고권력자가 된 옥타비아누스는

앞면 : 옥타비아누스   뒷면 : 이집트를 상징하는 악어

옥타비아누스가 만든 이집트 제패 기념 은화

시정의 기본방침으로 '팍스'(평화)를 내걸었다. 로마에 의한 평화, 즉 '팍스 로마나'의 시작이었다.

그러나 평화는 원하고 부르짖는 것만으로는 실현되지 않는다. 카이사르는 로마 세계의 새로운 질서를 생각하고 수립하기 시작했지만, 뜻하지 않은 죽음으로 도중에 중단할 수밖에 없었다. 33세의 옥타비아누스에게는 카이사르가 미처 이루지 못한 이 신생 로마를 확립하는 막중한 임무가 기다리고 있었다.

기원전 44년 3월 15일, 카이사르의 육신은 죽었다. 그러나 카이사르가 정말로 죽은 것은 기원전 30년이었다. 이때부터 비로소 옥타비아누스의 시대가 열린다. 아니, 이제는 아우구스투스라고 불러도 좋을 것이다. 초대 황제 아우구스투스에 의해, 카이사르가 타도한 공화정 로마를 대신하는 제정 로마가 시작되었기 때문이다.

공화정 시대의 로마사를 쓴 독일 역사가 몸젠은 카이사르를 "로마가 낳은 유일한 창조적 천재"라고 평했다. 그러나 이 천재는 원로원 주도의 공화정으로 돌아가기를 원하는 회고주의자들이 아직 대세를 이루고 있던 시대에 오직 혼자서 모든 일을 해내야 했다. 아우구스투스는 창조적 천재는 아니었지만, 카이사르가 갖고 있지 않았던 두 가지 이점을 누리고 있었다.

첫째, 회고주의자들이 기원전 49년부터 기원전 30년까지 계속된 내전으로 모두 죽어버렸다는 점이다.

둘째, 아그리파와 마이케나스라는 동년배 협력자를 얻을 수 있었다는 점이다. 아그리파는 카이사르의 포석으로 옥타비아누스의 오른팔이 되었지만, 마이케나스는 옥타비아누스가 직접 발탁한 인물이다. 모두 30대 전반인 이 세 사람이 '팍스 로마나'를 쌓아올리게 된다. 신생 로마 제국의 출발에 어울리는 젊은 힘의 결집이었다.

—『율리우스 카이사르』 완결 —

연대(기원전)	율리우스 카이사르	국가 로마	지중해 세계	중국
100년	가이우스 율리우스 카이사르, 7월 12일 로마의 수부라 지구에서 탄생. 아버지는 가이우스 율리우스 카이사르, 어머니는 아우렐리아(아우렐리우스 코타 가문 출신).	호민관 사투르니누스, 곡물 배급법 개정. 새로운 식민지 도시법을 성립시키고, 민회의 의결을 우선할 것을 원로원에 선서시키지만, 반대파에게 암살당하다.		
91년		호민관 드루수스, 모든 자유민에게 로마 시민권을 부여하는 법안을 제출하지만 암살당하다. 동맹시 전쟁이 시작되다.	폰투스 왕 미트라다테스 6세, 비티니아와 옛 페르가몬을 침공하다.	이 무렵 사마천의 『사기』가 완성되다.
90년		카이사르의 아저씨뻘인 집정관 루키우스 율리우스 카이사르가 제출한 율리우스 시민권법이 성립되다.		
89년		시민권법을 계기로 동맹시 전쟁은 사실상 끝나고, 로마는 세계 국가로 가는 첫걸음을 내딛다.		
88년		카이사르의 고모부인 마리우스와 집정관 술라의 투쟁이 시작되다. 술라의 쿠데타로 마리우스는 망명하고, 호민관 술피키우스는 살해되다. 술라, 오리엔트를 평정하러 떠나다.	미트라다테스, 소아시아 서해안의 로마 속주를 점령하고 아테네에 궐기를 촉구하다. 제1차 미트라다테스 전쟁 (~84년).	
87년		집정관 킨나와 마리우스, 로마를 제압하고 술라파에 보복하다. 카이사르의 아저씨뻘인 율리우스도 살해되다.		한무제가 사망하고, 소제 (昭帝)가 즉위하다(~74년 재위). 곽광이

				섭정하다.
86년		마리우스 사망, 킨나의 독재가 시작되다.	술라, 아테네를 공략한 뒤, 카이로네아 회전에서 폰투스 군대를 대파하고 두 번이나 압승을 거두다.	
85년			다르다넬스에서 술라와 미트라다테스가 회견하여 강화를 맺다. 술라, 소아시아로 가서 통치기구를 재구축하다.	
84년	아버지 사망. 카이사르, 킨나의 딸 코르넬리아와 결혼.	킨나, 부하에게 살해되다.		
83년		술라, 원정에서 돌아와 메텔루스 피우스 · 크라수스 · 폼페이우스 등을 규합하여 격전을 벌인 뒤, 정규군에 승리하고 민중파를 소탕하다. 세르토리우스, 에스파냐로 달아나다(~82년).		
82년	술라의 이혼 명령을 거부하고 소아시아로 도피. 미누키우스 총독의 군대에 지원하여 참모가 되다(~81년).			
81년		술라, 무기한 독재관에 취임하여 공화정 재건을 위한 국정개혁에 착수하다.		
80년	미누키우스의 레스보스 섬 공략전에 참가하다.	술라, 독재관을 사임하다.	에스파냐 속주에서 세르토리우스 전쟁이 시작되다(~72년).	
78년	귀국.	술라 사망.		

77년	변호사를 개업했지만 실패.	술라 체제에 반대하는 레피두스의 봉기를 폼페이우스가 진압하다.	
76년	로도스섬으로 유학가는 도중 해적의 습격을 받다.		
75년			폼페이우스, 세르토리우스 전쟁을 지휘하러 에스파냐로 떠나다.
74년			선제(宣帝) 즉위(~49년 재위).
73년	귀국하여 제사장 및 대대장이 되다.	카푸아에서 스파르타쿠스의 반란이 시작되다.	미트라다테스, 비티니아를 다시 침공하다. 루쿨루스, 킬리키아 총독에 부임한 뒤 폰투스군에 승리하다. 제2차 미트라다테스 전쟁(~67년).
72년		크라수스, 아스프로몬테에서 스파르타쿠스 반란군을 진압하다. 폼페이우스, 에스파냐에서 개선하다.	세르토리우스, 부관인 페르페르나에게 암살되어 세르토리우스 전쟁이 끝나다.	한나라 군대와 오손(烏孫)의 병사가 흉노족을 협공하여 대승을 거두다.
70년	회계감사관에 취임(~69년), 먼 에스파냐에 부임. 귀국한 뒤, 원로원 의원이 되다.	크라수스와 폼페이우스, 집정관에 취임하다.	폰투스와 아르메니아의 동맹이 성립되다. 루쿨루스, 아르메니아군에 대승을 거둔 뒤 카스피해까지 진출했지만 후퇴하다.	
69년			클레오파트라, 이집트 프톨레마이오스 12세의 둘째 딸로 태어나다.	
68년	고모의 장례식에서 대담한 추도연설을 행하다.			곽광, 사망하다.

	아내 코르넬리아 사망.			
67년		폼페이우스의 명성이 급등하다.	폼페이우스, 지중해 해적을 소탕하여 지중해 전역에 '팍스 로마나'를 확립하다. 미트라다테스에 대한 토벌을 개시하다.	
66년			제3차 미트라다테스 전쟁이 시작되다. 폼페이우스, 폰투스군을 격파하고 파르티아·아르메니아와 동맹을 맺다. 유프라테스강 서안까지 진출하다. 시리아를 제패하다(~63년).	
65년	안찰관에 취임. 자비로 아피아 가도를 보수하고 화려한 검투시합을 개최.		폼페이우스, 다마스쿠스에 입성한 데 이어 예루살렘을 함락하다.	
63년	호민관 라비에누스의 협력을 얻어 최고제사장에 취임, 포로 로마노의 관저로 거처를 옮기다. 라비에누스와 공조하여 원로원 체제에 대한 도전을 강화하다.	키케로, 집정관에 취임. '카틸리나 역모사건'에 대해 키케로·카이사르·소(小)카토가 논전을 벌이다. 역모는 실패하고 3천 명이 목숨을 잃다. 옥타비아누스가 태어나다.	미트라다테스 6세의 자살로 전쟁이 끝나다. 셀레우코스 왕조는 소멸하고, 시리아는 로마의 속주가 된다. 폼페이우스의 오리엔트 평정으로 지중해 전역이 로마의 패권 밑에 들어가다.	
62년	법무관에 취임. 후처 폼페이아에 얽힌 클라우디우스의 스캔들 때문에 아내와 이혼.	폼페이우스가 귀국하자 원로원파의 위기감이 높아지다.		
61년	먼 에스파냐 총독으로 부임하여 현지인인 발부스를 등용. 대서양 연안을 평정. 이 무렵 크라수스, '빚꾸러기' 카이사르의 최대 채권자가 되다.	폼페이우스, 개선식을 거행하다.		

60년	귀국하여 이듬해 집정관에 출마. 폼페이우스·크라수스와 손잡고 '삼두정치'를 결성. 국가 개조의 첫걸음을 내딛다.	
59년	집정관에 취임. 집정관 교대근무제 부활, 원로원 일보(日報) 개시, 폼페이우스의 동방 국가 재편성안 채택, 율리우스 판례법(공직자 윤리법) 시행. 율리우스 농지법을 민회에서 가결하여 원로원파에 타격을 가하다. 속주세 징세업자법을 개정하다. 이탈리아에 망명한 이집트의 프톨레마이오스 12세(클레오파트라의 아버지)를 복위시키다. 게르만 민족의 수령인 아리오비스투스를 '로마의 친구이자 동맹자'로 삼다. 딸 율리아를 폼페이우스의 후처로 주다. 원로원 의원 피소의 딸 칼푸르니아를 후처로 맞이하다. '바티니우스 법'을 가결시키고, 북이탈리아·일리리아·남프랑스 속주 총독이 되다. 총독으로 나가 있는 동안 로마에서 수족처럼 움직여줄 사람으로, 장인인 피소와 폼페이우스의 오른팔인 가비니우스를 이듬해 집정관에, 클로디우스를 호민관에 포진시키다.	
58년	**갈리아 전쟁 1년째** 갈리아 총독에 부임. 부사령관은 라비에누스. 게르만인에게 밀려난 갈리아의 헬베티족, 스위스의 레만호 동쪽 연안에서 브르타뉴 지방을 향해 36만 명이 대이동을 시작하다. 라인강을 건너 갈리아로 들어온 게르만인이 12만 명에 이르다. 카이사르, 헬베티족의 속주 통과를 거부. 갈리아인의 혼란을 보고 국경을 넘어 갈리아로 들어가서, 하이두이족과 공동투쟁 관계를 맺다. 손강 연안에서 헬베티족을 기습하고, 그 뒤를 쫓아 비브라크테 전투에서 승리하여 강화를 맺다. 스위스로 돌아간 헬베티족은 11만 명에 이르다. 갈리아인의 요청을 받아 게르만인인 아리오비스투스와 화평을 시도하지만 교섭에 실패하다. 브장송에서 아리오비스투스와 회견했지만, 교섭이 결렬되자 회전을 벌이다. 게르만인, 패주하다. 브장송에 월동 숙영지 설치. 라인강을 로마의 기본 방어선으로 명시.	카토, 키프로스에 부임하다. 키케로, 그리스로 망명하다.	

57년	**갈리아 전쟁 2년째** 갈리아 북동부 경계선에 진출하여 레미족과 동맹을 맺다. 이에 맞서는 벨가이인(벨기에인) 전투원은 29만 6천 명, 총대장은 수에시오네스 족장인 갈바. 센강을 건너 적지에 진영을 짓고 벨기에군을 격파하다. 수아송에서 수에시오네스족과 강화를 맺고, 이어서 벨로바키족·암비아니족과도 강화 체결. 오늘날의 벨기에 영토에 들어가 네르비족을 공격하고 강화를 맺다. 이어서 아투아투키족을 무찌르고 5만 3천 명을 노예로 삼다. 갈리아 북동부를 평정하고 베네티족을 비롯한 대서양 연안 부족도 복종시켜 갈리아 전체의 '평화'를 얻다. 오를레앙에 월동 숙영지 설치.	폼페이우스의 소극성, 호민관 클로디우스의 폭주, 카토의 귀국, 키케로의 추방령 해제로 '삼두정치'에 대한 원로원파의 반격이 시작되다. 폼페이우스, 5년 동안의 식량 확보를 책임지는 대권을 부여받다. 클로디우스와 밀로의 폭력조직 사이에 대결이 시작되다.	
56년	**갈리아 전쟁 3년째** 카이사르·크라수스·폼페이우스의 '루카 회담'. 베네티족을 비롯한 갈리아 서부 부족들의 도전을 받고 브르타뉴 지방으로 진격하여, 청년 브루투스가 지휘하는 해전에서 베네티족을 격파하다. 라인강의 라비에누스, 노르망디의 사비누스, 아키텐의 청년 크라수스도 모두 승리하다. 모리니족과 메나피족도 제압하러 갔지만 가을이 깊어져서 철수하다. 노르망디 지방에 월동 숙영지 설치.		
55년	**갈리아 전쟁 4년째** 독일 북서부에서 라인강을 향해 진격, 우시페테스족과 텐크테리족을 공격하여 대승을 거	지난해의 루카 회담에서 합의한 대로 폼페이우스와 크라수스가 집정관에 취임. '트레보니우스법'(기원전 54년부	

550

	두다. 오늘날의 본과 쾰른의 중간지점에 다리를 놓아 라인강을 건너다. 수 감브리족을 제압하고 우비족에게 지원을 약속하여 게르만인의 내분을 꾀하다. 서쪽으로 방향을 바꾸어 제1차 브리타니아(오늘날의 영국) 원정을 감행. 도버해협을 건너 브리타니아에 상륙. 해안선에서 브리타니아군과 격전을 벌인 뒤 철수하다. 시리아 총독으로 부임하는 아버지(크라수스)를 따라가는 청년 푸블리우스 크라수스에게 기병 1천 기를 떼어주다. 아미앵에 월동 숙영지 설치. 카이사르의 어머니 아우렐리아 사망.	터 폼페이우스와 크라수스가 에스파냐와 시리아 속주에 10개 군단 편성권을 갖는 5년 임기의 총독으로 부임한다는 법)과 '폼페이우스-리키니우스법'(카이사르의 임기를 기원전 50년까지 연장하고 10개 군단 편성권을 부여한다는 법)이 성립되다. 마르스 광장에 폼페이우스 극장이 완성되다. 크라수스, 임지인 시리아로 떠나다.		
54년	**갈리아 전쟁 5년째** 트레베리족이 복종을 맹세하다. 제2차 브리타니아 원정. 브리타니아인은 게릴라전을 벌이지만 패퇴하다. 템스강을 건너 카시벨라우누스가 지휘하는 브리타니아군을 격파. 강화 제의를 받아들이고 갈리아로 귀환하다. 갈리아의 밀 작황이 좋지 않아서 월동 숙영지를 여덟 군데로 분산. 에부로네스 족장 암비오릭스의 간계에 빠져	카이사르의 딸이자 폼페이우스의 아내인 율리아 사망하다. 카이사르, 측근인 발부스와 오피우스를 통해 포로 로마노 확장사업에 착수하다. 원로원파, 반격을 꾀하여 이듬해 집정관 두 명을 독점하다. 원로원파와 삼두정치파의 대치로 정국이 혼란에 빠지다.	크라수스, 파르티아로 진격하다.	

연표 551

	병사 9천 명을 잃다. 아투아투키족과 네르비족도 반란에 합류하여, 벨기에군 6만 명이 키케로의 동생이 지키는 월동 숙영지를 포위 공격하다. 카이사르, 구원하러 가서 반란군을 격파하다. 카이사르, 갈리아의 아미앵에서 월동하다.		
53년	**갈리아 전쟁 6년째** 네르비족을 제압한 뒤, 파리에서 갈리아 부족장 회의를 주재하다. 세노네스족과 카르누테스족을 복종시켜 배후의 안전을 확보하다. 메나피족을 제압하는 한편, 트레베리족을 항복시킨 라비에누스와 합류하여 두 번째 라인도하를 결행. 라인강 서안에 진영을 세우고 병사 6천 명을 주둔시키다. 암비오릭스를 쫓아 라인강 어귀까지 북상, 갈리아 북동부의 모든 부족을 평정하다. 랭스에서 갈리아 부족장 회의를 주재하고, 카르누테스족 반란의 주모자 아코를 처형하다. 월동 숙영지를 오늘날의 독일 서부와 디종 부근 및 상스에 설치.	클로디우스파와 밀로파의 폭력투쟁이 격화되다. 클로디우스는 살해되고, 밀로는 마르세유로 도피하다. 이듬해 집정관을 폼페이우스가 혼자 맡는다는 합의로 정국이 수습되다.	크라수스, 본격적인 파르티아 원정을 개시하다. 파르티아 왕 오로데스가 아르메니아를 공격하여 견제하는 한편, 청년 귀족 수레나스가 로마군을 사막에서 격파하다. 크라수스의 아들은 자살하다. 이어서 패주하던 크라수스도 살해되다(카레의 패전). 원정군 4만 명 가운데 1만 명도 안 되는 병사만 생환하다.
52년	**갈리아 전쟁 7년째** 카르누테스족, 오를레앙 거주 로마 민간인을 살해하고 반기를 들다.	폼페이우스, 단독 집정관에 취임했지만, 원로원의 요구로 또 한 명의 집정관에 메텔루스	

	아르베르니 족장 베르킨게토릭스가 로마에 맞서 궐기할 것을 호소하다. 중부 갈리아 부족들이 이에 호응하다. 카이사르, 남프랑스 속주에서 갈리아 중부로 달려가 상스에서 모든 부대를 통합하여 반란 제압에 나서다. 부르주를 공략하고 게르고비아를 공략하러 가지만 성공하지 못하고 철수하다. 갈리아 중부 부족들이 결집하여 카이사르군과 회전을 벌이지만 패퇴하고, 6만 명이 알레시아에서 농성하다. 카이사르는 알레시아 포위망을 구축하지만, 갈리아 원군 26만 명이 도착하다. 알레시아 공방전. 베르킨게토릭스, 항복하고 포로가 되다. 월동 숙영지를 여덟 군데에 설치. 카이사르, 부블레에서 월동하다. 『갈리아 전쟁기』 전7권 간행(제8권은 측근인 히르티우스가 집필).	스키피오를 선임하다. 폼페이우스, 스키피오의 딸과 재혼하다. 원로원파, 폼페이우스를 구슬려 이듬해에 행정관법·폼페이우스 속주 총독법·폼페이우스의 에스파냐 총독 임기 연장 등으로 반카이사르 체제를 강화하다.	
51년	**갈리아 전쟁 8년째** 알레시아 공방전의 전후 처리로 모든 부족을 복종시키고, 아키텐 지방을 시찰하다. '갈리아의 로마화'에 착수. 속주세를 '10분의 1세'에서 '정액제'로 고치다. 카이사르, 갈리아 북부의 아라스에서 월동하다.	키케로, 『국가론』을 간행하다.	클레오파트라, 동생 프톨레마이오스 13세와 함께 이집트의 공동 통치자가 되다.	

50년	카이사르, 북이탈리아 속주로 돌아오다(여름). 원로원파, 카이사르의 오른팔 라비에누스에게 접근하다. 원로원파, 자파인 가이우스 마르켈루스와 아이밀리우스 파울루스를 집정관에 앉히고, 이듬해 집정관도 마르켈루스의 동생과 렌툴루스로 결정하다. 카이사르는 호민관 쿠리오를 앞세워 원로원파에 대항하다. 12월, '카이사르의 10개 군단, 로마를 향해 남하 중'이라는 허위정보를 토대로 집정관 마르켈루스가 폼페이우스에게 통수권을 부여하고 카이사르를 맞아 싸울 것을 요청하다. 카이사르 군단에 대한 해산 명령을 둘러싸고, 카이사르파의 신임 호민관 안토니우스와 원로원파의 정치투쟁이 계속되다.		
49년	1월 7일, 원로원은 '원로원 최종권고'를 결의하고, 원로원과 폼페이우스에게 무제한의 대권을 부여한다는 법안을 가결하다. 1월 12일, 라벤나를 떠난 카이사르는 1개 군단을 이끌고 루비콘강을 건너("주사위는 던져졌다!") 리미니에 들어가다. 호민관 안토니우스 및 카시우스가 합류하다. 이어서 안코나와 아레초도 장악하다. 1월 17일, 폼페이우스, 로마를 탈출하다. 키케로에 이어 집정관 마르켈루스와 렌툴루스도 탈출하다. 로마는 대혼란에 빠지다. 카이사르와 결별한 라비에누스, 카푸아에서 폼페이우스 진영에 가담하다. 카이사르, 아드리아해를 따라 남진하여 2월 21일에 에노발부스가 지키는 코르피니오에 무혈 입성하다. 2월 25일, 폼페이우스, 브린디시까지 후퇴하다. 3월 9일, 카이사르, 브린디시에 도착하다. 3월 17일, 폼페이우스, 봉쇄를 뚫고 그리스로 탈출하다. 카이사르, 이탈리아반도를 사실상 제패하고 19일 로마로 떠나다.	8월 11일, 쿠리오가 이끄는 로마군이 북아프리카 속주에 상륙하다. 20일에 누미디아 왕 유바와의 전투에서 로마군 2만 명이 전멸하고 쿠리오도 전사하다. 아드리아해의 제해권을 빼앗으러 간 안토니우스의 동생과 돌라벨라도 달마티아에서 폼페이우스군의 해군 장수 리보에게 완패하다.	원제(元帝) 즉위(~33년 재위).
	3월 30일, 로마로 강행군하던 카이사르, 포르미아의 별장으로 키케로를 찾아가 회담하다. 4월 1일, 카이사르, 로마 성벽 밖에서 열린 원로원 회의에 참석하다. 이 무렵 사르데냐와 시칠리아를 지배하다. 북아프리카 속주 제패를 쿠리오에게, 내정을 법무관 레피두스에게, 국방을		

	안토니우스에게, 아드리아해 제해권 탈취를 안토니우스의 동생과 돌라벨라에게 맡기다. '로시우스법'을 성립시켜 북이탈리아 속주 주민에게 로마 시민권을 주다. 4월 7일, 폼페이우스의 세력권인 에스파냐 속주를 제패하러 가다. 4월 19일, 마르세유에 도착. 5월 4일부터 마르세유 공방전이 시작되어 장기화하다. 6월 22일, 에스파냐 속주의 레리다에 도착. 에스파냐 전쟁의 첫 전투인 레리다 공방전이 시작되다. 8월 2일, 아프라니우스와 페트레이우스가 이끄는 폼페이우스군을 해체하다. 9월, 카디스에 이어 타라고나와 에스파냐 전역을 제패하고, 바로가 이끄는 폼페이우스군도 해체하다. 10월 중순, 마르세유로 돌아가 25일 마르세유를 함락하고 이탈리아로 가다. 12월 2일, 로마에 들어가다. 독재관에 지명되어, 반술라파의 자손에 대한 공직추방령을 해제하고, 각 속주 총독에 카이사르파를 임명하고, 새 화폐 발행을 비롯한 경제정책을 실시하다. 이듬해인 기원전 48년도 집정관에 선출되다. 12월 13일, 폼페이우스를 추격하기 위해 로마를 떠나다.
48년	1월 4일, 브린디시를 출항한 카이사르, 이튿날 그리스 서해안에 상륙하다. 카이사르군과 폼페이우스군, 디라키움 남쪽에서 대치하다. 3월 27일, 안토니우스가 이끄는 제2진, 닌페움에 상륙하여 4월 3일 카이사르와 합류하다. 4월 15일부터 시작된 디라키움 공방전이 3개월 동안 계속된 뒤 카이사르군이 패배하다. 카이사르, 그리스 중부의 테살리아 지방으로 퇴각하다. 폼페이우스군, 추격하다. 7월 29일, 카이사르, 파르살로스 평원에 도착하여 메텔루스 스키피오와 합류한 폼페이우스를 기다리다. 8월 9일, 파르살로스 회전. 폼페이우스군의 완패(사망자 6천, 포로 2만 4천). 폼페이우스, 에게해로 달아나 세력을 재건할 곳을 찾으면서 이집트로 건너가다. 카이사르, 폼페이우스를 추격하는 한편 안토니우스를 부독재관인 '기사단장'에 임명하여 로마 본국의 통치를 맡기다. 9월 28일, 폼페이우스와 렌툴루스, 알렉산드리아에서 로마 병사에게 살해되다. 10월 4일, 카이사르, 알렉산드리아에 상륙. 10월 7일, 내분을 일으킨 클레오파트라와 프톨레마이오스 13세에게 공동 통치의 판정을 내리다. 10월 중순, 프톨레마이오스 13세가 카이사르군을 공격, 알렉산드리아 전쟁이 시작되다. 12월, 도미티우스가 폰투스 왕 파르나케스에게 패하여 시리아로 달아나다.
47년	2월 말, 도미티우스가 보낸 원군이 알렉산드리아에 도착. 카이사르, 나일 삼각주 전투에서 승리하고 프톨레마이오스 13세는 전사하다. 3월 27일, 카이사르, 알렉산드리아에 입성하다. 클레오파트라와 막냇동생 프톨레마이오스 14세의 공동 통치가 시작되다. 『내전기』 전3권을 완성하다.

	6월, 알렉산드리아를 떠나 소아시아에서 폰투스 왕 파르나케스에게 패한 도미티우스를 지원하러 가다. 가는 도중, 유대·시리아·킬리키아에서 통치기구를 재구축하다. 6월 말, 소아시아에 상륙하여 카파도키아 지방의 젤라에서 파르나케스를 격파하다("왔노라, 보았노라, 이겼노라"). 그리스를 평정한 뒤, 9월 말 브린디시로 돌아오다. 키케로와 재회하여 그를 용서하다. 로마에 개선하여 5년(다음에는 10년) 임기의 독재관에 임명되다. 대리 통치한 안토니우스의 실정을 바로잡다. 12월, 북아프리카 속주의 폼페이우스파 잔당을 제압하러 가다. 19일, 시칠리아의 마르살라에 들어가 27일 떠나다.
46년	1월, 북아프리카 속주 동해안에 상륙하여 진영을 세우다. 4월 6일, 타프수스 회전에서 스키피오군을 대파하고, 이어서 누미디아 왕 유바를 추격하다. 유바는 자살하고, 스키피오와 아프라니우스도 살해되다. 카토도 자살하다(4월 12일). 4월 13일, 우티카에 입성하다. 사르데냐와 코르시카를 시찰하고, 7월 25일 로마에 귀환하다. 8월 5일부터 네 차례의 개선식을 거행하다. 개혁에 착수. 율리우스력(태양력)을 채택하여 이듬해인 기원전 45년 1월 1일부터 실시하다. 국립조폐소를 창설하여 원로원의 조폐권을 국립조폐소로 이관하다. 10년 임기의 독재관에 임명되다.
45년	에스파냐 속주에서 폼페이우스의 아들 그나이우스와 섹스투스 및 라비에누스와 바로를 비롯한 반카이사르파가 재봉기하여 남부를 석권하다. 에스파냐로 떠나 3월 17일 문다 회전에서 폼페이우스파를 격파하다. 라비에누스는 전사하고, 그나이우스도 살해되다. 팍스 로마나를 확립하고 민생을 풍족하게 하고 공화정을 제정으로 바꾸기 위한 전면 개혁에 착수. ●북이탈리아 속주의 도시계획, 시칠리아와 남프랑스 속주 주민에게 라틴 시민권 부여. ●원로원 의원을 900명으로 증원, 민회와 호민관의 유명무실화. ●금과 은의 환산율을 고정화, 이자율 상한선 설정. ●법무관·회계감사관·안찰관 증원, 동료 집정관을 보좌역으로 격하. ●지방의회의 피선거권 개정, 해방노예에게 공직 개방. ●속주 재편성, 속주의회 인정, 공영 징세기관 설치. ●유피테르·유노·미네르바를 로마의 주신(主神)으로 함. ●셈프로니우스법을 확인하여 원로원 최종권고 폐지, 배심원 자격 개정. ●곡물 무료 배급자를 종래의 절반 수준인 15만 명으로 축소, 무료 배급자를 심사하는 전담 안찰관 설치. ●실업자와 제대군인의 식민지를 속주에 분산, 카르타고와 코린트를 재건. ●교사와 의사에게 로마 시민권 부여. ●카이사르의 포룸 건설, 포로 로마노 재개발, 세르비우스 성벽 철거 등 수도 재개발 ●간척사업, 로마 가도의 정비와 연장을 비롯한 공공사업 추진.
44년	1월, 카이사르의 동료 집정관에 안토니우스 취임. 카이사르, 2년 동안의 파

르티아 원정 계획을 공식 발표.

2월, 원로원과 민회, 카이사르를 '종신 독재관'에 임명.

3월 15일, 원로원 회의장인 폼페이우스 회랑에서 브루투스 일당에게 암살되다.

3월 16일, 옥타비아누스(당시 18세)를 제1상속인 · 양자 · 성명 계승자로 지명한 카이사르 유언장이 개봉되다.

로마에 체류 중이던 클레오파트라, 카이사르의 아들이라는 카이사리온과 함께 이집트로 떠나다.

3월 17일, 안토니우스가 소집한 원로원 회의에서 암살자들의 형사 책임은 추궁하지 않고, 요직 인사를 비롯한 카이사르의 정책을 계승하기로 결정.

3월 18일, 카이사르의 유해가 화장되다. 암살자들을 규탄하는 민중의 분노가 고조되다. 19일 새벽, 브루투스와 카시우스 및 키케로 등은 로마를 떠나다.

	옥타비아누스와 안토니우스	지중해 세계	
	안토니우스, 카이사르의 죽음으로 공석이 된 최고제사장과 동료 집정관에 레피두스와 돌라벨라를 앉히다. 4월 중순, 옥타비아누스, 그리스 서해안의 아폴로니아에서 귀국하다. 7월, 옥타비아누스, 카이사르 추모 경기대회를 개최하다. 8월, 안토니우스가 소집한 원로원 회의에서 안토니우스를 북이탈리아 총독, 돌라벨라를 시리아 총독, 마르쿠스 브루투스를 마케도니아 총독, 카시우스를 시리아 총독에 임명하기로 결정하다. 8월 말, 브루투스와 카시우스가 임지로 떠나다. 사실상의 국외 탈출. 9월, 키케로, 안토니우스에 대한 탄핵 연설 '필리피카이'를 시작하다. 10월, 군대의 대부분은 옥타비아누스 지지로 돌아서고, 안토니우스는 북이탈리아 속주의 군사력을 장악하기 위해 북이탈리아 총독인 데키우스 브루투스를 공격하러 가다.	이집트에 돌아온 클레오파트라, 막냇동생인 프톨레마이오스 14세를 죽이고, 아들 카이사리온을 공동 통치자로 삼다.	
43년	옥타비아누스를 지지하는 히르티우스와 판사가 집정관에 취임하다. 3월, 두 집정관과 옥타비아누스는 북이탈리아 속주의 모데나에서 데키우스 브루투스와 싸우고 있는 안토니우스를 공격하다. 안토니우스, 패퇴하다. 두 집정관은 전사하고 데키우스 브루투스도 살해되다.	마케도니아의 브루투스, 시리아의 카시우스, 대결에 대비하여 10만 명으로 군비를 증강하다. 카시우스, 총독으로 부임한 돌라벨라를 살해하다.	

	8월, 옥타비아누스, 집정관에 선출되다(동료 집정관은 카이사르의 조카인 페디우스). 또한 카이사르의 양자 입적을 공인받고 '가이우스 율리우스 카이사르 옥타비아누스'가 되다. 카이사르 암살자들을 추방하는 '페디우스법'이 성립되다. 안토니우스, 남프랑스 속주에서 갈리아 및 에스파냐 총독과 공동전선을 결성하다. 10월, 옥타비아누스, 북이탈리아 속주로 출동하다. 11월, 볼로냐에서 안토니우스·레피두스·옥타비아누스의 '제2차 삼두정치'가 성립되다. 27일에 열린 민회가 5년 기한으로 이를 승인하여, 원로원 주도의 과두정 체제는 완전히 소멸하다. 11월 28일, 제1차 '살생부'가 발표되고 숙청의 태풍이 몰아치다. 12월 7일, 키케로가 살해되다.	
42년	1월 1일, 원로원에서 카이사르의 신격화를 결의하다. 옥타비아누스, 『갈리아 전쟁기』와 『내전기』를 제외한 카이사르 저술을 폐기하다. 여름부터 가을에 걸쳐 옥타비아누스와 안토니우스 연합군은 그리스로 출동하여 필리피에서 브루투스와 카시우스 연합군을 격파하다. 브루투스와 카시우스는 둘 다 자결하다. 필리피 회전 후, 옥타비아누스는 서부, 안토니우스는 동부를 분담하기로 합의하고, 서쪽과 동쪽으로 갈라지다.	

	옥타비아누스	안토니우스와 클레오파트라
41년		안토니우스, 동방 군주들의 복종을 얻으며 진격하다가, 킬리키아 속주의 수도 타르수스로 클레오파트라를 소환하다. 가을, 안토니우스, 클레오파트라의 초대를 받고 알렉산드리아를 방문하여 클레오파트라와 애인관계가 되다.
	가을, 이탈리아 중부의 페루자에서 안토니우스의 동생 루키우스와 아내 풀비아가 군사를 일으키다. 옥타비아누스와 그의 오른팔인 아그리파가 진압하러 갔지만 고전을 거듭하다.	
40년	2월 말, 페루자 전쟁이 끝나다. 풀비아와 루키우스는 그리스로 도망치다. 안토니우스, 반란의 책임을	안토니우스, 이탈리아로 가다. 클레오파트라, 안토니우스의 자식인 쌍둥이 남매를 낳다.

	풀비아에게 전가하다. 옥타비아누스, 외교담당으로 마이케나스를 기용하다.	
	옥타비아누스와 안토니우스, 레피두스, '브린디시 협정'을 맺고 각자의 세력권을 서부와 동부와 아프리카로 정하다. 안토니우스, 옥타비아누스의 누나 옥타비아와 재혼하다.	
	가을, 에스파냐 속주에서 세력을 재건하여 시칠리아까지 세력권을 확대한 폼페이우스의 둘째 아들 섹스투스를 나폴리만의 미세노곶으로 초대하여, 옥타비아누스·안토니우스와의 삼자 협정인 '미세노 협정'을 맺다. 섹스투스는 적대행위를 그만두고, 옥타비아누스는 섹스투스파의 공직 복귀를 인정하고, 시칠리아·사르데냐·코르시카의 통치권을 섹스투스에게 양도하다.	
	옥타비아누스, 섹스투스의 처고모인 스크리보니아와 결혼(곧 이혼), 무남독녀인 율리아를 얻다.	
38년	1월, 옥타비아누스, 클라우디우스 네로의 아내였던 리비아와 재혼하고, 네로와 리비아 사이에 태어난 티베리우스(나중에 로마 제국 제2대 황제)와 드루수스도 떠맡다. 옥타비아누스, 섹스투스군을 무찌르다. 섹스투스, 레스보스섬에서 살해되다.	
37년		가을, 안토니우스, 파르티아 원정을 떠나 시리아의 안티오키아에서 클레오파트라와 재회하다. 클레오파트라와 결혼하고 쌍둥이 남매를 친자식으로 인지하다.
36년	옥타비아누스, 아그리파와 함께 일리리아 제압에 전념하다.	안토니우스, 11만 대군을 이끌고 파르티아로 출동하다. 8월, 안토니우스, 파르티아와 중동 연합군의 게릴라전에 시달리다. 11월, 안토니우스, 안티오키아로 철수하다.
34년	옥타비아누스의 원로원, 제2차 삼두정치의 종결과 안토니우스의 알렉산드리아 선언 무효화를 결의하다.	봄, 안토니우스, 아르메니아로 원정하여 강화를 맺다. 개선식을 알렉산드리아에서 거행하다. 카이사리온을 이집트 왕으로 인정하고, 클레오파트라가 낳은 세 자식에게 동방 국가들을 주겠다고 선언하다.
33년	가을, 옥타비아누스, 일리리아 전쟁 개선 기념으로 율리아 수도와 옥타	안토니우스와 클레오파트라, 소아시아 서해안의 에페소스에 머물다.	성제(成帝) 즉위(~서기

	비아 회랑을 건설하고, 공공 건축물을 보수하다. 안토니우스의 유언장을 공개하여 선전공작을 전개하다.	7년 재위).
32년	가을, 옥타비아누스, '적 이집트를 공격하는 최고사령관'으로 선출되다. 옥타비아누스는 이탈리아에서, 안토니우스와 클레오파트라는 에페소스와 그리스에서 전쟁 준비에 들어가다.	
31년	3월, 옥타비아누스, 모든 전력을 이끌고 그리스로 건너가다. 여름, 안토니우스와 클레오파트라 연합군에서 장병들의 탈영이 잇따르다. 9월 2일, '악티움 해전'이 벌어지다. 패한 안토니우스와 클레오파트라, 알렉산드리아로 도망치다. 옥타비아누스는 통치기구 재구축을 추진하면서 그들을 추격하다.	
30년	7월 31일, 안토니우스, 자살을 기도하여 이튿날 사망하다. 8월 1일, 옥타비아누스, 알렉산드리아에 입성하다. 카이사리온은 살해되고, 클레오파트라는 자살하다. 프톨레마이오스 왕조가 멸망하다. 옥타비아누스, 로마에 개선하다. 로마, 제정 시대에 들어가다.	

참고문헌

제4권과 제5권이 앞서 출간된 다른 권들에 비해 더 상세하고 생생하게 서술되어 있다 해도, 그것은 서술한 내 공적이 아니라 나에게 생생한 정보를 제공해준 키케로와 카이사르 덕택이다. 이 두 사람이 살았던 기원전 1세기의 로마만큼 풍부하고 정확한 사료를 남겨준 시대는 세계사 전체를 둘러보아도 유례를 찾아볼 수 없지 않을까 하는 생각마저 든다.

첫째, 키케로와 카이사르는 둘 다 뛰어난 통찰력과 표현력을 갖고 있었다. 통찰력과 표현력은 상호관계에 있다. 날카롭고 깊은 통찰을 적확하게 표현하는 능력은 다음에 올 일을 더욱 날카롭고 깊이 통찰할 수 있게 해준다. 머릿속에 들어 있을 때보다 문장으로 표현되면, 그 통찰은 어느 누구보다도 그 문장을 쓴 당사자에게 가장 강한 충격과 영향을 주기 때문이다.

둘째, 최상의 사료 제공자였던 키케로와 카이사르가 당대의 주역이었다는 점이다. 시대의 주역이기 때문에 질적으로 우수한 정보를 많이 얻을 수 있는 이점이 있다. 비서관이나 군단장 같은 '조역', 또는 같은 로마 시대라도 100년 뒤에 태어난 역사가, 즉 '관찰자'가 쓴 작품에 비해 통찰력과 표현력을 겸비한 주역의 서술이 갖는 역사적 가치는 헤아릴 수 없이 크다.

셋째, 키케로와 카이사르가 정치적으로는 반대 처지에 서 있었다는 점이다. 키케로는 종래의 '원로원 체제'를 고수하는 쪽이었고, 카이사르는 그것을 타도하고 새로운 질서를 수립하기 위해 노력하는 쪽이었다. 우리는 제2차 세계대전에 대한 윈스턴 처칠의 저술은 갖고 있지만, 그 반대편에서 처칠과 맞먹는 지위에 있었던 또 다른 '주역'의 저술은 단 하나도 갖고 있지 않다.

넷째, 두 사람은 친구 사이이기도 했다. 정치적으로는 견해를 달리했지만 개인적으로는 친한 사이였기 때문에, 두 사람의 뛰어난 통찰력과 표현력이 거둔 성과는 독자적으로 이루어진 것이 아니라 상호관계 속에서 이루어졌다고 말할 수 있다. '적' 사이에도 정보의 교류가 이루어졌다는 뜻이다. 이것도 역시 역사상의 수많은 사료와 그 두 사람이 남긴 사료가 질적인 차이를 보이게 된 또 하나의 요인으로 여겨진다.

다섯째, 역사를 사랑하는 사람에게는 커다란 행운이지만, 질적으로나 양적으로 우수한 사료가 남겨진 이 시대가 로마 천년의 역사에서도 가장 중요한 시대와 겹친다는 점이다. 역사상의 구분으로는 공화정에서 제정으로 넘어가는 과도기에 해당한다. 카르타고는 700년의 역사 뒤에 멸망했고, 아테네와 스파르타와 마르세유는 비록 멸망하지는 않았지만 쇠퇴를 멈추지 못한 반면, 로마는 700년의 역사를 거친 뒤에 다시 융성했다. 카이사르가 융성의 기반을 만들었기 때문이다. 다시 말해서 부흥에 필요한 국가 개조가 이루어진 덕이다. 오늘날까지 이루어진 모든 로마 연구의 4분의 1이 기껏해야 3, 40년에 불과한 이 시기에 집중되어 있는 것만 보아도, 로마 역사에서 기원전 1세기가 갖는 중요성을 상상할 수 있을 것이다. 가장 중요한 이 시대를 알려주는 사료가 로마사 전체를 둘러보아도 경쟁자를 찾을 수 없을 만큼 뛰어난 통찰력과 표현력을 타고난 키케로와 카이사르의 손으로 남겨진 것은 행운이라고 여겨지기까지 한다.

그러나 정보를 보내는 사람이 아무리 생생하게 정보를 전달해주어도, 정보를 받는 사람이 생생하게 느끼느냐 안 느끼느냐의 문제는 남는다. 일방통행은 어떤 경우에도 성과를 거두지 못하고 불모로 끝나게 마련이다.

나는 생전의 후쿠다 고존(福田恒存) 선생한테 이런 가르침을 받았다. 언어를 사용하여 이루어진 표현은 의미를 전달할 뿐 아니라 음성도 전달하는 것이다. 바꿔 말하면 의미는 정신을 전달하고, 말의 품격을 포함하는 음성은 육체적 생리를 전달하는 것이다. 후쿠다 선생은 번역도 이런 개념 안에서 이루어져야 한다고 말했다.

나는 르네상스 시대를 쓸 당시부터 원사료를 최우선하는 태도를 견지하고 있는데, 그것은 그 시대를 살았던 사람들의 음성, 즉 육체적 생리까지 전달하고 싶었기 때문이다. 다만 독자들에게 전하기 전에 나 자신이 먼저 그들의 음성을 들어야 하고, 그들의 육체적 생리를 느껴야 한다. 쓰는 사람이 느끼지 못하면서 어떻게 독자들에게 전달할 수 있겠는가.

그 결과, 제4권과 제5권을 쓰기 위한 공부는 대부분 키케로와 카이사르가 남긴 글과 말을 그야말로 핥듯이 읽고, 읽으면서 생각하는 작업에 바쳐졌다. 고대 역사가들의 저술은 이 두 사람이 쓰지 않은 사항을 보충하거나 다른 관점에서 본 역사적 사실을 파악하는 데 도움이 되었고, 후세 연구자들의 저술은 내 해석의 오류를 시정하거나 전문분야의 지식을 얻는 데 도움이 되었다.

제1권부터 제3권까지 소개된 원사료와 후세의 연구서는 참고문헌 목록에서 생략했다.

• 수에토니우스 트란퀼루스 :『로마 황제전』.
• 벨레이우스 파테르쿨루스 :『역사』. 제2대 황제 티베리우스의 부하였던 인물. 아주 발빠르게 간략하기 이를 데 없는 로마사를 쓴 저자.

• 마르쿠스 안나이우스 루카누스 :『파르살리아』. 서기 39년에 에스파냐 코르도바에서 태어난 시인. 카이사르와 폼페이우스의 투쟁을 묘사한 장편시를 남겼다. 완전한 폼페이우스파.

• 스트라보 :『지리』. 최초의 지리학자. 기원전 62년 전후에 소아시아 폰투스에서 태어났다.

• 파우사니아스 :『그리스 여행기』. 서기 2세기의 인물. 최초의 기행문 저자.

● 후세에 쓰인 역사서, 연구서

Adcock F.E., *Caesar as Man of Letters*, Cambridge, 1956

Backmund J., *Catilina und die Parteikämpfe im Jahre 63*, Würzburg, 1870.

Baldacci A., *Considerazioni intorno allo sbarco di M. Antonio a Ninfeo e al suo congiungimento con Giulio Cesare*, in 《Rivista Dalmatica》, 1934.

Balsdon J.P.V.D., *Julius Caesar and Rome*, London, 1967.

Baur E., *Zur Chronologie der catilinarischen Verschwörung*, Strassburg, 1875.

Beckmann F., *Geographie und Ethnographie in Caesars Bellum Gallicum*, Dortmund, 1930.

Beesly E.S., *Catiline, Clodius and Tiberius*, London, 1878.

Beloch J., *Die Bevölkerung Galliens zur Zeit Caesar*, Rh. Mus., LIV, 1899.

Bersanetti G.M., *Quando fu conchiusa l'alleanza tra Cesare, Pompeo e Crasso?*, Palermo, 1924.

Bertrin G., *Num legitime prudenterque se gesserit M. Tullius Cicero consul in puniendis coniurationis Catilinariae sociis*, Paris, 1900.

Betti E., *Le origini giuridiche e lo svolgimento politico del conflitto tra Giulio Cesare e il senato romano sino allo scoppio della guerra civile*, Città di Castello, 1915.

Bloch G., 《Note sur un passage de Diodore de Sicile à propos de la première Catilinaire》, *Mélanges Boissier*, Paris, 1903.

_____, *La république romaine. Conflits politiques et sociaux*, Paris, 1913.

Boak A.E.R., *The Extraordinary Commands from 81 to 48 B.C.*, Am. Hist. Rev., XXIV, 1918~19.

Boissier G., *Cicéron et ses Amis*, Paris, 1865.

_____, *La Conjuration de Catilina*, Paris, 1905.

Bort T., *Römische Charakterköpfe*, Leipzig, 1913.

Botsford G.W., *The Roman Assemblies*, New York, 1909.

Bouch É-Leclercq A., *La question d'Orient au temps de Cicéron*, Rev.H., LXXIX, 1902.

_____, *Histoire des Séleucides*, Paris, 1913~14.

Brandes G., G. *Julius Caesar*, København, 1918.

Brecht B., *Die Geschäfte des Herrn Julius Caesar*, Berlin, 1957.

Broughton T.R.S., *The Romanization of Africa Proconsularis*, Baltimore-Oxford, 1929.

Buchan J., *Julius Caesar*, London, 1932.

Canali L., *Personalità e stile di Cesare*, Roma, 1963.

Canavesi M., *La politica estera di Roma antica*, Milano, 1942.

Carcopino J., *Le secret de la correspondance de Cicéron*, Paris, 1947.

_____, *Profils de conquérants*, Paris, 1961.

_____, *Jules César*, Paris, 1968[5].

_____, *Passion et politique chez les Césars*, Paris, 1970[2].

_____, *Alésia et les ruses de César*, Paris, 1970[2].

Cary M., *The Land Legislation of Julius Caesar's First Consulship*, J.P., XXXV, 1920.

_____, *The municipal legislation of Julius Caesar*, in 《Journ. Rom. Studies》, XXVII, 1937.

Chapot V., *La frontière de l'Euphrate de Pompée à la conquête Arabe*, Paris, 1907.

Ciaceri E., *Processi Politici e Relazioni Internazionali*, Roma, 1918.

———, *Cicerone e i suoi tempi*, Milano–Roma–Napoli, I, 1926.

Clerc M., *Massalia : Histoire de Marseille dans l'antiquité*, Marseilles, 1929.

Collins J.H., *Propaganda, ethics and psychological assumptions in Caesar's writings*. Frankfurt, 1952.

Colomb G., *L'Énigme d'Alésia*, Paris, 1922.

Constans L.-A., *Les débuts de la lutte entre César et Vercingétorix*, Rev. Belge, XXVII, 1923.

———, *Guide illustré des campagnes de César en Gaule*, Paris, 1929.

Conway E.S., in *Makers of Europe*, Harv. Univ. Press, 1931.

Costa G., *La concezione religiosa di Cesare*, in 《Convivium》, VII, 1935.

Cowell F.R., *Cicero and the Roman Republic*, London, 1948.

———, *The Revolutions of Ancient Rome*, London, 1962.

Degrassi A., *Inscriptiones Italiae*, vol. XIII, *Fasti et Elogia*, Roma, 1946.

De Ruggiero E., *Il Foro Romano*, Roma, 1913.

Dottin G., *Manuel pour servir à l'étude de l'Antiquité celtique*, Paris, 1915^2.

Drumann W. –Groebe D., *Geschichte Roms in seinem Übergange von der republicanischen zur monarchischen Verfassung*[2], Berlin, 1899.

———, *Geschichte Roms in seinem Übergange von der republikan. zur monarchisch*, Leipzig, 1906.

Ebert M., *Reallexicon der Vorgeschichte*, Berlin 1924~29.

Egger E., *Examen critique des historiens anciens de la vie et du règne d'Auguste*, Paris, 1844.

Ferrabino A., *Curione in Africa : 49 a.C.*, Atti Acc. Torino, 1912.

———, *L'Italia romana*, Milano, 1934.

_____, *Cesare*, Torino, 1941.

_____, *La fortuna della creazione politica di Cesare*, Roma, 1956.

Frank T., *Roman Imperialism*, New York, 1914.

_____, *The Date of the Vatinian Law*, A.J.Ph., XLI, 1920.

Fuller J.F.C., *Julius Caesar. Man, soldier and tyrant*, London, 1965.

Gautier F., *Vercingétorix*, Paris, 1935.

Gelzer M., *Cäsar, der Politiker und Staatsmann*, Stuttgart e Berlin, 1921.

_____, *Caesar und Augustus. Meister der Politik*, I, 1922.

_____, *Die Lex Vatinia de imperio Caesaris*, 《Hermes》, LXIII, 1928.

_____, *Pompeius*, München, 1959².

_____, *Caesar. Der Politiker und Staatsmann*, Wiesbaden, 1960⁶.

Gesche H., *Caesar*, 1976.

Giannelli G., *La repubblica romana*, Milano, 1937.

Graindor P., *La guerre d'Alexandrie*, Cairo, 1931.

Grant M., *Julius Caesar*, London, 1959.

_____, *Kleopatra*, London, 1972.

Greenidge A.H.J., *The Legal Procedure of Cicero's Time*, Oxford, 1901.

Groebe P., *Die Obstruktion im römischen Senat*, Klio, V, 1905.

Grossi O., *The Forum of Julius Caesar and the temple of Venus Genetrix* in 《Mem. Americ. Academy Rome》, XIII, 1936.

Grueber H., *Coinage of the Triumvirs Antonius, Lepidus and Octavian. Illustration of the History of the Times* in 《Numismatic Chronicle》, XI, 1911.

Gsell S., *Histoire ancienne de l'Afrique du Nord*, vol. VIII, *Jules César et l'Afrique. Fin des Royaumes indigènes*, Paris, 1928.

Gurlitt L., *Lex Clodia de Exilio Ciceronis*, Phil., LIX, 1900.

Hagen E., *Untersuchungen über römische Geschichte*, I, *Catilina*, Königsberg, 1854.

Hankel W., *Caesar. Goldne Zeiten führt' ich ein*, München-Berlin, 1978.

Hardy E.G., *The Table of Heraclea and the Lex Julia Municipalis*, J.R.S., IV, 1914.

―――, *Some problems in Roman History*, Oxford, 1924.

―――, *The Catilinarian Conspiracy*, Oxford, 1924.

Harmand J., *Une campagne césarienne* : *Alésia*, Paris, 1967.

Haverfield F., *Portus Itius*, C.R., XXVII, 1913.

Howorth H.H., *The Germans of Caesar*, 《Eng. Hist. Review》, XXIII, 1908.

Husband R.W., *The expulsion of foreigners from Rome*, C.P., XI, 1916.

Isenburg I., *Iulius Caesar*, London, 1964.

John C., *Die Entstehungsgeschichte der catilinarischen Verschwörung*, Jahrb, 1876.

―――, *Sallustius über Catilina's Candidatur im Jahre 688*, 1876.

Jonson B., *Catilina, his conspiracy*, Oxford, 1921.

Jullian C., *Vercingétorix*, Paris, 1911^5.

―――, *Histoire de la Gaule*, Paris, 1921^4.

―――, *Notes Gallo-Romaines*, Rev.E.A.

Kasten H., *Cicero, Atticus-Briefe*. Lateinisch-deutsch. München, 1976^2.

Kendrick T.D., *The Druids*, London, 1927.

Klass J., *Cicero und Caesar*, Berlin, 1939.

Klotz R., *Caesarstudien*, Leipzig, 1910.

Kornemann E., *Die cäsarische Kolonie Karthago und die Einführung röm. Gemeindeordnung in Afrika*, Phil., LXX, 1901.

―――, *Römische Geschichte*, Stuttgart, 1939.

Kroll W., *Die Privatwirtschaft in der Zeit Ciceros*, N.J.f.Wiss., V, 1929.

Kromayer J.G.Veith, *Schlachten-Atlas zur antiken Kriegsgeschichte*, Leipzig, 1929.

Kroymann J., *Caesar und das Corpus Caesarianum*, 1973.

Lang E., *Das Strafverfahren gegen die Catilinarier*, Heilbronn, 1884.

Larrouy, *Antoine et Cléopatre*, Paris, 1934.

Levi M.A., *La caduta della Repubblica Romana*, 《Riv. stor. ital.》, XLI, 1924.

_____, *La 《tribunicia potestas》 di C.Giulio Cesare*, 《Atti del I Congresso naz. di Studi Romani》, 1928.

_____, *La costituzione romana dai Gracchi a Giulio Cesare*, Firenze s.d., 1928.

_____, *La battaglia d'Azio*, in 《Athenaeum》, 1932.

Lucas F.L., *The Battlefield of Pharsalos*, B.S.A., XXIV, 1919~21.

Lugli G., *Roma antica. Il centro monumentable*, Roma, 1946.

Macbain A., *Celtic Mythology and Religion*, Stirling, 1917.

Marsh F.B., *The Chronology of Caesar's Consulship*, C.J., XXII, 1926~27.

_____, *The Policy of Clodius*, C.Q., XXII, 1927.

_____, *The Founding of the Roman Empire*, Oxford, 19272.

Martha J., 《Comment Cicéron est arrivé aux honneurs》, *Mélanges Boissier*, Paris, 1903.

Mcdonald W.F., *Clodius and the Lex Aelia Fufia*, J.R.S., XIX, 1929.

Mcfayden D., *The History of the title Imperator under the Roman Empire*, Chicago, 1920.

Menegetti N., *Quel che Cesare non dice nel suo capolavoro*, Milano, 1931.

Mérimée P., *Études sur l'histoire romaine*, II. *Conjuration de Catilina*, Paris, 1844.

Meyer E., in E. Brit. *s.vv.* Parthia, Persia, London, 1911.

_____, *Blüte und Niedergang des Hellenismus in Asien*, Berlin, 1925.

Mispoulet J.B., *La Vie Parlementaire à Rome sous la République*, Paris, 1899.

Mommsen Th., *Provinces of the Roman Empire*, London, 1886.

Motzo R.B., *Antonio, Ottaviano e il tesoro di Cesare* in 《Atti III Congresso Naz. di Studi Romani》, 1935.

_____, *Le contiones di M.Antonio e di Bruto dopo la morte di Cesare* in *Studii offerti a E.Ciaceri*, Genova, 1940.

Münzer F., in P.W., *s.v.* Labienus.

Napoléon I, *Préces des guerres de Julius César*, Paris, 1836.

Napoléon III, *Vie de César*, Paris, 1865.

_____, *Histoire de Jules César*, Paris, 1865.

_____, *Histoire de Jules César*, I~III, Paris, 1865~87.

Niccolini G., *Il triumvirato di Lepido, Antonio e Ottaviano e il principato di Augusto* in 《Atti Società Scienze e Lettere di Genova》, 1939.

Nutting H.C., *The Attempt to murder Cicero at his House*, Trans. A.P.A., XXXV, 1904.

_____, *The Conspiracy at Rome in 66~65 B.C.*, 《Univ. of California Publ. in Class. Phil.》, 1910.

Oman Ch., *Seven Roman Statesmen*, London, 1902.

Pais E., *L'Aspirazione di Cesare al regno e l'opposizione tribunicia durante gli anni 45~44 a.C.*, 《Atti r. Accad. arch. lett. e belle arti》, 1913.

_____, *Fasti triumphales Populi Romani*, Roma, 1920.

Paladini V., *Sallustio*, Milano, 1948.

Paratore E., *Il Bellum Civile di Cesare*, Roma, 1965.

Pareti L., *Cesare e la Gallia.* In : Studi Romani 3, 1955.

_____, *L'essenza della concezione politica di C. Giulio Cesare.* In : Studi Romani 4, 1956.

Parker H.M.D., *The Roman Legions*, Oxford, 1928.

Peaks M.P., *Caesar's Movements Jan. 21 to Feb. 14, 49 B.C.*, C.R., XVIII, 1904.

Petersson T., *Cicero*, Berkeley, 1920.

Pighi J.B., *De ludes saecularibus Populi Romani Quiritium*, Milano, 1941.

Platner S.B., Ashby Th., *A topographical Dictionary of ancient Rome*, Oxford, 1929.

Plaumann G., *Das sogenannte Senatus Consultum Ultimum*, Klio, XIII, 1913.

Pocock L.G., P. *Clodius and the Acts of Caesar*, C.Q., XIX, 1924.

Postgate J.P., *The site of the battle of Pharsalia*, in 《Journ. Rom. Studies》, XII, 1922.

Rabe A., *Die Senatssitzung am 8 November des Jahres 63 v. Chr. und die Entstehung der ersten catilinarischen Rede Ciceros*, Klio, XXIII, 1930.

Radin M., *The international law of the Gallic campaigns*, C.J., XII, 1916~17.

Rawlinson G., *The sixth great oriental monarchy*, London, 1873.

Reid J.S., *Roman Ideas of Deity*, J.R.S., VI, 1916.

Reinach S., *Ephémérides d'Alesia : histoire, fouilles, controverses*, Paris, 1925.

Rice Holmes T., *Ancient Britain and the invasions of Julius Caesar*, Oxford, 1907.

_____, *Caesar's Conquest of Gaul*, Oxford, 1911².

_____, *The Roman Republic*, Oxford, 1923.

_____, *Ancient Britain and the invasion of Julius Caesar²*, Oxford, 1936.

Rostowzew M., *A History of the ancient World*, II, Rome, London, 1927.

Rushforth G.M., *Latin Historical Inscriptions illustrating the history of the Early Empire²*, Oxford, 1930.

Russell A., *Julius Caesar*, London, 1915.

Schmidt O.E., *Flugschriften aus der Zeit des ersten Triumvirats*, N.J.Kl. Alt., VII, 1901.

Seel O., *Sallust von den Briefen ad Caesarem zur Coniuratio Catilinae*, Leipzig-Berlin, 1930.

_____, *Hirtius. Untersuchungen über die pseudocäsarischen Bella*,

Leipzig, 1935.

Semi F., *Il sentimento di Cesare*, Padova, 1966.

Sihler E.G., *Annals of Caesar*, New York, 1911.

Speck A., *Katilina im Drama der Weltliteratur*, Leipzig, 1906.

Strachan-Davidson J.L., *Problems of the Roman Criminal Law*, Oxford, 1912.

Sykes P.M., *A History of Persia*, London, 1921.

Syme R., *The Roman Revolution*, Oxford, 1939.

Tarn W.W., *Hellenistic military and naval developments*, Cambridge, 1930.

_____, *The Battle of Actium* in 《Journ. Rom. Studies》, 1931.

Täubler E., *Imperium Romanum*, Leipzig-Berlin, 1913.

Taylor H., *Cicero, a sketch of his Life and Works*, London, 1916.

Taylor L.R., *The Divinity of the Roman Emperor*, Middletown, Conn. U.S.A., 1931.

Thiaucourt C., *Études sur la Conjuration de Catilina*, Paris, 1887.

Toynbee J.M.C., *Portraits of Julius Caesar*. In : Greece and Rome, Oxford, 1957.

Ugolini L., *Note di topografia illirica*, in 《Boll. Com.》, 1933.

Ullmann R., *Senatsmotet 5te december 63*, 《Nordisk Tidskrift for Filologi》, IV, 1917.

Veith G., *Geschichte der Feldzüge C.Julius Caesar*, Wien, 1906.

_____, *Der Feldzug von Dyrrhachium zwischen Caesar und Pompejus*, Wien, 1920.

_____, *Cäsar*, Leipzig, 1922[2].

_____, *Sezione sull'esercito di Cesare* in *Heerwesen und Kriegführung der Griechen und Römer, Müllers Handbuch*, München, 1928.

_____, *La campagna di Durazzo tra Cesare e Pompeo*, Roma, 1942.

Volkmann H., *Kleopatra. Politik und Propaganda*, München, 1953.

Von Pöhlmann R., *Geschichte des antiken Kommunismus und des*

Sozialismus in der antiken Welt, München, 1901.

Von Stern E., *Catilina und die Parteikämpfe in Rom der Jahre 66~63*, Dorpat, 1883.

Warde Fowler W., *Julius Caesar and the Foundation of the Roman Imperial System*, New York e London, 1904.

_____, *An unnoticed trait in the character of Julius Caesar*, C.R., XXX, 1916.

_____, *Roman Ideas of Deity in the last century before the Christian era*, London, 1914.

Wilcken U., *Octavian after the Fall of Alexandria* in 《Journ. Rom. Studies》, 1937.

Wilder T., *The Ides of March*, New York, 1948.

Wirtz R., *Beiträge zur catilinarischen Verschwörung*, Aachen, 1910.

Wirz H., *Catilina's und Cicero's Bewerbung um den Consulat für das Jahr 63*, Zürich, 1863.

Zeno R., *La crisi della repubblica e il fondatore dell'Impero Romano*, Catania, 1934.

로마인 이야기 5
율리우스 카이사르 · 하

지은이 **시오노 나나미**
옮긴이 **김석희**
펴낸이 **김언호**
펴낸곳 **(주)도서출판 한길사**

등록 • 1976년 12월 24일 제74호
주소 • 10881 경기도 파주시 광인사길 37
　　　www.hangilsa.co.kr
　　　E-mail:hangilsa@hangilsa.co.kr
전화 • 031-955-2000~3
팩스 • 031-955-2005

ROMA-JIN NO MONOGATARI Ⅴ
YURIUSU KAESARU RUBIKON IGO
by Nanami Shiono

Copyright ⓒ 1996 by Nanami Shiono

Original Japanese edition published by Shincho-Sha Co., Ltd.
Korean translation rights arranged with Nanami Shiono
through Japan Foreign-Rights Centre

제1판 제 1 쇄 1996년 8월 10일
제1판 제93쇄 2024년 11월 8일

Published by Hangilsa Publishing Co., Ltd., Korea

값 19,500원
ISBN 978-89-356-1082-2 04900